westermann

Hans Jecht, Loredana Altmann, Tobias Fieber, Svenja Hausener, Marcel Kunze,
Peter Limpke, Nadine Rosenkranz, Felix Rosenkranz, Janina Schlemme,
Caroline Schulz, Dominik Schulz

Herausgeber: Hans Jecht, Svenja Hausener

Kaufmann/Kauffrau im E-Commerce

2. Ausbildungsjahr

2. Auflage

D1726904

Bestellnummer 01881

Materialien für Lehrerinnen und Lehrer

Lösungen: 978-3-427-01884-1
Lösungen Download: 978-3-427-01883-4

BiBox Einzellizenz für Lehrer/-innen (Dauerlizenz): 978-3-427-85278-0
BiBox Kollegiumslizenz für Lehrer/-innen (Dauerlizenz): 978-3-427-85518-7

inkl. E-Book

Materialien für Schülerinnen und Schüler

BiBox Einzellizenz für Schüler/-innen (1 Schuljahr): 978-3-427-01882-7

inkl. E-Book

westermann GRUPPE

© 2021 Bildungsverlag EINS GmbH, Ettore-Bugatti-Straße 6-14, 51149 Köln
www.westermann.de

Druck und Bindung: Westermann Druck GmbH, Georg-Westermann-Allee 66, 38104 Braunschweig

ISBN 978-3-427-**01881**-0

Vorwort

In den letzten Jahren hat sich der Verkauf von Waren und Dienstleistungen stark verändert. Ein Grund dafür ist der Siegeszug des Internets. Neue Anbieter mit innovativen Geschäftsmodellen und Geschäftsprozessen treten in der „E-Commerce-Branche" in Konkurrenz zu den bisher auf traditionelle Weise agierenden Mitbewerbern. Dies stellt starke Anforderungen an die Mitarbeiter und die Arbeitsabläufe. Von dem effizienten Umgang mit Informationen und Wissen hängt immer stärker der Erfolg des Unternehmens ab.

Vor diesem Hintergrund werden Mitarbeiter und Mitarbeiterinnen mit umfassenden Qualifikationen zur Bearbeitung von komplexen Geschäftsprozessen benötigt. Dem trägt auch die Ausbildung im neuen Ausbildungsberuf Kaufmann/Kauffrau im E-Commerce Rechnung. Ziel dieses Ausbildungsberufs ist eine ganzheitliche, prozessorientierte Handlungskompetenz der Auszubildenden.

Um diese Handlungskompetenz bei den Schülerinnen und Schülern zu entwickeln, folgt der KMK-Rahmenlehrplan für den neuen Ausbildungsberuf der Lernfeldkonzeption, die das Lernen an berufstypischen Situationen und in vollständigen Handlungen vollziehen lässt. Vor dem Hintergrund vielfältiger und unterschiedlicher Erscheinungsformen von Unternehmen, Leistungen und Geschäftsprozessen im E-Commerce-Bereich (mit zum Teil gravierenden Unterschieden) streben wir an, die Gemeinsamkeiten in den betrieblichen Abläufen darzustellen:

- Ein großes Problem für alle im Internet verkaufenden Unternehmen sind Störungen, die im Zusammenhang mit den gelieferten Leistungen auftreten. Dies wird im Lernfeld 5 thematisiert.
- Im Lernfeld 6 hat der Rahmenlehrplan das Beherrschen von Kommunikationstechniken über alle denkbaren Vertriebskanäle sowohl reiner Internetunternehmen, aber auch von Unternehmen, die sowohl im Internet als auch stationär auftreten, gefordert.
- Im E-Commerce-Bereich kommen in Lernfeld 7 zu den schon vom stationären Unternehmen betriebenen Marketinginstrumenten zusätzlich vielfältige Onlinemarketing-Maßnahmen hinzu. Ohne deren Einsatz können Unternehmen im Internet nicht bestehen.
- Kosten zu identifizieren und dann möglicherweise zu minimieren ist für Unternehmen und die dort beschäftigten Arbeitnehmer existenziell. Darauf bereitet das Lernfeld 8 vor.

Diese Reihe bildet den neuen KMK-Rahmenlehrplan ab und unterstützt handlungsorientierten Unterricht, indem sie neben der Darbietung von Fachinhalten auch die Methoden- und Medienkompetenz fördert, die die Voraussetzung für selbstständiges, zielgerichtetes Arbeiten sind. Dieses Schulbuch erfüllt nach unserem Ermessen die Aufgabe einer Informationsquelle, aus der die Schüler Lerninhalte entnehmen, die sie zur Lösung umfangreicher Problemstellungen aus den betrieblichen Handlungssituationen benötigen.

Die einzelnen Kapitel des umfassenden und verständlich geschriebenen Schulbuchs sind einheitlich gegliedert:

1. **Einstieg:** Jedes Kapitel beginnt mit einer anschaulichen Fallschilderung oder Darstellung, die auf eine Problemstellung des Kapitels hinweist.

2. **Information:** Es schließt sich ein ausführlicher Informationsteil mit einer großen Anzahl an Beispielen und weiteren Veranschaulichungen an.

3. **Aufgaben:** Lernaufgaben dienen der Erschließung des Textes. Sie sollen von den Schülern mithilfe des Informationsteils selbstständig gelöst werden. Durch Anwendung wichtiger Lern-, Arbeits- oder Präsentationstechniken im Zusammenhang mit dem behandelten Thema werden Grundlagen zum Erwerb der beruflich geforderten Handlungskompetenz gelegt. Die interaktive Arbeit in Teams fördert die Sozialkompetenz.

4. **Zusammenfassung:** Am Ende des Kapitels werden die wesentlichen Lerninhalte in einer Übersicht zusammengefasst, die Zusammenhänge grafisch und farblich verdeutlicht und dadurch das Lernen und Wiederholen unterstützt.

In diesem Buch werden viele Begriffe neutral verwendet, d. h., sie bezeichnen Personen beider Geschlechter. Wir bitten speziell die Leserinnen um Verständnis dafür, dass wir zugunsten der Lesefreundlichkeit auf die zusätzliche Erwähnung der weiblichen Formen verzichtet haben.

Vorwort zur 2. Auflage

In die 2. Auflage wurden viele wichtige rechtliche, ökonomische und technische Neuerungen, die sich im Bereich E-Commerce in der Zwischenzeit ergeben haben, eingearbeitet. Bei verschiedenen Themen wurden zudem verstärkt Unterschiede zwischen B2C und B2B herausgestellt. Ein besonderer Dank gilt allen Kolleginnen und Kollegen, die uns mit Anregungen und Vorschlägen unterstützt haben.

Hinweise:

Aus didaktischen Gründen bleiben die vorübergehenden Änderungen im Umsatzsteuerrecht im Zuge der Coronapandemie hier unberücksichtigt.

Aus Gründen der leichteren Lesbarkeit wird zumeist die männliche Sprachform bei personenbezogenen Substantiven und Pronomen verwendet. Dies impliziert jedoch keine Benachteiligung der anderen Geschlechter, sondern soll im Sinne der sprachlichen Vereinfachung als geschlechtsneutral zu verstehen sein.

Frühjar 2021   Die Herausgeber

LERNFELD 5: Rückabwicklungsprozesse und Leistungsstörungen bearbeiten

LERNFELD 6: Servicekommunikation kundenorientiert gestalten

Mängel

Notverkauf

Retoure

Kundenorientierung

Gewährleistung

Lieferungsverzug

Stornierung

Zahlungsverzug

Verjährung

Rücktritt

Schadenersatz

Annahmeverzug

Produkthaftung

Streitbeilegung

Mahnung

Vollstreckungstitel

Klage

Forderungsmanagement

Lernfeld 5

Rückabwicklungs-
prozesse und
Leistungsstörungen
bearbeiten

5.1 Stornierungen, Retouren und Leistungsstörungen

Einstieg

Weihnachten steht vor der Tür, und Ronja und Andreas sprechen über ungeliebte Geschenke.

Andreas Seeger:

„Schenken ist eine wunderbare Sache, aber Geschmack ist häufig reine Glückssache. Und da hat man eben manchmal leider kein Glück – und der Beschenkte öffnet zu Weihnachten sein Paket und lächelt eher gequält als selig. Da liegt nun ein Ding auf dem Gabentisch, das keiner haben will – und was jetzt? ... Vielleicht ist das Geschenk auch noch beschädigt. Also umtauschen! Gleich nach Weihnachten ab zum Händler und das Unding auf den Ladentisch gewuchtet, damit er es zurücknimmt. Nur – häufig will er es nicht mehr, denn er war froh, es vor Weihnachten endlich noch losgeworden zu sein. Und er hat leider auch noch recht!"

Ronja Bunko:

„So ganz eindeutig, wie du das gesagt hast, ist die Sache nicht, glaube ich ... Ah, da kommt ja Agathe. Vielleicht kennt sie sich aus ...".

Beurteilen Sie die Rechtslage.

INFORMATIONEN

Aus verschiedenen Gründen kann es zu Retouren kommen. Darunter versteht man Rücksendungen des Käufers von Waren an den Verkäufer.

Für Rücksendungen wichtige Dokumente

Für die Erleichterung von Rücksendungen durch die Kunden bietet sich für den Verkäufer die Ausstellung bestimmter Dokumente an:

- der Lieferschein
- der Retourenschein

Der Lieferschein

Unternehmen, die Ware verkaufen, sind gesetzlich verpflichtet, Rechnungen auszustellen und dem Käufer zukommen zu lassen. Es besteht jedoch keine Verpflichtung, einen Lieferschein anzufertigen.

Ein Lieferschein informiert über die mit der Sendung ausgelieferten Waren. Der Verkäufer bringt diesen entweder an der Verpackung der Ware an oder legt ihn in das Paket. Während des gesamten Versandweges befindet sich der Lieferschein also bei der Ware. Der Lieferschein wird deshalb oft auch Warenbegleitschein genannt.

Wird ein Lieferschein einer Sendung beigelegt, muss dieser die Mindestanforderungen eines Geschäftsbriefes erfüllen. Notwendige Bestandteile des Warenbegleitscheins sind:

- eine eindeutige Lieferscheinnummer
- die Adresse und der Name des Käufers (Empfänger der Sendung)
- die Adresse unter Name des Verkäufers (Absender der Warenlieferung)
- eine genaue Beschreibung der versendeten Ware:
  - die Art (also die genaue Bezeichnung) der gelieferten Ware
  - die Menge der gelieferten Ware in der entsprechenden Maßeinheit
- das Versanddatum gegebenenfalls auch das Kaufdatum
- die gewählte Versandart

Auf einem Lieferschein sollte auch vermerkt werden, wenn die Lieferung aus mehreren Packstücken besteht.

Der Verkäufer kann Lieferscheine mithilfe bestimmter Programmpakete (ERP-Systeme, Warenwirtschaftssysteme, Finanzbuchführungsprogramm) erstellen.

Zunehmend stellen Versender heute auch elektronische Lieferscheine aus. Wenn der Kunde damit einverstanden ist, übermittelt der Verkäufer Lieferscheindaten auf elektronischem Weg an den Käufer.

Liegt einer Warensendung ein Lieferschein bei, so gilt dieser als Dokument im Geschäftsverkehr: Sowohl der Verkäufer als auch der Käufer müssen den Warenbegleitschein (bzw. dessen Kopie) sechs Jahre lang aufbewahren. Im Gegensatz dazu gibt es eine zehn Jahre lange Aufbewahrungspflicht für Rechnungen, die in den meisten Fällen getrennt vom Lieferschein verschickt werden.

Das Ausstellen eines Lieferscheins hat für den Verkäufer mehrere Vorteile:

- Die **Kommissionierung** (das Zusammenstellen) der Ware im Lager des Verkäufers wird erleichtert.
- Auch die Kontrolle vor dem Versand der Ware kann effizienter durchgeführt werden.
- Mit einem Hinweis, dass die gelieferte Ware bis zur vollständigen Bezahlung Eigentum des Lieferanten bleibt, sichert sich ein Lieferant zusätzlich ab, dass der Empfänger erst bei vollständiger Bezahlung der Ware über diese verfügen darf.
- Auf der Käuferseite kann der ordnungsgemäße Inhalt der Warensendung mithilfe des Lieferscheins schnell und leicht kontrolliert werden: Dadurch werden die Warenannahme und gegebenenfalls auch Reklamationen erleichtert.

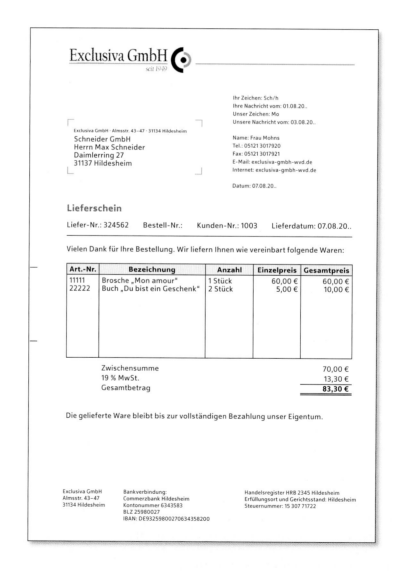

Der Retourenschein

Arbeitet ein Onlinehändler mit Retourenscheinen, kann er in seinem Unternehmen die Retourenbearbeitung erheblich erleichtern. Ein Retourenschein dient der effizienten Abwicklung einer Rücksendung im Lager des Verkäufers. Aber auch dem zurücksendenden Kunden wird Arbeit erspart.

Ein Retourenschein liegt entweder der Warensendung bei oder ist beim Onlinehändler per Download zu bekommen.

Besuchen Sie bitte die folgende Hilfeseite in unserem Onlineshop, auf welcher Sie nochmals alle Informationen finden. Ebenso bieten wir Ihnen dort die Möglichkeit, das Retourenportal aufzurufen, um einen Retourenaufkleber* für die Rücksendung zu generieren.

* die Nutzung des Retourenaufklebers ist eventuell mit Kosten für Sie verbunden

Bitte hier abtrennen und zur besseren Zuordnung ausgefüllt Ihrer Rücksendung beilegen.

Retoure-Begleitpapier (bitte Ihrer Rücksendung beilegen)

Name, Vorname: _____   Rücksendedatum: _____

Auftrags- oder Rechnungsnr.: _____   vom (Belegdatum): _____

Pos. Menge Artikelnr.	Artikel (ggf. weiteres Blatt anfügen)
__ ___ _____	_____
__ ___ _____	_____
__ ___ _____	_____

Ihre Angaben (Zutreffendes ankreuzen)

Bei Lieferung meiner o. g. Bestellung trat leider folgendes Problem auf (ggf. im Fled rechts näher erläutern):
☐ Transportschaden
☐ sonstiger Mangel oder Defekt
☐ Falschlieferung

Für den/die zurückgesandten Artiekl bitte ich daher um:
☐ Neulieferung/Ersatzlieferung
☐ Erstattung des Kaufpreises

oder:
☐ Ich möchte den/die zurückgesandten Artikel im Rahmen meines Widerrufsrechts zurückgegen.

Sonstiges/Anmerkungen:
(Falls Sie Ihre Bestellung per Überweisung gezahlt hatten, teilen Sie uns bitte hier eine Bankverbindung für die Rückzahlung mit.)

Unterschrift: _____

Eine Erstattung des ursprünglichen Kaufpreises erfolgt entsprechend Ihrer Zahlung. Ihre tgransportsicher verpackte Rücksendung nehmen Sie bitte an folgende Adresse vor.
Exclusiva GmbH, Rücksendung, Almstr. 43–47, 31134 Hildesheim

Dieser Retourenschein liegt der Warensendung schon bei.

Der Kunde kann bei einer Rücksendung das Paket mit dem Retourenschein einfach beim Paketdienst abgeben. Weil der Retourenschein alle notwendigen Daten enthält, kommt die Warensendung schnell wieder beim Verkäufer an.

Wenn dem Kunden kein Rücksendeetikett zur Verfügung steht, kann er auf den Internetseiten der Paketdienste diese einfach und schnell online erstellen.

Abbildung mit freundlicher Genehmigung der Deutsche Post DHL Group. „DHL" ist eine eingetragene Marke der DHL International GmbH.

Hier wird ein Retourenschein auf dem Retourenportal des Versanddienstleisters erstellt.

Rücksendekosten

Die Kosten einer Rücksendung sind unabhängig von einer Wertgrenze grundsätzlich vom Käufer zu tragen. Voraussetzung dafür ist allerdings, dass der Onlinehändler den Kunden vor Vertragsabschluss explizit darauf hingewiesen hat. Hat er dies unterlassen, muss der Verkäufer die Kosten der Rücksendung erstatten.

Viele Unternehmen verzichten jedoch aus Werbegründen auf das Recht, dass der Kunde die Kosten für die Retoure zu übernehmen hat. Stattdessen übernehmen sie freiwillig die Rücksendekosten und weisen auf ihren Internetseiten explizit darauf hin.

Reklamationen und Beschwerden

Die Mehrzahl aller Kaufverträge wird zur Zufriedenheit sowohl des Unternehmens als auch des Kunden abgewickelt. Probleme treten aber immer dann auf, wenn der Kunde mit der ihm übergebenen oder gelieferten Ware nicht einverstanden ist: Der Kunde reklamiert oder beschwert sich.

Unterschiede in rechtlicher Hinsicht	
Reklamation	**Beschwerde**
Der Kunde teilt mit, dass er von seinen gesetzlichen Gewährleistungsrechten oder ihm eingeräumten Garantieansprüchen Gebrauch macht.	Der Kunde äußert seine Unzufriedenheit (und fordert gegebenenfalls Abhilfe), ohne rechtliche Ansprüche zu haben.

In solchen Fällen sollte ein möglichst freundliches und ruhiges Verhalten an den Tag gelegt werden. Haben Kunden das Gefühl, dass ihre Reklamationen und/oder Beschwerden nicht zufriedenstellend behandelt werden, kann die Unzufriedenheit darüber eventuell auf das ganze Unternehmen übertragen werden. Dies kann dazu führen, dass das Unternehmen in Zukunft gemieden wird und dass die enttäuschten Kunden ihre Frustration anderen mitteilen.

Um Reklamationen und Beschwerden kunden- und situationsgerecht zu erledigen,[1] sollten folgende Punkte beachtet werden:

- Eine Reklamation oder eine Beschwerde muss sofort bearbeitet werden. Diese sollte bei einem stationären Kauf nach Möglichkeit nicht im belebten Verkaufsraum entgegengenommen werden, weil dies eventuell andere Kunden vom Kauf abhalten oder zumindest ablenken kann. Besser ist es, in abgelegene Teile des Verkaufsraums zu gehen oder ins Büro. Bei Onlinekäufen wird empfohlen, dem Kunden das Äußern von Reklamationen oder Beschwerden im Shop so leicht wie möglich zu machen.
- Ganz wichtig ist eine schnelle Reaktion, damit der Kunde sich mit seinem Anliegen ernst genommen fühlt.
- Wichtig ist, dass man dem Kunden Verständnis für seinen Ärger zeigt. Dadurch kann man zumindest zum Teil auch wütende Kunden beschwichtigen. Der Reklamations- bzw. Beschwerdefall kann gegebenenfalls durch gezielte Fragen per Telefon oder Mail häufig ziemlich schnell geklärt werden.
- In jedem Fall sollte sich der Webshop für Unannehmlichkeiten, die mit der Reklamation verbunden sind, entschuldigen.

BEISPIEL

- „Es tut uns leid, dass die Ware mangelhaft war."
- „Entschuldigen Sie bitte die Unannehmlichkeiten, die Sie hatten."

- Bei unberechtigten Beschwerden sollte versucht werden, den Vorfall sachlich zu klären und beim Kunden dafür Verständnis zu erreichen. In einem solchen Fall geht es nicht darum, zu beweisen, dass der Kunde im Unrecht ist, sondern ihm zu helfen.

BEISPIEL

- „Wir können den Artikel leider nicht zurücknehmen, weil ..."
- „Bitte bringen Sie Verständnis dafür auf, dass ..."

- Am Schluss der Kommunikation im Zusammenhang mit der Reklamation bzw. der Beschwerde sollte dem Kunden gedankt werden. Durch seine Kontaktaufnahme hat er eventuell geholfen, zukünftige Beschwerden bzw. Reklamationen zu vermeiden.

---

1   Vertieft wird dieses Thema auch im Kapitel 6.9.

Schritte einer erfolgreichen Reklamationsbehandlung

Erfassung der Reklamation/Beschwerde
Während der Aufnahme der Reklamation bzw. Beschwerde

- per Formular im Webshop,

- per E-Mail,

- per Telefon,

- per Fax,

- als Brief, durch die Rücksendung der Warensendung

- oder persönlich

sollten alle für das Reklamationsmanagement wichtigen Daten gewonnen werden.

↓

Eingangsbestätigung der Reklamation bzw. Beschwerde

↓

Bei Anrufen des Kunden im Webshop oder im stationären Handel:
Durch aktives Zuhören dem Kunden ermöglichen, „Dampf" abzulassen

↓

Klärung des Sachverhalts:
= Recherchieren (Wie ist es zur Unzufriedenheit des Kunden gekommen?)

↓

Wenn es die eigene Schuld ist:
Entschuldigen!

↓

Wenn Fremdverschulden vorliegt:
Hilfe anbieten!

↓

Für Abhilfe sorgen

↓

Alles tun, um die Beziehung aufrechtzuerhalten!

Beschwerdemanagement

Die meisten Unternehmen sprechen von Kundenorientierung und wissen, dass ein langfristiger Unternehmenserfolg dann gegeben ist, wenn sie es schaffen, Kunden dauerhaft an ihr Unternehmen zu binden. Dennoch verschenken sie jedes Jahr enorme Beträge, weil Reklamationen und Beschwerden mangelhaft oder einfach gar nicht bearbeitet werden.

Dabei sollte gerade die Reklamation bzw. Beschwerde für jedes Unternehmen eine willkommene Chance darstellen. Zum einen ist es die günstigste Form von **Werbung**, denn jeder Kunde, dessen Reklamation zu seiner Zufriedenheit bearbeitet wurde, erzählt dies weiter. Zum anderen bietet eine Reklamation bzw. Beschwerde dem Unternehmen die Möglichkeit, den Kunden als **Stammkunden** zu binden (einen Stammkunden zu halten ist preiswerter als einen Neukunden zu gewinnen) und sich somit auf dem Markt zu profilieren. Darüber hinaus stellt jede Reklamation bzw. Beschwerde eine Gelegenheit dar, die eigenen **Angebote und Prozesse** weiter zu optimieren.

Deshalb richten viele Unternehmen ein **Beschwerdemanagement** ein. Das Beschwerdemanagement wird mit dem Ziel betrieben, Kundenklagen nicht als leidiges Übel, sondern als Chance zu begreifen, offenkundig vorhandene oder sich abzeichnende Missstände eines Webshops abzustellen, indem die Beschwerden der Kunden systematisch gesammelt und bearbeitet werden.

Wurde eine Reklamation oder Beschwerde nicht oder mangelhaft behoben, bedeutet dies einen kaum einzuschätzenden Verlust. Nicht nur der eine – vielleicht sehr wichtige – Kunde ist weg, dieses Erlebnis erzählt er anderen, potenziellen Kunden weiter.

Die Vermutung, dass eine geringe Anzahl an Kundenbeschwerden mit Kundenzufriedenheit oder nur wenigen Beschwerde- oder Reklamationsgründen gleichzusetzen ist, erweist sich bei genauerem Hinsehen als unwahr. Die meisten Kunden beschweren sich nicht, sie wandern stillschweigend zur Konkurrenz. Der Webshop erfährt weder den Grund, noch bekommt er die Möglichkeit, Verbesserungen vorzunehmen. Nur ein geringer Kundenanteil bringt die Reklamation bzw. Beschwerde vor und bietet somit eine Chance, die unbedingt genutzt werden sollte.

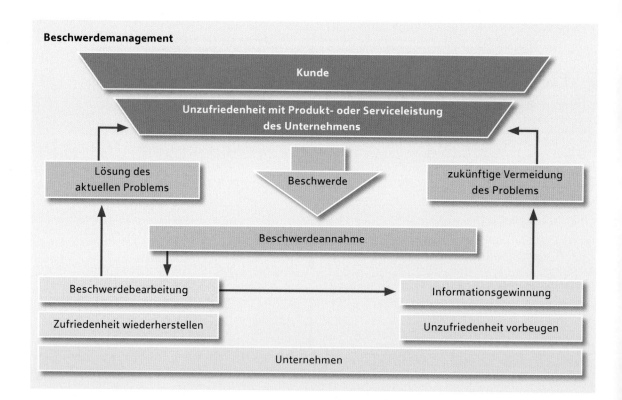

Die Retourenbearbeitung

Hat ein Kunde seinen Rücksendewunsch geäußert, beginnt beim Onlinehändler die Retourenbearbeitung:

- Wenn der Kunde dies nicht durch Anbringen des Rücksendeetiketts und Abgabe beim Paketdienst selbst eingeleitet hat, organisiert der Onlinehändler den Rücktransport der Ware.
- Die zurückgesendete Ware wird im eigenen Lager angenommen.
- Die erhaltenen Packstücke werden geöffnet und deren Inhalt kontrolliert.
- Die Daten der Retoure werden anschließend mit dem Warenwirtschaftssystem erfasst.
- Die zurückgesendeten Artikel werden einer Qualitätskontrolle unterzogen. Es wird überprüft, ob die Ware wieder neu verkauft werden kann oder abgeschrieben werden muss.
- Qualitativ einwandfreie Ware wird wieder eingelagert und steht damit wieder zum Verkauf bereit.
- Parallel dazu muss die Retoure auch verwaltungstechnisch weiterbearbeitet werden: Je nach Situation kann beispielsweise eine Ersatzlieferung fertig gemacht oder der Kaufpreis rückerstattet werden.

Retourenmanagement

Rücksendungen von Waren verursachen für den Webshop Kosten. Dies ist unabhängig davon, ob die Retouren ausgelöst werden durch

- den Hinweis auf das Widerrufsrecht,
- die Berufung auf Gewährleistungsrechte,
- die Gefälligkeit des Webshops ohne Rechtsanspruch (Kulanz) zur Förderung der Kundenbindung bzw. des Unternehmensimages,
- Inanspruchnahme von Garantien.

Ein professionelles Retourenmanagement möchte einerseits die mit den Rücksendungen für den Webshop verbundenen Kosten vermeiden.

BEISPIEL

Zurückgesendete Waren müssen in der Exclusiva GmbH zunächst einmal wieder eingelagert werden. Dies verursacht Transportkosten, Personalkosten und vermehrte Lagerkosten. Einen mindestens genauso großen Kostenfaktor stellen die Abschreibungen bei den Waren dar. Einige Artikel kann die Exclusiva GmbH nicht mehr verkaufen, andere können nur noch mit Abschlägen in den Verkauf kommen.

Umfrage: Retouren – warum?

„Haben Sie schon einmal Waren zurückgeschickt? Aus welchen Gründen?" (Angaben* in Prozent)

Grund	Prozent
Größe/Abmessungen waren nicht passend	59
Produkt war defekt	41
mangelhafte Qualität	29
Ware entsprach nicht den Produktfotos	26
Funktion nicht wie beschrieben	22
falsch bestellt; Fehlkauf	21
preiswerteres Angebot gefunden	7
Ware nur zur Ansicht bestellt	4
schwierige Handhabung	2
andere Gründe	2

* Mehrfachnennungen; Angaben gerundet

Ein anderes Ziel des Retourenmanagements ist das Erreichen einer Kundenzufriedenheit: Dadurch können Imageschäden oder Abwanderungen von Kunden vermieden werden.

Bereiche des Retourenmanagements		
Vermeidung von Rücksendungen	Verhinderung von Rücksendungen	Effizientes Bearbeiten von Rücksendungen

Ein Maßnahmenbereich des Retourenmanagements ist also die **Vermeidung von Rücksendungen:** Der Webshop kann durch entsprechende Maßnahmen versuchen, die Ursachen von Rücksendungen von vornherein zu beseitigen.

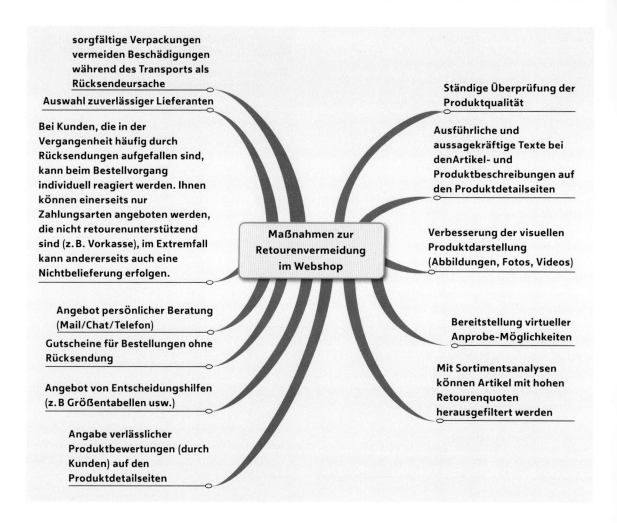

Mit den Maßnahmen zur **Verhinderung von Rücksendungen** wird durch das gezielte Setzen von Anreizen oder das Schaffen eines zusätzlichen Aufwandes versucht, den Kunden von Rücksendungen abzuhalten.

Verhinderung von Rücksendungen mit Kompensation	Verhinderung von Rücksendungen ohne Kompensation
Für Nicht-Rücksendungen werden vom Webshop Ausgleichszahlungen getätigt.	Der Webshop versucht, den zeitlichen, finanziellen und emotionalen Aufwand des zurücksenden Kunden zu erhöhen.
Die Exclusiva GmbH zahlt eine Pauschale, wenn der Kunde auf eine Rücksendung verzichtet.	Die Exclusiva GmbH versucht mit verschiedenen Methoden Retouren zu verhindern: • Sie weist auf ökologische und soziale Folgen der Rücksendungen hin. • Sie erhebt Rücksendegebühren (sie muss dabei aber auch beachten, dass damit weniger Bestellungen eingehen könnten). • Sie erschwert die Rücksendung durch bewussten Verzicht auf das Beilegen eines Rücksendescheins in der Sendung (dies ist allerdings ein bewusster Verstoß gegen den Kundenservice und die Kundenorientierung).

Durch ein **effizientes Bearbeiten von Rücksendungen** können Webshops Kosten senken und gleichzeitig den Service für ihre Kunden verbessern. Optimiert werden müssen alle Teilaufgaben, die mit der Rückführung onlinebestellter Waren verbunden sind.

Verringerung von Retouren

Eine ganz besondere Herausforderung für Webshops ist es, die Anzahl von Retouren zu verringern.

Mit verschiedenen Maßnahmen kann die Retourenquote auf einem erträglichen Maß gehalten werden:

- Im Warenausgang sollte immer geprüft werden, ob die Sendung auch wirklich die bestellte Ware enthält.
- Untersuchungen haben gezeigt, dass ein schneller Versand positive Auswirkungen auf die Retourenquote hat.
- Festgestellt wurde auch, dass bestimmte Zahlungsarten (Vorkasse, Sofortüberweisung und Lastschrift) weniger Retouren nach sich zogen.
- Durch gute zutreffende Produktbeschreibungen im Webshop werden beim Kunden große Diskrepanzen zwischen dem im Shop hervorgerufenen Bild der Ware und dem tatsächlichen Eindruck beim Auspacken des Artikels vermieden.

BEISPIEL

Werden bei den Produktbeschreibungen Superlative verwendet, ist dies einerseits verkaufsfördernd. Andererseits muss darauf geachtet werden, dass der Artikel solche Versprechungen auch halten kann, ansonsten steigt die Retourenquote.

- Durch verschiedene visuelle Maßnahmen können die Erwartungen der Kunden an die Lieferung realistischer gestaltet werden:
  - Produktfotos sollten groß sein.
  - Die Fotos sollten den Artikel von allen Seiten zeigen.
  - Auch Videos zeigen die Ware aus mehreren Perspektiven und vor allem im Gebrauch.
  - Hilfreich zur Verringerung von Rücksendungen ist es auch, die Gründe dafür in Erfahrung zu bringen.

BEISPIEL

Die Exclusiva GmbH legt den Sendungen neben dem Retourenzettel einen Fragebogen bei, der nach den Gründen für die Rücksendung sucht.

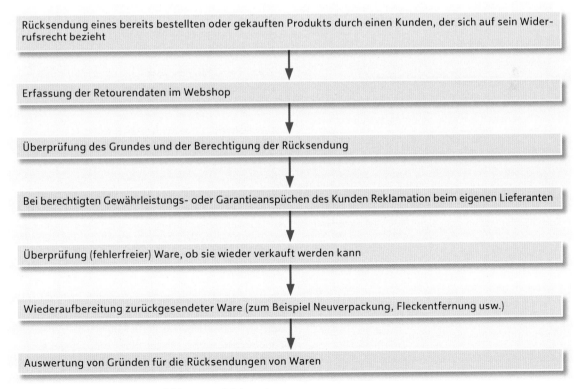

Der Prozess der effizienten Abwicklung von Rücksendungen

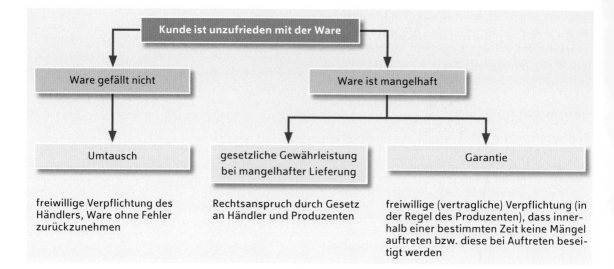

Umtausch – Garantie – Gewährleistung

Oft beschweren sich Kunden über Ware. Sind tatsächlich Mängel vorhanden, so hat der Kunde Rechte im Rahmen der gesetzlichen Gewährleistung. Unter Gewährleistung versteht man die durch gesetzliche Regelungen entstehende Verpflichtung eines Schuldners – in diesem Falle also des Verkäufers – Sachen (z. B. Waren) in einem mangelfreien Zustand zu liefern. Nicht zu verwechseln sind die Rechte im Rahmen der gesetzlichen Gewährleistung mit Rechten aus Umtausch- oder Garantieverpflichtungen.

Umtausch im stationären Handel

> **DEFINITION**
>
> Beim **Umtausch** nimmt das Unternehmen (in den meisten Fällen sind dies Einzelhandelsunternehmen) Ware ohne Mängel freiwillig zurück.

Es gibt eine Reihe von Gründen, die bei Kunden zu Umtauschwünschen führen können:

- Dem Kunden gefällt der gekaufte Artikel nicht mehr.
- Angehörigen sagt die Ware nicht zu.
- Der Kauf war unüberlegt.
- Größe, Form, Farbe usw. der Ware passen nicht.
- Die für einen Dritten gekaufte Ware (Geschenke) ist schon vorhanden, gefällt oder passt nicht.
- Der Kunde sieht den gleichen Artikel günstiger bei einem Konkurrenzunternehmen.

Im deutschen Recht herrscht der Grundsatz, dass einmal geschlossene Verträge eingehalten werden müssen. Ein Rechtsanspruch auf Umtausch einer mangelfreien Ware besteht deshalb nach dem Gesetz im stationären Handel nicht.

BEISPIEL

Corinna Schwarz möchte in der Textilabteilung der Kaufstadt Warenhaus AG einen Pullover für ihren 14-jährigen Sohn Birk kaufen. Sie geht zur Kasse. Dadurch macht sie ein Angebot zum Abschluss des Kaufvertrags, das vom Einzelhandelsunternehmen angenommen wird. Corinna Schwarz zahlt den Kaufpreis und bekommt den Pullover von der Verkäuferin in einer Tragetasche übergeben (Besitz- und Eigentumsübertragung).

Kurze Zeit später möchte Corinna Schwarz den Pullover umtauschen, weil ihrem Sohn der Pullover nicht gefällt und er außerdem schon wieder gewachsen ist.

Das Einzelhandelsunternehmen könnte den gewünschten Umtausch mit dem Hinweis auf den ordnungsgemäß abgeschlossenen Kaufvertrag ablehnen.

Ohne Einverständnis des Kaufmanns ist ein Umtausch zunächst einmal nicht möglich. Doch dies geschieht nur in den seltensten Fällen: Umtausch wird als Kundendienstleistung betrachtet und Großzügigkeit beim Umtauschen ist eine sehr kostengünstige Werbung für das Unternehmen.

Wird nicht besonders auf das Umtauschrecht des Kunden hingewiesen, muss jeder Kunde, der etwas kauft und sich die Rückgabe vorbehalten will, den Einzelhändler also fragen, ob die Ware zurückgegeben werden kann. Deshalb weisen viele Unternehmen extra darauf hin, dass Waren bei Nichtgefallen umgetauscht werden.

Will man Missverständnisse vermeiden, sollten Einzelhändler und Kunde ausdrücklich vereinbaren, dass der Kaufmann die Ware aus Kulanzgründen zurücknimmt, falls der Umtausch gewünscht wird.

Viele Unternehmen haben für den problemlosen Umtausch eigene Bereiche eingerichtet.

Insbesondere wenn das Unternehmen dem Kunden die Umtauschrechte schriftlich einräumt, muss es klar und deutlich darauf hinweisen, welche Artikel vom Umtausch ausgeschlossen sein sollen.

BEISPIELE

- Bestimmte Artikel sind aus hygienischen Gründen vom Umtausch ausgeschlossen, z. B. Kosmetikartikel, Perücken oder Unterwäsche.

- Auch in den Saison-Schlussverkäufen wird das generelle Umtauschrecht meistens ausdrücklich von den Einzelhandelsunternehmen ausgeschlossen. Von der Absicht her, in kurzer Zeit die Lager zu räumen, ist dieses Verhalten des Einzelhandels verständlich.

In weiten Kreisen des Einzelhandels hat sich jedoch die Einräumung von Umtauschrechten ohne vorherige besondere Vereinbarung eingebürgert.

Der Einzelhändler kann die Umtauschmodalitäten beim Umtausch aus Kulanzgründen selbst gestalten.

Bei einem Umtausch sind vom Verkaufspersonal die folgenden Punkte zu prüfen:

- Ist der Artikel unbeschädigt (kann er damit wiederverkauft werden)?
- Liegt der Kassenbon vor?
- Ist die betriebliche Umtauschfrist eingehalten worden?

Wie großzügig dabei verfahren wird, ist von Unternehmen zu Unternehmen unterschiedlich.

BEISPIEL

Die Kaufstadt Warenhaus AG hat eine Umtauschfrist bestimmt, auf die sie schriftlich hinweist. In aller Regel wird lediglich eine Gutschrift über die Kaufsumme ausgestellt und nicht der Kaufpreis zurückerstattet. Eine anderslautende Vereinbarung kann jedoch jederzeit vom Abteilungsleiter getroffen werden.

All dies gilt selbstverständlich nur, wenn die Ware nicht mangelhaft ist. Liegt eine berechtigte Reklamation vor, stehen dem Kunden die Rechte im Rahmen der gesetzlichen Gewährleistung zu.

Garantie

Im Gegensatz zum Umtausch geht es sowohl bei der Garantie als auch der gesetzlichen Gewährleistung um die rechtliche Behandlung von Mängeln der Ware.

Die Übernahme einer Garantie muss klar von der gesetzlichen Gewährleistung unterschieden werden. Dies wird in der geschäftlichen Praxis oft versäumt. Auch Kunden verwechseln Garantie und Gewährleistung häufig beziehungsweise (er)kennen den Unterschied nicht.

Der entscheidende Unterschied zwischen Garantie und Gewährleistung besteht darin, dass

- die Garantie auf einem freiwilligen Vertrag, die Gewährleistung aber auf einem Gesetz beruht,
- bei der Gewährleistung der Mangel bereits bei der Übergabe vorhanden sein musste.

Die Garantierechte des Käufers stehen also selbstständig neben den gesetzlichen Gewährleistungsrechten.

DEFINITION

Unter **Garantie** versteht man das freiwillige Versprechen eines Unternehmens, dass während einer bestimmten Zeitdauer ab Übergabe der Ware keine Mängel auftreten und der Unternehmer für die Mängelfreiheit einsteht. Zumeist übernimmt diese Haftung der Hersteller.

Unternehmen sind nicht gesetzlich verpflichtet, eine Garantie zu übernehmen. Sie bedarf daher der ausdrücklichen vertraglichen Vereinbarung, in der Inhalt und Umfang sowie die Garantiefrist bestimmt werden sollten.

Die Garantieübernahme von Herstellern erfolgt oft über Garantiekarten, die der Hersteller seinen Erzeugnissen beilegt. Darin werden dem Endverbraucher Rechte zumeist auf Nachbesserung oder Ersatzlieferung eingeräumt. Da diese Rechte eine freiwillige und zusätzliche Leistung des Herstellers sind, kann er sie nach seinen Vorstellungen inhaltlich ausgestalten. Es kommt ein Garantievertrag direkt zwischen dem Endkunden und dem Hersteller zustande.

BEISPIEL

Susanne Eilers kauft bei der Kaufstadt Warenhaus AG einen Geschirrspüler des Herstellers Dosch, dem eine Garantiekarte des Herstellerwerks beigefügt ist. Diese weist eine Garantiefrist von 48 Monaten nach Kauf aus.

Wenn beispielsweise nach drei Jahren der Geschirrspüler defekt würde, müsste der Hersteller Dosch je nach eingegangener Verpflichtung auf der Garantiekarte entweder eine Reparatur vornehmen oder Susanne Eilers ein neues Gerät zur Verfügung stellen.

Gesetzliche Gewährleistung

Widerrufsrecht des Verbrauchers

Unabhängig davon, ob der Grund der Rücksendung aufgrund der gesetzlichen Gewährleistung, aufgrund eines Garantieversprechens oder wegen eines bewusst eingeräumten Umtauschrechts erfolgt, kann der Kunde bei Onlineverkäufen die Ware auch ohne Angabe von Gründen zurückgeben. Mit seinem Widerrufsrecht kann er die Ware ohne Begründung zurückschicken.

Der Verbraucher kann also innerhalb von 14 Tagen den Fernabsatzvertrag ohne Angabe von Gründen widerrufen. Er ist dann nicht mehr an den Vertrag gebunden.

Diese Regelung gilt u. a. nicht bei Fernabsatzverträgen zur Lieferung von:

- Frischeartikeln, z. B. Lebensmittel, Blumen
- Presseartikeln

- Waren, die ersteigert wurden
- Produkten, die entweder nach Kundenspezifikationen angefertigt wurden oder sich nicht für die Rücksendung eignen
- Software, wenn sie vom Käufer entsiegelt wurde
- Video- und Audioaufzeichnungen

Generell gilt zunächst einmal, dass die Widerrufsfrist beginnt, wenn der Verbraucher eine ordnungsgemäße Widerrufsbelehrung erhalten hat. Verpflichtend vorgeschrieben ist, dass der Verkäufer den Käufer auf ein Musterformular für einen Widerruf hinweist, dass der Käufer im Bedarfsfall nutzen kann. Er kann aber auch auf andere Weise widerrufen:

- per Brief
- per Fax
- per E-Mail
- per Telefon (Hier ist auf die Beweisbarkeit zu achten.)

Das Fernabsatzrecht legt zusätzlich fest, dass bei Warenlieferungen die Frist bei Erhalt der Ware beginnt, bei Dienstleistungen beim Vertragsabschluss.

Das Widerrufsrecht wird nicht dadurch ausgeschlossen, dass der Verbraucher die Ware ausprobiert oder benutzt hat.

Grundsätzlich trägt der Käufer die Kosten der Rücksendung. Ausnahmen davon gibt es nur, wenn er nicht über die Pflicht, die Rücksendekosten zu übernehmen, informiert wurde.

Ein Onlinehändler muss die dem Kunden entstandenen ursprünglichen Versandkosten prinzipiell zurückerstatten. Er braucht jedoch nur das Porto für Standardlieferungen, nicht für Premium- oder Expressversand zu zahlen.

Innerhalb der 14-tägigen Widerrufsfrist dürfen Kunden bestellte Ware nicht nur anschauen, sondern auch ausprobieren.

BEISPIEL

Juliane Steinmann hat bei einem Onlinehändler ein Kleid bestellt.

Nach der Lieferung probiert sie es zu Hause vor dem Spiegel aus. Dies ist zulässig. Nicht erlaubt dagegen ist es, dass sie mit dem Kleid ausgeht. Der Onlinehändler kann in diesem Fall das zurückgeschickte Kleid nicht mehr weiterverkaufen. Um einen Wertersatz einfordern zu können, muss er allerdings beweisen, dass Juliane Steinmann die Ware über die Überprüfung und Anprobe hinaus für andere Zwecke benutzt hat.

Zur fristgerechten Rückgabe innerhalb der 14-Tages-Frist ist die Originalverpackung nicht gesetzlich vorgeschrieben. Nur wenn der Onlinehändler darüber hinaus freiwillig eine längere Widerrufsfrist anbietet, darf er die Rücknahme von der Originalverpackung abhängig machen. In diesem speziellen Fall darf der Onlinehändler sogar einen angemessenen Wertersatz für eine fehlende bzw. beschädigte Originalverpackung verlangen.

Aufgrund gesetzlicher Vorschriften stehen jedem Käufer von Waren bestimmte Rechte zu, wenn die Ware Mängel hat. Diese Rechte existieren unabhängig von ggf. zugesagten Umtauschmöglichkeiten oder Garantieerklärungen.[1]

Exkurs: Refurbishing und Fraud Return als besondere Phänomene bei der Reklamationsbearbeitung

Refurbishing

Wenn ein Artikel durch einen Kunden zurückgesendet wurde, bieten viele Händler diesen Artikel erneut - oft mit Preisnachlässen - im Internet als „refurbished" oder „generalüberholt" an. Diesen Vorgang nennt man „Refurbishing": Artikel werden - in unterschiedlichem Ausmaß qualitätsgesichert - für eine Wiederverwendung überholt bzw. instandgesetzt. Der Vorteil für den Webshop liegt darin, dass die Ware nicht als Komplettverlust abgeschrieben werden muss.

Volkswirtschaftliche Vorteile liegen in der Vermeidung von unnötigen Abfällen und einer Schonung von Ressourcen.

Ist ein Kunde mit einer generalüberholten Ware nicht zufrieden, gilt auch zunächst wieder das 14-tägige Widerrufsrecht.

Anschließend gilt wie für alle im B2C-Bereich gekauften Produkte im Normalfall die gesetzliche Gewährleistung von zwei Jahren. Der Verkäufer kann diese Frist (dies ist bei gebrauchten Produkten ja erlaubt) allerdings in seinen AGBs auf ein Jahr beschränken.

Unabhängig von der rechtlichen Regelung gibt ein Hersteller bzw. Händler in den meisten Fällen von sich aus auch noch eine Garantie.

Fraud Return

Viele Webshops werden durch „Fraud Return" belastet. Darunter versteht man den Missbrauch des Widerrufsrechts durch Kunden, die bereits benutzte oder getragene Waren zurücksenden. Dadurch entstehen bei vielen Webshops hohe Kosten.

Wenn ein Webshop die Rückerstattung des Kaufpreises verweigert, muss er die Gebrauchsspuren an der betreffenden Ware eindeutig nachweisen und belegen können.

Kennziffern zur Steuerung von Retouren

Retouren wirken sich deshalb negativ aus, weil sie Verkaufserfolge revidieren. Gleichzeitig entsteht zusätzlicher Aufwand. Eine der wichtigsten Arbeiten von Onlinehändlern vor diesem Hintergrund ist die Reduzierung von Retouren. Der Abbau der Retouren kann mithilfe von Kennziffern wie der **Retourenquote** gesteuert werden.

Die Retourenquote setzt die Anzahl der von Kunden zurückgeschickten Artikel in ein Verhältnis mit der Anzahl der versendeten Artikel.

$$\text{Retourenquote} = \frac{\text{Anzahl der zurückgegebenen Artikel}}{\text{Anzahl verkaufter und versendete Artikel}} \cdot 100\,\%$$

BEISPIEL

Die Exclusiva GmbH verkauft zwölf Stück eines bestimmten Artikels an vier Kunden:

- Kunde A bestellt sechs Artikel, die er alle behält.
- Kunde B bestellt drei Artikel, zwei davon schickt er zurück.
- Kunde C bestellt zwei Artikel, einer davon geht retour.
- Kunde D bestellt einen Artikel, den er auch behält.

$$\text{Retourenquote} = \frac{3}{12} \cdot 100\,\%$$

$$\text{Retourenquote} = 25\,\%$$

In der Praxis wird zunächst mal die Ist-Kennziffer der Retourenquote ermittelt: Es wird also festgestellt, wie hoch die Zahl der Retouren tatsächlich im Vergleich zu den Bestellungen ist.

Mithilfe verschiedener Maßnahmen wird dann eine zu tolerierende Zielgröße (die Soll-Retourenquote) angestrebt.

BEISPIEL

Für einen bestimmten Artikel wird bei der Exclusiva GmbH eine Retourenquote von 60 % (Istwert) festgestellt. Angestrebt wird jedoch eine Retourenquote von 45 % (Sollwert). Dies erreicht die Exclusiva GmbH unter anderem mit den folgenden Maßnahmen:

- Maßnahmen zur Qualitätssteigerung meinen Artikeln:
- Verbesserung der Informationen zu den Produkteigenschaften
- Informationen und Instrumente zur Verbesserung der Passgenauigkeit
- Einsatz besserer Visualisierungsmöglichkeiten, um Erwartung- und Entscheidungsfehler zu reduzieren.

---

1 vgl. Kapitel 5.2

- Bereitstellung von Checklisten/Abfragen zu kaufentscheidenden Faktoren
- Information über problematische Folgen leichtfertiger oder unethischer Retouren
- Imageverbesserung
- Bonitätsprüfung und selektives Angebot von Zahlungsmitteln.

Eine ähnliche Kennzahl ist die **Stornoquote**. Diese bezieht sich im Gegensatz zur Retourenquote nicht nur auf einen einzelnen Rückgabevorgang, sondern bezieht sich auf einen Gesamtvertrag.

$$\text{Stornoquote} = \frac{\text{Anzahl der gekündigten (bzw. widerrufenen) Verträge}}{\text{Anzahl der insgesamt abgeschlossenen Verträge}} \cdot 100\,\%$$

BEISPIEL

3 000 Kunden bestellten innerhalb der letzten 14 Tage bei der Exclusiva GmbH. 600 Bestellungen wurden widerrufen.

$$\text{Stornoquote} = = \frac{600}{13\,000} \cdot 100\,\%$$

Die Stornoquote beträgt 20 %.

Die Stornoquote gibt als Qualitätsindikator Auskunft über Attraktivität des Angebots des Webshops. Je höher die Stornoquote ist, desto niedriger ist die Kundenzufriedenheit.

Exkurs: Rückabwicklung und Leistungsstörung – Unterschiede zwischen B2C und B2B

Das Widerrufsrecht in Europa gibt dem B2C-Endverbraucher eine sehr starke Position als Käufer. Ohne Angabe von Gründen kann dieser die Ware an Hersteller oder Händler zurücksenden, sofern er diese über das Internet erworben hat. Dieses Widerrufsrecht existiert im B2B-Umfeld nicht.

Während also im B2C-Handel einschlägige Gesetze und Vorschriften existieren, die dem Endverbraucher oder privaten Käufer starke Rechte einräumen, sind die Rechte zwischen Käufer und Verkäufer im B2B eher in gegenseitigen Verträgen geregelt. Auch wenn es im B2B ebenso gesetzliche Vorschriften gibt, gehen die individuellen Vereinbarungen sehr häufig über das gesetzliche Mindestmaß hinaus.

Verkäufer und Käufer verpflichten sich in einem Rahmenvertrag, der die Grundlage der Geschäftsbeziehung bildet, gegenseitig schriftlich in sogenannten **Service-**

Level-Agreements (= SLAs). Darin enthalten sind Regeln bzgl. Rückabwicklung und Leistungsstörung.

So sind auch Retouren hier geregelt. Auch die Qualität und Quantität der Produkte werden zum Beispiel vorher definiert und Quoten festgesetzt. Eine Unter- oder Überlieferung kann auch akzeptabel sein, wenn dies vorher festgelegt wurde. Auch bei der Qualität der Ware werden regelmäßig Toleranzen vereinbart. Lieferpünktlichkeit ist ebenfalls ein wichtiges Kriterium. Ähnlich wie beim Endverbraucher, der seine Ware nach Erhalt umgehend prüft (Ist es das richtige Produkt? Ist es äußerlich unbeschädigt? Ist es auch bei Gebrauch mängelfrei?), prüfen auch B2B-Partner die Ware. Allerdings versteht es sich von selbst, dass eine ganze Palette oder Lkw-Ladung nicht vor Ort bei der Anlieferung nach der Gebrauchsmethode getestet werden kann. Zumindest nicht im Handel. Daher vereinbaren die Partner auch die Rücknahme der Ware, wenn erst ein Endverbraucher diese reklamiert.

BEISPIEL

Sehr strenge Regeln gibt Amazon Vendor[1] seinen Lieferanten in SLAs vor. Da Amazon in der Regel über sehr gute Daten verfügt und damit den Absatz von Produkten hervorragend voraussagen bzw. planen kann, nimmt Amazon immer nur so viel Ware von seinem Lieferanten auf Lager, wie es für eine vorher von Amazon definierte Anzahl von Tagen notwendig scheint, um selbst lieferfähig zu sein. Dies nennt man die *Lieferreichweite*. Auch definiert Amazon die Lieferzeit i. d. r. mit „next day" oder innerhalb von zwei Werktagen zu einem beliebigen Lager von Amazon innerhalb Europas. Hält der Lieferant diese Vereinbarung nicht ein, reklamiert Amazon dies sofort. Steigt die Reklamationsquote über eine definierte Grenze, wird der Lieferant aufgefordert, ein Maßnahmenkonzept vorzulegen, um die Lieferpünktlichkeit wieder einzuhalten. Auch legt Amazon fest, dass der Lieferant Endverbraucher-Reklamationen auf eigene Kosten zurückzunehmen hat, Ersatz liefern muss oder den Kaufpreis zurückzuerstatten hat. Damit sowohl Amazon als auch der Endverbraucher garantiert das Geld bekommen, behält Amazon regelmäßig eine Rücklage[2] ein.

Sollte Amazon sich einmal verschätzt haben und zu viel Ware auf Lager genommen haben, als verkauft werden kann, verlangt Amazon vom Lieferanten ein uneingeschränktes Rückgaberecht für nicht verkaufte Ware.

---

1 Im Vendor Programm von Amazon beliefern Hersteller oder Händler Amazon direkt. Amazon verkauft die Ware dann auf eigene Rechnung und im eigenen Namen an Endverbraucher.

2 Da Amazon die Ware des Lieferanten i. d. R. schneller an Endverbraucher verkauft, als es diese beim Lieferanten bezahlt, schuldet Amazon dem Lieferanten regelmäßig Geld. Und von diesem „Guthaben des Lieferanten" wiederum behält Amazon einen Betrag x über bspw. 90 Tage ein. Das ist dann die Rücklage. Diese berechnet sich jeden Tag neu.

AUFGABEN

1. Was ist ein Lieferschein?

2. Welche Vorteile ergeben sich, wenn ein Lieferschein einer Warensendung beigelegt wird?

3. Was ist ein Retourenschein?

4. Welche Vorteile hat ein Onlinehändler, wenn er mit Retourenscheinen arbeitet?

5. Erläutern Sie die Arbeitsschritte bei der Retourenbearbeitung.

6. Führen Sie Gründe für Rücksendungen durch die Kunden auf.

7. Erläutern Sie Maßnahmen, mit denen man die Rücksendungsquote in einem Webshop senken kann.

8. Nennen Sie Umtauschgründe.

9. Wodurch unterscheidet sich ein Umtausch von der Neulieferung im Rahmen der gesetzlichen Gewährleistung?

10. Wodurch unterscheidet sich die Garantie von der gesetzlichen Gewährleistung?

11. Erläutern Sie das Widerrufsrecht des Verbrauchers.

12. Erläutern Sie die Begriffe
    a) Retourenquote
    b) Stornoquote.

13. Die Exclusiva GmbH verkauft 20 Stück eines bestimmten Artikels an vier Kunden:
    - Kunde A bestellt sechs Artikel, die er alle behält.
    - Kunde B bestellt 5 Artikel, zwei davon schickt er zurück.
    - Kunde C bestellt 4 Artikel, einer davon geht retour.
    - Kunde D bestellt 5 Artikel, die er auch behält.

    Ermitteln Sie die Retourenquote.

14. 6 000 Kunden bestellten innerhalb der letzten 14 Tage bei der Exclusiva GmbH 2 400 Bestellungen wurden widerrufen. Ermitteln Sie die Stornoquote.

15. Schauen Sie das Video *https://youtu.be/OvckDAL-crTI*. Halten Sie schriftlich die wichtigsten Inhalte in einer Mindmap fest.

16. Erläutern Sie die Begriffe
    a) Fraud Return,
    b) Refurbishing.

17. Unterscheiden Sie das Reklamationsmanagement vom Retourenmanagement.

ZUSAMMENFASSUNG

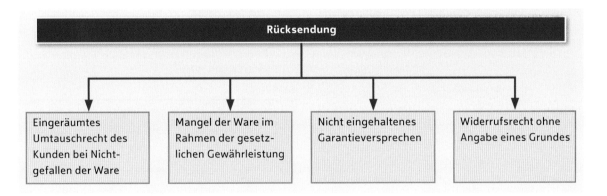

Rücksendung			
Eingeräumtes Umtauschrecht des Kunden bei Nichtgefallen der Ware	Mangel der Ware im Rahmen der gesetzlichen Gewährleistung	Nicht eingehaltenes Garantieversprechen	Widerrufsrecht ohne Angabe eines Grundes

5.2 Mangelhafte Lieferung

Einstieg

In der Mittagspause stürmt Ronja Bunko zu Andreas Saager und Agathe Kwasny. Sie wirft sich auf einen freien Stuhl.

Agathe:

„Du liebe Zeit, Ronja, was ist denn los?"

Ronja:

„Ach, ich komme gerade aus dem Lager. Da gibt es gerade mal wieder Ärger: Wir haben vor vier Wochen an eine Kundin Ware geschickt, die deutliche Mängel hatte ... und keiner hatte die Mängel bemerkt ... Vorhin hat sich die Kundin gemeldet. Und mich hat man jetzt beauftragt, den Fall zu bearbeiten.
Wie gehe ich denn nun vor? Das habe ich noch nie gemacht ..."

1. Beurteilen Sie die Rechtslage.

2. Schlagen Sie Maßnahmen vor, die Ronja ergreifen sollte.

INFORMATIONEN

Gesetzliche Gewährleistung

Wie bei jedem anderen Kaufvertrag außerhalb des Internets hat der Verkäufer auch im Onlinehandel die Pflicht, dem Käufer eine Sache zu übertragen, die frei von Sachmängeln ist. Bei Onlinekäufen ist daher besonders auf eine genaue Angebotsbeschreibung zu achten. Diese darf keinen Raum für Missverständnisse und Fehlinterpretationen zulassen. Falls ein gekauftes Produkt einen Mangel aufweist, hat der Käufer das Recht der Gewährleistung.

> **DEFINITION**
>
> Durch die **Gewährleistung** haftet der Unternehmer aufgrund gesetzlicher Vorschriften dafür, dass die Ware zum Zeitpunkt der Übergabe die zugesicherten Eigenschaften besitzt und mangelfrei ist.

Das deutsche Recht legt fest, dass ein Verkäufer dem Käufer seine Sache grundsätzlich fehlerfrei übergeben und ihm daran das Eigentum verschaffen muss.

Mängelarten		
Mängelarten im Hinblick auf die Erkennbarkeit		
Art	**Beschreibung**	**BEISPIELE**
offene Mängel	Beim Übergang der Ware ist für den Käufer deutlich erkennbar, dass die Ware einen Mangel hat.	Bei einem angelieferten Büroschrank ist die Oberfläche stark verkratzt.
versteckte Mängel	Diese Mangelart liegt vor, wenn trotz einer gewissenhaften Überprüfung der Ware der Mangel zunächst nicht erkennbar ist.	Bei einem Computer funktioniert ein Teil des Hauptspeichers nicht.
arglistig verschwiegene Mängel	Bei allen arglistig verschwiegenen Mängeln verheimlicht der Verkäufer dem Käufer einen versteckten Mangel absichtlich.	Die Exclusiva GmbH kauft eine größere Menge Wollpullover. Der Verkäufer verschweigt dabei, dass die Pullover durch einen Wasserschaden in seinem Lager nass geworden sind.

Art	Beschreibung	BEISPIELE
Sachmängel		
Mangel in der Beschaffenheit	Ein Mangel in der Beschaffenheit liegt vor, wenn die Ware fehlerhaft ist. Die Ware ist ganz oder teilweise beschädigt. Sie entspricht also nicht der vertraglich vereinbarten Beschaffenheit.	Ein der Exclusiva GmbH gelieferter Schreibtisch hat eine zerkratzte Arbeitsfläche.
Mangel in der Güte	Die Ware ist zwar einwandfrei, erfüllt jedoch nicht vertraglich zugesicherte Eigenschaften.	Ein Monitor funktioniert einwandfrei. Die Bildwiederholfrequenz ist jedoch erheblich geringer als vertraglich zugesichert.
falsche Werbeaussagen	Ein Mangel liegt auch vor, wenn Eigenschaften der Ware nach öffentlichen Äußerungen des Verkäufers nicht vorhanden sind.	Ein Drucker soll nach Aussagen des Herstellers in Werbeanzeigen 60 Seiten pro Minute drucken können. Tatsächlich schafft er aber nur 20 Seiten in der Zeit.
Montagefehler	Wird etwas unsachgemäß durch den Verkäufer montiert, liegt ein Montagefehler vor.	Ein Möbelhaus liefert die neue Teeküche für die Exclusiva GmbH und baut diese auf. Zwei Türen eines Schranks lassen sich anschließend nicht öffnen.
mangelhafte Montageanleitung	Fehlt eine Montageanleitung oder hat diese Fehler, so dass es zu einer falschen Montage durch den Käufer kommt, gilt dies auch als – scherzhaft häufig Ikea-Klausel genannter – Sachmangel.	• Uwe Otte kauft einen hoch technisierten DVD-Player mit japanischer Bedienungsanleitung, die nicht zu verstehen ist. Er kann daher das Gerät nicht bedienen. Es ist damit mangelhaft. • Klaus Peter Marx kauft in der Möbelabteilung von Kaufstadt ein Regal, das aufgrund unverständlicher Montageanleitung nicht aufzubauen ist. Er kann sich auf einen Mangel des Regals berufen. • Michael Hoffmann hat eine kleine Anrichte gekauft. Am Paket steht groß und deutlich: „Problemloser Aufbau! Auspacken und Zusammenbau in fünf Minuten!" Da Michael Hoffmann wegen der fehlenden Bedienungsanleitung falsche Teile zusammengeschraubt hat, tritt an diesen ein Schaden auf.
Mangel in der Art	Bei diesem Mangel wird eine andere Ware als bestellt geliefert.	Statt des Druckers HAPE t400 wird ein einwandfreies Gerät HAPE t200 geliefert.
Mangel in der Menge	Hier liegt eine nicht vollständige Warenlieferung vor.	Die Exclusiva GmbH hat 1 000 Packungen Kopierpapier bestellt. Geliefert werden aber nur 500 Stück.
Rechtsmangel		
Ein Rechtsmangel liegt vor, wenn Dritte im Hinblick auf die Ware Rechtsansprüche stellen können, ohne dass dies beim Kauf vereinbart wurde.		• Ein Verkäufer ist nicht Eigentümer der Ware. • Eine Ware ist zur Absicherung eines Kredits mit einem Pfandrecht belastet.

Bestimmte Rechte, die ein Kunde aufgrund gesetzlicher Wege im Rahmen der Schlechtleistung in Anspruch nehmen kann, hängen ab von der Art des Mangels. Der Käufer muss also zunächst feststellen, um welche Fehlerart es sich handelt, um reklamieren zu können.

Pflichten des Käufers

Der Käufer einer Ware ist verpflichtet, zunächst die Ware zu prüfen und dann bei Vorliegen von Mängeln dies dem Verkäufer mitzuteilen. Versäumt der Käufer, einer dieser beiden Pflichten nachzukommen, kann er Rechtsansprüche gegenüber dem Verkäufer verlieren.

Mängelrüge

Wird also ein Mangel entdeckt, muss der Käufer dies beim Verkäufer reklamieren. Diese Mitteilung heißt Mängelrüge. Dabei muss der entsprechende Mangel sehr genau beschrieben werden. Die Mängelrüge ist grundsätzlich formfrei. Aus Beweissicherungsgründen sollte man diese jedoch in Schriftform an den Verkäufer senden.

Exclusiva GmbH
seit 1949

Exclusiva GmbH · Almsstr. 43–47 · 31134 Hildesheim

Bernhard Müller OHG
Im Weiher 1
69121 Heidelberg

Ihr Zeichen: Vk-we
Ihre Nachricht vom: 11.03.20..
Unser Zeichen: ro
Unsere Nachricht vom: 01.02.20..

Name: Ronja Bunko
Tel.: 05121 301792-26
Fax: 05121 3017921
E-Mail: info@exclusiva-gmbh-wvd.de
Internet: exclusiva-gmbh-wvd.de

Datum: 13.03.20..

Mangelhafte Lieferung: Unsere Bestellung 2398 vom 1. Februar d. J.

Sehr geehrte Damen und Herren,

wir haben Ihre Lieferung fristgerecht am 12. März erhalten.

Bei der unverzüglichen Überprüfung der Sendung stellten wir allerdings folgenden Mangel fest:

Statt der bestellten 500 Geschenkartikel mit der Bestellnummer 768543 haben Sie uns nur 300 Stück

geliefert.

Zur Behebung dieses Mangels bitten wir Sie, die fehlenden Artikel umgehend frachtfrei nachzuliefern.

Trotz dieser mangelhaften Lieferung hoffen wir auch zukünftig auf gute Zusammenarbeit.

Mit freundlichem Gruß

Exclusiva GmbH

Ronja Bunko

Ronja Bunko

Reklamationsfristen

Zu beachten ist, dass eine Mängelrüge innerhalb bestimmter Fristen – den sogenannten Rügefristen – bei dem Verkäufer eingegangen sein muss. Diese Fristen unterscheiden sich abhängig von der Art des Verkaufs.

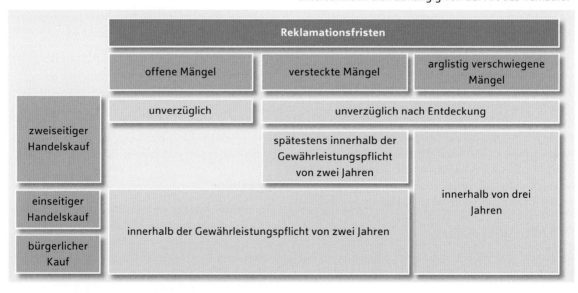

Bei einem **zweiseitigen Handelskauf** verkauft ein Unternehmer (z. B. ein Industrieunternehmen) einem anderen Unternehmen (z. B. einem Großhandelsunternehmen) eine Ware. Gibt es einen offenen Mangel, so muss unverzüglich gemahnt werden. Ist der Mangel versteckt, hat die Reklamation innerhalb von zwei Jahren zu erfolgen, jedoch unverzüglich nach Entdeckung in diesem Zeitraum. Bei arglistig verschwiegenen Mängeln gilt eine Reklamationsfrist von drei Jahren.

Bei einem **einseitigen Handelskauf** verkauft ein Kaufmann (z. B. ein Einzelhandelsunternehmen) einem Privatmann eine Ware. Für feste Sachen (z. B. Grundstücke) oder bewegliche Sachen (dann spricht man vom Verbrauchsgüterkauf) gilt zunächst einmal für offene und versteckte Mängel eine zweijährige Rügefrist. Für arglistig verschwiegene Mängel beträgt die Rügefrist drei Jahre.

Zum Schutz des Verbrauchers gelten im Rahmen des **Verbrauchsgüterkaufs** zwei Besonderheiten:
- Tritt in den ersten sechs Monaten nach Kauf der Ware ein Mangel auf, geht man davon aus, dass er schon bei Lieferung bestand und somit vom Verkäufer verschuldet wurde. Im Streitfall muss der Verkäufer nachsen, dass die Ware zum Zeitpunkt des Verkaufs mangelfrei war. Erst nach Ablauf der sechs Monate findet eine **Beweislastumkehr** statt. Nun muss der Käufer beweisen, dass der Mangel nicht von ihm verursacht wurde.
- Zudem dürften hier Bestimmungen der Allgemeinen Geschäftsbedingungen nicht zulasten des Verbrauchers verändert werden. Lediglich bei gebrauchten Sachen darf eine Verkürzung der Reklamationsfrist auf ein Jahr erfolgen.

Der **bürgerliche Kauf** ist ein Kauf unter Privatleuten. Auch hier gilt die Reklamationsfrist von zwei Jahren. Gewährleistungsansprüche können aber beim bürgerlichen Kauf vertraglich ausgeschlossen werden.

Beim zweiseitigen Handelskauf muss ein Käufer noch die Problematik der Aufbewahrung der mangelhaften Ware beachten.

Platzkauf — Verkäufer und Käufer haben ihren Geschäftssitz am selben Ort.

Ware aufbewahren

Alternativen:

Ware zurückschicken

Aufbewahrung mangelhafter Ware beim zweiseitigen Handelskauf

Distanzkauf — Verkäufer und Käufer haben ihren Geschäftssitz an unterschiedlichen Orten.

Bis der Verkäufer mitteilt, was er mit der Ware machen möchte:

Käufer muss die Ware auf Kosten des Verkäufers aufbewahren.

Oder: Käufer kann Einlagerung bei einem Dritten auf Kosten des Verkäufers veranlassen.

Rechte des Käufers

Zunächst einmal hat der Käufer einen **Nacherfüllungsanspruch**, den er geltend machen muss, bevor er auf die anderen Gewährleistungsrechte zurückgreifen kann. Die Nacherfüllung kann grundsätzlich nach freier Wahl des Käufers
- entweder in der Beseitigung des Mangels (Nachbesserung)
- oder in Neulieferung einer mangelfreien Sache bestehen.

Diese Ersatzlieferung kann der Verkäufer allerdings zurückweisen, wenn
- dies mit unverhältnismäßig hohen Kosten verbunden ist,
- die Neulieferung unmöglich ist (z. B. bei einem Unikat) oder
- für den Verkäufer unzumutbar ist.

BEISPIELE
- In einem Uhren-Onlineshop wird eine neue Uhr verkauft, die in der Folgezeit nicht funktioniert. Der Käufer kann wählen, ob er sich eine neue Uhr geben lässt oder die mangelhafte reparieren lässt.
- Sabine Wiegand bestellt bei einem Autohaus einen Neuwagen. Bei der Auslieferung stellt sich heraus, dass die Benzinpumpe nicht richtig eingestellt ist. In Anbetracht der Geringfügigkeit dieses Mangels wäre es wohl für den Verkäufer unzumutbar, von ihm die Neulieferung eines Wagens zu verlangen. Hier besteht nur Anspruch auf Nachbesserung.

Für die Nacherfüllung muss der Käufer dem Verkäufer zunächst eine angemessene Frist setzen. Eine Nachfristsetzung ist allerdings nicht notwendig, wenn

- zwei Nacherfüllungsversuche fehlgeschlagen sind,
- die Nacherfüllung für den Käufer beziehungsweise Verkäufer unzumutbar ist,
- der Verkäufer die Nacherfüllung verweigert,
- der Mangel nicht behebbar ist.

Kosten der Nacherfüllung

Der Käufer kann verlangen, dass Kosten, die aufgrund der Nacherfüllung entstehen, vom Lieferanten ersetzt werden. Dies können beispielsweise

- Transportkosten,
- Arbeits- und Materialkosten und
- Kosten des Aus- und Neueinbaus

sein.

BEISPIEL

Die Exclusiva GmbH hat Autoradios für die Firmen-Pkws gekauft. Nach deren Einbau wird festgestellt, dass sie Mängel aufweisen. Die Ersatzlieferung ist mit hohen Kosten für den Ausbau der fehlerhaften und Einbau der nachgelieferten Teile verbunden. Der Verkäufer muss der Exclusiva GmbH die erforderlichen Aufwendungen für den Ausbau der mangelhaften und den Einbau der nachgebesserten bzw. neu gelieferten mangelfreien Autoradios ersetzen. Der Verkäufer hat dabei nicht das Recht, den Ausbau der mangelhaften und Einbau der mangelfreien Autoradios selbst vorzunehmen.

Erst wenn die Nacherfüllung gescheitert ist, weil sie beispielsweise unmöglich oder unverhältnismäßig ist oder weil die dem Verkäufer zur Nacherfüllung gesetzte Frist erfolglos abgelaufen ist, kann der Käufer die anderen Gewährleistungsansprüche geltend machen, also vom Vertrag zurücktreten, den Kaufpreis herabsetzen (Minderung) oder Schadensersatz verlangen.

Rechte der Käufer bei mangelhafter Lieferung und ihre Voraussetzungen	
Rücktritt vom Vertrag	1. Ein Sach- oder Rechtsmangel liegt vor. 2. Es darf **kein unerheblicher Mangel** sein. 3. Eine angemessene Frist zur Nacherfüllung muss erfolglos abgelaufen beziehungsweise entbehrlich sein.
Minderung (Herabsetzung des Kaufpreises)	1. Ein Sach- oder Rechtsmangel liegt vor. 2. Dieses Recht kann **auch bei unerheblichen Mängeln** (anders als beim Rücktritt!) in Anspruch genommen werden. 3. Eine angemessene Frist zur Nacherfüllung muss erfolglos abgelaufen beziehungsweise entbehrlich sein.
Schadensersatz	1. Ein Sach- oder Rechtsmangel liegt vor. 2. Ein Verschulden des Verkäufers muss vorliegen (Im Streitfall trägt der Verkäufer die Beweislast, dass er kein Verschulden hat). 3. Es darf **kein unerheblicher Mangel** sein. 4. Eine angemessene Frist zur Nacherfüllung muss erfolglos abgelaufen beziehungsweise entbehrlich sein. Unterschieden werden zwei Arten des Schadensersatzes: • Beim **Schadensersatz neben der Leistung** behält der Käufer die mit Mängeln versehene Ware. Der Anspruch auf zusätzlichen Schadensersatz soll die Kosten ersetzen, die Mängel beseitigen können. • Beim **Schadensersatz statt der Leistung** verzichtet der Käufer auf die Ware und gibt sie zurück (Rücktritt vom Kaufvertrag). Abgedeckt wird der Schaden, der durch die nicht zustande gekommene Warenlieferung entstanden ist.

Einschränkung von Gewährleistungsfristen

Beim Verbrauchsgüterkauf im Rahmen des einseitigen Handelskaufs darf – wie oben schon dargestellt – bei neuen Sachen die Gewährleistungsfrist nicht verkürzt werden. Bei gebrauchten Sachen ist eine Verkürzung auf ein Jahr möglich.

Etwas anders sieht es beim zweiseitigen Handelskauf aus: Hier ist eine komplette Streichung der Gewährleistungspflicht für Mängelansprüche möglich. Voraussetzung dafür ist, dass es sich um eine eindeutige individuelle Absprache zwischen Lieferant und Käufer handelt. Die Mängel dürfen zudem vom Verkäufer nicht arglistig verschwiegen worden sein.

Möglicher Gewährleistungsausschluss bei B2B-Geschäften

Im B2B-Bereich gelten die Einschränkungen des Ausschlusses der Gewährleistung nicht. Der Gesetzgeber geht davon aus, dass die Beteiligten, die ein Handelsgeschäft professionell abwickeln, einen geringeren Schutz als normale Verbraucher benötigen. Daher kann beim Abschluss von B2B-Verträgen bzw. in den dazugehörenden Formularen die Gewährleistung weitgehend ausgeschlossen werden.

BEISPIEL

Die Exclusiva GmbH kann beim Abschluss eines Kaufvertrags mit einem Einzelhandelsunternehmen die Gewährleistung mit Klauseln wie

- „gekauft wie gesehen" oder
- „unter Ausschluss jeglicher Gewährleistung"

ausschließen.

Verwendet der Lieferant Allgemeine Geschäftsbedingungen, kann bei der Lieferung neuer Waren eine kürzere Frist als die normale Gewährleistungsfrist vereinbart werden. Möglich ist hier allerdings eine Begrenzung des Gewährleistungsanspruchs auf mindestens ein Jahr.

Gewährleistung bei privaten Käufen

Privatverkäufer können die Nacherfüllung im erheblichen Umfang ausschließen. Dies gilt unabhängig davon, ob es sich um gebrauchte oder neue Waren handelt.

BEISPIEL

Thomas Brünig bietet privat im Internet einen Artikel an. Er schließt die Gewährleistung mit der folgenden Formulierung aus: „Bei diesem Privatverkauf wird jegliche Gewährleistung ausgeschlossen."

Die Abgrenzung zum gewerblichen Kauf ist oft fließend. Es muss immer überprüft werden, ob nicht ein Merkmal vorliegt, dass ein Verkäufer gewerblich handelt.

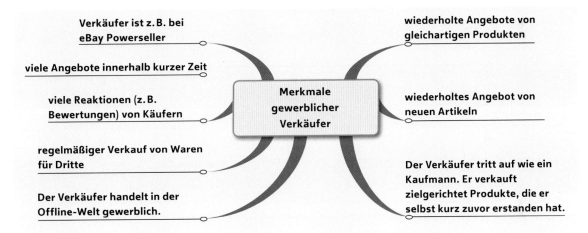

Unternehmerrückgriff

Wenn ein Unternehmen als letzter Verkäufer eine gelieferte Ware wegen eines Mangels vom Endkunden wieder zurücknehmen oder den Kaufpreis mindern muss, kann er die gleichen Rechte gegenüber seinem Lieferanten geltend machen.

Streitbeilegung

Gibt es nach dem Kauf einer Ware oder Dienstleistung Probleme, können gesetzliche Rechte in Anspruch genommen werden. Um diese nötigenfalls durchzusetzen, steht jedem der Beteiligten die Möglichkeit offen, vor Gericht zu ziehen.

BEISPIEL

Olivia Biehle aus Hildesheim hat nach vier Monaten einen versteckten Mangel bei einer gekauften Ware entdeckt und reklamiert dies bei einem Webshop aus Bremen. Dieser weigert sich vehement, nachzubessern oder neu zu liefern. Olivia Biehle klagt über ihren Rechtsanwalt.

Schwieriger wird ein Gang vor Gericht, wenn eine der Parteien nicht in Deutschland ansässig ist.

BEISPIEL

Ein ähnliches Problem hat Olivia Biehle mit einem tschechischen Webshop. Auch hier weigert sich dieser, in einem Fall mangelhafter Lieferung Olivia Biehle zustehende Rechte zu gewähren. Eine Klage von Deutschland aus in Tschechien zu initiieren, ist sehr aufwendig.

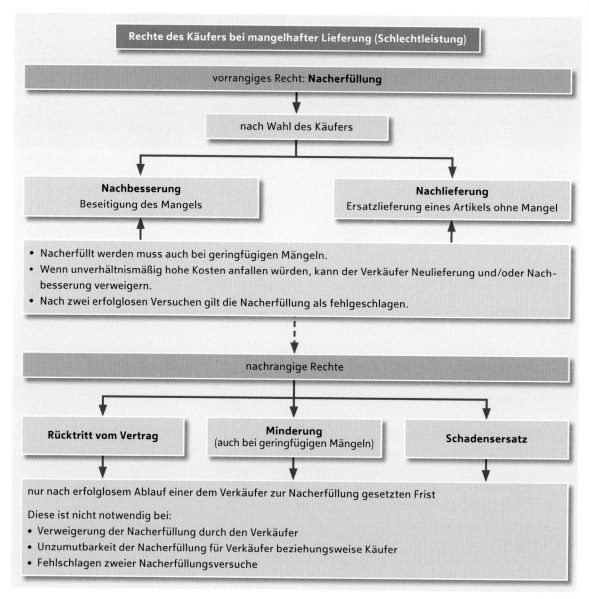

Die alternative Streitbeilegung

Durch Verfahren der alternativen Streitbeilegung (engl.: Alternative Dispute Resolution = ADR) kann oft ein Gang zum Gericht vermieden werden. Dies erspart Kosten, Zeit und Stress.

Bei der alternativen Streitbeilegung vermitteln neutrale außergerichtlichen Stellen zwischen Kunden und Händlern. Sie dürfen in vielen Fällen auch Lösungen vorschlagen oder sogar verbindlich auferlegen.

BEISPIELE

Neutrale Stellen können sein:

- Ombudsleute
- Schlichter,
- Vermittler,
- Schiedsgerichte,
- Bürgerbeauftragte
- Beschwerdekammern

Damit die Konflikte fair und erfolgreich gelöst werden können, müssen die neutralen und damit unabhängigen Stellen strenge Qualitätskriterien erfüllen. Die Konfliktfälle werden im Normalfall innerhalb von 90 Tagen (kostenlos oder mit geringen Kosten für den Antragsteller) bearbeitet. Alle Vertragsstreitigkeiten mit in der Europäischen Union ansässigen Händlern können nach EU-Recht von solchen neutralen Stellen bearbeitet werden.

Die Online-Streitbeilegung

Eine Sonderform der alternativen Streitbeilegung ist die Online-Streitbeilegung (OS, engl.: ODR = Online Dispute Resolution): Gibt es einen Konflikt mit einem Händler aus einem EU-Land, kann in der Regel der Kunde (in manchen Fällen auch der Verkäufer) eine Plattform für eine Online-Streitbeilegung der Europäischen Union kostenlos nutzen. Diese Plattform steht in allen EU-Sprachen kostenlos zur Verfügung, aufzurufen unter *https://ec.europa.eu/consumers/odr/main/?event=main.home2.show* (Stand Dezember 2020).

Olivia Biehle aus dem Beispiel oben könnte auf den Seiten der Europäischen Kommission in der Tschechischen Republik nach einer Streitbeilegungsstelle suchen.

Über OS-Verfahren können Kunden kostenlos oder für eine geringe Gebühr zu einer fairen Lösung gelangen. Händler vermeiden kostspielige Verfahren und halten die gute Beziehung zu ihren Kunden aufrecht.

Der Ablauf einer Online-Streitbeilegung

Der Ablauf einer Online-Streitbeilegung kann wie folgt ablaufen:

- Es muss zunächst überprüft werden, ob Kunde und Händler beide in der EU oder Norwegen, Island und Liechtenstein ansässig sind.
- Der Kunde füllt dann das Online-Beschwerdeformular auf der Online-Beschwerdeseite der EU aus. Jetzt oder im späteren Verlauf des Verfahrens muss sich der Kunde bei der Plattform registrieren lassen.
- Der Kunde kann die Beschwerde direkt einreichen. Er kann sie aber auch zunächst als Entwurf speichern. Danach hat er noch sechs Monate Zeit, seine Beschwerde einzureichen.
- Der Händler muss einer Bearbeitung der Beschwerde über eine Streitbeilegungsstelle zustimmen.

- Innerhalb von 30 Tagen müssen sich Verbraucher und Händler darauf einigen, welche neutrale Stelle sich mit dem Konflikt befassen soll.
- In der Regel schlägt der Händler dem Kunden über die Plattform eine oder mehrere infrage kommende Streitbeilegungsstellen vor.
- Sobald die Streitbeilegungsstelle aufgrund der Beschwerde zu einem Ergebnis gelangt, macht sie dies auf der OS-Plattform kenntlich. Der Kunde wird benachrichtigt, dass eine Lösung zu seiner Beschwerde vorliegt.

Grenzen der Online-Streitbeilegung

In vielen Fällen kann das OS-Verfahren sehr erfolgreich sein. Entscheidungen haben verbindlichen Charakter. In einigen Fällen ist es jedoch nicht zielführend:

- Händler sind nicht zur Online-Streitbeilegung verpflichtet und können daher eine Bearbeitung der Kundenbeschwerde über die OS-Plattform verweigern.

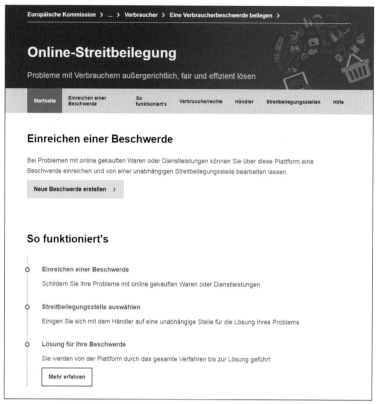

In einer Schritt-für-Schritt-Anleitung wird erklärt, wie man eine Beschwerde einreicht.

BEISPIEL

Sogar wenn sich ein Link zur OS-Plattform auf der Webseite des Händlers befindet, bedeutet nicht, dass er einem Verfahren zustimmen wird

- Versäumt es der Kunde, bestimmte Angaben zu machen bzw. bestimmte Pflichten zu erfüllen, kann die Streitbeilegungsstelle von sich aus das Verfahren ablehnen.

BEISPIEL

Der Käufer hat nicht wie vorgeschrieben den Händler vorher kontaktiert.

- Wenn Kunde und Händler sich innerhalb von 30 Tagen nicht auf eine Streitbeilegungsstelle einigen, wird die Bearbeitung der Kundenbeschwerde über die Plattform nicht fortgesetzt.
- Manchmal findet die Streitbeilegungsstelle keine zufriedenstellende Lösung des Falls.

Erfüllt das Verfahren der Online-Streitbeilegung nicht seinen Zweck, bleibt nur noch der Weg zum Gericht, um seine Rechte durchzusetzen.

Anforderungen an Webshops

Onlineshops in der EU sind verpflichtet, einen entsprechenden Link mit einem Hinweis auf das OS-Verfahren auf ihrer Homepage einzufügen, der zur Plattform der EU führt. Im Falle eines Konflikts zwischen dem Käufer und dem Onlineshop sollen Unternehmen nach Ansicht der EU neue Beilegungsmöglichkeiten der Auseinandersetzung angeboten werden. Zielsetzung dieser Vereinbarung ist es ebenfalls, innerhalb der EU grenzüberschreitenden Onlinehandel zu beleben und etwaige Streitlösungen grenzüberschreitend zu vereinfachen.

AUFGABEN

1. Stellen Sie für die folgenden Fälle die Mängelarten fest:
   a) Die Exclusiva GmbH kauft ein Kaffeeservice. Bei zwei Tassen sind die Henkel abgebrochen.
   b) Die Exclusiva GmbH liefert an einen Einzelhändler schwarze statt blaue Artikel.
   c) Aufgrund fehlerhafter Nähte können Sportschuhe nach kurzer Einsatzzeit nicht mehr verwendet werden. Dies reklamieren mehrere Einzelhandelsunternehmen.
   d) Ein italienischer Pullover hat einen Webfehler.
   e) Die Nichte von Herrn Hertien kauft einen Fernseher. Es stellt sich heraus, dass ein Pfandsiegel auf der Rückseite entfernt wurde.

2. Die Exclusiva GmbH kauft bei einem Händler einen Lkw für Auslieferungsfahrten. Vier Wochen später – beim ersten kalten Herbsttag – wird festgestellt, dass die Heizung nicht funktioniert. Beurteilen Sie die Situation.

3. Ronja Bunko kauft bei einem Sportartikelhändler ein japanisches Laufband. Der Aufbau (fünf Monate später, weil Ronja sich zwischenzeitlich eine Verletzung zugezogen hatte und das Gerät daher nicht benötigte) misslingt, da sie die japanischen Schriftzeichen in einer dem Paket beiliegenden Broschüre nicht entziffern kann. Beurteilen Sie die Situation.

4. Wie lang ist die gesetzliche Gewährleistung
   a) bei neuen Sachen,
   b) bei gebrauchten Sachen?

5. Erläutern Sie den Begriff der Beweislastumkehr.

6. Wann ist eine Ware mangelhaft?

7. Welche Rechte hat der Käufer, wenn die Nacherfüllung gescheitert ist?

8. Welche Voraussetzungen müssen gegeben sein, damit die Käufer ihre Rechte bei der mangelhaften Lieferung in Anspruch nehmen können?

9. In der Warenannahme wird festgestellt, dass bei einer Lieferung von 200 Herrenhemden bei 24 Hemden jeweils ein Knopf fehlt. Verkäufer war die Grotex GmbH. Andreas Seeger wird beauftragt, diesen Fall von Schlechtleistung weiter zu bearbeiten.
   a) Zunächst einmal muss er feststellen, um was für einen Fehler es sich handelt. Welche Mängelart liegt vor?
   b) Wie muss Andreas Seeger weiter vorgehen?
   c) Welches Recht wird die Exclusiva GmbH wahrscheinlich wahrnehmen?

10. Die Exclusiva GmbH kauft bei der Bürobedarfs-Spezialisten-GmbH fünf neue Computersysteme. Nach der Inbetriebnahme zeigt sich, dass vier Monitore defekt sind. Ronja Bunko reklamiert im Auftrag von Herrn Hertien telefonisch und setzt eine Nachfrist von 14 Tagen. Der Gesprächspartner lehnt dies jedoch empört ab mit der Begründung: „Unser Experte ist seit gestern für vier Wochen im Urlaub." Kann die Exclusiva GmbH daraufhin vom Vertrag zurücktreten?

11. Auch bei einer weiteren Lieferung der Bürobedarfs-Spezialisten-GmbH gibt es Probleme. Vor sechs Wochen wurden drei Schreibtische zum Selbstaufbau geliefert. Die Lieferung war weitgehend in Ordnung, es fehlten lediglich fünf Schrauben. Der Verkäufer wurde sofort – mit einer Nachfristsetzung – darüber informiert. Nach 14 Tagen wurde per Brief noch einmal zur Nachbesserung aufgefordert. Die fehlenden Schrauben wurden aber immer noch nicht geliefert. Herr Hertien lässt Andreas Seeger die fehlenden Schrauben für 3,20 € im Baumarkt besorgen. Es wird mit dem Aufbau der Schreibtische begonnen.
   Welches Recht kann die Exclusiva GmbH in Anspruch nehmen?

12. Was versteht man unter den Begriffen
    a) ADR,
    b) OS bzw. ODR?

13. Was ist das Ziel des OS?

14. Geben Sie den Ablauf des OS wieder.

15. Führen Sie Grenzen des OS-Verfahrens auf.

16. Welche rechtliche Vorschrift muss ein Onlinehändler auf seiner Internetseite im Zusammenhang mit dem OS-Verfahren beachten?

17. Bereiten Sie Rollenspiele mit einem Partner vor: Ein Kunde reklamiert, dass ein Artikel Ihres Ausbildungssortiments einen Fehler aufweist. Beachten Sie in den jeweiligen Fällen die korrekte rechtliche Argumentation.

18. Bilden Sie in Ihrer Klasse verschiedene Arbeitsgruppen. Jede der Arbeitsgruppen ist für einen der Bereiche
    - Umtausch
    - mangelhafte Lieferung
    - Garantie

    zuständig.

    a) Arbeiten Sie sich mithilfe des Buchs in Ihr Thema ein.

    b) Bereiten Sie sich darauf vor, Ihr Thema der Klasse zu präsentieren.

    c) Erstellen Sie eine Wandzeitung/eine Folie unter Beachtung der Regeln der Visualisierung zur Unterstützung Ihrer Präsentation.

19. Erstellen Sie eine Tabelle, die für die unten stehenden Situationen die folgenden Fragen beantwortet:
    - Welche Art Kaufvertrag liegt vor?
    - Welche Mängelart liegt vor?
    - Welche Reklamationsfristen muss der Käufer einhalten?
    - Welche Rechte kann er geltend machen?

    a) Fall 1: Die Exclusiva GmbH bekommt statt der bestellten Farblaserdrucker Schwarz-weiß-Laser-Drucker geliefert.

    b) Fall 2: Die Exclusiva GmbH bekommt statt der bestellten 100 Pakete Kopierpapier nur 60.

    c) Fall 3: Herr Hertien hat in einem Möbelhaus ein Küchenschrankset gekauft, das er selbst zusammenbauen muss. Beiliegende Hinweise sind nur auf Schwedisch. Der Aufbau misslingt.

    d) Fall 4: Das Privatauto von Herrn Hertien verbraucht dreimal soviel Benzin wie in der Werbung versprochen.

    e) Fall 5: Sabine Wiegand verkauft an Herrn Hertien eine alte, von ihrer Großmutter geerbte Halskette. Diese schenkt er seiner Frau. Frau Hertien bemerkt, dass sich der Verschluss nicht richtig schließen und öffnen lässt.

20. Entwerfen Sie für Fall 2 aus Aufgabe 19 eine Mängelrüge.

21. Die in diesem Kapitel vorgestellten Regelungen zur mangelhaften Lieferung basieren auf den rechtlichen Grundsätzen des BGB (Bürgerliches Gesetzbuch). In manchen Zweifelsfällen ist es ratsam, immer auch den jeweiligen Gesetzestext zu untersuchen. Deshalb soll in dieser Aufgabe die Arbeit mit Gesetzestexten geübt werden.
    - Gehen Sie zur Internetadresse *http://bundesrecht. juris.de/aktuell.html*
    - Suchen Sie unter der dort angegebenen Sortierung unter dem Buchstaben B das BGB (Bürgerliche Gesetzbuch).

- Beantworten Sie die folgenden Fragen mithilfe der angegebenen Paragrafen des BGB.

    a) Erläutern Sie die vorrangigen Rechte, die der Käufer im Falle eines Sachmangels geltend machen kann.

    → § 439 (1) BGB

    b) Wann kann neben den vorrangigen Rechten auch Schadensersatz neben der Leistung geltend gemacht werden?

    → § 280 (1) BGB

    c) Wann kann der Verkäufer die Nacherfüllung verweigern?

    → § 439 (3) BGB

    d) Geben Sie an, wann die Nacherfüllung gescheitert ist.

    → § 440 BGB

    e) Führen Sie die nachrangigen Rechte auf, die der Käufer bei Mängeln geltend machen kann.

    → §§ 281 (1), 323 (2) und 284 BGB

22. Die mangelhaften Lieferungen, die im Warenwirtschaftssystem festgehalten wurden, werden vom Funktionsbereich Beschaffung weiter bearbeitet. Der Lieferant Martin Kaiser sollte 5 000 Stück Marker (GTIN 4002720002292) und 2 000 Stück Korrekturstifte (GTIN 4045678876546) liefern, die Lieferung wies jedoch einige Mängel auf (ein Karton Marker wurde zu wenig geliefert, ein Karton war defekt, statt Korrekturstiften wurden Klebestifte geliefert). Die mangelhafte Lieferung wurde bereits gerügt. Die Firma Martin Kaiser hat bislang aber darauf reagiert. Andreas Seeger, zurzeit Auszubildender im Funktionsbereich Beschaffung, soll nun prüfen, welche Rechte die Exclusiva GmbH gegenüber dem Lieferanten hat und welche Maßnahmen eingeleitet werden müssen.

    a) Andreas soll zunächst überprüfen, welcher Schaden bereits entstanden sein könnte. Nennen Sie drei mögliche Schäden, die der Exclusiva GmbH aus den obenstehenden Mängeln entstehen können.

    b) Andreas ruft die Firma Martin Kaiser aus Schweinsberg an, um sie darauf aufmerksam zu machen, dass das Unternehmen immer noch nicht auf die Mängelrüge reagiert hat. Die Firma Kaiser sagt Andreas am Telefon zu, dass sie sofort alles unternehmen werde, damit die Exclusiva GmbH zufrieden sei.
    Beschreiben Sie, welche vorrangigen Rechte die Exclusiva GmbH gegenüber der Firma Martin Kaiser im Moment hat.

    c) Nach einigen Tagen ist wieder nichts seitens der Firma Kaiser passiert. Andreas und sein Chef Herr Weber sind sehr verärgert und wollen nun weitere Schritte einleiten.

- Welche nachrangigen Rechte kann die Exclusiva GmbH gegenüber der Firma Kaiser nun geltend machen? Was würde das in dem konkreten Fall bedeuten?
- Was ist die Voraussetzung dafür, dass die Exclusiva GmbH nachrangige Rechte gegenüber der Firma Kaiser geltend machen kann?

Und unter welchen Umständen bräuchte die Exclusiva GmbH dies nicht zu tun?

d) Herr Weber fragt Andreas, welches der nachrangigen Rechte im Fall wohl angemessen und für die Exclusiva GmbH am sinnvollsten wäre. Welche nachrangigen Rechte würden Sie im aktuellen Fall empfehlen? Begründen Sie Ihre Entscheidung.

ZUSAMMENFASSUNG

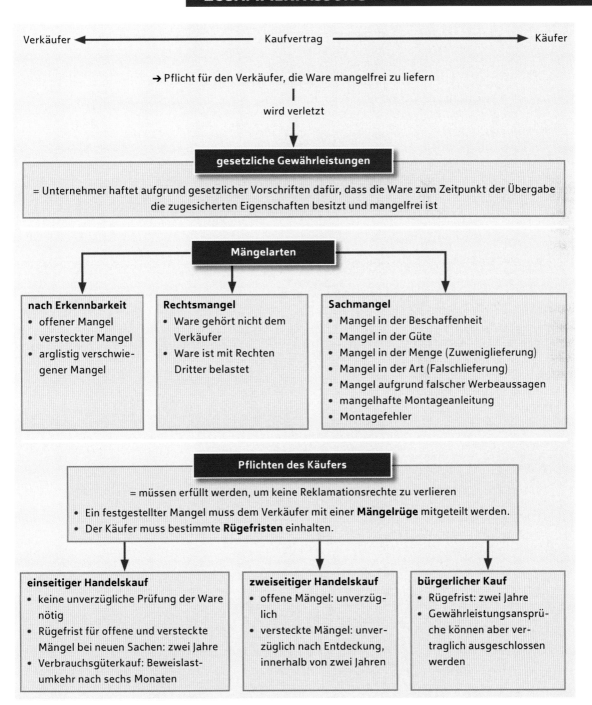

Verkäufer ←————————— Kaufvertrag —————————→ Käufer

→ Pflicht für den Verkäufer, die Ware mangelfrei zu liefern

wird verletzt

gesetzliche Gewährleistungen

= Unternehmer haftet aufgrund gesetzlicher Vorschriften dafür, dass die Ware zum Zeitpunkt der Übergabe die zugesicherten Eigenschaften besitzt und mangelfrei ist

Mängelarten

nach Erkennbarkeit
- offener Mangel
- versteckter Mangel
- arglistig verschwiegener Mangel

Rechtsmangel
- Ware gehört nicht dem Verkäufer
- Ware ist mit Rechten Dritter belastet

Sachmangel
- Mangel in der Beschaffenheit
- Mangel in der Güte
- Mangel in der Menge (Zuweniglieferung)
- Mangel in der Art (Falschlieferung)
- Mangel aufgrund falscher Werbeaussagen
- mangelhafte Montageanleitung
- Montagefehler

Pflichten des Käufers

= müssen erfüllt werden, um keine Reklamationsrechte zu verlieren

- Ein festgestellter Mangel muss dem Verkäufer mit einer **Mängelrüge** mitgeteilt werden.
- Der Käufer muss bestimmte **Rügefristen** einhalten.

einseitiger Handelskauf
- keine unverzügliche Prüfung der Ware nötig
- Rügefrist für offene und versteckte Mängel bei neuen Sachen: zwei Jahre
- Verbrauchsgüterkauf: Beweislastumkehr nach sechs Monaten

zweiseitiger Handelskauf
- offene Mängel: unverzüglich
- versteckte Mängel: unverzüglich nach Entdeckung, innerhalb von zwei Jahren

bürgerlicher Kauf
- Rügefrist: zwei Jahre
- Gewährleistungsansprüche können aber vertraglich ausgeschlossen werden

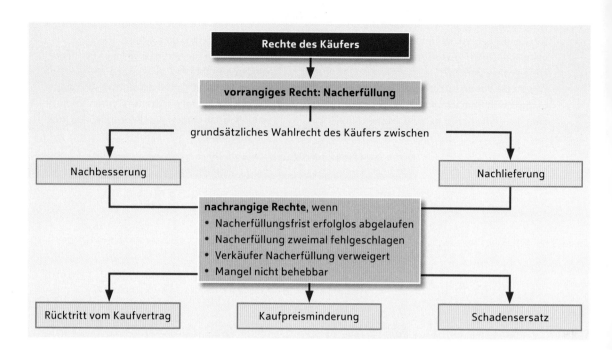

5.3 Nicht-rechtzeitig-Lieferung

Einstieg

Bei der Exclusiva GmbH ging am 15. Juli im Rahmen eines B2B-Großhandelsgeschäfts eine Bestellung der Kaufstadt Warenhaus AG über 1 000 Geschenkartikel mit Lieferung bis spätestens 15. August ein.

Weil keine Ware mehr auf Lager war, bestellte die Exclusiva GmbH am 21. Juli des Jahres 1 000 Geschenkartikel bei der Vödisch AG, Neue Str. 17, 30457 Hannover. Im Angebot war "verbindliche Lieferung bis Ende Juli" zugesagt worden. Dies wurde noch einmal in der Auftragsbestätigung vom 24. Juli bestätigt.

Am 6. August hat die Vödisch AG immer noch nicht geliefert. Es stellt sich heraus, dass ein Mitarbeiter dort nach Abschicken der Auftragsbestätigung die Bestellung verlegt hat. Zwischenzeitlich hat die Vödisch AG andere Aufträge angenommen.

Auch die Kaufstadt Warenhaus AG meldet sich bei der Exclusiva GmbH am 6. August, um sich die rechtzeitige Lieferung bis 15. August bestätigen zu lassen. Dort ist man nun in Schwierigkeiten.

1. Stellen Sie fest, ob jeweils eine Nicht-rechtzeitig-Lieferung vorliegt.

2. Beurteilen Sie die rechtlichen Möglichkeiten der Exclusiva GmbH.

INFORMATIONEN

Eine selbstverständliche Pflicht des Verkäufers ist die rechtzeitige, also termingerechte Lieferung der vereinbarten Ware. Wenn ein Lieferant seinen Kunden eine Ware aber gar nicht oder verspätet liefert, dann liegt eine sogenannte **Nicht-rechtzeitig-Lieferung** vor. Früher wurde diese Kaufvertragsstörung auch Lieferungsverzug genannt.

Voraussetzungen

Um überhaupt Rechte in Anspruch nehmen zu können, muss geprüft werden, ob tatsächlich eine Nicht-rechtzeitig-Lieferung vorliegt. Für diesen Fall müssen nämlich bestimmte Voraussetzungen gegeben sein.

Fälligkeit der Lieferung

Erste Voraussetzung für die Nicht-rechtzeitig-Lieferung ist die Fälligkeit der Lieferung: Der Zeitpunkt der Lieferung muss tatsächlich gekommen sein. Dies ist unproblematisch, wenn der Lieferzeitpunkt kalendermäßig genau bestimmt oder bestimmbar ist. Ist dies jedoch nicht der Fall, muss der Lieferant durch eine Mahnung in Ver-

zug gesetzt werden. Die Nicht-rechtzeitig-Lieferung gilt dann ab Zugang der Mahnung. Die Mahnung ist formfrei. Aus Beweissicherungsgründen sollte sie jedoch schriftlich sein und ihre Zustellung bewiesen werden können.

Liefertermin kalendermäßig nicht bestimmt bzw. nicht bestimmbar	Liefertermin kalendermäßig bestimmt bzw. bestimmbar
Eine Mahnung ist beispielsweise bei den folgenden Formulierungen erforderlich.	Keine Mahnung ist beispielsweise bei den folgenden Formulierungen erforderlich.
• Lieferung acht Wochen nach Bestellung • Lieferung sofort • Lieferung bald • Lieferung demnächst • Lieferung ab dem 1.6.20.. • Lieferung 30 Tage nach Rechnungserhalt	• Lieferung bis zum 28.2.20.. • Lieferung bis Ende März • Lieferung in der 20. Kalenderwoche • Lieferung 30 Tage nach Bestelldatum

Eine große Rolle spielen im Onlinehandel die **Liefertermine**. Kunden von Webshops müssen bei der Bestellung bestimmte wichtige Daten kennen, um eine angemessene Kaufentscheidung treffen zu können. Dies sind nicht nur die Liefer- und Zahlungsbedingungen. Für eine Kaufentscheidung muss der Käufer auch wissen, wann das gewünschte Produkt spätestens geliefert wird. Rechtlich gesehen muss dazu der Liefertermin nicht auf den Tag genau festgelegt werden. Die potenziellen Käufer haben aber das Recht, vor Bestellung zu erfahren, wann sie ein Produkt spätestens erhalten werden. Dies bedeutet, dass die Angabe eines Lieferzeitraums verpflichtend ist. Dies gilt nicht nur für Produkte, die der Internethändler bereits auf Lager hat. Kaufangebote mit unbestimmter Lieferzeitangabe sind untersagt.

BEISPIEL

Eine Angabe „bald verfügbar" der Exclusiva GmbH verstößt ebenso wie „versandbereit in fünf Tagen" gegen die Informationspflicht, die Verkäufer haben.

Rechtlich zulässig ist die Angabe eines Lieferzeitraums. Der Käufer kann die Angabe der Lieferfristen dann als Zeitraum zwischen Bestellung und spätester Lieferung verstehen.

So ist es zulässig, wenn die Exclusiva GmbH die Lieferzeit mit „ca. 2-5 Werktage" angibt. Damit ergibt sich der Termin, bis zu dem die Exclusiva GmbH liefern muss: Spätestens nach fünf Tagen muss dies geschehen.

Die Mahnung selber sollte eindeutig darauf hinweisen, dass sich der Lieferant in Verzug befindet. Abhängig davon, welche Rechte der Käufer in Anspruch nehmen möchte, sollte die Mahnung zudem

- entweder zur Lieferung auffordern oder
- eine Nachfrist setzen und die Inanspruchnahme weiterer Rechte androhen.

Neben der Nicht-rechtzeitig-Lieferung bei kalendermäßig genau bestimmbaren Terminen muss in drei weiteren Fällen nicht gemahnt werden:

- **bei Verweigerung der Leistung**
  Dadurch setzt sich der Verkäufer selber in Verzug.

- **beim Fixkauf**
  Dies ist eine Kaufvertragsart, deren wichtigster Vertragsbestandteil ist, dass der Verkäufer an einem ganz bestimmten, vereinbarten Termin (also weder vorher noch nachher) liefern muss.

BEISPIEL

Wenn die Exclusiva GmbH mit der Vödisch AG eine „Lieferung am 30. August fix" vereinbart, dann ist die entscheidende – von beiden Vertragsparteien anerkannte – Vertragsleistung die Lieferung genau am 30. August.

- **beim Zweckkauf**
  Hier ist beiden Vertragspartnern klar, dass eine spätere Lieferung für den Käufer keinen Sinn mehr macht.

BEISPIEL

verspätete Lieferung von Badeanzügen nach der Badesaison

Verschulden des Verkäufers

Eine weitere Voraussetzung des Lieferungsverzugs ist das Verschulden des Verkäufers. Dieses liegt vor, wenn er

- entweder mit Absicht die Ware nicht rechtzeitig liefert (Vorsatz)
- oder bei der Lieferung nicht mit der Sorgfalt handelt, die angebracht wäre (Fahrlässigkeit).

Handelt es sich um Gattungswaren, muss ein Verschulden des Lieferanten nicht nachgewiesen werden. Gattungswaren werden durch Gattungsmerkmale beschrieben und können ersetzt werden: Gattungswaren sind also vertretbare Sachen. Dem Empfänger genügt es, wenn er die bestellte Menge in einer bestimmten Qualität erhält. Der Gesetzgeber geht davon aus, dass der Lieferant diese Art von Waren noch woanders hätte beschaffen können.

BEISPIELE

- Jeans
- neue Autos
- Kartoffeln

Liegt höhere Gewalt vor, trifft den Verkäufer keine Schuld. In diesem Fall ist es dem Käufer jedoch möglich, vom Rücktrittsrecht Gebrauch zu machen.

Höhere Gewalt: Durch einen Streik der Lokführer im Güterverkehr bleiben die Züge mit den Containern im Überseehafen in Bremerhaven stehen.

Rechte des Käufers

Welche Rechte der Käufer in Anspruch nimmt, hängt davon ab, ob er weiterhin ein Interesse an der Lieferung hat.

Bestehen auf Lieferung

Der Käufer kann auf der Erfüllung des Kaufvertrags bestehen. Dies wird oft gemacht, z. B. wenn

- die Ware woanders überhaupt nicht zu kaufen ist,
- die Ware bei anderen Lieferanten nur mit noch größerem Zeitaufwand zu beschaffen ist,
- es sich um einen Stückkauf handelt. Hier liegt ein Kaufvertrag vor, der sich auf eine individuell bestimmte Sache bezieht.

BEISPIEL

Der Gebrauchtwagen von Rudolf Schmidt ist ein Einzelstück und somit eine nicht vertretbare Sache.

Ist ein Verzugsschaden beweisbar und ist zudem eine entsprechende Mahnung erfolgt, kann zusätzlich noch ein **Schadensersatz wegen verspäteter Lieferung** verlangt werden.

Rücktritt vom Vertrag

Kann der Käufer die benötigte Ware woanders preisgünstiger oder schneller beschaffen, hat er die Möglichkeit, vom Vertrag zurückzutreten und dies dem Lieferanten gegenüber mitzuteilen. Dies geht jedoch nur nach erfolglosem Ablauf einer Nachfrist.

Diese kann entfallen, wenn

- der Verkäufer die Lieferung endgültig verweigert,
- es sich um einen Zweckkauf oder Fixkauf handelt,
- in bestimmten Fällen besondere Umstände gelten.

BEISPIEL

Die Fahrradproduktionsabteilung der Robin John KG wartet am vereinbarten Termin vergeblich auf eine Just-in-Time-Lieferung eines Lieferanten.

Warten auf die Lieferung

Gleichzeitig zum Rücktritt kann der Käufer, dem ein Nichterfüllungsschaden entsteht, **Schadensersatz statt der Leistung** verlangen.

Hier kann auf eine Nachfristsetzung verzichtet werden, wenn

- der Lieferant endgültig die Lieferung ablehnt,
- besondere Umstände auftreten.

Bei den Schäden, die ersetzt werden müssen, können zwei Arten unterschieden werden:

- Bei **konkreten Schäden** kann deren Höhe genau berechnet werden.

BEISPIEL

Die Exclusiva GmbH kauft wegen einer ausgebliebenen Lieferung von Waren im Wert von 1.200,00 € identische Artikel bei einem anderen Lieferanten zu einem Preis von 1.500,00 €. Es fallen noch 100,00 € Kosten für Büromaterial, Schreibarbeiten und Telefonate an. Bei diesem Deckungskauf kann der Schaden konkret berechnet werden:

höherer Preis für die Waren des Deckungskaufs	1.500,00 €
– Preis für die Waren des Lieferungsverzugs	–1.200,00 €
+ sonstige Kosten	+ 100,00 €
= Schadensersatzanspruch gegenüber dem nicht liefernden Verkäufer	= 400,00 €

- Bei **abstrakten Schäden** handelt es sich um Schätzgrößen für den Fall, dass keine Deckungskäufe vorgenommen werden. Dabei geht es in der Regel um den entgangenen Gewinn, der bei rechtzeitiger Lieferung mit großer Wahrscheinlichkeit hätte erzielt werden können.

Gerade bei der abstrakten Schadensberechnung gibt es oft Streitereien zwischen den beiden Vertragsparteien, die durch die Vereinbarung von Konventionalstrafen vermieden werden können. Unabhängig davon, wie hoch der tatsächlich entstandene Schaden ist, verpflichtet sich der Verkäufer zur Zahlung einer Geldsumme als Strafe für eine Nicht-rechtzeitig-Lieferung.

Haftungsverschärfung

Während des Lieferungsverzugs gilt die sogenannte *Haftungsverschärfung:* Der Lieferant muss Schadensersatz leisten bei zufälligem Untergang der zu liefernden Sache während der Nicht-rechtzeitig-Lieferung.

BEISPIEL

Bei der Emut GmbH, Hohler Weg 3, 34369 Hofgeismar ist eine Bestellung der Exclusiva GmbH verloren gegangen. Daraufhin mahnte die Exclusiva GmbH und setzte die Emut GmbH in Lieferungsverzug.

Die Emut GmbH produziert daraufhin die Artikel, verliert diese aber direkt vor der Auslieferung durch einen selbst verschuldeten Wasserschaden. Da der Schaden nicht passiert wäre, wenn vor dem Lieferungsverzug ordentlich geliefert worden wäre, haftet die Emut GmbH.

Die Haftungsverschärfung gilt auch bei höherer Gewalt. Hätte der Lieferant nämlich rechtzeitig geliefert, wäre der Schaden bei ihm nicht aufgetreten. Deshalb haftet der Lieferant für den durch den Lieferungsverzug mitverursachten Schaden. Keine Haftung aber entsteht, wenn der Lieferant beweisen kann, dass der Schaden auch bei rechtzeitiger Lieferung eingetreten wäre.

Unmöglichkeit der Lieferung

Die Nicht-rechtzeitig-Lieferung wird als vorübergehende Leistungsstörung angesehen. Man geht dabei davon aus, dass der Lieferant zwar noch nicht geliefert hat, aber liefern könnte. Sollte sich nach Vertragsabschluss herausstellen, dass endgültig nicht geliefert werden kann, hat der Käufer keinen Anspruch auf eine Lieferung. Er kann jedoch Schadensersatz statt der Lieferung bekommen.

AUFGABEN

1. Was ist eine Nicht-rechtzeitig-Lieferung?

2. Führen Sie die Voraussetzungen auf, die bei einer Nicht-rechtzeitig-Lieferung vorliegen müssen.

3. In welchen Fällen kann auf eine Mahnung verzichtet werden?

4. Die Exclusiva GmbH hat mit verschiedenen Lieferanten Kaufverträge abgeschlossen. Deren Angebote enthielten die folgenden Formulierungen:
   a) Lieferung sofort
   b) Lieferung 60 Tage nach Rechnungserhalt
   c) Lieferung bis zum 1.10. diesen Jahres
   d) Lieferung in der 10. Kalenderwoche nächsten Jahres
   e) Lieferung ab 15.7.

   Entscheiden Sie, in welchen Fällen bei verspäteter Lieferung gemahnt werden muss.

5. In welchem Fall kommt ein Lieferant trotz Lieferfristüberschreitung eines kalendermäßig genau bestimmten Termins nicht in Lieferungsverzug?

6. Die Exclusiva GmbH kauft bei der Bernhard Müller OHG, Im Weiher 1, 69121 Heidelberg, 2 000 Artikel. Vereinbart wurde eine „Lieferung ab der 12. KW". In der 14. KW ist immer noch kein Wareneingang zu verzeichnen.
   a) Ist die Bernhard Müller OHG bereits im Lieferungsverzug?
   b) Welche rechtlichen Möglichkeiten hat die Exclusiva GmbH?

7. Die Exclusiva GmbH hat bei einer Kartonagenfabrik am 5. April Verpackungsmaterial bestellt. In der Auftragsbestätigung wurde noch einmal auf die Lieferbedingung „so schnell wie möglich" hingewiesen. Am 1. Juni ist die dringend benötigte Ware immer noch nicht da. Es kann leider nicht auf andere Anbieter ausgewichen werden.

   a) Sind die Voraussetzungen für eine Nicht-rechtzeitig-Lieferung gegeben?

   b) Welche Rechte kann die Exclusiva GmbH in Anspruch nehmen?

8. Die Exclusiva GmbH bestellt aufgrund eines Angebots am 5. Juni bei einem Erftstädter Unternehmen 15 Regale. Als Lieferungstermin wird eine Lieferung am 19. Juni vereinbart. Der Termin wird vom Lieferanten bestätigt. Am 27. Juni ist noch keine Lieferung zu verzeichnen gewesen.
   Beurteilen Sie diesen Fall.

9. Wodurch unterscheiden sich konkrete und abstrakte Schäden im Rahmen der Nicht-rechtzeitig-Lieferung?

10. Die Exclusiva GmbH wollte für 5.000,00 € Waren bei einem Göttinger Unternehmen kaufen, das jedoch nicht liefert. Stattdessen müssen die Artikel bei einer Hamburger Großhandlung für 6.200,00 € bestellt werden. Es fallen 400,00 € zusätzliche Kosten im Rahmen dieses Deckungskaufs an. Berechnen Sie den konkreten Schaden.

11. Die Exclusiva GmbH hat mit einem Lieferanten einen Kaufvertrag abgeschlossen, der die folgende Klausel enthält: „Erfolgt die Lieferung nicht bis zum 15. November, dann muss für jeden Tag der Verspätung eine Vertragsstrafe von 200,00 € an den Käufer gezahlt werden."

    a) Wie wird eine solche Vereinbarung genannt?

    b) Welchen Zweck hat eine solche Vereinbarung?

12. Erläutern Sie die Haftungsverschärfung.

13. Die in diesem Kapitel vorgestellten Regelungen zur Nicht-rechtzeitig-Lieferung basieren auf den rechtlichen Grundsätzen des BGB (Bürgerliches Gesetzbuch). In manchen Zweifelsfällen ist es ratsam, immer auch den jeweiligen Gesetzestext zu untersuchen. Deshalb soll in dieser Aufgabe die Arbeit mit Gesetzestexten geübt werden.
    - Gehen Sie zur Internetadresse *http://bundesrecht. juris.de/aktuell.html* und dort zum BGB.
    - Beantworten Sie die folgenden Fragen mithilfe der angegebenen Paragrafen des BGB.

    a) Was sind die Voraussetzungen für den Eintritt einer Nicht-rechtzeitig-Lieferung?
    → § 286(1) und 286(4) BGB

    b) Wann wird von einem Verschulden des Verkäufers gesprochen?
    → §§ 276 bis 278 BGB

    c) Wann muss der Käufer keine Nachfrist setzen?
    → § 281 BGB

    d) Welche Rechte hat der Käufer bei einer Nicht-rechtzeitig-Lieferung?
    → § 281, § 284, § 286 und § 323 BGB

14. Die Exclusiva GmbH hat Ware bei ihrem Lieferanten eingekauft. Andreas Seeger will im Vorfeld wissen, wie er bei Störungen in der Erfüllung des Kaufvertrags rechtlich richtig handeln darf.
    Welche der nachfolgenden Aussagen ist richtig?

    a) Aufgrund einer berechtigten Mängelrüge hat die Exclusiva GmbH nur das Recht auf eine Preisminderung.

    b) Bei einem Fixkauf kann die Exclusiva GmbH im Falle eines Lieferungsverzugs ohne Nachfristsetzung vom Vertrag zurücktreten.

    c) Beim Lieferungsverzug kann die Exclusiva GmbH immer Schadensersatz wegen Nichterfüllung verlangen.

    d) Im Falle des Annahmeverzugs darf der Lieferant beim Selbsthilfeverkauf nicht mitbieten

    e) Bei versteckten Mängeln braucht die Exclusiva GmbH keine Rügefrist einzuhalten.

15. Die Bätje OHG gerät gegenüber ihrem Kunden Exclusiva GmbH mit der Lieferung von 100 Damenpullovern „Elle" in Lieferungsverzug. Die Exclusiva GmbH benötigt die Ware dringend und hat sich daher die Damenpullover nach Mahnung und Verstreichen einer angemessenen Nachfrist bei einem anderen Lieferanten besorgt. Die Exclusiva GmbH verlangt von der Bätje OHG die Preisdifferenz für die dort teurer eingekaufte Ware.
    Welches Recht aus dem Lieferungsverzug macht die Exclusiva GmbH hier geltend?

    a) Erfüllung des Vertrags und Schadensersatz

    b) Ersatz für Verspätung und Minderung

    c) Rücktritt vom Vertrag

    d) Erfüllung des Vertrags

    e) Schadensersatz statt Leistung

ZUSAMMENFASSUNG

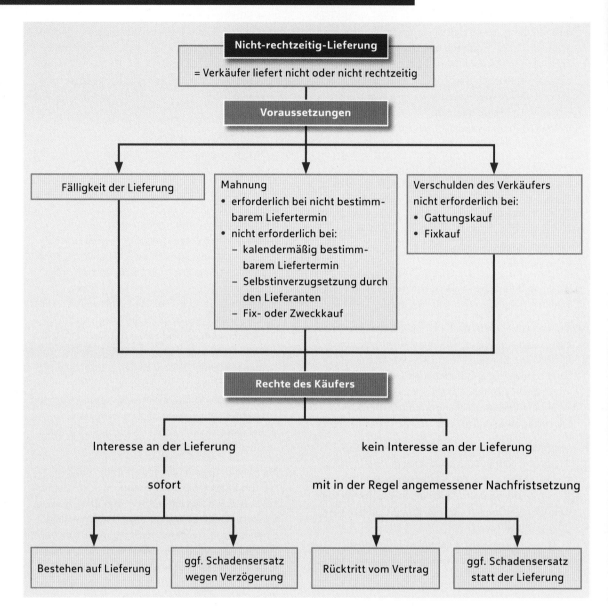

5.4 Produkthaftung

Einstieg

Ronja Bunko sucht Frau Kotzur, um mit ihr etwas abzusprechen.

Ronja Bunko:
„Guten Morgen, Andreas. Ist Frau Kotzur nicht da?"

Andreas Seeger:
„Hallo Ronja. Die ist gerade bei Herrn Hertien. Hast du es noch nicht gehört? Wir haben da ein großes Problem mit dem 5-jährigen Sohn einer Kundin."

Ronja Bunko:
„Ach du liebe Zeit, nein, das wusste ich nicht! Was ist denn los?"

Andreas Seeger:
„Der Junge wollte wohl zu Hause aus dem Keller eine Flasche Limonade holen. Den Kasten mit Limonade in

Mehrwegflaschen aus Glas hatte die Mutter, also die Kundin, zwei Tage vorher bei uns gekauft. Als der Sohn die Flasche herausziehen wollte, ist diese explodiert. Die Glassplitter haben ihn wohl ziemlich schwer verletzt ... Die Kundin und ihr Mann haben sich nun bei uns gemeldet ..."

Ronja Bunko:
„Gibt es da nicht so etwas wie ein Produkthaftungsgesetz?"

1. Stellen Sie fest, wen die Kundin haftbar machen kann.

2. Ermitteln Sie, welche Rechte die Kundin und ihr Sohn als Geschädigte haben.

INFORMATIONEN

Produkthaftung

Stellt ein Unternehmen Produkte her, die sich beim Kunden als mangelhaft erweisen, dann haftet das Unternehmen letztlich zunächst einmal im Rahmen der Mängelgewährleistung[1]. Hierbei geht es also um die Mängel am Produkt selbst.

BEISPIEL

> Bereits eine Woche nach dem Kauf bricht bei dem Mountainbike von Rüdiger Knorr der Rahmen. Er reklamiert dies in seinem Fahrradgeschäft, das sich an die Hurke wendet. Rüdiger Knorr bekommt ein neues Mountainbike.

Das Produkthaftungsgesetz dagegen regelt die Haftung des Produzenten, die sich aus der Benutzung seiner fehlerhaften Produkte ergeben.

BEISPIEL

> Durch den Rahmenbruch ist Rüdiger Knorr gestürzt. Dabei hat er sich einen Finger gebrochen. Zudem ist sein Fahrradhelm, der Schlimmeres verhinderte, nicht mehr brauchbar.

---

1 vgl. Kapitel 5.2

DEFINITION

> **Produkthaftung** bedeutet, dass der Produzent oder Händler eines Produkts für durch das Produkt (z. B. Lebensmittel, technische Geräte, Medikamente, Kosmetika) beim Verbraucher verursachte Schäden haftet.

Das Produkthaftungsgesetz legt also fest, wann wer für Folgeschäden, die durch ein fehlerhaftes Produkt entstanden sind, einstehen muss. Ziel des Produkthaftungsgesetzes ist es, den Verbraucher in seinem persönlichen Eigentum und seiner persönlichen Unversehrtheit zu schützen. Die rechtlichen Regelungen sind in den einzelnen Ländern jedoch unterschiedlich.

BEISPIEL

> Die 81-jährige Kathleen Gilliam, die sich während der Autofahrt den zuvor gekauften Kaffee über die Beine schüttete und daraufhin zu Beginn der 1990er-Jahre die Fastfood-Kette McDonalds verklagte, bekam in einem legendären Urteil mehrere Millionen US-Dollar Schadensersatz zugesprochen. Nach deutschem Recht wäre sie leer ausgegangen.

Fehlerhafte Produkte können viele Folgen haben. Vor diesem Hintergrund werden heute Qualitätssicherungsmaßnahmen immer wichtiger.

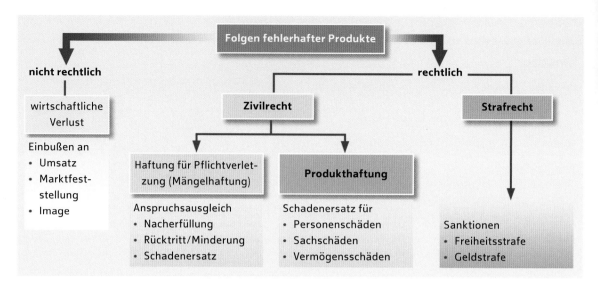

Voraussetzungen

Um bestimmte Rechte aus dem Produkthaftungsgesetz in Anspruch nehmen zu können, müssen bestimmte Voraussetzungen erfüllt sein:

- Das Produkt muss von Anfang an mangelhaft gewesen sein.

- Die Art und Weise der Herstellung ist nicht von Bedeutung.

- Der Schaden muss auf einen Produktfehler zurückzuführen sein:

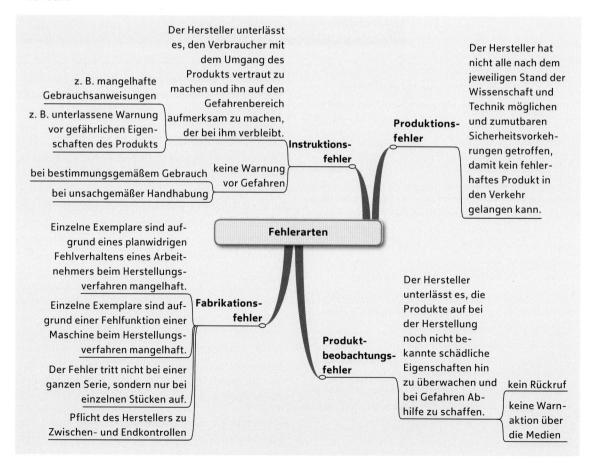

Unter das Produkthaftungsgesetz fallen unter anderem:

- Konsumgüter
- Maschinen
- Geräte
- chemische Erzeugnisse
- Nahrungsmittel
- Wasser, Strom, Gas

Nicht vom Produkthaftungsgesetz berührt werden:

- unbewegliche Gegenstände (Grundstücke, Gebäude)
- Dienstleistungen
- Naturprodukte
- Arzneimittel (Hier gilt das Arzneimittelgesetz.)

Haftung durch den Hersteller

Nach dem Produkthaftungsgesetz kann für die Folge-schäden eines fehlerhaften Produkts der „Hersteller" haftbar gemacht werden. Als solcher gilt:

- der gewerbsmäßige **Hersteller des Endprodukts**.
- der **Hersteller eines Teilprodukts**, wenn dieses feh-lerhaft war und der Fehler nicht aufgrund einer fehler-haften Konstruktion des Endprodukts entstanden ist.
- der **Importeur**, der das Produkt in die Europäische Union einführt.

- ein **Händler**, wenn er seinen Namen, seine Marke oder sein Warenzeichen auf der Ware anbringt. Er kann sich allerdings von der Haftung befreien, wenn er den Na-men des tatsächlichen Herstellers auf dem Artikel an-bringt oder es klar ist, dass er diesen Artikel lediglich verkauft.
- der **Händler**, wenn er den Namen des Vorlieferanten oder Herstellers nicht innerhalb eines Monats nennen kann. Für Händler und Lieferanten ist es also empfeh-lenswert, die Vertriebskette lückenlos zu dokumentie-ren.

Der Geschädigte kann mehrere dieser „Hersteller" haft-bar machen. Die Hersteller haften zunächst als Gesamt-schuldner. Der Geschädigte kann also in einem ersten Schritt frei wählen, wer haften soll. Anschließend fin-det ein Ausgleich nach dem Grad der Verantwortlichkeit statt.

Beweispflichtig ist der Geschädigte für das Vorliegen des Fehlers und dass dieser Ursache für den entstandenen Schaden war. Bewiesen werden muss nicht das Verschul-den des Herstellers.

Der Hersteller dagegen muss die Umstände beweisen, die seine Haftung ausschließen.

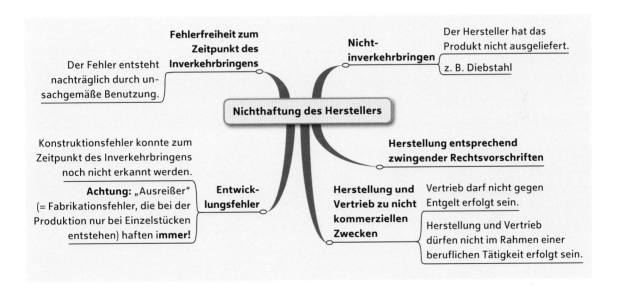

Umfang der Haftung

Personenschäden

Bei Personenschäden besteht ein Haftungshöchstbe-trag von 85 Millionen Euro. Bei Körperschäden, die durch einen Produktfehler verursacht wurden, besteht eine Er-satzpflicht für:

- alle Heilungskosten
- die durch Erwerbseinbußen entstehenden Kosten

Zusätzlich kann Schmerzensgeld (allerdings nur bei Ver-schulden des Herstellers) verlangt werden. Im Todesfall muss für die Begleichung der Beerdigungskosten und die Versorgung der Unterhaltsberechtigten gesorgt werden.

Sachschäden

Bei Sachschäden wird nach dem Produkthaftungsgesetz nicht die fehlerhafte Sache selbst ersetzt. Es entsteht aber ein Anspruch auf Ersatz anderer durch das Produkt entstandener Sachschäden. Es gibt keine Haftungshöchstgrenze, allerdings eine Selbstbeteiligung des Geschädigten in Höhe von 500,00 €. Zu beachten ist, dass die Schäden nur für Sachen ersetzt werden, die für den Privatgebrauch bestimmt sind bzw. privat genutzt werden.

Diese Haftungsregelungen für Personen- und Sachschäden dürfen nicht durch vertragliche Vereinbarungen oder durch Allgemeine Geschäftsbedingungen ausgeschlossen oder beschränkt werden.

Verjährung

Die Haftung des Herstellers endet grundsätzlich zehn Jahre, nachdem das Produkt in den Verkehr gebracht wurde. Für den Hersteller empfiehlt sich daher eine lückenlose Dokumentation seiner Produktion, z. B. durch Vergabe von Seriennummern. Damit kann er den exakten Termin der Herstellung beweisen. Da oft zunächst auch mehrere Haftende (Produzent, Importeur, Lieferant) in Haftung genommen werden können, sind unterschiedliche Fristabläufe denkbar, denn der Zeitpunkt der Inverkehrbringung war bei jedem Haftenden unterschiedlich.

Der Haftungsanspruch eines Geschädigten verjährt nach drei Jahren. Diese Verjährungsfrist beginnt zu laufen, wenn der Geschädigte

- von dem Fehler,
- von dem Schaden,
- von dem Ersatzpflichtigen

Kenntnis erlangt hat oder hätte erlangen können.

AUFGABEN

1. Wodurch unterscheidet sich die Mängelgewährleistung von der Produkthaftung?

2. Welche Voraussetzungen müssen gegeben sein, um Rechte nach dem Produkthaftungsgesetz in Anspruch nehmen zu können.

3. Welche Produkte fallen nicht unter das Produkthaftungsgesetz?

4. Wer haftet nach dem Produkthaftungsgesetz?

5. Welche Rechte hat ein Geschädigter?

6. Wann verjährt die Haftung nach dem Produkthaftungsgesetz?

7. Ein deutscher Kaminofenhersteller unterlässt es, nach dem Inverkehrbringen seiner Ware darauf zu achten, ob irgendwelche bis dahin unbekannten Risiken bei der Ware auftreten. Welcher Fehler liegt vor?

8. Aufgrund eines technischen Fehlers am Kaminofen erleidet Sabine Sginini schwere Hautverbrennungen. In ihrer Wohnung entsteht ein Schaden in Höhe von 35.000,00 €.
   a) Wer hat die Beweislast?
   b) In welcher Höhe wird der Sachschaden ersetzt?
   c) In welcher Höhe wird für den Personenschaden gehaftet?

9. Eine Möglichkeit für Hersteller, die Haftung nach dem Produkthaftungsgesetz zu vermeiden, ist der rechtzeitige Produktrückruf.
   a) Schauen Sie sich eine Liste der Produktrückrufe unter folgender Internetadresse an: *www.baua.de/DE/Themen/Anwendungssichere-Chemikalien-und-Produkte/Produktsicherheit/ Produktinformation/Datenbank/Produktsicherheit_form.html?nn=8684884&meldev. GROUP=1&prodkat.GROUP=1*
   b) Kennen Sie eines der dort veröffentlichten Produkte?
   c) Haben Sie schon von einem anderen Produktrückruf Kenntnis erlangt?

10. In dieser Aufgabe soll das Kapitel mithilfe der Fragenkettenmethode bearbeitet werden.
    - Lesen Sie das komplette Kapitel.
    - Formulieren Sie eine Frage zu einem bestimmten Inhalt des Textes und halten Sie diese und die Antwort dazu schriftlich fest.
    - Ihre Lehrkraft wählt einen Schüler aus, der seine Frage an die Klasse stellt.
    - Der Mitschüler, der sich als erstes meldet, beantwortet die Frage. War die Antwort richtig, darf er seine Frage der Klasse vorstellen.
    - Jeder Mitschüler, der einmal richtig geantwortet hat, braucht nicht mehr zu antworten.
    - Hat jeder geantwortet, ist diese Unterrichtsphase beendet.

ZUSAMMENFASSUNG

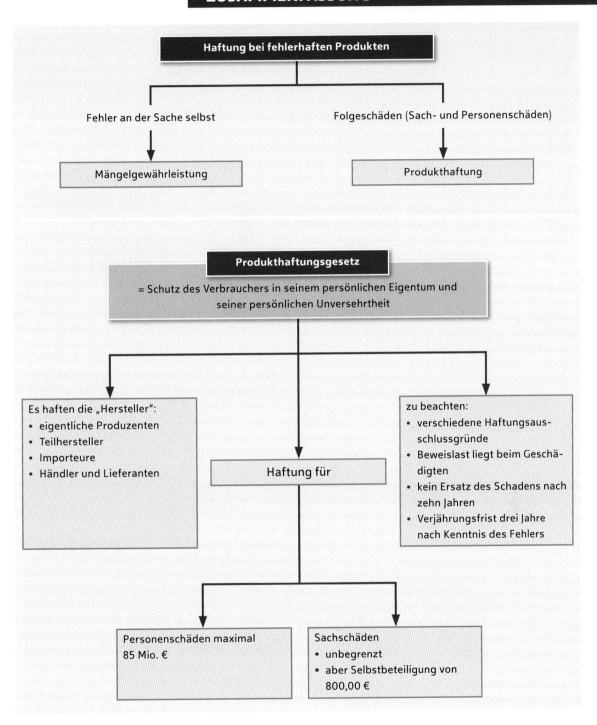

Haftung bei fehlerhaften Produkten

Fehler an der Sache selbst

Folgeschäden (Sach- und Personenschäden)

Mängelgewährleistung

Produkthaftung

Produkthaftungsgesetz

= Schutz des Verbrauchers in seinem persönlichen Eigentum und seiner persönlichen Unversehrtheit

Es haften die „Hersteller":
- eigentliche Produzenten
- Teilhersteller
- Importeure
- Händler und Lieferanten

Haftung für

zu beachten:
- verschiedene Haftungsaus-schlussgründe
- Beweislast liegt beim Geschä-digten
- kein Ersatz des Schadens nach zehn Jahren
- Verjährungsfrist drei Jahre nach Kenntnis des Fehlers

Personenschäden maximal 85 Mio. €

Sachschäden
- unbegrenzt
- aber Selbstbeteiligung von 800,00 €

5.5 Annahmeverzug

Einstieg

Ronja Bunko und Andreas Seeger treffen sich in der Mittagspause.

Ronja Bunko:
„Hallo Andreas!"

Andreas Seeger:
„Hi Ronja, was gibt es Neues?"

Ronja Bunko:
„Herr Kruk hat gerade berichtet, dass sie im Lager ein Problem haben. Vereinbart war gestern eine Lieferung von Geschenkartikeln als Großhandelsgeschäft an das Warenhaus Harrissen in Göttingen. Heute steht der Fahrer unseres Frachtführers mit der Ladung an der Rampe und erzählt, dass es in Göttingen Ärger gegeben hat. Dort wollte man nicht, dass er die Ware ablädt. Ihm ist gesagt worden, dass man sich günstigere Ware in Taiwan besorgt hätte ... Das zusätzliche Problem bei uns: Wegen der neuen Kollektion ist das Lager proppevoll."

Andreas Seeger:
„Ach du Schreck, was kann man denn da machen?"

1. Stellen Sie fest, ob die Voraussetzungen für einen Annahmeverzug vorliegen.

2. Geben Sie die möglichen Rechte an, die die Exclusiva GmbH wählen könnte.

3. Machen Sie einen Vorschlag, welches Recht die Exclusiva GmbH tatsächlich in Anspruch nimmt.

INFORMATIONEN

Wird ein Kaufvertrag abgeschlossen, ergibt sich für den Käufer die Pflicht, die ihm angebotene Ware auch abzunehmen.

DEFINITION ——————

Ein **Annahmeverzug** liegt vor, wenn der Käufer die von ihm bestellte und vom Verkäufer zur rechten Zeit, am rechten Ort und in der richtigen Menge und Qualität gelieferte Ware nicht annimmt.

Beim Vorliegen bestimmter Voraussetzungen kann der Verkäufer dann rechtliche Maßnahmen ergreifen.

Voraussetzungen

Fälligkeit der Lieferung

Die Lieferung muss fällig sein: Es muss sich also um den vereinbarten Liefertermin oder um einen Zeitpunkt innerhalb der verabredeten Lieferfrist handeln.

Wurde zwischen Verkäufer und Käufer keine Lieferfrist beziehungsweise kein Liefertermin verabredet, kann der Verkäufer sofort liefern.

BEISPIEL

In einem Kaufvertrag wurde die „Lieferung ab 1.8." vereinbart. Der Verkäufer versucht, die Ware schon am 10.7. zuzustellen. Wegen Betriebsferien ist die Firma des Käufers allerdings geschlossen. Es liegt kein Annahmeverzug vor, da die Lieferung nicht fällig war.

Hätte die Lieferungsbedingung gelautet „Lieferung ab 1.8., ein früherer Termin ist möglich", dann würde der Käufer in Annahmeverzug geraten.

Tatsächliches Anbieten der Leistung

Die Warenlieferung muss dem Käufer so, wie sie vereinbart war, tatsächlich angeboten werden.

BEISPIEL

Ronja Bunko erklärt Andreas Seeger eine der Voraussetzungen des Annahmeverzugs: „Die Leistung des Verkäufers muss beim Käufer so ankommen, dass dieser praktisch nur noch zuzugreifen braucht."

Der Verkäufer muss also versuchen, die Ware physisch zu übergeben. In zwei Ausnahmefällen reicht es aus, die Warenlieferung wörtlich anzukündigen:

- Der Käufer erklärt, dass er die Ware nicht annehmen werde.
- Der Käufer unterlässt eine erforderliche Mitwirkungshandlung.

BEISPIEL

Obwohl dies vereinbart wurde, holt ein Käufer die Ware nicht bei der Exclusiva GmbH ab.

Nichtannahme

Der Annahmeverzug setzt kein Verschulden des Käufers voraus. Allein durch die tatsächliche Nichtabnahme der Ware am Liefertermin kommt es zum Annahmeverzug.

BEISPIEL

Die Exclusiva GmbH hat im Juli Betriebsferien und hat daher in dieser Zeit geschlossen. Da für eine Lieferung als Liefertermin der 21. Juli vereinbart wurde, wird Herr Kruk beauftragt, extra für diese Lieferung ins Unternehmen zu kommen und diese entgegenzunehmen. Herr Kruk ist auch am 21. Juli ab 7 Uhr im Lager der Exclusiva GmbH. Wegen der Hitze erleidet er um 8 Uhr einen Kreislaufkollaps und muss ins Krankenhaus eingeliefert werden.

Um 9 Uhr möchte ein Lkw-Fahrer wie vereinbart die Ware abliefern. Er trifft niemanden an. Die Exclusiva GmbH befindet sich im Annahmeverzug.

Rechte des Verkäufers

Im Fall eines Annahmeverzugs kann der Verkäufer verschiedene Rechte in Anspruch nehmen:

Rücktritt vom Vertrag

Ein mögliches Recht des Verkäufers ist der Rücktritt vom Vertrag: Er nimmt die Ware zurück und versucht, sie an andere Unternehmen beziehungsweise Personen zu verkaufen. Dazu benötigt er jedoch die Zustimmung des Käufers. Beide Seiten verzichten dann auf die ordnungsgemäße Erfüllung des Kaufvertrags.

Die Inanspruchnahme dieses Rechts lohnt sich für den Verkäufer aber nur, wenn

- die Ware auf dem Markt stark nachgefragt wird,
- der Preis der Ware sich zwischenzeitlich stark erhöht hat,
- sich die Kreditwürdigkeit des Käufers verschlechtert hat und eventuell eine Zahlungsausfall droht oder
- der Kunde aus Kulanzgründen zufriedengestellt werden soll.

Klage auf Abnahme der Ware

Ein anderes Recht, das der Verkäufer wählen kann, ist die Klage auf Abnahme der Ware. Dazu muss er die Ware bis zur möglichen Abnahme durch den Käufer ordnungsgemäß lagern.

Alle in diesem Zusammenhang anfallenden Kosten muss der Käufer tragen. Dieses Recht wird häufig angewendet, wenn in der Zwischenzeit

- der Preis der Ware gesunken ist,
- die Ware nicht mehr an andere Kunden verkauft werden kann.

Da der Verkäufer einerseits im Normalfall lange auf ein Urteil warten muss und andererseits zunächst einmal Kosten (Klagekosten, ausgelegte Lagerkosten) in Kauf nehmen muss, kann die Wahl dieses Rechts auch Nachteile mit sich bringen. Wo gelagert werden darf, hängt einerseits von der Rechtsstellung des Käufers ab, andererseits von der Art der Waren. Es wird unterschieden zwischen hinterlegungsfähigen und nicht hinterlegungsfähigen Sachen. Als hinterlegungsfähig gilt zunächst einmal jede Sache, die problemlos aufbewahrt werden kann. Zur Sicherung können bestimmte Waren einem Treuhänder übergeben werden.

Lagerung hinterlegungsfähiger Ware bei Klage auf Abnahme	
Käufer ist Kaufmann	Käufer ist kein Kaufmann
Die ordnungsgemäße Einlagerung ist an jedem möglichen Ort möglich: Der Verkäufer kann die Ware bei sich oder bei jeder Art einer Lagergesellschaft abstellen.	Ist der Käufer kein Kaufmann, sieht die Hinterlegungsordnung nur noch wenige Sachen als hinterlegungsfähig an, z. B. Wertpapiere, Urkunden, Schmuck und Geld. Diese müssen vom Verkäufer auf Gefahr und Kosten des Käufers bei einer örtlichen Hinterlegungsstelle – in der Regel ist dies ein Amtsgericht – hinterlegt werden. Der Käufer muss dann von der Hinterlegung benachrichtigt werden.

Selbsthilfeverkauf

Als weiteres Recht steht dem Verkäufer die Möglichkeit des Selbsthilfeverkaufs zu. Er kann nicht hinterlegungsfähige Ware öffentlich versteigern lassen, wenn er dem Käufer dies angedroht hat. Der Verkäufer muss dem Käufer dann auch den Termin und den Ort der Versteigerung bekannt geben. Beide Parteien können bei der Versteigerung mitbieten.

Nach der öffentlichen Versteigerung muss der Verkäufer dem Käufer das Ergebnis des Selbsthilfeverkaufs mitteilen. Hat der Versteigerungserlös die Höhe des ursprünglichen Kaufpreises nicht erreicht, so muss der (ehemalige) Käufer noch die Differenz an den Verkäufer zahlen. Umgekehrt muss der Verkäufer einen höheren Erlös in Höhe der Differenz an den Käufer herausgeben.

Wenn dieses Recht in Anspruch genommen wird, ergeben sich folgende Vorteile:

- Es fallen keine Rechtsanwaltskosten und Gerichtskosten an.
- Den Selbsthilfeverkauf durchzuführen ist schneller als das Klageverfahren.

Zu beachten ist, dass es noch zwei Varianten des Selbsthilfeverkaufs gibt:

- **Notverkauf**
  Der Notverkauf ist eine eingeschränkte Art des Selbsthilfeverkaufs, die bei leicht verderblichen Waren erlaubt ist. Hier entfällt die Pflicht des Verkäufers, dem Käufer eine Nachfrist zur Annahme der Ware zu setzen und den Selbsthilfeverkauf anzudrohen.

- **freihändiger Verkauf**
  Bei Waren, die an der Börse gehandelt werden oder für die es Tagespreise gibt, kann die Ware auch ohne Versteigerung verkauft werden. Erforderlich dafür sind das Setzen einer Nachfrist und deren Verstreichen. Der freihändige Verkauf wird in der Regel durch einen öffentlich bestellten Handelsmakler durchgeführt.

Gefahrenübergang beim Annahmeverzug

Befindet sich der Käufer im Annahmeverzug, geht das Risiko auf den Käufer über, falls die Ware durch Zufall vernichtet wird beziehungsweise sich verschlechtert. Lediglich bei Vorsatz oder grober Fahrlässigkeit muss der Verkäufer weiter haften.

Brushing

Ein besonderes Phänomen ist das sogenannte Brushing: Personen, die Kunden auf Marktplätzen sind, bekommen Ware zugestellt, die sie nie bestellt haben. Zu keinem Zeitpunkt wird dafür eine Zahlung verlangt. Weder lag der Sendung eine Rechnung bei, noch wird später versucht, eine solche zu stellen. Auch Abbuchungsversuche vom Konto der Empfänger sind später nicht festzustellen.

Rechtlich gesehen, handelt es sich dabei um die Zusendung unbestellter Ware. Den Empfängern wird allgemein dazu geraten, die Annahme nicht bestellter Ware einfach zu verweigern.

Ist dies nicht möglich bzw. nicht erfolgt, gilt der eindeutige Grundsatz: Nicht bestellte Ware darf behalten werden. Der Empfänger darf die Ware also beispielsweise weiterverwenden oder auch vernichten.

Gewarnt wird davor, die nicht bestellte Ware zurückzuschicken. Falls die Absenderangaben nicht existieren oder falsch sind, bekommt man die Lieferung wieder zurück und hat die damit verbundenen Portokosten extra zu zahlen.

Gründe für das Brushing werden von Verbraucherzentralen darin gesehen, dass Firmen auf Marktplätzen umso höher eingestuft werden, je mehr Umsätze sie verzeichnen können. Ein anderer Grund liegt darin, mit dem Versand nie bestellter Waren Bilanzen zu schönen.

AUFGABEN

1. Was versteht man unter einem Annahmeverzug?

2. Welche Voraussetzungen müssen gegeben sein, damit ein Käufer in Annahmeverzug gerät?

3. Die Exclusiva GmbH schließt einen Kaufvertrag mit der Boutique „Stephanie" in Peine ab. Es wurde keine Vereinbarung über die Lieferzeit getroffen. Die Exclusiva GmbH liefert die bestellte Ware schon kurz nach der Bestellung. Stephanie Rindelhardt – Eigentümerin der Boutique – ist damit nicht einverstanden. Beurteilen Sie diesen Fall.

4. Wer trägt das Gefahrenrisiko für die Ware im Falle der Nichtabnahme?

5. Wann wird ein Verkäufer versuchen, vom Vertrag zurückzutreten?

6. Wo darf im Fall der Klage auf Abnahme gelagert werden?

7. Welche Nachteile kann eine Klage auf Abnahme für den Verkäufer haben?

8. Was versteht man unter dem Selbsthilfeverkauf?

9. Wodurch unterscheidet sich der Selbsthilfeverkauf
   a) vom Notverkauf?
   b) vom freihändigen Verkauf?

10. Wann wird der Lieferant auf jeden Fall auf Abnahme der Ware bestehen, wenn der Kunde die Annahme der ordnungsgemäß gelieferten Ware verweigert?
    a) bei guten Kunden
    b) bei Sonderanfertigungen
    c) Verkaufspreis der Ware ist gestiegen
    d) bei leicht verderblichen Waren
    e) bei geringen Rechnungsbeträgen
    f) bei einem Neukunden

11. Wann wird der Lieferant vom Kaufvertrag zurücktreten, wenn der Kunde die Annahme verweigert?
    a) Verkaufspreis der Ware ist gestiegen
    b) bei einem Kunden, der schon öfters wegen unbegründeten Annahmeverweigerungen unangenehm aufgefallen ist
    c) bei sehr hohen Rechnungsbeträgen

    d) Verkaufspreis der Ware ist gesunken
    e) bei Sonderanfertigungen

12. Erstellen Sie eine Mindmap, die die wichtigsten Informationen über den Annahmeverzug wiedergibt.

13. In dieser Aufgabe soll das Kapitel mithilfe der Fragenkettenmethode bearbeitet werden.
    a) Lesen Sie das Kapitel.
    b) Formulieren Sie eine Frage zu einem bestimmten Inhalt des Textes und halten Sie diese und die Antwort dazu schriftlich fest.
    c) Ihre Lehrkraft wählt einen Schüler aus, der seine Frage an die Klasse stellt.
    d) Der Mitschüler, der sich als erstes meldet, beantwortet die Frage. War die Antwort richtig, darf er seine Frage der Klasse vorstellen.
    e) Jeder Mitschüler, der einmal richtig geantwortet hat, braucht nicht mehr zu antworten.
    Hat jeder geantwortet, ist diese Unterrichtsphase beendet.

ZUSAMMENFASSUNG

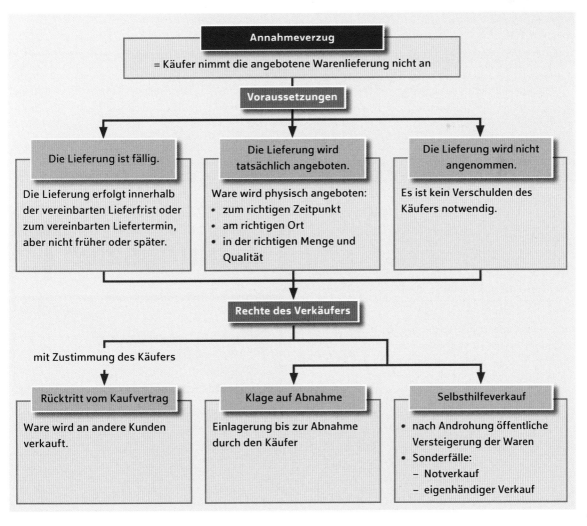

49

5.6 Zahlungsverzug

Einstieg

Wieder einmal sitzen Ronja Bunko und Andreas Seeger in der Mittagspause zusammen und tauschen sich über ihre Erlebnisse in ihren Abteilungen aus.

Ronja Bunko:

„Bei uns gibt es gerade Ärger. Gestern wurde entdeckt, dass eine Firma seit sechs Monaten nicht gezahlt hat."

Andreas Seeger:

„Wie konnte das denn passieren? Die Abteilung ist doch optimal organisiert. Ich war ja selber schon drei Monate dort eingesetzt."

Ronja Bunko:

„Hängt irgendwie damit zusammen, dass Frau Schellack, die die Firma betreute, vor sechs Monaten nach München gegangen ist. Dann hat sich wohl keiner richtig zuständig gefühlt. Frau Duchnik hat ja gerade angefangen bei uns und hat das jetzt – während sie sich eingearbeitet hat – entdeckt."

Andreas Seeger:

„Und was nun?"

Ronja Bunko:

„Jetzt habe ich von Herrn Kaufmann die Aufgabe bekommen, das ausstehende Geld einzutreiben. Ich habe aber erst vor drei Tagen in der Abteilung angefangen und muss mich in die ganze Thematik erst mal einarbeiten."

Andreas Seeger:

„Das habe ich in der Abteilung schon mehrmals mitmachen können – da kann ich dir helfen. Ich brauche allerdings noch ein paar Informationen, um beurteilen zu können, ob und was wir machen können."

Ronja Bunko:

„Oh klasse, danke. Es geht um eine Lieferung von Waren im Wert von 13.800,00 € an die Firma Beckermann Moden, Textileinzelhandel, Im Feld 48, 47228 Duisburg. Ausgeliefert wurde am 17.3. dieses Jahres. Das Rechnungsdatum war der 15.3. Vereinbart war sofortige Zahlung. Bis heute am 30.10. ist kein Zahlungseingang zu verzeichnen gewesen."

1. Beurteilen Sie, ob die Exclusiva GmbH gegen die Firma Beckermann Moden vorgehen kann.

2. Stellen Sie fest, welche Rechte die Exclusiva GmbH im Fall einer ausstehenden Zahlung in Anspruch nehmen kann.

INFORMATIONEN

Zahlungsverzug

> **DEFINITION**
>
> Ein **Zahlungsverzug** (oder: eine Nicht-rechtzeitig-Zahlung) liegt vor, wenn jemand seine Geldschulden nicht oder nicht rechtzeitig begleicht.

Bei dieser Kaufvertragsstörung stehen dem Gläubiger bestimmte Rechte zu. Um diese in Anspruch nehmen zu können, müssen jedoch bestimmte Voraussetzungen erfüllt sein.

Voraussetzungen des Zahlungsverzugs

Der Zahlungsverzug gilt bei fehlender Zahlungsfähigkeit immer als verschuldet, auch wenn der Grund der Zahlungsunfähigkeit unverschuldet eingetreten ist.

Die offenen Rechnungen übersteigen die finanziellen Mittel.

Zahlungsverzug bei Fälligkeit und Mahnung

Erste Voraussetzung ist, dass die Zahlung tatsächlich fällig sein muss. Abgesehen von einigen gesetzlich bestimmten Fällen muss immer noch eine Mahnung erfolgen, um den Schuldner in Verzug zu setzen. Als Mahnung gilt auch die Zustellung eines Mahnbescheids[1] beziehungsweise die Erhebung einer Zahlungsklage.

Zahlungsverzug bei Fälligkeit ohne Mahnung

In bestimmten Fällen kann der Schuldner auch ohne Mahnung in Verzug geraten:

- Der Zahlungstermin ist kalendermäßig bestimmt oder in Abhängigkeit von einem bestimmten Ereignis bestimmbar.
- Der Schuldner verweigert ernsthaft und endgültig die Zahlung.
- Es sind 30 Tage seit Rechnungszugang vergangen. Dann kommt ein Schuldner automatisch in Verzug. Beim einseitigen Handelskauf gilt diese Regelung nur, wenn der Endverbraucher ausdrücklich auf diese Rechtsfolge hingewiesen wurde.

BEISPIEL

Aus der Rechnung eines Einzelhandelsunternehmens an einen Endverbraucher:

„Kann innerhalb von 30 Tagen nach Zugang kein Zahlungseingang festgestellt werden, kommt der Zahlungspflichtige automatisch in Verzug."

Voraussetzungen des Zahlungsverzugs
Fälligkeit
Mahnung

Der Zahlungstermin ist kalendermäßig nicht bestimmt oder nicht bestimmbar.

BEISPIELE

- Formulierung „Zahlung sofort"
- kein Hinweis in einer Rechnung an einen Endverbraucher, dass er nach 30 Tagen automatisch in Zahlungsverzug gerät
- bei Hinweis auf 30-Tage-Klausel, wenn der Gläubiger die Zahlung vor Ablauf der 30-Tage-Frist wünscht

Fälligkeit
keine Mahnung

Der Zahlungstermin ist kalendermäßig genau bestimmt beziehungsweise bestimmbar.

BEISPIELE

- zahlbar bis zum 15. Juli 20..
- zahlbar bis Ende August
- zahlbar in der 40. Kalenderwoche

Rechte beim Zahlungsverzug

Liegt ein Zahlungsverzug vor, hat der Gläubiger zwei Alternativen:

- Er besteht auf der Zahlung.
- Er lehnt die Zahlung ab und fordert die Ware zurück.

Bestehen auf der Zahlung

Der Gläubiger kann auf der Zahlung bestehen. Zusätzlich kann er den Ersatz des Verzögerungsschadens sowie Verzugszinsen verlangen:

- Als **Schadensersatz** wegen der Verzögerung der Zahlung kann der Gläubiger alle für die Durchsetzung seines Anspruchs notwendigen Auslagen geltend machen.

BEISPIELE

- Kosten der Mahnung (Papier, Porto, Telefonkosten)
- Rechtsanwaltskosten oder Kosten für ein Inkassobüro nach Eintritt des Verzugs

- Ab Eintritt des Zahlungsverzugs kann der Gläubiger **Verzugszinsen** verlangen. Angewendet werden im Normalfall die gesetzlichen Verzugszinsen. Beim einseitigen Handelskauf und beim bürgerlichen Han-

---

1 siehe Kapitel 8.7

delskauf betragen die gesetzlichen Verzugszinsen 5 % über dem aktuellen Basiszinssatz der Deutschen Bundesbank.

BEISPIEL

Wenn der aktuelle Basiszinssatz -0,88 % beträgt, muss ein Schuldner 4,12 % Verzugszinsen bei einer Nicht-rechtzeitig-Zahlung im Rahmen einseitiger Handelskäufe oder bürgerlicher Käufe zahlen.

Bei zweiseitigen Handelskäufen liegt der gesetzliche Zinssatz 9 % über dem aktuellen Basiszinssatz der Deutschen Bundesbank.

BEISPIEL

Bei einem aktuellen Basiszinssatz von -0,88 % muss die Firma Beckermann Moden 8,12 % gesetzliche Verzugszinsen zahlen.

Falls vertraglich ein höherer Verzugszinssatz vereinbart wurde oder tatsächlich angefallene höhere Bankzinsen nachgewiesen werden können, hat der Gläubiger auch die Möglichkeit, diese einzufordern.

Ablehnen der Zahlung

Der Gläubiger kann die vereinbarte Zahlung ablehnen. Im Normalfall muss er dies aber dem Schuldner androhen und ihm eine **angemessene Nachfrist** setzen. Diese ist nicht notwendig, falls

- die Zahlung durch den Schuldner endgültig verweigert wird,

- ein Fix- oder Zweckkauf vorliegt,
- ein besonderer Umstand gegeben ist, der den sofortigen Rücktritt bei Abwägung der beiderseitigen Interessen rechtfertigt.

Ist nach Ablauf der Nachfrist immer noch kein Zahlungseingang zu verzeichnen, wird der Gläubiger die Herausgabe der Ware fordern. Zusätzlich kann er Schadensersatz statt der Leistung verlangen.

Forderungsmanagement

Um Fälle von Zahlungsverzug möglichst gering zu halten, betreiben viele Unternehmen ein systematisches Forderungsmanagement: Dabei werden systematisch die Zahlungen der Kunden kontrolliert mit dem Ziel, Forderungsausfälle zu vermeiden. Es wird versucht, mit verschiedenen Maßnahmen die Zahlungseingänge zu sichern.

Unternehmen, die ein systematisches Forderungsmanagement betreiben, stellen sicher, dass

- sich die eigene Zahlungsfähigkeit nicht verringert,
- es zu keinen Zinsverlusten kommt,
- nicht selber Kredite aufgenommen werden müssen,
- es nicht zur Verjährung von Forderungen kommt.

Unterstützt wird das Forderungsmanagement oft durch Fälligkeitslisten beziehungsweise Offene-Posten-Dateien von EDV-gestützten Warenwirtschaftssystemen beziehungsweise Finanzbuchführungsprogrammen.

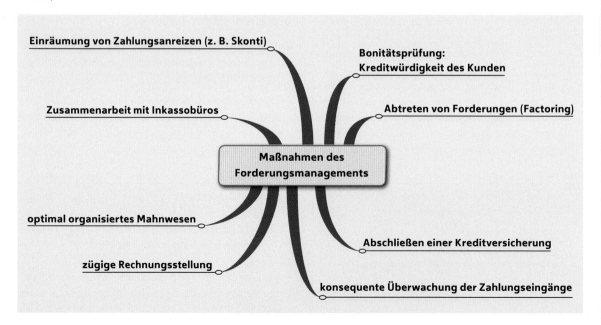

AUFGABEN

1. Was versteht man unter einer Nicht-rechtzeitig-Zahlung?

2. Die Exclusiva GmbH vermisst einen Zahlungseingang der Grotex GmbH, Textilgroßhandel, Herrenhäuserstr. 55, 30169 Hannover.

   a) Welche Voraussetzungen müssen gegeben sein, damit die Grotex GmbH sich im Zahlungsverzug befindet?

   b) Welche Rechte kann die Exclusiva GmbH bei einem Zahlungsverzug gegenüber der Grotex GmbH geltend machen?

3. Muss in den folgenden Fällen gemahnt werden?

   a) „zahlbar bis Ende Juli"

   b) „zahlbar sofort"

   c) „zahlbar bis zur 20. Kalenderwoche"

4. Die Exclusiva GmbH besteht gegenüber der Grotex GmbH auf Zahlung. Welche Kosten können beim Schadensersatz wegen Verzögerung der Zahlung geltend gemacht werden?

5. Wie hoch sind die gesetzlichen Verzugszinsen bei

   a) bürgerlichen Käufen,

   b) einseitigen Handelskäufen,

   c) zweiseitigen Handelskäufen?

6. Die Exclusiva GmbH hat 500 Geschenkartikel an die Firma Adlatus GmbH, Rosenstr. 3, 50733 Köln geliefert. Der Zugang der Rechnung dort erfolgt am 14. Februar 20… Stellen Sie für die folgenden Situationen fest, ab wann sich die Firma Adlatus GmbH in Zahlungsverzug befindet.

   a) Die Rechnung der Exclusiva GmbH enthält die Formulierung „zahlbar sofort". Am 22. Februar hat die Exclusiva GmbH eine Mahnung versandt.

   b) Die Rechnung der Exclusiva GmbH enthält die Formulierung „zahlbar sofort". Es wird keine Mahnung versandt.

   c) Die Rechnung der Exclusiva GmbH enthält die Formulierung „Zahlung bis spätestens 3. März".

7. Svenja Ambroß kauft am 1. Februar ein Notebook bei der Notebooks-Schnäppchen GmbH. Als Zahlungsbedingung wurde „Zahlung sofort nach Rechnungserhalt" vereinbart. Am 11. Februar tritt Svenja ihren fünfwöchigen Kuraufenthalt an der Ostsee an. Am 12. Februar wird in ihren Briefkasten die Rechnung eingeworfen. Am 19. März ist Svenja aus dem Urlaub zurück. Prüfen Sie, ob bereits ein Zahlungsverzug vorliegt.

8. Was versteht man unter einem Forderungsmanagement?

9. Führen Sie einige Maßnahmen des Forderungsmanagements auf.

10. a) Ermitteln Sie auf der Internetadresse *https://www.bundesbank.de/de/bundesbank/ organisation/agb-und-regelungen/basiszins-satz-607820* den aktuellen Basiszinssatz der Deutschen Bundesbank.

    b) Berechnen Sie daraufhin die momentan gültigen Zinssätze für Verzugszinsen bei:

       • bürgerlichen Käufen

       • einseitigen Handelskäufen

       • zweiseitigen Handelskäufen

11. Erstellen Sie eine Mindmap, die alle wichtigen Inhalte des Themas Zahlungsverzug zusammenfasst.

12. Sie sind gerade dabei, einige Arbeiten im Bereich des Forderungsmanagements durchzuführen.

    a) Überprüfen Sie den Zahlungseingang einer Forderung in Höhe von 600,00 € an Nele Kießling. Ihre Zahlungsbedingungen lauten: „30 Tage Ziel, bei Zahlung ab Rechnungsdatum innerhalb von zehn Tagen 3 % Skonto". Das Datum der Rechnung war der 28. Juli des Jahres. Ab wann ist Nele Kießling in Zahlungsverzug?

       • Ab dem 28. August des Jahres – 00:00 Uhr

       • Ab dem 29. August des Jahres – 00:00 Uhr

       • Ab dem 30. August des Jahres – 00:00 Uhr

       • Ab dem 31. August des Jahres – 00:00 Uhr

       • Ab dem 01September des Jahres – 00:00 Uhr

    b) Im B2B-Bereich sollen Sie die Bonität der Kaffka KG prüfen. Was versteht man unter der Bonität?

       • Einen Rabatt, der nachträglich gewährt wird und bei dem sich die Höhe nach dem Umsatz richtet

       • Den Vergleich der flüssigen Mittel mit den kurzfristigen Verbindlichkeiten der Kaffka KG

       • Den Anteil des Eigenkapitals am Gesamtkapital

       • Die Kreditwürdigkeit der Kaffka KG

       • Die Rentabilität der Kaffka KG

ZUSAMMENFASSUNG

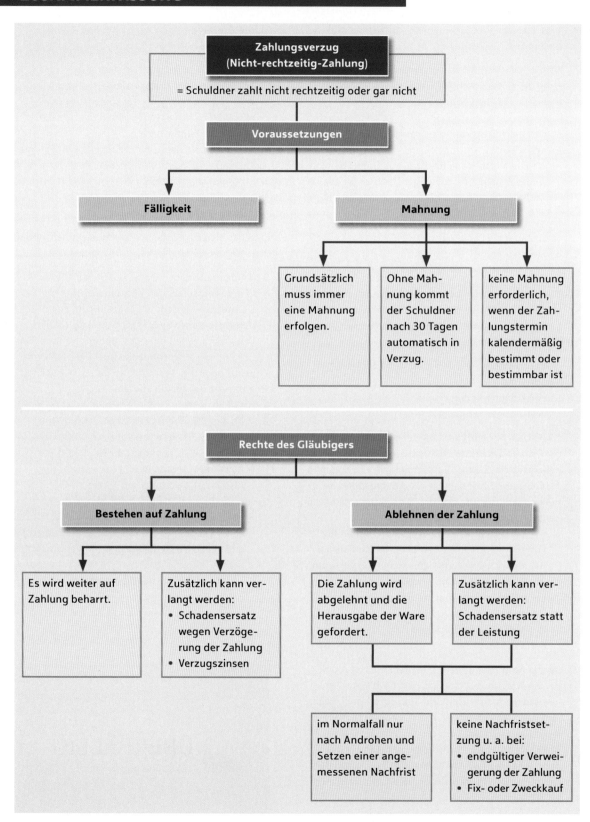

**Zahlungsverzug
(Nicht-rechtzeitig-Zahlung)**

= Schuldner zahlt nicht rechtzeitig oder gar nicht

Voraussetzungen

Fälligkeit

Mahnung

Grundsätzlich muss immer eine Mahnung erfolgen.

Ohne Mahnung kommt der Schuldner nach 30 Tagen automatisch in Verzug.

keine Mahnung erforderlich, wenn der Zahlungstermin kalendermäßig bestimmt oder bestimmbar ist

Rechte des Gläubigers

Bestehen auf Zahlung

Ablehnen der Zahlung

Es wird weiter auf Zahlung beharrt.

Zusätzlich kann verlangt werden:
• Schadensersatz wegen Verzögerung der Zahlung
• Verzugszinsen

Die Zahlung wird abgelehnt und die Herausgabe der Ware gefordert.

Zusätzlich kann verlangt werden: Schadensersatz statt der Leistung

im Normalfall nur nach Androhen und Setzen einer angemessenen Nachfrist

keine Nachfristsetzung u. a. bei:
• endgültiger Verweigerung der Zahlung
• Fix- oder Zweckkauf

5.7 Kaufmännisches Mahnverfahren

Einstieg

Heute in der Rechnungswesenabteilung der Exclusiva GmbH:

Frau Mohns:

„Hallo Ronja, haben Sie mal die Offene-Posten-Liste durchgeguckt? Irgendetwas auffällig?"

Ronja Bunko:

„Eigentlich alles in Ordnung, bis auf eine Forderung. Die Firma Holzhäuser GmbH & Co KG – Rechnungsdatum war vor 14 Tagen – hat noch nicht gezahlt. Es geht immerhin um einen Betrag von 3.476,00 €. Müssen wir da jetzt eine Klage vorbereiten?"

Frau Mohns:

„Nein, da machen wir erst einmal etwas anderes."

1. Stellen Sie fest, warum die Exclusiva GmbH zunächst nicht den Klageweg einschlägt.

2. Machen Sie Vorschläge, wie die Exclusiva GmbH vorgehen könnte, um an den ausstehenden Geldbetrag zu kommen.

INFORMATIONEN

Außergerichtliches Mahnverfahren

Leistet ein Schuldner absichtlich oder versehentlich eine Zahlung trotz Fälligkeit nicht, wird ein Gläubiger ihm in der Regel im Rahmen des außergerichtlichen Mahnverfahrens Mahnungen schicken.

Im kaufmännischen Geschäftsleben hat sich die Praxis bewährt, ein oder mehrere Mahnschreiben in abgestufter Form an den Schuldner zu verschicken. Man möchte dabei den säumigen Kunden (der die Rechnung ja vielleicht nur versehentlich verlegt hat) nicht durch sofortiges gerichtliches Vorgehen verärgern. Stattdessen wird er zunächst mehr, dann etwas weniger höflich an seine Zahlungspflicht erinnert.

Mahnung

DEFINITION _____

Eine **Mahnung** ist eine einseitige, empfangsbedürftige Willenserklärung. Sie fordert den Schuldner auf, die fällige Zahlung zu leisten.

Ziel der Mahnung ist es, einerseits den Schuldner rechtlich in Verzug zu setzen und andererseits schnell und kostengünstig den Schuldner zur Zahlung zu bringen.

Zu beachten bei einer Mahnung ist: Eine Mahnung ist grundsätzlich formfrei. Sie kann schriftlich, mündlich oder auch durch schlüssiges Verhalten erfolgen. Zu empfehlen ist aus Beweissicherungsgründen jedoch immer, die Mahnung in schriftlicher Form abzugeben.

Damit klar ist, was der Gläubiger anmahnt, sollte eine schriftliche Mahnung nach Möglichkeit folgende Punkte enthalten:

- Datum und Nummer der Rechnung
- gegebenenfalls Datum und Nummer des Lieferscheins
- Zahlungsziel

Ablauf des außergerichtlichen Mahnverfahrens

Das außergerichtliche Mahnverfahren wird oft angewandt in den Fällen, in denen der Schuldner sich auch ohne Mahnung in Verzug befindet. Dabei möchte man z. B. schon seit längerem bestehende gute Geschäftsbeziehungen nicht belasten. Befindet sich der Schuldner bei einer fälligen Forderung noch nicht in Verzug, ist gesetzlich eine Mahnung notwendig, damit die Rechte aus einer Nicht-rechtzeitig-Zahlung in Anspruch genommen werden können.

Für das außergerichtliche Mahnverfahren gibt es kein allgemeingültiges Schema. Typisch für ein kaufmännisches Vorgehen sind jedoch drei Mahnungen.

Zahlungserinnerung

Die Zahlungserinnerung ist die erste Mahnung. Der Schuldner wird höflich darauf hingewiesen, dass die ausstehende Rechnung noch nicht beglichen wurde.

Der Gläubiger bittet den Schuldner, die Forderung zu begleichen. Für den Fall, dass die Rechnung auf dem Postweg verloren gegangen sein sollte oder beim Kunden versehentlich verlegt wurde, sollte der Zahlungserinnerung eine Kopie der Rechnung beigelegt werden.

Exclusiva GmbH · Almsstr. 43–47 · 31134 Hildesheim
Holzhäuser GmbH & Co KG
Turmstr. 18
45470 Mülheim

Ihr Zeichen:
Ihre Nachricht vom:
Unser Zeichen: Mo
Unsere Nachricht vom: 28.06.20..

Name: Frau Mohns
Tel.: 05121 3017952
Fax: 05121 3017921
E-Mail: mohns@exclusiva-gmbh-wvd.de
Internet: exclusiva-gmbh-wvd.de

Datum: 13.03.20..

Zahlungserinnerung: Rechnung 2010140632 vom 14. Juni d. J.

Sehr geehrte Damen und Herren,

leider konnten wir bei der Überprüfung unserer Konten für die Rechnung 2010140632 vom 14. Juni d. J. in Höhe von 3.476,00 € keinen Zahlungseingang feststellen. Wir haben diesem Schreiben eine Kopie der Rechnung beigelegt, da diese vielleicht bei Ihnen übersehen wurde. Wir freuen uns auf den Eingang Ihrer Zahlung.

Sollte die Zahlung zwischenzeitlich schon erfolgt sein, bitten wir Sie, dieses Schreiben als gegenstandslos anzusehen.

Mit freundlichen Grüßen

Exclusiva GmbH

Martina Mohns

Martina Mohns

Anlage
Rechnung 2010140632 vom 14. Juni d. J.

Ausdrückliche Mahnung

Ist nach der Zahlungserinnerung kein Zahlungseingang zu verzeichnen, sollte an den Schuldner eine zweite Mahnung verschickt werden: die ausdrückliche Mahnung.

Diese ist eindeutig formuliert. Es wird nachhaltig zum Ausdruck gebracht, dass die Zahlung verlangt wird. Oft wird auch schon eine Zahlungsfrist angegeben.

Exclusiva GmbH
scit 1949

Ihr Zeichen:
Ihre Nachricht vom:
Unser Zeichen: Mo
Unsere Nachricht vom: 28.06.20..

Exclusiva GmbH · Almsstr. 43–47 · 31134 Hildesheim
Holzhäuser GmbH & Co KG
Turmstr. 18
45470 Mülheim

Name: Frau Mohns
Tel.: 05121 301792-52
Fax: 05121 3017921
E-Mail: mohns@exclusiva-gmbh-wvd.de
Internet: exclusiva-gmbh-wvd.de

Datum: 28.06.20..

Zahlungserinnerung: Rechnung 2010140632 vom 14. Juni d. J.

Sehr geehrte Damen und Herren,

leider konnten wir nach unserer Zahlungserinnerung vom 28. Juni für unsere Rechnung 2010140632 vom 14. Juni auf unseren Konten noch keinen Zahlungseingang verzeichnen. Wir fordern Sie daher höflich auf, den Betrag von 3.476,00 € bis zum 22. Juli d. J. auf eines unserer Konten zu überweisen.

Bedenken Sie bitte, dass wir Ihnen im Fall einer nicht rechtzeitigen Zahlung Mahnkosten und Verzugszinsen berechnen müssen.

Sollte die Zahlung zwischenzeitlich schon erfolgt sein, bitten wir Sie, dieses Schreiben als gegenstandslos anzusehen.

Mit freundlichen Grüßen

Exclusiva GmbH

Martina Mohns

Martina Mohns

Verschärfte Mahnung

Reagiert der Schuldner auf die zweite Mahnung nicht, wird häufig noch eine verschärfte Mahnung geschickt. Als letzte Mahnung droht der Gläubiger dem säumigen Zahler die Einleitung weiterer rechtlicher Schritte an. Dies können sein:

- Beauftragung eines Inkassoinstituts
- Einschaltung eines Rechtsanwalts
- Übergang in das gerichtliche Mahnverfahren
- Klage zur Zahlung des ausstehenden Betrags

Bei der verschärften Mahnung werden dem Schuldner oft auch die schon angefallenen Kosten in Rechnung gestellt.

Einige Unternehmen versuchen manchmal noch vor oder nach der dritten Mahnung den überfälligen Betrag durch Postnachnahme einzuziehen.

Exclusiva GmbH · Almsstr. 43–47 · 31134 Hildesheim

Holzhäuser GmbH & Co KG
Turmstr. 18
45470 Mülheim

Ihr Zeichen:
Ihre Nachricht vom:
Unser Zeichen: Mo
Unsere Nachricht vom: 15.07.20..

Name: Frau Mohns
Tel.: 05121 301792-52
Fax: 05121 3017921
E-Mail: mohns@exclusiva-gmbh-wvd.de
Internet: exclusiva-gmbh-wvd.de

Datum: 01.08.20..

Letzte Mahnung: Rechnung 2010140632 vom 14. Juni d. J.

Sehr geehrte Damen und Herren,

trotz einer Zahlungserinnerung vom 28. Juni und einer Mahnung vom 15. Juli wurde unsere Rechnung
2010140632 vom 14. Juni leider immer noch nicht beglichen.

Wir fordern Sie daher letztmals auf, die Zahlung des Rechnungsbetrags in Höhe von 3.476,00 € zuzüglich
15,00 € Mahnkosten spätestens bis zum 15. August d. J. vorzunehmen.

Sollte nach diesem Termin bei uns kein Zahlungseingang zu verzeichnen sein, werden wir unverzüglich
gerichtliche Schritte ergreifen.

Mit freundlichen Grüßen

Exclusiva GmbH

Martina Mohns

Martina Mohns

AUFGABEN

1. Was versteht man unter dem außergerichtlichen Mahnverfahren?

2. Warum wendet ein Unternehmen das außergerichtliche Mahnverfahren an?

3. In welcher Form kann gemahnt werden?

4. Wodurch unterscheiden sich die drei typischen Mahnstufen?

5. Ab welchem Zeitpunkt gerät der Schuldner beim außergerichtlichen Mahnverfahren spätestens in Verzug (wenn der Zahlungstermin nicht genau festgelegt ist)?

a) mit der 3. Mahnung
b) mit 2. Mahnung
c) mit der 1. Mahnung
d) mit der Postnachnahme
e) mit dem Mahnbescheid

6. Geben Sie an, welche Art Mahnung bei dem jeweiligen Auszug aus einem Mahnschreiben vorliegt.

a) „… Leider haben Sie unser Schreiben vom 19.1. nicht beachtet. Der Rechnungsbetrag von 1.376,80 € ist seit dem 12.1. überfällig. Wir fordern Sie daher auf, den fälligen Rechnungsbetrag bis zum 1.3. zu begleichen …"

b) „… bei Durchsicht unserer Konten mussten wir feststellen, dass noch die folgende Rechnung trotz einer Zahlungserinnerung vom 3.1. sowie einer Mahnung vom 1.2. zur Zahlung offensteht: Rechnung vom 18.11. über die Lieferung von 100 Jeans. Zahlungstermin für den Betrag von 4.250,00 € war der 15.12. Zusätzlich sind uns Mahnkosten von 24,98 € entstanden, die wir Ihnen jetzt ebenfalls in Rechnung stellen. Wegen unserer langjährigen guten Geschäftsbeziehungen setzen wir Ihnen einen letzten Zahlungstermin. Sollte bis dahin nicht gezahlt werden, werden wir gerichtlich gegen Sie vorgehen …"

c) „… Wir haben großes Verständnis dafür, wenn bei der täglichen Hektik die pünktliche Bezahlung einer Rechnung beziehungsweise die Rechung selbst einmal übersehen wird. Daher erinnern wir Sie heute an die Begleichung des Rechnungsbetrags über 4.500,00 €. In der Anlage befindet sich zu Ihrer Information eine Kopie der Rechnung. Wir bitten Sie, den fälligen Betrag von 4.500,00 € in den nächsten Tagen zu überweisen …"

7. Die Exclusiva GmbH hat eine Forderung gegenüber der Firma

    Ivakno GmbH
    Schützenwiese 34
    31139 Hildesheim

in Höhe von 2.448,00 €. Grundlage dafür ist die Rechnung 214078 vom 12.4. des Jahres.
Spielen Sie mithilfe eines Textverarbeitungsprogramms das außergerichtliche Mahnverfahren durch. Erstellen Sie in diesem Zusammenhang alle drei Mahnungen, die im Rahmen des außergerichtlichen Mahnverfahrens normalerweise an den Schuldner geschickt werden.

8. Hat eine verschärfte Mahnung keinen Erfolg, versuchen einige Unternehmen, den fälligen Betrag über Postnachnahme oder die Einschaltung eines Inkassounternehmens einzutreiben.
Informieren Sie sich im Internet über diese beiden Maßnahmen. Erstellen Sie ein Wandplakat, das die beiden Maßnahmen vorstellt.

ZUSAMMENFASSUNG

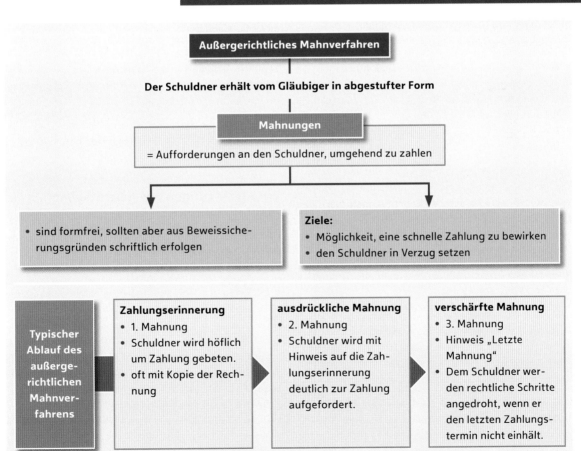

5.8 Gerichtliches Mahnverfahren

Einstieg

Frau Mohns:

„Hat die Holzhäuser GmbH & Co KG eigentlich auf die dritte Mahnung reagiert?"

Ronja Bunko:

„Nein, die dort gesetzte Frist ist abgelaufen."

Frau Mohns:

„Tja, dann wird es jetzt so richtig ernst ..."

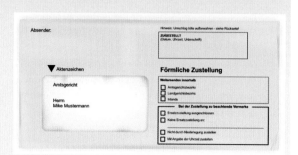

Stellen Sie fest, welche zwei Möglichkeiten die Exclusiva GmbH hat, um den Zahlungsanspruch durchzusetzen.

INFORMATIONEN

Alternativen: gerichtliches Mahnverfahren – Zahlungsklage

Hat das kaufmännische Mahnverfahren gegenüber einem säumigen Schuldner keinen Erfolg gehabt, gibt es für das Unternehmen noch zwei Möglichkeiten, das zustehende Geld einzutreiben:

- Das Unternehmen erhebt vor Gericht **Klage** gegen den Schuldner. Einen Prozess vorzubereiten, kostet Zeit, und man benötigt in der Regel einen Rechtsanwalt. Es fallen zunächst einmal Kosten an.
- Das Unternehmen leitet ein **gerichtliches Mahnverfahren** ein.

Das gerichtliche Mahnverfahren ist ein einfaches Verfahren, um einen Zahlungsanspruch durchzusetzen. Hierbei wird der Schuldner durch das Gericht aufgefordert, den Forderungsbetrag zu begleichen. Dabei ist ein Gericht zwar für die Durchführung des Mahnverfahrens sachlich zuständig. Es finden jedoch

- weder eine Prüfung, ob die Forderung des Gläubigers zu Recht besteht,
- noch eine Beweiserhebung statt.

Dadurch wird im Normalfall das gerichtliche Mahnverfahren schneller und kostengünstiger als eine aufwendige Klage. Es empfiehlt sich vor allem dann, wenn mit keinen Einwänden des Schuldners gerechnet wird.

Ziel des gerichtlichen Mahnverfahrens ist es, für den Gläubiger einen Vollstreckungstitel zu erhalten. Mit diesem kann er den offenstehenden Geldbetrag durch einen Gerichtsvollzieher eintreiben lassen.

Kann dagegen damit gerechnet werden, dass der Schuldner Einwendungen macht, sollte überlegt werden, ob nicht die Klage der direktere und damit schnellere Weg ist.

Sämtliche Kosten für das Erwirken eines gerichtlichen Mahnbescheids sind in voller Höhe vom Schuldner zu tragen, vorausgesetzt dass

- die Forderung berechtigt ist,
- der Schuldner sich in Zahlungsverzug befindet und
- nicht zahlungsunfähig ist.

Voraussetzungen des gerichtlichen Mahnverfahrens

Um ein gerichtliches Mahnverfahren durchführen zu können, müssen bestimmte Voraussetzungen beachtet werden:

- Es dürfen nur Zahlungsansprüche auf eine bestimmte Geldsumme geltend gemacht werden.
- Der Betrag der Geldsumme muss auf Euro lauten. Geldforderungen in ausländischer Währung müssen durch Klage geltend gemacht werden. Dies gilt auch für Zinsforderungen aus Verbraucherdarlehensverträgen.
- Der Anspruch muss fällig sein.
- Der Anspruch darf nicht abhängig sein von einer nicht erbrachten Gegenleistung.

Einleitung des gerichtlichen Mahnverfahrens

Ein Unternehmen, das ein gerichtliches Mahnverfahren einleiten möchte, muss sich – z. B. im örtlichen Schreibwarenhandel oder auch bei Fachverlagen – zunächst einmal einen Vordruck für einen Antrag auf Erlass eines Mahnbescheids besorgen. Dem Antrag, der zwingend zu verwenden ist, liegen Ausfüllhinweise bei.

Der Antragsteller füllt das offizielle Formular vollständig aus.

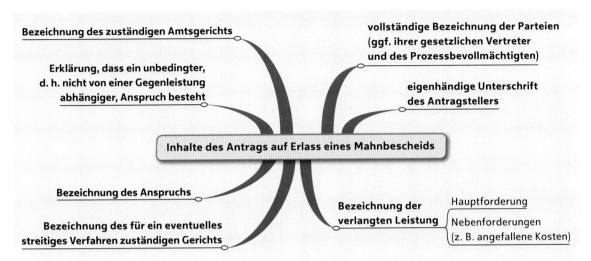

Der ausgefüllte Vordruck ist beim Amtsgericht des Antragstellers abzugeben. Davon abweichend haben die Landesregierungen einiger Bundesländer die Verordnung erlassen, dass Mahnbescheide ausschließlich von bestimmten, eigens damit beauftragten Amtsgerichten bearbeitet werden dürfen.

Mittlerweile kann der Antrag auf Erlass eines Mahnbescheids auch online gestellt werden. Dazu wird der Antrag im Internet ausgefüllt und anschließend elektronisch an das zuständige Mahngericht geschickt. Notwendig ist dazu allerdings eine qualifizierte elektronische Signatur.

Wird der Mahnbescheid beantragt, muss der Antragsteller Gebühren zahlen, die sich nach der Höhe der offenen Forderung richten. Der Gläubiger erhält vom Gericht eine Kostenrechnung.

Ablauf des gerichtlichen Mahnverfahrens

Liegen nach Abgabe des Antrags auf Erlass eines Mahnbescheids alle formellen Voraussetzungen vor, wird der Mahnbescheid vom zuständigen Amtsgericht unverzüglich erlassen und dem Schuldner förmlich durch die Post zugestellt. Es findet dabei keine Prüfung statt, ob dem Gläubiger der geltend gemachte Anspruch auch tatsächlich zusteht.

Von Seiten des Schuldners, dem eine zweiwöchige Widerrufsfrist eingeräumt wird, sind nun drei Reaktionen denkbar:

Schuldner zahlt

Der Schuldner bezahlt innerhalb der 14 Tage die komplette Forderung. Das gerichtliche Mahnverfahren hat seinen Zweck erfüllt. Der Zahlungsanspruch ist durchgesetzt.

Schuldner reagiert nicht

Reagiert der Schuldner innerhalb der Widerspruchsfrist von zwei Wochen nicht (beziehungsweise verspätet), kann der Gläubiger beim zuständigen Amtsgericht einen Vollstreckungsbescheid beantragen. Dies muss er allerdings innerhalb einer Frist von sechs Monaten nach Zustellung des Mahnbescheids machen.

Das Amtsgericht wird dann auf der Grundlage des durch den Schuldner nicht angefochtenen Mahnbescheids einen Vollstreckungsbescheid erlassen. Dies ist ein Vollstreckungstitel, mit dem das Zwangsvollstreckungsverfahren[1] eingeleitet werden kann. Damit erfüllt das gerichtliche Mahnverfahren auch hier seinen Zweck.

Den Vollstreckungsbescheid schickt das Amtsgericht an die im Mahnbescheid angegebene Adresse. Der Vollstreckungsbescheid kann innerhalb von zwei Wochen teil-

---

1 siehe Kapitel 5.10

Bezeichnung des Anspruchs

I. Hauptforderung – Siehe Katalog in den Hinweisen –

II.a Laufende Zinsen

II.b Ausgerechnete Zinsen

III. Auslagen des Antragstellers für dieses Verfahren

IV. Andere Nebenforderungen

Ein streitiges Verfahren wäre durchzuführen vor dem

1 = Amtsgericht
2 = Landgericht
6 = Amtsgericht – Familiengericht
9 = Sozialgericht

Prozessbevollmächtigter des Antragstellers

Ordnungsgemäße Bevollmächtigung versichere ich.

Im Falle eines Widerspruchs beantrage ich die Durchführung des streitigen Verfahrens.

Der Antragsteller ist nicht zum Vorsteuerabzug berechtigt.

Ich erkläre, dass der Anspruch von einer Gegenleistung abhängt, die bereits erbracht wurde oder nicht von einer Gegenleistung abhängt. Ich beantrage, einen Mahnbescheid zu erlassen und in diesen die Kosten des Verfahrens aufzunehmen.

An das Amtsgericht – Mahnabteilung –

Fassung 01. 06. 2010

ADVO BEDARF Mahnbescheidsantrag Amtsgericht, 2. Blatt (1723-VI / 10) Bestell-Nr. 33263-00

Antragsformular auf Erlass eines Mahnbescheids – Rückseite

Antrag auf Erlass eines Mahnbescheids

Nicht verwendbar für Rechtsanwälte und registrierte Inkassodienstleister

C   Bitte beachten Sie die Ausfüllhinweise!

Raum für Vermerke des Gerichts

Antragsteller

Spalte 1

Bei mehreren Antragstellern: Es wird versichert, dass der in Spalte 1 Bezeichnete bevollmächtigt ist, die weiteren zu vertreten.

Spalte 2 Weiterer Antragsteller

1 = Herr
2 = Frau

Spalte 3 Nur Firma, juristische Person u. dgl. als Antragsteller
3 = nur Einzelfirma 4 = nur GmbH u. Co KG   sonst Rechtsform:

Gesetzlicher Vertreter
Nr. der Spalte, in der die Vertretene bezeichnet ist

Antragsgegner
Falls der Antragsgegner unter das Zusatzabkommen zum NATO-Truppenstatut fällt, bitte Ausfüllhinweise beachten.

Antragsgegner sind Gesamtschuldner

Spalte 2 Weiterer Antragsgegner

1 = Herr
2 = Frau

Spalte 3 Nur Firma, juristische Person u. dgl. als Antragsgegner
3 = nur Einzelfirma 4 = nur GmbH u. Co KG   sonst Rechtsform:

Gesetzlicher Vertreter (auch weiterer)
Nr. der Spalte, in der die Vertretene bezeichnet ist

Bitte die nächste Vordruckseite beachten!

Fassung 01. 06. 2010

ADVO BEDARF Mahnbescheidsantrag Amtsgericht, 1. Blatt (1723-VI / 10) Bestell-Nr. 33263-00

Antragsformular auf Erlass eines Mahnbescheids – Vorderseite

weise oder im Ganzen schriftlich und ohne Begründung angefochten werden: Das Verfahren wird an das zuständige Prozessgericht abgegeben.

Reagiert aber der Schuldner weiterhin nicht, kann die Zwangsvollstreckung eingeleitet werden.

Schuldner legt Widerspruch ein

Der Schuldner legt Widerspruch ein. In der Regel wird dies mit dem Vordruck für das Einlegen eines Widerspruchs, der dem Mahnbescheid beiliegt, gemacht. Der Widerspruch muss nicht begründet werden. Beginn der zweiwöchigen Widerspruchsfrist ist die Zustellung des Mahnbescheids. Sollte danach noch kein Vollstreckungsbescheid erlassen worden sein, ist auch ein späterer Widerspruch ausnahmsweise noch wirksam.

Wurde rechtswirksam Widerspruch eingelegt, kann jede der beiden Parteien die Durchführung des streitigen Verfahrens beantragen. Das für das Mahnverfahren zuständige Amtsgericht gibt dann den Rechtsstreit an das zuständige Prozessgericht ab. Dieses fordert den Gläubiger innerhalb von zwei Wochen auf, seinen Zahlungsanspruch zu begründen. Der Schuldner kann sich hier gegen die Forderung mit sachlichen Argumenten wehren.

Der Europäische Zahlungsbefehl

Alternativ zum Mahnverfahren nach nationalen Verfahrensvorschriften kann der Europäische Zahlungsbefehl angewendet werden. Der Europäische Zahlungsbefehl ist ein europäisches Verfahren, das in grenzüberschreitenden Fällen die rasche und kostengünstige Eintreibung unbestrittener Forderungen in den anderen EU-Mitgliedsstaaten ermöglichen soll. Mit einem Europäischen Zahlungsbefehl kann der Gläubiger grundsätzlich in jedem Mitgliedstaat der EU eine Vollstreckung ohne großen Aufwand bewirken (Ausnahme: Dänemark).

Das für die Durchführung des Europäischen Zahlungsbefehls in Deutschland allein zuständige Gericht ist das Amtsgericht in Berlin-Wedding. Die Beantragung des Europäischen Zahlungsbefehls unterliegt einem Formzwang: Es müssen bestimmte Formblätter verwendet werden. Diese müssen in der Sprache des Mitgliedstaa-

tes des Gerichts ausgefüllt werden. Die Formulare sind in jedem Mitgliedstaat einheitlich aufgebaut und müssen mit Codeziffern ausgefüllt werden. Es gibt ein Katalog, der alle bestehenden Codeziffern in den Sprachen der Mitgliedsländer der EU enthält.

BEISPIELE

Die Exclusiva GmbH möchte gegenüber einem französischen Kunden eine Forderung durchsetzen. Das deutsche Formblatt hat denselben Aufbau wie das französische. Sprachschwierigkeiten werden dadurch überwunden, dass das deutsche Formblatt nehmen das fremdsprachige gelegt wird und die entsprechenden Codeziffern eingetragen werden.

Das Gericht stellt der Schuldnerpartei eine Abschrift des Antrags sowie den Europäischen Zahlungsbefehl zu.

Der Antragsgegner kann dann den Forderungsbetrag entrichten oder aber die Forderung bestreiten. Er kann innerhalb von 30 Tagen Einspruch gegen den Europäischen Zahlungsbefehl einlegen. In diesem Fall wird das Verfahren vor den zuständigen Gerichten gemäß den nationalen Regeln eines ordentlichen Zivilprozesses oder nach Maßgabe eines Europäischen Verfahrens für geringfügige Forderungen weitergeführt oder eingestellt.

Legt der Anspruchsgegner keinen Einspruch ein, so wird der Europäische Zahlungsbefehl automatisch vollstreckbar.

AUFGABEN

1. Andreas Seeger meint: „Manchmal ist es bei einem Zahlungsverzug sinnvoll, zunächst einmal mit dem kaufmännischen Mahnverfahren sanft zu mahnen." Beurteilen Sie diese Aussage.

2. Was ist das gerichtliche Mahnverfahren?

3. Welche Vorteile hat das gerichtliche Mahnverfahren gegenüber einer Klage?

4. In welchem Fall sollte – um ausstehende Geldbeträge einzutreiben – gleich Klage eingereicht werden?

5. Führen Sie die Voraussetzungen des gerichtlichen Mahnverfahrens auf.

6. Auf welche Weise kann der Antrag auf Erlass eines Mahnbescheids beim Amtsgericht gestellt werden?

7. Was muss der Antrag auf Erlass eines Mahnbescheids enthalten?

8. Wie lang ist die Widerspruchsfrist nach Zustellung des Mahnbescheids?

9. Welche drei Reaktionen sind nach Zustellung des Mahnbescheids denkbar?

10. Was geschieht, wenn der Schuldner beim gerichtlichen Mahnverfahren innerhalb von zwei Wochen dem Mahnbescheid des Gläubigers widerspricht?
    a) Der Gläubiger kann einen Vollstreckungsbescheid beantragen.
    b) Das strittige Verfahren wird vor Gericht durchgeführt.
    c) Der Gläubiger kann die Zwangsvollstreckung beantragen.
    d) Es geschieht nichts.
    e) Das Gericht zwingt den Schuldner zur Zahlung des Betrags.

11. Welche Aussage trifft auf das gerichtliche Mahnverfahren zu?
    a) Das gerichtliche Mahnverfahren wird immer von einem Landgericht durchgeführt.
    b) Die Exclusiva GmbH als Antragsteller muss dem zuständigen Gericht nachweisen, dass sein Anspruch zu Recht besteht.
    c) Wenn der Schuldner der Exclusiva GmbH gegen den Mahnbescheid Widerspruch erhebt, kann die Exclusiva GmbH die Zustellung eines Vollsteckungsbescheids beantragen.

d) Wenn der Schuldner der Exclusiva GmbH nichts gegen den Vollstreckungsbescheid unternimmt, kann eine Zwangsvollstreckung durchgeführt werden.

12. Die Milchreit GmbH hat mehrere Rechnungen der Exclusiva GmbH nicht gezahlt. Obwohl im Rahmen des außergerichtlichen Mahnverfahrens drei Schreiben an den Schuldner gingen, hat dieser bisher nicht gezahlt. Bei der Exclusiva GmbH wird entschieden, einen Antrag auf Erlass eines Mahnbescheids zu stellen.
    a) Wo muss der Antrag gestellt werden?
    b) Die Milchreit GmbH legt nach Zustellung des Mahnbescheids Widerspruch ein. Welche Folgen hat dies?

13. Berechnen Sie mithilfe der Internetadresse *https://www.mahngerichte.de/verfahrenshilfen/ kostenrechner/* die Kosten für einen Mahnbescheid, wenn das gerichtliche Mahnverfahren selber durchgeführt wird, für eine ausstehende Forderung in Höhe von:
    a) 500,00 €
    b) 5.000,00 €

14. Ermitteln Sie mithilfe der Internetadresse aus der Aufgabe 13 die Höhe der Gesamtkosten, wenn mit der Durchführung des Verfahrens ein Rechtsanwalt beauftragt wird.

15. Gehen Sie zur Internetadresse *www.youtube.com/ watch?v=xKJHEedQTMY* und halten die wichtigsten Aussagen in einer Mindmap fest.

16. Gehen Sie zur Internetadresse *https://e-justice.europa.eu/content_european_payment_order_forms-156-de.do#action*
    a) Drucken Sie das Formular für den Europäischen Zahlungsbefehl aus.
    b) Ermitteln Sie, aus welchen Bestandteilen das Formular besteht.

ZUSAMMENFASSUNG

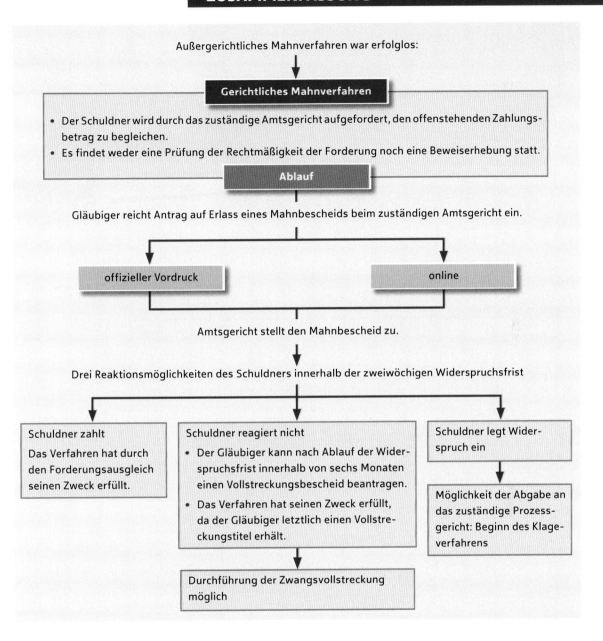

Außergerichtliches Mahnverfahren war erfolglos:

Gerichtliches Mahnverfahren

- Der Schuldner wird durch das zuständige Amtsgericht aufgefordert, den offenstehenden Zahlungsbetrag zu begleichen.
- Es findet weder eine Prüfung der Rechtmäßigkeit der Forderung noch eine Beweiserhebung statt.

Ablauf

Gläubiger reicht Antrag auf Erlass eines Mahnbescheids beim zuständigen Amtsgericht ein.

offizieller Vordruck   online

Amtsgericht stellt den Mahnbescheid zu.

Drei Reaktionsmöglichkeiten des Schuldners innerhalb der zweiwöchigen Widerspruchsfrist

Schuldner zahlt

Das Verfahren hat durch den Forderungsausgleich seinen Zweck erfüllt.

Schuldner reagiert nicht

- Der Gläubiger kann nach Ablauf der Widerspruchsfrist innerhalb von sechs Monaten einen Vollstreckungsbescheid beantragen.
- Das Verfahren hat seinen Zweck erfüllt, da der Gläubiger letztlich einen Vollstreckungstitel erhält.

Schuldner legt Widerspruch ein

Möglichkeit der Abgabe an das zuständige Prozessgericht: Beginn des Klageverfahrens

Durchführung der Zwangsvollstreckung möglich

5.9 Verjährung

Einstieg

Andreas Seeger unterhält sich während der Pause in der Berufsschule mit Sven Lakenmacher, der seine Ausbildung in der Lohde KG macht.

Andreas Seeger:
„Und? Was gibt es bei euch Neues?"

Sven Lakenmacher:
„Wir haben gerade mal wieder ein Problem. Obwohl wir das kaufmännische Mahnverfahren angewandt haben, hat ein Textileinzelhändler seit dem 11. Juli 2018 nicht gezahlt – und jetzt haben wir den 14. Dezember 2021! Ich frage mich, ob wir an das Geld überhaupt noch herankommen?"

Andreas Seeger:
„Doch, da hat man Möglichkeiten. Ihr müsst nur die Verjährung beachten. Das ist aber eine wichtige Sache!"

1. Stellen Sie fest, welche rechtlichen Folgen eine Verjährung hat.

2. Berechnen Sie den Beginn der Verjährung.

3. Wie kann der Endzeitpunkt der Verjährung herausgeschoben werden?

INFORMATIONEN

Verjährung

Eine entscheidende Voraussetzung für den Erhalt von Forderungen ist, dass diese innerhalb der gesetzlich bestimmten Verjährungsfristen geltend gemacht werden. Mit Eintritt der Verjährung kann der Schuldner die Zahlung von Forderungen berechtigt verweigern.

Die Forderung bleibt dabei trotz der Verjährung weiterhin bestehen, der Gläubiger kann sie nur nicht mehr mit rechtlichen Mitteln eintreiben. Zahlt ein Schuldner in Unkenntnis der Verjährungsfrist nach deren Ablauf, kann er daher den Geldbetrag nicht zurückfordern.

BEISPIELE

Bei der Lohde KG sind durch ein Versehen eines Mitarbeiters drei Rechnungen nicht bezahlt worden.

- Eine Gläubigerfirma versucht, mit rechtlichen Mitteln vor Ablauf der Verjährungsfrist die Forderung einzutreiben: Da die Verjährung noch nicht eingetreten ist, wird ihr dies gelingen.
- Bei einer zweiten Rechnung verweigert die Lohde KG nach Ablauf der Verjährungsfrist die Zahlung: Die Verjährung ändert die rechtliche Durchsetzbarkeit eines an sich bestehenden Anspruchs. Daher bleibt der Anspruch gegen den Schuldner bestehen, auch wenn er verjährt ist. Der Schuldner muss ihn jedoch nicht erfüllen, sondern kann sich auf das Vorliegen der Verjährung berufen.
- Eine dritte Rechnung wird von der Lohde KG nach Ablauf der Verjährungsfrist überwiesen: Da die Forderung des Gläubigers berechtigt war, kann die Lohde KG trotz der Verjährung den Geldbetrag nicht zurückfordern.

Verjährungsfristen

Regelmäßige Verjährungsfrist von drei Jahren

Die regelmäßige Verjährungsfrist ist eine gesetzliche Vorschrift. Sie beträgt drei Jahre und gilt grundsätzlich für alle Ansprüche des täglichen Lebens, soweit diese nicht anderweitig geregelt sind. Es gibt dabei keinen Unterschied zwischen Kaufleuten und Privatpersonen.

BEISPIELE

- Lieferansprüche aus Kaufverträgen
- Lieferansprüche aus Werkverträgen
- Ansprüche auf Erfüllung aus Aufträgen
- Ansprüche auf Erfüllung aus Dienstleistungsverträgen
- Zahlungsansprüche aus sämtlichen Verträgen

Die dreijährige Verjährungsfrist beginnt mit dem Ende des Jahres, in dem der Anspruch entstanden ist.

BEISPIEL

Die Exclusiva GmbH liefert der Oberbeck KG am 15.06.2011 Waren im Wert von 1.678,00 €, die sie am 15.07. in Rechnung stellt. Trotz dreier Mahnungen am 15.09., 15.10. und 15.11. erfolgt keine Zahlung.

Die Verjährungsfrist beginnt am 31.12.2011 (24:00 Uhr) und endet am 31.12.2014 (24:00 Uhr).

In Ausnahmefällen kann die regelmäßige Verjährung zehn oder 30 Jahre dauern. Dies ist der Fall, wenn

- es erst Jahre später in zumutbarer Weise möglich war zu erfahren, dass eine Forderung überhaupt existiert;
- trotz Durchführung zumutbarer Maßnahmen der Schuldner nicht ermittelbar war.

Besondere Verjährungsfristen

Zu der regelmäßigen Verjährungsfrist von drei Jahren gibt es viele Ausnahmen.

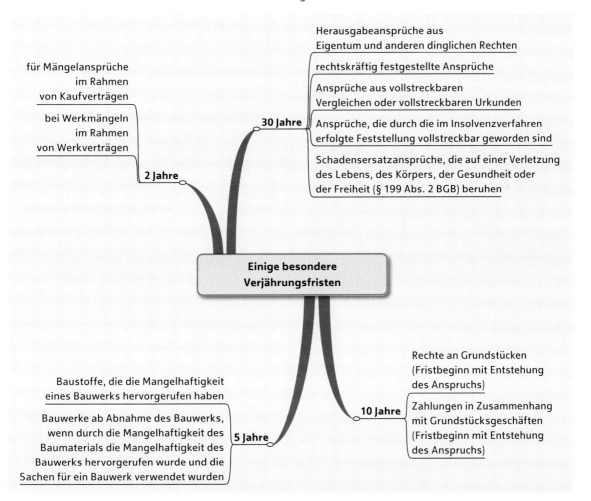

für Mängelansprüche im Rahmen von Kaufverträgen

bei Werkmängeln im Rahmen von Werkverträgen

2 Jahre

30 Jahre

Herausgabeansprüche aus Eigentum und anderen dinglichen Rechten

rechtskräftig festgestellte Ansprüche

Ansprüche aus vollstreckbaren Vergleichen oder vollstreckbaren Urkunden

Ansprüche, die durch die im Insolvenzverfahren erfolgte Feststellung vollstreckbar geworden sind

Schadensersatzansprüche, die auf einer Verletzung des Lebens, des Körpers, der Gesundheit oder der Freiheit (§ 199 Abs. 2 BGB) beruhen

Einige besondere Verjährungsfristen

Baustoffe, die die Mangelhaftigkeit eines Bauwerks hervorgerufen haben

Bauwerke ab Abnahme des Bauwerks, wenn durch die Mangelhaftigkeit des Baumaterials die Mangelhaftigkeit des Bauwerks hervorgerufen wurde und die Sachen für ein Bauwerk verwendet wurden

5 Jahre

10 Jahre

Rechte an Grundstücken (Fristbeginn mit Entstehung des Anspruchs)

Zahlungen in Zusammenhang mit Grundstücksgeschäften (Fristbeginn mit Entstehung des Anspruchs)

Hemmung und Neubeginn der Verjährung

Hemmung und Neubeginn der Verjährung führen zu einem Hinausschieben des Endzeitpunkts der Verjährung.

Hemmung der Verjährung

Durch bestimmte Ereignisse kann die Verjährung gehemmt werden. Das bedeutet, dass die Verjährung gewissermaßen pausiert: Bei der Hemmung kommt die Verjährung also durch einen Hemmungsgrund zu einem Stillstand. Nach Wegfall des Hemmungsgrunds läuft die Verjährung weiter. Die Zeit, während der die Verjährung gehemmt war, wird nicht in die Verjährungsfrist eingerechnet.

Eine Hemmung endet sechs Monate nach

- rechtskräftiger Entscheidung oder
- anderweitiger Erledigung des eingeleiteten Verfahrens oder
- der letzten Verfahrenshandlung bei Stillstand wegen Nichtbetreiben des Verfahrens durch die Parteien.

Hemmungsgründe können sein:

- Klageerhebung
- Zustellung eines gerichtlichen Mahnbescheids
- Anmeldung des Anspruchs im Insolvenzverfahren

- Einreichung eines Antrags auf Prozesskostenhilfe
- Verhandlungen zwischen Schuldner und Gläubiger (dieser muss die Verhandlungen beweisen können)

Neubeginn der Verjährung

Der Neubeginn der Verjährung wurde früher oft auch Unterbrechung der Verjährung genannt: Hier wird die bereits verstrichene Frist – anders als bei der Hemmung – nicht berücksichtigt. Die zu Beginn des Ereignisses angelaufene Verjährungsfrist wird hinfällig. Die Verjährungsfrist beginnt komplett wieder von vorn zu laufen.

Gründe für den Neubeginn können sein:

- die Anerkenntnis des Anspruchs durch den Schuldner

  BEISPIELE

  - Abschlagszahlungen
  - Zinszahlungen
  - Leistung von Sicherheiten
  - Handlungen des Schuldners, die sich als Anerkennung der Forderungen deuten lassen

- Beantragung und Durchführung einer gerichtlichen beziehungsweise behördlichen Vollstreckungshandlung.

BEISPIEL

Die Exclusiva GmbH hat zweimal Waren verkauft, die nicht bezahlt wurden.

Fall 1:

Die Exclusiva GmbH hat am 17.06.2019 an die Firma Ria Knorr Boutique KG in Überlingen Waren im Wert von 1.200,00 € mit 30 Tagen Ziel geliefert. Da bis dahin kein Zahlungseingang zu verzeichnen ist, schickt die Exclusiva GmbH am 17.09.2019 eine Mahnung. Die Verjährungsfrist beginnt am 31.12.2019 (24:00 Uhr) und endet regulär am 31.12.2022 (24:00 Uhr).

Nach mehr als zwei Jahren entschließt sich die Exclusiva GmbH, das gerichtliche Mahnverfahren einzuleiten. Der Firma Ria Knorr Boutique KG wird am 01.04.2022 ein Mahnbescheid zugestellt. Damit beginnt die **Hemmung**.

Am 15.04.2022 bekommt die Exclusiva GmbH die Nachricht, dass Widerspruch eingelegt wurde. Da wegen organisatorischer Schwierigkeiten und interner Abspracheprobleme die Angelegenheit bei der Exclusiva GmbH nicht weiterverfolgt wird, ist damit der 15.04.2022 die letzte Verfahrenshandlung. 6 Monate später endet die Hemmung, also am 15.10.2022 (24:00 Uhr).

Die Zeit der Hemmung dauerte 6,5 Monate (6 Monate nach Ende der letzten Verfahrenshandlung und die 14 Tage zwischen Mahnbescheidzustellung und Widerspruch). Diese Zeit wird nun zu dem Datum, an dem die Verjährung normalerweise endet, addiert. Damit tritt die Verjährung am 15.07.2023 (24:00 Uhr) in Kraft.

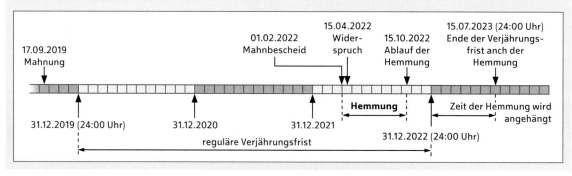

BEISPIEL

Fall 2:

Die Exclusiva GmbH hat am 23.06.2019 an die Firma Schneider Geschenke GmbH in Hildesheim Waren im Wert von 3.600,00 € mit 30 Tagen Ziel geliefert. Da bis dahin kein Zahlungseingang zu verzeichnen ist, schickt die Exclusiva GmbH am 18.09.2019 eine Mahnung. Die Verjährungsfrist beginnt am 31.12.2019 (24:00 Uhr) und endet regulär am 31.12.2022 (24:00 Uhr).

Am 02.05.2021 überweist Schneider Geschenke GmbH einen Teilbetrag von 900,00 €. Da dies als Anerkenntnis der Schuld zu werten ist, beginnt die Verjährungsfrist neu zu laufen. Es kommt zu einem Neubeginn der Verjährung. Die Verjährungsfrist beginnt nun am 31.12.2021 (24:00 Uhr) und endet am 31.12.2024 (24:00 Uhr).

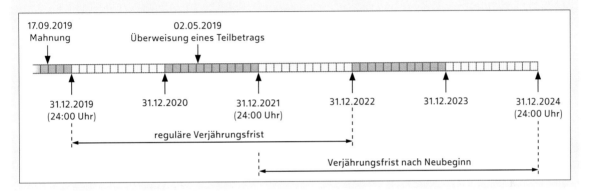

AUFGABEN

1. Welche rechtlichen Folgen hat eine Verjährung?

2. Wie lange dauert die regelmäßige Verjährungsfrist?

3. In welchen Fällen gilt die besondere Verjährungsfrist von 30 Jahren?

4. Die Exclusiva GmbH kaufte am 27. März 2019 Waren ein. Ab wann tritt die Verjährung ein?

5. Exclusiva GmbH verkaufte am 7. April 2019 eine Lieferung an die Grotex GmbH. Da am 14. Juli 2021 noch kein Zahlungseingang zu verzeichnen ist, ergreift die Exclusiva GmbH den Klageweg. Am 20. Oktober 2021 wird die Grotex GmbH zur Zahlung rechtskräftig verurteilt. Wann ist die Forderung der Exclusiva GmbH verjährt?

6. Zwei wichtige Begriffe im Verjährungsrecht sind Hemmung und Neubeginn der Verjährung.
   a) Was haben die Hemmung und der Neubeginn gemeinsam?
   b) Wodurch unterscheiden sie sich?

7. Entscheiden Sie, ob in den folgenden Fällen eine Hemmung oder ein Neubeginn der Verjährung eintritt.
   a) Der Grotex GmbH wird ein Mahnbescheid zugestellt.
   b) Die Spindler KG zahlt überraschend einen Teil der ausstehenden Forderung.
   c) Die Firma Roswitha Warnke e. Kffr. bittet die Exklusiva GmbH um Stundung der Forderung in Höhe von 12.786,00 €.
   d) Die Rudolf Schmidt KG reicht Klage gegen die Emmermann Textil GmbH wegen ausstehender Zahlungen ein.

8. Die Geschenkboutique Bijou hat die am 12. September 2019 fällige Zahlung am 15. Dezember 2022 immer noch nicht bezahlt. An diesem Tag setzt sich Herr Hertien mit der Inhaberin der Geschenkboutique zusammen und verhandelt über die Zahlungsabwicklung. Man kann sich aber nicht einigen, sodass es am 15. März 2023 zu einem Abbruch der Verhandlungen kommt. Herr Hertien verlangt daraufhin die sofortige Zahlung aller ausstehenden Forderungen.
   Die Inhaberin der Geschenkboutique beruft sich auf die Verjährung: „Die Verjährungsfrist ist am 31. Dezember 2022 abgelaufen."
   Hat sie recht?

9. Suchen Sie sich drei Termine aus, an denen eine Forderung entstanden sein könnte.
   a) Stellen Sie fest, ab wann diese verjährt sind.
   b) Überprüfen Sie Ihre Lösung mit einem Verjährungsrechner:
   https://www.creditreform.de/loesungen/inkasso-aussenstaende/inkasso/verjaehrungsrechner

10. In dieser Aufgabe soll das gesamte Kapitel mithilfe der Fragenkettenmethode bearbeitet werden.
    a) Lesen Sie das Kapitel.
    b) Formulieren Sie eine Frage zu einem bestimmten Inhalt des Textes und halten Sie diese und die Antwort dazu schriftlich fest.
    c) Ihre Lehrkraft wählt einen Schüler aus, der seine Frage an die Klasse stellt.
    d) Der Mitschüler, der sich als Erstes meldet, beantwortet die Frage. War die Antwort richtig, darf er seine Frage der Klasse vorstellen.
    e) Jeder Mitschüler, der einmal richtig geantwortet hat, braucht nicht mehr zu antworten.
    f) Hat jeder geantwortet, ist diese Unterrichtsphase beendet.

ZUSAMMENFASSUNG

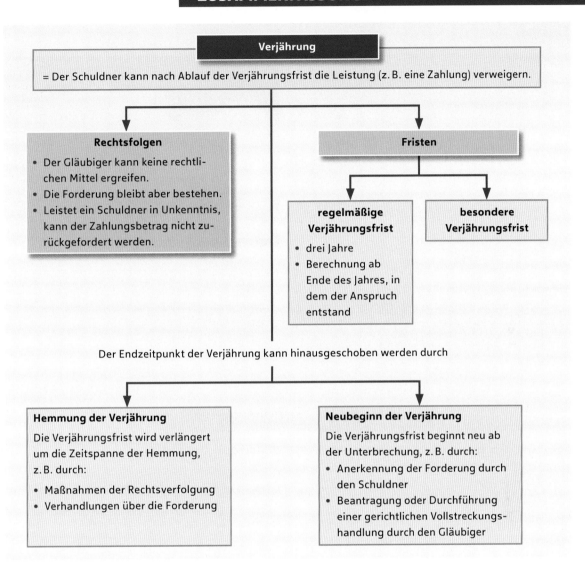

Verjährung

= Der Schuldner kann nach Ablauf der Verjährungsfrist die Leistung (z. B. eine Zahlung) verweigern.

Rechtsfolgen

- Der Gläubiger kann keine rechtlichen Mittel ergreifen.
- Die Forderung bleibt aber bestehen.
- Leistet ein Schuldner in Unkenntnis, kann der Zahlungsbetrag nicht zurückgefordert werden.

Fristen

regelmäßige Verjährungsfrist

- drei Jahre
- Berechnung ab Ende des Jahres, in dem der Anspruch entstand

besondere Verjährungsfrist

Der Endzeitpunkt der Verjährung kann hinausgeschoben werden durch

Hemmung der Verjährung

Die Verjährungsfrist wird verlängert um die Zeitspanne der Hemmung, z. B. durch:

- Maßnahmen der Rechtsverfolgung
- Verhandlungen über die Forderung

Neubeginn der Verjährung

Die Verjährungsfrist beginnt neu ab der Unterbrechung, z. B. durch:

- Anerkennung der Forderung durch den Schuldner
- Beantragung oder Durchführung einer gerichtlichen Vollstreckungshandlung durch den Gläubiger

5.10 Zwangsvollstreckung

Einstieg

Ronja Bunko:

„Jetzt haben wir ja im Rahmen des gerichtlichen Mahnverfahrens einen Vollstreckungsbescheid gegenüber der Holzhäuser GmbH & Co KG. Wie kommen wir denn jetzt endlich an unser Geld?"

Frau Mohns:

„Eigentlich sind wir nur noch zwei Schritte vor unserem Geld entfernt. Wir müssen bestimmte Voraussetzungen prüfen. Liegen diese vor, müssen wir eine passende Zwangsvollstreckungsmaßnahme auswählen und beantragen."

Ronja Bunko:

„Na, dann schauen wir doch mal ..."

1. Stellen Sie fest, welche Voraussetzungen vorliegen müssen, damit ein Zwangsvollstreckungsverfahren eingeleitet werden kann.

2. Führen Sie mögliche Zwangsvollstreckungsmaßnahmen auf.

3. Erläutern Sie, welche Maßnahme ergriffen werden kann, wenn das Zwangsvollstreckungsverfahren erfolglos blieb.

INFORMATIONEN

Ist ein Schuldner zahlungsunwillig, kann er letztlich mit Maßnahmen der Zwangsvollstreckung gezwungen werden, doch zu zahlen.

> **DEFINITION**
>
> Die **Zwangsvollstreckung** ist ein staatliches Verfahren zur zwangsweisen Durchsetzung von Leistungsansprüchen.

Dabei wird mit Machtmitteln des Staates auf Vermögenswerte des Schuldners zugegriffen. Diese werden zugunsten des Gläubigers verwertbar gemacht oder verwertet. Der Staat besitzt hierzu ein Vollstreckungsmonopol: Nur er darf dazu Gewalt anwenden.

Voraussetzungen

Um als Gläubiger das Zwangsvollstreckungsverfahren durchführen zu können, sind drei Voraussetzungen nötig:

- ein Vollstreckungstitel
- eine Vollstreckungsklausel
- die Zustellung des Vollstreckungstitels

Vollstreckungstitel

Der Gläubiger muss sich zunächst einen Vollstreckungstitel beschaffen. Dies ist eine gerichtlich bestätigte Urkunde, aus der hervorgeht, dass einer Person ein Anspruch auf Zahlung zusteht, aber eventuell auch auf:

- eine Handlung

  BEISPIEL

  Ein Schuldner zahlt nicht. Er wird gezwungen, einen unter Eigentumsvorbehalt stehenden Artikel herauszugeben.

- Unterlassung

  BEISPIEL

  Eine Person wird gezwungen, beleidigende Äußerungen in Zukunft nicht mehr abzugeben.

- Duldung

  BEISPIEL

  Ein Unternehmen weigert sich, Kontrolleuren einer Aufsichtsbehörde Zugang zu den Betriebsräumen zu gewähren. Mit einem Vollstreckungstitel kann sie gezwungen werden, dies zuzulassen.

Als Vollstreckungstitel gelten u. a.:

- Vollstreckungsbescheide im Rahmen des gerichtlichen Mahnverfahrens[1]
- rechtskräftige oder für vorläufig vollstreckbar erklärte Endurteile
- in bestimmten Fällen auch Teil-, Versäumnis-, Anerkenntnis- und Vorbehaltsurteile (§ 704 Absatz 1 ZPO)
- gerichtliche Vergleiche
- notarielle Urkunden
- Kostenfestsetzungsbeschlüsse
- bestandskräftig gewordene Zahlungsaufforderungen von Behörden

Vollstreckungsklausel

Ein Vollstreckungstitel muss zusätzlich – dies trifft nur auf den Vollstreckungsbescheid und einige wenige Ausnahmen nicht zu – eine Vollstreckungsklausel enthalten. Diese bezeugt das Bestehen des Vollstreckungstitels. Nur mit ihr entsteht eine vollstreckbare Ausfertigung des Vollstreckungstitels, mit der das Zwangsvollstreckungsverfahren betrieben werden kann.

BEISPIEL

Eine Vollstreckungsklausel könnte lauten:
„Vorstehende Ausfertigung wird der Exclusiva GmbH zum Zwecke der Zwangsvollstreckung erteilt."

Man erhält die Vollstreckungsklausel, indem man

- bei der Stelle, die den Vollstreckungstitel erlassen hat, die Erteilung der Vollstreckungsklausel auf den Vollstreckungstitel beantragt.
- bereits vorher – z. B. in der Klageschrift – die Erteilung einer vollstreckbaren Ausfertigung (nebst Zustellvermerk) beantragt.

Zustellung des Vollstreckungstitels

Damit der Schuldner noch eine letzte Chance hat, dem Anspruch nachzukommen, muss fast jeder Vollstreckungstitel dem Schuldner vor der Vollstreckung zugestellt werden. Die Zustellung wird als ein gesonderter Schritt angesehen, der nicht mit anderen Vollstreckungshandlungen kombiniert werden kann.

Bei den meisten Vollstreckungstiteln darf mit der Zwangsvollstreckung erst begonnen werden, wenn seit der Zustellung an den Schuldner zwei Wochen vergangen sind. Eine Ausnahme ist die Vollstreckung durch den Gerichtsvollzieher.

BEISPIEL

Gerichtsvollzieher Hansen hat einen Vollstreckungstitel zugestellt. Unmittelbar nach der Zustellung kann er mit der Zwangsvollstreckung beginnen, ohne dass es dadurch zu einer großen zeitlichen Verzögerung kommt.

Vollstreckungsmaßnahmen

Der Gläubiger hat verschiedene Möglichkeiten, wie er das Zwangsvollstreckungsverfahren betreiben möchte, wenn die Voraussetzungen erfüllt sind.

Pfändung beweglicher Sachen

Der Gläubiger kann die Pfändung beweglicher Sachen des Schuldners beim zuständigen Amtsgericht beantragen. Dieses beauftragt einen Gerichtsvollzieher, der sich zum Wohnort beziehungsweise Sitz des Schuldners begibt. Der Gerichtsvollzieher fordert dort den Schuldner zur Zahlung auf. Zahlt dieser wider Erwarten, wird ihm der Vollstreckungstitel ausgehändigt. Zahlt er dagegen nicht, wird die Pfändung durchgeführt.

Trifft der Gerichtsvollzieher den Schuldner nicht an, fordert er diesen auf, sich mit ihm in Verbindung zu setzen. Gleichzeitig hinterlässt der Gerichtsvollzieher eine Nachricht, dass er beim nächsten Besuch – wenn der Gläubiger dies beantragt – sich gewaltsam, eventuell mit Unterstützung von Polizei und Schlüsseldiensten, Zugang zu den Räumen verschaffen wird.

Bei der Pfändung beweglicher Sachen nimmt der Gerichtsvollzieher Gegenstände, über die der Schuldner die tatsächliche Verfügungsgewalt hat, in Besitz. Geld und Wertsachen des Schuldners werden mitgenommen. Andere Sachen können zwar zunächst noch beim Schuldner bleiben, an ihnen wird aber ein Pfandsiegel angebracht.

Die Pfandsiegelmarke darf nie eigenmächtig entfernt werden. Dies ist strafbar, auch wenn der Schuldner beziehungsweise der rechtmäßige Eigentümer die Pfändung für unrechtmäßig hält.

Verwertet werden die mitgenommenen beziehungsweise gepfändeten Sachen später meist durch Versteigerung. Der sich daraus ergebende Betrag wird dem Gläubiger ausgehändigt. Gepfändete Geldbeträge werden dem Gläubiger direkt übergeben.

---

[1] siehe Kapitel 5.8

Der Gerichtsvollzieher muss beachten, dass

- nicht mehr gepfändet wird, als es zur Befriedigung des Gläubigers und zur Deckung der Kosten der Zwangsvollstreckung erforderlich ist;
- bestimmte Sachen von der Pfändung ausgeschlossen sind.

BEISPIEL

Zum Schutz der wirtschaftlichen Existenz und unter Berücksichtigung der sozialen Belange des Schuldners sehen die Gesetze Ausnahmen von der Pfändbarkeit vor. Nicht gepfändet werden dürfen Sachen, die dem persönlichen Gebrauch oder dem Haushalt dienen, wie z. B.:

- Kleidungsstücke
- Möbel
- Kühlschrank
- Fernsehgerät
- Wäsche
- Betten
- Nahrungsmittel
- Haustiere

Höherwertige Sachen, die unpfändbar sind, können jedoch im Wege der sogenannten Austauschpfändung durch geringwertige Gegenstände ersetzt werden.

Der PC des Büroarbeitsplatzes kann als Grundlage der wirtschaftlichen Existenz nicht gepfändet werden.

Lohnpfändung

Eine offene Forderung kann auch im Zuge der Lohnpfändung eingetrieben werden. Dazu wird beim Amtsgericht, in dem der Schuldner seinen Sitz hat, ein entsprechender Antrag gestellt. Das Amtsgericht lässt dann sowohl dem Schuldner als auch dessen Arbeitgeber den Pfändungs- und Überweisungsbeschluss zukommen. Der Arbeitgeber muss dann so lange Geldbeträge an den Gläubiger abführen, bis dessen Forderung einschließlich Zinsen

und Kosten ausgeglichen ist. Der Arbeitgeber muss aber nicht den gesamten Lohn abführen: ein gewisser Betrag muss dem Schuldner bleiben, damit er seinen Lebensunterhalt bestreiten kann. Wie hoch diese Pfändungsfreigrenze ist, hängt von der jeweiligen Situation des Schuldners ab (unterhaltsberechtigter Ehegatte, Kinder).

Kontopfändung

Ähnlich wie eine Lohnpfändung funktioniert auch eine Kontopfändung. Hauptunterschied ist, dass die Zahlungen nicht vom Arbeitgeber, sondern von der Bank des Schuldners an den Gläubiger erfolgen.

Forderungspfändungen

Es können alle weiteren Forderungen und Ansprüche des Schuldners gepfändet werden.

BEISPIELE

- Sozialansprüche
- Ansprüche aus Lebensversicherungen
- Steuererstattungsansprüche
- Anteile an Gesellschaften

Pfändung unbeweglicher Vermögensgegenstände

Unbewegliche Vermögensgegenstände wie z. B. Grundstücke, Wohnungen, Häuser können entweder mit Zwangshypotheken belegt oder zwangsversteigert werden. Ebenfalls möglich ist die Anordnung der Zwangsverwaltung.

Eidesstattliche Versicherung

Ist eine Zwangsvollstreckungsmaßnahme erfolglos gewesen, hat der Gläubiger noch die Möglichkeit, beim zuständigen Gerichtsvollzieher zu beantragen, dass der Schuldner eine eidesstattliche Versicherung abgibt. Diese ähnelt in verschiedenen Punkten dem früheren „Offenbarungseid". Dieser Begriff wird heute häufig noch umgangssprachlich verwendet, obwohl er nicht ganz korrekt ist. Mit der eidesstattlichen Versicherung soll die Offenlegung des Vermögens des Schuldners erzwungen werden, um dem Gläubiger die erfolgreiche Zwangsvollstreckung zu erleichtern.

Der Schuldner muss einen mehrseitigen Vordruck – das sogenannte *Vermögensverzeichnis* – ausfüllen und die Richtigkeit und Vollzähligkeit seiner Angaben an Eides statt versichern. Vorsätzliche und fahrlässige Falschangaben sind strafbar: Sie gelten als Meineide und werden mit Gefängnis bestraft.

Falls der Schuldner die eidesstattliche Versicherung nicht freiwillig abgibt, kann das Amtsgericht auf Antrag des Gläubigers einen Haftbefehl erlassen. Die Haft dauert so lange, bis die eidesstattliche Versicherung abgegeben wird, jedoch maximal sechs Monate.

Nach Abgabe der eidesstattlichen Versicherung wird der Schuldner grundsätzlich für drei Jahre beim zuständigen Amtsgericht im Schuldnerverzeichnis geführt. Für den Schuldner bedeutet dies einen Riesennachteil: Er verliert endgültig seine Kreditwürdigkeit.

BEISPIEL

Kreditauskunfteien wie z. B. creditreform oder die Schufa werten die Schuldnerverzeichnisse bundesweit aus und geben die Informationen an ihre Mitglieder oder Kunden weiter.

Die Löschung des Eintrags im Schuldnerverzeichnis erfolgt taggenau automatisch nach drei Jahren. Der Schuldner kann vorher eine Löschung beantragen, wenn er die Befriedigung desjenigen Gläubigers nachweist, der die eidesstattliche Versicherung veranlasst hatte.

AUFGABEN

1. Was ist eine Zwangsvollstreckung?

2. Beurteilen Sie die folgende Meinung: „Falls einer meiner Schuldner nicht zahlt, beauftrage ich ein russisches Unternehmen zum Forderungseinzug, das eine Zweigstelle in Berlin hat. Deren Vertreter fackeln nicht lang und holen mit Gewalt die mir zustehenden Beträge."

3. Führen Sie Beispiele für einen Vollstreckungstitel auf.

4. Was ist Aufgabe der Vollstreckungsklausel?

5. Was passiert, wenn der Schuldner bei der Pfändung beweglicher Sachen doch noch zahlt?

6. Wie läuft die Pfändung beweglicher Sachen ab?

7. Was muss im Zusammenhang mit Pfandsiegeln beachtet werden?

8. Auf welche Arten kann die Pfändung unbeweglicher Sachen erfolgen?

9. Bei Jan Verstraaten taucht der Gerichtsvollzieher auf. Als er einen 9.000,00 € teuren Fernseher pfänden möchte, weist Jan Verstraaten auf die Notwendigkeit aktueller Informationen für seine beruflichen Chancen hin. Welche Möglichkeit hat hier der Gerichtsvollzieher?

10. Unterscheiden Sie Lohn- und Kontopfändung.

11. Was ist eine Pfändungsfreigrenze?

12. Was ist Aufgabe einer eidesstattlichen Versicherung?

13. Ein Unternehmer nimmt bei einem Arbeitnehmer eine Lohnpfändung vor. Dieser hat eine Frau und zwei Kinder. Sein bereinigtes Nettoeinkommen beträgt 2.499,00 €. Berechnen Sie mithilfe der Internetadresse *www.sozialleistungen.info/con/ themen/pfaendungstabelle.html*, wie viel Euro gepfändet werden können.

14. Bearbeiten Sie den Inhalt dieses Kapitels zur Zwangsvollstreckung mit der Methode des Gruppenlesens.

Warum hat Ihre Lehrkraft diese Aufgabe mit dieser Methode ausgewählt?
Das Gruppenlesen (auch *reziprokes Lesen* genannt) ist eine Methode, mit der durch das gewählte Vorgehen
- einerseits die Texte besser verstanden werden, als wenn sie allein bearbeitet werden,
- andererseits die Inhalte der Texte besser behalten werden (dafür sorgt die aktive Auseinandersetzung mit dem Text in der Gruppe), als wenn sie nur einmal kurz gelesen werden.

a) Bilden Sie aus drei Personen bestehende Gruppen.

b) Die drei Personen werden abwechselnd – parallel zu den Abschnitten des Textes – die Gruppenleitung übernehmen.

c) Die erste Person, die die Gruppenleitung übernimmt, sorgt dafür, dass der erste Abschnitt in Einzelarbeit still gelesen wird.

d) Anschließend sorgt die Gruppenleitung für folgendes Vorgehen:
  - Die Gruppenleitung fragt nach schwierigen Wörtern beziehungsweise gegebenenfalls nach Sätzen, die nicht verstanden wurden. Zusammen in der Gruppe wird versucht, die Erklärung zu finden.
  - Das zweite Gruppenmitglied stellt Fragen zu den verschiedenen Inhalten des Abschnitts. Die anderen Gruppenmitglieder beantworten diese.
  - Das dritte Gruppenmitglied fasst den Inhalt des Abschnitts kurz zusammen.
  - Da nun ein neuer Absatz ansteht, wechselt die Gruppenleitung.

ZUSAMMENFASSUNG

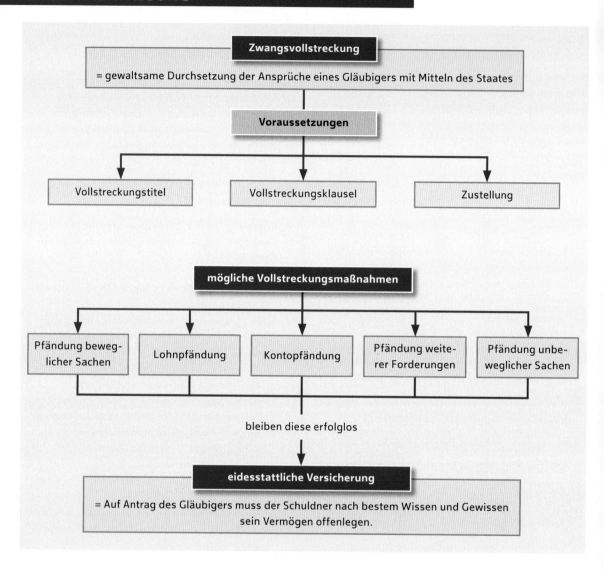

Zwangsvollstreckung

= gewaltsame Durchsetzung der Ansprüche eines Gläubigers mit Mitteln des Staates

Voraussetzungen

Vollstreckungstitel

Vollstreckungsklausel

Zustellung

mögliche Vollstreckungsmaßnahmen

Pfändung beweglicher Sachen

Lohnpfändung

Kontopfändung

Pfändung weiterer Forderungen

Pfändung unbeweglicher Sachen

bleiben diese erfolglos

eidesstattliche Versicherung

= Auf Antrag des Gläubigers muss der Schuldner nach bestem Wissen und Gewissen sein Vermögen offenlegen.

5.11 Kundenorientierung

Einstieg

Ronja Bunko liest zufällig in einer Zeitschrift einen Artikel über die Entwicklung der Wirtschaft in der Zeit vom 2. Weltkrieg bis heute. Sie bringt diesen Artikel mit in den Betriebsunterricht.

Vom Nachholkonsum zur Anschaffungskultur

Dirk Schindelbeck

In keinem anderen Jahrzehnt der bundesdeutschen Nachkriegsgeschichte sollte der Unterschied zwischen seinem Anfang und Ende so augenfällig werden wie in den Fünfzigerjahren – sichtbar an Lebensstandard und Konsumniveau, aber auch am Sozialverhalten der Menschen. Dabei hatte es zunächst gar nicht rosig ausgesehen. Bis zur Währungsreform liefen im vom Krieg verwüsteten Deutschland beispielsweise 18 Millionen Frauen strumpflos oder in Lumpen herum. In jedem Bereich des täglichen Lebens herrschte absoluter Mangel an Gütern. Es konnte nur das gekauft und konsumiert werden, was angeboten wurde – und das war sehr wenig.

Dies änderte sich zunächst mit der Währungsreform. Doch es kam noch zu einem großen Rückschlag: Mitte 1950 begann der Koreakrieg und die Rohstoffpreise schnellten auf dem Weltmarkt in die Höhe. Je mehr sich der Koreakonflikt im Winter 1950/51 verschärfte, Angst vor dem Ausbruch eines Dritten Weltkriegs grassierte, desto knapper und teurer wurden viele Waren. Sunlichtseife wurde im Frühjahr wegen Papiermangels schon ohne Verpackung angeboten, und die Frankfurter Illustrierte bemerkte, dass „auf vielen Tischen immer noch ein paar Brote fehlen" und fragte bang: „Werden wir im Winter frieren müssen?" Hauptarbeit des Großhandels in dieser Zeit war die schnelle Verteilung der wenigen produzierten Güter auf die Einzelhandelsunternehmen.

Spätestens im Sommer 1951 war abzusehen, dass die Konfrontation der neuen Großmächte USA und UdSSR (und nun auch China) auf Korea begrenzt bleiben und sich nicht zu einem neuen Welt- oder gar Atomkrieg auswachsen würde. Die bis Ende 1952 reichlich gewährte Marshallplanhilfe (fast 3 Milliarden US-Dollar) konnte nun ganz in den Aufbau der westdeutschen Konsumgüterindustrie fließen. Und so verkehrte sich im Sommer 1951 die KoreaPsychose in den Korea-Boom. Der Wirtschaftsaufschwung begann: Und der Nachholbedarf der Westdeutschen, was ihre Konsummöglichkeiten betraf, war enorm – nach 10 Jahren Kriegsalltag und Nachkriegszeit, Rationierungen, Hungererfahrungen, Lebensmittelkarten.

In der Folgezeit entwickelten sich die Märkte allmählich zu Käufermärkten. Käufermärkte sind Märkte mit einem Angebotsüberhang. Verpasstes wollte nachgeholt werden. Nach dem Kauf des Kühlschranks kam die Waschmaschine, danach der Fernseher, usw.

Der Markt ist mittlerweile in den allermeisten Bereichen gesättigt oder gar übersättigt (Beispiel Flugreisen, Baubranche, Computermarkt). Wird ein solcher Käufermarkt von vielen Anbietern stark umworben, so spricht man von einem Konkurrentenmarkt. Heute haben wir überwiegend solche Märkte. Um auf ihnen erfolgreich bestehen zu können, ist es zusätzlich erforderlich, immer neue Wettbewerbsvorteile zu erarbeiten, ohne dass der Markt bzw. Kunde dies zwingend fordert. Der Druck kommt vom Wettbewerb. Hier muss der Unternehmer sich konzentrieren auf

- Marktanforderungen,
- marktorientierte Gestaltungsinstrumente (Analysemethoden, Werbung),
- Leistungserstellungsprozess,
- Problemlösung,
- Kundennutzen.

Durch den Wandel zum Käufermarkt müssen die Unternehmen die Absatzmärkte erschließen, definieren und bearbeiten. Die Kenntnis über die Bedürfnisse des (potentiellen) Käufers spielt damit heute eine sehr große Rolle im Handel. Immer wichtiger für unternehmerisches Handeln wird die Orientierung an der Kundschaft.

Quelle: Schindelbeck, Dirk: Illustrierte Konsumgeschichte der Bundesrepublik Deutschland 1945–1990. Landeszentrale für politische Bildung, Thüringen, Erfurt 2001.

1. Beschreiben Sie die Rolle der Unternehmen und der dort beschäftigten Arbeitnehmer früher und heute.

2. Begründen Sie, warum heute die Kundenorientierung ein entscheidendes Verkaufsargument von Unternehmen ist.

3. Charakterisieren Sie, welche Merkmale Kundenorientierung ausmachen.

INFORMATIONEN

War das Streben nach Wirtschaftlichkeit schon immer traditionell fest in den Unternehmensphilosophien verankert, setzt sich als Folge des verschärften Wettbewerbs nun auch die **Kundenorientierung** vermehrt im Bewusstsein fest. Dies hat große Auswirkungen auf die Abläufe und Geschäftsprozesse sowie die Organisationsstrukturen im Unternehmen.

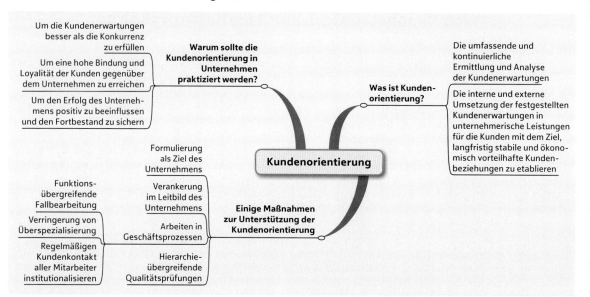

Kundenorientierung als Merkmal von Käufermärkten

Direkt nach dem Zweiten Weltkrieg herrschte in der Bundesrepublik eine allgemeine Mangelsituation. Grundbedürfnisse konnten nur mit großen Schwierigkeiten befriedigt werden. Unternehmen und Kunden traten auf einem Verkäufermarkt auf.

Diese Mangelsituationen konnten erst allmählich in den 50er-Jahren während des Wirtschaftsaufschwungs beseitigt werden. Es kam nacheinander zu verschiedenen Kaufwellen, die Grundbedürfnisse befriedigten:

- Fresswelle
- Bekleidungswelle
- Wohnungswelle
- Hauswelle
- Einrichtungswelle.

In den 60er-Jahren entwickelte sich in Deutschland langsam der Käufermarkt. Die Grundbedürfnisse sind nun befriedigt, durch steigendes Einkommen der Konsumenten entstehen Prestigebedürfnisse. Die Märkte sind zunehmend gesättigt. Hohe Kapazitäten auf Anbieterseite führen zu einer neuen Sichtweise des Marktes: Weg vom Produkt, hin zum Kundenbedürfnis.

Kundenorientierung

Gereizt – Kassiererin schlägt zu

Wenn Pinnebergerinnen durchdrehen, sollte man besser in Deckung gehen. Diese Erfahrung hat ein Ehepaar gemacht, das in einem Supermarkt an eine rabiate Verkäuferin geriet.

Hamburg – Nachdem die Kassiererin die Kunden in barscher Weise darauf aufmerksam gemacht hatte, dass die Waren nicht ordnungsgemäß auf dem Band lägen, war dem Ehepaar offenbar die Lust am Einkauf vergangen. Sie wollten den Laden verlassen – ohne die Waren, und verständlicherweise auch, ohne zu bezahlen.

Doch da platzte der 28-jährigen Verkäuferin der Kragen: Dem 65-jährigen Kunden warf sie eine Konservendose und einen Blumentopf hinterher, heißt es in einer Erklärung, die die Pinneberger Polizei am Mittwoch veröffentlichte. Die Frau kam glimpflicher davon. Sie wurde „nur" angebrüllt und zum Ausgang geschubst.

Doch damit nicht genug. Dem Mann versetzte die Kassiererin mehrere Faustschläge ins Gesicht und einen Fußtritt zwischen die Beine. Zunächst hätten sich die Kunden zur Wehr setzen wollen, doch dann zogen sie die Flucht vor – und erstatteten Anzeige wegen Körperverletzung.

Quelle: SPIEGEL.de, 10.04.2002.
https://www.spiegel.de/panorama/gereizt-kassiererin-schlaegt-zu-a-191139.html [10.12.2020].

Die Zeit des Verteilens auf einem Verkäufermarkt ist für Unternehmen lange vorbei. In den letzten Jahrzehnten hat sich aus absatzpolitischer Sicht eine Neuorientierung in der Denkhaltung durchgesetzt. Statt eines Produkts und dessen Verteilung wurden zunehmend die Bedürfnisse der aktuellen und potenziellen Kunden in den Mittelpunkt der Betrachtung gestellt. Nur die Anbieter, denen es gelingt, diese Bedürfnisse besser zu befriedigen als die Konkurrenz, können dabei im Wettbewerb dauerhaft bestehen.

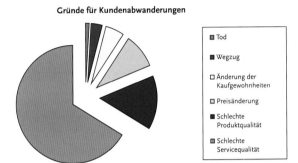

Gründe für Kundenabwanderungen

- Tod
- Wegzug
- Änderung der Kaufgewohnheiten
- Preisänderung
- Schlechte Produktqualität
- Schlechte Servicequalität

Mit dem Käufermarkt hat für Unternehmen das Zeitalter der Kundenorientierung begonnen. Kundenzufriedenheit stellt in Zukunft den wesentlichen Faktor des langfristigen Geschäftserfolgs dar. Nur zufriedene Kunden kommen wieder und bezahlen für Produkte auch einen angemessenen Preis.

Wenn der Kunde also den Erfolg eines Unternehmens bestimmt, dann hat nicht er sich auf das Angebot des Unternehmens einzustellen, sondern Mitarbeiter des Unternehmens haben auf den Kunden, seine Fragen und Wünsche einzugehen. Die zentrale Frage, die sich jedes Unternehmen stellen muss, ist: „Was muss ich tun, damit der Konsument bei mir kauft?".

Einen 20 Jahre alten Videorekorder der Firma Irrdiad mit Funktionsproblemen wollte der Besitzer in Reparatur geben und rief mit diesem Anliegen beim Hersteller an. Sein Gesprächspartner erklärte ihm, dass eine Reparatur nicht durchgeführt werde könne. Und bei einem so alten Geräte mache eine Reparatur doch auch keinen Sinn mehr. Der Kunde gab sich mit dieser für ihn unbefriedigenden Antwort nicht zufrieden und wiederholte seine Bitte. Daraufhin wurde der Ansprechpartner der Firma immer unfreundlicher. Als der Kunde hartnäckig blieb, beschimpfte der Kundenberater ihn schließlich und legte zum Schluss einfach auf.

Was der Gesprächspartner nicht ahnen konnte: Der Kunde hatte das Gespräch aufgezeichnet. Um seinem Ärger Luft zu machen, veröffentlichte dieser die Aufnahme im Internet. So konnte jeder hören, wie mit seiner freundlich vorgetragenen Bitte umgegangen worden war. In den nächsten zwei Monaten wurde die Aufnahme von über 4 Millionen Menschen gehört, zwei weitere Monate darauf waren es bereits über 6 Millionen. Es folgten regelrechte Boykottaktionen gegen Produkte der Firma Irrdiad. Ausgelöst durch einen einzigen, unfreundlichen Mitarbeiter.

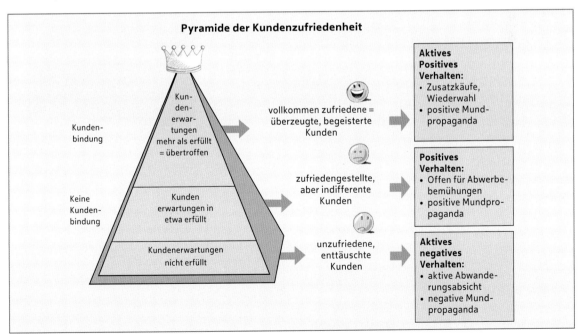

Was der Kunde bekommt – und wonach er sich sehnt

Elemente der Kundenorientierung

Unternehmen erkennen zunehmend die Notwendigkeit der Kundenorientierung. Die Kunden sollen nicht nur über das Sortiment oder die Preisgestaltung, sondern vor allem über ihre Zufriedenheit für das Unternehmen gewonnen (bzw. gehalten) werden.

Es gibt verschiedene Merkmale, durch die die Kundenorientierung eines Unternehmens charakterisiert wird.

Kunden wollen mehr als Produkte ... Sie wollen Lösungen.

Kundenkenntnis
- Wie gut ist die Kenntnis der potenziellen und tatsächlichen Kunden?
- Ist bekannt, welche Wünsche die Kunden haben?

Kundenaktivität
- Laufen Maßnahmen, die direkt der Kundenorientierung dienen?

Kundenzufriedenheit
- Ist bekannt, womit die Kunden zufrieden oder unzufrieden sind?
- Ist das Ausmaß der Kundenzufriedenheit ermittelt?

Kundenfreundlichkeit
- Wird die Kundenfreundlichkeit freiwillig oder gezwungenermaßen nach außen getragen?

Kundenfaszination
- Wird mehr geboten, als der Kunde erwartet?
- Wird Außergewöhnliches geboten?

Hineinversetzen in den Kunden
- Wird versucht zu ermitteln, was der Kunde denkt?

Servicegedanke
- Wird über kundenorientierte Dienstleistungen versucht, einen entscheidenden Mehrwert für das Unternehmen zu schaffen?

Betreuung des Kunden
- Erfolgt eine aufmerksame Kundenpflege, z. B. durch Erinnerung an Jubiläen oder Geburtstage von Kunden?

Erfüllung der Kundenanforderung
- Wie gut ist die Kenntnis der potenziellen und tatsächlichen Kunden?
- Sind die Wünsche der Kunden bekannt?

Was ist ein Kunde?

- Ein Kunde ist die wichtigste Persönlichkeit für unsere Firma – egal ob persönlich anwesend oder außerhalb unseres Hauses.
- Ein Kunde ist nicht nur von uns abhängig, sondern wir auch von ihm – das ist nichts Neues, wird aber viel zu wenig beachtet.
- Ein Kunde ist nicht nur die Unterbrechung unserer Arbeit, sondern ihr Zweck.
- Ein Kunde ist ein wesentlicher Teil unseres geschäftlichen Daseins und damit indirekt Teilhaber unserer Firma.

- Ein Kunde ist kein kalter Rechenfaktor, er ist ein Mensch mit Gefühl und Empfindungen, wie auch wir sie haben.
- Ein Kunde ist kein Streitobjekt, an dem man seine Tüchtigkeit beweist. Noch nie gewann man einen Streit mit einem Kunden. Ein Kunde ist ein Partner, der uns seine Wünsche mitteilt. Unsere Aufgabe ist es, diese Wünsche für ihn und für uns zu erfüllen.

AUFGABEN

1. Was versteht man unter einem Verkäufermarkt?

2. Welche Aufgabe hat ein Unternehmen auf einem Verkäufermarkt?

3. Durch welche Merkmale ist der Käufermarkt gekennzeichnet?

4. Ab wann gibt es in der Bundesrepublik einen Käufermarkt?

5. Warum wird der Käufermarkt für Onlinehändler immer dynamischer?

6. Entscheiden Sie, ob ein Käufer- oder Verkäufermarkt vorliegt:

   a) Im November 1948 kommt der Einzelhändler Rudolf Neckernann überraschend in den Besitz von 500 Wintermänteln. Dies spricht sich rasend schnell herum. Angesichts des bevorstehenden kalten dritten Nachkriegswinters werden ihm die Mäntel aus den Händen gerissen. Kunden schauen auch bei anderen Einzelhändlern vorbei, ob diese zufällig auch irgendwo irgendwelche Waren bekommen haben.

   b) In der Bundesrepublik werden etwa 15 Milliarden € für Werbung ausgegeben.

7. Lesen Sie das Kapitel mithilfe der Methode des aktiven Lesens durch. Erstellen Sie eine Mind-Map, die die wichtigsten Inhalte wiedergibt.

Werbung in Deutschland

Werbeeinnahmen der Medien 2019: 32,6 Milliarden Euro (+ 1,9 % gegenüber 2018) davon

Veränderung gegenüber 2018 in Prozent

Medium	Mrd. €	Veränderung
Fernsehen	15,6 Mrd. €	+ 0,6 %
Zeitungen	4,9	- 0,1
Online*	3,8	+ 7,9
Publikumszeitschriften	3,2	- 2,2
Plakat u. a.	2,5	+ 13,1
Radio	2,0	+ 1,6
Fachzeitschriften	0,4	- 3,9
Kino	0,2	+ 16,2

Quelle: Nielsen *vorläufig Stand Januar 2020 © Globus 13745

8. Sie erhalten vom bekannten Fernsehmoderator Jörg Sönckens eine Einladung in dessen Talkshow *Talk 4*. Es geht dort um Kundenorientierung im Einzelhandel. Dies ist auch für den Einzelhandel und Onlinehandel wichtiges Thema.

Einladung

hiermit laden wir Sie als Gast zur nächsten Ausgabe unserer Talkshow Talk 4 am .... ein. Das Thema der Sendung lautet:

Ist der Handel kundenfreundlich?

Wir laden Vertreter aller betroffenen Gruppen ein:

➤ Wenn Sie Kunde sind, können Sie mal richtig Dampf ablassen: Ärgern Sie sich vielleicht über unfreundliche Verkäufer und schlechten Service in Ihrem Supermarkt? Gibt es Unterschiede zu Onlinehändlern? Sie als Kunde haben in der Sendung die Gelegenheit, Ihre positiven und negativen Erfahrungen mit dem Service im Handel vorzutragen.

➤ Sind Sie Geschäftsführer eines Einzelhandelsunternehmens, sollen Sie Ihre Sicht zum Service-Problem darstellen.

➤ Haben Sie als Verkäufer oft Ärger mit meckernden Kunden? Sie haben in der Sendung die Gelegenheit, Ihre Meinung zum Thema Kundenorientierung im Handel vorzutragen

Bei Fragen bezüglich der Sendung setzen Sie sich bitte mit mir in Verbindung.

Mit freundlichen Grüßen
Offener Kanal

a) Bilden Sie sechs Gruppen und bereiten Sie sich in Gruppenarbeit auf die Ihnen zugewiesene Rolle vor.

b) Erarbeiten Sie in Ihrer Gruppe Punkte, über die Sie sich in Ihrer Rolle ärgern. (Sie können dabei gerne auch eigene Erfahrungen z. B. als Kunde oder Verkäufer in die Rolle einbringen.)

c) Überlegen Sie sich mögliche Gegenargumente vonseiten der anderen an der Talkshow Beteiligten und versuchen Sie diese zu entkräften.

d) Schreiben Sie sich die Punkte auf, die Sie in der Talkshow ansprechen wollen. Überlegen Sie sich ein „knackiges" Eingangs-Statement, mit dem Sie die Gegenseite provozieren wollen.

Rollenspielanweisung Kunde 1:

Ein Mitglied Ihrer Gruppe wird in der Talkshow die Rolle eines Kunden/einer Kundin übernehmen. Sie sind ein 28-jähriger gut verdienender Single. Ständig ärgern Sie sich über Unfreundlichkeit und mangelhaften Service im stationären Einzelhandel. Aber auch mit Onlineshops haben Sie schlechte Erfahrungen gemacht. Kürzlich waren Sie in den USA im Urlaub und waren begeistert von dem Service, der dort geboten wird.

Rollenspielanweisung Kunde 2:

Ein Mitglied Ihrer Gruppe wird in der Talkshow die Rolle eines Kunden/einer Kundin übernehmen. Sie sind Rentner/in. Ständig ärgern Sie sich über Unfreundlichkeit und mangelhaften Service im Einzelhandel. Sie meinen, dass speziell auf die Wünsche älterer Menschen zu wenig Rücksicht genommen wird.

Rollenspielanweisung Verkäufer:

Ein Mitglied Ihrer Gruppe wird in der Talkshow die Rolle eines Verkäufers übernehmen. Sie sind Angestellte/r in einem Supermarkt. Sie werden häufig von Kunden „angemotzt" und können das Gerede über die Servicewüste nicht mehr hören. Sie wollen in der Talkshow klarstellen, dass die Probleme eher beim Kunden liegen und nicht beim Verkäufer.

Rollenspielanweisung Geschäftsführer eines Webshops:

Ein Mitglied Ihrer Gruppe wird in der Talkshow die Rolle des Geschäftsführers/der Geschäftsführerin eines Webshops übernehmen. Auch Ihre Kunden erwarten ein kundenorientiertes Verhalten von Ihnen. Sie selbst erwarten dies natürlich auch von Ihren Lieferanten.

Rollenspielanweisung Geschäftsführer:

Ein Mitglied Ihrer Gruppe wird in der Talkshow die Rolle des Geschäftsführers/der Geschäftsführerin eines Supermarkts übernehmen. Sie legen großen Wert auf Freundlichkeit gegenüber Ihren Kunden und wollen so viel Service wie möglich bieten. Oftmals fällt es Ihnen schwer, Ihre Angestellten von der Bedeutung der Kundenfreundlichkeit und des Service zu überzeugen.

Rollenspielanweisung Moderator Jörg Sönckens:

Ein Mitglied Ihrer Gruppe wird in der Talkshow die Rolle des Moderators/der Moderatorin übernehmen. Bereiten Sie in Ihrer Gruppe die Moderation vor. Bearbeiten Sie dazu die folgenden Aufgaben:

* Herausgearbeitet werden soll Problematik der Orientierung sowohl im stationären Handel als auch im Onlinehandel.

* Die Aufgabe des Moderators wird es sein, die Teilnehmer der Talkshow zu begrüßen und das Thema und das Ziel der Sendung vorzustellen. Erarbeiten Sie dazu einige einleitende Worte. Dann bitten Sie die Talkgäste um ein Eingangs-Statement.

* Der Moderator steuert die Diskussion. Überlegen Sie sich Fragen, mit denen Sie die Teilnehmer in die Diskussion einbeziehen können.

* Beachten Sie darüber hinaus bei der Talkshow:
  – Der Moderator selbst hält keine langen Reden, er fasst hin und wieder das Gesagte zusammen.
  – Die Talkshow dauert 15 Minuten! Der Moderator achtet darauf, dass jeder Talkshow-Gast zu Wort kommt und dass alle Gäste die gleiche Redezeit bekommen.
  – Der Moderator sorgt dafür, dass immer nur einer spricht und dass jeder Sprecher ausreden darf.
  – Der Moderator lässt keine persönliche Kritik zu („Sie haben ja keine Ahnung!").

9. Führen Sie die Talkshow durch.

10. Die Gruppenmitglieder, die nicht an der Talkshow teilnehmen, sind das Publikum. Sie können nicht direkt an der Diskussion teilnehmen. Stattdessen sollen sie einen Talkshow-Teilnehmer beobachten. Bei der Beobachtung sollen Sie zum einen darauf achten, welche Argumente die zu beobachtende Person genannt hat. Zum anderen sollen Sie darauf achten, wie sich die Person verhalten hat. Nehmen Sie für Ihre Beobachtungen den Beobachtungsbogen zur Hilfe.

11. Lesen Sie den folgenden Text:

Kunden- versus Produktorientierung

Im Vordergrund des betriebswirtschaftlichen Denkens stand viele Jahre lang die Angebots- und Produktorientierung. Es ging zunächst darum, überhaupt bestimmte Produkte und Dienstleistungen herzustellen und dann im Markt anzubieten. Bei der Vielzahl von Konkurrenzprodukten, die heutzutage in jedem Markt und jedem Marktsegment angeboten werden, ist diese Orientierung jedoch nicht mehr zeitgemäß. Denn jeder Kunde hat eine nahezu unendliche Auswahl zwischen Produkten, die alle gleiche oder sehr ähnliche Funktionen erfüllen. Dies erlaubt es ihm, wählerisch zu sein: Der Kunde überlegt sich ganz genau, welche Vorteile es für ihn hat, das Produkt von Firma X und nicht dasjenige von Firma Y zu kaufen. Die Marktmacht hat sich also längst vom Verkäufermarkt zum Käufermarkt verschoben. Aus einem Anbieter- und Produktmarkt ist damit ein Kundenmarkt geworden.

Daher ist für die Unternehmen ein Umdenkprozess erforderlich, der die Produkte und Dienstleistungen auf die aktuellen und potenziellen Bedürfnisse des Kunden ausrichtet. Kunden kaufen keine Produkte, sondern einen Nutzen. Diese Binsenweisheit wird noch immer von vielen Unternehmen missachtet [...]

Es gibt vier Trugschlüsse, die Unternehmen gravierend daran hindern, die Kundenorientierung zu verbessern:

1. *„Nur Dienstleistungsunternehmen sind in der Lage, Service zu bieten." Diese Aussage beruht auf einer Engführung des Begriffes „Service". Dieser kann nämlich nicht nur eine eigenständige Leistung sein, wie bei einer Dienstleistung, sondern ebenfalls eine Gesamtlösung (Servicepaket) oder eine Ergänzung zu einer Kernleistung (Service als Zusatzleistung).*

2. *„Es gibt ausschließlich externe Serviceleistungen, keine internen."*

3. *„Qualität spricht für sich selbst und verkauft sich von alleine." Dies stimmt insoweit nicht, als dass nahezu alle Firmen mit der „Qualität" ihrer Produkte werben und für den Kunden der Qualitätsunterschied zwischen verschiedenen Produkten häufig gar nicht erkennbar ist. Qualität ist nur ein Hygienefaktor, den die Konkurrenz in der Regel auch zu bieten hat.*

4. *„Service ist kostspielig und rechnet sich nicht." Dies ist einer der schlimmsten Trugschlüsse. Im Rahmen des Kostenmanagements wird häufig Personalabbau betrieben, und dieser wirkt sich besonders verheerend auf den Service aus. Denn nichts ist personalintensiver als der Service. Wer jedoch den Service wegrationalisiert, rationalisiert auch gleich seine Kunden weg!*

Diese Überlegungen machen deutlich:
Kundenorientierung bedeutet, das betriebliche Denken und Handeln des gesamten Unternehmens wie auch aller Führungskräfte und Mitarbeiter auf den Kunden auszurichten, sich auf seine Bedürfnisse, Wünsche und Probleme zu konzentrieren.

Quelle: Seiwert, Lothar J.: Kundenorientierte Unternehmensstrategie – Wettbewerbsvorteile durch Fokussierung. In: Wolfgang Mewes, Beratergruppe Strategie (Hrsg.): Mit Nischenstrategie zur Marktführerschaft. o. A. Zürich: Orell Füssli Verlag, 2001.

a) Arbeiten Sie kurz schriftlich die Thesen des Autors heraus (jeweils höchstens ein Satz).

b) Bereiten Sie sich darauf vor, Ihre Meinung (Zustimmung oder Ablehnung) zu den Thesen zu begründen.

12. Feierabend – und in drei Stunden steigt das Europameisterschaftsspiel im Fußball. Die vier Auszubildenden wollen sich dieses gemeinsam anschauen und vorher im Garten von Ronja Bunkos Großeltern grillen. Leider haben diese keinen Grill. Andreas Seeger und Ronja Bunko steuern den nächsten Baumarkt an.

Dort sind ein paar Grills zur Ansicht aufgestellt. Es fehlen jedoch Produktbezeichnungen, Produktbeschreibungen und Preise. Andreas Seeger versucht Mitarbeiter zu finden, die Auskunft geben können. Mehrere Verkäufer winken ab. Sie sagen: „Habe gerade etwas anderes zu tun!". „Sorry, mein Chef hat mich gerade gerufen" oder „Ich habe gerade Pause!".

Endlich gelingt es Andreas, einen Verkäufer in ein Gespräch zu verwickeln: „Ich benötige einen günstigen Grill. Wodurch unterscheiden sich denn hier die Ausstellungsstücke? Wie viel kosten sie denn?"

Ziemlich genervt geht der Verkäufer hinter eine Informationstheke, schaut dort im Computer nach und sagt: „Das hier sind Ausstellungsstücke. Die meisten dieser Gartengrills sind aber ausverkauft. Gucken Sie mal dort hinten ins Regal. Einen schönen Tag noch!"

a) Führen Sie Verstöße der Verkäufer gegen die Kundenorientierung auf.

b) Geben Sie an, welche Folgen das Verkäuferverhalten haben könnte.

c) Erläutern Sie Möglichkeiten, wie der Verkäufer zur Zufriedenheit von Andreas Seeger und Ronja Bunko hätte vorgehen können.

13. Welche Merkmale müssen laut der folgenden Abbildung erfüllt sein, um einen Kunden zufriedenzustellen?

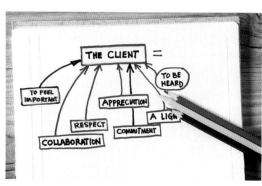

14. Lesen Sie den unten stehenden Artikel aus einer englischen Tageszeitung über Kundenorientierung. Halten Sie in einer Mindmap die wichtigsten Aussagen fest.

How small businesses can deliver good customer service

Customer service is the badge that every company wants to wear because satisfied customers remain loyal to you and recommend you to others. New customers require time, effort and a significant marketing budget to acquire.

It's not hard to keep customers happy, even though we all know from bitter experience that few companies get it right. All that's needed is to put their needs at the heart of everything you do. Following these five simple steps will help.

Engage with your customers at every opportunity.

Communication is vital because your customers want to feel valued and respected. They're also looking for peace of mind that they can trust you will deliver what you promise.

Advertisement

Tracking the market and anticipating your customers' changing needs will enable you to think innovatively and stay ahead of the competition. This can be done by:

- Communicating regularly with your customers to understand their changing needs.
- Conducting regular customer feedback surveys so you get an honest assessment of your business from the people that matter.
- Monitoring the wider economy and analysing how changes will impact your customers.
- Tracking your competitors so you understand where you are in the market and how you can differentiate.

Offer clients flexibility, so they get exactly what they want

There's no point listening to customers if you don't then give them what they want. One size does not fit all, particularly in a tough economy, and you have to be able to cater for most budgets. Put systems in place that enable your staff to work within a framework, but also give them enough flexibility to offer bespoke packages. This could be, for example, a pay monthly option, or a rebate agreement, which pays a refund to clients when the average number of service visits are not required.

Employ the right people

You are only as good as your weakest member of staff, so you need to hire carefully. It doesn't matter what the management team promise, you will only deliver when the people at the sharp end are doing their jobs well. At our enterprise, we're not focused on a candidate's qualifications or skills because our comprehensive training programme will teach them. Instead we hire people for their attitude, which is far harder to teach. Those with the right attitude are also often the most willing to learn.

In our business, operations staff work under the most extreme conditions, are on call 24 hours a day and they never let our clients down. In fact, they often go beyond the call of duty: this may involve spending extra time, for example, clearing snow that is a potential hazard from areas of a site that are not part of our contract.

Develop your staff

Even if employees join with the right attitude, they may soon become disillusioned if you don't involve them in your decisions and give them the opportunity to develop.

Making your staff feel valued will help them to give their very best every day which in turn benefits your customers. Some approaches will suit individual businesses better than others, but these programmes have helped us:

- Mentoring: encourage staff members at all levels to mentor newer team members. Not only does it give them pride and drive to unlock other people's talents, it develops stronger teams.
- Training: put a comprehensive training programme in place so that staff can see how their development will progress step by step.
- Additional opportunities: use regular appraisals to identify other opportunities which will broaden your employees' skills and add value for your customers.
- Internal awards: public recognition when a member of staff has gone over and above for your clients will encourage others to do the same.

Invest, invest, invest

Investment in staff is vital, but to be able to offer the best in customer service, you must also invest in the best equipment and systems. If you don't, then you're asking your staff to keep customers satisfied with one hand tied behind their backs.

Finding the right systems for your business is vital. If you don't have the skills internally consider outsourcing or recruiting an expert. You'll need to spend time working out exactly what you need technology to do to support every aspect of your business and then develop a system that's customised to your needs.

We've invested in a pioneering management platform that enables us, among other things, to communicate instantly and effectively with customers and the operations teams, and track vehicles and operators in real-time. Importantly, we can utilise the most up-to-date weather forecasting services and automatically, via weather forecasts, trigger gritting and snow clearance services. These innovations undoubtedly help our staff to deliver an exceptional service.

Customer service has never been more important; in the current climate consumers are shopping around and demanding more value for money. Businesses that thrive will not pay lip service to customer service, but instead ensure that everything they do is based around doing the very best by the people who choose to buy from them.

Alastair Kight

Quelle: Kight, Alastair: How small businesses can deliver good customer service. In: The Guardian, International Edition. 5.11.2012. https://www.theguardian.com/small-business-network/2012/nov/05/small-businesses-improve-customer-service [10.12.2020].

ZUSAMMENFASSUNG

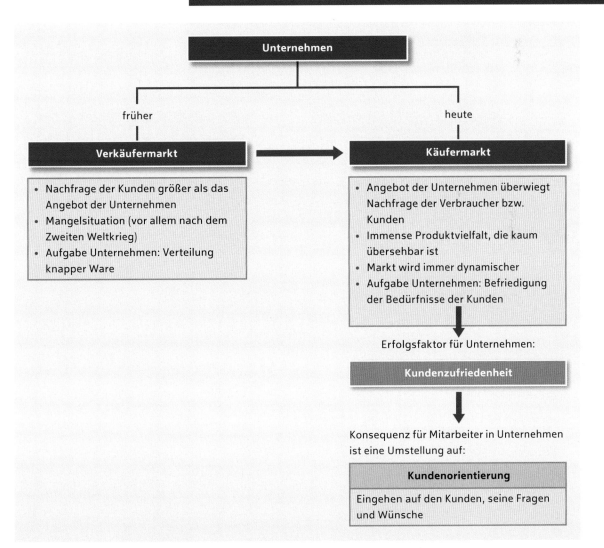

Sprache

Konflikte

Kundenbindung

Fragetechni

interkulturelle Unterschiede

Kommunikation

E-Mails

Körpersprache

Social Media

Kundenbewertungen

Schriftverkehr

Verhandlungen

Aftersales-Services

Beratungsgespräche

Lernfeld 6

Servicekommunikation
kundenorientiert
gestalten

6.1 Kommunikation

Einstieg

Kein guter Tag für die Auszubildenden der Exclusiva GmbH.

- Heute herrscht schlechte Stimmung im Lager. Herr Glandorf hatte zu Tacdin Akay und Agathe Kwasny gesagt: „Man sollte mal das Lager aufräumen. Ihr macht sowieso, was Ihr wollt!" Als die beiden Auszubildenden etwas erwidern wollen, sagte Herr Glandorf: „Ich will jetzt nicht mit Ihnen reden!" Die beiden Auszubildenden sind verärgert.
- Andreas Seeger ist heute im Showroom eingesetzt. Er beobachtet, wie ein Kunde in die Umkleidekabine geht und dort ein Hemd anprobiert. Als der Kunde den Umkleidebereich wieder verlässt, sagt Andreas Seeger: „Das Hemd steht Ihnen. Sie können es sehr gut auch zu Jeanshosen tragen." Der Kunde reagiert gereizt.

1. Geben Sie an, welche Fehler Herr Glandorf gemacht hat.

2. Machen Sie Verbesserungsvorschläge.

3. Stellen Sie fest, welche vier Botschaften die Aussage von Andreas Seeger enthalten kann.

4. Erläutern Sie, wo es zu Konflikten in der Kommunikation zwischen dem Kunden und Andreas Seeger kommen kann.

INFORMATIONEN

Kommunikation als Erfolgsfaktor

Menschen, die gut kommunizieren können, kommen gut mit anderen Menschen aus, machen sich verständlich und können ihre Interessen erfolgreich umsetzen.

> **DEFINITION**
>
> Unter **Kommunikation** versteht man alle Fähigkeiten eines Menschen, durch die er effizient Informationen wie z. B. Erkenntnisse, Botschaften, Wünsche, Gefühle und Erwartungen mit anderen Personen austauschen kann.

Kommunikation ist der Dialog zwischen mindestens zwei Menschen, bei dem Informationen auf verbaler Ebene (Sprache) oder nonverbaler Ebene (Körpersprache) fließen. Kommunikation ist also das Mittel, sich anderen Menschen mitzuteilen und diese auch zu verstehen.

„Man kann nicht nicht kommunizieren."

Paul Watzlawick

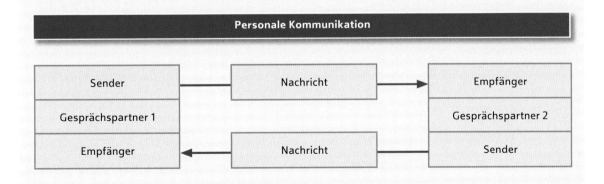

Personale Kommunikation

Sender	Nachricht →	Empfänger
Gesprächspartner 1		Gesprächspartner 2
Empfänger	← Nachricht	Sender

Die Kommunikationsfähigkeit spielt im Leben eines Menschen sowohl im privaten als auch im beruflichen Bereich eine entscheidende Rolle.

Der Austausch mit Lebenspartnern, Familienmitgliedern, Freunden und Bekannten sollte konstruktiv und effektiv erfolgen, damit es zu keinen Missverständnissen oder Konflikten kommt.

Jedoch auch für Unternehmen wird es immer wichtiger, dass die Kommunikationsprozesse zwischen den Mitarbeitern bzw. zwischen Mitarbeitern und Vorgesetzten gut funktionieren. Gibt es in der Kommunikation Störungen, so kann dies gewaltige Auswirkungen auf die Geschäftsprozesse des Unternehmens haben.

BEISPIEL

Scheitern Verkaufsgespräche, weil der Informationsaustausch zwischen Verkäufern und Kunden nicht funktioniert, entgehen dem Unternehmen Umsätze und Gewinne. Es kann zudem zu Kundenverlusten kommen.

Eine störungsfreie Kommunikation zwischen allen im Unternehmen arbeitenden Personen wird daher immer mehr als wesentlicher Bestandteil der Kultur erfolgreicher Unternehmen angesehen. Sowohl die interne Unternehmenskommunikation – also der Dialog zwischen den Mitarbeitern bzw. Mitarbeitern und Vorgesetzten – als auch die externe Kommunikation zu Lieferanten, Kunden und anderen Geschäftspartnern können schnell zum entscheidenden Wettbewerbsvorteil werden:

- Je gelungener die interne Kommunikation verläuft, desto besser ist das Arbeitsklima und produktiver die Zusammenarbeit.
- Je gelungener die externe Kommunikation ist, desto besser kann sich das Unternehmen am Markt behaupten.

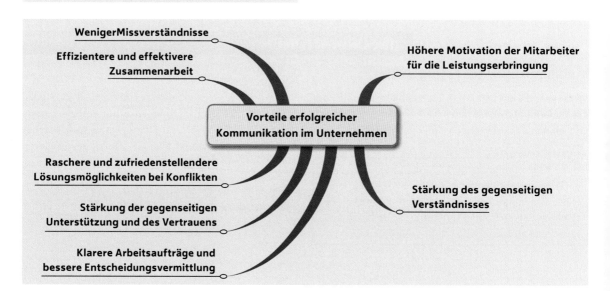

Instrumente für eine erfolgreiche Gesprächsführung

Entscheidende Weichenstellungen geschehen im Berufsleben in den verschiedenen Formen des direkten Gesprächs. Als **Gespräch** wird dabei die verbale Kommunikation zwischen mindestens zwei Personen bezeichnet. Diese wird erfolgreich sein, wenn bestimmte Instrumente angewendet werden:

Instrumente für erfolgreiche Gesprächsführung			
Sprache	**Körpersprache**	**Fragetechnik**	**Kommunikationsregeln**
Sprachliche Äußerungen können hemmend oder fördernd für einen erfolgreichen Verlauf von Gesprächen sein (siehe Kap. 6.3).	Körpersprache zu entschlüsseln oder sie sogar bewusst einzusetzen, bietet in Gesprächen zahlreiche Vorteile (siehe Kap. 6.2).	Fragen bieten die Möglichkeit, Gespräche zu lenken (siehe Kap. 6.4).	Durch Kenntnis der Kommunikationsregeln können Störungen in Gesprächen vermieden werden.

Kommunikationsregeln

Der Mensch lernt im Laufe seiner Erziehung unbewusst einige Kommunikationsregeln. Dennoch gibt es im täglichen Berufsleben, aber auch im privaten Alltag sehr viele Probleme und Konflikte, die auf mangelnde Kenntnis und Anwendung von Kommunikationsregeln zurückzuführen sind. Je mehr Kommunikationsregeln man beherrscht, desto eher kann man

- seinen eigenen Standpunkt deutlich, überzeugend und konfliktfrei vermitteln,

- den Gesprächsverlauf steuern,
- ein von allen akzeptiertes Ergebnis erzielen.

Eine gute Kommunikation fördert die Beziehung der Gesprächspartner und stellt sie gleichermaßen zufrieden. Daher ist es von enormer Wichtigkeit, dass Beschäftigte in Unternehmen Kenntnisse über die Kommunikation besitzen.

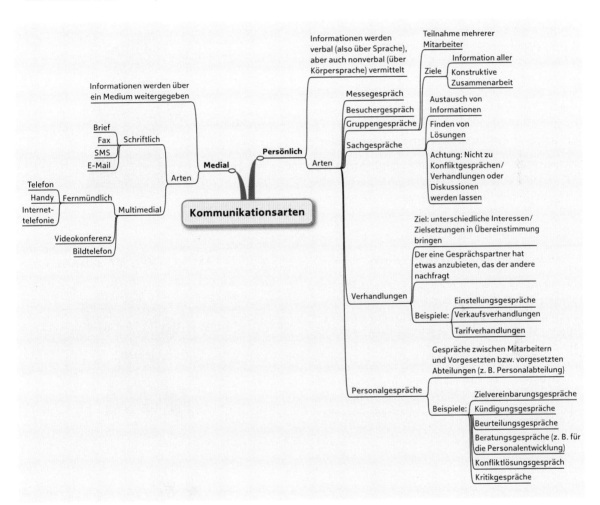

Gesprächssituation beachten

Macht man sich bewusst, in welcher Gesprächssituation man kommuniziert bzw. kommunizieren wird, steigt die Wahrscheinlichkeit, dass die Kommunikation erfolgreich sein wird: Hat man sich z. B. klar gemacht, welche Zielsetzungen der Partner in der jeweiligen Gesprächssituation verfolgt, kann man sich erheblich besser auf das Gespräch vorbereiten.

BEISPIEL

Einem möglichen Käufer in einem Beratungsgespräch muss man anders gegenübertreten als einem potenziellen Verkäufer in einer Verhandlung über Einkaufskonditionen. Beschwerden und Reklamationen bringen andere Anforderungen an die Gesprächssituation mit sich wie Mitarbeitergespräche.

Äußerungen als individuelle Wahrnehmungen betrachten

Was und wie jeder Mensch denkt und fühlt, hängt von den Erfahrungen im Verlauf seines Lebens ab. Vor diesem Hintergrund neigt er dazu, seine Sicht der Wirklichkeit als die einzig wahre und richtige anzusehen.

Stimmt diese weitgehend mit der Erfahrungs- und Gefühlswelt einer anderen Person überein, wird es zwischen diesen kaum Probleme in der Kommunikation geben. Es kann jedoch schnell zu Problemen, Missverständnissen und Konflikten kommen, wenn diese sich nicht ähneln. Deshalb muss in jeder Kommunikation beachtet werden, was die andere Personen wahrnimmt: Für eine erfolgreiche Kommunikation ist nicht nur wichtig, was und wie etwas gesagt wird. Mindestens ebenso bedeutend ist, was und wie die andere Personen es versteht und aufnimmt. Man muss sich also klarmachen, dass Gesagtes und Gehörtes nicht automatisch immer übereinstimmen.

Einfaches Kommunikationsmodell beachten

Kommunikationsprozesse verlaufen störungsfrei, wenn man das einfache Kommunikationsmodell kennt. Derjenige, der Informationen gibt (der Sender), muss sicherstellen, dass der Adressat (der Empfänger) diese auch genauso versteht, wie sie gemeint war.

Emotionale Ebenen berücksichtigen

Kommunikation erfolgt nicht nur auf einer sachlichen und rationalen Ebene, bei der Informationen nüchtern in Worten zum Ausdruck gebracht werden. Diese Inhalte sind oft gut wahrzunehmen. Gleichzeitig werden Informationen auf emotionalen (= gefühlsmäßigen) Ebenen vermittelt, die sich hinter den eigentlichen Worten verbergen. Dieser Bereich der Kommunikation, bei dem Gefühle, Wünsche, Sympathien/Antipathien, Stimmungen usw. transportiert werden, ist oft nicht direkt wahrnehmbar.

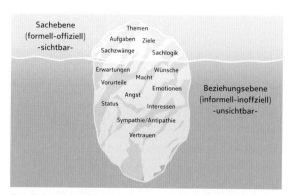

Das Eisbergmodell besagt, dass nur ein kleiner Teil der Kommunikation offen sichtbar ist und der erheblich größere Anteil, der den Beziehungsbereich wiedergibt, quasi unter der Oberfläche liegt.

Vier-Ohren-Modell der Kommunikation beachten

Nach dem Vier-Ohren-Modell von Schulz von Thun kann der Sender in einer Nachricht Informationen mehr oder weniger auf vier Ebenen dem Empfänger geben. Dieser kann der Nachricht ebenfalls in unterschiedlichem Ausmaß Informationen auf vier Ebenen entnehmen. Friedemann Schulz von Thun sprach in diesem Zusammenhang davon, dass der eine Gesprächspartner mit „vier Schnäbeln" spricht, der andere mit „vier Ohren" zuhört.

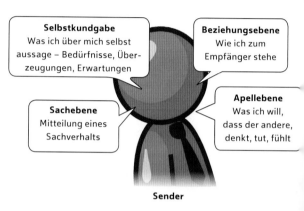

Ebene	Sender	Empfänger
Sachebene	• vermittelt alle nötigen Daten und Fakten	• nimmt alle nötigen Daten und Fakten ganz emotionslos auf
Selbstoffen-barungsebene	• teilt etwas von sich mit • gibt seine Stimmung bzw. seine Motive preis	• erfährt, was der Sender von sich hält • bekommt die Information, was für ein Typ der Sender ist oder in welcher Stimmung er ist
Beziehungs-ebene	• gibt Hinweise, wie er aktuell zu dem Gesprächspartner (Empfänger) steht • zeigt dem Empfänger, was er von ihm hält	• bekommt mit, wie der Sender zu ihm steht • erfährt, was der Sender von ihm hält
Appellebene	• will den Empfänger veranlassen, etwas zu tun • möchte etwas (beim Gesprächspartner erreichen)	• fasst Aussage des Senders als direkte Ein-flussnahme (Wusch/Befehl) auf • fühlt sich veranlasst, etwas zu tun

Im Idealfall sind sich beide Gesprächspartner der vier Ebenen bewusst. Zu Kommunikationsstörungen kann es kommen,

• wenn Sender und Empfänger nicht alle Ebenen be-rücksichtigen (also z. B. nur auf einer Ebene Informa-tion aufnehmen),
• wenn der Empfänger eine Ebene stark wahrnimmt, auf die der Sender gar nicht das Gewicht legen wollte.

BEISPIEL

In einer Abteilungskonferenz wird ein Vorschlag ge-macht. Ein Mitarbeiter sagt daraufhin: „Dies haben wir bisher immer anders gemacht."

Wenn der Vorschlagende auf der Sachebene versteht: „Diese Arbeit wurde bisher anders erledigt", wird es keine Störung der Kommunikation gehen.

Hört der Vorschlagende jedoch sehr stark eine der drei anderen Ebenen, kann es zu Problemen in der Kommunikation kommen:

„Ich bin ja sehr skeptisch, ob Ihr Vorschlag richtig ist. Das bezweifele ich." (Selbstoffenbarung)

„Sie schon wieder: Sie wissen ja immer alles besser als ich!" (Beziehungsebene)

„Lassen wir das Ganze so, wie wir es bisher immer gemacht haben!" (Appellebene)

Aktives Zuhören

Sehr häufig werden Kommunikationsprozesse dadurch gestört, dass nicht richtig zugehört wird. Häufige Fehler in diesem Zusammenhang sind:

• Der Sprecher wird unterbrochen.
• Es wird schon geredet, während der andere noch spricht.
• Es wird nicht darauf geachtet, was der andere sagt.

Man sollte deshalb dem Gesprächspartner deutlich zeigen, dass man ein Interesse daran hat, seine Informa-tionen aufrichtig wahrzunehmen. Der Gesprächspartner soll sich verstanden fühlen. Aktives Zuhören ist eine Grundeinstellung, mit der man dem Sprechenden mit aller Aufmerksamkeit zeigt, dass man innerlich zuhört.

Sprachliche Signale für aktives Zuhören können u. a. sein:

• kurze Ein-Wort-Rückmeldungen
• Nachfragen
• kurze Zusammenfassungen des Gesagten

Körpersprachliche Signale für aktives Zuhören sind:

• Blickkontakt
• Kopfnicken
• Anfertigung von Notizen
• leicht nach vorne geneigte Körperhaltung

BEISPIEL

Wegen eines nicht eingehaltenen Termins führt Herr Hertien ein Gespräch mit Ronja Bunko. Sie signalisiert Herrn Hertien mit Blickkontakt, Kopfnicken und mehr-maligen kurzen Äußerungen wie z.B „Ja", „Aha" und „Mhm", dass sie seinen Ausführungen aufmerksam folgt. Sie unterbricht Herrn Hertien nicht, fragt aber während einer kurzen Sprechpause von Herrn Hertien bei einer Unklarheit kurz nach, ob sie dies auch richtig verstanden habe. Zum Ende des Gesprächs fasst sie das von Herrn Hertien Gesagte noch einmal kurz zusammen: „Ich habe Sie doch richtig verstanden? Sie glauben, dass ich den Termin absichtlich nicht eingehalten habe?"

Ich-Botschaften senden

Aussagen in Sätzen, die mit „Du" beginnen, werden vom Gesprächspartner oft als Beschuldigungen, Vorwürfe oder Anklagen aufgefasst. Der Angesprochene reagiert dann mit Rechtfertigungen oder aggressivem Verhalten. Er fühlt sich bevormundet und unverstanden. Erheblich günstiger ist es, Sätze mit „Ich" zu beginnen.

BEISPIEL

Statt „Sie müssen ja bei jeder Sitzung zu spät kommen!", sollte man dem Gesprächspartner seine Meinung zu verstehen geben, ohne dass er sich direkt und aggressiv angegangen fühlt: „Ich bevorzuge es, Sitzungen pünktlich anzufangen!"

Zu beachten ist, dass abschwächende Formulierungen bei Ich-Botschaften das Gesagte entwerten und unsicher wirken.

BEISPIEL

„Es macht mich ein bisschen ärgerlich, dass Sie ..."

Gefühle äußern

In der Kommunikation spielt der Ausdruck von Gefühlen immer eine besondere Rolle. Diese sollten dem Gesprächspartner zurückgemeldet werden. Dabei ist auf die Formulierung von Ich-Botschaften zu achten.

So gibt es häufig Situationen, in denen der Empfänger einer Nachricht emotional so sehr aufgeregt und aufgebracht ist, dass er nicht mehr mit Verständnis auf den Sender reagieren kann. Um Missverständnisse zu vermeiden und anzusprechen sowie Veränderungen herbeizuführen, ist das Ausdrücken negativer Gefühle sehr wichtig.

BEISPIEL

Ronja Bunko regt sich darüber auf, dass Herr Hertien ihr im Gespräch vorhält, einen Termin nicht eingehalten zu haben, denn sie war über den Termin vorher gar nicht informiert worden.

Falsch wäre eine Reaktion von Ronja, ihren Ärger – um z. B. einen Konflikt zu vermeiden – herunterzuschlucken und gar nichts zu sagen. Dies könnte dazu führen, dass aufgestaute Gefühle irgendwann – vielleicht sogar bei einem vergleichsweise geringen Anlass – unverhältnismäßig stark zum Ausdruck kommen und zu einer Eskalation führen. Genauso falsch wäre eine Reaktion wie: „So ein Quatsch, was Sie da erzählen! Das ist doch gar nicht wahr!" Hier richtet Ronja ihre Kritik und ihre Gefühle indirekt auf die Person des Gesprächspartners als Ganzes, nicht auf dessen konkretes Verhalten.

Gut wäre es, wenn Ronja ihre eigenen Gefühle dem Gesprächspartner direkt mit einer Ich-Botschaft zurückmelden würde: „Ich bin sehr verwundert, dass Sie meinen, ich hätte den Termin absichtlich nicht eingehalten."

Auch positive Gefühle sollten dem Gesprächspartner zurückgemeldet werden: Bei positiven Emotionen meinen die Gesprächspartner nämlich oft, dass der jeweilige Gegenüber diese auch wahrnimmt. Dies ist aber sehr häufig gar nicht der Fall.

BEISPIEL

Nachdem in dem Gespräch sehr sachlich geklärt wurde, dass Ronja von dem Termin gar nichts wissen konnte, meldet Herr Hertien seine Freude darüber zurück: „Ich finde es gut und sehr erfreulich, dass wir dieses Missverständnis gemeinsam aus der Welt schaffen konnten!"

Sich konkret und positiv äußern

Nach Möglichkeit sollten in Gesprächen keine negativ besetzten Worte verwendet werden. Solche Worte verstärken das Negative und vermindern die Chance auf eine erfolgreiche Kommunikation. Deshalb sollten Sachverhalte konkret benannt werden und wenn möglich auch positiv ausgedrückt werden.

BEISPIEL

Statt „Ich will jetzt nicht mit Ihnen reden. Keine Zeit!", sollte Herr Glandorf besser folgendermaßen vorgehen: „Lassen Sie uns heute Nachmittag darüber reden. Ich habe jetzt gleich eine Sitzung mit Herrn Hertien!"

Nicht unterbrechen

Ein Gesprächspartner sollte in seinen Ausführungen nach Möglichkeit nicht unterbrochen werden. Lässt man ihn ausreden, vermeidet man destruktive Emotionen durch die Unterbrechung.

Fragen statt kritisieren

Fragen wirken erheblich Konflikt entschärfender und diplomatischer als eine direkt vorgebrachte Kritik.

BEISPIEL

Statt direkt zu kritisieren: „Sie haben nur an die eine Möglichkeit gedacht!", stellt Herr Hertien eine Frage: „Sind Sie sicher, dass dies die einzige Möglichkeit war?"

Status des Gesprächspartners beachten

Im Alltag, erst recht im Berufsleben, wird im Rahmen der Kommunikation bewusst oder unbewusst ein Statusverhältnis zwischen den Beteiligten hergestellt. Unter einem Status versteht man das wahrnehmbare Verhalten einer Person gegenüber einer anderen Person oder einer Gruppe von Personen.

Ist jemand im Hochstatus, verhält er sich dominant gegenüber einer anderen Person im Tiefstatus. Diese passt ihr Handeln dagegen an den Vorgaben der Person im Hochstatus an.

Hochstatus	Tiefstatus

• Person demonstriert durch das eigene Verhalten
  – die eigene Überlegenheit,
  – die Unterlegenheit der anderen Person.
• Person hat die Kontrolle über alles.
	• Person demonstriert durch das eigene Verhalten
	  – die eigene Unterlegenheit,
	  – die Überlegenheit der anderen Person.
	• Person gibt die Kontrolle über alles ab.

Auf Personen mit Hochstatus treffen u. a. die folgenden Merkmale zu: • Sie gehen zielgerichtet. • Sie bewegen sich zielgerichtet. • Sie sprechen normal oder laut, bevorzugt mit einer tiefen Stimmlage. • Sie berühren den Gesprächspartner (Hand auf die Schulter legen). • Sie schauen den Gesprächspartner an, ohne den Blick abzuwenden. • Sie gehen aufrecht. • Sie haben eine straffe Körperhaltung. • Sie atmen ruhig und gleichmäßig.	Auf Personen mit Tiefstatus treffen u. a. die folgenden Merkmale zu: • Sie berühren den eigenen Körper (z. B. sich durch die Haare oder das Gesicht streichen): • Sie bewegen sich und wirken fahrig. • Sie sprechen leise und stockend, bevorzugt in einer hohen Stimmlage. • Sie halten Abstand zu dem Kommunikationspartner. • Sie vermeiden längeren Blickkontakt: Sie wenden den Blick ab bzw. haben einen gesenkten Blick. • Sie haben eine gebeugte und schlaffe Körperhaltung. • Ihr Atem ist unregelmäßig.

Wenn eine Person im Hochstatus einer andern begegnet, die sich ebenfalls im Hochstatus verhält, entsteht ein Kampf um den Status. Ist keiner bereit, seinen Status zu senken, muss jeder seinen Status immer weiter erhöhen. Der Fall des Verlierers wird dadurch tiefer werden, seine Demütigung größer: Die Kommunikation ist letztlich gescheitert.

Eine gelungene Kommunikation basiert auf dem ständigen Statuswechsel beider Gesprächspartner: Während des Gesprächs wird intuitiv ein gegenseitiger Statusausgleich hergestellt, weil sich keiner über den anderen heben will.

Ein gutes Beispiel für Hoch- und Tiefstatus

BEISPIEL

Beratungsgespräche im Verkauf können durch das Einnehmen von zwei gegensätzlichen Statusformen wirkungsvoll gesteuert werden:

Damit ein Beratungsgespräch überhaupt stattfinden und durchgeführt werden kann, kommt es gewöhnlich auch auf Sympathie des Kunden an. Diese kann der Verkäufer z. B. in der Kontaktphase zunächst dadurch gewinnen, dass er den Tiefstatus einnimmt, bei dem er dem Kunden eher freundschaftlich begegnet.

Um im Beratungsgespräch zu überzeugen, sind z. B. in Phasen, in denen argumentiert wird, neben Sympathie auch Kompetenz, Fachlichkeit und Respekt erforderlich. Diese Eigenschaften kann der Verkäufer erfahrungsgemäß durch den Hochstatus vermitteln. Auch beim Herbeiführen des Kaufentschlusses sollte man den Hochstatus anstreben. In der Abschlussphase des Beratungsgesprächs sollte der Verkäufer wieder zurück in den Tiefstatus gehen.

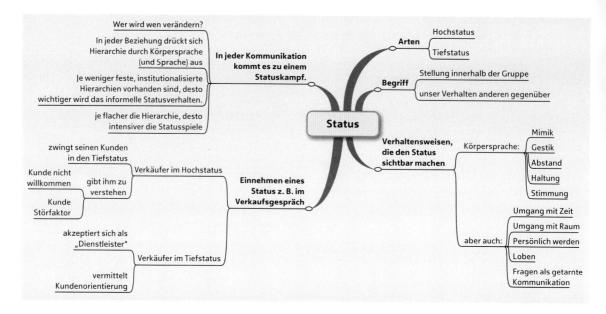

Beobachtet werden sollte	
das eigene Statusverhalten	**das Statusverhalten des Gesprächspartners**
• In welchem Status bewegt man sich gerade? • Wie fühlt man sich dabei? • Woran kann man den gewählten Status erkennen?	Welchen Status hat der Gesprächspartner? • Welche Informationen gibt das Statusverhalten des Gesprächspartners? • Welche Absicht verfolgt der Gesprächspartner mit dem gewählten Status?

Statusvorgänge durchziehen praktisch das gesamte gesellschaftliche Leben. Wenn das Statusverhalten des Gesprächspartners sowie das eigene richtig analysiert und interpretiert werden, kann man die Kommunikation sinnvoll im Hinblick auf das Kommunikationsziel beeinflussen.

Jeder hat in der Regel einen Lieblingsstatus als Hauptstrategie in allen Lebenssituationen. Vor diesem Hintergrund ist es wichtig,

- einerseits seinen eigenen Lieblingsstatus zu kennen und damit sinnvoll umzugehen,
- andererseits den des Gesprächspartners zu erkennen und darauf zu reagieren: Dessen Status wird also entweder anerkannt oder ihm wird etwas entgegengesetzt.

Generell gilt, dass in einer Kommunikationssituation derjenige mit der größten Statusflexibilität die Situation beherrscht.

Interkulturelle Besonderheiten beachten[1]

Abhängig von ihrer Herkunft haben Mitarbeiter in einem Unternehmen oft eine unterschiedliche kulturelle Orientierung. Häufig hat man es zudem mit ausländischen Geschäftspartnern zu tun. Eine Kommunikation mit diesen beiden Personengruppen wird umso erfolgreicher sein, je eher man bereit ist, Unterschiede in deren Kommunikationsverhalten (im Vergleich zum eigenen) bewusst und sensibel wahrzunehmen und sich darauf entsprechend einzustellen.

Verfügt man über interkulturelle Kompetenz, wird dies nicht schwerfallen.

BEISPIEL

In asiatischen Ländern erfolgt eine Begrüßung durch eine Verbeugung. Händeschütteln wie bei uns wird dort als zu direkt und aggressiv empfunden. Anschließend erfolgt oft eine formale Übergabe von Visitenkarten – allerdings ausschließlich mit beiden Händen.

Ist man sich dessen bei Verhandlungen mit chinesischen Geschäftsleuten bewusst, verfügt man über interkulturelle Kompetenz.

---

1 vgl. auch Kapitel 6.10

Win-win-Situation anstreben

Ein Kommunikationsprozess wird auch dann erfolgreich sein, wenn beide Gesprächspartner darauf achten, dass es zu einer Win-win-Situation kommt. Eine solche liegt z. B. vor, wenn das Ergebnis einer Verhandlung für beide Verhandlungspartner einen größeren Nutzen darstellt, als wenn keine Vereinbarung getroffen worden wäre. Beide Seiten sollten darauf achten, dass sich alle im Vorteil fühlen.

Konventionen einhalten

Beachtet man in beruflichen Gesprächen bestimmte Konventionen bzw. Höflichkeitsregeln, wird die Kommunikation erheblich erleichtert. Eine Missachtung solcher Regeln im geschäftlichen Umfeld kann sich sehr nachteilig auswirken.

Empfang

Man kann schon vor dem Gesprächstermin die Kommunikation positiv beeinflussen. Mit dem richtigen Empfang kann man die Weichen dafür stellen, dass sich Geschäftspartner wohl- und willkommen fühlen. Durch den dadurch gewonnenen positiven ersten Eindruck werden beste Voraussetzungen für das folgende Gespräch geschaffen:

- Vor dem eigentlichen Besucherempfang sollte dem Gast eine Anfahrtsbeschreibung zugestellt werden. Ebenfalls sollte ihm genau mitgeteilt werden, wo im Unternehmen das Gespräch stattfindet.
- Ankommende Besucher müssen sofort wahrgenommen werden. Es sollte vermieden werden, dass sie warten müssen (ggf. sollte dem Gast ein Platz und evtl. Getränke angeboten werden).
- Jedem Besucher sollte Wertschätzung entgegengebracht werden. Er sollte ernst genommen werden.
- Der empfangende Mitarbeiter sollte zu jedem ankommenden Besucher Blickkontakt aufnehmen und lächeln.
- Kommt ein Besucher, darf niemals dem Telefon Vorrang gegeben werden.
- Der Gast sollte mit einem Willkommensgruß angesprochen werden.
- Der Besucher sollte – wenn möglich persönlich – durch das Unternehmen begleitet werden.
- Vor dem Gespräch ist für angemessene Getränke und ggf. Verpflegung zu sorgen.

Begrüßungen

Bei Begrüßungen im geschäftlichen Umfeld müssen die ökonomischen oder hierarchischen Beziehungen der Gesprächsteilnehmer berücksichtigt werden:

- Mitarbeiter grüßen Vorgesetzte immer zuerst.
- Geschäftspartner, wie z. B. Kunden oder Lieferanten, werden ebenfalls zuerst gegrüßt.
- Falls bekannt, werden Gesprächspartner namentlich begrüßt, um eine persönliche Atmosphäre zu schaffen.
- Bei Gleichgestellten gilt, dass
  – jüngere Gesprächspartner die älteren begrüßen oder im Zweifel
  – der, der den anderen Gesprächspartner als Erster wahrnimmt, die Begrüßung vornimmt.

Handschlag

Trifft man mit Geschäftspartnern zusammen, erfolgt eine Begrüßung per Handschlag. Hierbei gilt:

- Beim Handschlag wird Blickkontakt aufgenommen.
- Ranghöhere oder ältere geben den rangniedrigen bzw. jüngeren Mitarbeitern als Erstes die Hand.

Vorstellung

Trifft man im Geschäftsleben auf eine oder mehrere unbekannte Personen, ist eine Vorstellung notwendig. Alle Gesprächspartner müssen darüber informiert sein, mit wem sie es zu tun haben. Allgemein gilt im Geschäftsleben, dass der rangniedrigere Gesprächspartner dem ranghöheren Mitarbeiter (Vorgesetzter, Geschäftspartner) vorgestellt wird.

Stößt man zu einer Gruppe unbekannter Personen hinzu, stellt man sich dagegen selbst namentlich vor.

Small Talk

Ein Gespräch gleich mit geschäftlichen Themen zu beginnen, kann kontraproduktiv sein. Oft wird die Atmosphäre dadurch positiv beeinflusst, dass man zunächst mit einem kurzen Small Talk beginnt. Unter einem Small Talk versteht man ein informelles Gespräch (im Plauderton) über nicht geschäftliche Themen.

Ein Gespräch kommt einfacher in Gang, wenn man offene Fragen stellt, z. B. kann man den Gesprächspartner nach seiner Meinung zu einem Thema von allgemeinem Interesse fragen.

Auf jeden Fall sollte man versuchen, schnell einen gemeinsamen Nenner zu finden, z. B. gleiches Interesse an einem Hobby, einer Sportart, einem Fußballverein. Man bekundet dadurch Interesse an seinem Gesprächspartner und wird von ihm als Person mit positiver Ausstrahlung wahrgenommen. Zudem wecken Gemeinsamkeiten Sympathien und vertiefen den Kontakt.

Wie bei jedem Gespräch ist auch für einen gelungenen Small Talk aufmerksames und aktives Zuhören eine Grundvoraussetzung.

Kommunikation des Webshops mit seinen Kunden

Auf den Seiten des Onlineshops informiert dieser seine Kunden über die angebotenen Artikel und Dienstleistungen. In vielen Fällen erwarten die (potenziellen) Käufer jedoch eine weitergehende Kommunikation.

BEISPIELE

- Barbara Schmidt benötigt weitere Informationen über einen Artikel, der sie interessiert. Sie möchte einige Fragen dazu stellen.
- Matthias Meyer ist mit der Qualität eines Artikels unzufrieden und möchte reklamieren.

Vor diesem Hintergrund ist es für einen Webshop also wichtig, seinen Kunden nicht nur Informationen zur Verfügung zu stellen, sondern ihnen darüber hinaus auch verschiedene Möglichkeiten für eine Kontaktaufnahme anzubieten. Dadurch kann ein Hauptproblem des Onlinehandels verringert werden, nämlich die Entfernung zwischen Kunde und Onlineshop. Kunden können sich zudem individueller beraten fühlen. Dies hat für Webshops verschiedene Vorteile:

- Die Kundenzufriedenheit vergrößert sich.
- Die Kundenbindung wird stärker.
- Erfolgt gegebenenfalls eine individuelle Beratung, kann die Retourenquote verringert werden.
- Wird auf Kundenbeschwerden gezielt eingegangen, können Konflikte minimiert werden. Es werden Imageschäden vermieden.

Aufgrund der großen räumlichen Entfernung zum Kunden sollte ein Onlineshop daher jede denkbare Kommunikationsmöglichkeit anbieten:

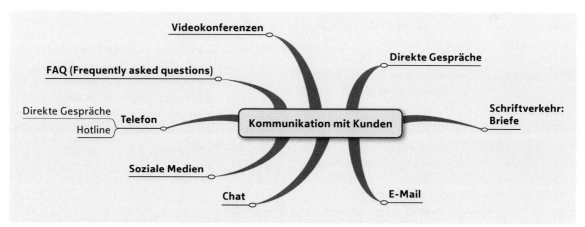

1. Warum müssen Unternehmen viel Augenmerk auf Kommunikationsprozesse legen?

2. Welche Fehler werden in den folgenden Fällen gemacht?
   a) „Sie müssen das immer folgendermaßen machen!"
   b) „Da haben Sie ein wenig übertrieben!"
   c) „Sie haben nur an diesen einen Lieferanten gedacht!"

3. Welche Informationen werden mit den vier Seiten einer Nachricht nach dem Vier-Ohren-Modell gesendet?

4. Der Freund von Ronja Bunko sagt abends zu ihr: „Ronja, schön, dass du hier bist."
   Die Auszubildende nimmt vier Botschaften mit dieser Nachricht wahr:

   a) „Verbring mehr Zeit mit mir!"
   b) „Ronja, du vernachlässigst mich."
   c) „Ich fühl mich allein und einsam."
   d) „Dass du da bist, das ist schön."

5. Was ist der Status?

6. Woran erkennt man einen Tiefstatus?

7. Liegt in den folgenden Fällen jeweils ein Hochstatus oder Tiefstatus vor?
   a) Eine Kollegin wendet den Blick rasch ab.
   b) Ein Mitarbeiter spricht stockend.
   c) Ein Vorgesetzter hat eine tiefe Stimmlage.
   d) Ein Kunde kommt mit einem aufrechten Gang in das Geschäft.
   e) Ein neuer Auszubildender spricht leise.
   f) Der Personalchef lässt den Bewerber warten.

g) Der Bewerber streicht sich während des Bewerbungsgesprächs durch die Haare.

8. a) In welchem Status befindet sich die Person?
   b) Woran wird der eingenommene Status erkennbar?

9. Führen Sie eine Übung in Partnerarbeit zum aktiven Zuhören durch.
   a) Lassen Sie sich von Ihrem Partner/Ihrer Partnerin von seinem/ihrem gestrigen Tag drei Minuten berichten.
   b) Wenden Sie dabei die Technik des aktiven Zuhörens bewusst an.
   c) Verständigen Sie sich anschließend kurz mit Ihrem Partner/Ihrer Partnerin, wie es ihm/ihr und Ihnen ergangen ist.
   d) Wechseln Sie die Rollen.

10. Führen Sie eine Übung in Partnerarbeit zum Senden von Ich-Botschaften durch.
    a) Versuchen Sie, sich an Verhaltensweisen anderer Personen in der letzten Woche zu erinnern, über die Sie sich geärgert haben.
    b) Formulieren Sie Sätze als Ich-Botschaften, wie Sie dies der anderen Person (in diesem Fall Ihrem Partner/Ihrer Partnerin in der Partnerarbeit) hätten sagen können.

11. Im Showroom der Exclusiva GmbH sagt der Abteilungsleiter zu Ronja Bunko:
    „Frau Bunko, da kommt gerade eine Kundin!"
    Halten Sie fest, welche vier Botschaften die Aussage des Abteilungsleiters enthalten kann.

12. a) Jeweils acht Schülerinnen und Schüler der Klasse stellen sich in einer Reihe auf. Die Reihe bekommt eine Vorgabe, z. B.: Ein Kunde beschwert sich, dass eine Ware mangelhaft ist.
    Von rechts nach links wird ein zunehmend höherer Status gespielt, anschließend von links nach rechts ein zunehmend tieferer Status.
    b) Die zuschauenden Schülerinnen und Schüler werten aus: Was passiert mit der Haltung …

- des Kopfes: Augen, Mund, Kinn …?
- des Oberkörpers: Schultern, Rücken, Hände, Finger …?
- des Unterkörpers: Beine, Knie, Füße …?

c) Jetzt sind neue Schülerinnen und Schüler an der Reihe. Vorgaben können sein:
- Ein Kunde wird begrüßt.
- Ein Verkäufer argumentiert.
- Ein Kunde wird verabschiedet.
- Es können auch Situationen nach Wahl der Klasse durchgespielt werden.

13. Arbeiten Sie ein Lernprogramm zur interkulturellen Kommunikation durch. Sie finden es unter der Internetadresse *www.mig-komm.eu/node/331*.

14. **Situation 1:**
Andreas Seeger führt mit einer Kundin im Showroom ein Verkaufsgespräch: „*… Diese wunderschöne Jacke kostet nur 49,90 €. Sie ist sehr leicht zu pflegen …*"

Situation 2:
Zur gleichen Zeit möchte sich Ronja Bunko in der Einkaufsabteilung ein neues Programm erklären lassen und wendet sich schüchtern und mit leiser Stimme an den Sachbearbeiter Herrn Weber. Dieser verdreht die Augen und seufzt, Ronja anstarrend und unterbrechend. Dann sagt er laut und bestimmt: „*Sie müssen aber auch ständig fragen. Das macht meine Kollegin Frau Janssen, die ist gerade in der Frühstückspause.*" Ronja ärgert sich, schluckt, sagt aber nichts.

a) Inwieweit können sich aus den beiden Situationen Probleme für die Exclusiva GmbH ergeben?
b) Welches Ziel sollte die Exclusiva GmbH verfolgen, damit das Problem gelöst werden kann?
c) Wie kann die Exclusiva GmbH das Ziel erreichen?
d) Stellen Sie fest, welche vier Botschaften Andreas Seeger mit seiner Aussage in Situation 1 sendet.
e) Führen Sie auf, welche vier Botschaften die Kundin in Situation 1 wahrnimmt.
f) Erläutern Sie, in welchem Status sich Herr Weber und Ronja Bunko jeweils befinden.
g) Geben Sie an, welchen Fehler Herr Weber im Gespräch mit Ronja Bunko macht.
h) Machen Sie einen Vorschlag, wie Herr Weber besser vorgehen könnte.
i) Geben Sie an, welchen Fehler Ronja Bunko macht.

15. Hilfreich für eine erfolgreiche Kommunikation ist auch die Verwendung von Ich-Botschaften. Wandeln Sie die folgenden Aussagen in Ich-Botschaften um.

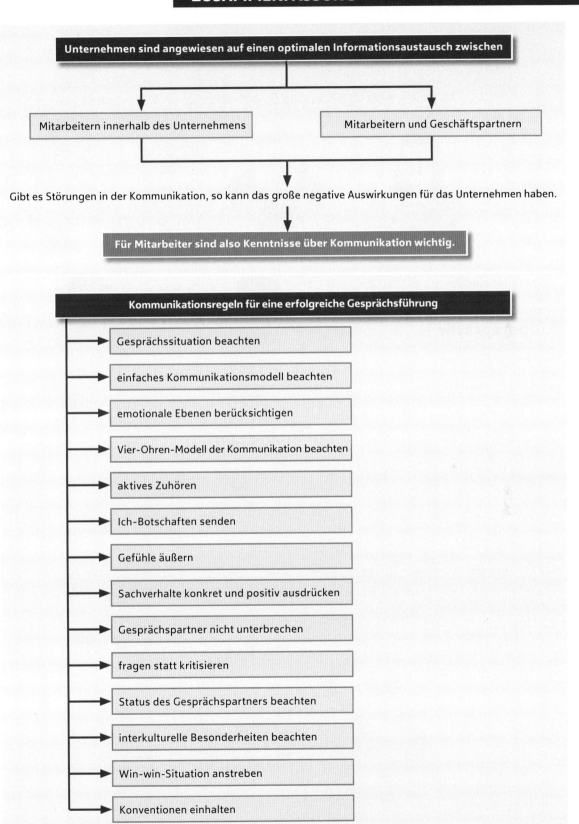

ZUSAMMENFASSUNG

Unternehmen sind angewiesen auf einen optimalen Informationsaustausch zwischen

Mitarbeitern innerhalb des Unternehmens

Mitarbeitern und Geschäftspartnern

Gibt es Störungen in der Kommunikation, so kann das große negative Auswirkungen für das Unternehmen haben.

Für Mitarbeiter sind also Kenntnisse über Kommunikation wichtig.

Kommunikationsregeln für eine erfolgreiche Gesprächsführung

- Gesprächssituation beachten
- einfaches Kommunikationsmodell beachten
- emotionale Ebenen berücksichtigen
- Vier-Ohren-Modell der Kommunikation beachten
- aktives Zuhören
- Ich-Botschaften senden
- Gefühle äußern
- Sachverhalte konkret und positiv ausdrücken
- Gesprächspartner nicht unterbrechen
- fragen statt kritisieren
- Status des Gesprächspartners beachten
- interkulturelle Besonderheiten beachten
- Win-win-Situation anstreben
- Konventionen einhalten

6.2 Körpersprache

Einstieg

Ronja Bunko ist heute in der Berufsschule. In der dritten Stunde wird das Thema „Körpersprache" behandelt. Als Einführung bringt die Lehrerin, Hanne Jeckel, ein Informationsblatt zur Körpersprache von Lehrern mit.

Es genügt nicht, nur zu hören, dass etwas gesagt wurde – wichtiger ist, zu sehen, wer etwas gesagt hat.

Sehr wichtig ist aber auch, welche Haltung jemand beim Sprechen einnimmt.

Körpersprache

vermittelt also weitere wichtige Informationen neben der verbalen Aussage „Ich mag dich".

Völlig unwichtig ist dabei, welches Selbstbild jemand von sich hat.

Ich bin zu dick.

Ich bin zu dünn.

Ich bin ganz normal.

Ich bin schön.

Ich bin hässlich.

Ich bin ganz normal.

Ebenso nebensächlich sind Haarlänge oder Vorlieben für extravagante Kleidung.

Fast alle Schüler sind in der Lage, die Körpersprache ihrer Lehrer präzise, klar und fehlerfrei zu übersetzen.

Bestimmte Bewegungsmuster können sie perfekt als Vorspiel einer nahenden Wut-Eruption identifizieren.

Und? Was mas macht ihr in den Ferien?

Die meisten Affenarten leben arboreal.

So sieht der Knöchelgang des Gorillas aus.

Pause!

Selbst unscheinbare Zeichen, die auf Entspannung einer verkrampften Situation im Unterricht deuten, erkennen sie mühelos.

Lehrer verdeutlichen gern ihre Ausführungen unter Zurhilfenahme ihrer Körpersprache, was nicht selten zu (unfreiwilligen) humoristischen Einlagen führt.

Die Körpersprache der Schüler wiederum liefert den Lehrern recht eindeutige Hinweise auf Qualität und Unterhaltungswert ihres Unterrichts.

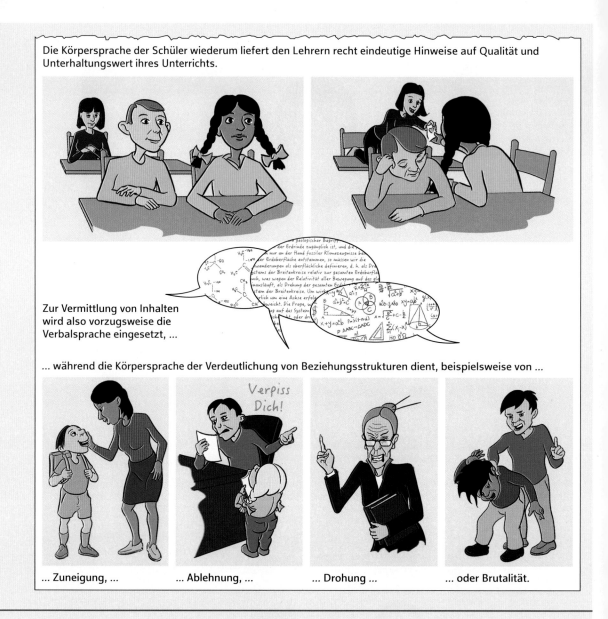

Zur Vermittlung von Inhalten wird also vorzugsweise die Verbalsprache eingesetzt, ...

... während die Körpersprache der Verdeutlichung von Beziehungsstrukturen dient, beispielsweise von ...

... Zuneigung, ... Ablehnung, ... Drohung ...   ... oder Brutalität.

1. Welche Gemeinsamkeiten hat die Körpersprache von Verkäufern und Lehrern?

2. Sehen Sie Unterschiede?

INFORMATIONEN[1]

Bestandteile der Körpersprache

Bis zu 80 % aller Informationen in Gesprächen werden durch nonverbale Signale ausgesandt. Diese nonverbale Kommunikation wird unter dem Begriff Körpersprache zusammengefasst. Die Körpersprache wird ohne Worte „gesprochen": Sie vollzieht sich in der Regel unbewusst, unwillkürlich und unbeabsichtigt.

In Verbindung mit dem gesprochenen Wort kann Körpersprache einerseits verbale Aussagen verdeutlichen, ersetzen oder verstärken, in bestimmten Fällen diesen aber auch widersprechen.

BEISPIELE

Verstärkung:

Ein Politiker unterstützt bei einer Bundestagsrede seine Argumentation, indem er mit der Faust auf das Rednerpult schlägt.

Widerspruch:

Eine Aussage, die auf den ersten Blick ernst gemeint erscheint, wird durch Lächeln und ein Augenzwinkern ins Gegenteil gewendet.

Bestandteile der Körpersprache sind:

Nonverbale Kommunikation in Gesprächen

Kommunikation in Gesprächen erfolgt ...

20 % verbal

80 % nonverbal

Lernen Mitarbeiter körpersprachlich auf Geschäftspartner einzugehen, so wird dies für sie und ihr Unternehmen große Vorteile haben. Die Körpersprache verrät Interessen, Abneigungen, Gefühle und Empfindungen. Wer diese körpersprachlichen Aussagen des Gesprächspartners erkennt und bei der Gesprächsführung berücksichtigt, kann leichter überzeugen.

BEISPIEL

Ein Mitarbeiter, der in einem Beratungsgespräch auf die körpersprachlichen Signale des Kunden achtet und sie richtig deuten kann, kann besser erkennen, welche Ware er vorführen soll und wie er auf Einwände reagiert.

Es geht für den Mitarbeiter aber nicht nur darum, körpersprachliche Signale des Geschäftspartners richtig zu interpretieren. Von ebenso großer Bedeutung ist, dass er seine eigene Körpersprache gezielt als Instrument in erfolgreichen Gesprächen einsetzt.

BEISPIELE

- In der Phase der Kontaktaufnahme eines Beratungsgesprächs wird der Blickkontakt zum Kunden gesucht.
- Die Warenvorlage kann durch demonstrierende Bewegungen von Armen und Händen unterstützt werden.

---

1 Dieses Kapitel lehnt sich in Teilen an: Ruhleder, Rolf H., Verkaufstraining intensiv, 7. Auflage, Renningen-Malmsheim 1998, S. 106–111.

Mimik

Zur Mimik gehören alle Signale des Gesichts. Ein Bestandteil der Mimik ist der Gesichtsausdruck, der das innere Erleben spiegelt. Es gibt etwa 400 unterscheidbare Gesichtsausdrücke.

Die Mimik umfasst aber auch die Art des Blickkontakts. Blicke sind Ausdrucksbewegungen der Augen. Mit Blicken kann man ganz allgemein positiv oder negativ bekräftigen. So kann man beispielsweise mit ihnen Kontakt aufnehmen oder Sympathie bekunden, aber auch Dominanz (durch Fixieren) und Drohen (durch Anstarren) ausdrücken.

Mimik[1] Signale und ihre Bedeutung	
Ablehnung	„langes Gesicht": geöffneter Mund bei geschlossenen Lippen und zurückgeschobenem Kinn
Ablehnung	gerümpfte Nase
Ablehnung	den Kopf mehrmals ruckartig zurückwerfen
Ablehnung	verengte Pupillen
Erstaunen	den Mund öffnen
Erstaunen/Skepsis	Augenbrauen anheben
Interesse	Blickkontakt halten
Arroganz/Überlegenheit	Mundwinkel anheben
Arroganz/Überlegenheit	Augenbrauen anheben
Arroganz/Überlegenheit/Nachdenklichkeit	Unterlippe hochziehen
Nachdenklichkeit/Unsicherheit/Verlegenheit	Gesicht verdecken
Unsicherheit/Nervosität	auffällig häufiger Lidschlag
Desinteresse/Verlegenheit	Es wird kein Blickkontakt gehalten, Gegenüber sieht häufig weg.
innere Anspannung/Abschottung	zusammengekniffene Lippen

Gestik

Gestik[2] Signale und ihre Bedeutung	
Aussage unterstreichen	die Fingerkuppen einer Hand aneinanderpressen
Interesse	geweitete Pupillen
Sicherheit	Armbewegungen oberhalb der Taille
Sicherheit/Entrüstung/Erregung	Hände in die Hüften stemmen
Sicherheit/Ablehnung	in der Luft von oben nach unten geführte Schläge (etwas soll kleiner gemacht werden, als es ist)
Sicherheit/Nachdenklichkeit/Selbstgefälligkeit	das Kinn streicheln
Sicherheit/Nachdenklichkeit	mit den Händen ein Spitzdach nach oben formen
Freude/Sicherheit/Zufriedenheit	sich die Hände reiben
Unsicherheit/Ablehnung	mit den Händen ein Spitzdach in Richtung des Gesprächspartners formen
Unsicherheit/Nervosität	mit den Fingern trommeln
Unsicherheit/Verkrampfung	die Hände vor der Brust falten
Unsicherheit/Verkrampfung	die Füße um die Stuhlbeine legen
Unsicherheit/Verlegenheit	Armbewegungen unterhalb der Taille
Unsicherheit/Verlegenheit	sich an die Nase fassen
Unsicherheit/Verwirrung/Erregung	die Brille hastig abnehmen
Unsicherheit/Zeitgewinn	die Brille hochschieben

---

1 Ruhleder, Rolf H., Verkaufstraining intensiv, 7. Auflage, Renningen-Malmsheim: expert Verlag 1998
2 Ruhleder, Rolf H., Verkaufstraining intensiv, 7. Auflage, Renningen-Malmsheim: expert Verlag 1998

Die Gestik umfasst die Signale von Armen und Händen. Sie kann

- das Verständnis des Gesagten unterstützen,
- Hinweise auf die Stimmung geben,

BEISPIEL

Ärmelaufkrempeln oder Faustbildung als Zeichen für Entschlossenheit

- Zweifel am Gesagten schaffen durch die Diskrepanz zwischen Inhalt und Gestik.

Gestik Signale und ihre Bedeutung	
Aggression	doppelläufige Pistole: Aneinanderlegen der Zeigefinger bei Verschränkung der anderen Finger und auf die Zeigefinger aufgelegten Daumen
Zurückhalten von Informationen	einen oder mehrere Finger auf die Lippen legen

Körperhaltung

Die innere Haltung eines Menschen wird oft in seiner körperlichen Haltung ausgedrückt. Zur Körperhaltung zählen Ausdrucksbewegungen des Kopfes, des Oberkörpers und der Beine.

BEISPIEL

Ein erhobener Kopf kann Selbstbewusstsein und Entschlossenheit signalisieren.

Körperhaltung[1] Signale und ihre Bedeutung	
Ablehnung	körperliches Zurückweichen
Ablehnung	Blick über die Schulter, der Oberkörper wird dem Gesprächspartner in der Körperachse nicht zugewendet.
Ablehnung	den Oberkörper zurücknehmen (Distanz vergrößern)
Sicherheit	das Jackett oder Hemdenknöpfe öffnen
Sicherheit	aufrechter, lockerer Stand
Unsicherheit	ständig in Bewegung (kein ruhiger Stand, Herumrutschen auf dem Stuhl)
Unsicherheit	die Hände um die Stuhllehne geklammert
Unsicherheit	sich selbst mit den Armen umklammern
Zustimmung	körperliche Annäherung
Zustimmung	sich ganz dem Gesprächspartner zuwenden und sein Verhalten spiegeln
Rücksichtslosigkeit	Sitzen oder Stehen mit breit auseinanderklaffenden Beinen

---

1 Ruhleder, Rolf H., Verkaufstraining intensiv, 7. Auflage, Renningen-Malmsheim: expert Verlag 1998

„Das Kinn streicheln"

Was Mimik, Gestik und Körperhaltung bedeuten

Gestik

Ablehnung:
- Bei Selbstsicherheit:
virtuelle Luftschläge von oben nach unten (Etwas soll kleiner gemacht werden, als es ist.)

- Bei Unsicherheit:
mit den Händen ein Spitzdach in Richtung des Gesprächspartners formen

Aggression:
Aneinanderlegen der Zeigefinger bei Verschränkung der anderen Finger

Aussagen unterstreichen:
die Fingerkuppen einer Hand aneinanderpressen

Informationen zurückhalten:
einen oder mehrere Finger auf die Lippen legen

Nachdenklichkeit:
mit den Händen ein Spitzdach formen

Selbstgefälligkeit:
das Kinn strecken

Sicherheit:
Armbewegungen oberhalb der Taille

Verkrampfung:
Hände vor der Brust falten

Verlegenheit:
Armbewegungen unterhalb der Taille, sich an die Nase fassen

Verwirrung/Erregung:
die Brille hastig abnehmen

Zeit gewinnen:
die Brille hochschieben

Körperhaltung

Ablehnung:
körperliches Zurückweichen (Distanz vergrößern); Blick über Schulter, Oberkörper wird abgewendet

Rücksichtslosigkeit:
Sitzen mit breit auseinandergespreizten Beinen

Sicherheit:
Jackett öffnen, aufrechter, lockerer Stand

Unsicherheit:
die Füße um die Stuhlbeine schlingen; die Hände um die Stuhllehne klammern; sich selbst mit den Armen umarmen

Mimik

Ablehnung:
den Kopf mehrmals ruckartig zurückwerfen, gerümpfte Nase, zurückgeschobenes Kinn

Arroganz:
ein Mundwinkel oder die Augenbrauen werden angehoben

Innere Anspannung/Abschottung:
zusammengekniffene Lippen

Interesse:
Blickkontakt wird gehalten

Nachdenklichkeit:
die Unterlippe wird hochgezogen; das Gesicht wird verdeckt

Skepsis:
Augenbrauen werden angehoben

Stimme

Auch mit der Stimme kann ein Mensch nonverbale Signale aussenden. Veränderungen des Tonfalls, der Lautstärke, der Stimmlage, des Sprechtempos und der Sprechpausen können die Bewertung einer Aussage ändern. Auch mit Lachen oder Seufzen können Informationen übermittelt werden.

BEISPIEL

Sind Menschen erregt (sowohl durch Angst als auch durch freudig gespannte Erwartung), werden sie in höheren Tönen sprechen. Betonen sie etwas nachdrücklich, werden sie tiefer sprechen, was aber auch Sicherheit, Ruhe, Dominanz oder auch etwas Drohendes signalisieren kann.

Abstand zu anderen Menschen

Der Abstand, der zu anderen Menschen eingenommen wird, drückt Nähe bzw. Distanz zu ihnen aus. Mit einem zu geringen Abstand kann die Dringlichkeit eines Anliegens oder eine Angriffslust signalisiert werden.

Unter Gesprächspartnern können grob vier Distanzzonen unterschieden werden:

- **Intimzone**

  In Mitteleuropa beginnt die Intimzone circa 50 cm vor und endet 50 cm hinter einer Person – an der Seite ist die Intimzone etwas kleiner. In diese Zone dürfen nur Personen mit einer besonderen Erlaubnis eindringen.

- **persönliche Distanzzone**

  Die persönliche Distanzzone beginnt am Rande der Intimzone und reicht etwa einen bis 1,5 Meter nach vorne und hinten. Zur Seite ist die Distanz wiederum etwas geringer. In diesem Bereich werden persönliche Gespräche geführt, ohne sich bedrängt zu fühlen. Die persönliche Distanzzone ist in normalen Situationen (also z. B. nicht gerade in der vollbesetzten S-Bahn oder in einem Fahrstuhl) Freunden und dem Lebenspartner vorbehalten. Hier ereignen sich persönliche Gespräche. Auch bei vielen erfolgreich verlaufenden Geschäftsgesprächen findet hier ein Teil der Kommunikation statt.

- **soziale Distanzzone**

  Von der Grenze der persönlichen Distanzzone bis zu einer Entfernung von circa vier Metern nach vorne und hinten erstreckt sich die soziale Distanzzone. In ihr finden formale Gespräche statt, also auch die meisten Geschäftsgespräche (zumindest zu Beginn). In diesem Bereich werden andere Personen wahrgenommen.

- **öffentliche Zone**

  Sie beginnt bei ca. vier Metern Abstand. Redner wählen z. B. diese Entfernung, wenn sie eine Rede vor einem großen Publikum halten müssen.

Die Abstandszonen werden subjektiv unterschiedlich aufgefasst. Introvertierte Menschen werden die Abstandszonen enger setzen als extrovertierte. Auch die Zugehörigkeit zu bestimmten Kulturkreisen bestimmt die Distanzzonen.

Distanzzonen: Zu intim?

[...]

Kulturelle Unterschiede

In Südamerika sind die Distanzzonen geringer ausgeprägt als in Mitteleuropa. In einem brasilianischen Reitclub hatten derartige Missverständnisse zwischen Mitteleuropäern und Nordamerikanern schmerzhafte Folgen: Ein Schreiner musste das Geländer einer Veranda erhöhen, weil immer wieder Nordamerikaner und Nordeuropäer rücklings hinunter gestürzt waren. Ihre südamerikanischen Pferdefreunde hatten den üblichen „nordischen" Gesprächsabstand von einer Armlänge nicht eingehalten, und die Gäste hatten sich unbewusst bedroht gefühlt. Da sie Schritt um Schritt zurückwichen und die Südländer nachrückten, hatte dies fatale Folgen.

Ähnlich problematisch können Begegnungen zwischen kühlen Engländern, die Berührungen praktisch nie zulassen, und Männern aus Puerto Rico sein. Ein puerto-ricanischer Mann wird seinen Gesprächspartner, wie bei Beobachtungen gezählt wurde, wohlmöglich 180-mal pro Stunde berühren. Für den Briten genau 180-mal zu oft. Der Engländer wird dem Puerto-Ricaner mit Sicherheit homosexuelle Absichten unterstellen.

Quelle: Autor: FOCUS Online
Titel: "Zu intim?: Distanzzonen"
Aus: FOCUS Online vom 12.11.2013
Link zum Artikel: https://www.focus.de/finanzen/karriere/
management/distanzzonen_aid_6942.html [10.12.2020]

Körpersprache und Verkauf

- Es ist extrem wichtig, das Distanzbedürfnis anderer Menschen zu respektieren. Wer jemandem zu dicht „auf die Pelle" rückt, muss sich nicht wundern, wenn er sich unbeliebt macht. Das unerlaubte Eindringen in die intime Distanzzone wird praktisch immer als unerwünschte Grenzübertretung empfunden. Um seine Kunden zu erhalten, sollte ein Verkäufer Abstand von der intimen Distanzzone wahren. Erfahrene Mitarbeiter strecken – gedanklich – immer den Arm aus: Wenn sie dann den Kunden „berühren", sind sie in seine Intimdistanz eingedrungen.

Ein erfolgreiches Beratungsgespräch, bei der die Entfernung zum Kunden fünf oder sechs Meter beträgt, ist kaum vorstellbar. Anzustreben bei Beratungsgesprächen und Verhandlungen ist die persönliche Distanz.

- Die wichtigsten – und am leichtesten zu interpretierenden – Signale werden von den Augen gesendet. Ein freundlicher offener Blick stimmt den Kunden positiv. Wer den anderen „keines Blickes würdigt", wird als arrogant und überheblich eingeschätzt. Aber Achtung: Wer zu lange und zu intensiv sein Gegenüber fixiert, wird schnell als bedrohlich und angriffslustig angesehen.

- Ein Lächeln wirkt Wunder: Ein Verkäufer, der viel lächelt, hat eine positive Ausstrahlung. Allerdings sollte das Lächeln echt sein. Das echte Lächeln ist meist von hochgezogenen Wangen, kleinen Fältchen unter den Augen (Krähenfüße) sowie dem Senken der Augenbrauen begleitet. Personen mit schiefem „Lächeln" werden dagegen gemieden. Beim vorgetäuschten Lächeln sind die Muskeln rund um die Augen nicht aktiv. Oft bricht ein falsches Lächeln abrupt ab oder verschwindet stufenweise vom Gesicht.

- Mit einem schmollenden Mund wird ein Mitarbeiter keinen Kunden überzeugen. Ebenso wie das schiefe Lächeln wirkt ein schiefer Mund wenig glaubwürdig. Wird sogar nur ein Mundwinkel angehoben, so signalisiert diese Mimik immer auch Zynismus, Arroganz oder ein Überlegenheitsgefühl.

- Schließende Gesten eines Verkäufers (z. B. Mauerbildung durch überkreuzende Arme vor der Brust oder Zeigen des Handrückens statt der Handfläche) werden von vielen Kunden als negativ empfunden. Entschuldigungsgesten (wie Schulterzucken mit Aufdrehen der Hände unterhalb der Taille) werden als Hilflosigkeit und Unterwerfung gedeutet. Wenn ein Verkäufer in Verkaufsgesprächen überzeugen will, sollte er daher negative Aussagen durch Gesten möglichst vermeiden.
Positive Aussagen (seine Verkaufsargumente z. B.) sollte er durch positive – öffnende und harmonische – Gesten verstärken.

Probleme interkultureller Kommunikation[1]

Häufig werden körpersprachliche – z. T. aber auch sprachliche – Äußerungen des jeweils fremden Anderen so aufgefasst, als wären sie wie die eigenen. Die nonverbale Kommunikation, die sehr stark von kulturellen Eigenheiten abhängt, als allgemein gültige Verständigung anzunehmen, ist jedoch eine Fehleinschätzung. Es besteht die Gefahr, dass das Verhalten und die Äußerungen des Gegenübers nur aus dem Blickwinkel der eigenen Kultur interpretiert werden. Man sollte sich also bei einer interkulturellen Kommunikation bewusst machen, dass man selbst durch seine eigene Kultur geprägt ist. Es kommt darauf an, offen für andere Sichtweisen zu sein, nämlich die der jeweils anderen Kultur.

---

1   vgl. Kapitel 6.10

Nonverbale Kommunikation – Die nonverbale Kommunikation ist überall!

[...]

- Gesichtsausdruck: Vielen Europäern fällt es schwer, Japanern und anderen Südost- und Ostasiaten „hinter die Fassade zu schauen" wegen deren beherrschtem Gesichtsausdruck und dem Lächeln. In völlig unerwarteten Situationen fangen viele dieser Menschen an zu lachen, obwohl dies für einen Europäer dagegen keine angemessene Geste darstellt. Hier ist als Beispiel die Mitteilung eines Trauerfalls zu nennen.

- Körperlicher Abstand: Unangenehme Situationen können entstehen, wenn Araber oder Lateinamerikaner auf Europäer oder Nordamerikaner treffen. Letztgenannte weichen vor den Erstgenannten eher zurück, da ihnen die „aufdringliche" Art oft zu nahe geht. Die Araber und Lateinamerikaner reagieren darauf, indem sie nachrücken.

- Körperkontakt: Würden zwei Männer in Europa Händchen haltend durch die Straßen laufen, wäre klar, „die sind homosexuell". In anderen Ländern dagegen, z. B. in Thailand, ist es etwas ganz „Normales", wenn Personen gleichen Geschlechts Hand-in-Hand sind. Wobei es in manchen dieser Länder tabu ist, wenn Personen unterschiedlichen Geschlechts in der Öffentlichkeit ihre Zuneigung zeigen.

- Kleidung: In muslimischen Ländern gelten popobetonende Hosen oder kurze Röcke als Zeichen „leichter Mädchen" und werden als Aufforderung gesehen, handgreiflich und zudringlich zu werden. In Europa ist es etwas ganz Normales, weswegen Europäerinnen oft überrascht sind über die Reaktionen der muslimischen Männer.

- Tonfall: Der Tonfall, der in einigen Ländern (z. B. Ägypten) als ernst gilt, wird in anderen Ländern als aggressiv und unangenehm empfunden.

- Blick: Mitteleuropäer fühlen sich in Südeuropa oft angestarrt, das Wegblicken mancher Asiaten interpretieren Europäer oft als Desinteresse und nicht richtigerweise als Zeichen des Respekts. [...]

Quelle: Berufsinfo: Nonverbale Kommunikation – Die nonverbale Kommunikation ist überall! 30.04.2019. In: berufsinformation.org. https://www.berufsinformation.org/nonverbale-kommunikation-die-nonverbale-kommunikation-ist-ueberall/ [11.12.2020].

AUFGABEN

1. Welche Bestandteile umfasst die Körpersprache?

2. Welche Aufgaben haben die nonverbalen Signale des Körpers?

3. Welche Bedeutung hat die Körpersprache in Geschäftsgesprächen?

4. Was versteht man unter Mimik?

5. Erläutern Sie den Begriff Gestik.

6. Bringen Sie Beispiele für Signale der Körperhaltung.

7. Wie können mit der Stimme nonverbale Signale ausgesendet werden?

8. Welche Distanzzonen werden unterschieden?

9. Warum werden die Abstandszonen subjektiv unterschiedlich aufgefasst?

10. Was muss ein Mitarbeiter in Beratungsgesprächen hinsichtlich der Körpersprache beachten?

11. Bei Geschäftsgesprächen, z. B. Verhandlungen, Verkaufsgesprächen, ist es von großer Bedeutung, die körpersprachlichen Signale der Gesprächspartner zu erkennen. Zeigen Sie je zwei körpersprachliche Reaktionen für
    a) Ablehnung,
    b) Unentschlossenheit,
    c) Zustimmung.

12. Zum Thema Körpersprache führen wir zunächst ein Experiment durch:
    a) Setzen Sie sich bitte so hin, dass Sie Ihren Partner nicht sehen können (also: Rücken gegen Rücken, Blick zur Wand).
    b) Führen Sie ein Gespräch über das Thema „Warum ist es in der Schule so schön?"
    c) Achten Sie auf die Änderungen in der Kommunikationsstruktur.
    Was ist anders als sonst?

13. Diese Übung findet in Partnerarbeit statt. Sie sollen mit körpersprachlichen Mitteln verschiedene vorgegebene Stimmungen ausdrücken.
    a) Suchen Sie sich drei Stimmungen aus, ohne Ihren Partner darüber zu informieren.

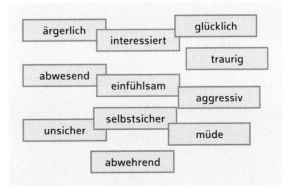

b) Führen Sie eine Stimmung so lange vor, bis Ihr Partner sie erraten hat.

c) Der Partner hat die Aufgabe, anzugeben, woran er die Stimmung erkannt hat.

d) Das Spiel ist beendet, wenn jeder seine drei ausgewählten Stimmungen dargestellt hat.

14. Jetzt werden kurz hintereinander eine Menge Rollenspiele aufgeführt. Durch Abzählen bekommt jedes Klassenmitglied eine Verkaufssituation zugewiesen, in der der Kunde körpersprachliche Signale aussendet.

a) Bereiten Sie sich darauf vor, das beschriebene körpersprachliche Verhalten des Kunden vorzuführen.

b) Führen Sie das beschriebene Kundenverhalten vor.

c) Überlegen Sie bei den anderen vorgeführten Rollenspielen, welche Bedeutung das dort vorgeführte Kundenverhalten hat.

Spielen Sie, dass der Kunde

1. den Kopf ruckartig zurückwirft.

2. den Kopf einzieht und die Schultern hochzieht.

3. die Stirn runzelt.

4. die Augenbrauen hebt.

5. durch Sie hindurchschaut.

6. Sie mit geradem Blick anschaut.

7. keinen Blickkontakt mehr hält.

8. häufig die Lider bewegt.

9. die Brille hochschiebt.

10. kurz an die Nase greift.

11. sich die Nase reibt.

12. immer leiser und langsamer spricht.

13. die Lippen zusammenpresst.

14. auf die Lippen beißt.

15. das Kinn streichelt.

16. mit dem Oberkörper weit nach vorn kommt.

17. den Oberkörper weit zurücklehnt.

18. die Arme verschränkt.

19. weite Armbewegung macht.

20. enge Armbewegung macht.

21. die Hand vor den Mund nimmt während des Sprechens.

22. die Hand vor den Mund nimmt nach dem Sprechens.

23. die Hände in die Hüften stemmt.

24. sich die Hände reibt.

25. die Hände auf den Rücken legt.

26. die Hände vor die Brust legt.

27. die Hände vor der Brust kreuzt.

28. den Zeigefinger hebt.

Quelle: Ruhleder, Rolf H.: Verkaufstraining intensiv. 7. Auflage. Renningen-Malmsheim: expert verlag, 1998, S. 110 f.

15. Von erheblicher Bedeutung für den erfolgreichen Verlauf eines Gesprächs ist der erste Eindruck, den man von einem Gesprächspartner erhält. Vor diesem Hintergrund spielt die Körpersprache eine immens wichtige Rolle.
Zwei wichtige Gesprächsarten sind Reklamationsgespräche und Bewerbungsgespräche.

a) Bilden Sie Gruppen mit mindestens vier Personen.

b) Entscheiden Sie sich in Ihrer Gruppe für eine der beiden Gesprächsarten.

c) Bereiten Sie zwei Standbilder vor: Das erste Standbild soll ein negatives körpersprachliches Verhalten des einen Gesprächspartners (z. B. Bewerber bzw. Verkäufer) und ein positives körpersprachliches Verhalten des anderen Gesprächspartners (z. B. Personalchef bzw. reklamierende Person) aufzeigen. Im zweiten Standbild sollen beide Gesprächspartner ein positives körpersprachliches Verhalten zeigen.

d) Führen Sie die beiden Standbilder vor.

e) Die beobachtenden Gruppen untersuchen, woran man das jeweilige Verhalten in den verschiedenen Teilbereichen der Körpersprache erkennen kann.

ZUSAMMENFASSUNG

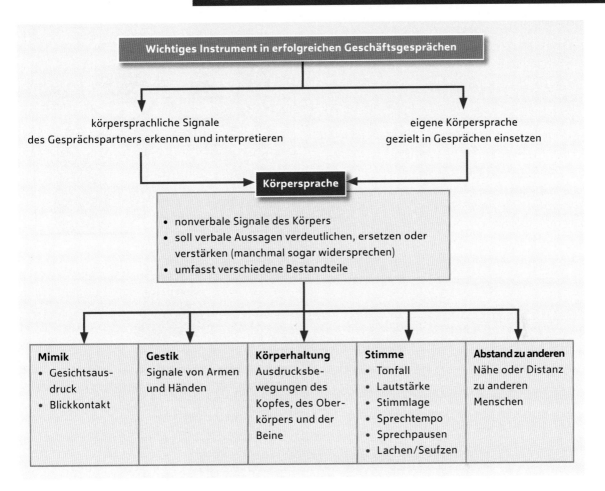

Wichtiges Instrument in erfolgreichen Geschäftsgesprächen

körpersprachliche Signale
des Gesprächspartners erkennen und interpretieren

eigene Körpersprache
gezielt in Gesprächen einsetzen

Körpersprache

- nonverbale Signale des Körpers
- soll verbale Aussagen verdeutlichen, ersetzen oder verstärken (manchmal sogar widersprechen)
- umfasst verschiedene Bestandteile

Mimik	**Gestik**	**Körperhaltung**	**Stimme**	**Abstand zu anderen**
• Gesichtsaus-druck • Blickkontakt	Signale von Armen und Händen	Ausdrucksbe-wegungen des Kopfes, des Ober-körpers und der Beine	• Tonfall • Lautstärke • Stimmlage • Sprechtempo • Sprechpausen • Lachen/Seufzen	Nähe oder Distanz zu anderen Menschen

6.3 Sprache

Einstieg

Zwei Verkäufer der Exclusiva GmbH sind gerade in einem Verkaufsgespräch.

Ausschnitt aus Verkaufsgespräch 1:

„... Diese Frage wird im weiteren Verlauf noch Gegenstand des Verkaufsgesprächs sein ... Sie werden Ihre Kaufentscheidung nie bedauern ... Für den Kauf möchte ich meinen Dank zum Ausdruck bringen ..."

Ausschnitt aus Verkaufsgespräch 2:

„... Wir werden diese Frage noch im weiteren Verlauf besprechen ... Sie werden sich über diese Kaufentscheidung immer freuen ... Ich bedanke mich bei Ihnen ..."

In welchem Verkaufsgespräch wird die Sprache besser eingesetzt?

INFORMATIONEN

> „Aus vielen Worten entspringt ebenso viel Gelegenheit zum Missverständnis."
>
> *William James (1842-1910), US-amerikanischer Psychologe und Philosoph*

Das Vertrauen gewinnen Mitarbeiter in Gesprächen insbesondere durch ihre Sprache. Damit wird die Sprache zum wichtigsten Instrument in Gesprächen. Die Beherrschung dieses Handwerkzeugs ist also von großer Bedeutung.

Verschiedene Faktoren beeinflussen sprachliche Aktivitäten in Gesprächen:

- die Persönlichkeit der Gesprächsteilnehmer
- die momentane Stimmung der am Gespräch Beteiligten
- das Verhältnis zum Gesprächsgegenstand
- die Ziele der Gesprächspartner

Gesprächsstörer

Natürlich sollte in Gesprächen alles vermieden werden, was diese negativ beeinflussen könnte:

- Ein Gesprächsteilnehmer sollte keine Monologe führen.
- Um einfach zu sprechen, sollte auf Fremdwörter verzichtet werden. Bei Fachausdrücken sollte man sich überlegen, ob diese Begriffe dem Gesprächspartner bekannt sind.
- Langatmige Sätze sind zu vermeiden. Jeder ist dankbar, wenn sich der Gesprächspartner kurz, knapp und präzise ausdrückt.
- Eine erfolgreiche Gesprächsführung sollte auf ironische und bewertende Bemerkungen verzichten.

---

1   Dieses Kapitel lehnt sich in kleineren Teilen an an: Ruhleder, Rolf H., Verkaufstraining intensiv, 7. Auflage, Renningen-Malmsheim, S. 97–100.

BEISPIELE

„Das ist aber schlecht ..."

„Das glauben Sie doch selbst nicht!"

- Gesprächspartnern wird häufig verübelt, wenn sie
  - versuchen, zu überreden bzw. Befehle zu geben,

  BEISPIELE

  - „Ich kann es nicht oft genug wiederholen, nehmen Sie diesen Artikel!"
  - „Greifen Sie sofort zu, sonst ...!"
  - „Folgen Sie unserer Verhandlungslinie! Ansonsten ..."

  - Vorwürfe machen,

  BEISPIELE

  - „Ich habe Ihnen gleich gesagt, ..."
  - „Hätten sie mal ..."

- die Erwartungen dämpfen.

  BEISPIELE

  - „Diesen Blu-Ray-Player werden Sie kaum bedienen können ..."
  - „Damit werden Sie sicher Schwierigkeiten haben ..."

- Sehr negativ werden **Killerphrasen** aufgefasst. Dies sind Negativformulierungen, die meistens dazu führen, dass ein Gespräch ohne Erfolg beendet wird.

  BEISPIELE

  - „Ohne jetzt dieses Gespräch unterbinden zu wollen ..."
  - „Das geht im Augenblick nicht."
  - „Keine Zeit für so etwas."
  - „Schaffen wir nie."
  - „So haben wir das früher doch (nicht) gemacht."
  - „Sie stellen sich das so einfach vor."

Killerphrasen sind pauschale und abwertende Angriffe, z. B. in einer Diskussion oder in einem Verkaufsgespräch. Sie sind nicht an der Sache orientiert, sondern werden im Gegenteil vorzugsweise dann hervorgezogen, wenn Sachargumente fehlen. Sie kehren soziale Dominanz hervor bei sachlicher Unterlegenheit. Der Sprecher versucht so, eine höhere Rangordnung einzunehmen, ohne Argumente dafür zu haben.

Killerphrasen verhindern einen Austausch und ein echtes Gespräch, indem sie die andere bzw. den anderen abblocken.

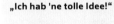

„Ich hab 'ne tolle Idee!"

„Es war ja nur mal so 'ne Idee ..."

Gesprächsstörer	Gesprächsförderer
befehlen	umschreiben
überreden	zusammenfassen
warnen und drohen	übertreibend bestätigen
herunterspielen/ bagatellisieren	nachfragen
ausfragen	klärend auf den Punkt bringen
	zuhören

Gesprächsförderer

Für die Formulierung von Aussagen, die z. B. einen erfolgreichen Geschäftsabschluss fördern, gilt eine Reihe von Grundsätzen:

- Man sollte kurze Sätze gebrauchen. Um den Gesprächspartner nicht mit Bandwurmsätzen zu verwirren, sollte man beispielsweise Nebensätze vermeiden.
- In Gesprächen deutlich zu sprechen, ist eine Selbstverständlichkeit.
- Die Sprache muss dem Gegenüber angemessen sein. Man sollte die Fachsprache der jeweiligen Klientel beherrschen und auch anwenden können.

- Die Aussagen müssen dem fachlichen Bildungsstand des Gesprächspartners entsprechen.
- Die Sprache soll aktiv und motivierend sein.
- Bestimmte Formulierungen erweisen sich als sehr gesprächsfördernd, da man seinem Gesprächspartner Interesse signalisiert. Mit solchen Zwischenbemerkungen kann man
  - seinem Gesprächspartner aktiv zuhören.

BEISPIELE

- „ah ja"
- „mmh"
- „ja gut"

  - ihm zustimmen.

BEISPIELE

- „Richtig!"
- „Ja!"
- „Da bin ich ganz Ihrer Meinung!"

  - etwas nachfragen.

BEISPIELE

- „Könnten Sie das noch etwas erläutern?"
- „Habe ich das richtig verstanden?"

  - seinem Gesprächspartner Denkanstöße geben.

BEISPIELE

- „Was halten Sie denn von ...?"
- „Haben Sie sich schon einmal überlegt ...?"

Aktives Zuhören

Auch das Zuhören ist eine Form der Kommunikation, insbesondere, wenn man dabei dem Gesprächspartner das Gefühl vermittelt, dass man wirklich bei der Sache ist. Wer aktiv zuhört, gibt seinem Gegenüber durch Körperhaltung und Mimik zu verstehen, dass er im Mittelpunkt der Aufmerksamkeit steht. Gelegentliche Reaktionen wie Kopfnicken und kurze gesprochene Aufmunterungen unterstützen den Redefluss des Gesprächspartners. Als guter Zuhörer wirkt man interessiert und gibt dem Redenden ein Gefühl von Geltung und Achtung. Man kann dieses Gefühl noch verstärken, indem man ab und zu Fragen stellt, die beweisen, dass man tatsächlich zuhört und dass man gerne noch mehr erfahren würde.

- Die Stimmtechnik muss stimmen:
  - Man darf nicht zu hoch sprechen, da dies auf Nervosität und Verspannung des Sprechers hindeutet.
  - Eine zu leise und dünne Stimme wird oft als Signal für fehlende Fachkompetenz wahrgenommen. Im Zweifel sollte man lieber etwas lauter sprechen.

  - Wer erfolgreiche Geschäftsabschlüsse anstrebt, sollte öfters seine Stimme kontrollieren. Spricht man sehr monoton und abgehackt, wirkt sich dies negativ auf die Überzeugungskraft aus.
  - Gesprächsteilnehmer bevorzugen auch eine nicht zu schnelle Sprache des Gegenübers.

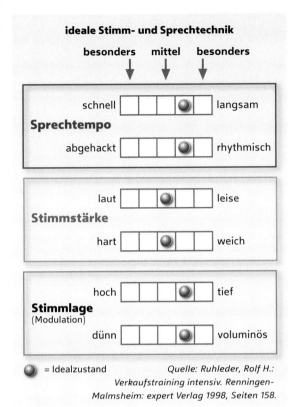

= Idealzustand

*Quelle: Ruhleder, Rolf H.:
Verkaufstraining intensiv. Renningen-
Malmsheim: expert Verlag 1998, Seiten 158.*

- Substantivierte Sätze haben etwas Träges, manchmal sogar Umständliches an sich. Verbale Sätze bestimmen wesentlich eindeutiger, was passiert. Die verbale Ausdrucksweise wirkt dadurch wesentlich konzentrierter und dynamischer.

BEISPIEL

substantivierter Satz:
„Sie wollen also einen **Einkauf** tätigen?"
verbaler Satz:
„Sie wollen etwas **einkaufen?**"

- Vorteilsformulierungen unterstützen sprachlich die Überzeugungskraft.

BEISPIEL

Mit einem Verb (Tätigkeitswort) weist der Verkäufer den Kunden auf Vorteile der Ware hin:
- „Das Gerät hilft Ihnen ..."
- „Sie sparen beim Kauf dieses Artikels zwölf Euro im Vergleich zu ..."
- „Dieses Label garantiert Ihnen ..."

- Grundsätzlich ist ein passiver Satzaufbau in der deutschen Sprache nicht falsch, er enthält jedoch einen gewissen Grad an „Faulheit". Deshalb sollte man bewusst aktiv – d.h. also mit aktivierender Wirkung – sprechen.

BEISPIEL

passive Aussage:
„Es **wird** von uns ein Angebot **ausgearbeitet**."
aktive Aussage:
„Wir **arbeiten** ein Angebot **aus**."

- Ein und dasselbe Argument kann jeweils mit einer negativen und positiven Ausdrucksweise vorgebracht werden. Positive Aussagen wirken als Gesprächsförderer.

BEISPIEL

negative Aussage:
„Bei diesem Gerät werden Sie sicherlich keine Reklamationen haben."
positive Aussage:
„Diese Gerät bleibt immer leistungsfähig und einsatzbereit."

AUFGABEN

1. Warum ist die Sprache ein wichtiges Instrument in Gesprächen?

2. Wodurch werden sprachliche Aktivitäten in Gesprächen beeinflusst?

3. Führen Sie drei Beispiele für Gesprächsstörer auf.

4. Was sind Killerphrasen?

5. Was sind Gesprächsförderer?

6. Führen Sie drei Beispiele für Gesprächsförderer auf.

7. Was sind Vorteilsformulierungen?

8. Formulieren Sie drei Vorteilsformulierungen für einen Artikel oder eine Leistung Ihres Unternehmens.

9. Warum sind aktive Aussagen in Gesprächen meistens besser als passive?

10. Finden Sie für eine negative Aussage über einen Artikel oder eine Leistung Ihres Unternehmens eine positive Aussage.

11. Wie hört man aktiv zu?

12. Entscheiden Sie, ob in den folgenden Fällen Gesprächsförderer oder Gesprächsstörer vorliegen.
    a) „Mit der Entscheidung für diese Ware haben Sie sehr gut gewählt."
    b) „Eigentlich hätte ich gedacht, Sie wissen, was wir so alles im Angebot haben."
    c) „Ja, wer ist denn hier der Experte, Sie oder ich? Also mir können Sie so schnell nichts vormachen."
    d) „Ja, das stimmt. Wie finden Sie denn ...? "

13. Kurt Tucholsky hat in seiner Glosse „Ratschläge für einen schlechten Redner" die Kopfstandmethode angewandt. Er bezieht sich zwar allgemein auf Redner, das meiste lässt sich jedoch auch auf Gespräche anwenden.
    a) Sammeln Sie mithilfe einer Kartenabfrage die Fehler eines Redners, die auch in Gesprächen mit Kunden gemacht werden können.
    b) Arbeiten Sie als Gegenlösung die Regeln für einen gut redenden Gesprächspartner aus.

Fang nie mit dem Anfang an, sondern immer drei Meilen vor dem Anfang! Etwa so:

„Meine Damen und meine Herren! Bevor ich zum Thema des heutigen Abends komme, lassen Sie mich kurz ..."

Hier hast du schon alles, was eine schönen Anfang ausmacht: eine steife Anrede; der Anfang vor dem Anfang; die Ankündigung, dass und was du zu sprechen beabsichtigst, und das Wörtchen kurz. So gewinnst du im Nu die Herzen und die Ohren der Zuhörer.

Denn das hat der Zuhörer gern: dass er deine Rede wie ein schweres Schulpensum aufbekommt; dass du mit dem drohst, was du sagen wirst, sagst und schon gesagt hast. Immer schön umständlich!

Sprich nicht frei, das macht einen so unruhigen Eindruck. Am besten ist es: du liest deine Rede ab. Das ist sicher, zuverlässig, auch freut es jedermann, wenn der lesende Redner nach dem vierten Satz misstrauisch hochblickt, ob auch noch alle da sind.

Wenn du gar nicht hören kannst, was man dir so freundlich rät, und du willst durchaus und durchum frei sprechen ... du Laie! Du lächerlicher Cicero!

Nimm dir doch ein Beispiel an unseren professionellen Rednern, an den Reichstagsabgeordneten – hast du die schon mal frei sprechen hören? Die schreiben sich sicherlich zu Hause auf, wann sie „Hört! Hört!" rufen ... ja, also wenn du denn frei sprechen musst:

Sprich, wie du schreibst. Und ich weiß, wie du schreibst. Sprich mit langen, langen Sätzen – solchen, bei denen du, der du dich zu Hause, wo du ja die Ruhe, deren du so sehr benötigst, deiner Kinder ungeachtet, hast, vorbereitest, genau weißt, wie das Ende ist, die Nebensätze schön ineinandergeschachtelt, so dass der Hörer, ungeduldig auf seinem Sitz hin und her träumend, sich in einem Kolleg wähnend, in dem er früher so gern geschlummert hat, auf das Ende solcher Periode wartet ... nun, ich habe dir eben ein Beispiel gegeben. So musst du sprechen.

Fang immer bei den alten Römern an und gib stets, wovon du auch sprichst, die geschichtlichen Hintergründe der Sache. Das ist nicht nur deutsch – das tun alle Brillenmenschen. Ich habe einmal in der Sorbonne einen chinesischen Studenten sprechen hören, der sprach glatt und französisch, aber er begann zu aller Freude so: „Lassen Sie mich Ihnen in aller Kürze die Entwicklungsgeschichte meiner chinesischen Heimat seit dem Jahre 2000 vor Christi Geburt ..." Er blickte ganz erstaunt auf, weil die Leute so lachten.

So musst du das auch machen. Du hast ganz recht: man versteht es ja sonst nicht, wer kann denn das alles verstehen, ohne die geschichtlichen Hintergründe ... sehr richtig! Die Leute sind doch nicht in deinen Vortrag gekommen, um lebendiges Reden zu hören, sondern das, was sie auch in den Büchern nachschlagen können ... sehr richtig! Immer gib ihm Historie, immer gib ihm.

Kümmere dich nicht darum, ob die Wellen, die von dir ins Publikum laufen, auch zurückkommen – das sind Kinkerlitzchen. Sprich unbekümmert um die Wirkung, um die Leute, um die Luft im Saale; immer sprich, mein Guter. Gott wird es dir lohnen.

Du musst alles in die Nebensätze legen. Sag nie: „Die Steuern sind zu hoch." Das ist zu einfach. Sag: „Ich möchte zu dem, was ich soeben gesagt habe, noch kurz bemerken, dass mir die Steuern bei weitem …" So heißt das!

Trink den Leuten ab und zu ein Glas Wasser vor – man sieht das gerne.

Wenn du einen Witz machst, lach vorher, damit man weiß, wo die Pointe ist.

Eine Rede ist, wie könnte es anders sein, ein Monolog. Weil doch nur einer spricht. Du brauchst auch nach vierzehn Jahren öffentlicher Rednerei noch nicht zu wissen, dass eine Rede nicht nur ein Dialog, sondern ein Orchesterstück ist: eine Stumme Masse spricht nämlich ununterbrochen mit. Und das musst du hören. Nein, das brauchst du nicht hören. Sprich nur, lies nur, donnere nur, geschichtle nur.

Zu dem, was ich eben über die Technik der Rede gesagt habe, möchte ich noch kurz bemerken, dass viel Statistik eine Rede immer sehr hebt. Das beruhigt ungemein, und da jeder imstande ist, zehn verschiedene Zahlen mühelos zu behalten, so macht das viel Spaß.

Kündige den Schluss deiner Rede lange vorher an, damit die Hörer vor Freude nicht einen Schlaganfall bekommen. (Paul Lindau hat einmal einen dieser gefürchteten Hochzeitstoaste so angefangen: „Ich komme zum Schluss.") Kündige den Schluss an, und dann beginne deine Rede von vorne und rede noch eine halbe Stunde. Dies kann man mehrere Male wiederholen.

Du musst dir nicht nur eine Disposition machen, du musst sie den Leuten auch vortragen – das würzt die Rede.

Sprich nie unter anderthalb Stunden, sonst lohnt es gar nicht erst anzufangen.

Wenn einer spricht, müssen die anderen zuhören – das ist deine Gelegenheit. Missbrauche sie.

Quelle: Tucholsky, Kurt: Ratschläge für einen schlechten Redner. In: Gesammelte Werke in 10 Bänden, Band 8 (1930). o. A. Reinbek: Rowohlt 1975, S. 290 f.

14. a) Entwerfen Sie ein Rollenspiel, in dem ein Verkäufer einem Kunden eine Ware bzw. eine Leistung Ihres Ausbildungssortiments vorstellt. Dieses Rollenspiel soll so viele Fachbegriffe wie möglich enthalten, die im Verkaufsgespräch auch korrekt verwendet werden sollen.

   b) Schreiben Sie anschließend das Rollenspiel so um, das bei inhaltlich gleichen Aussagen kein einziger Fachbegriff mehr verwendet und das Verkaufsgespräch leicht verständlich wird.

   c) Führen Sie die beiden Rollenspiele auf.

15. a) Bilden Sie Gruppen, die aus vier Personen (= zwei Untergruppen) bestehen.

   b) Jeweils zwei Personen entwerfen ein Rollenspiel für ein komplettes Verkaufsgespräch zwischen Verkäufer und Kunde.

   c) Jede der beiden Untergruppen führt ihr Rollenspiel frei vor.

   d) Die andere Untergruppe beobachtet das sprachliche Verhalten und informiert die Vorführenden.

   e) Als Hilfe kann die folgende Checkliste verwendet werden:

Merkmal	negativ		positiv
Satzbau	lang	☐☐☐☐☐	kurz
Pausen	keine	☐☐☐☐☐	viele
Fremdwörter	häufig	☐☐☐☐☐	selten
Wiederholungen	häufig	☐☐☐☐☐	selten
Neinsager	häufig	☐☐☐☐☐	selten
Dialekt	stark	☐☐☐☐☐	kein
Feststellungen	häufig	☐☐☐☐☐	selten
Ausreden lassen	nie	☐☐☐☐☐	immer
Stimmlage (Modulation)	hoch	☐☐☐☐☐	tief
Sprechweise	abgehackt	☐☐☐☐	fließend
Sprechtempo	schnell	☐☐☐☐	langsam
Kritik	häufig	☐☐☐☐	selten
Unsicherheit	häufig	☐☐☐☐☐	selten
Engagement	kaum	☐☐☐☐☐	viel
Aufbau/Inhalt des Verkaufsgesprächs	abstrakt	☐☐☐☐	konkret

Quelle: Ruhleder, Rolf H.: Verkaufstraining intensiv. 7. Auflage. Renningen-Malmsheim: expert verlag, 1998, S. 95.

16. Arbeiten Sie die folgende Übung in Partnerarbeit durch. Beide Partner bekommen unterschiedliche Aufgaben.

a) Der erste Partner wählt eines der gleich aufgeführten Themen aus und erzählt dem zweiten Partner vier Minuten lang darüber.
   - Worüber habe ich mich zuletzt im Betrieb geärgert?
   - Worüber habe ich mich zuletzt im Betrieb gefreut?
   - Was habe ich letztes Wochenende gemacht?
   - Wie möchte ich meinen nächsten Urlaub verbringen?
   - Was sind meine Hobbys?
   - Was ist mein Lieblingsverein?
   - Erlaubt sind auch andere selbst gewählte Themen.

b) Der zweite Partner wählt eine der gleich aufgeführten Verhaltensweisen beim Zuhören aus, ohne dem Gegenüber mitzuteilen, welche:
   - Aktives Zuhören: Sie zeigen Interesse, indem Sie nachfragen.
   - Aktives Zuhören: Sie beachten Ihr Gegenüber und zeigen, dass Sie zuhören, durch Anschauen oder Blickkontakt.
   - Schlechtes Zuhören: Sie versuchen das Thema zu wechseln oder geben belehrende Ratschläge.
   - Schlechtes Zuhören: Sie hören nicht zu, sondern sprechen über ähnliche Erfahrungen, die Sie selbst gemacht haben.
   - Schlechtes Zuhören: Obwohl Sie Ihrem Partner zustimmen, vermeiden Sie jeden Blickkontakt und beschäftigen sich mit etwas anderem.
   In dem Gespräch übt er die ausgewählte Verhaltensweise aus.

c) In einem zweiten Durchgang werden die Rollen gewechselt.

d) Nach den zwei Durchgängen führen Sie eine kurze Auswertung durch. Besprechen Sie beispielsweise, wie Sie sich als Sprecher beim aktiven bzw. schlechten Zuhören gefühlt haben und welche Folgen dies hatte.

17. Ronja Bunko ist im Showroom eingesetzt. Sie hat gerade folgende Situation vor dem Regal mit der testweise neu eingeführten Warengruppe Parfüme beobachtet:
Ein Kunde steht am Regal und schaut sich eine Parfümpackung an. Ein Kollege von Carolin, der gerade ein Regal einräumt, baut sich 30 cm vor dem Kunden auf und spricht ihn mit schriller Stimme an.

Mitarbeiter: „Das glauben Sie doch selbst nicht, dass dieses Parfüm für Ihre Kunden oder für Sie geeignet ist!"

Kunde: „Sind Sie sicher? ... Ich könnte mir vorstellen, auch dieses Parfüm zu nehmen ..."

Mitarbeiter (mit hochgezogener Unterlippe): „Ja, das ist momentan der Renner. Greifen Sie sofort zu, sonst ist der Artikel vergriffen! Ich kann es meinen Kunden nicht oft genug sagen: Nehmen Sie diesen Artikel!"

Kunde: „Ich würde beide Parfüms vielleicht mal probieren ..."

Der Mitarbeiter gibt dem Kunden mit angehobenen Mundwinkeln und Augenbrauen eine Probe des ersten Parfüms.

Kunde (riecht und macht ein skeptisches Gesicht): „Mmh ...???"

Der Mitarbeiter stemmt erst die Hände in die Hüften und presst dann die Fingerkuppen einer Hand aneinander.

Mitarbeiter: „Ich habe Ihnen doch gleich gesagt, dass dieses Parfüm nichts für Sie ist. Hätten Sie mal auf mich gehört ..."

Der Kunde nimmt eine Probe des zweiten Parfüms.

Mitarbeiter (mit gestrecktem Kinn): „Dieses Parfüm werden Ihre Kunden kaum bezahlen können ..."

Kunde: „Nun ja, das überlege ich mir noch einmal. Ich brauche auch Bodylotion. Was könnten Sie mir da denn empfehlen?"

Der Mitarbeiter stellt sich mit breit auseinanderklaffenden Beinen vor den Kunden.

Mitarbeiter: „Also ohne jetzt dieses Gespräch beenden zu wollen ... Sie stellen sich das so einfach vor. Das reicht jetzt. Ich muss noch einräumen. Das geht also im Augenblick nicht ..."

Ronja Bunko wundert sich etwas, denn sie hat gerade gehört, dass Sprache und Körpersprache wichtige Instrumente in erfolgreichen Gesprächen sind.

a) Schreiben Sie mit einem Partner zusammen den Dialog der Situation so um, dass der Mitarbeiter möglichst viele Gesprächsförderer verwendet und positive Signale der Körpersprache aussendet. Führen Sie Ihren Dialog dann möglichst frei vor. Bereiten Sie sich darauf vor, Ihren Mitschülern in der Nachbesprechung die verwendeten Gesprächsförderer und positiven körpersprachlichen Signale zu erläutern.

b) Beobachten Sie aufmerksam einen aufgeführten Dialog Ihrer Mitschüler. Geben Sie in der Nachbesprechung die erkannten Gesprächsförderer und positiven körpersprachlichen Signale an.

18. Nachdem Andreas Seeger sich klargemacht hat, wie gesprächshinderlich manche Aussagen sein können, achtet er ganz besonders darauf, was in seinem Umfeld geäußert wird.

    a) „Der Anzug muss immer besonders gereinigt werden."

    b) „Vor Weihnachten können wir die Ware nicht liefern."

    c) „Dieser Herd hat verursacht Ihnen nur wenig Arbeit."

    d) „Mit diesem Tischtennisschläger schlagen Sie nicht so häufig ins Netz."

    e) „So viel Arbeit haben Sie mit diesem Gerät nicht."

    Formulieren Sie die Beispiele in positive Aussagen um.

19. Welcher Gesprächsförderer wird in diesem Gespräch angewandt?

ZUSAMMENFASSUNG

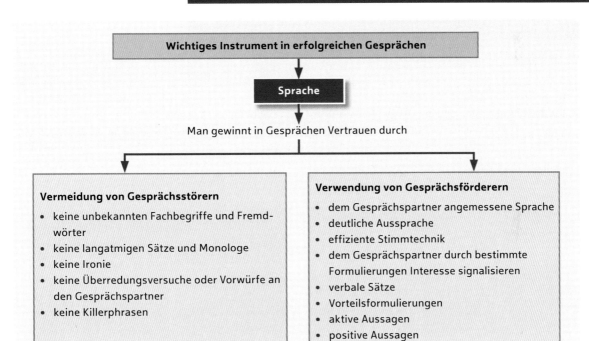

Wichtiges Instrument in erfolgreichen Gesprächen

↓

Sprache

↓

Man gewinnt in Gesprächen Vertrauen durch

Vermeidung von Gesprächsstörern

- keine unbekannten Fachbegriffe und Fremdwörter
- keine langatmigen Sätze und Monologe
- keine Ironie
- keine Überredungsversuche oder Vorwürfe an den Gesprächspartner
- keine Killerphrasen

Verwendung von Gesprächsförderern

- dem Gesprächspartner angemessene Sprache
- deutliche Aussprache
- effiziente Stimmtechnik
- dem Gesprächspartner durch bestimmte Formulierungen Interesse signalisieren
- verbale Sätze
- Vorteilsformulierungen
- aktive Aussagen
- positive Aussagen

6.4 Fragetechnik

Einstieg

Ronja Bunko, Andreas Seeger und Tacdin Akay diskutieren in der Kantine:

Andreas Seeger:

„Meiner Ansicht nach ist es im Verkaufsgespräch ratsam, mit Fragen sehr zurückhaltend zu sein. Fragt man, kommt Unwissen zum Ausdruck, während man doch Fachmann sein sollte."

Ronja Bunko:

„Ich sehe das etwas anders. Im Verkaufsgespräch sind Fragen so zu stellen, dass die mögliche Gesprächspartnerantwort nicht überraschend, sondern von vornherein eingeplant ist."

Tacdin Akay:

„Fragen bringen nichts. Man überzeigt den Gesprächspartner am besten mit kräftig geäußerten Behauptungen, die unser Selbstvertrauen zum Ausdruck bringen."

Wer hat recht?

INFORMATIONEN

Fragetechnik in Gesprächen

Zu den klassischen Instrumenten einer erfolgreichen Gesprächsführung gehört die Fragetechnik. Fragen zu stellen ist z. B. eine der erfolgreichsten Verhandlungstechniken: Der Fragesteller steuert den Verlauf der Verhandlung.

> *„Wer fragt, der führt, und wer führt, der gewinnt."*
> *(Spruch unbekannter Herkunft, nach www.aphorismen.de)*

Auch erfolgreiche Mitarbeiter versuchen in allen Gesprächsarten durch den gezielten Einsatz von geeigneten Fragen die Gesprächsführung zu übernehmen und zu behalten.

Richtig gestellte Fragen in Gesprächen haben folgende Vorteile:

- Der Fragesteller bekommt wichtige Informationen für sein Gespräch. Die Qualität der Fragestellung hat dabei auf die Beschaffenheit der Informationen unmittelbaren Einfluss.
- Das Gespräch wird durch die Fragen in die Richtung des Fragestellers gelenkt. Er übernimmt die Führung des Gesprächs. (Wer fragt, behält die Initiative!)
- Fragen helfen, auf den Gesprächspartner einzugehen. Sie geben ihm das Gefühl, dass er verstanden und ihm zugehört wird. Dadurch wird ein Vertrauensverhältnis zum Gesprächspartner aufgebaut.

- In bestimmten (z. B. unangenehmen) Situationen schaffen die Fragen einen Spielraum für neue Argumentationen: Man gewinnt Zeit.
- Fragen lassen den Fragesteller Gegenargumente schneller erkennen und machen es ihm leichter, Einwände abzuwehren.

Ein Witz zur Bedeutung von Fragetechniken:

Ein junger Mönch, gerade neu ins Kloster eingetreten, fragt den Abt: „Ist es erlaubt, während des Betens zu rauchen?" Der Abt, ziemlich erstaunt über eine solche Frage, antwortet voller Überzeugung: „Das ist verboten!"

Am Abend begibt sich der junge Mönch in die Klosterkapelle zum ersten gemeinsamen Gebet im Kreis der Klosterbrüder. Und was muss er sehen? Da kniet ein alter Mönch, betet und pafft dazu in aller Seelenruhe sein Pfeifchen. Der junge Mönch ist verständlicherweise sauer. Er kann das Ende der Gebetsstunde kaum erwarten. Endlich ist es soweit; er nähert sich dem alten Mönch und stellt ihn zur Rede: „Bruder! Wie kommt es, dass du während des Betens rauchst, das hat der Abt doch ausdrücklich verboten!"

„Hast du ihn denn gefragt?"

„Aber natürlich!"

„Seltsam", meint der alte Mönch, „auch ich habe ihn gefragt, und er hat es mir gestattet."

Empört über diese Ungerechtigkeit will der junge Mönch sofort zum Abt eilen, aber der alte Mönch hält ihn zurück. „Sage mir doch", will er wissen, „was hast du den Abt genau gefragt?"

Der junge Mönch: „Ich habe gefragt, ob ich während des Betens rauchen dürfe!"

„Siehst du, ich habe ihn gefragt, ob ich während des Rauchens beten dürfe!"

Um etwas über den Gesprächspartner, seine Bedürfnisse und Zielsetzungen zu erfahren, muss die Gesprächsführung unter Zuhilfenahme von Fragetechniken stattfinden. Die Fragetechniken gehören zu den wichtigsten Schlüsselqualifikationen in der Kommunikation. Es lassen sich unterschiedliche Frageformen unterscheiden. Bestimmte Frageformen sollen bestimmte Arten von Antworten erreichen, andere zielen darauf ab, bestimmte Informationen zu erzielen oder das Gespräch zu lenken.

Frageformen zur Erreichung bestimmter Antworten

Jede Frage ist entweder eine offene oder eine geschlossene Frage bzw. eine Alternativfrage.

Geschlossene Fragen

Auf geschlossene Fragen kann man eigentlich nur mit Ja oder Nein antworten. Sie beginnen immer mit einem Verb oder Hilfsverb.

BEISPIELE

- „Gefällt Ihnen die Bluse?"
- „Ist das Ihre Größe?"
- „Sagt Ihnen unser Angebot zu?"

Geschlossene Fragen können dazu verwendet werden, beim Gesprächspartner Zustimmung oder Ablehnung zu einer bestimmten Sache zu erlangen.

Offene Fragen

Offene Fragen erfordern individuelle Antworten. Sie geben keinen Antworthinweis vor und eigenen sich besonders, um Informationen zu bekommen.
Die Frageworte, die Hinweise auf Ansichten, Einstellungen, Bedürfnisse usw. des Gesprächspartners geben, beginnen meistens mit „W".

Wie	Welche
Wo	Wieso
Was	Weshalb
Wann	Warum

Warum FRAGEN und nicht REDEN?

- um Informationen zu erhalten
- um eine Problemsituation zu analysieren
- um die Wünsche und Ziele des Gesprächspartners kennenzulernen
- um den Gesprächspartner aus der Reserve zu locken
- um selbst Sicherheit zu gewinnen
- um zu kontrollieren, ob der Gesprächspartner alles verstanden hat
- um ein maßgeschneidertes Angebot machen zu können
- um Entscheidungen herbeizuführen
- um dem Gesprächspartner ehrliches Interesse zu signalisieren
- um Zeit zu gewinnen
- um den Gesprächspartner zu beeinflussen
- um Interesse zu wecken

Quelle: Ückermann, Dieter: Acht wirksame Fragetechniken. In: https://docplayer.org/40864055-Acht-wirksame-frage-techniken.html, S. 14 [10.12.2020].

BEISPIELE

- „Zu welchem Anlass wollen Sie das Kostüm tragen?"
- „Zu welcher Sportart brauchen Sie die Schuhe?"
- „Wann kann ich Sie am besten telefonisch erreichen?"
- „Welche Lieferart bevorzugen Sie?"
- „Welchen Vorschlag zur Pausenregelung haben Sie?"

Alternativfragen

Alternativfragen stellen eine Mischung zwischen offener und geschlossener Frage dar. Sie geben in der Frage schon die Antwortmöglichkeiten vor und engen diese somit stark ein.

BEISPIELE

- „Suchen Sie ein rotes oder ein grünes Hemd?"
- „Möchten Sie ein T-Shirt mit rundem oder V-Ausschnitt?"
- „Möchten Sie Kaffee oder Tee trinken?"

Dem Gesprächspartner wird nicht die Wahl zwischen Zustimmung oder Ablehnung gegeben, ihm werden stattdessen die möglichen Varianten aufgezeigt.

Frageformen zur Lenkung des Gesprächs

Lenkungsfragen könnte man auch als taktische Fragen bezeichnen. Sie gliedern sich auf in:

- rhetorische Fragen
- Gegenfragen
- Suggestivfragen
- Kontrollfragen (Bestätigungsfragen)
- Motivierungsfragen

Suggestivfragen

Suggestivfragen wollen den Gesprächspartner in eine bestimmte Richtung drängen. Sie haben also manipulativen Charakter. Verwendet werden dazu bestimmte Füllwörter wie

- doch,
- nicht,
- auch,
- wohl,
- sicherlich,

die in geschlossene Fragen eingebaut werden.

BEISPIELE

- „Der Anzug sitzt wie angegossen. Meinen Sie nicht auch?"
- „Sie sind doch auch der Meinung, dass man beim Kühlschrankkauf auf größtmögliche Energieeinsparung achten sollte?."
- „Finden Sie nicht auch, dass in unserem Unternehmen mehr für das Betriebsklima getan werden könnte?"
- „Haben Sie nicht Lust, ein paar Vorschläge zu machen?"

Suggestivfragen sollten nicht zu oft eingesetzt werden, da Menschen ablehnend reagieren, wenn sie das Gefühl haben, beeinflusst zu werden. Zudem kann mit einer einfachen Gegenfrage seitens des Gesprächspartners wie z. B. „Wie kommen Sie darauf?" das Gespräch anfangen zu kippen.

Rhetorische Frage

Die Hauptaufgabe dieser Frageform besteht darin, ein Gespräch wieder in Gang zu bringen und in Richtung Zielerreichung zu steuern. Der Fragesteller erwartet eigentlich gar keine Antwort bzw. die Antwort ist eigentlich überflüssig. Deshalb beantwortet er sie manchmal auch selbst. Diese Frageform setzt aber voraus, dass der Gesprächspartner alle Daten und Fakten kennt.

BEISPIEL

„Wer weiß nicht, dass die Combo Bank in Sachen Gesprächspartnerkredite die besten Konditionen hat?"

Gegenfrage

Die Gegenfrage eignet sich generell bei problematischen Gesprächssituationen, da der Gesprächspartner gefordert ist, seine eigene Frage bzw. Aussage klarer darzulegen. Damit lässt sich gut auf Einwände reagieren. Der Gesprächspartner wird gezwungen, deutlicher zu werden. Der Fragesteller kann sich in der Zwischenzeit eine weitere Frage oder auch Antwort überlegen. Zusätzlich bringt die Gegenfrage häufig noch Hintergrundinformationen.

BEISPIELE

Kunde: „Wieso ist Ihr Gesprächspartnerdienst so schlecht organisiert?"

Gegenfrage: „Womit genau haben Sie denn schlechte Erfahrungen gemacht?"

Kontrollfrage

Eine Kontrollfrage soll einen Sachverhalt oder eine Vermutung bestätigen. Diese Frageart ist deshalb z. B. in der Argumentationsphase wichtig. Kontrollfragen, oft auch Bestätigungsfragen genannt, eignen sich sehr gut, um Teilergebnisse eines Gesprächs zu sichern. Der Fragesteller kann sich vergewissern, ob er den Gesprächspartner richtig verstanden hat. Damit signalisiert er dem Gesprächspartner, dass er wirklich an seinen Wünschen/ seiner Meinung interessiert ist. Gleichzeitig erfährt er, ob ihm der Gesprächspartner noch folgt.

BEISPIELE

- „Wenn ich Sie richtig verstanden habe, suchen Sie eine Hose, die weit geschnitten ist. Ist das korrekt?"
- „Gefällt Ihnen diese moderne Form?"

Diese Frageart sollte z. B. in einem Verkaufsgespräch laufend eingestreut werden. Stimmt der Kunde zu, kann der Verkäufer sicher sein, dass ein Abschnitt des Verkaufsgesprächs erfolgreich beendet ist.

Motivierungsfrage

Die Motivierungsfrage regt den Gesprächspartner an, aus sich herauszugehen und sich zu öffnen. Sie setzt man ein, um beim Gesprächspartner eine besonders positive Stimmung zu erzielen. Sie kann ebenfalls dazu dienen, um seinen Gesprächspartner aufzuwerten.

BEISPIELE

- „Mit Ihrem Umweltbewusstsein sind Sie sicherlich auch der Meinung, dass …?"
- „Was sagen denn Sie als Experte zu diesem Artikel?"

Informationsfragen

Informationsfragen sollen den Hintergrund ausleuchten und dem Fragesteller entscheidende Informationen für sein Gespräch liefern.

Bedarfsbezogene Fragen

Diese Frageart erkundet den möglichen Bedarf eines Kunden in einem Verkaufsgespräch.

BEISPIEL

„Zu welchem Anlass benötigen Sie den Anzug?"

Warenbezogene Fragen

Bei warenbezogenen Fragen kann sich der Kunde konkret äußern. Sie beziehen sich direkt auf eine Ware.

BEISPIEL

„Aus welchem Material sollte das Hemd sein?"

Der Verkäufer entscheidet dann, ob der bestimmte Artikel im Sortiment zu finden ist oder nicht. Falls etwas gesucht wird, dass sich nicht im Sortiment befindet, kann der Verkäufer den Gesprächspartner fragen, ob er Alternativen aufzeigen darf.

Einsatz der Fragetechniken in Beratungsgesprächen

Erfolgreiche Verkäufer verwenden Fragetechniken in starkem Ausmaß. Bei noch so geschicktem und konsequentem Einsatz der Fragetechniken sollte jeder Verkäufer immer daran denken, nicht zu übertreiben und ab sofort alles nur noch zu erfragen. Er könnte sonst den Eindruck erwecken, dass er selbst nicht über ausreichende Kenntnisse verfügt. Genauso unangebracht ist es, wenn ein Verkäufer einem offensichtlich eiligen Gesprächspartner zahlreiche Fragen stellt, bevor er ihm etwas gibt. Das gleiche gilt für Gesprächspartner, die ganz konkrete Wünsche äußern.

Allgemein kann man sagen, dass zu Beginn und im Verlauf von Verkaufsgesprächen lieber offene Fragen gestellt werden sollten: Der Kunde soll zunächst einmal detaillierte Auskünfte geben. Mit Alternativfrage kann man dem Kunden dann zwei positive Varianten aufzeigen. Geschlossene Fragen können den Gesprächspartner am Ende eines Verkaufsgesprächs zum Abschluss bringen.

Wann sollten Sie fragen?

Machen Sie sich bitte den Aufbau eines Verkaufsgesprächs klar:

- Sie stellen Fragen bei der Kontaktaufnahme. Während der Gesprächseröffnung schaffen Sie damit eine positive Atmosphäre.
- Sie stellen Fragen zur Bedarfsermittlung. So erfahren Sie Wünsche und Probleme und reden nicht am Bedarf des Gesprächspartners vorbei.
- Sie stellen Fragen am Ende Ihrer Warenvorlage und Argumentation. So kontrollieren Sie, ob der Kunde alles verstanden hat und Ihrer Argumentation folgt.
- Sie stellen Fragen bei der Einwandbehandlung. So nehmen Sie die Spitze der Antwort raus und erfahren die echten Hintergründe für den Gesprächspartnereinwand.
- Sie stellen Fragen zum Abschluss. Denn Sie überlassen nichts dem Zufall und beeinflussen die Entscheidung des Gesprächspartners durch eine Alternativfrage.

Quelle: Ückermann, Dieter: Acht wirksame Fragetechniken. In: https://docplayer.org/40864055-Acht-wirksame-frage-techniken.html, S. 14 [10.12.2020] (verändert).

AUFGABEN

1. Welche Vorteile haben Fragen in Geschäftsgesprächen?

2. Welche Frageformen streben bestimmte Antworten an?

3. Was ist eine offene Frage?

4. Formulieren Sie eine geschlossene Frage, die in einem Verkaufsgespräch Ihrer Branche oder in einer Verhandlung gestellt werden kann.

5. Was ist der Vorteil von Alternativfragen?

6. Welche Frageformen dienen der Lenkung eines Gesprächs?

7. Welchen Zweck haben Suggestivfragen?

8. Formulieren Sie die Aussage eines Gesprächspartners in Ihrer Branche, zu der Sie eine Gegenfrage stellen können.

9. Welche Aufgaben haben rhetorische Fragen?

10. Welche Frageform sichert Teilergebnisse eines Gesprächs, indem sie einen Sachverhalt oder eine Vermutung bestätigt?

11. Welche Aufgaben haben Informationsfragen?

12. Unterscheiden Sie bedarfsbezogene und warenbezogene Fragen.

13. Machen Sie aus der Aussage
    a) „Möchten Sie das Hemd in Weiß oder in einer anderen Farbe ?" eine offene Frage;
    b) „Wollen Sie einen Artikel mit besonders langer Lebensdauer?" eine Suggestivfrage;
    c) „Der Pullover sieht gut aus" eine rhetorische Frage.

14. Welche Frageart liegt jeweils vor?
    a) „Sie sind doch sicher auch überrascht, dass sich dieser Pullover so angenehm tragen lässt?"
    b) „Soll ich die normale Version oder die preisgünstige Familienversion mit zur Kasse nehmen?"
    c) „Warum zeige ich Ihnen die Bedienung dieses Gerätes so ausführlich? Weil ..."
    d) „Zu welchem Anlass möchten Sie den Anzug tragen?"
    e) „Soll das Geschenk für eine Dame oder einen Herrn sein?"
    f) „Sie bevorzugen doch sicherlich die große Sparpackung?"
    g) „Werden Sie schon bedient?"

15. Welche Frageart verwendet der Verkäufer in den folgenden Verkaufssituationen?
    a) Verkäufer: „Was halten Sie von diesem DVD-Player?" – Kunde: „Sie ist mir etwas zu kompliziert."
    b) Verkäufer: „Gefällt Ihnen dieser DVD-Player?" – Kunde: „Ja."
    c) Verkäufer: „Sie finden doch diesen DVD-Player schön, oder?" – Kunde: „Ja."

16. Um zu lernen, wie man durch systematische Fragen Informationen sammelt, werden drei Ratespiele durchgeführt. Das Ziel ist, durch Fragen an den Spielleiter (also Ihre Lehrerin oder Ihren Lehrer) die richtige Lösung herauszubekommen. Versuchen Sie, systematisch vorzugehen. Vermeiden Sie wildes Herumraten.
    Auf den ersten Blick scheint dies einfach zu sein, es gelten aber Regeln:
    - Es sollen so wenig Fragen wie möglich gestellt werden. Die Klasse hat verloren, wenn mehr als 20 Fragen nötig sind.
    - Es dürfen nur geschlossene Fragen verwendet werden (also Fragen, die mit Ja oder Nein zu beantworten sind).
    - Hat jemand (oder eine Gruppe) eine Frage gestellt, ist der nächste (die nächste Gruppe) an der Reihe
    - Wer die Lösung des Rätsels schon kennt, beteiligt sich nicht bzw. übernimmt vom Lehrer die Spielleitung.
    a) Sie kommen in ein Zimmer. Dort finden Sie John und Mary tot am Boden liegen. Es ist kein Blut zu sehen. Der Teppich unter den Leichen ist nass. Außerdem befindet sich auf dem Teppich zerbrochenes Glas. Zu lösendes Problem: Was ist passiert?
    b) Ein Mann geht nachmittags um vier Uhr in seinen Garten. Die Sonne scheint. Ein Vogel singt laut und anhaltend. Plötzlich fällt der Mann um. Zu lösendes Problem: Was ist passiert?
    c) Ein Mann liegt in einem Kornfeld. Er ist tot. Aber: Wenn er das Paket, das er bei sich hatte, hätte öffnen können, wäre er nicht gestorben. Zu lösendes Problem: Was war in dem Paket?
    (in Anlehnung an: Vera Birkenbihl: Fragetechnik schnell trainiert. MVG, Landsberg a. Lech 2002)

Lassen Sie zwei Ihrer Klassenkameradinnen oder Klassenkameraden die Fragen protokollieren. Analysieren Sie hinterher, welche Fragen

- weder System noch Logik aufweisen,
- von der Systematik her besonders geschickt waren.

17. Fragetechniken werden von Verkäufern sehr stark in der Bedarfsermittlung angewandt. Hier ein Beispiel aus der Haushaltswarenabteilung der Kaufstadt Warenhaus AG:

Situation: Ein junges Paar betritt die Haushaltwarenabteilung und blickt sich suchend im Geschäft um. Die Auszubildende Monika geht lächelnd auf das Paar zu und begrüßt es freundlich.

Monika: „Guten Tag, kann ich Ihnen helfen?"

Gesprächspartner: „Wir suchen eine Pfanne."

Monika: „Haben Sie an etwas Bestimmtes gedacht?"

Gesprächspartner: „Eigentlich nicht. Wir wollten uns erst einmal umsehen, was Sie so da haben."

Monika: „Möchten Sie eine beschichtete oder eine unbeschichtete Pfanne?"

Das Paar schaut sich fragend an.

Gesprächspartner: „Das wissen wir noch nicht."

Monika zeigt auf einen Sondertisch in der Nähe.

Monika: „Darf ich Sie bitten, mir zu folgen? Hier haben wir gerade ein Sonderangebot, eine Teflonpfanne von Kissler."

Gesprächspartner: „Was kostet die denn?"

Monika: „39,90 €. Wir haben aber auch Edelstahl- oder Gusspfannen."

Monika zeigt auf das nebenstehende Verkaufsregal.

Gesprächspartner: „Was ist denn da der Unterschied?"

Monika: „Die Edelstahl- und Gusspfannen sind teurer."

Gesprächspartner: „Was können Sie uns denn empfehlen?"

Monika: „Wofür brauchen Sie die Pfanne?"

[…]

Bestimmen Sie im vorliegenden Verkaufsgespräch die genutzten Frageformen.

18. Erarbeiten Sie einen Fragenkatalog mit typischen Fragen aus Ihrem Arbeitsbereich. Finden Sie deshalb jeweils fünf Fragen zu den folgenden Fragearten:
   a) rhetorische Frage
   b) Gegenfrage
   c) Suggestivfrage
   d) Kontrollfrage (Bestätigungsfrage)
   e) Motivierungsfrage
   f) geschlossene Frage
   g) offene Frage
   h) Alternativfrage

19. Wie nennt man diese Art von Fragen?

20. Wandeln Sie die folgenden Fragen in offene Fragen um:
   a) Mögen Sie bunte Farben?
   b) Lieben Sie Steaks?
   c) Haben Sie Bilder in Ihrem Wohnzimmer?

ZUSAMMENFASSUNG

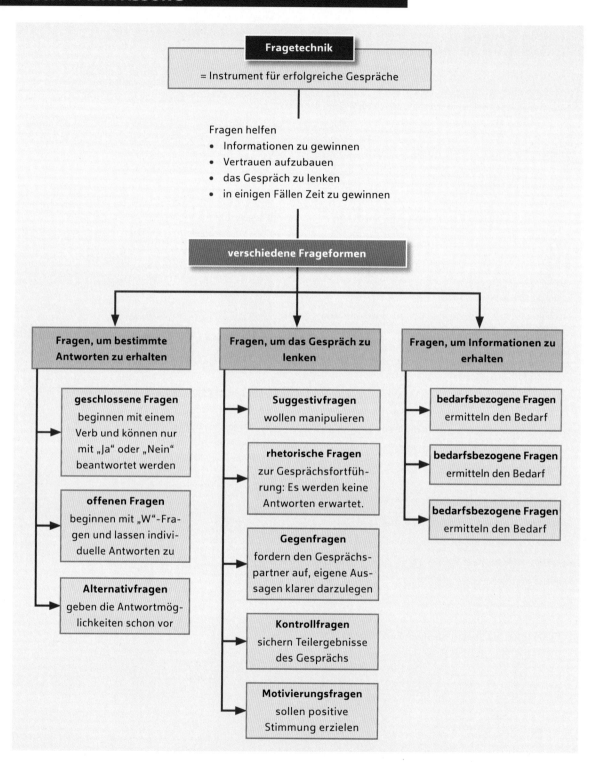

Fragetechnik

= Instrument für erfolgreiche Gespräche

Fragen helfen
- Informationen zu gewinnen
- Vertrauen aufzubauen
- das Gespräch zu lenken
- in einigen Fällen Zeit zu gewinnen

verschiedene Frageformen

Fragen, um bestimmte Antworten zu erhalten

geschlossene Fragen
beginnen mit einem Verb und können nur mit „Ja" oder „Nein" beantwortet werden

offenen Fragen
beginnen mit „W"-Fragen und lassen individuelle Antworten zu

Alternativfragen
geben die Antwortmöglichkeiten schon vor

Fragen, um das Gespräch zu lenken

Suggestivfragen
wollen manipulieren

rhetorische Fragen
zur Gesprächsfortführung: Es werden keine Antworten erwartet.

Gegenfragen
fordern den Gesprächspartner auf, eigene Aussagen klarer darzulegen

Kontrollfragen
sichern Teilergebnisse des Gesprächs

Motivierungsfragen
sollen positive Stimmung erzielen

Fragen, um Informationen zu erhalten

bedarfsbezogene Fragen
ermitteln den Bedarf

bedarfsbezogene Fragen
ermitteln den Bedarf

bedarfsbezogene Fragen
ermitteln den Bedarf

6.5 Verhandlungen

Einstieg

Ronja Bunko und Andreas Seeger treffen sich auf dem Flur.

Ronja Bunko:

„Mensch, war Herr Hertien heute sauer. Richtig hart aufgetreten ist er. Kennt man von ihm gar nicht so."

Andreas Seeger:

„Warum?"

Ronja Bunko:

„Wir haben schon seit Langem Geschäftsbeziehungen zur Habich AG – sehr gute sogar bis jetzt. Aber seit dem letzten Jahr qualitätsmäßig nicht mehr so gut wie sonst. Und das wollte Herr Hertien in der heutigen Verhandlung mit der Habich AG – bei der ich hospitieren durfte – auch zum Ausdruck bringen."

Andreas Seeger:

„Und, hat er?"

Ronja Bunko:

„Ja, erst haben sie von Habich AG versucht, alles abzustreiten. Und dann hat die Habich AG überraschend sogar eine drastische Preiserhöhung für ihre Artikel angekündigt."

Andreas Seeger:

„Oh, oh."

Ronja Bunko:

„Ja, ohne Begründung. Und wer Herrn Hertien schon genauer kennt, konnte sehen, dass er sich darüber geärgert hat. Dann hat er seine Strategie gewechselt. Zitat: ‚Sie müssen zum einen, wenn Sie unser Lieferant bleiben wollen, Ihre Qualität eindeutig wieder verbessern. Zum anderen aber: Auf eine Preiserhöhung können wir uns leider überhaupt nicht einlassen. Sollte dies nicht Ihren Vorstellungen entsprechen, werden wir uns auf dem Markt umschauen. Sowohl die Bodenstein AG als auch die Meteor-Werke haben uns schon mehrfach signalisiert, gern mit uns Geschäftsbeziehung aufnehmen zu wollen.'"

Andreas Seeger:

„Resultat?"

Ronja Bunko:

„Das Verhandlungsergebnis stand dann schnell und eindeutig fest: Die Habich AG hat sich protokollarisch verpflichtet, die Qualität der Produkte zu verbessern. Vor allem aber verzichtet sie auf eine Preiserhöhung."

1. Führen Sie auf, welche Verhandlungsstrategie vorliegt.

2. Geben Sie an, welche Vor- und Nachteile mit dieser Strategie verbunden sind.

INFORMATIONEN

Bedeutung interner und externer Verhandlungen

Verhandlungen zu führen, ist ein ständiger Bestandteil des Berufslebens. In solchen Situationen müssen Übereinkünfte getroffen werden, die der Komplexität der Situation und den verschiedenen Interessen gerecht werden. Mindestens zwei Verhandlungspartner versuchen ihre voneinander abweichenden Ziele oder Ansichten in Übereinstimmung zu bringen. Aus Unternehmenssicht sollen Vereinbarungen getroffen werden, die letztendlich positive Auswirkungen auf das Unternehmen haben wie z. B. letztlich Existenzsicherung oder Gewinnerhöhung.

Verhandlungen können intern in einem Unternehmen geführt werden.

BEISPIELE

- Lohn- und Gehaltsgespräche
- Budgetverhandlungen
- Im Projekt werden die Verantwortlichkeiten geklärt.

In sehr vielen Fällen finden Verhandlungen jedoch mit externen Gesprächspartnern statt.

BEISPIELE

- Die Einkaufsabteilung verhandelt mit Lieferanten über günstige Bezugspreise.
- Der Vertrieb versucht, gegenüber Kunden hohe Verkaufspreise zu erzielen.

Jeder Verhandlungspartner möchte prinzipiell zunächst einmal weitgehend das Maximalziel erreichen. Da die Gegenseite dies auch anstrebt, müssen in der Regel Kompromisse gefunden werden. Dadurch wird das Verhandlungsergebnis für beide Verhandlungsparteien akzeptabel.

BEISPIEL

Versucht eine Verhandlungspartei durch den Einsatz von Machtmitteln 100 % ihres Maximalziels durchzusetzen, verhält sie sich unkooperativ. Die Gegenseite könnte die Verhandlungen abbrechen: Dadurch sind die Geschäftsbeziehungen gefährdet.

Grundprinzip dabei ist, dass jeder Verhandlungspartner geben und nehmen muss. Es ist ein Kompromiss zu erzielen, für den beide Verhandlungspartner von ihrem Maximalziel mehr oder weniger abrücken müssen.

Ein guter Kompromiss sollte also folgende Bedingungen erfüllen:

- Das Verhandlungsergebnis sollte eindeutig in der Auslegung, also klar verständlich sein.
- Der Kompromiss sollte tatsächlich realisierbar sein.
- Die in der Verhandlung gefassten Beschlüsse werden von allen Verhandlungspartnern als fair empfunden.
- Das Verhandlungsergebnis bringt allen Verhandlungspartnern Nutzen.

Verhandeln ist nicht mit Feilschen zu verwechseln. Beim Feilschen geht es – wie z. B. auf Pferdemärkten oder Basaren – um ein „Sich gegenseitig um jeden Preis über den Tisch ziehen". Beim Verhandeln hat man dagegen die kommunikative Fähigkeit, eine Übereinstimmung zu erzielen, die einerseits die eigenen Interessen und Verhandlungsziele weitgehend berücksichtigt. Gleichzeitig werden aber auch die gegensätzlichen Interessen des Verhandlungspartners in eine mögliche Vereinbarung mit einbezogen und nicht vernachlässigt.

In Verhandlungen reicht es nicht aus, sich ausschließlich auf seinen Instinkt zu verlassen. Es gibt Verhandlungstechniken und Regeln, mit denen man Verhandlungen zu einem erfolgreichen Ende führen kann. Die Verhandlungen laufen typischerweise in sieben Phasen ab. In diesen sollte man richtig agieren und reagieren. Dann wird man sich nicht als Verlierer der Verhandlung fühlen.

Vorbereitung

Möchte man die Qualität und Effizienz einer Verhandlung erhöhen, muss sie systematisch und strukturiert vorbereitet werden. Um seine Verhandlungsziele weitgehend durchsetzen zu können, ist es wichtig, sich vor der eigentlichen Verhandlung mit den Zielen des Verhandlungspartners und den eigenen Zielvorstellungen auseinanderzusetzen.

Vorbereitungsphase	
Was muss bei Verhandlungen in dieser Phase beachtet werden?	**Welche Fragen sollten in dieser Phase zur Zielerreichung geklärt werden?**
Zunächst einmal geht es um die Zusammensetzung des eigenen Verhandlungsteams. Es muss also entschieden werden, wer auf der eigenen Seite an der Verhandlung teilnehmen soll.	**BEISPIELE** • Gibt es Kriterien, nach denen die Teilnehmer des Verhandlungsteams ausgewählt werden können? • Sollen den einzelnen Teilnehmern des Verhandlungsteams bestimmte Rollen zugeordnet werden?
Soweit dies von der eigenen Seite beeinflussbar ist, müssen die Rahmenbedingungen geklärt werden	• Wo soll die Verhandlung stattfinden? • Wie kann der Verhandlungsraum gestaltet werden?

Vorbereitungsphase	
Was muss bei Verhandlungen in dieser Phase beachtet werden?	**Welche Fragen sollten in dieser Phase zur Zielerreichung geklärt werden?**
Das eigene Verhandlungsteam spricht sich über angestrebte Minimal- und Maximalziele ab. Es entscheidet sich für eine Verhandlungsstrategie und legt fest, wie stark dem Verhandlungspartner gegenüber Druck ausgeübt werden soll.	• Was ist unser Minimalziel? • Was ist unser Maximalziel? • Welche Strategie sollten wir wählen?
Untersucht werden sollten auch die Positionen und die mögliche Strategie des Verhandlungspartners. Vorsichtshalber sollten zudem besondere Ereignisse, die eintreten könnten, berücksichtigt werden.	• Was könnten mögliche Ziele des Verhandlungspartners sein? • Wie viele Machtmittel kann die Gegenseite ausspielen?

Verhandlungen werden nie ohne Grund geführt. Jede Verhandlungspartei möchte etwas erreichen. Beide Seiten stehen aber immer vor einem Problem, das oft auch als Verhandlungsdilemma bezeichnet wird. Es geht dabei um die Fragen:

• Wie weit darf man der Gegenseite entgegenkommen?
• Wie unnachgiebig sollte man auftreten?

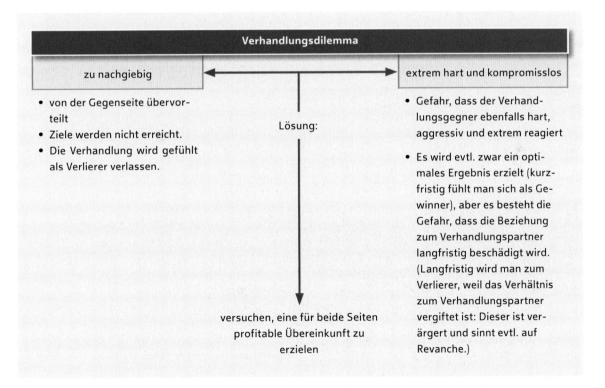

Im Rahmen der Vorbereitung sollte man sich genau überlegen, welche von vier möglichen Verhandlungsstrategien man einerseits selbst anwenden möchte und welche andererseits der Verhandlungsgegner einsetzen wird.

Besiegen:

Es wird versucht, die eigenen Ziele ohne Rücksicht auf den Verhandlungspartner maximal durchzusetzen. Dabei wird z. B. Druck ausgeübt, gedroht und mit allen psychologischen Tricks gearbeitet. Diese Verhandlungsstrategie setzt eine sehr hohe Machtposition voraus.

Kooperieren:

Die beiden Verhandlungsparteien versuchen, ein für beide Seiten vorteilhaftes und günstiges Ergebnis zu erzielen. Beide Verhandlungsparteien betonen die Wichtigkeit der Zusammenarbeit und haben ein Interesse an einer fortlaufenden und langfristigen Geschäftsbeziehung.

Verhandlungsergebnis

Ausweichen:

Bei dieser Strategie zieht man sich aus der Verhandlung zurück: Man verzichtet auf ein offizielles Verhandlungsergebnis bzw. versucht, dieses zu verzögern. Gewählt wird dieses Vorgehen vor allem dann,

- wenn der Aufwand in keinem Verhältnis zum erwarteten Verhandlungsergebnis steht;
- wenn man Zeit gewinnen will, um später erfolgreich(er) verhandeln zu können.

Während der Verhandlungen wird man versuchen, nach Möglichkeit konkrete Festlegungen und Entscheidungen zu vermeiden und sich zu Forderungen der Gegenseite nicht äußern.

Nachgeben:

Hier wird – ohne eine Gegenleistung zu bekommen – auf eigene Forderungen verzichtet bzw. eigene Ziele werden aufgegeben. Entscheidendes Merkmal dieser Verhandlungsposition ist, dass die Forderungen der Gegenseite letztlich akzeptiert werden.

viele Forderungen — *keine Forderungen*

geringe Kooperationsbereitschaft — *hohe Kooperationsbereitschaft*

Kontaktphase

Nach einer Begrüßung sollten die Verhandlungspartner eine Beziehung auf- und ausbauen. Die Regeln für die Verhandlung können besprochen werden. Eine Tagesordnung kann festgelegt werden. In dieser Phase geht es insgesamt um die Erzeugung einer guten Gesprächsatmosphäre. Man kann die Zeit zum Einschätzen des Gegenübers nutzen und versuchen, eine gemeinsame Gesprächsbasis zu finden.

Man kann eine Verhandlung im eigenen Sinne steuern, wenn man in dieser Phase die Initiative übernimmt. Schlägt man z. B. selbst die Tagesordnung vor, bestimmt man, was zunächst zur Diskussion gestellt bzw. was nicht besprochen wird.

Kontaktphase	
Was muss bei Verhandlungen in dieser Phase beachtet werden?	**Welche Formulierungen können typischerweise zur Zielerreichung in dieser Phase verwendet werden?**
In dieser Phase muss man für einen erfolgreichen Verhandlungsauftakt sorgen. Gefragt werden sollte sich, wie ein möglichst gutes Arbeitsklima während der Verhandlungen aufgebaut und später aufrechterhalten werden kann. Dazu könnte man sich z. B. geeignete Small-Talk-Themen überlegen.	**BEISPIELE** • „Schön, Herr Müller, dass Sie heute so gut zu uns gefunden haben!" • „Wie läuft denn der Absatz Ihres neuen Produkts so?" • „Sie und Ihr Produkt standen ja gestern in der Zeitung!"

Phase des Informationsaustauschs

In dieser Phase beschreiben beide Vertragsparteien möglichst sachlich ihre jeweiligen Positionen und Sichtweisen. Es empfiehlt sich, offensichtliche Gemeinsamkeiten sofort festzuhalten. Bestehende Unterschiede in den Standpunkten sollten präzisiert werden. Abschließend könnten mögliche Problemfelder genau beschrieben werden. Vor diesem Hintergrund sollte jetzt geprüft werden, ob eine Einigung überhaupt möglich ist. Jetzt fällt eine Entscheidung über Abbruch oder – und das sollte der Normalfall sein – ein weiteres Fortführen der Verhandlungen.

Phase des Informationsaustauschs	
Was muss bei Verhandlungen in dieser Phase beachtet werden?	**Welche Formulierungen können typischerweise zur Zielerreichung in dieser Phase verwendet werden?**
Zunächst einmal muss das Thema der Verhandlung geklärt werden. Anschließend geht es darum, die Meinung der Gegenseite zu erkunden. Die Informationen sollten möglichst neutral ausgetauscht werden.	**BEISPIELE** • „Herr Müller, Sie sind heute zu uns gekommen, um uns ein Angebot ... zu unterbreiten." • „Es geht heute um ..." • „Wir sollten heute auf jede Fall klären, dass ..." • „Unser Standpunkt dazu ist, dass ..." • „Wie ist denn Ihre Meinung dazu?" • „Habe ich Sie da richtig verstanden, Herr Müller?"

Phase der Argumentation und Diskussion

Die Verhandlungspartner machen konkrete Angebote bzw. stellen konkrete Forderungen. Sie diskutieren über deren jeweilige Vor- und Nachteile. Dabei wird versucht, die Interessen des Gegenübers herauszufinden. Der Verhandlungspartner sollte beobachtet werden, ihm sollte aktiv zugehört werden. Schließlich sollten eventuelle Kompromissmöglichkeiten ausgelotet werden.

Phase der Argumentation und Diskussion	
Was muss bei Verhandlungen in dieser Phase beachtet werden?	**Welche Formulierungen können typischerweise zur Zielerreichung in dieser Phase verwendet werden?**
In dieser Phase muss zunächst immer geprüft werden, ob die Qualität der Verhandlungsführung gut ist. In diesem Zusammenhang ist die Fähigkeit besonders wichtig, mit eventuellen persönlichen, emotionalen oder beziehungsbezogenen Problemen umzugehen. Man sollte sich auch darüber klar werden, • ob das Verhandlungsteam den Verhandlungspartner als vertrauenswürdig ansieht; • ob man selbst als seriös und vertrauenswürdig akzeptiert wird. Zudem muss sich das Verhandlungsteam fragen: • Welche Argumente können zur Erreichung der Ziele verwendet werden? • Was spricht gegen die Argumente des Verhandlungspartners? • Wie könnte ein eventueller Kompromiss aussehen?	**BEISPIELE** • „Weil ..., spricht dieses Argument eindeutig für unsere Position!" • „Die Exclusiva GmbH vertritt diesen Standpunkt, weil ..." • „Wenn Sie ..., dann kann ich Ihnen folgendes Angebot machen: ..." • „Ein weiterer wichtiger Punkt, den Sie beachten sollten, ist, dass ..." • „Wenn ich das Pro und Kontra abwäge, dann kann ich nur zu dem Schluss kommen, dass ..." • „Zur Begründung möchte ich das folgende Beispiel anführen: ..." • „Ein weiterer wichtiger Punkt ist, dass ..." • „Das stimmt in manchen Fällen vielleicht, aber ..."

Phase der Argumentation und Diskussion	
Was muss bei Verhandlungen in dieser Phase beachtet werden?	**Welche Formulierungen können typischerweise zur Zielerreichung in dieser Phase verwendet werden?**
Die Probleme sollten im Rahmen einer Pro-und-Kontra-Diskussion der Reihe nach behandelt werden. Die möglichen Handlungsspielräume sind auszuloten. Sobald erste Gemeinsamkeiten zu sehen sind, sind diese sofort festzuhalten. Vermeiden sollte man in jedem Fall Beschimpfungen oder Beschuldigungen des Verhandlungspartners. Dieser darf auch nicht sein Gesicht verlieren. Insgesamt sollte versucht werden, ein für beide Seiten gutes Ergebnis zu erzielen.	**BEISPIELE** • „Wir stimmen also überein, dass ..." • „Wir einigen uns also auf ..."

Einigungsphase

Sind alle nötigen Details des Kompromisses geklärt, wird die eigentliche Verhandlung mit einem formalen Akt abgeschlossen. Es wird ein Endergebnis – in der Regel schriftlich – formuliert und festgehalten, dem beide Parteien zustimmen.

Einigungsphase	
Was muss bei Verhandlungen in dieser Phase beachtet werden?	**Welche Formulierungen können typischerweise zur Zielerreichung in dieser Phase verwendet werden?**
Intention dieser Phase ist es, zielgerichtet auf ein Verhandlungsergebnis zuzusteuern.	**BEISPIEL** Es wird eine gemeinsame Erklärung verabschiedet, die beide Parteien unterschreiben.

Abschluss der Verhandlung

Nach der formalen Einigung wird die Verhandlung abgeschlossen. Gibt man den Verhandlungspartnern ein Gefühl der Wertschätzung, endet die Verhandlung mit einem letzten positiven emotionalen Eindruck.

Abschlussphase	
Was muss bei Verhandlungen in dieser Phase beachtet werden?	**Welche Formulierungen können typischerweise zur Zielerreichung in dieser Phase verwendet werden?**
Die Verhandlungen sollten nie für sich allein gesehen werden, sie sind Teil der Beziehungen mit dem Verhandlungspartner. Um im weiteren Verlauf eine positive (und damit auch langfristige) Geschäftsverbindung zur anderen Verhandlungspartei aufzubauen, ist es ausgesprochen nützlich, ihr das Gefühl zu geben, richtig gehandelt zu haben, und das Ergebnis positiv zu bewerten.	**BEISPIELE** • „Danke für die zwar harten, aber von mir als überaus fair empfundenen Verhandlungen!" • „Vielen Dank für Ihre Bemühungen, uns entgegenzukommen." • „Wir freuen uns auf die nächsten Verhandlungen mit Ihnen!"

Nachbereitung der Verhandlung

Mit der Verabschiedung des Verhandlungspartners ist eine Verhandlung noch nicht beendet. Die Ergebnisse der Verhandlungen müssen umgesetzt werden. Es sollte ein Plan gemacht werden, wie die Vereinbarungen in die Praxis umgesetzt werden können. Es empfiehlt sich auch, sich über mögliche Umsetzungsprobleme Gedanken zu machen oder ihnen vorzubeugen.

Für spätere Verhandlungen sollten die hier gemachten Erfahrungen festgehalten und gesichert werden. Wertet man den Verlauf der Verhandlung systematisch aus, bekommt man Erkenntnisse, durch die die eigene Verhandlungskompetenz kontinuierlich weiterentwickelt wird. Dies kommt auch dem eigenen Unternehmen zugute.

Nachbereitungsphase	
Was muss bei Verhandlungen in dieser Phase beachtet werden?	**Welche Fragen sollten in dieser Phase zur Zielerreichung geklärt werden?**
Durch eine gelungene Nachbereitung bekommt man wichtige Informationen über die eigene Verhandlungsführung. Dadurch werden Verbesserungsmöglichkeiten für spätere Verhandlungen in der Zukunft entdeckt.	**BEISPIELE** • Wie zufrieden sind wir mit dem Verhandlungsergebnis? • Wie zufrieden sind wir mit dem Ablauf der Verhandlung? • Gab es Probleme mit den Rahmenbedingungen der Verhandlung? • Wie war die Arbeitsbeziehung zu der anderen Verhandlungspartei? • Konnte man seine Interessen dem Verhandlungsgegner klarmachen?

AUFGABEN

1. Was ist das Ziel von Verhandlungen?

2. Was ist der Unterschied zwischen Feilschen und Verhandeln?

3. Was versteht man unter dem *Verhandlungsdilemma*?

4. Führen Sie die vier möglichen Verhandlungsstrategien auf.

5. In verschiedenen Verhandlungen wurden die folgenden Äußerungen getätigt. Entscheiden Sie, welche Verhandlungsstrategie jeweils angewendet wurde.
   a) „Ich denke, wir sollten die Lösung dieser Frage erst einmal verschieben ..."
   b) „Wenn Sie uns in dieser Frage entgegenkommen, dann kann ich Ihnen bei unserem anderen Problem das folgende Angebot machen: ..."
   c) „Wir kommen Ihnen da vollständig entgegen, Sie haben ja recht ..."
   d) „Wenn Ihnen unser Angebot nicht zusagt, können wir die Verhandlungen sofort abbrechen ..."

6. Was ist das Ziel der Kontaktphase?

7. In welcher Phase einer Verhandlung wurde Folgendes gesagt?
   a) „Herr Meier, was meinen Sie denn dazu?"
   b) „Wir haben also Konsens darüber, dass ..."
   c) „Frau Schulze, wir freuen uns sehr darüber, dass Sie sich für uns Zeit freigeschaufelt haben."
   d) „Wir begründen diesen Standpunkt damit, ..."
   e) „Hat uns wieder Spaß gemacht. Bis zum nächsten Mal!"

8. Verfolgen Sie unter der Internetadresse *www.youtube.com/watch?v=LRicvJI9Mrc#t=12* (aufgerufen am 7.4.2021) den Verlauf einer Rabattverhandlung zwischen einem Großkunden und einem auf Businessreisen spezialisierten Reisebüro. Achten Sie besonders auf das jeweilige positive oder negative Vorgehen beider Verhandlungspartner in den jeweiligen Phasen der Verhandlung.

9. Unter der Internetadresse *www.handelsblatt.com/unternehmen/buero-special/ratgeber-wie-sie-den-verhandlungstisch-als-sieger-verlassen/5923374.html (aufgerufen am 7.4.2021)* werden 25 wichtige Taktikregeln für Verhandlungen aufgeführt.

Jeder Schüler/jede Schülerin Ihrer Klasse bekommt ein oder zwei Regeln zugewiesen (z. B. durch einfaches Abzählen). Auf Metaplankarten soll jeweils die Regel aufgeschrieben und anschließend in Stichworten (max. drei Zeilen) erläutert werden.
Die Metaplankarten werden anschließend gesammelt und im Plenum vorgestellt.

10. In jeder Phase einer Verhandlung werden typische Formulierungen verwendet.
Erstellen Sie einen solchen Katalog mit entsprechenden Sätzen in Englisch.
Nutzen Sie als Hilfe dazu das in Ihrer Klasse eingeführte Englischbuch. Unterstützung können Sie auch im Internet finden. Unter *https://translate. google.com/* können Sie englische Entsprechungen für deutsche Begriffe nachschlagen oder sogar ganze Sätze ins Englische übersetzen lassen

(manchmal nicht ganz korrekt, aber fast immer verständlich).

11. Führen Sie ein Rollenspiel durch:
Sie verhandeln mit einem amerikanischen Unternehmen über den Preis einer Warenlieferung.
a) Erstellen Sie in Partnerarbeit ein Drehbuch für diese Verhandlung. Verwenden Sie dazu das in Ihrer Klasse eingeführte Englischbuch bzw. das Internet.
b) Führen Sie das Rollenspiel vor.
c) Halten Sie bei den anderen Rollenspielen fest,
- ob die Verhandlung einwandfrei durchgeführt worden ist,
- ob das Rollenspiel für Sie neue Formulierungen enthält, die Sie in Verhandlungen verwenden können.

12. Ordnen Sie den folgenden Äußerungen die jeweilige Phase einer Verhandlung zu.

Äußerung	Verhandlungsphase
Frau Maier, es geht heute um Ihr Angebot vom 17.04.	
Liebes Verhandlungsteam, wie zufrieden sind Sie denn mit dem Verhandlungsergebnis?	
Auf der letzten Messe haben Sie ja richtig Furore gemacht.	
Hat Spaß gemacht, mit Ihnen zu verhandeln!	
Wenn Sie uns bei dem Preis noch etwas entgegenkommen, können wir Ihnen einen langfristigen Absatz in vierstelliger Höhe garantieren!	
Wer soll denn in unser Verhandlungsteam?	
Dann stimmen wir also überein!	

13. Heute, irgendwo in Deutschland:

Herr Hetzel: „Herr Barthold, warum sind Sie denn mit dem Angebotspreis so in die Höhe gegangen – über 30 % mehr"?

Herr Barthold: „Zunächst einmal haben wir Ihnen das letzte Mal ein Angebot zu Sonderkonditionen gemacht, um Sie überhaupt von unserem Leistungsangebot zu überzeugen. Zudem müsste Ihnen doch auch klar und bekannt sein, wie in den letzten Monaten die Bezugspreise für Stoffe gestiegen sind."

Herr Hetzel: „Mehrere Ihrer Mitbewerber haben uns aber Angebote gemacht, die im Bereich Ihres alten Preises liegen."

Herr Barthold: „Das kann ich kaum glauben! Und falls unwahrscheinlicherweise doch: Dann haben die mit Sicherheit nicht unsere Qualität."

Herr Hetzel: „Ihre Qualität ist wirklich sehr gut. Deshalb möchten wir auch in diesem Verhandlungsgespräch über den Preis noch einmal reden. Der Preis ist einfach zu hoch!"

Herr Barthold: „An welchem Preis haben Sie denn gedacht?"

Herr Hetzel: „125,00 €. Ich weiß, dass Ihr Einkauf auch etwas teurer geworden ist."

Herr Barthold: „Das können wir nicht machen. 155,00 € – das ist unser letztes Angebot."

Herr Hetzel: „Unser letztes Wort: 125,00 €. Wegen der guten Qualität Ihrer Ware würden wir gerne mit Ihnen zum Abschluss kommen. Aber über diesen Preis geht überhaupt nichts. Dann ist für uns die Verhandlung beendet."

Herr Barthold: „Bei diesem Preis sind noch nicht einmal unsere gesamten Produktions- und Einkaufskosten gedeckt."

Herr Hetzel: „Das geht uns genauso!"

Herr Barthold: „Also meinetwegen, ich komme Ihnen noch einmal entgegen: 150,00 €."

Herr Hetzel: „Geht doch! Also: Sie wollen 150,00 €, ich brauche 125,00 €. Treffen wir uns doch bei 130,00 €. Das ist aber wirklich mein letztes Wort."

Herr Barthold (brüllt und ruft im Gehen): „Wissen Sie, mit solchen unzufriedenen und unverschämten Leuten wie Ihnen möchte ich gar keine Geschäfte machen."

Beurteilen Sie die Verhandlung zwischen Herrn Hetzel und Herrn Barthold.

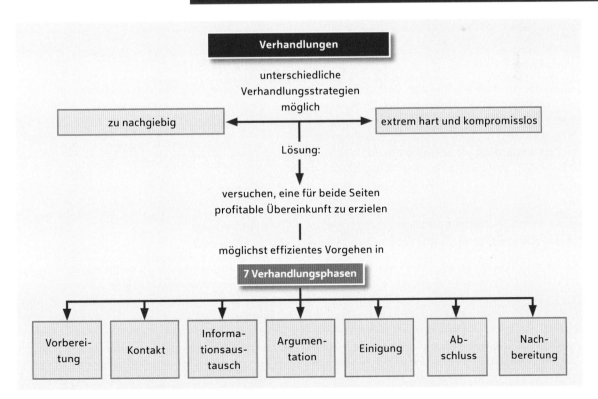

ZUSAMMENFASSUNG

Verhandlungen

unterschiedliche Verhandlungsstrategien möglich

zu nachgiebig ←→ extrem hart und kompromisslos

Lösung:

versuchen, eine für beide Seiten profitable Übereinkunft zu erzielen

möglichst effizientes Vorgehen in

7 Verhandlungsphasen

| Vorberei-tung | Kontakt | Informa-tionsaus-tausch | Argumen-tation | Einigung | Ab-schluss | Nach-bereitung |

a) „So geht das nicht! Sie benutzen immer meinen Locher – und dann ist er immer weg."

b) „Sie vermasseln doch jeden Vertragsabschluss!"

c) „Sie haben sich nicht an unserer Projektarbeit beteiligt."

d) „Sie sollten sich mal in Kommunikationsregeln schulen lassen. Immer tratschen Sie alles weiter!"

e) „Sie reden immer dazwischen. Warum können Sie nicht mal nachdenken, bevor Sie etwas sagen?"

16. Negative Formulierungen verstärken in Gesprächen das Negative und vermindern die Chance auf einen konstruktiven Verlauf des Gesprächs. Auch negative Sachverhalte bzw. Gefühle sollten deshalb positiv formuliert werden. Ersetzen Sie jede negative Formulierung durch eine positive.

a) „Kein Problem!"

b) „Ich habe jetzt keine Zeit."

c) „Das ist nicht unrealistisch."

d) „Das muss nicht sein."

e) „Sie müssen den Abfall noch rausbringen!"

f) „Ich habe jetzt keine Lust, mit Ihnen zu reden!"

g) „Darüber kann ich Ihnen keine Auskunft geben!"

h) „Ich bin nicht der richtige Ansprechpartner."

17. Um erfolgreich zu kommunizieren, sollten verschiedene Regeln eingehalten werden. Ergänzen Sie die folgende Tabelle um die fehlenden Angaben.

Regel	Erläuterung
Beachten des einfachen Kommunikationsmodells	
	Informationen werden nicht nur auf einer sachlichen Ebene, sondern auch auf emotionalen Ebenen mitgeteilt.
	Die Stellung des Gesprächspartners in einer Gruppe sollte beachtet werden.
	Man sollte sich klarmachen, welche Zielsetzungen der Gesprächspartner im Gespräch verfolgt.
	Man zeigt dem Gesprächspartner bewusst, dass man Interesse an seinen Informationen hat.
Senden von Ich-Botschaften	
Sachverhalte konkret und positiv ausdrücken	
Äußern von Gefühlen	
	Zur Vermeidung destruktiver Emotionen sollte man den Gesprächspartner ausreden lassen.
	Erheblich Konflikt entschärfender und diplomatischer als eine direkt vorgebrachte Kritik ist ...
	Eine Kommunikation mit ausländischen Gesprächspartnern wird umso erfolgreicher sein, je eher man bereit ist, Unterschiede in deren Kommunikationsverhalten (im Vergleich zum eigenen) bewusst und sensibel wahrzunehmen und sich entsprechend darauf einzustellen.
Anstreben von Win-win-Situationen	
	Das Einhalten von Höflichkeitsregeln erleichtert die Kommunikation und schafft ein positives Klima.

6.6 Beratungsgespräche

Einstieg

Ein Verkaufstrainer schult Verkaufsmitarbeiter der Exclusiva GmbH auf einem Seminar. Die Veranstaltung beginnt mit einigen einführenden Worten:

„[...] Ein Verkaufsvorgang im Handel ist eine äußerst komplexe, beratungsintensive Handlung: Technische Fragen, persönliche unterschiedliche Einstellungen, Abwicklungs- und Verwaltungsfragen sowie Zufälligkeiten des Gesprächsablaufs sind Aspekte, die im Hinblick auf den jeweiligen Kunden immer wieder neu auszuloten sind. Um die Beratungsarbeit während des Verkaufsgesprächs zu verbessern, muss die Vielfalt der verkäuferischen Aktivitäten klar definiert und darauf aufbauend systematisiert werden. Die Überzeugungsarbeit und Information des Kunden während der Beratung sind in Etappenziele unterteilt: die Phasen des Verkaufsgesprächs. [...]"

Im Verlauf des Gesprächs äußert der Verkaufstrainer auch Folgendes:

„[...] Wenn ein Verkäufer sein eigenes Fachwissen kritisch überprüft, wird er feststellen, dass er es mit einer schwer zu beurteilenden Aufgabe zu tun hat. Der Tätigkeitsbereich des Verkäufers ist nämlich sehr vielschichtig. Ein Verkäufer, der den Anspruch erhebt, professionell und

gut zu sein, muss zunächst seine Arbeit in ihren verschiedenen Erscheinungsformen analysieren. Er muss sich ganz offen und nüchtern fragen, auf welchen Gebieten ihm Informationen und Kenntnisse fehlen. Es ist sinnvoll, die einzelnen Punkte dieses Fehlwissens festzuhalten und systematisch zu beseitigen. [...]"

1. Stellen Sie fest, welche Phasen ein typisches Beratungsgespräch umfasst.

2. Bereiten Sie in Partner- oder Gruppenarbeit ein Verkaufsgespräch als Rollenspiel vor. Darin soll ein Artikel oder eine Dienstleistung Ihres Ausbildungsbetriebs an einen Kunden verkauft werden. Das Verkaufsgespräch soll alle Phasen enthalten.

3. Bereiten Sie sich darauf vor, das Rollenspiel Ihrer Klasse vorzuführen.

4. Stellen Sie fest, ob Sie in der Lage sind, alle Verkaufsphasen situationsgerecht und erfolgreich durchzuführen.

INFORMATIONEN

In einem **Beratungsgespräch** unternimmt eine beratende Person die Gesprächsführung und unterstützt eine andere Person dabei, zu einer Problemstellung eine Lösung zu entwickeln. In Unternehmen sind Beratungsgespräche fast ausnahmsweise **Verkaufsgespräche:** Während der gesamten Verkaufshandlung findet ein Kommunikationsprozess zwischen dem Anbieter und dem Kunden

statt: Verkaufsgespräche sind die persönliche Begegnung zwischen Verkäufer und Käufer. Der Verkäufer hilft dem Kunden, das sein Problem optimal lösende Produkt zu finden. In Verkaufsgesprächen findet also eine intensive Beratungsarbeit statt. Sie sind sowohl im Großhandel als auch für Industrie- und Handwerksbetriebe für den Verkaufserfolg von entscheidender Bedeutung.

Beratungsgespräche

direkt
- im eigenen Unternehmen (z. B. im Showroom)
- durch Außendienstvertreter beim Kunden oder auf Messen

über Telefon
- Kunde ruft an (passives Telefonmarketing: Inbound)
- Potenzielle Kunden werden vom Unternehmen angerufen (aktives Telefonmarketing: Outbound).

Direkte Verkaufsgespräche

Ein typisches Verkaufsgespräch beim Beratungskauf (Verkaufsform Bedienung) kann maximal acht Phasen umfassen:

Findet die Verkaufsform Selbstbedienung statt (wie z. B. beim Cash-und-carry-Großhandel), enthält das Verkaufsgespräch einige – aber in der Regel nicht alle – der aufgeführten Phasen.

Verkaufsgespräche sind sehr komplex. In jeder Phase muss ein Verkäufer in Sekundenbruchteilen die jeweilige Verkaufssituation richtig einschätzen und vielfältige Entscheidungen treffen. Stellt sich nur eine dieser Entscheidungen als falsch heraus, kann das Verkaufsgespräch empfindlich gestört werden.

Wenn ein Verkäufer die vielen in einer Phase des Verkaufsgesprächs geltenden Regeln für einen erfolgreichen Verkaufsabschluss nicht einhält, wird die einzelne Phase nicht ordnungsgemäß durchlaufen und kann nicht abgeschlossen werden. Erfahrungsgemäß wird er in einer darauf folgenden Stufe der Verkaufsverhandlung Schwierigkeiten haben. Störungen in Verkaufsverhandlungen treten – wenn sie nicht sofort das Verkaufsgespräch beeinträchtigen – dann auf, wenn eine der Vorphasen nicht abgeschlossen wurde.

BEISPIEL

Wenn ein Verkäufer ohne jeden Kontakt zum Kunden – also ohne eine Vertrauensbasis hergestellt zu haben – den Kunden zu einem Verkaufsabschluss bringen will, so wird er feststellen, dass der Kunde sich nicht entscheiden wird.

Wird die Vertrauensbasis jedoch im Verkaufsgespräch geschaffen, lernt der Verkäufer viel besser die konkreten Vorstellungen und Bedürfnisse des Kunden kennen. Er kann so gezielter zu einem Verkaufserfolg kommen.

Kontaktaufnahme zum Kunden

Der Kunde erwartet in dieser Phase des Beratungsgesprächs, freundlich empfangen zu werden. So wird z. B. eine Verkaufshandlung wird also eröffnet, indem man den Kunden beispielsweise freundlich grüßt oder ihm zumindest zeigt, dass man ihn bemerkt hat und beachtet. Dadurch zeigt das Verkaufspersonal dem Kunden seine Wertschätzung und gibt dem Verkaufsgespräch eine persönliche Natur: Dies erleichtert den Verkauf.

Kunden, die Hilfe benötigen, senden vor Beginn des Verkaufsgesprächs Signale aus. Verkäufer müssen diese unbedingt beachten, um ein Verkaufsgespräch einleiten zu können. Dabei sollten sich die Verkäufer nie aufgrund der ersten äußerlichen Eindrücke eine (vorschnelle) Meinung bilden.

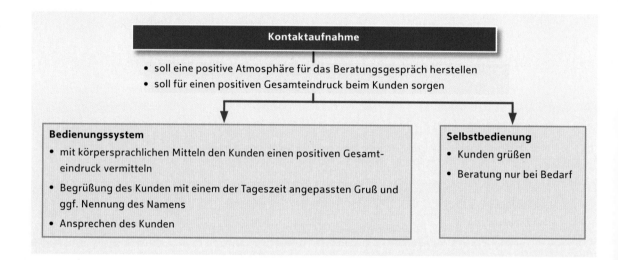

Kontaktaufnahme

- soll eine positive Atmosphäre für das Beratungsgespräch herstellen
- soll für einen positiven Gesamteindruck beim Kunden sorgen

Bedienungssystem

- mit körpersprachlichen Mitteln den Kunden einen positiven Gesamteindruck vermitteln
- Begrüßung des Kunden mit einem der Tageszeit angepassten Gruß und ggf. Nennung des Namens
- Ansprechen des Kunden

Selbstbedienung

- Kunden grüßen
- Beratung nur bei Bedarf

Bedarfsermittlung

In dieser Phase muss der Bedarf des Kunden ermittelt werden: Weiß der Kunde schon genau, was er kaufen möchte, braucht der Verkäufer den gewünschten Artikel nur auszuhändigen (Aushändigungskauf). Dies ist im Großhandel sehr häufig der Fall.

Will der Kunde zwar kaufen, ist sich aber noch nicht genau im Klaren, was, dann muss der Verkäufer konkrete Informationen gewinnen. Dazu sollte der Großhändler dem Kunden situationsgerechte Fragen stellen, die in der Regel mit einem Fragewort beginnen sollten. Denkbar ist auch ein gleichzeitiges Verkäuferhandeln, bei dem z. B. durch sofortiges Vorlegen und Empfehlen von Waren der Kunde dazu gebracht wird, Signale auszusenden, die seinen Bedarf aufzeigen.

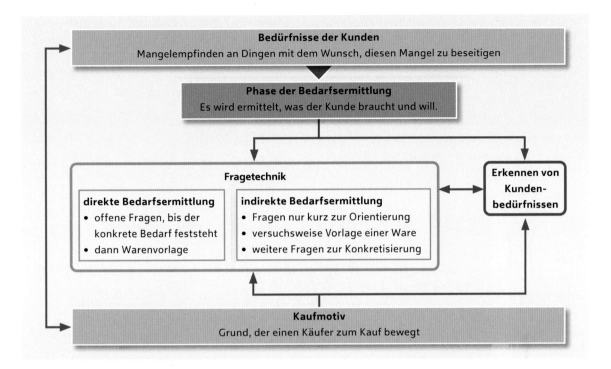

Vorlegen der Ware

Dem Kunden wird eine begrenzte Anzahl von Artikeln präsentiert. Die Warenvorlage sollte nach Möglichkeit sofort durchgeführt werden. Es sollten maximal drei – in begründeten Fällen fünf – Artikel dem Kunden vorgelegt werden, damit er nicht die Übersicht verliert. Dies soll-ten Artikel sein, die dem Kaufwunsch und der Kaufkraft des Kunden entsprechen. Bei der Präsentation der Arti-kel sollten die Sinne des Käufers angesprochen werden: Wenn möglich dem Kunden also die Ware zum An- und Ausprobieren in die Hand geben.

Verkaufsargumentation

Ausgerichtet an den Kaufmotiven des Kunden soll der Verkäufer helfen, die Einkaufsprobleme des Kunden durch Anbieten von Artikeln mit hohem Nutzen für den Kunden zu lösen. Dabei geht der Verkaufsmitarbeiter idealerweise wie folgt vor:

- Der Verkäufer, zu dessen Aufgaben ja auch das perma-nente Aneignen von Warenkenntnissen gehört, macht sich die **Warenmerkmale** des Artikels klar.

- Der Kunde erwartet mehrere Vorteile von einem Arti-kel: Er kauft die Ware wegen des **Nutzens**, den sie für ihn bzw. für seine eigenen Abnehmer haben kann. Der Verkäufer muss also die Merkmale und Eigenschaften des Artikels so übersetzen, dass der Kunde sie als Vor-teile sehen kann.

- Der Verkäufer überträgt die Vorteile, die der Artikel für den Kunden haben kann, in eine kundenbezogene Sprache durch Verwendung des „**Sie-Stils**": Durch eine direkte Ansprache des Kunden wird eine unmittelbare Beziehung zwischen dem Kunden und dem Artikel hergestellt. Die Nutzungseigenschaften der Ware werden also in kundenbezogene Verkaufsargumente umgewandelt.

- Kunden wollen durch den Kauf von Artikeln bestimmte individuelle Probleme lösen. Aus der Vielzahl der denkbaren kundenbezogenen Verkaufsargumente wird der Verkäufer diejenigen im Verkaufsgespräch verwenden, die am ehesten das Problem des Kunden lösen. Auf keinen Fall dürfen Verkaufsphrasen verwendet werden.

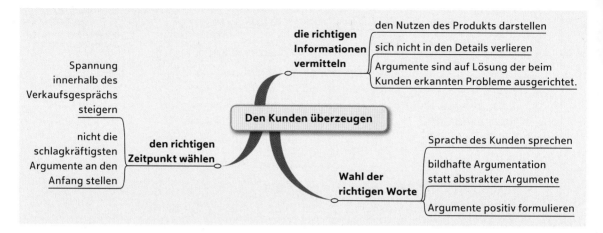

Preisnennung

Der Preis sollte dem Kunden erst dann genannt werden, wenn er nach der Verkaufsargumentation des Verkäufers den Verkaufswert des Artikels kennt. Der Preis sollte dem Kunden nie isoliert mitgeteilt werden, sondern immer in Bezug zur Leistung gesetzt werden, indem man ihn mit einigen besonders wirkungsvollen Verkaufsargumenten in Verbindung bringt. Nie sollten die Begriffe „teuer" bzw. „billig" in einem Verkaufsgespräch verwendet werden.

Der Preis einer Ware sollte nie isoliert genannt werden. Der Kunde, der nur den „nackten" Preis hört, findet die Ware automatisch zu teuer. Dies fordert den Kunden grundsätzlich zum Widerspruch heraus. Erfolgreiche Verkäufer lassen stattdessen den Preis zwischen zwei Vorteilen des Artikels einfließen. Bei dieser sogenannten Sandwichmethode ist der Preis von Argumenten – also von Beispielen für den Kundennutzen – umgeben.

Nicht optimal:	Besser:

• Der Verkäufer offenbart Zweifel an der Preiswürdigkeit des eigenen Angebots.
• Er verwendet häufig abschlussfeindliche Wörter und Formulierungen wie z. B.: „Das kostet ..."
	• Gute Verkäufer betonen selbstbewusst, was der Kunde für sein Geld bekommt.
	• Gute Verkäufer verwenden die Sandwichmethode:
	  – 1. Argument: Leistungsfähigkeit
	  – Preis: 2.889,00 €
	  – 2. Argument: sofortige Möglichkeit der Nutzung

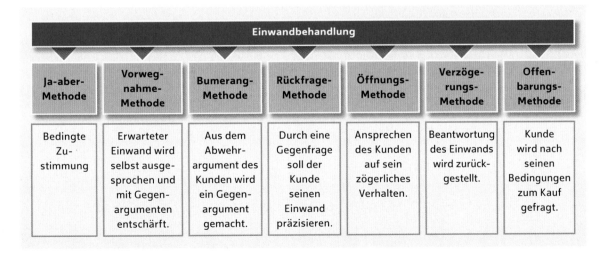

Behandlung von Einwänden

Auf Kundeneinwände sollte argumentativ reagiert werden: Ist der Kunde unsicher oder hat er Fragen bzw. Bedenken, äußert er Einwände, die vom Verkäufer genau beachtet werden müssen und nie übergangen werden dürfen. Ohne in Widerspruch zum Kunden zu geraten, sollten die Kundeneinwände höflich und sachkundig entkräftet werden. Dabei können verschiedene Methoden verwendet werden:

Einwandbehandlung						
Ja-aber-Methode	**Vorweg-nahme-Methode**	**Bumerang-Methode**	**Rückfrage-Methode**	**Öffnungs-Methode**	**Verzöge-rungs-Methode**	**Offen-barungs-Methode**
Bedingte Zu-stimmung	Erwarteter Einwand wird selbst ausgesprochen und mit Gegen-argumenten entschärft.	Aus dem Abwehr-argument des Kunden wird ein Gegen-argument gemacht.	Durch eine Gegenfrage soll der Kunde seinen Einwand präzisieren.	Ansprechen des Kunden auf sein zögerliches Verhalten.	Beantwortung des Einwands wird zurück-gestellt.	Kunde wird nach seinen Bedingungen zum Kauf gefragt.

Nicht nur gute Verkäufer sollten über ein umfangreiches Instrumentarium an Methoden verfügen, mit Einwänden umzugehen und sie entkräften zu können. Dies gilt für jede Art von Verhandlungen oder Diskussionen, sowohl im beruflichen als auch im privaten Bereich:

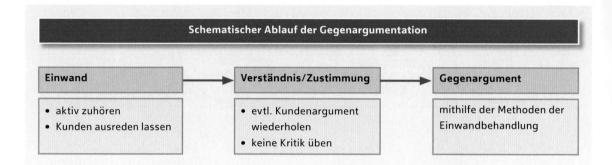

Schematischer Ablauf der Gegenargumentation		
Einwand	**Verständnis/Zustimmung**	**Gegenargument**
• aktiv zuhören • Kunden ausreden lassen	• evtl. Kundenargument wiederholen • keine Kritik üben	mithilfe der Methoden der Einwandbehandlung

Herbeiführen des Kaufentschlusses

Dem Kunden muss die Kaufentscheidung erleichtert bzw. ermöglicht werden.

Durch verschiedene Kundensignale (Äußerungen, Gesten) kann der Verkäufer Hinweise darauf erhalten, dass der richtige Zeitpunkt für die Einleitung des Kaufabschlusses gekommen ist. Dies kann beispielsweise geschehen durch:

• eine Zusammenfassung der Verkaufsargumentation
• die systematische Einschränkung der Artikelauswahl auf zwei Artikel
• eine direkte Kaufaufforderung
• durch Handlungen oder Argumentationen, als wäre die Entscheidung des Kunden bereits gefallen

Abschluss der Verkaufsverhandlung

Hat der Kunde sich zum Verkauf entschlossen, sollte durch den Verkäufer noch einmal die Richtigkeit seiner Entscheidung (damit der Kunde das Unternehmen in angenehmer Erinnerung hat und gern wieder Geschäfte mit ihm macht) bekräftigt werden. Neben dem Kassieren des Kaufpreises und dem eventuellen Einpacken der gekauften Ware bedankt und verabschiedet sich das Verkaufspersonal der Großhandlung.

Beendigung des Beratungsgesprächs

- Es muss eine positive Nachwirkung beim Kunden erzielt werden.
- von großer Bedeutung für die Kundenbindung

Bestätigung der Kaufentscheidung	Hinweise und Anregungen	Verabschiedung
• Zweifel und Bedenken des Kunden werden ausgeräumt. • Es werden Gründe geliefert, die den Kauf rechtfertigen.	• zeigen das Interesse des Verkäufers auch nach Kaufabschluss • Die Ware kann auch später vorteilhaft genutzt werden.	• Bei Nichtkauf: dem Kunden ermöglichen, sich ohne Gesichtsverlust zurückzuziehen. • Bei Kauf: Dank • In jedem Fall: Verabschiedung mit Grußformel

Durchführung komplexer Beratungsgespräche

Um zu lernen, in jeder Phase des Verkaufsgesprächs – abhängig von der jeweiligen Verkaufssituation – die angemessene Entscheidung zu treffen, empfiehlt es sich, immer die Kriterien für eine erfolgreiche Durchführung der einzelnen Phasen zu beachten. Übt man dies schon in der Ausbildung – beispielsweise in Rollenspielen zwischen Verkäufer und Kunde –, wird man später im eigentlichen Berufsleben in Verkaufsgesprächen weit-

gehend Fehler vermeiden und viele den Kunden zufriedenstellende Kaufabschlüsse tätigen.

Die wichtigsten Kriterien zur erfolgreichen Durchführung von Verkaufsgesprächen sind in der nachfolgenden Übersicht aufgeführt. Diese kann auch als Beobachtungsbogen für komplexe Verkaufsgespräche verwendet werden.

Phase	Zielsetzung	Kriterien für eine erfolgreiche Durchführung der Phase
Kontaktaufnahme mit dem Kunden	Der Kunde soll sich positiv angenommen fühlen.	• Blickkontakt halten • den Kunden freundlich begrüßen • den Kunden – so bekannt – mit Namen ansprechen
Bedarfsermittlung	Der Verkäufer soll in Erfahrung bringen, welchen Bedarf der Kunde hat.	• Kundenwunsch erfragen • aktives Zuhören praktizieren • dabei Kaufmotive ermitteln • dabei auf genannte Motive eingehen
Vorlegen der Ware	Der Verkäufer soll die Ware bedarfsgerecht anbieten.	• eine begrenzte Zahl von Artikeln vorlegen • alle Sinne des Käufers ansprechen

Phase	Zielsetzung	Kriterien für eine erfolgreiche Durchführung der Phase
Verkaufsargumentation: **Anbieten von Problemlösungen**	Der Kunde soll durch die Nutzendarstellung des Verkäufers überzeugt werden.	• auf das zu lösende Problem des Kunden eingehen • Nutzen der Ware für den Kunden bzw. dessen Abnehmer aufzeigen • im Sie-Stil formulieren • Verkaufsargumente möglichst anschaulich und überzeugend aus Warenkenntnissen ableiten • keine Verkaufsphrasen verwenden
Preisnennung	Der Verkäufer setzt den Preis der Ware in Bezug zur Leistung.	• keine Begriffe wie „billig" oder „teuer" verwenden • den Preis nicht isoliert nennen
Behandlung von Einwänden	Dem unsicheren Kunden wird gezeigt, dass seine Bedenken ernst genommen werden.	• Verständnis für den Kunden zeigen • eine passende Methode der Einwandbehandlung anwenden, um auf die Bedenken des Kunden zu reagieren
Herbeiführen des Kaufentschlusses	Der Kunde soll dazu gebracht werden, eine Entscheidung zu treffen.	• die Kaufsignale des Kunden erkennen • eine der möglichen Abschlusstechniken einsetzen, um den Kunden die Entscheidung zu erleichtern
Abschluss der Verkaufsverhandlung	Das Verkaufsgespräch wird für den Kunden zufriedenstellend beendet.	• evtl. Serviceleistungen anbieten • passende Zusatzartikel empfehlen • den Kaufentschluss des Kunden bekräftigen • den Kunden verabschieden

Beratungsgespräche mit ausländischen Kunden

Bei Beratungsgesprächen mit ausländischen Kunden sollte beachtet werden:

- Es sollte langsam und deutlich in einwandfreiem Deutsch gesprochen werden.
- Um die Verständlichkeit zu erhöhen, sollten – z. B. bei der Warenvorlage – möglichst alle Sinne angesprochen werden.

- Die Mitarbeiter im Verkauf sollten sich – wenn möglich – Fremdsprachenkenntnisse aneignen. Grundkenntnisse in Englisch gehören heute zum Standardrepertoire erfolgreicher Verkäufer. Für die exportorientierte Wirtschaft ist die interkulturelle Verständigung mithilfe von Fremdsprachen überlebenswichtig. Nur deutsch sprechende Mitarbeiter können einem Unternehmen auf lange Sicht enorme Reibungsverluste und finanzielle Einbußen einbringen.

Ausschnitte aus einem Beratungsgesprächen mit einem ausländischen Kunden im Showroom der Exclusiva GmbH: Der Einkäufer einer englischen Textilkette möchte jeweils ein Exemplar der Ware, die ihn interessiert, zu Demonstrationszwecken mit nach England nehmen. Dazu zieht er probehalber verschiedene Kleidungsstücke an.

Phase des Verkaufsgesprächs	Shop assistant	Verkäufer	Customer	Kunde
Kontaktphase	Guten Morgen!			
			Good morning! Do you speak English?	Guten Morgen! Sprechen Sie Englisch?
	Yes, of course! May (can) I help you?	Ja, natürlich! Darf (Kann) ich Ihnen helfen?		
			I am looking for a raincoat.	Ich suche einen Regenmantel.
Bedarfsermittlung	What size do you take?	Welche Größe haben Sie?		
			medium (small, large, extra large, size 148), please	medium (small, large, extra large, Größe 148), bitte
	What colour do you prefer?	Welche Farbe bevorzugen Sie?		
			yellow or blue	gelb oder blau
Warenvorlage	How do you like this one?	Wie gefällt Ihnen denn dieser?		
			That is alright. I would like to try it on.	Der ist in Ordnung. Ich würde ihn gern anprobieren.
Argumentations-phase	Feel the material. The raincoat is with waterproof, windproof and breathable Goretex-fabrics. The weather is no longer a topic to discuss for you.	Fühlen Sie einmal das Material. Der Regenmantel ist mit wasserfesten, windundurchlässigen und atmungsaktiven Goretex-Gewebe. Das Wetter ist damit kein Thema mehr für Sie.		
			You are right, but I am afraid the raincoat is too narrow across the shoulders.	Sie haben recht, aber ich fürchte, der Regenmantel ist um die Schultern herum etwas zu eng.
	Why don't you try a large size?	Nehmen Sie doch die Größe L.		

Phase des Verkaufsgesprächs	Shop assistant	Verkäufer	Customer	Kunde
Preisnennung			How much is it?	Wie viel kostet er?
	It costs 250,00 €.	Er kostet 250,00 €.		
Einwandbehand-lung			I had thought more of a raincoat for approximately 150,00 €.	Ich hatte mehr an ei-nen Regenmantel für 150,00 € gedacht.
	Yes, but it is a real bargain: The regular price of this raincoat is more than 400,00 € ...	Ja, aber der ist ein richtiges Schnäpp-chen. Dieser Regen-mantel kostet sonst über 400,00 € ...		
Herbeiführen des Kaufentschlusses	Can I take the raincoat to the cash desk for you?	Kann ich den Regen-mantel für Sie zur Kasse mitnehmen?		
			Yes, I think I take it.	Ja, ich glaube, ich nehme ihn.
Kaufabschluss	Goodbye!	Auf Wiedersehen!		
			Bye-bye!	Auf Wiedersehen!

AUFGABEN

1. Was sind Beratungsgespräche?

2. Was muss ein Verkäufer bei der Kontaktaufnahme mit dem Kunden beachten?

3. Wie ist die Ermittlung des Kaufwunschs durchzuführen?

4. Erläutern Sie die Warenvorlage.

5. In welchen Schritten wird die Verkaufsargumentation durchgeführt?

6. Was ist bei der Preisnennung zu beachten?

7. Erläutern Sie Methoden der Einwandbehandlung.

8. Was ist bei der Herbeiführung des Kaufentschlusses zu beachten?

9. Erläutern Sie die Tätigkeiten beim Abschluss der Verkaufsverhandlungen.

10. Welche Folgen hat ein Fehler in einer der Phasen eines Verkaufsgesprächs?

11. Warum ist es wichtig, schon in der Ausbildung immer die Regeln für eine erfolgreiche Durchführung der einzelnen Phasen eines Verkaufsgesprächs zu beachten?

12. Führen Sie die Ziele der einzelnen Phasen eines Verkaufsgesprächs auf.

13. Nennen Sie für jede einzelne Phase eines Verkaufsgesprächs Kriterien für eine erfolgreiche Durchführung der Phase.

14. Warum sind Rollenspiele ein wichtiges Instrument beim Üben von Verkaufsgesprächen?

15. Erstellen Sie eine Mindmap, die über alle Phasen eines typischen Beratungsgesprächs informiert.

16. a) Suchen Sie sich einen Partner (nach Möglichkeit aus der gleichen Branche).
Entwerfen Sie in Stichworten als Rollenspiel ein Verkaufsgespräch zwischen einem Verkäufer Ihrer Branche und einem Kunden.
Um richtiges Verkäuferverhalten herauszuarbeiten, wenden Sie zunächst die Kopfstandmethode an: In dem Dialog soll der Verkäufer so viele Fehler wie möglich machen (!!).
Das Verkaufsgespräch soll alle typischen Phasen umfassen. Benutzen Sie entsprechende Artikel, wenn diese vorhanden sind.

b) Führen Sie möglichst frei mit Ihrem Partner das Verkaufsgespräch vor.

c) Notieren Sie bei den vorgeführten Verkaufsgesprächen der anderen Gruppen die dort vorgestellten Verkäuferfehler.

d) Führen Sie die Aufgabe c) wenn möglich als Kartenabfrage durch: Formulieren Sie jeweils einen Fehler auf einer Karte, die Ihnen zur Verfügung gestellt wird.

e) Fassen Sie mit der gesamten Klasse die eingesammelten Karten in Gruppen zusammen (Clustern), um Oberbegriffe für die genannten Fehler zu finden.

f) Formulieren Sie nach den Regeln der Kopfstandmethode für jeden Oberbegriff, der ein fehlerhaftes Verhalten im Verkaufsgespräch repräsentiert, eine Regel für ein positives Vorgehen im Verkauf.

g) Entwerfen Sie ein zweites Verkaufsgespräch als Rollenspiel im Dialog. Versuchen Sie nun bei der Vorführung so wenig Fehler wie möglich zu machen.

h) Notieren Sie bei den vorgeführten Verkaufsgesprächen der anderen Gruppen zunächst das dort präsentierte gute Verkäuferverhalten, anschließend die dort vorgestellten Verkäuferfehler.

17. In jeder Phase des Beratungsgesprächs werden von Verkäufern typische Formulierungen verwendet. Erstellen Sie einen solchen Katalog mit entsprechenden Sätzen in Englisch.
Nutzen Sie als Hilfe dazu auch das in Ihrer Klasse eingeführte Englischbuch. Unterstützung können Sie auch im Internet finden. Unter *https://translate. google.com* können Sie englische Entsprechungen für deutsche Begriffe nachschlagen oder sogar ganze Sätze ins Englische übersetzen lassen (manchmal nicht ganz korrekt, aber fast immer verständlich).

18. Führen Sie ein Rollenspiel durch:
Ein ausländischer Kunde ohne Deutschkenntnisse betritt den Showroom. Sie verkaufen ihm – unter Beachtung aller Phasen – in einem Verkaufsgespräch auf Englisch einen Artikel oder eine Dienstleistung Ihres Ausbildungsbetriebs.

a) Erstellen Sie in Partnerarbeit ein Drehbuch für dieses Verkaufsgespräch. Verwenden Sie dazu das in Ihrer Klasse eingeführte Englischbuch bzw. das Internet.

b) Führen Sie das Rollenspiel vor.

c) Halten Sie bei den anderen Rollenspielen fest,
- ob die Verkaufsphasen verkaufstechnisch einwandfrei durchgeführt worden sind,
- ob das Rollenspiel für Sie neue Formulierungen enthält, die Sie in Verkaufsgesprächen verwenden können.

19. Carolin Groß ist eine Freundin von Ronja Bunko und arbeitet bei der Grotex GmbH. Sie ist nervös: Heute soll sie das erste Mal auf sich allein gestellt mit Kunden Beratungsgespräche durchführen. Im Showroom der Grotex GmbH kommt sie an mehreren Kollegen und Kolleginnen vorbei, die gerade Beratungsgespräche führen.

Kollege/Kollegin	Aussage
A	„Ein Anzug dieses französischen Herstellers ist von sehr guter Qualität. Deshalb bekommen Sie auch 10 Jahre Garantie darauf. Der Preis beträgt 829,00 €. Er verfügt auch über eine umfangreiche Zubehörkollektion."
B	„Möchten Sie die 10 Jeans gleich mitnehmen oder soll ich sie Ihnen liefern lassen?"
C	„Wofür benötigen Ihre Kunden diese Schutzkleidung?"
D	„Mit dem Kauf dieser Anzüge haben Sie die richtige Entscheidung getroffen: Sie werden noch viel Freude damit haben. Auf Wiedersehen."
E	„Guten Tag! Ich sehe, Sie interessieren sich für Pullover. Wir haben da gerade ein sehr günstiges Angebot."
F	„Schauen Sie sich doch einmal diese Jeansmodelle hier an, die ich Ihnen empfehlen kann. Dieses Modell von Luigi Vendetta besteht aus 100 % ..."
G	„Diese Schuhe haben eine griffige Sohle. Damit haben Sie sogar beim Joggen im Wald oder im freien Gelände immer einen sicheren Stand."
H	„Ja, Sie haben recht, wenn Sie den Preis ansprechen, aber bei dieser Textilie liegt angesichts der Leistungsmerkmale ein ausgesprochen gutes Preis-Leistungs-Verhältnis vor."

Carolin erinnert sich an eine Aussage ihrer Ausbildungsleiterin:

„Schlechte Mitarbeiter, die die Regeln der Verkaufslehre nicht beherrschen, kosten den deutschen Großhandel jährlich Milliarden Euro. Daher muss jeder Mitarbeiter jedes Beratungsgespräch systematisch durchführen und dabei alle grundlegenden Verkaufstechniken beherrschen. Wir in der Grotex GmbH haben im letzten Jahr Millionen Euro Verlust gemacht. Deshalb hat unsere Unternehmensleitung eine Unternehmensberatung gebeten, die Ursachen dafür zu erforschen. Diese hat Beobachtungen und Kundenbefragungen im Unternehmen durchgeführt. Dabei wurde festgestellt, dass 45 % der Verluste auf erhebliche Mängel in Beratungsgesprächen zurückzuführen sind: Viele Verkaufsmitarbeiter haben lediglich geringe Verkaufskenntnisse und gehen sehr unprofessionell vor, merken dies häufig aber gar nicht. Auch die Warenkenntnisse lassen oft zu wünschen übrig ...“

Carolin Groß beschließt, so weit wie möglich als Beratungsprofi aufzutreten.

a) Ordnen Sie jeder Phase des Beratungsgesprächs eine der oben angeführten Äußerungen zu.

b) Geben Sie kurz das Ziel der jeweiligen Verkaufsphase an.

c) Führen Sie für jede der Phasen eines Beratungsgesprächs mindestens zwei Verhaltensregeln an.

20. Carolin Groß ist erstaunt. Sie hat gerade ein Beratungsgespräch einer Kollegin beobachtet. Da ist allerhand schiefgelaufen. Das wäre ihr nicht passiert:

Im Showroom der Grotex GmbH steht ein Stammkunde vor einem Regal und sieht sich verschiedene T-Shirts unterschiedlicher Hersteller an. Er nimmt mehrere in die Hand, schaut sie kurz an und legt sie anschließend wieder zurück. Mehrfach blickt er unsicher zur Verkäuferin, die in unmittelbarer Nähe Ware in ein Regal einräumt. Die Verkäuferin beachtet den Kunden nicht. Sie registriert ihn zwar, räumt jedoch mit unfreundlichem Gesicht vom Kunden abgewandt weiter Ware ein. Der Kunde geht schließlich gezielt auf die Verkäuferin zu. Diese erhebt sich nun und fragt gelangweilt:

Verkäuferin: *„Kann ich Ihnen helfen?“*
Kunde: *„Ja!“*

In der Zwischenzeit hat die Verkäuferin die Waren eingeräumt und greift nebenbei zu einem MDE-Gerät, mit dem sie über einige Etiketten geht.

Verkäuferin: *„Suchen Sie denn etwas Bestimmtes?“*
Kunde: *„Ja!“*

Etwas genervt sieht die Verkäuferin den Kunden einmal kurz an. Sie ist weiterhin mit dem MDE-Gerät beschäftigt.

Verkäuferin (lauter): *„Ja, was suchen Sie denn nun?“*
Kunde: *„Ja, also, für unsere Boutique suchen wir T-Shirts, die ...“*

Die Verkäuferin zeigt auf einen Artikel, der sich direkt vor ihr im Regal befindet, den der Kunde aber kaum sehen kann.

Verkäuferin: *„Nehmen Sie diesen, der geht momentan gut.“*
Kunde: *„Es gibt doch da eine T-Shirt-Marke, die sehr angesagt ist. Die hat doch sogar die Zeitschrift Ökotest empfohlen.“*
Verkäuferin: *„Habe ich nicht gelesen ...“*
Kunde: *„Eigentlich bin ich sehr an nachhaltig produzierten Textilien interessiert.“*
Verkäuferin: *„Schauen Sie sich doch einfach mal um!“*

Der Kunde guckt sich unsicher um.

Kunde: *„Gibt es denn nachhaltige T-Shirts auch mit V-Ausschnitt?“*
Verkäuferin: *„Da müssen Sie mal dort rechts im Regal gucken und die Verpackungsaufschriften lesen.“*
Kunde: *„Haben die T-Shirts dieses Herstellers denn besondere Vorteile im Vergleich zu normalen T-Shirts?“*
Verkäuferin: *„Ja, ich denke schon ... ich meine ... Auf jeden Fall gehen sie sehr gut ... Ich würde sie auch nehmen ...“*
Kunde: *„Ach, ich nehme doch normale T-Shirts.“*

Verkäuferin zeigt wieder auf ein T-Shirt.

Verkäuferin: *„Dann dieses!“*
Kunde: *„Wie viel kostet es?“*
Verkäuferin: *„9,00 € das Stück.“*
Kunde: *„Boah, das ist aber teuer!!!“*
Verkäuferin: *„Die meisten anderen Markenprodukte sind noch teurer. Die billigen No-Names sind links daneben. Die sind doch aber nichts für Sie.“*
Kunde: *„Eigentlich hätte ich gerne einen etwas günstigeren Artikel gehabt.“*
Verkäuferin: *„Dann schauen Sie mal selbst alles durch.“*
Kunde: *„Hmmm?“*

Verkäuferin zeigt wieder auf das T-Shirt.

Verkäuferin: *„Na, wollen Sie nun das T-Shirt oder nicht? Ansonsten kann ich Ihnen Unterhemden empfehlen: Die sind gerade im Angebot und sehr billig.“*
Kunde: *„Da frage ich erst einmal meinen Chef ...“*

Die Verkäuferin dreht sich beleidigt vom Kunden weg und widmet sich wieder einzuräumender Ware. Der Kunde verlässt kopfschüttelnd den Showroom.

a) Zeigen Sie die Fehler in den einzelnen Phasen des Beratungsgesprächs auf.

b) Machen Sie jeweils Verbesserungsvorschläge.

21. Heute in einem Fachgeschäft. Eine Kundin schaut sich vor einem Regal mit Küchenmaschinen hilfesuchend um. Eine Verkäuferin kommt auf sie zu und beginnt ein Verkaufsgespräch.
Geben Sie die richtige Reihenfolge der Arbeitsschritte an.

a) Die Verkäuferin bestätigt die Kaufentscheidung der Kundin.

b) Die Verkäuferin ermittelt durch gezielte Fragen den Kaufwunsch der Kundin.

c) Die Verkäuferin nimmt mit freundlicher Begrüßung den Kontakt zur Kundin auf.

d) Die Verkäuferin führt die Küchenmaschine vor und lässt die Kundin selbst einige Funktionen ausprobieren.

e) Die Verkäuferin begegnet den Einwänden der Kundin mit Argumenten.

f) Die Verkäuferin verabschiedet die Kundin den Kunden und bedankt sich bei ihr für den Einkauf.

ZUSAMMENFASSUNG

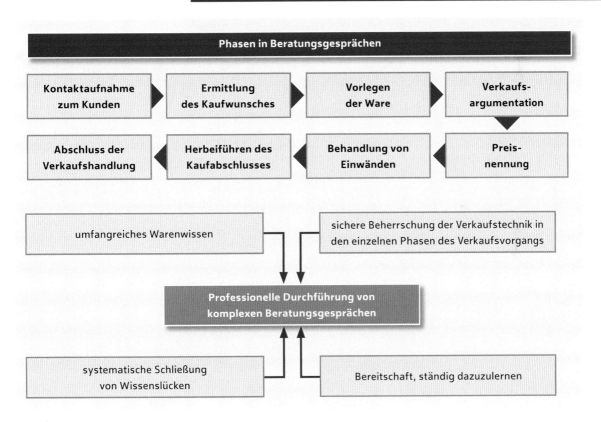

6.7 Bedarfsermittlung

Einstieg

Ein Kunde kommt auf Ronja Bunko zu.

Kunde:
„Ich suche einen Anzug!"

Ronja Bunko:
„An was für einen Anzug haben Sie denn gedacht? "

Kunde:
„Ja, äh ..."

Ronja Bunko:
„Welche Preisklasse stellen Sie sich denn vor?"

Kunde:
„Nicht zu teuer!"

Ronja Bunko:
„Wir haben seit gestern diesen Anzug im Angebot!"

Beurteilen Sie das Vorgehen von Ronja Bunko.

INFORMATIONEN

Die Bedeutung der Bedarfsermittlung

Die Bedarfsermittlung durch den Verkäufer ist für den Erfolg des Verkaufsgesprächs sehr wichtig. Ziel des Verkäufers im Verkaufsgespräch ist es, den Kunden für die angebotene Ware zu gewinnen. Das erreicht er aber nur, wenn er erfährt, was der Kunde wirklich will und braucht. Dafür ist in einem Verkaufsgespräch die Phase der Bedarfsermittlung unerlässlich. Werden hier Fehler gemacht, endet das Verkaufsgespräch häufig schon in dieser Phase.

> Bevor ein Verkäufer die Bedürfnisse seines Kunden erfüllen kann, muss er diese natürlich vorher erkannt haben. Die Aufgabe des Verkäufers ist es also, die Bedürfnisse seines Kunden in ihrer Gesamtheit zu erkennen und zu analysieren.
>
> Durch die Analyse (Untersuchung) der Kundenbedürfnisse gewinnt der Verkäufer Informationen darüber, welches Produkt er dem Kunden wie und mit welcher Argumentation präsentieren kann. Eine der größten Fehler eines Verkäufersist es, die Phase der Bedarfsermittlung im Verkaufsgespräch zu vergessen. Ermittelt er hier keine sinnvollen Informationen, fehlt ihm später die Grundlage für eine kundenorientierte Präsentation seiner Artikel.

In der Phase der Bedarfsermittlung muss das Verkaufspersonal Informationen gewinnen, die ihm bei der kundenorientierten Beratung behilflich sind.

Der Kunde möchte die Ware aus einem bestimmten Grund (= Kaufmotiv) kaufen. Grundlage für das jeweilige Kaufmotiv des Kunden sind seine Bedürfnisse. Ein Kunde kauft nicht nur Ware, er befriedigt damit auch seine Bedürfnisse. Eine ganz wichtige Aufgabe des Verkäufers liegt nun darin, die Bedürfnisse seiner Kunden zu ermitteln und darauf gezielt einzugehen.

Kaufmotive

Ein Kaufmotiv ist der Grund, der einen Käufer zum Kauf bewegt.

Kann der Verkäufer im Verkaufsgespräch die Kaufmotive des Kunden herausfinden, weiß er,

- was der Kunde von der Ware erwartet
- und welchen Vorteil er sich vom Kauf erhofft.

Der Verkäufer ist anschließend in der Lage gezielt im Verkaufsgespräch fortzufahren.

Er kann dann nämlich

- leichter überzeugen
- individueller argumentieren
- gezielter Ware vorlegen und damit besser ein kundenorientiertes Artikelangebot unterbreiten.

Es werden zweierlei Arten von Kaufmotiven unterschieden:

- Rationale Kaufmotive sind sachlich-logische Gründe für einen Kauf: Die mögliche Anschaffung eines Artikels ergibt sich aus dessen Nützlichkeit und Zweckmäßigkeit für den Kunden.
- Emotionale Kaufmotive rufen durch den Kauf bestimmte (positive) Empfindungen (Emotionen) beim Kunden hervor.

Mögliche Kaufmotive	Kaufmotivart	Beispiele
Befriedigung von Grundbedürfnissen	rational	• Kauf von Lebensmitteln
Zeitersparnis	rational	• Geschirrspüler erspart Zeit im Vergleich mit dem herkömmlichen Abwasch • Elektrorasenmäher erspart Zeit gegenüber Handmäher • Fertiggerichte im Lebensmittelhandel
Bedarfsdeckung	rational	Altes/Verbrauchtes wird ersetzt: • Kaffeevorrat ist aufgebraucht
Wirtschaftlichkeit/ Sparsamkeit	rational	• Artikel als Sonderangebote bzw. mit Aktionspreisen • Hoher Ertrag bzw. geringe Kosten beim Kauf eines Motorrads in einfacher Ausführung
Neugier	emotional	• Ein neuer Bestseller im Buchhandel
Prestige und Geltung	emotional	• Einfluss und Anerkennung, Image und Ansehen: Luxusauto
Bequemlichkeit	rational	• Fernseher mit Fernbedienung • Computer mit Wartungs- oder Service-Verträgen
Sicherheit/ Geborgenheit	rational	• Artikel mit Qualitätsgarantie • Autos mit Airbags auf allen Plätzen
Umweltbewusstsein	emotional	• Biologisch abbaubare Waschmittel • Auto mit geringen Emissionswerten
Gesundheit	emotional	• Naturprodukte • Schreibtischstuhl – nach ergonomischen Gesichtspunkten entwickelt –, der den Rücken schont

BEISPIEL

Für viele Kunden ist beispielsweise beim Kauf von Kleidung, Uhren oder eines Autos der Wunsch nach einem schönen, ästhetischen Produkt, aber auch der Wunsch, einer bestimmten sozialen Gruppe anzugehören, von großer Bedeutung.

Marktforschungsstudien belegen, dass es immer wieder dieselben Gründe sind, die in Kaufsituationen den Ausschlag für den Kauf geben. Die fünf wichtigsten Gründe für die Kaufentscheidung sind:

• Gute Qualität/hohe Leistung
• Niedriger Preis/geringer Unterhalt
• Schnelle Lieferung/keine Wartezeiten
• Guter Service/qualifizierte Beratung
• Einfacher Kauf/problemlose Abwicklung

Gerade die emotionalen Kaufmotive versucht die Werbung bewusst anzusprechen. Einige Beispiele für Erfolge:

• „Der Duft, der Frauen provoziert" statt „Geruchsvermeidung" steigerte den Absatz von AXE vor einigen Jahren um das Fünfzigfache – von 1,3 auf über 65 Millionen Euro.

• Mit „Liebe ist, wenn es Landliebe ist" wuchs der Marktführer um 60 Prozent.
• Leitz besetzte mit der Aussage „Alles im Griff" erfolgreich den Kern-Vorteil für Büromaterial und erzielte zweistelliges Wachstum bei geringem Werbe-Budget.
• Der Biss im Stau ins Lenkrad kommuniziert die Vorteile der Bahn ohne Worte.
• Barbara Schöneberger warb genussvoll mit vollem Mund für Homann Fleischsalat. Die Absätze von Homann feiner Fleischsalat stiegen im Werbezeitraum um 81,1 Prozent.
• Der Anblick einer hässlichen Unterhose neben der Aussage „Viele Männer verhüten, ohne es zu wollen" steigerte die Absätze von Mey Herren-Unterwäsche.

In Anlehnung an Ralf Mayer de Groot, 2012, *http://www.mayerdegroot.com/fileadmin/downloads/ de/Veroeffentlichung_Emotionale_Kauf-Impulse_aus_ dem_Unterbewusstsein_Details_entscheiden.pdf [10.12.2020].*

Bedürfnisse

Hinter den Kaufmotiven verbergen sich die Bedürfnisse, die die Verbraucher zum Kauf eines bestimmten Artikels bewegen. Jeder Mensch hat Bedürfnisse. Darunter versteht man das Empfinden eines Mangels mit dem Wunsch, diesen Mangel zu beseitigen. Sind bestimmte Bedürfnisse des Menschen befriedigt, treten weitere und andere Bedürfnisse auf.

Es gibt verschiedene Bedürfnisarten:

- **Existenzbedürfnisse:** Um seine Existenz zu sichern, muss ein Mensch diese Bedürfnisse befriedigen. Die Existenzbedürfnisse werden häufig auch **Grundbedürfnisse** genannt.

  BEISPIELE

  - Nahrung,
  - Schlaf,
  - Unterkunft,
  - Kleidung

- **Kulturbedürfnisse:** Diese Bedürfnisse gehen über die Existenzbedürfnisse hinaus. Kulturbedürfnisse sind zwar nicht überlebensnotwendig, werden aber in der Gesellschaft als normale Bedürfnisse von jedem anerkannt. Die Erfüllung dieser Bedürfnisse macht das Leben angenehmer.

  BEISPIELE

  - Urlaub,
  - Kino,
  - Smartphone,
  - Auto

- **Luxusbedürfnisse:** Luxusbedürfnisse werden von den meisten Mitgliedern einer Gesellschaft als etwas Besonderes angesehen. Diese Bedürfnisse müssen nicht unbedingt befriedigt werden. Sie verbessern jedoch die Lebensqualität und erhöhen das soziale Ansehen.

  BEISPIELE

  - Design-Handy,
  - teure Markenkleidung,
  - Ledermantel,
  - Luxus-Auto Rolls-Royce

Existenzbedürfnisse dienen der Selbsterhaltung. Sie sind eine notwendige Voraussetzung für die Existenz eines Menschen. Sie gelten in jeder Kultur. Essen und Trinken sind Existenzbedürfnisse.

Kulturbedürfnisse gehen über Existenzbedürfnisse hinaus: Es sind Wünsche, die nicht lebensnotwendig sind, aber in einer bestimmten Kultur als selbstverständlich angesehen werden. In Deutschland wird Fernsehen beispielsweise als Kulturbedürfnis gesehen.

Luxusbedürfnisse werden durch Güter befriedigt, die man nicht haben muss. Es ist aber sehr angenehm, wenn man sich Luxusgüter leisten kann. Ein teurer Sportwagen ist zum Beispiel ein Luxusgut.

Die Maslow'sche Bedürfnispyramide

Eine noch genauere Einteilung der Bedürfnisse hat der amerikanische Psychologe Abraham Maslow vorgenommen. Dadurch kann man besser auf Kunden eingehen: Maslow unterteilte die Bedürfnisse in 5 aufeinander aufbauende Stufen. Diese sind in Form einer Pyramide angeordnet. Die Maslow'sche Bedürfnispyramide ordnet Bedürfnisse aufgrund ihrer Dringlichkeit:

- Zunächst einmal müssen die **physiologischen, also körperlichen Bedürfnisse** befriedigt werden. Dies sind Grundbedürfnisse wie
  - essen
  - trinken
  - schlafen
  - körperliches Wohlbefinden.

- Sind die Grundbedürfnisse erfüllt, werden **Sicherheitsbedürfnisse** für den Menschen wichtig. Eine Person möchte geborgen und geschützt sein. Diese sind z. B. das Streben nach
  - Sicherheit,
  - Schutz,
  - Stabilität,
  - Geborgenheit,
  - Freiheit von Angst,
  - Strukturen, Ordnungen, Grenzen, Regeln und Gesetzen.

- Zur nächsten Gruppe der Bedürfnisse gehören die **sozialen Bedürfnisse**. Menschen streben nach sozialen Beziehungen, z. B. nach
  - Freundschaften
  - Liebe
  - Gruppenzugehörigkeit

- Hat der Mensch erst einmal soziale Beziehungen aufgebaut, möchte er anschließend Ansehen und Prestige gewinnen. Diese Bedürfnisgruppe wird **Wertschätzung** genannt. Es geht um Anerkennung und Status.
  - Einerseits der Wunsch nach Stärke, Erfolg, Unabhängigkeit und Freiheit,
  - andererseits möchte man von anderen Menschen geachtet und anerkannt werden.

- Als oberste Stufe menschlicher Bedürfnisse gilt die **Selbstverwirklichung**. Diese wird nach Erfüllung alle anderen Bedürfnisse angestrebt. Es geht um eine größtmögliche Entfaltung der Persönlichkeit, wie
  - Kreativität
  - Unabhängigkeit

Mit Millionen von Produkten versucht der Einzelhandel, Mittel zur Bedürfnisbefriedigung zur Verfügung zu stellen.

Das Erkennen von Kundenbedürfnissen

Das Erkennen von Kundenbedürfnissen ist für den Verkäufer beim Aushändigungsverkauf sehr leicht: Der Kunde verlangt sofort und unmissverständlich eine bestimmte Ware. Der Verkäufer kann diesem Wunsch ohne Verzögerungen und Schwierigkeiten nachkommen. Problematischer ist in diesem Zusammenhang der Beratungsverkauf, bei dem der Verkäufer wegen der (noch) unklaren Vorstellungen des Kunden im Verkaufsgespräch Art, Eigenschaften und Verwendungszweck der gewünschten Ware herausfinden muss.

Erst wenn die physiologischen Bedürfnisse befriedigt sind, werden die Sicherheitsbedürfnisse wichtig

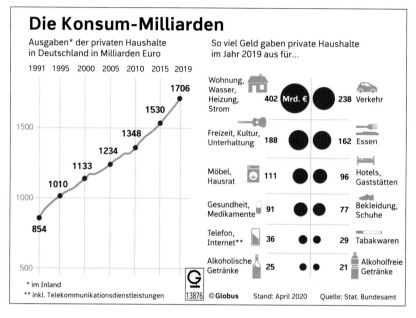

Die Konsum-Milliarden

Ausgaben* der privaten Haushalte in Deutschland in Milliarden Euro

So viel Geld gaben private Haushalte im Jahr 2019 aus für...

| 1991 | 1995 | 2000 | 2005 | 2010 | 2015 | 2019 |

854 · 1010 · 1133 · 1234 · 1348 · 1530 · 1706

Wohnung, Wasser, Heizung, Strom **402 Mrd. €** · 238 Verkehr

Freizeit, Kultur, Unterhaltung 188 · 162 Essen

Möbel, Hausrat 111 · 96 Hotels, Gaststätten

Gesundheit, Medikamente 91 · 77 Bekleidung, Schuhe

Telefon, Internet** 36 · 29 Tabakwaren

Alkoholische Getränke 25 · 21 Alkoholfreie Getränke

* im Inland
** inkl. Telekommunikationsdienstleistungen

13876 ©**Globus** Stand: April 2020 Quelle: Stat. Bundesamt

Unterschiedliche Arten der Bedarfsermittlung

Jeder Kunde hat bestimmte Wünsche und Vorstellungen. Kennt der Kunde – wie z. B. im Aushändigungskauf – seinen Bedarf genau, ist die Phase der Bedarfsermittlung relativ kurz.

BEISPIEL

> Kunde: „Ich hätte gern einen Drucker Hape OfficeJet G55!"

Doch häufig ist der Bedarf des Kunden nicht sofort erkennbar. Es ist daher wichtig, dass der Verkäufer den Kunden im beratenden Verkaufsgespräch voll mit einbezieht. Dies erreicht

Kunden benutzen häufig bestimmte Schlüsselwörter, wenn sie bestimmte Bedürfnisse haben:

er durch geschicktes und gezieltes Fragen. Dadurch kann er viele Informationen über den Gesprächspartner erhalten.

- wünschen
- mögen
- suchen nach
- brauchen
- interessieren
- gern haben.

BEISPIELE

- „Ich suche nach einer Möglichkeit, Holz zu konservieren ..."
- „Wir brauchen etwas, um ..."
- „Ich interessiere mich für eine Stereoanlage, die ..."

Wenn ein Kunde die nötigen finanziellen Mittel besitzt, können seine Bedürfnisse als Bedarf zur Nachfrage nach Gütern und Dienstleistungen werden.

Direkte Bedarfsermittlung

Bei der direkten Bedarfsermittlung werden an den Kunden so lange gezielte Fragen gestellt, bis seine Vorstellungen vom gewünschten Artikel bzw. sein Kaufmotiv deutlich werden. Anschließend kann dann im Verkaufsgespräch sofort zur Warenvorlage weitergegangen werden. Während des Verkaufsgesprächs empfiehlt sich die Verwendung offener Fragen (W-Fragen), um

- die Vorstellungen des Kunden,
- den Zweck der Ware,
- das Einsatzgebiet der Ware usw.

zu ermitteln.

BEISPIEL

Bei der direkten Bedarfsermittlung werden offene Fragen gestellt:

> Verkäuferin: „Wofür benötigen Sie den Computer?"
>
> Kunde: „Ich brauche den Computer für Online-spiele!"
>
> Verkäuferin: „Welche Spiele bevorzugen Sie denn? usw.

Aus den Antworten kann der Verkäufer auf den Bedarf bzw. gewünschten Artikel schließen und anschließend entsprechende Ware vorlegen.

Hat der Kunde ein spezielles Problem, das er durch Beratung gelöst haben möchte, empfiehlt sich die direkte Bedarfsermittlung.

Indirekte Bedarfsermittlung

Bei der indirekten Bedarfsermittlung legt der Verkäufer nach relativ wenigen Fragen zur Orientierung gleich eine Ware vor. Aus der Reaktion des Kunden kann er dann Rückschlüsse hinsichtlich der gewünschten Ware ziehen. Zur Bestätigung des vermuteten Bedarfs kann der Verkäufer dann weitere Fragen stellen.

BEISPIEL

Es werden nur wenige Fragen gestellt:

> Verkäufer: „Für welchen Anlass brauchen Sie den Anzug?"
>
> Kunde: „Fürs Büro."

Dann wird probeweise – schon während der Bedarfsermittlung – Ware vorgelegt.

> Verkäufer: „Ja, Sie benötigen also einen Anzug. Hier kann ich Ihnen drei Exemplare zeigen ..."

Dann wird probeweise – schon während der Bedarfsermittlung – Ware vorgelegt. Aus der Reaktion des Kunden ergeben sich ggf. weitere Fragen.

Die indirekte Bedarfsermittlung hat weniger ausfragenden Charakter, da der der Verkäufer dem Kunden sehr schnell vorlegt. Das Interesse des Kunden wird hier gleich auf die Ware gerichtet. Er wird auch nicht mit unnötig vielen Fragen konfrontiert.

Die Fragen des Verkäufers sollten immer freundlich gestellt werden und den Kunden nicht in Verlegenheit bringen.

BEISPIELE

- „Sie möchten sicherlich ganz bestimmte Wünsche erfüllt haben, wenn Sie ..."
- „Zielen Ihre Wünsche in eine ganz bestimmte Richtung?"
- „Worauf legen Sie denn besonderen Wert bei ...?"
- „Welche Erwartungen haben Sie denn beim Einsatz dieses Gerätes?"
- „Was haben Sie sich denn genauer vorgestellt?"
- „Schwebt Ihnen eher diese oder jene Ausführung vor?"

Direkte Bedarfsermittlung	**Indirekte Bedarfsermittlung**
Der Kunde wird durch mehrere offene Fragen dazu gebracht, über seinen Bedarf nachzudenken und diesen dann auch zu äußern.	Durch Vorlegen einer Ware (mit wenig Fragen) und beginnender Verkaufsargumentation soll der Kunde dazu gebracht werden, sich zu dem vorgelegten Produkt zu äußern. Dies lässt Rückschlüsse auf seinen Bedarf zu.

Damit die Auswahl des Warenangebots nicht eingeengt wird und der Kunde auch nicht zu früh zur Entscheidung gedrängt wird, sollte der Verkäufer nach Möglichkeit nicht nach Preis oder farblichen Ausführungen der Ware fragen.

BEISPIEL

Kundin: „Ich suche ein Hemd."

Verkäufer: „Welche Farbe soll das Hemd denn haben?"

Kundin: „Gelb mit roten Rosen in der Mitte."

Kein optimales Vorgehen bei der Bedarfsanalyse	Gutes Vorgehen bei der Bedarfsanalyse
• „Was haben Sie sich denn für ein Notebook vorgestellt?" • „An welche Preisklasse dachten Sie denn?" • „Also im Angebot haben wir gerade ..."	• „Für wen soll das Notebook sein: Für Sie selbst oder für jemand anderen?" • „Möchten Sie das Notebook eher privat oder beruflich nutzen?" • „Was möchten Sie mit dem Notebook alles machen? Büroarbeiten erledigen oder auch andere Dinge wie z. B. Internet-Nutzung?"
• Hier werden nur wenige, schlecht strukturierte Fragen gestellt, die Kunden nur beantworten können, wenn sie bereits eine genaue Vorstellung von der Ware haben. • Die Fragen provozieren zum Preisgespräch. • Nach zwei Fragen beginnt ein Monolog ohne Bedarfsabklärung.	• Durch sehr viele, gut strukturierte Fragen wird der Bedarf ermittelt.

Instrumente der Bedarfsermittlung

Weitere Instrumente der Bedarfsermittlung neben der Fragetechnik sind:
• das aktive Zuhören
• das Spiegeln.

Das aktive Zuhören

Beim aktiven Zuhören gibt der Verkäufer dem Kunden während eines Verkaufsgesprächs immer wieder Zeichen, dass er ihm aufmerksam zuhört. Er signalisiert ihm damit auch, dass er seine Gedanken nachvollziehen kann.

Wer aktiv zuhören kann, erzielt in Verkaufsgesprächen bessere Ergebnisse

Das Spiegeln

Spiegeln bedeutet, dass man sein Verhalten bewusst und absichtlich dem Verhalten eines Gegenübers anpasst. Diese oft auch **Pacing** genannte Technik bringt zwei Vorteile:

• Man bekommt durch den Versuch sich in den Kunden einzuführen Informationen über die Gefühlswelt des Gesprächspartners.

• Menschen finden andere oft dann sympathisch, wenn Sie ein ähnliches Verhalten zeigen.

BEISPIEL

Beim Spiegeln wird dem Kunden während des Verkaufsgesprächs immer wieder zurückgemeldet, dass man ihn verstanden hat: Die Äußerung des Kunden wird mit eigenen Worten als eine Frage formuliert. Diese Frage lässt sich man sich dann vom Kunden bestätigen.

Durch das Spiegeln bekommt der Verkäufer vom Kunden oft noch weitere Informationen, die er im Verkaufsgespräch weiter nutzen kann.

Spiegeln bedeutet, die Körpersprache des Kunden nachzuahmen. Untersuchungen haben gezeigt, dass dadurch eine sehr gute Beziehung zum Kunden aufgebaut wird

AUFGABEN

1. Warum ist die Bedarfsermittlung eine wichtige Phase im Verkaufsgespräch?

2. Was sind Kaufmotive?

3. Führen Sie mögliche Kaufmotive auf.

4. Nennen Sie die Kaufmotive, die sich hinter den folgenden Äußerungen von Kunden verbergen.
   a) „Ich suche einen sich selbst reinigenden Backofen."
   b) „Ich suche für meine Freundin ein Geschenk – es soll aber etwas ganz Besonderes sein."
   c) „Wie ist denn der Strom- und Wasserverbrauch dieser Geschirrspülmaschine?"
   d) „Wo steht denn der fettfreie Joghurt?"
   e) „Haben Sie einen Laufschuh, der besonders rutschfest ist? Ich laufe oft auf nassem Waldboden."
   f) „Kann ich auch als technischer Laie mit diesem Smart-TV umgehen?"

5. Was versteht man unter Bedürfnissen?

6. Welche Bedürfnisarten gibt es nach Maslow?

7. Angenommen, in Ihrem Ausbildungsunternehmen sollen nach der Vorstellung der Geschäftsführung für die Leistungsmotivation und die Führung der Mitarbeiter folgende Möglichkeiten Anwendung finden: Aufstiegsmöglichkeiten, Gestaltung des Arbeitsplatzes, Mitbestimmung, betriebliche Altersversorgung, Maßnahmen der betrieblichen Weiterbildung, Betriebssport, Zuteilung von Weisungsbefugnissen, Gruppenzugehörigkeit.
   Ordnen Sie jedem der erwähnten Gesichtspunkte eine Bedürfnisebene nach Maslow zu (Doppelnennungen sind möglich). Begründen Sie Ihre Zuordnung.

8. Woran erkennt man Kundenbedürfnisse?

9. Formulieren Sie für den Bereich Ihrer Branche drei Sätze eines Kunden, aus denen hervorgeht, dass diese ein bestimmtes Bedürfnis haben.

10. Wodurch unterscheidet sich der Aushändigungskauf vom Beratungskauf?

11. Unterscheiden Sie direkte und indirekte Bedarfsermittlung.

12. Warum sollte nach Möglichkeit zunächst nicht nach Preis und Farbe der Ware gefragt werden?

13. Finden Sie Beispiele, wo in Ihrem Unternehmen Kunden zu emotionalen Käufen veranlasst werden sollen.

Die Meinung einer Fachzeitschrift:

Emotionale Käufe von Kunden kommen häufiger vor als bisher angenommen. Aus Marketingsicht lassen sich diese Käufe bewusst steuern. Es müssen dabei ausreichend viele Anreize gesetzt werden, um das Kundeninteresse zu gewinnen und entsprechende Kaufwünsche auch zu wecken. Der emotionale Kauf zeichnet sich im Gegensatz zum rationalen dadurch aus, dass der Kunde auch ungeplant, also aufgrund eines plötzlich aufkommenden Kaufwunsches, ein bestimmtes Produkt erwirbt.

14. Wir nehmen an, Sie arbeiten in der Warenwelt „Lebensmittel" des Warenhauses Larstadt arbeiten. Die Warenwelt „Lebensmittel" ist vor zwei Jahren nach neuesten Gesichtspunkten der Ladengestaltung umgebaut worden. Hochwertige Materialien der Warenträger, die Licht- und Farbgestaltung und das Ladenlayout lassen das Einkaufen für die Kunden zum Erlebnis werden.
   Als Verkaufsformen finden wir neben den Selbstbedienungsbereichen umfangreiche Bedienungsbereiche. An einigen Bedienungsbereichen bietet sich den Kunden die Möglichkeit, zu verweilen und zubereitete Spezialitäten aus diesen Produktbereichen zu verzehren. Außerdem können die Kunden bei zahlreichen Sonderaktionen die angebotenen Produkte verkosten.
   Das Genre kann im oberen Bereich der Lebensmittelbranche angesiedelt werden. Es werden überwiegend Markenartikel und zahlreiche ausländische Spezialitäten angeboten. Das qualifizierte Fachpersonal, das an regelmäßigen Fort- und Weiterbildungsmaßnahmen teilnimmt, bietet sich zu ausführlichen Beratungsgesprächen an.
   Das Sortiment umfasst das übliche Sortiment im Bereich Lebensmittel. Folgende Warengruppen und Warenarten vermitteln durch ihre Warenpräsentation ein besonderes Einkaufserlebnis:
   - Obst, Gemüse, exotische Früchte (in Selbstbedienung und Bedienung)
   - Fleisch- und Wurstwaren
   - Käsetheke
   - Fisch und Feinkost
   - SB-Salatbar

- Brot und Backwaren, Konditoreiwaren (Bedienungstheke und SB-Regal)
- Süßwaren mit Konfiserie-Theke
- ausländische Spezialitäten (z. B. fernöstliche, mexikanische, mediterrane Spezialitäten)
- Wein- und Spirituosen

Das Angebot wird abgerundet durch umfangreiche Serviceleistungen, zu denen insbesondere der Bestell- und Lieferservice gehört.

a) Klären Sie in Ihrer Gruppe aufgrund der folgenden Rollenbeschreibungen, vor welchen Problemen der Kunde/die Kundin bzw. der Verkäufer/die Verkäuferin stehen.

Rolle Verkäufer/-in:
Ein/Eine Kunde/Kundin (20 Jahre) plant im Sommer gemeinsam mit Freunden eine Italienreise und möchte zur Einstimmung einen italienischen Abend organisieren. Es sollen italienische Getränke und Gerichte serviert werden, und die Dekoration sollte auch italienisch wirken. Der/Die Kunde/Kundin befindet sich in der Abteilung „ausländische Spezialitäten" und wirkt ratlos. Hilfesuchend spricht er/sie einen Verkäufer/Verkäuferin an, der/die in der Nähe ein Regal einräumt.

Rolle Kunde/Kundin:
Sie planen mit 5 Freunden im Sommer eine Italienreise und haben alle eingeladen, um die Reise bei einem italienischen Abend zu besprechen. Sie wollen aber nicht nur Pizza anbieten, sondern möchten ein Essen mit Vorspeise, Hauptgericht, Nachspeise und den entsprechenden Getränken vorbereiten. Allerdings sind Sie ziemlich ratlos, welche Speisen und Getränke typisch italienisch sind. Deshalb begeben Sie sich zunächst in die Abteilung „ausländische Spezialitäten". Sie finden sich in der Abteilung nicht zurecht und sprechen einen in der Nähe stehenden Verkäufer/Verkäuferin an und schildern Ihr Problem.

b) Schreiben Sie ein Drehbuch für ein Rollenspiel von der Kontaktaufnahme bis zur Bedarfsermittlung.
c) Überlegen Sie Beobachtungsmerkmale, die für die Beurteilung dieses Rollenspiels wichtig sein könnten, und halten Sie diese schriftlich fest. Diskutieren Sie mit der Klasse Ihre Beobachtungsmerkmale und einigen Sie sich auf gemeinsame Merkmale.
d) Wählen Sie innerhalb Ihrer Gruppe zwei Personen, die die Rollen des Kunden und des Verkäufers übernehmen.

e) Stellen Sie im Rollenspiel die im Drehbuch vorgegebene Situation einer Bedarfsermittlung vor der gesamten Klasse dar.

15. Erstellen Sie eine Mindmap mit den wichtigsten Aussagen zur Bedarfsermittlung.

16. Während der Mittagspause treffen sich mehrere befreundete Auszubildende in der Kantine der Exclusiva GmbH. Im Verlauf einer angeregten Diskussion über die Probleme des Handels wird die folgende Meinung geäußert:
„Der Textilhandel wäre über Nacht bankrott, würden Textilien nur von Leuten gekauft, die sie wirklich brauchen."
a) Warum werden Textilien nicht nur zum Schutz des Menschen vor Kälte/Wärme oder Nässe gekauft?
b) Wie kann ein Verkäufer herausbekommen, aus welchem Grund der Käufer einen Bekleidungsartikel kaufen möchte?

17. Was versteht man unter einem Impulskauf?
a) Helga Abmeier kauft eine spezielle Staubsauger-Düse für Heizkörper.
b) Am Sonntagmorgen entdeckt Peter Limpke, dass er vergessen hat, Milch einzukaufen.
c) Beim Bezahlen seiner Tankrechnung entdeckt Bernd Strahler plötzlich, dass er Hunger hat, und kauft spontan einen Schokoriegel.
d) Familie Huhn kauft freitags für die gesamte Woche ein.

18. Welche Bedürfnisse werden in den folgenden Fällen angesprochen?
a) Andreas Seeger hat sich mit seinen Ersparnissen einen Kleinwagen gekauft.
b) Nach Feierabend kauft sich Andreas Seeger einen Hamburger.
c) Ronja liest ein Buch.
d) Ronja Bunko träumt von einem roten Ferrari.
e) Andreas Seeger geht um 10:00 Uhr schlafen.

19. Welche Art der Bedarfsermittlung liegt vor?
a) Die Verkäuferin legt Andreas Seeger einzelne Laptops vor und beschreibt deren Merkmale. Aus den Reaktionen von Andreas Seeger schließt die Verkäuferin auf dessen Bedarf.
b) Die Verkäuferin stellt Andreas Seeger verschiedene Fragen. Aus seinen Antworten schließt sie auf den Bedarf und den beabsichtigten Verwendungszweck. Nun legt sie drei Laptops vor.

ZUSAMMENFASSUNG

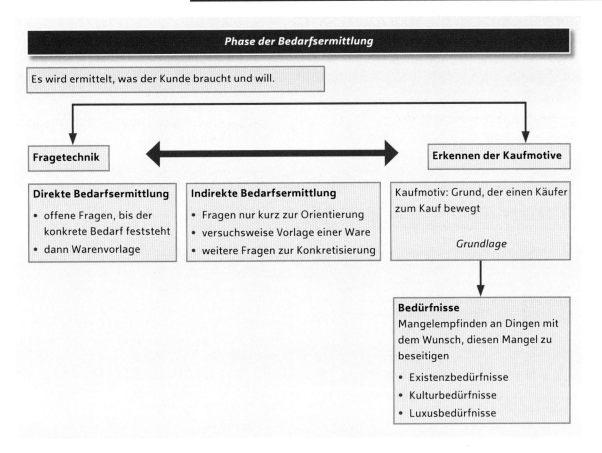

Phase der Bedarfsermittlung

Es wird ermittelt, was der Kunde braucht und will.

Fragetechnik

Erkennen der Kaufmotive

Direkte Bedarfsermittlung

- offene Fragen, bis der konkrete Bedarf feststeht
- dann Warenvorlage

Indirekte Bedarfsermittlung

- Fragen nur kurz zur Orientierung
- versuchsweise Vorlage einer Ware
- weitere Fragen zur Konkretisierung

Kaufmotiv: Grund, der einen Käufer zum Kauf bewegt

Grundlage

Bedürfnisse

Mangelempfinden an Dingen mit dem Wunsch, diesen Mangel zu beseitigen

- Existenzbedürfnisse
- Kulturbedürfnisse
- Luxusbedürfnisse

6.8 Einwandbehandlung

Einstieg

Ronja Bunko ist wieder einmal aushilfsweise im Showroom eingesetzt. Sie hat einem Kunden den Preis einer Ware genannt.

Dieser antwortet unzufrieden: „Das ist zu teuer!"

Ronja Bunko regt sich auf: „Dann gehen Sie doch zu einem Mitbewerber. Vielleicht hat der etwas Besseres!"

1. Beurteilen Sie das Verhalten von Ronja Bunko.

2. Machen Sie einen Vorschlag, wie Ronja Bunko besser reagieren könnte.

INFORMATIONEN

Das Verkaufsgespräch kann aus Sicht des Verkäufers noch so gut verlaufen, irgendwann erhebt der Kunde bestimmt Einwände. Verkäufer sollten keine Angst vor Kundeneinwänden haben, sie als etwas Unangenehmes verstehen oder den Verkaufserfolg anzweifeln: Einwände sind normale Bestandteile eines Verkaufsgesprächs im stationären Einzelhandel. Im Rahmen des Onlinehandels werden Einwände oft bei Reklamationen nach dem eigentlichen Kauf vorgebracht. Dies kann schriftlich (per Brief oder E-Mail) oder mündlich (telefonisch oder in einem direkten Gespräch) geschehen.

> Einwände werden oft auch in Verhandlungen oder Diskussionen vorgebracht. Auch dort sollte man sie entkräften können.

Einwände sind aus Sicht des Käufers nicht negativ

Aus Sicht des Kunden steckt hinter jedem Einwand eine positive Absicht, zum Beispiel

- den klaren Nutzen des Produkts für sich zu erkennen,
- vorhandene Zweifel auszuräumen

- oder sich seiner Sache beim Kauf ganz sicher zu werden.

Der Kunde ist noch bereit, mit dem Verkäufer über das Produkt zu reden und zu verhandeln. Die Basis ist noch vorhanden. Es wurde bis jetzt lediglich noch keine Übereinstimmung im Verkaufsgespräch erzielt, die zum Abschluss führt.

> Bringt der Kunde Einwände vor, sollte zunächst einmal geprüft werden:
>
> - Ist das Verkaufsgespräch zu schnell durchgeführt worden?
> - Braucht der Kunde noch weitere Verkaufsargumente?
>
> Einwände können also ein Signal dafür sein, dass der Kunde noch nicht zum Verkaufsabschluss bereit ist.

Einwände sind für einen Verkäufer eine echte Chance, den Kunden zu überzeugen, Einwände stellen für den Verkäufer Argumentationshilfen dar. Er kann erkennen, welche Probleme der Kunde mit dem jeweiligen Artikel hat, um dann diese Probleme zu lösen. Kundeneinwände zeigen also, wo der Verkäufer mit seiner Verkaufsargumentation ansetzen muss.

BEISPIEL

> Kunde: „Das Hemd finde ich ja ganz schön, aber ich mag keine kurzen Ärmel."
>
> Verkäufer: „Kein Problem, wir haben dasselbe Hemd auch noch in einer Ausführung mit langen Ärmeln."

Der Kunde zeigt mit Einwänden außerdem sein Interesse an der Ware. Wer kein Interesse an etwas hat, der wird auch kaum echte Einwände gegen die Ware vorbringen.

Somit lässt sich durch Kundeneinwände auch eine Tendenz zum Kauf ableiten. Gute Verkäufer können durch Einwände zeigen, wie viel sie über die Ware wissen bzw. wie gut sie ihr Sortiment kennen. Einwände zeigen, dass der Kunde noch weitere Informationen über die Ware vor dem Kauf benötigt.

Kunden bringen Einwände, wenn sie ...

- den Nutzen und die Vorteile einer Ware nicht deutlich genug erkennen können,
- bereits negative Erfahrungen mit einem Wettbewerber gesammelt haben,
- von dem Angebot nicht völlig überzeugt sind,
- mit der angebotenen Ware bislang keine oder wenig Erfahrungen haben,
- generell ein schlechtes Gefühl bei einem Kauf der Ware haben,
- den Verkäufer nicht richtig verstanden haben oder sie ihm nicht genug Fachkenntnis zutrauen,
- wenn ihnen der Verkäufer unsympathisch ist und/oder sie ihm nicht vertrauen.

Kunden bringen Einwände, wenn sie merken, dass der Verkäufer ...

- nicht gut auf das Verkaufsgespräch vorbereitet ist,
- die Ware nicht durchdacht und strukturiert präsentiert,
- offensichtlich ungeduldig ist und ihnen das Gefühl gibt, er wolle sie zum Abschluss überreden,
- im Verkaufsgespräch keine Rücksicht auf die ihre Bedürfnisse nimmt, diese also missachtet oder nicht erfragt,
- auf die Schnelle Lösungen anbietet, obwohl er den Bedarf des Kunden noch nicht ermittelt hat.

Arten von Kundeneinwänden

Um mit Kundeneinwänden geschickt umgehen zu können, muss der Verkäufer in der Lage sein, Kundeneinwände überhaupt zu erkennen. Durch genaues Beobachten der Körpersprache des Kunden oder durch genaues Hinhören auf den Ton, in dem Einwände vorgebracht werden, kann der Verkäufer echte von unechten Einwänden unterscheiden.

Echte Einwände

Echte Einwände sind ernstgemeinte Einwände. Sie sind rationaler Natur (haben also einen vernünftigen Hintergrund) und zeigen, dass der Kunde tatsächlich ein Problem mit bestimmten Eigenschaften einer Ware hat. Der Kunde ist dem Artikel gegenüber nicht grundsätzlich abgeneigt, sondern möchte wissen, ob dieses Problem lösbar ist oder nicht.

BEISPIEL

„Diese Jacke ist mir aber zu teuer!"

Echte Einwände können berechtigt oder unberechtigt sein. In beiden Fällen kann der Verkäufer mit verschiedenen Methoden reagieren. Mehr dazu weiter unten, s. „Methoden der Einwandbehandlung".

„Das Gerät ist mir bestimmt viel zu schwer."

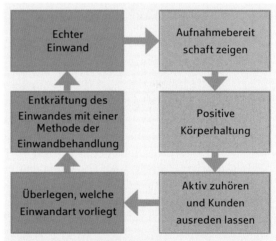

nach: Schilling, Gert: Verkaufstraining, 1. Auflage. Stuttgart: EduMedia GmbH, 2008.

Unechte Einwände

Unechte Einwände sind emotionaler Natur. Sie werden oft auch als **Vorwand** bezeichnet. Es sind Signale eines Kunden, dass er ein für ihn nutzloses Verkaufsgesprächs beenden möchte. Er tut dies und verlässt das Geschäft.

BEISPIELE

„Ich komme morgen noch einmal vorbei."

„Ich überlege mir das noch einmal in Ruhe."

Das Angebot interessiert den Kunden nicht.	**Unechte Einwände (Vorwand/Ausrede)**	**Der Kunde möchte den Kontakt abbrechen.**
Der Kunde will nicht kaufen.		**Persönliche Gründe führen zu einer Ablehnung des Verkäufers durch den Kunden.**

Solche Einwände richten sich nicht gegen den Artikel selbst oder dessen Eigenschaften. Stattdessen bringt der Kunde

- Vorurteile vor

BEISPIEL

„Alles von der Firma Nestmann ist Schrott ...!"

- oder benutzt den unechten Einwand als Vorwand, um den eigentlichen Einwand nicht vorzubringen.

BEISPIEL

Dem Kunden ist die Ware zu teuer, doch er sagt:

„Diese Farbe steht mir aber überhaupt nicht!"

Verhalten bei Kundeneinwänden

Folgende Grundregeln muss der Verkäufer bei der Einwandbehandlung beachten:

- Er muss aufmerksam und konzentriert zuhören. In jedem Fall muss er den Kunden unbedingt ausreden lassen. Er darf den Kunden keinesfalls unterbrechen.
- Er muss das, was der Kunde vorbringt, ernst nehmen.
- Er muss stets höflich, ruhig und sachlich bleiben. Er sollte zu Einwänden eine positive Grundeinstellung haben und sie als etwas Normales im Rahmen eines Verkaufsgesprächs ansehen. Auf keinen Fall darf er durch seine Mimik, Gestik oder Haltung seinen Unwillen über den Einwand ausdrücken.

- Er muss immer verbindlich bleiben und darf sich auf keinem Fall auf ein Streitgespräch mit dem Kunden einlassen.
- Er muss überlegen, was der Kunde mit dem Einwand bezweckt. Liegt ein unechter, emotionaler Einwand vor, lässt er sich kaum rational entkräften. Ist es aber ein echter Einwand, kann er argumentativ – z. B. mit einer der Methoden der Einwandbehandlung – widerlegt werden.
- Weiß der Verkäufer einmal keine Antwort, so sollte er dies lieber offen zugeben und die Frage erst mit den zuständigen Experten klären, ehe er wider besseren Wissens eventuell unwahre Behauptungen aufstellt.
- Bereitet sich der Verkäufer auf alle möglichen Einwände vor, gewinnt er die nötige Sicherheit bei der Einwandbehandlung.

Einwände können sich z. B. beziehen auf:

- die Verarbeitung der Ware
- das Aussehen der Ware
- die Qualität der Ware
- den Preis der Ware
- fehlende Auswahlmöglichkeiten im Geschäft
- mangelhaften Service im Geschäft
- unzureichende Beratung im Geschäft

Methoden der Einwandbehandlung

Ein guter Verkäufer sollte eine Vielfalt von Methoden zum Umgang mit Kundeneinwänden beherrschen.

Schematischer Ablauf der Gegenargumentation		
Einwand	**-> Verständnis/Zustimmung**	**-> Gegenargument**
aktiv zuhören! Kunden ausreden lassen!	evtl. Kundenargument wiederholen keine Kritik üben!	Methoden der Einwandbehandlung

Die Ja-aber-Methode

Bei dieser Methode der Einwandbehandlung zeigt der Verkäufer dem Kunden sein Verständnis, indem er dem Einwand des Kunden Gewicht verleiht. Anschließend schränkt er diesen Einwand durch eine Umformulierung ein.

BEISPIEL

„*Ja*, Sie haben recht, wenn Sie den Preis in Betracht ziehen, *aber* bei diesem Anzug liegt angesichts der Qualität ein ausgesprochen gutes Preis-Leistungs-Verhältnis vor."

Bei dieser Methode spürt der Kunde, dass er ernst genommen wird. Diese Methode kann bei jeder Art von Einwänden angewandt werden, zum Teil sogar bei unechten Einwänden.

Wenn möglich, sollte man die Ja-aber-Methode nicht in der üblichen Form verwenden, da „aber" häufig ein Reizwort für die Kunden ist. Verkäufer sollten deshalb andere rechtgebende Formulierungen gebrauchen, die von den Kunden als klarere Zustimmung aufgefasst werden können.

BEISPIEL

- „Ihre Argumentation ist sehr gut. Bedenken Sie *jedoch* Folgendes: ..."
- „Gern gebe ich dies zu, *nur* ..."
- „Das ist ein wichtiger Gesichtspunkt, den Sie da ansprechen, *doch* ..."

Die Vorwegnahme-Methode

Der Verkäufer formuliert selbst den erwarteten Einwand und entschärft ihn durch Gegenargumente. Damit wird dem Kunden der Wind aus den Segeln genommen.

BEISPIELE

- „Sie könnten jetzt meinen, der Preis sei zu hoch. Bedenken Sie jedoch bitte ..."
- „Um Ihrer berechtigten Frage zuvorzukommen ..."
- „An dieser Stelle hört man häufig den Einwand, dass ..."

Bei der Vorwegnahme-Methode bringt der Verkäufer einen mit großer Wahrscheinlichkeit zu erwartenden Einwand von sich aus – noch ehe dies der Kunde tut – in das Verkaufsgespräch und entkräftet es sofort mit Argumenten. Er behält dadurch die Gesprächsführung in der Hand.

Die Bumerang-Methode

Die Bumerang-Methode wird häufig auch „Umkehrungsmethode" genannt. Dabei greift der Verkäufer das Argument des Käufers einfach auf und wandelt es um: Er gibt den Einwand an den Kunden zurück und stellt den angesprochenen Nachteil als besonderen Vorteil heraus. Ein vom Kunden geäußerter Einwand kommt vom Verkäufer wie ein Bumerang als Vorteil zurück.

BEISPIELE

- „Sie haben recht, der Preis ist im oberen Bereich. Und gerade weil dies so ist, können wir Ihnen eine gute Qualität und Lebensdauer garantieren ..."
- „Gerade weil wir etwas teurer sind, sprechen wir auch andere Zielgruppen an."

Einstiegsformulierungen für die Bumerang-Methode:

- Gerade weil ...
- Gewiss doch ...
- Klar, von diesem Standpunkt aus betrachtet ...
- Eben ...

Die Rückfrage-Methode

Durch eine Gegenfrage wird der Kunde aufgefordert, genauer zu werden und seinen Einwand zu präzisieren.

BEISPIELE

- „Habe ich Sie richtig verstanden? Meinten Sie, dass ...?"
- „Die Ausführung sagt Ihnen aber grundsätzlich zu?"
- „Sie sagen, dieser Artikel würde Ihr Problem nicht lösen. Bitte helfen Sie mir, indem Sie mir sagen, welche Ihrer Erwartungen nicht erfüllt werden."
- „Welche Ausführung unseres Modells ziehen Sie vor?"
- „Was glauben Sie, was Sie für dieses wirklich zweckmäßige Produkt nur bezahlen?"

Bei der Rückfrage-Methode gibt der Verkäufer also den Einwand als Frage an den Kunden zurück, um weitere Informationen zur Beantwortung des Einwands zu erhalten. Zusätzlich gewinnt er dadurch einerseits Zeit, andererseits wiederholt der Kunde den Einwand häufig nur noch in abgeschwächter Form.

Die Öffnungsmethode

Um Übereinstimmung in längeren Verkaufsgesprächen zu erzielen, wird der Kunde vom Verkäufer direkt auf sein zögerliches Verhalten angesprochen.

BEISPIELE

- „Was sagen Sie denn zu diesen Merkmalen?"
- „Darf ich Ihr Schweigen als Zustimmung betrachten?"
- „Ich sehe, dass Sie offensichtlich noch nicht ganz überzeugt sind. Darf ich fragen, woran das liegt?"

Mit dieser Methode erfährt der Verkäufer gerade bei unschlüssigen oder schweigenden Kunden Einwände frühzeitig.

Die Verzögerungsmethode

Kann oder möchte der Verkäufer nicht sofort antworten, weil die Einwandbehandlung an einer anderen Stelle des Verkaufsgesprächs besser passt, sollte er den Einwand zurückstellen.

BEISPIELE

- „Darf ich darauf eingehen, wenn ..."
- „Das ist so wichtig, dass ich gleich anschließend noch einmal besonders darauf eingehen werde."
- „Darf ich später ausführlich darauf eingehen? Ich möchte vorher noch kurz auf folgende Merkmale hinweisen ..."

Diese Methode darf in einem Verkaufsgespräch nur ein- bis zweimal angewandt werden, da der Verkäufer sonst unglaubwürdig wird.

Die Offenbarungsmethode

Die allerletzte Möglichkeit, um einen besonders hartnäckigen Kunden, der sämtliche Verkaufsargumente des Verkäufers ablehnt, zu einem positiven Verkaufsgespräch zu bringen, ist die Anwendung der Offenbarungsmethode. Bei einem sich abzeichnenden Scheitern des Verkaufsgesprächs kann der hartnäckige Kunde direkt angesprochen werden, unter welchen Bedingungen er zum Kauf bereit wäre.

BEISPIELE

- „Unter welchen Umständen wären Sie denn bereit, diesen Artikel zu kaufen?"
- „Was muss ich tun, um ...?"

Bei einem hartnäckigen Kunden, der alle Vorschläge in den Wind schlägt, kann als letztes Mittel noch die Offenbarungsmethode angewendet werden: „Was kann ich tun, um ...?"

AUFGABEN

1. Warum sollten Verkäufer keine Angst vor Kundeneinwänden haben?

2. Unterscheiden Sie echte von unechten Einwänden.

3. Wie sollte das allgemeine Verhalten des Verkäufers bei Einwänden aussehen?

4. Worauf können sich Einwände beziehen?

5. Formulieren Sie ein Beispiel für die Beantwortung eines Kundeneinwandes mit der Ja-aber-Methode.

6. Erläutern Sie die Vorwegnahme-Methode.

7. Was versteht man unter der Bumerang-Methode?

8. Was wird mit der Rückfrage-Methode bezweckt?

9. In welchen Fällen kann der Verkäufer die Öffnungsmethode anwenden?

10. Erläutern Sie die Verzögerungsmethode.

11. Welche Methode kann der Verkäufer eventuell anwenden, wenn alle anderen Methoden der Einwandbehandlung im Verkaufsgespräch keinen Erfolg gebracht haben?

12. Welche Methode der Einwandbehandlung liegt vor?
    a) „Unsere Produkte sind nicht billig, haben aber im Gegensatz zu ..."
       „Sie werden vermutlich gleich fragen, ob ..."
       „Eine Frage, die oft gestellt wird, ist ..."
       „Es ist Ihnen sicherlich nicht entgangen, dass ..."
    b) „Jawohl, das ist völlig richtig, nur in diesem speziellen Fall ..."
       „Genau, allerdings nur unter Voraussetzung ..."

13. a) Finden Sie zu jeder im Informationstext aufgeführten Methode der Einwandbehandlung ein Beispiel für einen Kundeneinwand.

b) Beantworten Sie den Kundeneinwand mit einer Formulierung in wörtlicher Rede.

14. a) Finden Sie in Partnerarbeit für zwei Artikel Ihres Ausbildungssortiments zwei mögliche Nachteile.

b) Entwerfen Sie ein kurzes Rollenspiel, in dem der Verkäufer auf Einwände des Kunden, die sich auf diese Nachteile beziehen, mit einer Methode der Einwandbehandlung antwortet.

c) In einem zweiten kurzen Rollenspiel sollen dieselben Einwände mit einer jeweils anderen Methode des Verkäufers behandelt werden.

d) Bereiten Sie sich darauf vor, Ihre Rollenspiele vorzuführen.

15. Heute in einer Abteilung der Exclusiva GmbH:
Kunde: „Also, der Preis ist mir eigentlich zu hoch!"
Verkäufer: „Kommen Sie, lassen Sie uns doch einmal ehrlich sein. Sie sagen das zwar, doch das kann nicht der wirkliche Grund Ihrer Ablehnung sein. Ihr Einwand ist unberechtigt und zeigt wenig Fachkenntnis."
Welche Fehler macht der Verkäufer?

16. Entscheiden Sie sich für drei wichtige Artikel Ihres Ausbildungssortiments.
Führen Sie drei Einwände von Kunden zu diesen Artikeln auf. Formulieren Sie zwei Argumente zur Einwandentkräftung für jeden Einwand.

17. Welche Methode der Einwandbehandlung könnte der Verkäufer hier anwenden? Was könnte er zu der Kundin sagen?

18. Welche Methode der Einwandbehandlung wird angewendet?

a) „Was müssen wir denn machen, damit Sie dieses Produkt doch kaufen?"

b) „Dieses Produkt sagt Ihnen aber grundsätzlich zu?"

c) „Das ist mit Sicherheit ein wichtiger Punkt, den Sie da ansprechen, doch beachten Sie die außergewöhnliche Ausstattung dieses Artikels."

d) „Viele Kunden sagen zunächst, dass der Preis ihnen zu hoch sei. Wenn sie sich dann jedoch die Leistungsmerkmale dieses Artikels anschauen ..."

e) „Auf diesen wichtigen Punkt komme ich gleich noch einmal zurück."

f) „Sie haben recht, dieser Pullover ist nicht aus reiner Baumwolle. Gerade deshalb brauchen Sie ihn nicht unbedingt chemisch zu reinigen, sondern können ihn bedenkenlos in die Waschmaschine stecken."

g) „Gibt es einen Grund, warum Sie sich bisher noch nicht zum Kauf entscheiden können?"

ZUSAMMENFASSUNG

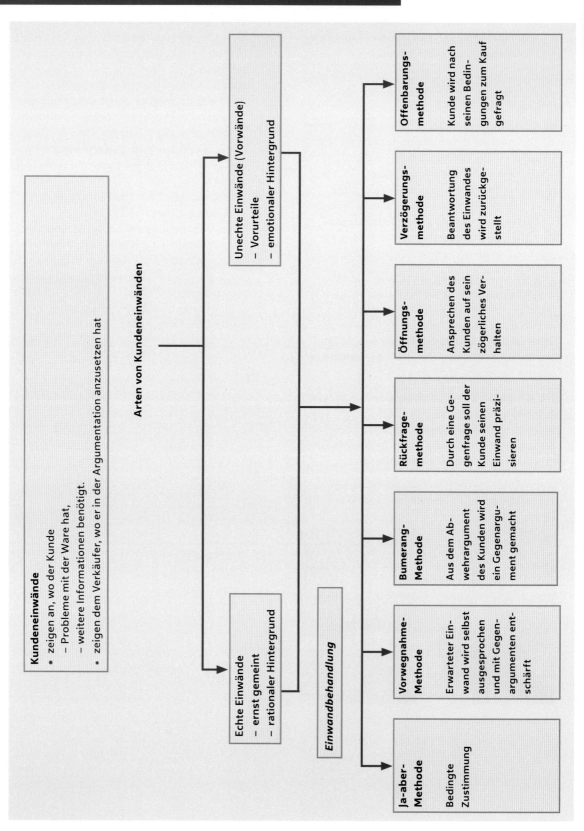

Kundeneinwände

- zeigen an, wo der Kunde
  - Probleme mit der Ware hat,
  - weitere Informationen benötigt.
- zeigen dem Verkäufer, wo er in der Argumentation anzusetzen hat

Arten von Kundeneinwänden

Echte Einwände
- ernst gemeint
- rationaler Hintergrund

Unechte Einwände (Vorwände)
- Vorurteile
- emotionaler Hintergrund

Einwandbehandlung

Ja-aber-Methode	**Vorwegnahme-Methode**	**Bumerang-Methode**	**Rückfrage-methode**	**Öffnungs-methode**	**Verzögerungs-methode**	**Offenbarungs-methode**
Bedingte Zustimmung	Erwarteter Einwand wird selbst ausgesprochen und mit Gegenargumenten entschärft	Aus dem Abwehrargument des Kunden wird ein Gegenargument gemacht	Durch eine Gegenfrage soll der Kunde seinen Einwand präzisieren	Ansprechen des Kunden auf sein zögerliches Verhalten	Beantwortung des Einwandes wird zurückgestellt	Kunde wird nach seinen Bedingungen zum Kauf gefragt

6.9 Konfliktgespräche

Einstieg

Andreas Seeger ist im Rahmen seiner Ausbildung im Beschwerdemanagement der Exclusiva GmbH eingesetzt. Er ist Herrn Runne zugeordnet. Als die beiden aus der gemeinsamen Mittagspause in das Büro zurückkehren, wartet Herr Sydow auf sie. Herr Sydow ist in der Beschaffung der Bätje OHG ein Großkunde der Exclusiva GmbH, tätig.

Herr Sydow:

„Guten Tag, Herr Runne."

Herr Runne:

„Guten Tag, Herr Sydow. Was kann ich für Sie tun?"
Die drei betreten das Büro und setzen das Gespräch stehend fort.

Herr Sydow:

„Wissen Sie, Herr Runne, in letzter Zeit ist bei unseren geschäftlichen Beziehungen mit der Exclusiva GmbH einiges schiefgelaufen. Diesen Umstand möchte ich nutzen, um heute einfach mal persönlich meinen Unmut kundzutun."

Herr Runne:

„Oh, das kann ich mir ja gar nicht vorstellen. Ich habe auch nur sehr wenig Zeit. Aber ich kann es mir ja mal anhören."

Herr Sydow:

„Bei unseren letzten Bestellungen wurden die Lieferkonditionen nicht eingehalten. Die Ware kam des Öfteren einige Tage zu spät."

Herr Runne:

„Ja, so etwas passiert schon mal. Aber wenn es nur einige Tage sind, dann ist das doch auch nicht so schlimm. Haben Sie noch andere Anliegen?"

Herr Sydow:

„Na ja, ich finde das schon sehr schlimm. Aber außerdem ist es auch so, dass die Qualität bei den zuletzt gelieferten Shirts der Basic-Linie nicht optimal war. Sie wiesen Verarbeitungsfehler und zum Teil sogar Farbunterschiede auf."

Herr Runne:

„Oh, das ist ja nicht so schön. Das werde ich an unsere Produktionsabteilung weitergeben."

Herr Sydow:

„Na, da helfen Sie mir auch nicht mit weiter, Herr Runne. Vielen Dank für das Gespräch."

Herr Runne:

„Gerne, Herr Sydow. Bis bald."

Herr Sydow:

„Ja, das wird sich zeigen. Auf Wiedersehen."
Herr Runne zieht sich die Jacke aus und schließt die Tür hinter Herrn Sydow.
Andreas Seeger ist ziemlich überrascht.

1. Erläutern Sie, worüber Andreas überrascht sein könnte.

2. Zeigen Sie die Fehler auf, die Herr Runne in dem Gespräch mit Herrn Sydow gemacht hat.

3. Machen Sie Vorschläge, welches Verhalten angemessen gewesen wäre.

4. Geben Sie kurz an, welche Konsequenzen das Verhalten von Herrn Runne haben könnte.

INFORMATIONEN

Konflikt – eine Begriffsbestimmung

Es existiert keine einheitliche Definition für den Begriff *Konflikt*. Der Begriff ist aus dem lateinischen Wort *conflictus* entstanden, was so viel heißt wie *Zusammenstoß* oder *Kampf*. Die meisten Definitionen des Begriffs werden daraus abgeleitet, dass

* mehrere Beteiligte
* unterschiedliche Ziele, Auffassungen, Gefühle oder Interessen haben,
* die sie auf verschiedene Wege durchsetzen/lösen wollen.

Durch die unterschiedlichen Vorstellungen über die Lösung der Konfliktsituation entsteht ein Zustand der Anspannung zwischen den Beteiligten, der sich negativ auf das Verhältnis der Beteiligten auswirken kann. Im Ergebnis kann ein Konflikt dazu führen, dass die Beteiligten nicht mehr in der Lage sind, miteinander zu reden oder zusammenzuarbeiten.

Konflikte belasten die alltägliche Zusammenarbeit.

Entstehung von Konflikten

Zahlreiche Modelle und Theorien versuchen das Phänomen *Konfliktentstehung* zu erklären. Im Folgenden werden zwei Ansätze beispielhaft erläutert.

Eisbergmodell

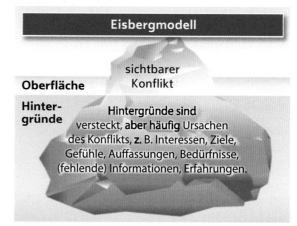

Nach dem Eisbergmodell ist der überwiegende Teil (der Ursachen) eines Konflikts für Dritte unsichtbar. Es ist wie bei einem Eisberg, bei dem man nur die Spitze über Wasser sehen kann. Der größte Teil ist unter dem Wasser versteckt. Diese versteckten Hintergründe des Konflikts sind es, die den Konflikt häufig erst entstehen lassen. Für die Lösung eines Konflikts ist es somit wichtig, auch die unsichtbaren Ursachen des Konflikts zu ergründen.

„Rabattmarken" sammeln

Dieser Ansatz geht davon aus, dass mindestens einer der Konfliktbeteiligten kleine Differenzen oder Verletzungen seitens des anderen Beteiligten zunächst hinnimmt. Man stellt sich vor, dass er für jeden kleinen Konfliktherd eine Rabattmarke in ein Bonusheftchen klebt. Wenn das Bonusheft voll ist, wird der gesamte in den Rabattmarken gesammelte Ärger in einem „Racheakt" eingelöst.

BEISPIEL

Frau Lutzke raucht im Büro. Sie benutzt ein intensives Parfüm, damit man den kalten Rauch nicht riecht. Außerdem sitzt sie an der Heizung und verwandelt das Büro in Windeseile in eine Sauna. Sie telefoniert sehr laut, seufzt ständig und beschwert sich unentwegt über die Kollegen. Andreas stören alle diese Umstände schon seit Monaten. Er hat aber bisher noch nichts gesagt.

Frau Lutzke hat bei Andreas eine ganze Weile „Rabattmarken" gesammelt. Sie wusste davon aber nichts. Als das „Rabattheft" voll ist, äußert sich Andreas Ärger in einer impulsiven Reaktion („Racheakt"), nämlich einer E-Mail, in welcher er alle Sachen, die ihn stören unfreundlich, kurz und knapp herunterschreibt!

Das Problem bei dieser Art der Konfliktentstehung liegt darin, dass der andere von den „Rabattmarken", die er sammelt, nichts weiß. Er hat keine Gelegenheit, sein Verhalten zu ändern, und ist über die unangemessene Reaktion seines Gegenübers verwundert. Häufig resultiert aus dem „Racheakt" eine Verärgerung auf der Seite des Empfängers, sodass nun endgültig ein Konflikt vorliegt.

Ursachen und Arten von Konflikten

Nach dem Eisbergmodell ist der sichtbare Teil eines vorliegenden Konflikts nur die Spitze des Eisbergs, also ein kleiner Teil des tatsächlichen Konflikts. Die Hintergründe, die zum Konflikt geführt haben, bleiben häufig verborgen, d. h., sie sind den Konfliktparteien oft nicht bewusst. Zu einer langfristig erfolgreichen Konfliktbewältigung müssen die unsichtbaren Ursachen ergründet und ausgeschaltet werden.

Oft nicht klar umrissen, aber präsent – der Konflikt

Je nachdem, welche Ursache für einen Konflikt vorliegt, handelt es sich um einen Sachkonflikt oder einen Beziehungskonflikt.

Die Ursache für einen **Sachkonflikt** liegt, wie der Name schon sagt, auf der Sachebene. Die Konfliktparteien haben z. B. unterschiedliche Auffassungen, Interessen oder Ziele.

BEISPIELE

- Die Bätje OHG hat Shirts der Basic-Linie von der Exclusiva GmbH bezogen und festgestellt, dass diese Shirts Verarbeitungsfehler aufweisen.
- Ein Kunde hat über den Webshop einen Satz Fußballtrikots bestellt. Nachdem er die Ware ausgepackt hat, stellt er fest, dass die Farbe falsch ist. Er ruft bei der Exclusiva GmbH an und beschwert sich bei Andreas Seeger.

- Andreas Seeger wird von Frau Lashley damit beauftragt, zunächst die Ausgangspost gemeinsam mit Herrn Stephan zu bearbeiten und erst anschließend die Präsentation für Herrn Lehrich zu erstellen. Andreas ist aber der Auffassung, dass die Erstellung der Präsentation wichtiger ist und somit Vorrang vor der Bearbeitung der Ausgangspost haben sollte. Die Ausgangspost könnte Herr Stephan nach seiner Auffassung auch alleine bearbeiten. Außerdem macht das Erstellen der Präsentation viel mehr Spaß als die Bearbeitung der Post.

Die Bewältigung eines Sachkonflikts kann unter Anwendung der richtigen Konfliktbewältigungsstrategien (z. B. Kooperationsstrategie im Rahmen der kooperativen Konfliktbewältigung) durch die Parteien erfolgen.

Ein **Beziehungskonflikt** ist auf der zwischenmenschlichen Ebene begründet. Er kann z. B. durch Vorurteile oder Antipathien gegenüber anderen Menschen oder auch durch Missverständnisse entstehen. Ein Beziehungskonflikt kann sich aus Sachkonflikten entwickeln.

BEISPIELE

- Herr Sydow bekommt während des Reklamationsgesprächs mit Herrn Runne das Gefühl, dass er nicht ernst genommen wird. Er hat das Gefühl, dass Herr Runne seine Arbeit nicht gut macht, und verlässt beleidigt das Büro.
- Frau Lashley gefällt es nicht, dass Andreas ihre Arbeitsanweisungen nur missmutig entgegennimmt. Außerdem hat Andreas bei mehreren Aufgaben zuletzt unkonzentriert gearbeitet und dementsprechende Arbeitsergebnisse abgeliefert. Frau Lashley kommt zu der Auffassung, dass Andreas faul ist, keine Lust auf die Arbeit hat und sie nicht leiden kann. Nach einiger Zeit kommt es zum Streit, weil Frau Lashley zu Andreas sagt, dass er zu Hause bleiben solle, wenn er keine Lust zum Arbeiten hat.

Führen Sachkonflikte zu einem Beziehungskonflikt, so liegt ein **Mischkonflikt** vor.

Beziehungskonflikte sind schwer zu beseitigen. Sie basieren auf Gefühlen und die Parteien sind somit emotional stark eingebunden. Eine neutrale und sachliche Konfliktbewältigung ist oftmals nicht möglich. In schwerwiegenden Fällen sollte die Konfliktbewältigung mit professioneller Hilfe erfolgen (z. B. Einschalten eines Mediators).

Bewältigung von Konflikten

Konfliktbewältigungsstrategien

Jede Konfliktpartei hat eine (bewusste oder unbewusste) Strategie, einen Konflikt beizulegen. Sind der Konfliktpartei die möglichen Strategien bewusst, so wählt sie situationsabhängig die für sie richtige Strategie für den Konflikt.

Die nebenstehende Grafik veranschaulicht die verschiedenen Konfliktbewältigungsstrategien.

Konfliktvermeidungsstrategie

Durch die Wahl der Konfliktvermeidungsstrategie kommt es häufig nicht direkt zum Konflikt. Problematisch ist allerdings, dass die Interessen beider Konfliktparteien nicht berücksichtigt werden. Dies kann auf verschiedenen Motiven beruhen (Angst vor Niederlage, mangelndes Interesse oder Wissen darüber, dass eine Einigung schwer zu erreichen ist). Die Konfliktvermeidung schiebt den Konflikt in der Regel nur auf. Der Konfliktgrund wird zu einem späteren Zeitpunkt wieder auftreten und sich durch das Aufschieben in den meisten Fällen verstärkt haben. Die Konfliktparteien sind bei dieser Strategie **beide** als **Verlierer** anzusehen.

Konfrontationsstrategie

Bei der Konfrontationsstrategie ist eine Partei nur auf die Durchsetzung der eigenen Interessen bedacht. Dabei wird in Kauf genommen, dass die Interessen der anderen Partei unberücksichtigt bleiben. Die Strategie wirkt sich häufig negativ auf zukünftige Beziehungen und Konflikte der beiden Parteien aus. Die Konfrontationsstrategie kann insbesondere von Parteien gewählt werden, die über eine Machtposition verfügen und somit auf die andere Partei keine Rücksicht nehmen müssen. Bei dieser Strategie gibt es jeweils **einen Gewinner** und **einen Verlierer.**

Verzichtsstrategie

Bei dieser Strategie verzichtet eine Konfliktpartei (ggf. vollständig) auf die Durchsetzung ihrer Interessen. Sie tut dies zugunsten der anderen Konfliktpartei. Die Strategie wird aus verschiedenen Motiven gewählt, beispielsweise weil die Harmonie in der Beziehung zu der anderen Konfliktpartei gewahrt werden soll oder weil die Partei nicht in der (Macht-)Position ist, um eine andere Konfliktstrategie zu wählen. Es gibt **einen** klaren **Gewinner** und **einen Verlierer** in dem Konflikt.

Kompromissstrategie

Eine vollständige Berücksichtigung aller Interessen ist häufig schwer zu erreichen. Gehen die Parteien bei der

in Anlehnung an das Thomas-Modell

Verfolgung ihrer Ziele aufeinander zu und finden einen bestmöglichen Weg, spricht man von der Kompromissstrategie. Ein Problem kann entstehen, wenn bei dieser Strategie die tatsächlichen Ursachen des Konflikts durch den Kompromiss verborgen bleiben. Bei der Kompromissstrategie sind **beide** Parteien **sowohl Gewinner als auch Verlierer.**

Kooperationsstrategie

Sowohl die eigenen als auch die fremden Ziele werden bei dieser Strategie berücksichtigt. Die Beteiligten versuchen trotz bestehender Differenzen eine optimale Lösung zu finden. Eine erfolgreiche Kooperationsstrategie führt dazu, dass alle Interessen berücksichtigt werden.

Die Kooperationsstrategie bietet die Möglichkeit, dass **beide** Parteien aus dem Konflikt als **Gewinner** hervorgehen. Daher sollte die Konfliktbewältigung nach Möglichkeit immer unter Anwendung der Kooperationsstrategie erfolgen.

Regeln für das Verhalten im Konfliktfall

Ein Konflikt berührt die Betroffenen in den meisten Fällen auch auf der emotionalen Ebene. Dies führt oft dazu, dass sie spontan handeln. Unüberlegte Äußerungen und/oder nonverbale Kommunikation (Mimik, Gestik) können einen Konflikt schnell verschärfen. Um eine Eskalation zu verhindern und einen Konflikt möglichst effizient zu bewältigen, ist es wichtig, dass sich die Konfliktparteien dieser Gefahr bewusst sind und gezielt gegensteuern.

Die Betroffenen sollten das klärende Gespräch suchen. Hierbei gilt es, eine Reihe von Verhaltensregeln zu beachten.

Regel	Bedeutung
Bereitschaft	Die Parteien müssen bereit sein, den Konflikt zu beseitigen, und dies dem Gegenüber auch signalisieren.
Verständnis	Die Position der anderen Partei sollte gehört werden. So wird eine angenehmere Atmosphäre geschaffen. Oft ist es hilfreich, wenn eine Partei sich vorstellt, sie sei in der Situation der anderen Partei.
Akzeptanz	Die Parteien müssen die Gegenpartei und deren Meinung so akzeptieren, wie sie sind. Konfliktbeteiligte sollten nicht versuchen, die anderen Beteiligten zu ändern oder zu erziehen.
aktives Zuhören	Während der eine Beteiligte seinen Standpunkt darlegt, sollte die zuhörende Partei deutlich machen, dass sie aktiv und interessiert den Ausführungen folgt. Dies kann durch nonverbale Kommunikation (z. B. Gestik, Mimik, Nicken) oder durch verbale Ausführungen (z. B. zusammenfassen, nachfragen) erfolgen.
keine Schuldzuweisung	Es geht nicht darum, jemandem die Schuld für einen Konflikt zu geben. Ziel ist, dass beide Parteien den Konflikt zu ihrer Zufriedenheit lösen, ohne dass eine Partei dabei ihr Gesicht verliert.
Emotionen ausschließen	Konfliktbeteiligte sollten eine sachliche Lösung des Problems bevorzugen. Oftmals ist dies schwierig. In solchen Situationen sollte zumindest eine Partei ruhig und besonnen bleiben und nach dem emotionalen „Gewitter" wieder auf Ruhe und Sachlichkeit hinweisen.
Ehrlichkeit und Vollständigkeit	Alle Ursachen des Konflikts müssen ehrlich, direkt und offen angesprochen werden, damit der Konflikt vollständig beseitigt wird.
sofortige Bewältigung	Konflikte sollten sofort angesprochen werden, damit sie sich nicht im Inneren weiterentwickeln und zu späterer Zeit verstärkt hervortreten.
abschließende Bewältigung	Nach Beendigung des Konflikts sollte die Thematik für alle Beteiligten erledigt sein und nicht zu späterer Zeit wieder hervorgeholt werden.

Während des gesamten Konflikts sollten Beteiligte darauf achten, keine DU-Botschaften zu verwenden. Vorteilhafter ist es, mit ICH-Botschaften zu arbeiten. Die ICH-Botschaft hilft dem Empfänger zu verstehen, wie er von seinem Gesprächspartner wahrgenommen wird. Dadurch, dass an den Empfänger keine direkten Anschuldigungen gerichtet werden, bleibt es ihm freigestellt, sein Verhalten zu ändern. Er fühlt sich nicht eingeschränkt, bedrängt oder bedroht und ist somit nicht in einer Rechtfertigungsposition.

BEISPIEL

Tacdin und Ronja diskutieren angeregt über eine Präsentation, die sie gemeinsam halten sollen. Ronja hat Tacdin mehrmals unterbrochen, aber dies nicht bemerkt. Plötzlich sprudelt es aus Tacdin heraus: „Ronja, es reicht! Du bist total ignorant, weil du mich nie ausreden lässt."

Tacdins DU-Botschaft enthält gleich zwei miteinander verknüpfte Anschuldigungen. Hätte Tacdin zunächst die Regeln für das Verhalten in Konflikten bedacht, hätte er seine Aussage vielleicht wie folgt formuliert:

„Ronja, in den letzten Minuten habe ich gemerkt, dass du mich an mehreren Stellen unterbrochen hast, ohne darauf zu achten, was ich gerade tue und sage. Das hat mich geärgert, denn ich möchte meine Argumente auch vorbringen und erklären, damit wir gemeinsam weiterarbeiten können. Ich bitte dich, mich erst ausreden zu lassen, bevor du deine Standpunkte diskutieren."

Durch die Verwendung der ICH-Botschaften bringt Volkan zum Ausdruck, dass er

- etwas wahrgenommen hat (**Wahrnehmung**)
  „Ronja, in den letzten Minuten habe ich gemerkt, dass du mich an mehreren Stellen unterbrochen hast, ohne darauf zu achten, was ich gerade tue und sage."
- sich dadurch gestört fühlt (**Gefühl**)
  „Das hat mich geärgert, ..."
- ein eigenes Bedürfnis hat (**eigene Bedürfnisse**)
  „... denn ich möchte meine Argumente auch vorbringen und erklären, damit wir gemeinsam weiterarbeiten können."
- bittet, dieses Bedürfnis befriedigen zu können (**Bitte**)
  „Ich bitte dich, mich erst ausreden zu lassen, bevor wir deine Standpunkte diskutieren."

Kooperative Konfliktbewältigung

Das Modell der kooperativen Konfliktbewältigung geht auf Karl Berkel zurück. Es verfolgt das Ziel, dass die beteiligten Parteien nach der Beseitigung des Konflikts wieder zielorientiert handeln können. Als Ausgangs- und Schlusspunkt des Modells stehen die beteiligten Personen im Mittelpunkt. Nach der kooperativen Konfliktbewältigung vollzieht sich die Lösung eines Konflikts in sechs Phasen:

Ebene	Phase	Inhalte
Person	1. Erregung kontrollieren	• Konflikt erkennen und Ruhe bewahren • Ärger, Wut, Enttäuschung verdrängen und ruhig, klug, bewusst agieren • vor Augen führen, was eine Kurzschlussreaktion (schreien, beleidigen usw.) zur Folge hätte
Beziehung	2. Vertrauen schaffen	• der anderen Partei ruhig, offen und transparent entgegentreten • ggf. eigene Fehler oder Schwächen offenbaren • den Gegenüber nicht persönlich verletzen und seine möglichen Schwächen nicht ausnutzen • Standpunkt der anderen Partei ernst nehmen
Beziehung	3. offen kommunizieren	• auf der geschaffenen Vertrauensbasis offen über die Sache reden • Argumente und Probleme vollständig darlegen • ggf. lockere Gesprächsatmosphäre schaffen
Sache	4. Problem bewältigen	• aufbauend auf der in den ersten Phasen geschaffenen Situation kooperativ nach einer Lösung des Konflikts suchen • die sachlichen und persönlichen Interessen aller Konfliktparteien abwägen • mögliche Lösungswege identifizieren und ihre Vor- und Nachteile diskutieren • gemeinsam auf den bestmöglichen Lösungsweg einigen
Sache	5. Vereinbarungen treffen	• eine klare und eindeutige Vereinbarung formulieren, durch welche die gemeinsame Einigung (schriftlich) fixiert wird Durch eine Vereinbarung wird das Ergebnis verbindlich und kann jederzeit noch mal betrachtet werden.
Person	6. persönlich verarbeiten	• über die getroffene Vereinbarung nachdenken und das Ergebnis persönlich bejahen und für sich selbst ohne Vorbehalte akzeptieren Der Konflikt ist erst beseitigt, wenn alle Parteien die gemeinsame Lösung persönlich verarbeiten können, d. h., sie sind a) wieder handlungsfähig, weil sie die getroffene Vereinbarung auch persönlich befürworten, und b) frei von den Problemen, die den Konflikt verursacht haben.

Wie aus dem angeführten tabellarischen Überblick deutlich wird, vollzieht sich das Modell auf drei Ebenen. Ausgangspunkt ist die persönliche Ebene, auf der zunächst die Emotionen kontrolliert werden müssen, um eine sofortige Eskalation des Konflikts zu vermeiden. Ist dies geschehen, sollte auf der Beziehungsebene zunächst ein Grundvertrauen zwischen den Parteien aufgebaut werden, damit im weiteren Verlauf der Konfliktbewältigung eine offene Kommunikation gewährleistet ist. Die offene Kommunikation ist die notwendige Basis für die weiteren Schritte. In der nächsten Phase wird der Konflikt auf der Sachebene ausgetragen. In dieser Phase erfolgt ein offener Austausch über den eigentlichen Konflikt. Gemeinsam wird konstruktiv und aufbauend auf der zuvor geschaffenen Vertrauensbasis nach optimalen Lösungswegen gesucht. Nach der Einigung auf eine Beseitigungsstrategie wird diese sachlich in einer schriftlichen Vereinbarung festgehalten. Alle Beteiligten signalisieren durch ihre Unterschrift unter der Vereinbarung, dass sie mit der gefundenen Lösung einverstanden sind.

Damit ist die Konfliktbeseitigung auf der sachlichen Ebene abgeschlossen, doch der Konflikt ist schlussendlich erst beseitigt, wenn die Beteiligten die gefundene Lösung nicht nur auf dem Papier, sondern auch auf der persönlichen Ebene verarbeiten und befürworten. Durch diesen Abschluss auf der persönlichen Ebene wird die Handlungsfähigkeit der Beteiligten wieder hergestellt und eine weitere konstruktive Zusammenarbeit ermöglicht. Die Beseitigung des Konflikts muss nicht endgültig sein. Es besteht die Gefahr, dass ein Konflikt später wieder auflebt.

Exkurs: Mediation als Mittel der Konfliktbewältigung

In vielen Konflikten scheitern alle Versuche zwischen den Parteien, den Konflikt in gemeinsamen Gesprächen zu beseitigen. In diesen Fällen kann die Mediation das einzig hilfreiche Mittel zur Beendigung des Konflikts darstellen.

> **DEFINITION**
>
> Bei der **Mediation** handelt es sich um ein Konfliktlösungsverfahren unter Einschaltung eines professionellen, am Konflikt unbeteiligten Dritten, des sogenannten Mediators, der die Parteien durch den Konflikt leitet und begleitet und auf einen konstruktiven, gemeinschaftlichen Umgang der Konfliktparteien miteinander achtet und vermittelt.

Ziel der Mediation

Mit der Mediation soll der Konflikt so gelöst werden, dass alle Konfliktparteien als Gewinner aus dem Konflikt hervorgehen. Es ist also eine Art geführte Kooperationsstrategie.

Anwendungsgebiete der Mediation

Viele Konflikte können durch die Beteiligten selber beseitigt werden, jedoch ist fraglich, ob das Ergebnis ähnlich positiv wie beim Mediationsverfahren ausfallen würde. Es sollte z. B. dann angestrebt werden, wenn

- der Konflikt aufgrund persönlicher Aspekte nicht mehr durch Diskussionen beseitigt werden kann,
- eine Lösung gesucht wird, bei der beide Konfliktparteien auch nach dem Konflikt ihr Ansehen behalten,
- der Konflikt unabhängig und fair gelöst werden soll,
- eine zukünftige Zusammenarbeit oder sogar ein Zusammenleben der Konfliktparteien durch die Konfliktlösung ermöglicht werden soll oder muss,
- eine gerichtliche Auseinandersetzung vermieden werden soll.

Ablauf der Mediation

Die Konfliktparteien suchen – nach Möglichkeit gemeinsam – einen unabhängigen Dritten, einen Mediator, mit dem Ziel, gemeinsam eine kooperative Konfliktlösung zu erreichen. Der Konflikt wird dem Mediator von den Konfliktparteien geschildert. Anschließend wird in einer oder mehreren Mediationssitzungen nach einer gemeinsamen Lösung gesucht. Während der Sitzungen bleibt der Mediator zu jederzeit unabhängig. Er leitet das Mediationsgespräch und bringt eigene Lösungsvorschläge und -wege in den Prozess der Lösungsfindung ein. Am Ende des Verfahrens steht häufig eine für alle Beteiligten verbindliche Mediationsvereinbarung. In diesem Schriftstück werden die gefundene Lösung und die getroffenen Vereinbarungen schriftlich fixiert und für alle festgehalten.

Vorteile der Mediation

Das Einschalten eines Mediators hilft meist, eine (weitere) Eskalation des Konflikts zu vermeiden, da er als Vermittler neben inhaltlich-rechtlichen Aspekten auch persönliche Aspekte beim Lösungsprozess berücksichtigt. Er kann falschem Konflikt(-lösungs-)verhalten entgegenwirken und für gegenseitiges Verständnis werben. Dies kann eine weitere produktive Zusammenarbeit der Konfliktparteien ermöglichen/vereinfachen.

Durch die professionelle Begleitung werden in der Regel bessere, konstruktive, nachhaltige, positive Ergebnisse erzielt, als wenn die Konfliktparteien auf sich allein gestellt sind. Auch dies ist wichtig für die Beilegung des Konflikts.

Eine Mediation ist zudem kostengünstiger als ein gerichtliches Verfahren, das durch die Mediation vermieden werden kann.

Und schließlich eignet sich eine Mediation auch für die Bewältigung von Konflikten, die nicht vor Gericht verhandelt werden können.

> **BEISPIEL**
>
> Im Team Rechnungswesen der Exclusiva GmbH herrscht schlechte Stimmung. Die Sachbearbeiter reden aus persönlichen Gründen nicht mehr miteinander. Die Ursache für den Konflikt kann nicht mehr gefunden werden. Es scheinen viele kleine Konfliktherde zu der festgefahrenen Situation geführt zu haben. Allerdings ist eine Abstimmung der Teammitglieder für die alltägliche Arbeit unabdingbar und daher muss der Konflikt beseitigt werden, um eine zukünftige effektive Zusammenarbeit zu gewährleisten.
>
> Ein gerichtliches Vorgehen scheidet aus, da keine Partei einen Anspruch hat, der gerichtlich durchgesetzt werden könnte. Der Weg in die Mediation ist jedoch offen. Mithilfe eines Mediators findet ein professionell geführtes Konfliktgespräch statt, in dem alle Parteien die Gründe für den Konflikt offenlegen. Es wird eine gemeinsame Lösung zur Beseitigung des Konflikts erarbeitet und schriftlich festgehalten, mit der alle Parteien zufrieden sind und die sie auch unterschreiben.

Beschwerdemanagement

Zwischen Unternehmen und Kunden treten z. B. aufgrund von Beschwerden oder Reklamationen Gesprächssituationen auf, in denen ein Konflikt vorliegt. Hierbei ist es wichtig, dass das Personal die Gesprächssituation frühzeitig erkennt, das Gespräch angemessen führt und den Konflikt nach Möglichkeit beseitigt.

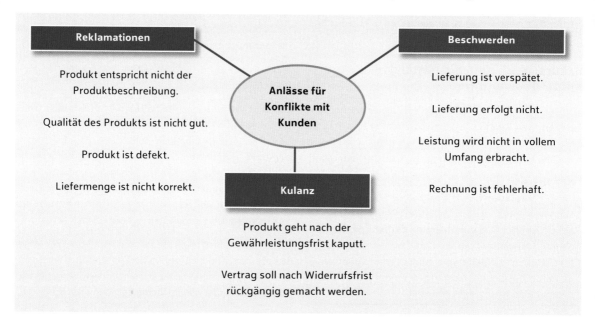

Aufgrund des häufigen Auftretens von Beschwerden (inklusive Reklamationen und Kulanzfällen) haben die meisten Unternehmen ein Beschwerdemanagement in die Geschäftsprozesse integriert. Ziel des Beschwerdemanagements ist eine einheitliche und kundenorientierte Bearbeitung von Beschwerden. Unternehmen mit einem Beschwerdemanagement haben erkannt, dass eine Beschwerde für das Unternehmen nicht nur Risiken, sondern auch viele Chancen mit sich bringt.

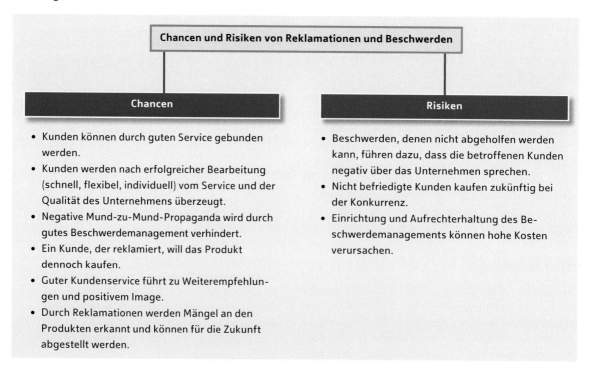

Beschwerdemanagement: Vernachlässigtes Kundenfeedback

Deutsche Unternehmen haben Nachholbedarf im Kundenmanagement, denn die Mehrzahl der Beschwerden bleibt einer Umfrage zufolge unbeantwortet.

Nur 20 Prozent der Verbraucher erhalten eine Reaktion auf ihre Beschwerden, so das ernüchternde Fazit einer Umfrage des Meinungsforschungsinstituts Maritz Research unter mehr als 1 000 Deutschen.

Meinung von Kunden wichtig, aber ...

Dabei schätzen die Unternehmen die Meinung ihrer Kunden durchaus hoch ein: Jedes vierte Unternehmen (25,9 Prozent) hat bereits an einer Kundenzufriedenheits-Befragung teilgenommen.

Anders sieht es mit der konkreten Kritik aus: Diese wird nicht gerne weitergegeben. Nur 51,3 Prozent der Befragten wurde eine Weiterleitung ihrer Beschwerde zugesagt, tatsächlich erhielten noch 41 Prozent ein Feedback von den betroffenen Unternehmen. Dabei wünschen sich 77 Prozent der Befragten explizit eine Weiterleitung und Bearbeitung ihrer Beschwerde. Allerdings rechnen mittlerweile nur noch 37 Prozent der Kritiker, die ihre Beschwerde online formulieren überhaupt noch damit, dass die Unternehmen auf ihre Beschwerde reagieren.

... Kundenfeedback zu wenig genutzt

„Die Diskrepanz zwischen dem Wunsch, sich mitzuteilen, und der geringen Erwartungshaltung bezüglich eines Feedbacks gibt tiefe Einblicke, wie viele Unternehmen in der Vergangenheit mit Kundenfeedback umgegangen sind", lautet das kritische Fazit von Marketing-Direktor Christian Vorwerck. „Die Chancen, die diese Art der Meinungsäußerung bietet, werden noch zu wenig genutzt."

Redaktion QZ

Quelle: Beschwerdemanagement: Vernachlässigtes Kundenfeedback. In: QZ-online.de. 19.05.2014. https://www.qz-online.de/news/uebersicht/nachrichten/beschwerdemanagement-vernachlaessigtes-kundenfeedback-837429.html [10.12.2020].

Aufbau des Beschwerdemanagements

Eine Möglichkeit, wie ein Beschwerdemanagement aufgebaut sein kann, geht auf Bernd Stauss zurück. Sie sieht folgende Ziele und Elemente des Beschwerdemanagements vor:

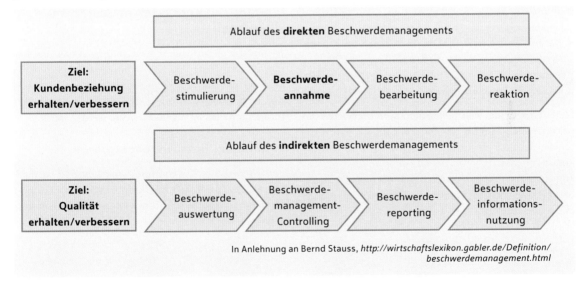

In Anlehnung an Bernd Stauss, *http://wirtschaftslexikon.gabler.de/Definition/beschwerdemanagement.html*

Direktes Beschwerdemanagement

Das direkte Beschwerdemanagement befasst sich mit dem Teil der Beschwerden, bei denen Kunden direkt betroffen sind.

Beschwerdestimulierung

Dem Kunden sind möglichst einfache und offensichtliche Möglichkeiten einzuräumen, um die Beschwerde an das Unternehmen zu richten (z. B. Kundenhotline, Benachrichtigung über die Homepage, E-Mail-Adresse, Servicecenter). Aufgrund der zahlreichen Chancen von Beschwerden sollten Kunden dazu angeregt werden, Beschwerden abzugeben.

Beschwerdeannahme

Die Beschwerdeannahme sollte in Unternehmen organisiert ablaufen. Man versteht hierunter den Erstkontakt des Beschwerdeführers mit dem zuständigen Bearbeiter im Unternehmen. In diesem Schritt ist es wichtig, dass der Mitarbeiter die Beschwerdewege und die Reaktionsmöglichkeiten auf die Beschwerde kennt. Nur so kann er fachlich richtig auf die Beschwerde eingehen. Darüber hinaus muss der Bearbeiter aber auch das Konfliktgespräch mit dem Kunden führen. Häufig sind Kunden beim Anbringen der Beschwerde aufgebracht. Der Bearbeiter muss entsprechend geschult sein, um den vorliegenden Konflikt zu beseitigen. Da es sich in der Regel um Sachkonflikte handeln wird, ist die Beseitigung zu diesem Zeitpunkt der Beschwerde noch gut möglich. Falsche Reaktionen (z. B. Arroganz, abfällige Bemerkungen, grundsätzliches Ablehnen der Beschwerde) können dazu führen, dass sich der Konflikt verstärkt.

Beschwerdebearbeitung

Für die Bearbeitung von Beschwerden sind vom Unternehmen Richtlinien für die Bearbeiter vorzugeben, um eine einheitliche, effiziente und zufriedenstellende Bearbeitung zu gewährleisten.

Beschwerdereaktion

Den Mitarbeitern werden verschiedene Möglichkeiten eingeräumt, um auf eine Beschwerde zu reagieren:

- finanzieller Art, z. B. Preisnachlass, Gutschrift, Entschädigung
- materieller Art, z. B. Umtausch, Rücknahme, Kulanzleistungen
- immaterieller Art, z. B. Empathie für den Kunden, Erklärungen, Entschuldigungen

Die Entscheidung, welche Reaktion der Beschwerde angemessen ist, liegt bei den Mitarbeitern. Ziel ist es natürlich, dass der Beschwerde abgeholfen wird und der Kunde mit der Beschwerdereaktion zufrieden ist. Die Kundenbeziehung wird dadurch erhalten oder sogar verbessert, weil sich der Kunde mit seinem Anliegen ernst genommen fühlt.

Selbstverständlich ist nicht jede Beschwerde berechtigt. In solchen Fällen müssen die Mitarbeiter des Unternehmens den Kunden empathisch erläutern, worin die (unbefriedigende) Beschwerdereaktion begründet ist.

Indirektes Beschwerdemanagement

Das indirekte Beschwerdemanagement befasst sich mit der Auswertung der bearbeiteten Beschwerden. Kunden sind von diesem Teil des Beschwerdemanagements nicht direkt betroffen. Ziel des indirekten Beschwerdemanagements ist es, die Informationen aus den Beschwerden aufzuarbeiten und auszuwerten, um aus ihnen unternehmerische Maßnahmen abzuleiten.

BEISPIEL

> Die Auswertungen der Beschwerden aus der Fahrradsparte zeigen, dass sich die Abnehmer häufig über die Befestigungen der Stecklichter beschweren. Die Halterung besteht aus Plastik und bricht schnell. Die Exclusiva GmbH hat ihren Kunden die entstandenen Kosten ersetzt. Aufgrund der Auswertung wird die Fahrradproduktion beauftragt, eine stabilere Halterung zu entwerfen, um den Qualitätsstandards der Exclusiva GmbH gerecht zu werden.

Umgang mit Konflikten in Gesprächssituationen

Wie bereits gesagt wurde, besteht in der Phase der Beschwerdeannahme und später im Verlauf des direkten Beschwerdemanagements bei der Beschwerdereaktion die Gefahr eines Konflikts, welcher im Rahmen eines Gesprächs mit dem Kunden verarbeitet werden muss.

Struktur des Beschwerdegesprächs

Um kritische Situationen in Beschwerdegesprächen erfolgreich zu bewältigen, muss das Gespräch strukturiert ablaufen. Hierfür kann z. B. nach folgendem Schema vorgegangen werden:

Phase	Inhalte
I. Eröffnungsphase	• kurze Vorstellung und Begrüßung • Problemaufnahme • Beruhigung des Kunden (wenn nötig) • „Atmosphäre schaffen"
II. Sachklärungsphase	• Sachverhalt schildern • Sachverhalt aufnehmen • offene Fragen zum Sachverhalt stellen und klären • Wünsche und Anliegen des Kunden hören und aufnehmen • Argumentation des Kunden hören • Argumente des Beschwerdeadressaten aufzeigen

Phase	Inhalte
III. Lösungsphase	• Lösungsvorschlag unter Anführung der entscheidungsrelevanten Argumente vorstellen • Rückmeldung des Kunden einholen • Diskussion des Lösungsvorschlags, wenn dies nötig ist • ggf. Überarbeitung der Lösung (z. B. falls Argumente des Kunden nicht bekannt waren oder nicht berücksichtigt wurden) • Einigung auf eine Lösung bzw. Festlegung der Lösung, wenn keine Einigung möglich ist
IV. Abschlussphase	• Feedback des Kunden zur Beschwerdebearbeitung • nach Bedarf und Möglichkeit: vom Konflikt lösen und einen angenehmen, versöhnlichen Gesprächsabschluss suchen • Verabschiedung

Sofern die Beschwerdeannahme und die Beschwerdereaktion in zwei Gesprächen stattfinden, gilt
• für das Beschwerdeannahmegespräch:
  I. Eröffnungsphase
  II. Sachklärungsphase
  III. Abschlussphase
• für das Beschwerdereaktionsgespräch:
  I. Eröffnungsphase
  II. Lösungsphase
  III. Abschlussphase

Mischformen sind denkbar, wenn dem Kunden beispielsweise Teillösungen direkt bei der Beschwerdeannahme angeboten werden können.

Konfliktgespräch bei der Beschwerdeannahme

Bei der Beschwerdeannahme befindet sich der Beschwerdeführer in der Ausgangssituation aufgrund folgender Aspekte in einem Vorteil:

• Er weiß, dass es zu einem Beschwerdegespräch kommen wird.
• Er kennt den Beschwerdegrund.
• Er hat sich auf das Gespräch vorbereitet und seine Argumentation überlegt.

Der Adressat der Beschwerde weiß von all diesen Dingen nichts. Er muss spontan auf das Anliegen des Kunden reagieren. Diesen Wissensrückstand muss er durch sein professionelles Gesprächsverhalten und seine exzellente Fachkenntnis bezüglich des Umgangs mit Beschwerden kompensieren.

Professionelles Gesprächsverhalten

Unabhängig von der Art und Weise wie der Kunde seine Beschwerde geltend macht, sollte der Adressat folgende Aspekte beachten:

Aspekt	Erklärung
ausreden lassen	Der Kunde kommt mit einem Problem und meistens auch mit Ärger zu dem Lieferanten. Es ist wichtig, dass er zunächst sein Problem vollumfänglich schildern kann. Dies vermittelt das Gefühl, ernst genommen zu werden.
aktiv zuhören	Dazu gehört: • dem Gespräch aufmerksam folgen • Reaktionen auf die Ausführungen des Kunden zeigen • zwischendurch Gesten der Zustimmung oder Verständnisses machen
volle Aufmerksamkeit	Während der Beschwerde muss dem Kunden die uneingeschränkte Aufmerksamkeit gewidmet werden. Nur so fühlt er sich ernst genommen und gehört.
keine Vorurteile	Der Kunde darf niemals aufgrund seines Auftretens (Aussehen, Kleidung, Sprache) negativ beurteilt werden.
Respekt	Niemals darf mit abwertenden Äußerungen oder Blicken auf den Gesprächspartner reagiert werden.

Aspekt	Erklärung
Verständnis aufbringen	Zu den Schilderungen des Kunden sollten Gesten und Worte gefunden werden, die das Verständnis für die vorgetragenen Probleme verdeutlichen.
Sachverhalt genau anhören	Durch die genaue Schilderung des Sachverhalts fühlt der Kunde, dass er mit seiner Beschwerde ernst genommen wird.
sachlich und freundlich bleiben	Der Kunde darf niemals auf der Beziehungsebene angegriffen oder verletzt werden. Der Profi im Gespräch muss freundlich bleiben und auf der Sachebene diskutieren und argumentieren.
deeskalieren	Aufgebrachte Kunden sollten ruhig und sachlich beruhigt werden. Wird der Adressat der Beschwerde auch laut und unruhig, eskaliert die Situation.
Wertschätzung	Man sollte sich beim Kunden bedanken, dass er seine Beschwerde vorbringt, und z. B. erläutern, dass dies wichtig für die Verbesserung der Qualität der Produkte ist.
nicht auf die Schuldfrage eingehen	Dem Beschwerdeführer sollte z. B. nicht unterstellt werden, dass er den Artikel mit Eigenverschulden zerstört hat.
Wünsche des Kunden aufnehmen	Eine kurze Wiederholung dessen, was sich der Kunde von der Beschwerde verspricht, macht ihm deutlich, dass seine Beschwerde angekommen ist.
Lösungsmöglichkeiten aufzeigen	Lösungsmöglichkeiten können schon bei der Beschwerdeannahme aufgezeigt werden. Je nach Organisation des Beschwerdemanagements kann auch direkt eine Lösung angeboten werden.
keine falschen Versprechungen	Lösungen können nur angeboten werden, wenn man auch befugt ist, diese Lösung herbeizuführen. Außerdem muss diese Lösung mit den Vorgaben des Beschwerdemanagements vereinbar sein. Werden falsche Lösungen versprochen, ist der Kunde nur im Moment zufrieden. Später wird der Konflikt weiter eskalieren.
positives Ende suchen	Das Gespräch der Beschwerdeannahme sollte positiv enden. Der Kunde sollte mit einem guten Gefühl aus dem Gespräch gehen.

Das Konfliktgespräch sollte in einer angenehmen und ruhigen Gesprächsatmosphäre geführt werden. Dies ermöglicht eine sachliche und ruhige Diskussion. Das Beschwerdegespräch findet also nicht im Verkaufsraum des Unternehmens statt. Dies ist auch wichtig, weil andere Kunden von auftretenden Problemen nichts mitbekommen sollen. Der Kunde wird für das Gespräch in einen Nebenraum oder einen ruhigen Bereich gebeten. Je nach Situation kann dem Kunden auch ein Getränk angeboten werden.

Exzellente Fachkenntnisse

BEISPIEL

Ein neuer Kunde, ein Textileinzelhändler aus Hannover, kommt aufgebracht in die Räumlichkeiten der Exclusiva GmbH. Die von ihm vor drei Tagen (am Freitag) bestellte Ware der neuen Frühjahrskollektion wurde noch nicht geliefert und seine Kunden fragen schon nach der neuen Frühjahrskollektion. Er will von Tacdin Akay wissen, „wo denn die Ware nun bleibt". Schließlich wurde ihm die Lieferung innerhalb von drei Tagen im Angebot zugesichert.

Der Adressat der Beschwerde ist unvorbereitet auf die Beschwerdeannahme, während der Beschwerdeführer sich seine Argumentation bereits überlegt hat und den Sachverhalt genau kennt. Exzellente Fachkenntnisse können diese nachteilige Ausgangssituation ausgleichen.

BEISPIEL

Da Tacdin Akay die Angebotsbedingungen der Exclusiva GmbH genau kennt, erläutert er dem Kunden, dass vermutlich ein Irrtum vorliegt. Dieser Irrtum liegt darin begründet, dass in dem Angebot „eine Lieferung innerhalb von drei Werktagen nach der Bestellung" zugesichert wird. Da die Bestellung an einem Freitag eingegangen ist, erfolgt die Lieferung also spätestens am Mittwoch. Der Kunde muss sich also noch zwei Tage gedulden.

Wie aus dem Beispiel deutlich wird, konnte durch das Fachwissen die Beschwerde sofort fachgerecht und professionell angenommen werden. Das Ergebnis muss dem Kunden aber dennoch unter Berücksichtigung der

Regelungen zum Gesprächsverhalten mitgeteilt werden. Schließlich wird sein Wunsch zwar erkannt und aufgenommen, aber ihm wird nicht entsprochen. Zur Aufrechterhaltung der Geschäftsbeziehung muss daher das Ergebnis angemessen mitgeteilt werden.

Konfliktgespräch bei der Beschwerdereaktion

Der letzte Schritt des direkten Beschwerdemanagements ist die Beschwerdereaktion, also die Mitteilung an den Kunden, wie mit seiner Beschwerde umgegangen wird.

Bei positiven Beschwerdereaktionen, also vollumfänglicher Berücksichtigung der Wünsche des Kunden, ist keine Konfliktsituation im Gespräch zu erwarten. Die Gesprächsführung muss dennoch angemessen sein. Das Ergebnis ist dem Kunden gut zu erläutern. In Fällen, in denen sich das Unternehmen ausnahmsweise kulant zeigt (z. B. aufgrund der langjährigen Geschäftsbeziehungen oder eines Missverständnisses), ist dem Kunden dies mitzuteilen. Bei Verschulden des Beschwerdeadressaten (z. B. schlechte Qualität, Missverständnis) ist eine Entschuldigung angebracht.

Großes Konfliktpotenzial besteht, wenn den Wünschen des Kunden nicht oder nicht vollumfänglich entsprochen wird. Die Kundenbeziehung ist für die Zukunft stark gefährdet und auch die Gefahr, dass das Image des Unternehmens leidet, ist offensichtlich.

Im Gegensatz zur Beschwerdeannahme hat jedoch bei der Beschwerdereaktion der Mitarbeiter einen Wissensvorteil gegenüber dem Beschwerdeführer. Er hat sich mit dem Sachverhalt auseinandergesetzt und kennt die Gründe, die zu der (teilweisen) Ablehnung der Beschwerde führen. Auf diesem Kenntnisstand muss sich der Mit-arbeiter eine Gesprächsstrategie überlegen, um dem Kunden die negativen Aspekte der Beschwerdereaktion mitzuteilen. Die Gesprächsstrategie ist an den Kunden anzupassen. Es kann sinnvoll sein, zunächst die Argumentation sorgfältig, ruhig und sachlich zu erläutern, bevor das Ergebnis mitgeteilt wird.

Bei teilweiser Ablehnung der Beschwerde kann es – je nach Kunde und Sachverhalt – sinnvoll sein, zunächst die Ablehnung mitzuteilen, um anschließend die Zugeständnisse hervorzuheben und ein positives Ende des Gesprächs zu suchen. Die Strategie ist immer situativ zu wählen.

Konfliktgespräch am Telefon

Neben dem persönlichen Konfliktgespräch kann es zu Konfliktgesprächen kommen, die am Telefon zu führen sind.

Die oben genannten Regeln für professionelles Gesprächsverhalten gelten natürlich auch bei dieser Art von Konfliktgesprächen mit Kunden. Jedoch sind die Möglichkeiten der Körpersprache, Gestik und Mimik zur Steuerung der Situation nicht vorhanden. Das einzige Mittel, um der Beschwerde des Kunden professionell gegenüberzutreten, ist die Sprache. Folglich ist verstärkt auf die Wortwahl und die Betonung zu achten. Auch wenn der Kunde den Bearbeiter nicht sehen kann, sollte eine angemessene Haltung eingenommen werden, damit die Stimme am Telefon als aufmerksam und freundlich wahrgenommen wird.

Während des Gesprächs sollte man sich unbedingt Notizen machen, um die Beschwerde möglichst genau aufnehmen und entsprechend gut bearbeiten zu können.

AUFGABEN

1. Erläutern Sie unter Verwendung eines geeigneten Beispiels den Begriff *Konflikt*.

2. Erklären Sie, wie Konflikte entstehen können
   a) mithilfe des Eisbergmodells,
   b) mithilfe des Modells *Rabattmarken sammeln*.

3. Geben Sie begründet an, welche der genannten Konfliktarten im Berufsleben typisch sind.

4. Geben Sie aus Ihrem beruflichen oder persönlichen Umfeld je ein Beispiel für einen Sach-, Beziehungs- und Mischkonflikt an.

5. Erläutern Sie, warum Beziehungskonflikte schwerer zu beseitigen sind als Sachkonflikte.

6. Erläutern Sie begründet anhand eines eigenen Beispiels, warum die Konfliktvermeidungsstrategie keine optimale Strategie zur Konfliktbewältigung darstellt.

7. Begründen Sie, warum bei der Konfliktbewältigung die Kooperationsstrategie der Kompromissstrategie vorgezogen werden sollte.

8. Beschreiben Sie die Vorteile, die sich ergeben, wenn eine Konfliktpartei im Konfliktgespräch ICH-Botschaften verwendet.

9. Überlegen Sie sich eine DU-Botschaft, die Sie häufiger in Konfliktsituationen verwenden oder hören. Formulieren Sie diese DU-Botschaft als ICH-Botschaft mit allen Bestandteilen.

10. Beschreiben Sie das Modell der kooperativen Konfliktbewältigung mit eigenen Worten und geben Sie an, welche Konfliktbewältigungsstrategie durch dieses Modell umgesetzt werden soll.

11. Beschreiben Sie das Mediationsverfahren mit eigenen Worten.

12. Geben Sie mögliche Anlässe für Konflikte zwischen Unternehmen und ihren Kunden an.

13. Beschreiben Sie, was man unter Beschwerdestimulierung versteht.

14. Erläutern Sie die Begriffe *direktes Beschwerdemanagement* und *indirektes Beschwerdemanagement*. Geben Sie dabei den Unterschied und den Zusammenhang der beiden Begrifflichkeiten wieder.

15. Erläutern Sie die Phasen des Beschwerdegesprächs mit eigenen Worten.

16. Geben Sie an, warum der Kunde bei der Beschwerdeannahme im Vorteil ist.

17. Geben Sie Merkmale professionellen Gesprächsverhaltens wieder.

18. Konfliktgespräche mit Kunden werden nicht nur durch professionelles Verhalten im Gespräch, sondern auch durch professionelles Verhalten rund um das Gespräch optimal geführt. Geben Sie an, wie gute Rahmenbedingungen für das Konfliktgespräch geschaffen werden können.

19. Erläutern Sie, warum exzellente Fachkenntnisse das Führen eines Konfliktgesprächs mit Kunden erleichtern können.

20. Beschreiben Sie den Ablauf eines Beschwerdegesprächs, das Sie geführt oder gehört haben. Orientieren Sie sich dabei an den Phasen des Beschwerdegesprächs und notieren Sie stichpunktartig die Aussagen und Inhalte des Beschwerdegesprächs. Beurteilen Sie im Nachhinein, ob das Beschwerdegespräch richtig geführt wurde, und finden Sie Verbesserungsvorschläge, um in künftigen Situationen besser zu agieren.

21. Gruppenarbeit bzw. Rollenspiel vor der Klasse:
    a1) Überlegen Sie sich eine Situation für ein Konfliktgespräch zwischen Kunde und Mitarbeiter.
    a2) Schreiben Sie die Situation auf und bereiten Sie sich darauf vor, das Gespräch aus Sicht des Kunden zu führen.
    b1) Führen Sie die in Aufgabenteil a) beschriebene Beschwerde. Der Mitarbeiter wird von einem Klassenkameraden gespielt.
    b2) Beurteilen Sie die von Ihrem Klassenkameraden durchgeführte Beschwerdeannahme aus Aufgabenteil b1). Machen Sie sich Notizen zum Gesprächsverhalten, finden Sie Verbesserungspotenziale und geben Sie Verbesserungsvorschläge.

ZUSAMMENFASSUNG

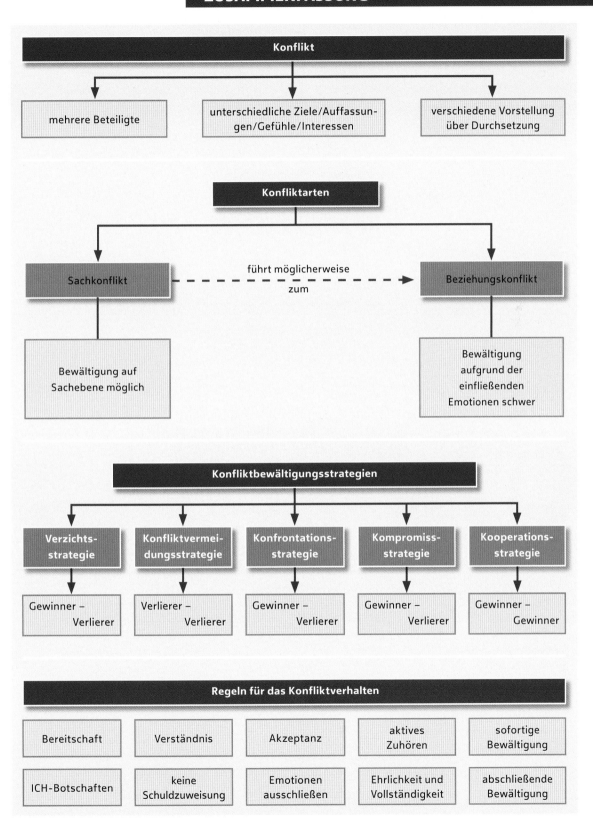

Konflikt

- mehrere Beteiligte
- unterschiedliche Ziele/Auffassungen/Gefühle/Interessen
- verschiedene Vorstellung über Durchsetzung

Konfliktarten

Sachkonflikt — führt möglicherweise zum → Beziehungskonflikt

Bewältigung auf Sachebene möglich

Bewältigung aufgrund der einfließenden Emotionen schwer

Konfliktbewältigungsstrategien

Verzichts-strategie	Konfliktvermeidungsstrategie	Konfrontations-strategie	Kompromiss-strategie	Kooperations-strategie
Gewinner – Verlierer	Verlierer – Verlierer	Gewinner – Verlierer	Gewinner – Verlierer	Gewinner – Gewinner

Regeln für das Konfliktverhalten

Bereitschaft	Verständnis	Akzeptanz	aktives Zuhören	sofortige Bewältigung
ICH-Botschaften	keine Schuldzuweisung	Emotionen ausschließen	Ehrlichkeit und Vollständigkeit	abschließende Bewältigung

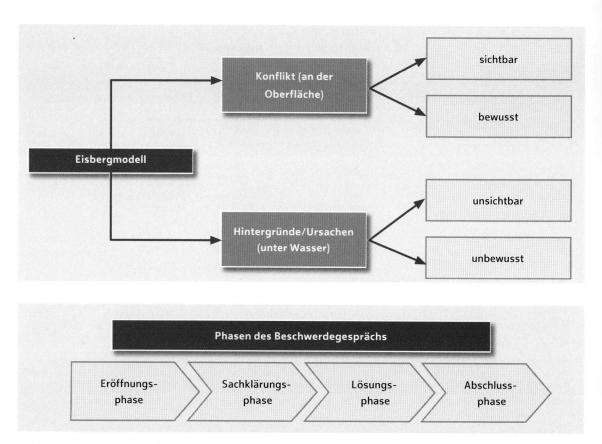

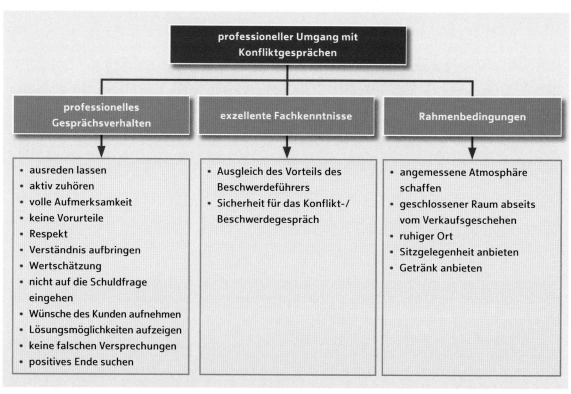

6.10 Interkulturelle Kommunikation

Einstieg

Herr Weber aus der Einkaufsabteilung berichtet in der Abteilungskonferenz von einer Dienstreise. Ronja Bunko hört sehr aufmerksam zu:

Herr Weber:

„Bei zwei Geschäftspartnern liefen die Gespräche und Verhandlungen normal, aber in Rio gab es Probleme. Kurz vor der vereinbarten Zeit suchte ich das Büro unseres Geschäftspartners auf. Ich wunderte mich stark. Obwohl mein Verhandlungspartner in seinem Büro war, musste ich im Vorzimmer Platz nehmen und warten. Was ich mitbekommen habe: Der ging unbeirrt weiter seinen Tagesgeschäften nach. Ich hörte, dass er Telefongespräche führte. Ich bekam mit, wenn die Tür mal aufging, dass andere Mitarbeiter reingingen. Seine Sekretärin reichte ihm Dokumente rein. Langsam fing ich an, mich zu ärgern. Erst nach einer halben Stunde wurde ich dann vorgelassen. Später während des Gesprächs wurden wir immer wieder von der Sekretärin, Mitarbeitern oder Telefonanrufen unterbrochen. Irgendwie habe ich mich nicht wichtig genommen gefühlt. Dieses Gespräch habe ich dann einfach abgebrochen. Das Tollste war dann: Der Brasilianer war darüber ganz verwundert!"

Herr Hertien:

„Also, wenn ich mal was sagen darf ... Wir müssen uns mal über kulturelle Unterschiede informieren, z. B. über unterschiedliche Kulturdimensionen: Eigentlich wollte der Brasilianer Ihnen Wertschätzung entgegenbringen. Er hat nur ein polychrones Zeitverständnis ..."

Herr Weber:

„Kulturdimensionen??? Polychrones Zeitverständnis???"

Herr Hertien:

„Ich werde mir Gedanken machen zu einer Schulung über interkulturelle Unterschiede. Da wir immer mehr importieren und exportieren, hat das höchste Priorität."

1. Erläutern Sie, warum es zu einem Konflikt kam.

2. Beschreiben Sie den Begriff „Kulturdimension".

3. Machen Sie einen Vorschlag, wie der Konflikt hätte verhindert werden können.

INFORMATIONEN

Tagtäglich treffen Menschen in beruflichen Situationen auf andere Menschen. Dies geschieht i. d. R. in einer verständnisvollen und konfliktarmen Atmosphäre, wenn diese Menschen durch gleiche oder ähnliche kultureller Einflüsse, Stimmungen und Erwartungen geprägt sind. Schwierigkeiten entstehen jedoch oft, wenn Personen aus unterschiedlichen Kulturkreisen aufeinandertreffen: Je mehr die jeweiligen kulturellen Einflüsse der beteiligten Personen voneinander abweichen, umso mehr kann es zur Entstehung interkultureller Konfliktsituationen kommen. Gerade im Zusammenhang mit Geschäftsreisen und Veranstaltungen ist es wichtig, beim Aufeinandertreffen von kulturell verschiedenen Personen angemessen handeln zu können.

BEISPIEL

Nicht selten führen Geschäftsreisen ins Ausland. Auch auf Veranstaltungen trifft man oft ausländische Teilnehmer. In beiden Fällen ist es wichtig, interkulturelle Besonderheiten zu kennen und entsprechend darauf optimal reagieren zu können.

Werden im Geschäftsleben kulturelle Besonderheiten nicht ausreichend beachtet, kann dies viele Nachteile haben:

- Missverständnisse können die betriebliche Arbeit stören.
- Der Kommunikationspartner kann nachhaltig verärgert werden.
- Dies kann sogar zur Ablehnung des Kommunikationspartners führen.
- Die Geschäftsbeziehungen werden gestört.
- Es kommt zu finanziellen Einbußen.
- Es droht ein Scheitern der geschäftlichen Verbindungen.

Der Kontakt zu Mitarbeitern und Kunden mit unterschiedlicher kultureller Prägung in oder außerhalb eines Unternehmens wird in Zukunft sehr stark zunehmen. Vor dem Hintergrund der Globalisierung wird es für Unternehmen immer wichtiger, dass die Mitarbeiter in der Lage sind, mit interkulturellen Konfliktsituationen angemessen umgehen zu können. Erlernen müssen sie dazu einerseits die Erkennung und ggf. Vermeidung, andererseits den Umgang mit solchen interkulturellen Konfliktsituationen.

Grundregeln für die Zusammenarbeit mit Personen anderer Kulturkreise

Zurücknahme der eigenen Person

In jedem Fall hilfreich ist es, die Person etwas zurückzunehmen. Man sollte also nicht offensiv die Meinung vertreten, dass die eigenen Ansichten und die eigene Lebensweise die allein gültigen sind.

Respekt vor anderen Personen

Damit einher geht die Achtung von Personen aus fremden Kulturkreisen. Sie empfinden dies als Wertschätzung und werden dementsprechend positiv reagieren.

Bereitschaft zum interkulturellen Lernen

Vor diesem Hintergrund sollte jeder bereit sein, interkulturell zu lernen. Darunter versteht man, dass sich Menschen unterschiedlicher Kulturen im Umgang miteinander bemühen, das kulturelle Orientierungssystem des jeweils anderen zu verstehen. Dadurch wird immer das Verständnis sowohl für fremde Kulturen als auch der eigenen verstärkt.

Informationen einholen über die Besonderheiten der anderen Kultur

Vor Geschäftsreisen ins Ausland sollte man sich über die kulturellen Besonderheiten und die dort üblichen Sitten im Geschäftsleben informieren. Dies gilt auch, wenn auf Veranstaltungen Treffen mit ausländischen Teilnehmern zu erwarten sind. Von der Beschaffung solcher Informationen kann der Erfolg oder Misserfolg der Reise bzw. Veranstaltungsteilnahme entscheidend abhängen. Wichtig ist also

- zu verstehen, was die Eigenschaften der jeweiligen Kultur sind,
- zu wissen, welches in unserem Kulturkreis normale Verhalten anderswo negativ gesehen wird bzw. umgekehrt.

Kulturdimensionen

Zur Erfassung kultureller Unterschiede verwendet man das Modell der Kulturdimensionen. Unter Kulturdimensionen versteht man Vergleichskriterien, um Gemeinsamkeiten und Unterschiede von Landeskulturen darzustellen. Durch Verwendung von Kulturdimensionen können Landeskulturen klassifiziert und dadurch besser analysiert und verstanden werden.

Als Kulturdimensionen können unterschieden werden:
- direkte und indirekte Kommunikation
- Sach- oder Beziehungsorientierung
- Kollektivismus und Individualismus
- Femininität und Maskulinität
- Grad der Risikobereitschaft und Unsicherheitsvermeidung
- hohe oder geringe Ausprägung der Machtdistanz
- monochrone oder polychrone Kulturen

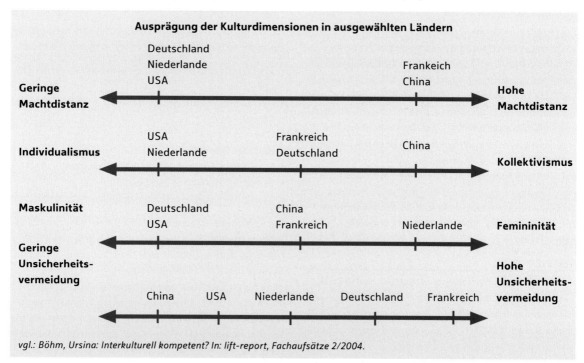

Ausprägung der Kulturdimensionen in ausgewählten Ländern

vgl.: Böhm, Ursina: Interkulturell kompetent? In: lift-report, Fachaufsätze 2/2004.

Direkte und indirekte Kommunikation

Verschiedene Landeskulturen unterscheiden sich durch die Art der Kommunikation. In einigen Ländern wird mehr die **direkte** Kommunikation bevorzugt: Informationen oder Anweisungen werden deutlich geäußert. Es werden klare Positionen bezogen, Kritik wie auch Zustimmung werden offen ausgesprochen, auch wenn dadurch ein sozialer Konflikt riskiert wird. Dies wird in Kauf genommen, da die direkte Kommunikation zu mehr Wahrheit und Klarheit führen kann.

BEISPIEL

Im Rahmen der direkten Kommunikation wird ein Gespräch geführt, um ein vorher festgelegtes Ziel zu erreichen.

„Ich habe um dieses Gespräch gebeten, weil ich mit der Qualität Ihrer Ware nicht zufrieden bin."

Weil man keine Zeit verschwenden will, wird also ein sehr direkter Weg gewählt.

In Kulturen, deren Mitglieder **indirekt** kommunizieren, werden Botschaften und Mitteilungen verschlüsselt weitergegeben. Aus dem Bedürfnis, soziale Harmonie zu wahren, werden direkte Stellungnahmen vermieden. Andere Personen werden nicht angegriffen.

BEISPIEL

In Kulturen, die die indirekte Kommunikation bevorzugen, wird das Gesprächsziel viel eher beiläufig und über Umwegen angestrebt. Die Kommunikation dauert länger, ist unverbindlich und enthält wenig Fakten.

Kulturdimension	
Direkte Kommunikation	**Indirekte Kommunikation**
Europäer sind bei Konflikten bestrebt, den Sachverhalt möglichst deutlich darzulegen, um Klarheit zu schaffen. • Deutschland • Skandinavien	Asiaten z. B. versuchen die Konfliktursache undeutlich zu machen, weil in erster Linie die Harmonie zwischen den Beteiligten wiederhergestellt werden muss. • Asien, • Lateinamerika, • Afrika, arabische Länder, • romanische Länder, • osteuropäische Staaten

In Kulturen, die indirekte Kommunikation bevorzugen, werden viele Dinge nicht direkt zur Sprache gebracht.

16 Möglichkeiten, auf Japanisch „Nein" zu sagen

1. Ein unbestimmtes „Nein"
2. Ein unbestimmtes und zweideutiges „Ja" oder „Nein"
3. Schweigen
4. Eine Gegenfrage
5. Abschweifende Antworten
6. Das Verlassen des Raumes
7. Lügen (doppelsinnige Antwort oder Vorschieben eines Vorwandes, z. B. Krankheitsfall, frühere Verpflichtung, etc.)
8. Kritik an der Frage selbst üben
9. Die Frage ablehnen
10. Ein bedingtes „Nein"
11. „Ja, aber"
12. Die Antwort aufschieben („Wir schreiben Ihnen")
13. Im Innern denkt man „Ja", nach außen sagt man „Nein"
14. Im Innern denkt man „Nein", nach außen sagt man „Ja"
15. Sich entschuldigen
16. Verwendung eines Wortes, das dem englischen „Nein" entspricht – wird meist nur beim Ausfüllen amtlicher Fragebogen und nicht im Gespräch benutzt

Quelle: Engelen, Andreas; Tholen, Eva: Interkulturelles Management. 1. Auflage, Stuttgart: Schäffer-Poeschel, 2014, S. 29.

Sachorientierung oder Beziehungsorientierung

Viele Kulturen unterscheiden sich durch unterschiedliche Auffassungen der Geschäftsbeziehungen: in Landeskulturen, bei denen die **Sachorientierung** im Vordergrund steht, legt man Wert darauf, sachlich zu diskutieren. Es herrscht eine strikte Trennung zwischen Privat- und Berufsleben. Für den Aufbau von Geschäftsbeziehungen ist die Entwicklung einer persönlichen Bindung nicht wichtig. Bei der Zusammenarbeit spielen persönliche Sympathien und Antipathien keine große Rolle.

BEISPIEL

> In Deutschland herrscht wie in vielen westlichen Kulturen die Sachorientierung: In Verhandlungen wird der Abschluss eines Projekts, eines Vertrags oder eines Geschäfts angestrebt.

In anderen Kulturen steht die **Beziehungsorientierung** im Vordergrund: Erst wenn eine persönliche Beziehung aufgebaut wurde, arbeiten die Geschäftspartner zusammen.

BEISPIEL

> Besprechungen oder Verhandlungen dienen zunächst einmal dem Kennenlernen und dem Aufbau einer persönlichen Beziehung. Erst wenn eine gemeinsame Basis geschaffen wurde, wird ein Abschluss angestrebt.

Kulturdimension	
Sachorientierung	**Beziehungsorientierung**
• Deutschland • USA	• Italien • Spanien • Mexiko • Brasilien

BEISPIEL

- Für Nordeuropäer oder Nordamerikaner gilt das Prinzip „Zeit ist Geld". Sie wollen schnell zur Sache kommen.
- Asiaten, Afrikaner oder Araber möchten den Geschäftspartner zuerst einmal als Person kennenlernen und in einschätzen können. Erst nach Aufbau einer Beziehung denken sie an geschäftliche Dinge.

Individualismus oder Kollektivismus

Viele Landeskulturen unterscheiden sich auch darin, wie die Rolle des Einzelnen gegenüber der Gruppe gesehen wird.

In Landeskulturen, in denen der **Individualismus** im Vordergrund steht, gilt die Selbstverwirklichung des Einzelnen als eines der höchsten Ziele. Die Unabhängigkeit, die Privatsphäre und die Persönlichkeit des Einzelnen genießen einen sehr hohen Stellenwert. Der Gruppe geht es gut, wenn es einer Einzelpersonen gutgeht.

Bei durch **Kollektivismus** geprägten Landeskulturen ist die Gemeinschaftsorientierung das entscheidende Merkmal. Dem Einzelnen geht es gut, wenn es der Gruppe gut geht. Das Wohl der einzelnen Person wird dem der Gruppe untergeordnet. Die Gemeinschaft bietet Schutz und Unterstützung, fordert aber auch große Loyalität.

Kulturdimension	
Individualismus	**Kollektivismus**
Beziehungen zwischen Menschen sind lockerer, da individuelle Freiheit, freie Persönlichkeitsentwicklung, Selbstbestimmung und Verantwortung in der gesellschaftlichen Ordnung eine hohe Priorität haben. • USA • Großbritannien • Australien • Frankreich • Schweiz • Niederlande • Belgien • Deutschland	In kollektivistischen Kulturen spielt die Integration in zahlreiche soziale Netzwerke eine besonders wichtige Rolle. Charakteristisch sind gegenseitige Abhängigkeit, Priorität von Gruppeninteressen und Vermeidung von direkter Konfrontation (Harmoniestreben). • China • Japan • Argentinien • Singapur • Guatemala • Mexiko • Portugal

BEISPIEL

- „The American Dream" – die Möglichkeit sich aus eigener Arbeitskraft vom Tellerwäscher zum Millionär hochzuarbeiten – ist ein Symbol für den Individualismus, wie er in den USA gelebt wird und in dem berühmten Song „My Way" von Frank Sinatra zum Ausdruck kommt.

- Für die kollektivistisch ausgeprägte Gesellschaft Chinas ist das Sprichwort „Der Nagel, der herausragt, wird in das Brett gehämmert" kennzeichnend. In einer solchen Gesellschaft steht die Gruppe als Gesamtheit im Vordergrund und ist wichtiger als die Selbstverwirklichung der Gruppenmitglieder.

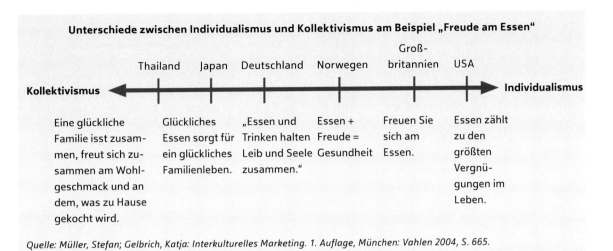

Unterschiede zwischen Individualismus und Kollektivismus am Beispiel „Freude am Essen"

Thailand Japan Deutschland Norwegen Groß-britannien USA

Kollektivismus ◄──────────────────────────────────► Individualismus

| Eine glückliche Familie isst zusammen, freut sich zusammen am Wohlgeschmack und an dem, was zu Hause gekocht wird. | Glückliches Essen sorgt für ein glückliches Familienleben. | „Essen und Trinken halten Leib und Seele zusammen." | Essen + Freude = Gesundheit | Freuen Sie sich am Essen. | Essen zählt zu den größten Vergnügungen im Leben. |

Quelle: Müller, Stefan; Gelbrich, Katja: Interkulturelles Marketing. 1. Auflage, München: Vahlen 2004, S. 665.

Hohe oder geringe Ausprägung der Machtdistanz

Verschiedene Landeskulturen unterscheiden sich dadurch, inwieweit Individuen Ungleichheiten zwischen Hierarchiestufen akzeptieren. Es geht um die Frage, wie viel Respekt eine Person vor einem Menschen in einer höheren Position hat. Je höher die Machtdistanz ist, umso weniger ist es erlaubt, offene Kritik zu üben.

In Landeskulturen mit einer hohen Ausprägung der Machtdistanz werden hierarchische Strukturen akzeptiert. In Organisationen und Unternehmen wird häufiger ein tendenziell autoritärer Führungsstil angewendet. Dagegen wird dort, wo die Machtdistanz niedriger ausgeprägt ist, nach einer weitgehenden Gleichheit der Machtverteilung gestrebt. So sind Organisationsstrukturen eher flach gehalten, Entscheidungen werden eher delegiert.

Kulturdimension	
Hohe Ausprägung der Machtdistanz	**Niedrige Ausprägung der Machtdistanz**
• Japan	• Skandinavien
• Singapur	• Großbritannien
• Frankreich	• Österreich
• Spanien	• Niederlande
• Guatemala	

BEISPIEL

Wenn ein deutscher Chef ein russisches Team mit niedriger Machtdistanz leitet – was sich in Deutschland als sehr erfolgreich erwiesen hat –, wird er beispielsweise viel delegieren und seine Mitarbeiter eigenverantwortlich arbeiten lassen. Er wird wenig kontrollieren. Da Russland jedoch ein Land mit hoher Machtdistanz ist, wird er vermutlich scheitern. Russische Mitarbeiter sind eine hohe Machtdistanz gewohnt. Sie könnten das Führungsverhalten des Chefs als Schwäche auslegen.

Ein Beispiel für Probleme unterschiedlicher Machtdistanz in einem internationalen Unternehmen

Herr Gomez arbeitet für ein südamerikanisches Unternehmen. Er ist als Führungskraft seinen Mitarbeitern hierarchisch deutlich übergeordnet und fällt die wichtigsten Entscheidungen selbstständig. Seine Mitarbeiter erwarten von ihm klare Anweisungen. Herr Gomez bezieht ein hohes Einkommen; Privilegien und Statussymbole (Auto, Club) unterstreichen die hervorgehobene Bedeutung seiner Position. Seit Kurzem hat Herr Gomez einen neuen Vorgesetzten, Herrn Palmblad aus Schweden, der sich in vielen Fragen mit ihm abstimmt und ihn verhältnismäßig wenig spüren lässt, dass er sein Vorgesetzter ist.

Herr Gomez ist darüber zwar etwas verunsichert, führt aber die Offenheit seines Vorgesetzten im Wesentlichen auf die eigenen Leistungen zurück und ist mit sich sehr zufrieden. Auch nach außen hin kann Herr Gomez seine starke Rolle im Unternehmen immer wieder dokumentieren, da sein neuer Vorgesetzter bei gemeinsamen Auftritten eher im Hintergrund bleibt und ihm den Vortritt lässt. Allerdings wundert sich Herr Gomez darüber, dass Herr Palmblad bei wichtigen Entscheidungen auch die Meinung von Herrn Fernandez, einem hierarchisch nachgeordneten Mitarbeiter von Herrn Gomez, einholt. Herr Gomez überlegt, wie er damit umgehen soll, da nach seiner Erfahrung durch dieses Vorgehen seine eigene Position den Mitarbeitern gegenüber untergraben wird. Auch Herr Fernandez scheint nicht recht zu wissen, wie er sich angesichts dieser neuen Mitsprachemöglichkeit verhalten soll.

Einerseits genießt er seine neue Bedeutung, andererseits fragt er sich, inwieweit er das Verhalten von Herrn Palmblad als Schwäche sehen muss.

Beteiligter	Stellung in der Unternehmenshierarchie	Aussage
Herr Palmblad (Schweden)	1. Hierarchieebene im Unternehmen	„Schade, ich hätte von den beiden mehr Einsatz und Kooperationsbereitschaft erwartet, wo ich doch mit so gutem Beispiel vorangegangen bin!"
Herr Gomez (Venezuela)	2. Hierarchieebene im Unternehmen	„Endlich werden meine Fähigkeiten und Leistungen gesehen und anerkannt. Aber warum fragt er eigentlich immer meinen Untergebenen, Herrn Fernandez, nach seiner Meinung?"
Herr Fernandez (Venezuela)	3. Hierarchieebene im Unternehmen	„So einen merkwürdigen Chef hatte ich noch nie. Muss ganz schön unsicher sein, der Schwede. Hoffentlich nimmt mir das Herr Gomez nicht übel!"

vgl.: Dreyer, Axel: Kulturtourismus. München: Oldenbourg 2000, S. 212; und Müller, Stefan; Gelbrich, Katja: Interkulturelles Marketing, München: Vahlen 2004.

Monochrone oder polychrone Kulturen

Mitglieder einer monochronen Kultur erledigen Aufgaben nacheinander. Die nächste Beschäftigung wird erst dann begonnen, wenn die erste abgeschlossen ist. Die Mitglieder dieser Kultur messen der Zeit und der Privatsphäre einen hohen Wert bei. Die Zeit dient ihnen dazu, den Alltag zu ordnen und in strukturierte Bahnen zu lenken. Pünktlichkeit ist von großer Bedeutung, die Zeitplanung in monochronen Kulturen ist sehr exakt.

In polychronen Kulturen führen die Mitglieder oft mehrere Aufgaben nebeneinander aus. In solchen Gesellschaften werden viele Dinge gleichzeitig erledigt; neue Aufgaben werden also angefangen, ohne die alten vorher abgeschlossen zu haben. Zeit hat für die Mitglieder einer solchen Kultur keine große Bedeutung. Planungen werden häufiger geändert. Diese Gesellschaften legen sehr viel Wert auf Kommunikation und Beziehungen.

Kulturdimension	
Monochron	**Polychron**
• Deutschland	• Südeuropa
• USA	• Osteuropa
• Kanada	• Mittelamerika
• Mitteleuropa	• Südamerika
• Nordeuropa	• Afrika
• Japan	• Naher Osten
• China	• Indien

BEISPIEL

• In monochronen Kulturen fällt man durch Unpünktlichkeit sehr leicht negativ auf.

• In polychronen Kulturen geht der Geschäftspartner im Groben davon aus, dass er selbst und die anderen doch alle genügend Zeit zur Verfügung haben.

Hohe oder niedrige Unsicherheitsvermeidung

In Gesellschaften mit hoher Unsicherheitsvermeidung wird Ungewissheit als Bedrohung empfunden. Dadurch entsteht ein allgemeines Bedürfnis nach informellen Regeln und formellen Vorgaben. Man möchte unvorhersehbare Situationen vermeiden. Um Ordnung und Struktur in solchen Gesellschaften aufrecht zuerhhalten, wird andersartiges Verhalten bestraft.

In den Kulturen, in denen eine niedrige Unsicherheitsvermeidung vorherrscht, gibt es überwiegend die Einstellung, dass Ungewissheit eine normale Erscheinung im Leben ist. Diese Gesellschaften sind erheblich risikobereiter und innovationsfreudiger als andere. Regeln werden nur dort aufgestellt, wo sie absolut notwendig erscheinen. Man ist sich einig, dass man viele Probleme auch ohne formelle Regeln lösen kann.

Kulturdimension	
Hohe Unsicherheitsvermeidung	**Niedrige Unsicherheitsvermeidung**
• Japan	• Nordeuropa
• Guatemala	• Großbritannien
• China	• Hongkong
• Frankreich	

BEISPIEL

In Kulturen mit hoher Unsicherheitsvermeidung gibt es am Arbeitsplatz sehr viele ungeschriebene, aber auch geschriebene Regeln, die den Arbeitsablauf bestimmen. Herrscht in einer Kultur dagegen eine niedrigere Unsicherheitsvermeidung vor, ruft dies einen großen Widerwillen hervor: Dort werden eher flexible Regelungen und Strukturen angestrebt.

Maskulinität oder Femininität

Eine Kultur gilt als maskulin, wenn die Rollen der Geschlechter emotional klar gegeneinander abgegrenzt sind:

Männer haben bestimmt, hart und materiell orientiert zu sein, Frauen dagegen müssen bescheidener, sensibler sein und Wert auf Lebensqualität legen.

Maskuline Kulturen erwarten von Männern Leistung, Erfolg und Stärke. In einer femininen Kultur überschneiden sich Rollen der Geschlechter emotional: Sowohl Frauen als auch Männer sollen bescheiden und feinfühlig sein und Wert auf Lebensqualität legen. Merkmale femininer Kulturen sind Ausgewogenheit zwischen Arbeit und Privatleben, Kooperationsbereitschaft und Bescheidenheit.

Kulturdimension	
Maskulinität	**Femininität**
• Japan	• Niederlande
• Deutschland	• Skandinavien

BEISPIEL

Aggressives Auftreten ist eher in maskulinen Kulturen anzutreffen als in den eher auf Bescheidenheit und Mitgefühl ausgerichteten femininen Kulturen. Ein angriffslustiges Verkaufsverhalten auf Kosten anderer – wie z. B. vergleichende Werbung auf amerikanische Art – wird in femininen Gesellschaften überwiegend negativ aufgenommen.

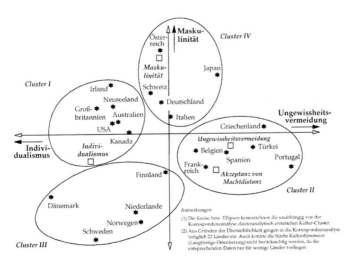

Zusammenhang zweier Kulturdimensionen

Langfristige oder kurzfristige Orientierung

Verschiedene Kulturen unterscheiden sich dadurch, wie groß der zeitliche Planungszeitraum einer Kultur ist.

Kurzfristig orientierte Kulturen bevorzugen kurzfristig erreichbare Ziele. Sie weisen unter anderem folgende Merkmale auf:

- Ungeduld
- Erwartung schneller Gewinne
- Geringe Sparsamkeit

Solche Gesellschaften sind gegenwarts- oder vergangenheitsorientiert.

Für langfristig orientierte Kulturen sind Merkmale typisch wie z. B.

- Ausdauer,
- Fleiß,
- Sparsamkeit,
- Erfüllung sozialer Pflichten.

In langfristig orientierten Kulturen steht das Erreichen langfristiger Ziele im Vordergrund. Sie sind viel mehr zukunftsorientiert.

- „Das machen wir schon immer so!", ist eher kennzeichnend für eine Kultur einer kurzfristigen Orientierung: Hier hat die Vergangenheit in Form von Traditionen ein besonderes Gewicht

Unterschiede in der Ausprägung der Körpersprache

Kulturelle Unterschiede drücken sich auch in der Körpersprache aus. In einigen Ländern werden Körperkontakt, Abstand und Orientierung bei Gesprächen, Mimik und Gestik anders interpretiert als in Deutschland.

BEISPIEL

In Lateinamerika, aber auch in vielen Mittelmeerländern, gehören körperliche Berührungen selbst bei Geschäftsgesprächen zum Gespräch. Dies gilt auch für arabische Länder: Dort ist dies jedoch nur von Mann zu Mann oder von Frau zu Frau erlaubt. Skandinavier, Japaner oder Chinesen empfinden dagegen die Einhaltung eines großen Abstands als normal.

Kulturdimension	
Langfristige Orientierung	Kurzfristige Orientierung
• China • Brasilien • Thailand	• Deutschland • USA • Schweden

BEISPIEL

- „Wenn wir jetzt etwas ändern, dann wird sich das in 10 Jahren rentieren ...", steht für eine langfristige Orientierung, die auf die Zukunft ausgerichtet ist.

Kulturdimension	
Starke Ausprägung der Körpersprache	Niedrigere Ausprägung der Körpersprache
• Mittelamerika • Südamerika • Arabische Länder • Afrikanische Kulturen • Südeuropa • Osteuropa • Indien	• Nordeuropa • Mitteleuropa • Nordamerika • China • Japan

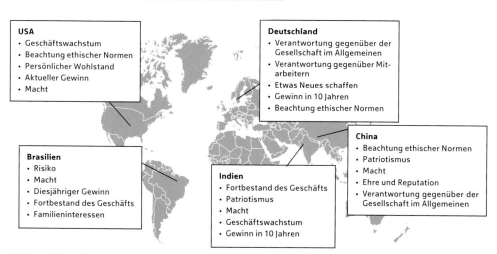

USA
- Geschäftswachstum
- Beachtung ethischer Normen
- Persönlicher Wohlstand
- Aktueller Gewinn
- Macht

Deutschland
- Verantwortung gegenüber der Gesellschaft im Allgemeinen
- Verantwortung gegenüber Mitarbeitern
- Etwas Neues schaffen
- Gewinn in 10 Jahren
- Beachtung ethischer Normen

China
- Beachtung ethischer Normen
- Patriotismus
- Macht
- Ehre und Reputation
- Verantwortung gegenüber der Gesellschaft im Allgemeinen

Brasilien
- Risiko
- Macht
- Diesjähriger Gewinn
- Fortbestand des Geschäfts
- Familieninteressen

Indien
- Fortbestand des Geschäfts
- Patriotismus
- Macht
- Geschäftswachstum
- Gewinn in 10 Jahren

Ziele von Unternehmen in verschiedenen nationalen Kulturen
Vgl.: Engelen, Andreas; Tholen, Eva: Interkulturelles Management. 1. Auflage. Stuttgart: Schäffer-Poeschel 2014, S. 105.

Verhalten im Ausland

Oft gilt im Ausland das, was in Deutschland als gutes Verhalten angesehen wird, in bestimmten Situationen als Verstoß gegen die gute Etikette. Deshalb sollte man sich in jedem Fall bei einer Reise ins Ausland über die dort geltenden Verhaltensregeln und Bräuche informieren.

Die zwei Hauptregeln für allgemeines Verhalten im Ausland bzw. gegenüber ausländischen Geschäftspartnern sind:

- Man sollte dem Geschäftspartner gegenüber seinen Respekt bezeugen. Dies hat mit Sicherheit Auswirkung auf einen positiven Verlauf des Gesprächs.
- Es empfiehlt sich, zu beobachten, wie sich der Geschäftspartner verhält, und es ihm anschließend gleichzutun.

Vor allem in den folgenden im Geschäftsleben häufig vorkommenden Situationen gibt es oft entscheidende Unterschiede zwischen den Kulturkreisen:

Begrüßung

In Deutschland gilt das Händeschütteln als ganz normaler Bestandteil einer Begrüßung. In vielen europäischen Ländern dagegen findet das Händeschütteln in weitaus geringerer Intensität statt. In vielen asiatischen Ländern entfällt das Händeschütteln komplett. Stattdessen wird es durch eine Verbeugung ersetzt: Je tiefer dabei die Verbeugung ausfällt, desto höher ist die Wertschätzung des Gegenübers.

Austausch von Visitenkarten

Weltweit gilt, dass Visitenkarten sich immer in einwandfreiem Zustand befinden müssen. Unterschiede gibt es im Hinblick auf eine korrekte Übergabe.

Das Wichtigste bei der ersten Begegnung zwischen Geschäftsleuten in Japan: Austausch von Visitenkarten

- Empfehlenswert ist eine zweisprachige Visitenkarte. Ist die Visitenkarte z. B. in englischer Sprache gehalten, wird dem Geschäftspartner so das Verständnis erleichtert.
- In islamischen Ländern sollte darauf geachtet werden, die Visitenkarten nur mit der rechten Hand zu übergeben. Dagegen werden in südostasiatischen Ländern die Visitenkarten immer mit beiden Händen entgegengenommen bzw. übergeben.
- In Ländern, die sehr starken Wert auf Hierarchien legen, möchten Geschäftspartner häufig nur mit Personen, die eine hohe Position innehaben, verhandeln. Die Visitenkarte sollte also eine für den Geschäftspartner akzeptable Position anzeigen.

Geschenke

Ein besonderes Augenmerk sollte man auf die Auswahl von Geschenken legen. Hier kann es zu einigen Missverständnissen zwischen den Kulturen kommen.

BEISPIEL

- Blumen als Geschenk sind in China nicht akzeptabel. Dort dienen sie dazu, Tote zu ehren.
- In islamischen Ländern sind alkoholische Getränke, z. B. eine Flasche Wein als Mitbringsel, nicht erlaubt.
- Das Geschenk darf keinen zu hohen Wert haben. Dies könnte als Bestechungsversuch aufgefasst werden.

Pünktlichkeit

In Deutschland ist Pünktlichkeit selbstverständlich. In einigen Ländern (z. B. in Südamerika) verschieben sich jedoch Termine oft etwas. Dies wird dort als völlig normal angesehen. Hier gilt auch die Regel, dass man niemals zu früh kommen sollte.

Gespräche

Häufig wird man mit seinen Gesprächspartnern nicht nur über geschäftliche Themen reden, es kommt auch zu einem privaten Austausch. Ohne Probleme können i. d. R. Bereiche wie

- Familie,
- Reisen,
- Sport,
- Musik und Kunst,

angesprochen werden. Dagegen sollten Reizthemen (Politik, Religion, Krankheiten, negative Erlebnisse im Gastland) vermieden werden.

Das Gesicht wahren lassen

Vor allem in China und anderen asiatischen Ländern ist es wichtig, auch in unangenehmen Situationen wie z. B. bei harten Verhandlungen den Geschäftspartner nicht das Gesicht verlieren zu lassen: Eine der wichtigsten Verhaltensregeln im Ausland ist es, den Gesprächspartner nicht durch eigene Handlungen oder Worte in eine aus seiner Sicht schwierige und peinliche Situation zu bringen. Es sollte darauf geachtet werden, dass vieles, was Deutsche als normal empfinden, für Gesprächspartner aus einer anderen Kultur – die viel Wert auf eine harmonische Beziehung legen – beschämend wirken könnte.

BEISPIEL

In vielen asiatischen Ländern zählt es zu den absoluten Todsünden, einen Vorgesetzten auf Fehler hinzuweisen. Selbst kritische Fragen können zum Gesichtsverlust führen, wenn der Chef keine Antwort weiß.

AUFGABEN

1. Welche Nachteile kann das Nichtbeachten kultureller Unterschiede haben?

2. Was sind Kulturdimensionen?

3. Ordnen Sie die folgenden Aussagen einer Kulturdimension zu:

   a) „Ohne gemeinsame Basis keine gemeinsamen Geschäfte!"

   b) „Was anders ist, ist gefährlich."

   c) „Immer eins nach dem anderen."

   d) „Schnaps ist Schnaps und Dienst ist Dienst."

   e) „Ich bin gekommen, weil ich mit der Qualität Ihres Produkts nicht zufrieden bin."

   f) „Das haben wir immer schon so gemacht."

   g) „Leben um zu arbeiten!"

4. Welche Kulturdimension wird in den folgenden Aussagen beschrieben?

   a) „In Kulturen wie der amerikanischen, aber auch in Großbritannien, Schweden und Dänemark stellen Risiken eher eine Herausforderung als eine Bedrohung dar. Nicht zuletzt sind z. B. amerikanische Banken dafür bekannt, dass sie z. B. Kredite einfach vergeben und damit selbstverständlich ein erhöhtes Risiko eingehen."

   b) Je geringer die Ausprägung dieser Kulturdimension ist, umso stärker wird von gleich zu gleich gehandelt und auf Respektsäußerungen verzichtet. Dann darf auch gelacht werden: Der Franzose Jean Baptiste Bernadotte wurde 1818 schwedischer König und versuchte seine Antrittsrede auf Schwedisch zu halten. Die Schweden fanden das so erheiternd, dass sie lachten. Bernadotte hat nie wieder versucht, schwedisch zu sprechen.

   c) „Arbeiten um zu leben", „Konflikte werden beigelegt, indem man miteinander verhandelt und nach einem Kompromiss sucht" und „Sympathie mit den Schwachen", sind drei Merkmale dieser Kulturdimension.

   d) Erwarten Sie in Ländern mit dieser Kulturdimension nicht unbedingt, dass Sie eine Entscheidung in einer Besprechung bekommen. Anderswo nehmen dazu Entscheider an Besprechungen teil. Diese sind hier nicht immer vertreten.

   e) Themen aus der direkten geschäftlichen Beziehung genießen Vorrang vor persönlichen Angelegenheiten und der Schilderung privater Lebensumstände.

5. Wie können interkulturelle Konflikte vermieden werden?

6. Was versteht man unter dem Begriff „Gesichtsverlust"?

7. Mit dem Selbsttest unter der Internetadresse *https://www.testedich.de/quiz36/quiz/1429094098/ Selbsttest-Bin-ich-interkulturellkompetent* lernt man seine eigenen interkulturellen Fähigkeiten ein wenig besser kennen.

8. Bearbeiten Sie interaktiv die Übungen 1 und 2 unter *http://www.mig-komm.eu/uebungen_interkulturelles*

9. Die Wochenzeitung „DIE ZEIT" stellt hier in einem sehr informativen Artikel dar, worauf es bei Geschäftsgesprächen in zwölf Ländern ankommt. Gehen Sie zu der Internetadresse *https://www.zeit. de/2012/38/interkulturellekompetenzen-karriere*. Entscheiden Sie sich für ein Land: Stellen Sie die Besonderheiten des Landes auf einem Wandplakat dar. Präsentieren Sie Ihr Wandplakat.

10. Gesten, die man international vermeiden sollte, lernt man hier mithilfe eines Quiz unter dem Titel „Quiz der fiesen Gesten: So machen Sie sich weltweit Feinde" kennen: *http://www.spiegel.de/quiztool/quiztool-59365.html* Diese Aufgabe sollten Sie bearbeiten, um die kulturellen Besonderheiten unterschiedlicher Länder kennenzulernen. Bilden Sie in Ihrer Klasse 12 Gruppen.

11. Die Wochenzeitung „DIE ZEIT" stellt hier in einem sehr informativen Artikel dar, worauf es bei Geschäftsgesprächen in zwölf Ländern ankommt. Gehen Sie zu der Internetadresse *http://www.zeit.de/2012/38/interkulturelle-kompetenzen-karriere* Entscheiden Sie sich für ein Land: Stellen Sie die Besonderheiten des Landes auf einem Wandplakat dar. Präsentieren Sie Ihr Wandplakat.

12. Herr Hertien bittet Ronja Bunko zu sich und sagt: „Sie wissen ja, dass wir viel von Ihnen halten und wir Sie gern in die Einkaufsabteilung übernehmen würden. Wir brauchen dort in Zukunft jemanden, der den asiatischen Markt beobachtet ... Und da haben wir an Sie gedacht. Wir würden gern die Textil-International Ltd. aus Shanghai als Lieferanten gewinnen. Wir haben deshalb in der Geschäftsleitung entschieden, dass Sie Herrn Henkel nach Shanghai begleiten. Er muss als unser erfahrenster Kollege kurz vor seinem Ruhestand noch einmal für uns nach China zu erneuten Verhandlungen. Eigentlich hatte dort schon ein anderer Kollege – Name tut jetzt nichts zur Sache – verhandelt ... Ich habe hier mal einen Ausschnitt aus seinem Reisebericht als Kopie, schauen Sie mal ...“

> [...]
>
> Leider müssen wir die Verhandlung mit der Textil-International Ltd. als gescheitert ansehen. Dabei habe ich mich insgesamt wirklich bemüht, stringent und ergebnisorientiert aufzutreten. Auch war ich sehr höflich: Zuerst schüttelte ich meinem Gegenüber die Hand und schlug ihm auch gleich kollegial kurz auf die Schulter. Er verbeugte sich. Um ihm zu zeigen, dass ich ihm nicht übergeordnet bin, verzichtete ich meinerseits darauf. Anschließend übergab ich ihm mit einer Hand meine Visitenkarte, mit der anderen zeigte ich gleich auf den entscheidenden Punkt des Angebots der chinesischen Firma. Ich habe nämlich gleich den einzigen kritischen Punkt angesprochen, nämlich die teuren Transportkosten. Gleichzeitig zeigte ich das Okay-Zeichen, damit sie wussten, dass ich ihnen entgegenkommen wollte ... Und dann immer dieses Lächeln: undurchschaubar, deren Verhandlungstaktik ... Obwohl ich im weiteren Verlauf des Gesprächs sehr – z. T. sehr laut und entschieden – deutlich machte, dass mir die Verhandlungen zu lange dauerten – ich z. B. nicht über meine Familie reden wollte (mich interessierte ihre Einstellung zu Tibet, wenn wir schon privat werden wollten.) –, musste ich dann unverrichteter Dinge meinen Flieger nehmen ... Keiner der drei Mitarbeiter stellte die Entscheidung von Herrn Hu, mich ohne Ergebnis nach Deutschland zu lassen, infrage. Da konnte ich mich nur wundern [...]

a) Geben Sie an, vor welchem Problem die Exclusiva GmbH steht.

b) Ronja Bunko möchte sich zur Vermeidung eines weiteren Fehlschlags bei den Verhandlungen mit dem chinesischen Unternehmen auf die künftigen Gespräche besonders vorbereiten. Sie macht sich anhand vier ausgewählter Kulturdimensionen Gedanken darüber, wie sich die chinesische Kultur von der deutschen unterscheidet.

Ergänzen Sie die folgende Tabelle:

Kulturdimension	Ausprägung der Kulturdimension im Vergleich zur deutschen Kultur
Machtdistanz	
Individualismus/Kollektivismus	
Maskulinität/Femininität	
Unsicherheitsvermeidung	

c) Führen Sie auf, wie die Exclusiva GmbH vorgehen sollte.

d) Um einen besseren Start in die nächste Verhandlung zu haben, analysiert Ronja Bunko das in der Vergangenheit gescheiterte Gespräch.

Geben Sie an, welche Fehler gemacht wurden. Machen Sie evtl. Vorschläge für ein besseres Verhalten.

13. Ergänzen Sie die folgende Tabelle:

Beispiel:	Kulturdimension:	Ausprägung:
In westlichen Ländern werden Geschäftsgespräche zielführend und dynamischzupackend geführt.		
In Japan versucht man mit Wohl- wollen und Vertrauen eine Bezie- hung aufzubauen, zu stabilisieren und schließlich zu vertiefen. Konflikte werden diplomatisch umgangen oder bereinigt. Erst dann nähert man sich dem Ge- sprächsziel.		
Geschäftsreisende, die häufig in Südamerika verhandelt haben, wissen, dass dort die Distanz- zonen geringer ausgeprägt sind als in Mitteleuropa.		
Bei einem Geschäftsessen in Bra- silien bringt der Kellner die Spei- sekarte dem ältesten am Tisch. Dieser sucht die Speisen für alle aus.		
Um Unsicherheit zu vermeiden, haben Rituale in Japan eine hohe Bedeutung. Japaner halten sich streng an vorgeschriebene Etikette.		
In den skandinavischen Ländern gibt es vergleichsweise kleine Ge- haltsunterschiede zwischen obe- ren und unteren Hierarchiestufen. Die Mitarbeiter dort erwarten, in Entscheidungen mit einbezogen zu werden.		
In vielen afrikanischen oder lateinamerikanischen Kulturen werden verschiedene Dinge gleichzeitig gemacht. In zwi- schenmenschlichen Beziehungen ist das zufriedenstellende Be- enden der Kommunikation (und deren Ergebnis) wichtiger als die Einhaltung eines wie auch immer gearteten Zeitplans.		

Beispiel:	Kulturdimension:	Ausprägung:
In japanischen Kulturkreisen werden Emotionen nicht öffentlich gezeigt, sondern kontrolliert.		
In Japan wird erwartet, dass ein Vorgesetzter sich im Leben seiner Untergebenen gut auskennt. Dort kann es passieren, dass er für ledige männliche Untergebene ein Treffen mit ledigen weiblichen Untergebenen arrangiert, damit diese evtl. später heiraten können.		
Ein extrem aggressives Verkaufsverhalten auf Kosten anderer, wie z. B. vergleichende Werbung im amerikanischen Stil – wird in Skandinavien überwiegend negativ aufgenommen.		

14. Tamara Nestmann ist zu einem Seminar für interkulturelle Unterschiede geschickt worden. Als sie vor den anderen Auszubildenden darüber referieren soll, muss sie erkennen, dass ihre Aufzeichnungen lückenhaft und unvollständig sind:

a) ... Eigenschaft, mit der man Unterschiede zwischen Kulturen beschreiben kann.

b) ... Diese Kulturdimension gibt an, wie hoch ist die Abneigung gegenüber unvorhergesehenen Situationen ...

c) ... ersetzt in Asien das europäische Händeschütteln.

d) ... Das Wir-Gefühl ist charakteristisch für diese Kulturdimension.

e) ... wird in Asien beidhändig überreicht.

f) ... Für diese Kulturdimension stehen Fürsorglichkeit, Kooperation und Bescheidenheit.

g) ... Das plötzliche Sinken des eigenen Ansehens fürchten Asiaten besonders.

h) ... Diese Kulturdimension zeigt, wie gehen Menschen aus verschiedenen Kulturen mit der Einteilung von Vorgesetzten und Mitarbeitern umgehen.

i) ... In Kulturen mit dieser Zeitauffassung herrscht die Meinung, dass mehrere Dinge gleichzeitig erledigt werden können.

j) ... Sind Erklärungen nicht sehr eindeutig, liegt diese Art der Kommunikation vor.

k) ... Eine der wichtigsten Regeln bei Kontakt mit Geschäftspartnern anderer Kulturkreise, ist es dies zu haben.

l) ... Bei Zusammenarbeit mit Personen aus anderen Kulturkreisen sollte man diese einholen.

m) ... Um mit Geschäftspartnern zusammenzuarbeiten, muss nicht erst eine Beziehung aufgebaut werden.

n) ... Über ein solches sollte man im Ausland nicht sprechen.

Geben Sie an, zu welchen Begrifflichkeiten Tamara Nestmanns Erläuterungen passen.

ZUSAMMENFASSUNG

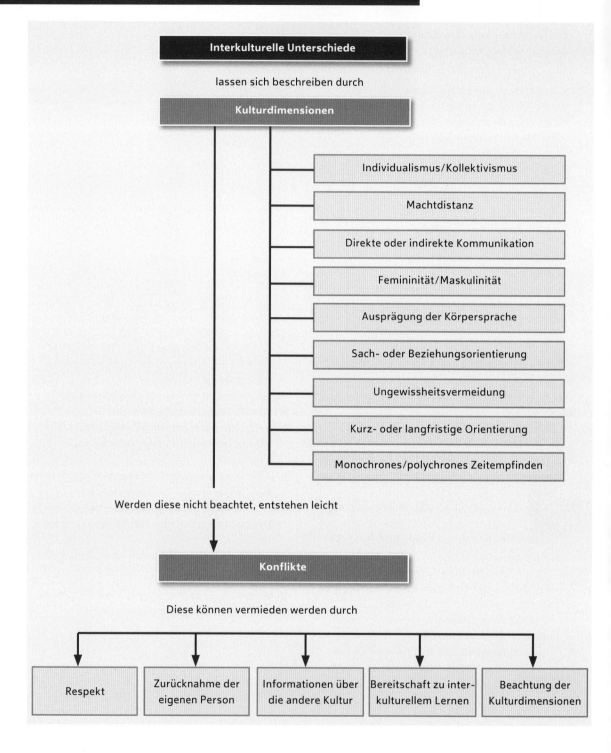

6.11 Kommunikation am Telefon

Einstieg

Ronja Bunko ist momentan im Einkauf eingesetzt und wird von Frau Runne betreut. Heute Morgen bekommt sie mit, wie Frau Runne das folgende Telefongespräch entgegennimmt:

Frau Runne:
„Hi, hier ist Runne."

Kundin:
„Ist dort die Exclusiva GmbH?"

Frau Runne:
„Jepp!"

Kundin:
„Okay, ich habe gestern von Ihnen ein Angebot zugeschickt bekommen ..."

Frau Runne (*unterbricht schroff*):
„Hier ist aber die Einkaufsabteilung ...!!! Sie sind also völlig falsch ..."

Kundin:
„Könnten Sie nicht trotzdem mal in Ihre Auftragsverwaltung gucken? Ich hätte da zum Angebot noch zwei Fragen ..."

Frau Runne (*bricht das Gespräch ab*):
„Sie sind hier nicht richtig! Ich verbinde Sie mit der Zentrale."

Kundin:
„Ähm?"

Beurteilen Sie das Telefonat.

INFORMATION

Zu den Hauptvorteilen von Gesprächen am Telefon gehören:

- Schnelligkeit
- Kostengünstigkeit
- Wirksamkeit
- leichte Einsetzbarkeit für viele Produkte

Gespräche am Telefon können sowohl aktiv, als auch passiv erfolgen:

- Sogenannte passive Telefongespräche liegen vor, wenn der Kunde selbst die Initiative ergreift und das Unternehmen anruft, um z. B. zunächst einmal mehr Produktinformation zu bekommen, vielleicht auch um gleich zu bestellen. Oft werden hier auch Reklamationen vorgebracht. Solche ankommenden Gespräche werden als **Inbound** bezeichnet.

- Wenn das Unternehmen von sich aus aktiv wird, also den Kunden bzw. Interessenten anruft, um z. B. ein Produkt zu verkaufen, liegt ein aktives Verkaufsgespräch über Telefon vor. Ausgehende Anrufe zur Durchführung von Telefongesprächen werden auch **Outbound** genannt.

Unabhängig davon, ob das aktive oder passive Vorgehen angewandt wird, dient jedes Verkaufsgespräch über Telefon zunächst einmal der Kundenbindung.

Erste Aufgabe der telefonischen Kommunikation mit den Kunden des Unternehmens ist es, ihnen einen effizienten Service anzubieten und Fragen schnellstmöglich und effizient zu beantworten. Mit der Qualität des telefonischen Service kann sich ein Unternehmen vom Wettbewerb unterscheiden bzw. abheben. Zweites Ziel ist es jedoch immer, einen Verkauf zu tätigen.

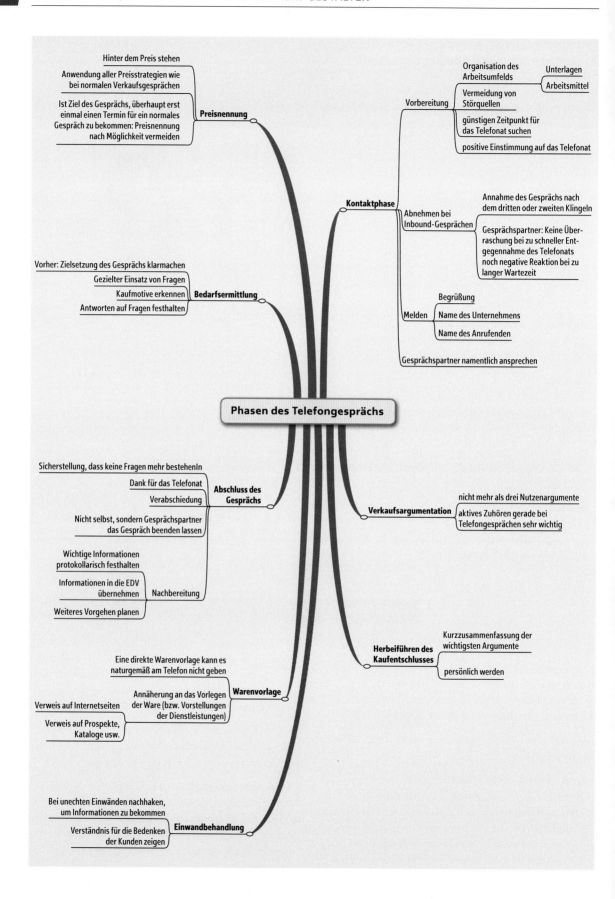

Phasen des Telefongesprächs

Preisnennung
- Hinter dem Preis stehen
- Anwendung aller Preisstrategien wie bei normalen Verkaufsgesprächen
- Ist Ziel des Gesprächs, überhaupt erst einmal einen Termin für ein normales Gespräch zu bekommen: Preisnennung nach Möglichkeit vermeiden

Kontaktphase

Vorbereitung
- Organisation des Arbeitsumfelds
  - Unterlagen
  - Arbeitsmittel
- Vermeidung von Störquellen
- günstigen Zeitpunkt für das Telefonat suchen
- positive Einstimmung auf das Telefonat

Abnehmen bei Inbound-Gesprächen
- Annahme des Gesprächs nach dem dritten oder zweiten Klingeln
- Gesprächspartner: Keine Überraschung bei zu schneller Entgegennahme des Telefonats noch negative Reaktion bei zu langer Wartezeit

Melden
- Begrüßung
- Name des Unternehmens
- Name des Anrufenden

Gesprächspartner namentlich ansprechen

Bedarfsermittlung
- Vorher: Zielsetzung des Gesprächs klarmachen
- Gezielter Einsatz von Fragen
- Kaufmotive erkennen
- Antworten auf Fragen festhalten

Abschluss des Gesprächs
- Sicherstellung, dass keine Fragen mehr bestehenln
- Dank für das Telefonat
- Verabschiedung
- Nicht selbst, sondern Gesprächspartner das Gespräch beenden lassen

Nachbereitung
- Wichtige Informationen protokollarisch festhalten
- Informationen in die EDV übernehmen
- Weiteres Vorgehen planen

Verkaufsargumentation
- nicht mehr als drei Nutzenargumente
- aktives Zuhören gerade bei Telefongesprächen sehr wichtig

Herbeiführen des Kaufentschlusses
- Kurzzusammenfassung der wichtigsten Argumente
- persönlich werden

Warenvorlage
- Eine direkte Warenvorlage kann es naturgemäß am Telefon nicht geben
- Annäherung an das Vorlegen der Ware (bzw. Vorstellungen der Dienstleistungen)
- Verweis auf Internetseiten
- Verweis auf Prospekte, Kataloge usw.

Einwandbehandlung
- Bei unechten Einwänden nachhaken, um Informationen zu bekommen
- Verständnis für die Bedenken der Kunden zeigen

Die Rechtslage im Bereich Telefonmarketing in Deutschland orientiert sich an der aktuellen Rechtsprechung und entwickelt sich ständig weiter. Gegenüber Privatpersonen sind dem aktiven Telefonmarketing, bei dem der Anruf vom Unternehmen ausgeht, sehr deutliche Grenzen gesetzt. Grundsätzlich gilt, dass Anrufe bei Privatpersonen, zu denen bislang noch kein Kontakt bestand, nur dann erlaubt sind, wenn deren vorheriges Einverständnis vorliegt.

Im Geschäftsverkehr sind die Grenzen etwas weiter gesteckt. Hier steht weniger der Schutz des Persönlichkeitsrechts im Mittelpunkt der Argumentation als vielmehr die Beeinträchtigung des Geschäftsbetriebs. Anrufe sind erlaubt, wenn das Einverständnis vorliegt, eine Geschäftsbeziehung besteht oder der Anruf den eigentlichen Geschäftsbereich des Unternehmens betrifft und konkrete Anhaltspunkte für ein Interesse an dem Angebot vorliegen. Ob diese Voraussetzungen erfüllt sind, ist immer im Einzelfall zu entscheiden.

Die Phasen eines telefonischen Verkaufsgesprächs entsprechen denen eines direkten Verkaufsgesprächs.

Besonders beachtet werden sollte zu Beginn des Telefongesprächs:

- Der potenzielle Kunde sollte angesprochen bzw. namentlich verlangt werden.
- Der telefonierende Mitarbeiter des Unternehmens muss sich namentlich vorstellen,
- den Namen des Unternehmens nennen und
- den Zweck des Anrufs erklären.

Einige Regeln zur Kontaktaufnahme per Telefon

- In jedem Fall sollte zu Beginn eines Gesprächs zur Einstimmung des Gesprächspartners auf das Gespräch eine Begrüßung stattfinden. Diese sollte nach einem kurzen Warten erfolgen, da die ersten Worte am Telefon oft nicht gehört werden.
- Anschließend sollte der **Name des Unternehmens** in seiner vollen Länge genannt werden. Versuchen Sie, dies in einer normalen Geschwindigkeit zu tun. Wer am Telefon zu schnell spricht, wird nicht verstanden.
- Es folgt der **Name**. Mit zusätzlichen Ergänzungen, wie z. B. „Mein Name ist …" oder „Ich heiße …", kann der Gesprächspartner darauf aufmerksam gemacht werden, dass nun eine wichtige Information für ihn folgt.
- Der Einstieg in das Telefongespräch endet bei Inbound-Gesprächen in vielen Fällen mit der Frage: „Was kann ich für Sie tun?" Dies ist in jedem Fall erforderlich, wenn der Anrufer nicht sofort reagiert.

Diese Frage ist also als Aufforderung für den Anrufer zu verstehen, sein Anliegen mitzuteilen. Außerdem drückt das Unternehmen damit seine Servicebereitschaft aus.

BEISPIEL

Der Telefonapparat von Ronja Bunko wird angerufen. Sie meldet sich mit:
„Guten Tag!
Exclusiva GmbH,
Ronja Bunko.
Was kann ich für Sie tun?"

Wichtig bei der Durchführung eines Telefongesprächs ist es, alle elementaren Dinge, die zum Erfolg führen, voll auszuschöpfen. Beim Gespräch sollten generell Fremdwörter vermieden werden, denn viele können sich mit Fremdwörtern nicht identifizieren und verlieren sofort das Interesse am Gespräch. Die telefonierenden Mitarbeiter müssen sich mit dem Produkt identifizieren können, damit sie die eigene Überzeugung auf ihren Gesprächspartner übertragen können.

Sehr große Bedeutung kommt dem aktiven Zuhören sowie der Stimmtechnik zu.

Der letzte Eindruck, den man hinterlässt, ist auch bei einem Telefongespräch von Bedeutung.

Ziel eines Telefongesprächs ist es, eine Vereinbarung zu treffen, z. B. einen Kaufvertrag abzuschließen. Hierbei sind die Kaufsignale, die der Gesprächspartner sendet, zu erkennen und für den Abschluss positiv zu nutzen. Der telefonierende Mitarbeiter hat sich am Ende des Gesprächs, auch wenn es zu keinem Abschluss gekommen ist, höflich zu bedanken.

Das Ergebnis bzw. die wichtigsten Punkte eines Telefongesprächs sollten in einer Gesprächsnotiz, einem sogenannten **Telefonprotokoll**, festgehalten werden. Dieses Protokoll enthält Informationen über den Gesprächsverlauf und auch über das Ergebnis. Häufig stehen dafür innerbetrieblich Vordrucke zur Verfügung. Abgelegt dient die Gesprächsnotiz als Beweismittel, Informationsquelle oder Anstoß zu weiteren Arbeitsprozessen. Eine Gesprächsnotiz sollte Auskunft geben über:

- Uhrzeit und Datum des Gesprächs
- Kontaktdaten des externen Anrufers bzw. Angerufenen
- Verlauf und Inhalt des Gesprächs
- Resultat des Gesprächs
- Vorschläge zur Weiterbearbeitung

Die zehn Gebote telefonischer Gespräche

1. Wenn's klingelt, heben Sie sofort ab – langes Warten nervt.
2. Lächeln Sie, seien Sie freundlich.
3. Sprechen Sie Ihren Partner mit Namen an. Schwierige Namen unbedingt buchstabieren (lassen). Akademische Titel nicht unterschlagen.
4. Sprechen Sie mit angemessenem Tempo und verständlich.
5. Hören Sie gut zu. Unterbrechen Sie nicht. Gehen Sie auf das Anliegen ein.
6. Machen Sie Gesprächspausen, geben Sie dem Gesprächspartner Zeit zum Nachdenken.
7. Fassen Sie sich kurz, niemand hat Zeit!
8. Machen Sie nur Zusagen, die Sie einhalten können.
9. Fassen Sie das Gespräch zusammen.
10. Notieren Sie das Wesentliche.

In Anlehnung an: Töpfer, Armin; Greff, Günter: Servicequalität am Telefon. 1. Auflage. Neuwied: Luchterhand 1995.

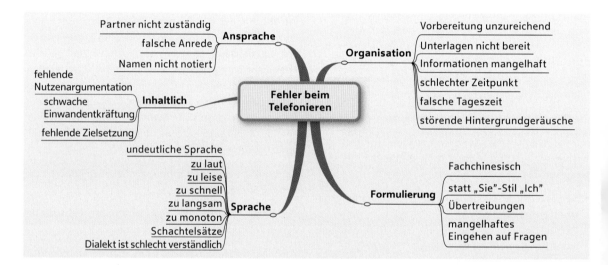

Hotlines

Sehr häufig treten Kunden mit dem Webshop telefonisch über Hotlines in Kontakt.

Der Begriff „Hotline" kommt aus dem Englischen und heißt wörtlich übersetzt „heißer Draht". Eine Hotline stellt einen speziellen telefonischen Beratungs- und Auskunftsdienst dar.

Viele Unternehmen bieten ihre Hotline kostenfrei an.

BEISPIEL

Kostenfreie Hotlines sind an der Vorwahl 0800 erkennbar.

Einige Unternehmen lassen sich dagegen den Service über Hotline auch bezahlen. Zu beachten ist, dass die Wartezeit immer kostenfrei sein muss.

Hotlines werden für unterschiedliche Zwecke eingerichtet:

- Vor allem bei Einzelhandels- und Versandhandelsunternehmungen können Kunden über die Hotline Bestellungen aufgeben.
- Sehr oft können über die Hotline auch Reklamationen bzw. Beschwerden abgewickelt werden.

- Außerdem werden Hotlines auch häufig als Service für sehr beratungsintensive technische Geräte eingerichtet: Der Kunde bekommt Hilfestellungen bei Problemen und Fragen. Diese Art von Hotline wird oft auch als „Helpdesk" bezeichnet.

Betrieben werden die Hotlines oft von eigenen Mitarbeitern. In vielen Fällen kann dieser Service für die Kunden jedoch auch an **Callcenter** ausgelagert werden. Ein Callcenter ist der Service eines externen Dienstleisters, der entweder Hilfestellung für ein bestimmtes, vom Unternehmen vertriebenes Produkt leistet oder sogar für die Gesamtheit der Abläufe eines Unternehmens zuständig ist.

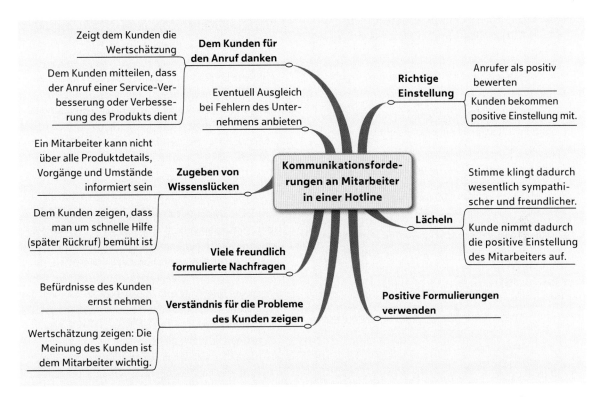

Telefondaten im Webshop

Nach wie vor ist das Telefon ein sehr wichtiges Kommunikationsmittel, mit dem Kunden Kontakt zum Onlineshop aufnehmen können. Der Onlineshop sollte auf seinen Seiten also angemessen auf seine Telefonnummer hinweisen. Potenzielle Käufer möchten mit dem Unternehmen bei Bedarf schnell kommunizieren können. Empfehlenswert ist daher:

- Die Telefonnummer sollte im Header (in der Regel rechts) aufgeführt werden.
- Mit einem eindeutigen Symbol (farbiger Telefonhörer) kann die Aufmerksamkeit der Kunden auf diese Kontaktmöglichkeit gelenkt werden.
- Als großen Service empfinden Kunden es, wenn auch die Zeiten angegeben werden, zu denen der Webshop Anrufe entgegennimmt.

AUFGABEN

1. Unterscheiden Sie die Begriffe Inbound und Outbound in Zusammenhang mit telefonischen Gesprächen.

2. Führen Sie typische Fehler bei telefonischen Gesprächen an und wie man diese vermeiden kann.

3. Beurteilen Sie die rechtliche Situation bei telefonischen Gesprächen, die vom Unternehmen ausgehen.

4. Wie müssen telefonische Gespräche vorbereitet werden?

5. Welche Schritte sollte eine telefonische Meldung zu Beginn des Gesprächs mindestens enthalten?

6. Führen Sie auf, wie Sie sich in Ihrem Ausbildungsunternehmen telefonisch melden sollten.

7. Wie sollten telefonische Gespräche nachbereitet werden?

8. Sie sind Mitarbeiter der Exclusiva GmbH und befinden sich in einem telefonischen Verkaufsgespräch mit einem Kunden, der sich für eine bestimmte Pulloverkollektion interessiert. Eventuell möchte er 200 Stück ordern.

   a) Bereiten Sie mit einem Partner ein Rollenspiel vor, das ein entsprechendes Verkaufsgespräch am Telefon darstellt.

   Rolle 1:

   Als Verkäuferin/Verkäufer der Exclusiva GmbH führen sie das telefonische Verkaufsgespräch durch. Sie beachten alle wesentlichen Aspekte bei der Durchführung eines Telefongesprächs. Sie führen das Verkaufsgespräch nach Möglichkeit durch alle Phasen.

   Rolle 2:

   Sie sind Einkäuferin/Einkäufer der Larstadt Warenhaus AG und möchten probehalber 200 Stück einer Pulloverkollektion des Herstellers HOSS ordern, wenn Qualität und Preis stimmen. Zum Schluss des Verkaufsgesprächs sind sie sehr zufrieden und geben die Bestellung auf.

   b) In dem Rollenspiel sollten alle wichtigen Regeln für die Durchführung von telefonischen Verkaufsgesprächen enthalten sein.

   c) Führen Sie das Rollenspiel auf.

   d) Beobachten Sie die anderen Rollenspiele. Halten sie fest, welche Regeln für erfolgreiche Telefongespräche jeweils angewandt wurden.

9. In jeder Phase des Telefongesprächs werden typische Formulierungen verwendet.

   Erstellen Sie einen solchen Katalog mit entsprechenden Sätzen in Englisch.

   Nutzen Sie als Hilfe dazu das in Ihrer Klasse eingeführte Englischbuch. Unterstützung können Sie auch im Internet finden. Unter *https://translate. google.com* können Sie englische Entsprechungen für deutsche Begriffe nachschlagen oder sogar ganze Sätze ins Englische übersetzen lassen (manchmal nicht ganz korrekt, aber fast immer verständlich).

10. Führen Sie ein Rollenspiel durch:

    Ein ausländischer Kunde ohne Deutschkenntnisse ruft Sie in Ihrem Unternehmen an. Sie verkaufen ihm – unter Beachtung aller Phasen – in einem Verkaufsgespräch auf Englisch einen Artikel oder eine Dienstleistung Ihres Ausbildungssortiments.

    a) Erstellen Sie in Partnerarbeit ein Drehbuch für dieses Telefongespräch. Verwenden Sie dazu das in Ihrer Klasse eingeführte Englischbuch bzw. das Internet.

    b) Führen Sie das Rollenspiel vor.

    c) Halten Sie bei den anderen Rollenspielen fest,
       - ob das Telefongespräch verkaufstechnisch einwandfrei durchgeführt worden ist,
       - ob das Rollenspiel für Sie neue Formulierungen enthält, die Sie in Telefongesprächen verwenden können.

11. Was sind Hotlines?

12. Für welche Zwecke werden Hotlines eingerichtet?

13. Führen Sie mindestens vier Kommunikationsregeln auf, die Mitarbeiter in einer Hotline beachten sollten.

14. Was ist ein Callcenter?

15. a) Lesen Sie den folgenden Text.

    b) Erstellen Sie eine Mindmap, die die wichtigsten Aussagen zusammenfasst.

    c) Übersetzen Sie den Text ins Englische.

Insbesondere beim Führen von Beratungsgesprächen am *Telefon* kommt es darauf an, die kommunikativen *Nachteile*, die das Medium Telefon mit sich bringt, weitgehend zu beseitigen. Gelingt die fernmündliche *Kundenansprache*, kann man sich sehr deutlich von seinen Mitbewerbern abheben. Gerade bei häufig vorkommenden Telefonaten im Umfeld von Unternehmen, bei denen täglich über das Telefon große Warenmengen gelenkt werden, kommt es auf eine gut funktionierende *Kundenbeziehung* und auf eine schnelle und fehlerfreie Umsetzung der möglichen Bestellung an.

Ein Unternehmer muss immer daran denken, dass er am Telefon *Stimme* und *Visitenkarte* seines Unternehmens ist. Er sollte daher mit einer angemessenen *Sprechgeschwindigkeit* und *Lautstärke* sprechen. Ganz wichtig ist während des Beratungsgesprächs das *aktive Zuhören*. Darunter versteht man die Grundeinstellung, dass dem Sprechenden Interesse gezeigt wird. Dies kann z. B. über kurze *Rückmeldungen* geschehen.

Bei telefonischen Beratungsgesprächen unterscheidet man *eingehende* und *ausgehende* Gespräche: Bei *Inbound*-Beratungsgesprächen wird der Anruf des Kunden entgegengenommen. Dieser möchte beraten werden und fordert Informationen oder gibt gleich Bestellungen auf. Das Unternehmen ruft bei *Outbound*-Beratungsgesprächen *Bestandskunden* oder mögliche Kunden selbst gezielt an. Bei beiden Arten der telefonischen Beratungsgespräche werden oft *Gesprächsleitfäden* verwendet. Diese dienen der Unterstützung bei der Führung professioneller Beratungsgespräche. Sie orientieren sich an den *Phasen* eines normalen Beratungsgesprächs und geben Gesprächsabläufe und Formulierungen vor.

ZUSAMMENFASSUNG

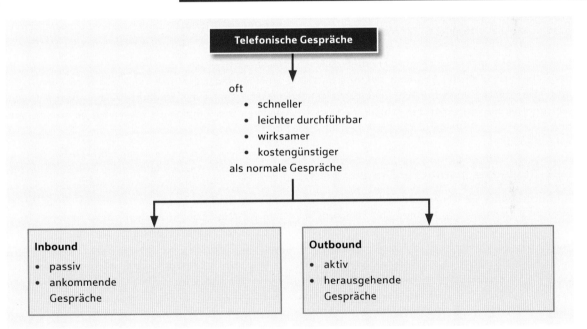

6.12 Geschäftsbriefe entsprechend der DIN 5008

Einstieg

Frau Altmann, Sekretärin der Geschäftsleitung, bittet die Auszubildenden Agathe Kwasny, Tacdin Akay, Ronja Bunko und Andreas Seeger, sie bei der Gestaltung eines neuen Serienbriefes für die Exclusiva GmbH entsprechend der DIN 5008 zu unterstützen.

1. Beschreiben Sie, aus welchen Bestandteilen ein Geschäftsbrief besteht.

2. Erklären Sie, was unter der DIN 5008 zu verstehen ist.

INFORMATIONEN

Die Art der Kontaktaufnahme von Unternehmen lässt Rückschlüsse auf diese zu. Insbesondere bezüglich der schriftlichen Korrespondenz bedarf es einer fehlerfreien Formulierung sowie eines entsprechend professionellen Äußeren. Darüber hinaus haben Unternehmen, die sich kundenorientiert verhalten wollen, eine entsprechende Ausdrucksweise vorzuweisen. Die Formulierung wie z. B. „Sehr geehrtes Fräulein" entspricht nicht mehr dem aktuellen Zeitgeist und sollte daher nicht für Unternehmen gewählt werden, die sich als modern und fortschrittlich präsentieren wollen. Vor diesen Hintergründen orientieren sich die Unternehmen an den Schreib- und Gestaltungsregeln für die Textverarbeitung, d. h. den Inhalten der DIN 5008.

DIN (Deutsches Institut für Normung e. V.)

Für den deutschen Sprachraum entwickelt das Deutsche Institut für Normung e. V. Normen und Standards für Deutschland und die Welt. Im Jahre 1917 wurde dieser gemeinnützige Verein gegründet und hat seinen Sitz in Berlin. Das DIN e. V. setzt sich aus 32 000 Expertinnen und Experten aus den Bereichen Wirtschaft und Forschung, dem Staat sowie Verbrauchern zusammen. Gemeinsam diskutieren und entscheiden sie über Normen und Standards. Dies geschieht vor dem Hintergrund, den Handel zu rationalisieren, die Verständigung zwischen den Unternehmen und zwischen Unternehmen und Endverbrauchern zu verbessern sowie eine Qualitätssicherung zu gewährleisten.

Der Aufbau und die Gestaltung eines Geschäftsbriefes entsprechend DIN 5008

Die Geschäftsbriefe werden als Dokumentenvorlage in Unternehmen eingerichtet und abgespeichert. Als Orientierung dient das Format A4 (210 mm × 297 mm) gemäß der DIN EN ISO 216. Darüber hinaus ist die Schriftgröße von 4,23 mm (12 Punkt) zu wählen.

Insgesamt werden zwei Formen entsprechend der DIN 5008 unterschieden. Zum einen gibt es die Form A. Bei dieser Form ist das Anschriftenfeld hochgestellt. Zum anderen wird die Form B verwendet, bei der das Anschriftenfeld tiefgestellt ist.

Eine weitere Differenzierungsmöglichkeit bei der Gestaltung einer Dokumentenvorlage entsprechend DIN 5008 bietet die Ausprägung des Informationsblocks. Der Standardinformationsblock umfasst unter anderem die Angaben „Ihr Zeichen", „Ihre Nachricht vom" oder „Unser Zeichen". Die Kombination der Form A mit einem Standardinformationslock ist in der Abbildung 1 zu erkennen. Bei dem gestalteten Informationsblock, die zweite Variante, können die Angaben im Vergleich zum Standardinformationsblock ergänzt, verändert oder ausgespart werden. Darüber hinaus ist bei dieser Variante eine kleinere Schriftgröße zu wählen. Ein Beispiel hierfür ist auf der Abbildung 2 zu erkennen in Verbindung mit der Form B.

Grundsätzlich muss bei allen Formen und Varianten ein Heftrand von 20 mm, gemessen von der linken Blattkante, eingehalten werden. Der Schriftblock beginnt 25 mm von der linken Fluchtlinie gemessen.

Vorlage Form A – A4-Info (mit Standardinformationsblock)

Angaben in mm

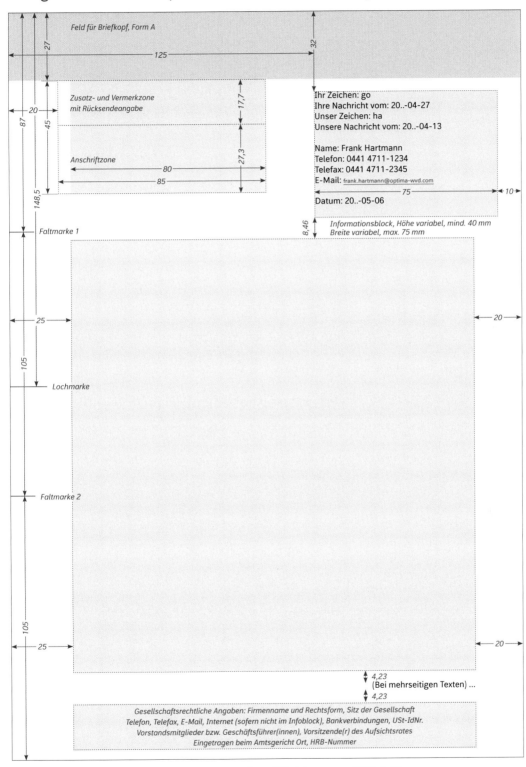

Feld für Briefkopf, Form A

27
125
32

Zusatz- und Vermerkzone
mit Rücksendeangabe

20
87
45
17,7

Anschriftzone

80
85
27,3
148,5

Ihr Zeichen: go
Ihre Nachricht vom: 20..-04-27
Unser Zeichen: ha
Unsere Nachricht vom: 20..-04-13

Name: Frank Hartmann
Telefon: 0441 4711-1234
Telefax: 0441 4711-2345
E-Mail: frank.hartmann@optima-wvd.com

Datum: 20..-05-06

75
10

Faltmarke 1

8,46
Informationsblock, Höhe variabel, mind. 40 mm
Breite variabel, max. 75 mm

25
20
105

Lochmarke

Faltmarke 2

105
25
20

4,23
(Bei mehrseitigen Texten) ...
4,23

Gesellschaftsrechtliche Angaben: Firmenname und Rechtsform, Sitz der Gesellschaft
Telefon, Telefax, E-Mail, Internet (sofern nicht im Infoblock), Bankverbindungen, USt-IdNr.
Vorstandsmitglieder bzw. Geschäftsführer(innen), Vorsitzende(r) des Aufsichtsrates
Eingetragen beim Amtsgericht Ort, HRB-Nummer

Quelle: Henke, Karl Wilhelm: Die neue DIN 5008. 2. Auflage. Köln: Westermann 2020, S. 67.

Abb. 1: Geschäftsbrief Form A – A4-Info mit Standardinformationsblock

Vorlage Form B – A4-Info (gestalteter Informationsblock moderner Art) *Angaben in mm*

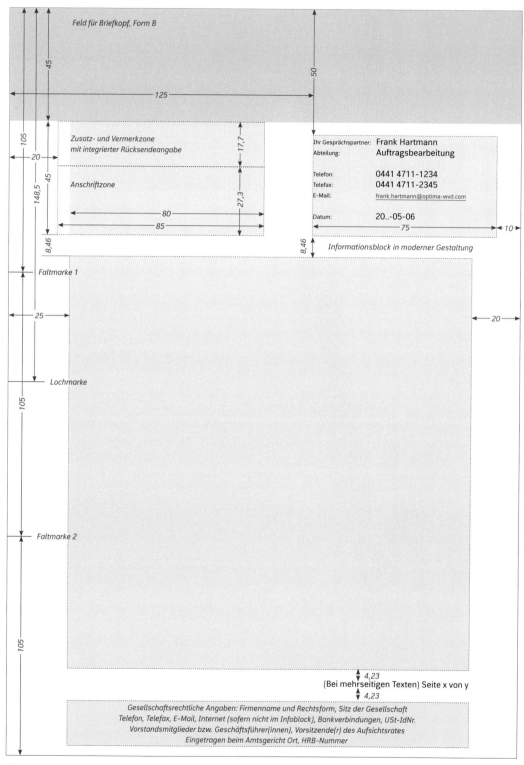

Quelle: Henke, Karl Wilhelm: Die neue DIN 5008. 2. Auflage. Köln: Westermann 2020, S. 69.

Abb. 2: Geschäftsbrief A4 Form B – A4-Info mit gestaltetem Informationsblock

Das Anschriftenfeld

Das Anschriftenfeld gliedert sich in zwei Bereiche. Die ersten drei Zeilen (Anschriften ohne Rücksendeangabe) bzw. fünf Zeilen (Anschriften mit Rücksendeangabe) sind für **postalische Vermerke** vorbehalten und werden ab der 3. Zeile (Zeilennummer 1) bzw. 5. Zeile (Zeilennummer 1) nach oben gehend ausgefüllt. In den folgenden sechs Zeilen wird die **Anschrift des Empfängers** beginnend mit der 1. Zeile notiert.

Falls die Zeilen der postalischen Vermerke oder der Empfängeranschrift nicht oder nur teilweise genutzt werden, sind die übrigen Zeilen frei zu lassen.

Bei der **Empfängeranschrift** sind keine Leerzeilen zwischen den Angaben vorzunehmen, darüber hinaus bedarf es der Beachtung der folgenden Gestaltungskriterien:

1. Zeile:

- Anrede „Herrn" oder „Frau" - für eine geschlechtsneutrale Anrede wird „Herrn" oder „Frau" weggelassen - sowie ggf. folgend die Amts- oder Berufsbezeichnungen, wie z. B. Direktor/Direktorin oder Rechtsanwalt/Rechtsanwältin
- Firmenbezeichnung

2. Zeile:

- ggf. der akademische Grad (z. B. Prof., Dr.) mit dem Vor- und Zunamen
- ggf. zweiter Teil bei längeren Firmenbezeichnungen
- ggf. Ansprechpartner oder Ansprechpartnerin innerhalb des Unternehmens

3. Zeile:

- ggf. Ansprechpartner oder Ansprechpartnerin innerhalb des Unternehmens
- Postfach
- Straße mit Hausnummer

4. Zeile bis 6. Zeile:

- Postleitzahl und Ortsangabe, die durch ein Leerzeichen voneinander getrennt sind

Bei **Auslandsanschriften** wird das Bestimmungsland in Großbuchstaben in deutscher Sprache unter die Zeile mit der Postleitzahl und der Ortsangabe gesetzt. Die Ortsangabe sollte dabei möglichst in der entsprechenden Landessprache notiert werden.

Anschriften mit Rücksendeangabe

Hierbei ist für die Rücksendeangaben und postalischen Vermerke eine kleinere Schriftgröße zu wählen, empfohlen wird die Schriftgröße 8 Punkt und in Ausnahmefällen auch 6 Punkt. Falls beispielsweise der postalisch zuzustellende Brief vorab per Fax oder E-Mail zugesandt werden soll, kann dies ebenso über den Vermerk „Vorab per Telefax" oder „Vorab per E-Mail" geschehen. In diesem Fall ist der Vermerk in die fünfte Zeile (Zeilennummer 1) des ersten Blocks anzuordnen, die weiteren Angaben rücken dann entsprechend eine Zeile nach oben. Weitere Hinweise können Angaben zur Sendungsart, zu einer besonderen Versendungsform oder einer Vorausverfügung sein. Eine besondere Sendungsart ist z. B. die Büchersendung. Dieser Hinweis ist mit einer entsprechenden Verpackung von Vorteil, da die Deutsche Post für Büchersendungen vergünstigte Preise anbietet. Weitere Beispiele für Sendungsarten stellen die „Infopost" oder die „Warensendung" dar. Besondere Versendungsformen umfassen Angaben wie z. B. „Einschreiben", (siehe das folgende Beispiel), „Einschreiben Rückschein" oder Angaben für eine Expresslieferung. Unter den Vorausverfügungen sind z. B. die Vermerke „Nicht nachsenden!" oder „Falls unzustellbar, zurück" zu verstehen.

BEISPIEL

Frau Altmann erreicht von der PAGRO AG ein Brief mit dem folgenden Aufbau des Anschriftenfeldes:

5.

4.

3.

2. PAGRO AG, Blumenweg 118, 5595 Gutenberg

1. Einschreiben

1. Exclusiva GmbH

2. Frau Altmann

3. Almsstr. 43–47

4. 31134 Hildesheim

5.

6.

Der Betreff

Im Rahmen der professionellen Außenwirkung ist die Formatierung des Betreffs, d. h. ob dieser in Fettdruck oder farblich hervorgehoben werden soll, einheitlich innerhalb des ganzen Unternehmens zu gestalten. Auf die Bezeichnung „Betreff" vor der Nennung des eigentlichen Betreffs ist zu verzichten. Inhaltlich dient er als stichwortartige Zusammenfassung des folgenden Geschäftsbriefes.

BEISPIELE

Anfrage nach 500 T-Shirts in der Farbe Weiß

Angebot über 500 T-Shirts, Größe M, 100 % Baumwolle Artikelnummer 93567

Bestellung über 500 T-Shirts, Größe M, 100 % Baumwolle Artikelnummer 93567

Bei Werbebriefen beispielsweise ist der Betreff so zu formulieren, dass dieser zum Weiterlesen anregt. Formulierungen wie z. B. „Werbeangebot für Handtücher" sind zu umgehen. Stattdessen soll das Bedürfnis bzw. das Interesse an dem Produkt geweckt werden wie z. B. mit einem Betreff „Trocknen mit Kuscheleffekt".

Anzuordnen ist der Betreff zwei Zeilen nach der Bezugszeichenzeile bzw. des Informationsblocks.

Die Anrede

Nach dem Betreff sind zwei Leerzeilen zu setzen, um dort mit der Anrede zu beginnen. Diese muss auf die Empfängeranschrift im Anschriftenfeld abgestimmt sein, d. h. wenn ein konkreter Ansprechpartner bekannt ist, ist dieser entsprechend namentlich anzureden. Um gendergerecht zu kommunizieren, sollte bei der direkten, persönlichen Anrede auf „Frau" bzw. „Mann" verzichtet und lediglich der Vor- und der Nachname verwendet werden. Diese Formulierung ist ebenso zu wählen, wenn das Geschlecht nicht eindeutig bekannt ist. Bei fehlender Kenntnis über einen persönlichen Ansprechpartner ist eine allgemeine Phrase zu nutzen, wie z. B. „Sehr geehrte Damen und Herren". Falls diese Anrede von dem empfangenden Unternehmen als unhöflich oder nicht mehr zeitgemäß angesehen werden könnte, ist eine gendergerechte Formulierung, wie z. B. „Sehr geehrte Persönlichkeiten" oder „Guten Tag", zu wählen.

BEISPIELE

Alex Meier (Anschriftenfeld)

Sehr geehrte*r Alex Meier (Anrede)

Auf die Berufs- und Amtsbezeichnungen kann in der Anrede verzichtet werden. Die Titel sind im Gegensatz dazu in verkürzter Form ebenso in der Anrede anzugeben, da diese als Teil des Namens gelten.

BEISPIELE

Herrn Direktor Klaus Michel	Sehr geehrter Herr Michel,
Frau Rechtsanwältin Dr. Ute Boss	Sehr geehrte Frau Dr. Boss,

Nachdem eine entsprechende Anrede notiert wurde, folgen ein Komma und eine Leerzeile.

Der Briefinhalt

Dieser Teil bildet das Kernstück des Geschäftsbriefs. Hierbei gibt der vorliegende Sachverhalt den genauen Aufbau vor. Hervorhebungen wie z. B. durch Einrücken, Unterstreichen, Wahl von Fettdruck, abweichender Schriftart oder farblichen Kontrasten einzelner Wörter

oder ganzer Textteile tragen zur besseren Orientierung und Lenkung der empfangenden Person innerhalb des Geschäftsbriefes bei. In diesem Zusammenhang muss die Form den Inhalt unterstützen.

BEISPIEL

Aufbau und Inhalt einer speziellen Anfrage

1. Kurze Vorstellung des eigenen Unternehmens (bei Erstkontakt)

2. Anlass der Anfrage formulieren

3. Genaue Beschreibung der Ware, die angefragt werden soll (diese kann beispielsweise wie folgt eingerückt werden)
   - Warenbezeichnung (z. B. T-Shirts)
   - gewünschte Größe (z. B. M)
   - Farbe (z. B. weiß)
   - Anzahl
   - Material

4. Bitte um Preisnennung, Liefer- und Zahlungsbedingungen und ggf. eines frühestmöglichen Liefertermins

5. Abschluss der Anfrage ggf. mit der Erwartung eines Angebots bis zu einer bestimmten Frist

Bezüglich des Inhalts ist auf eine ansprechende **Ausdrucksweise** zu achten. Die Verwendung von Fachwörtern oder treffenderen Synonymen kann sehr hilfreich sein. Zum Beispiel wird häufig das Verb „zahlen" bei der geschäftlichen Korrespondenz verwendet. Geeignete Synonyme im kaufmännischen Schriftverkehr wären „begleichen", „erstatten" oder „überweisen". Mithilfe dieser kann der Sachverhalt konkretisiert und damit ggf. auftretende Missverständnisse umgangen werden.

Demgegenüber sind Füllwörter (z. B. nun, sozusagen, wirklich) zu vermeiden und auch Wendungen mit „möchten", „dürfen", „würden" und „können" sind bezüglich ihrer Notwendigkeit kritisch zu betrachten.

Der Briefgruß und die Unterschrift

Nach dem letzten Satz, der dem Briefinhalt zuzuordnen ist, folgen eine Leerzeile und dann der Briefgruß. Traditionell und immer noch gebräuchlich ist die Grußformel „Mit freundlichen Grüßen". Alternativ dazu sind auch Formulierungen wie „Freundliche Grüße aus Hildesheim" der „Vielen Dank und verbleiben mit freundlichen Grüßen" angesehene Varianten.

Die Firmenbezeichnung oder der Name der Behörde setzt sich mit einer Leerzeile von der Grußformel ab. Dabei kann die Bezeichnung des Unternehmens auf mehrere Zeilen ausgedehnt werden.

Im Anschluss daran wird die elektronische Unterschrift oder in der Regel drei Zeilen für das Setzen der handschriftlichen Unterschrift frei gelassen. Die DIN 5008 hat in diesem Zusammenhang keine konkreten Zeilenvorgaben festgelegt. Vor der Unterschrift sind jedoch folgende Ergänzungen möglich. Der Prokurist fügt vor seinem Namen die Abkürzung „ppa", der Handlungsbevollmächtigte den Zusatz „i. V." und die Personen, die eine Art- und Sondervollmacht besitzen, den Zusatz „i. A." hinzu.

Nach der Unterschrift folgt die maschinenschriftliche Angabe des Vor- und Nachnamens der unterzeichnenden Person. Bei einer kaufmännischen Korrespondenz, an der mehrere Personen beteiligt sind und zu unterschreiben haben, ist es die Regel, dass der Ranghöhere, z. B. der Prokurist, links und der Handlungsbevollmächtigte rechts unterschreibt.

Die Anlagen

Nach der maschinenschriftlichen Angabe des vollständigen Namens der unterschriebenen Person bzw. der unterschriebenen Personen wird eine Leerzeile frei gelassen, bevor die Angabe „Anlage" oder „Anlagen" in Fettdruck, entsprechend der Empfehlung nach DIN 5008, eingefügt wird. Auf den Anlagenvermerk folgt jedoch kein Doppelpunkt.

Die Anlagen können namentlich wie z. B. „Preisliste", „Tagesordnung" oder „Protokoll" erwähnt werden. Andernfalls kann die Anzahl der Anlagen (höher als eine) in Ziffernform angegeben werden.

BEISPIEL

Mit freundlichen Grüßen aus Hildesheim
•
Exclusiva GmbH
Zentrale Hildesheim
•
i. V.
•
Jeannette Wulff
Abteilungsleiterin Einkauf

Anlagen
Preisliste
3 Muster

Grundsätzlich sind die Anlagen oder auch etwaige Verteilvermerke unterhalb mit einer Leerzeile Abstand von der Wiederholung des maschinenschriftlichen Vor- und Nachnamens und beginnend an der linken Fluchtlinie zu setzen. Falls jedoch aufgrund der Länge des Brieftextes die Anlagen nicht mehr auf die erste Seite passen, können diese beginnend auf der Höhe des Briefgrußes rechtsbündig (125 mm von der linken Blattkante entfernt) angeordnet werden.

BEISPIEL

Mit freundlichen Grüßen aus Hildesheim
•
Exclusiva GmbH
Zentrale Hildesheim
•
i. V.
•
Jeannette Wulff
Abteilungsleiterin Einkauf

Anlagen
Preisliste
3 Muster

Die Geschäftsangaben

In den Fußzeilen des Geschäftsbriefs stehen die wichtigsten Geschäftsangaben des Unternehmens. Hierbei ist die Angabe der **unternehmensrechtlichen Daten**, wie die Firmenbezeichnung, die Rechtsform (z. B. AG, GmbH oder OHG), der Ort der Handelsniederlassung, das Registergericht und die Nummer, unter der die Unternehmung im Handelsregister eingetragen ist, gesetzlich vorgeschrieben. Darüber hinaus geben die Rechtsformen weitere rechtlich zwingende Angaben vor. Beispielsweise sind bei einer GmbH auch die Geschäfts-

führer anzugeben (§§ 37a, 125a HGB; § 80 AktG; § 35a GmbHG).

Weitere Angaben, die ergänzend in der Fußzeile angegeben werden können:

• genaue Adresse des Unternehmens sowie deren Niederlassungen
• Geschäftszeiten
• Kommunikations- und Bankverbindungen
• Umsatzsteuer-Identifikationsnummer und/oder die Steuernummer

Die drei wichtigsten Schreibregeln in einem Geschäftsbrief entsprechend DIN 5008

1. Abkürzungen

Die Anzahl von Abkürzungen sollte in Geschäftsbriefen möglichst gering gehalten werden, da diese den Lesefluss oft negativ beeinflussen. Speziell sind unternehmensinterne Abkürzungen zu vermeiden und lediglich allgemein bekannte anzuwenden. Es muss immer der Empfänger im Fokus stehen, und dementsprechend sind die Abkürzungen zu wählen.

Die folgenden zwei Regeln verdeutlichen, warum hinter manchen Abkürzungen ein Punkt steht (Regel 1) und warum nach anderen kein Punkt stehen muss (Regel 2).

Regel 1: Abkürzungen mit Punkt

Abkürzungen, die in ihrem vollen Wortlaut des eigentlichen Wortes ausgesprochen werden, sind mit einem Punkt nach der Abkürzung zu versehen. Außerdem wird nach dem Punkt ein Leerzeichen gesetzt, wenn die Abkürzung aus zwei oder mehr Wörtern besteht.

BEISPIELE

Folgend gebräuchliche Abkürzungen, die mit einem Punkt geschrieben werden:

- Abs. (Absender)
- Abt. (Abteilung)
- d. h. (das heißt)
- e. V. (eingetragener Verein)
- evtl. (eventuell)
- i. A. (im Auftrag)
- lt. (laut)
- p. a. (pro anno, für das Jahr)
- u. a. (unter anderem)
- usw. (und so weiter)
- z. B. (zum Beispiel)

Regel 2: Abkürzungen ohne Punkt

Hinter Abkürzungen, die als ein eigenständiges Wort wahrgenommen und dementsprechend ausgesprochen werden, folgt kein Punkt.

BEISPIELE

Folgend gebräuchliche Abkürzungen, die ohne Punkt geschrieben werden:

- AG (Aktiengesellschaft)
- BGB (Bürgerliches Gesetzbuch)
- DIN (Deutsches Institut für Normung e. V.)
- IHK (Industrie- und Handelskammer)
- Pkw (Personenkraftwagen)
- USA (United States of America)

Der Großteil der Abkürzungen der Einheiten für Maße, Gewichte und Währungen werden ebenso ohne Punkt versehen.

BEISPIELE

Folgend weitere gebräuchliche Abkürzungen, die ohne Punkt geschrieben werden:

- mm (Millimeter)
- cm (Zentimeter)
- kg (Kilogramm)
- t (Tonne)
- EUR (Euro)

Ausnahmen:

- Dtzd. (Dutzend)
- Pfd. (Pfund)
- St. (Stück)

2. Kalenderdaten

Die Kalenderdaten können numerisch oder alphanumerisch geschrieben werden. Empfohlen wird für die internationale Korrespondenz die numerische absteigende Schreibung.

BEISPIELE

Numerische, absteigende Schreibung
(international verständlich)
- 2021-08-23
- JJJJ-MM-TT

Numerische, aufsteigende Schreibung
(national anzuwenden)
- 23.08.2021
- TT.MM.JJJJ

Die alphanumerische Schreibung wird aufgrund ihrer einfacheren Lesbarkeit innerhalb des Brieftextes angewandt. Bei dieser Schreibweise ist der Tag bis zum 9. jeweils einstellig anzugeben. Die Monate dürfen abgekürzt oder in ihrer Langform angegeben werden. Im Gegensatz dazu bedarf die Jahresangabe einer vierstelligen Schreibweise.

BEISPIELE

Alphanumerische Schreibung
- 23. August 2021
- 23. Aug. 2021
- 1. Aug. 2021

3. Telefon- und Telefaxnummern

Bei der Angabe der Telefon- und Telefaxnummer werden die Landesvorwahl, die Ortsnetzkennzahl sowie der Anschluss jeweils durch ein Leerzeichen voneinander abgegrenzt.

Die Durchwahlen zu einem bestimmten Ansprechpartner innerhalb eines Unternehmens oder die Nummer der Zentrale wird mithilfe eines Bindestrichs kenntlich gemacht. Bei internationalen Nummern wird die vierstellige Ländervorwahl oder das „+" vor die Ländervorwahl gesetzt. Darüber hinaus muss bei der Wahl einer internationalen Nummer die erste „0" in der Ortskennzahl weggelassen werden.

BEISPIELE

Einzelanschluss: 05121 1234567
Durchwahlanschluss: 05121 3017920-401
Zentrale: 05121 301792-0
International: +49 5121 3017920

Bei Sonderrufnummern mit einer Gebührenzählung wird diese durch Leerzeichen eingerahmt.

BEISPIELE

0800 4 1243
0180 2 3212

AUFGABEN

1. Erklären Sie den Nutzen der DIN 5008.

2. Schreiben Sie die folgenden Angaben in der korrekten Reihenfolge in ein Adressfeld und gehen Sie davon aus, dass die Exclusiva GmbH der Absender ist.
   a) BaBa GmbH; Einschreiben; 26135 Oldenburg; Neuer Weg 27
   b) Warensendung; STOLCO eG; Wenn unzustellbar, zurück; Moers; 47447; Birkenwald 12
   c) Essen; Balgstr. 98; 45147; Tina Bachmann e. Kffr.

3. Notieren Sie das heutige Datum sowie Ihr Geburtsdatum numerisch und alphanumerisch.

4. Verfassen Sie eine Anfrage für die Exclusiva GmbH über 500 Langarm-Shirts, Farbe Rot-Weiß-kariert, 100 % Baumwolle, Größe L, V-Ausschnitt.

5. Informieren Sie sich über die gesetzlichen Vorgaben bezüglich der Angaben der Unternehmung in Geschäftsbriefen mithilfe der folgenden Paragraphen und notieren Sie diese in der Form einer Mindmap.
   - §§ 37a und 125a HGB
   - § 80 AktG
   - § 35a GmbHG

ZUSAMMENFASSUNG

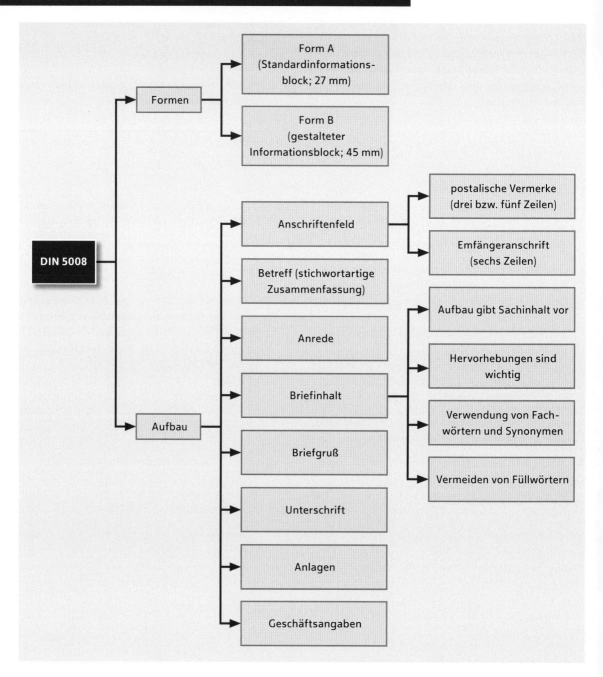

6.13 Kommunikation per E-Mail

Einstieg

Neben den Geschäftsbriefen in Papierform nimmt die Exclusiva GmbH per E-Mail Kontakt mit ihren Kundinnen und Kunden auf. Diese Art der Kontaktaufnahme wird ebenso seitens der Kundinnen und Kunden verwendet, vor allem, um Anfragen zu stellen. Vor diesem Hintergrund erhalten die Auszubildenden den Auftrag, einen professionellen Abschluss einer geschäftlichen E-Mail zu gestalten.

1. Aus welchen Bestandteilen besteht eine E-Mail?

2. Welche Inhalte sollten im Abschluss der E-Mail enthalten sein?

INFORMATIONEN

Jede Kontaktaufnahme, ob per Geschäftsbrief oder per E-Mail, stellt eine Repräsentation des Unternehmens dar. Vor diesem Hintergrund ist ebenso in der E-Mail auf eine professionelle Gestaltung und eine entsprechende Ausdrucksweise zu achten. Des Weiteren gelten bei einer geschäftlichen E-Mail die gleichen gesetzlichen Vorschriften (§§ 37a, 125a HGB; § 80 AktG; § 35a GmbHG) bezogen auf die Geschäftsangaben wie bei einem regulären Geschäftsbrief.

In der heutigen Zeit stellt der E-Mail-Kontakt eine reguläre und sehr beliebte Kommunikationsform auf geschäftlicher Ebene dar. Gründe hierfür sind primär die Schnelligkeit der Kommunikation, national wie auch international können die Unternehmen zu jeder Zeit miteinander in Kontakt treten. Darüber hinaus ist die Kommunikationsform kostengünstiger und ggf. ressourcenschonender, wenn die E-Mail nicht ausgedruckt, sondern lediglich digital archiviert wird. In diesem Zusammenhang steht ebenso das Unternehmensleitbild bezüglich der ökologischen Ausrichtung im Fokus.

Bestandteile einer E-Mail

Anschrift/Empfänger

Die Anschrift des Empfängers entspricht der eingerichteten E-Mail-Adresse. Diese setzt sich aus dem individuell gestalteten Namen sowie der vorgegebenen Endung des Providers (Anbieters oder der Name des Unternehmens) nach dem @-Zeichen zusammen. Darüber hinaus erlaubt die Angabe der länderspezifischen Top-Level-Domain (z. B. „.de" für Deutschland, „.fr" für Frankreich, „.uk" für Großbritannien) einen Hinweis auf den Unternehmenssitz des Empfängers. Vor diesem Hintergrund sind die Texte in der Sprache des entsprechenden Landes oder der im Unternehmen allgemein gültigen Verkehrssprache zu formulieren. Um den internationalen E-Mail-Verkehr zu erleichtern, bieten unterschiedliche Unternehmen im Bereich des E-Commerce Programme an, welche auf der Grundlage der jeweiligen Länderkennzeichnung die ein- und ausgehenden E-Mails automatisch übersetzen.

Wenn bei dem Versand einer E-Mail eine Kopie gewünscht ist, z. B. der Abteilungsleiter Verkauf möchte über alle ausgehenden Angebote informiert werden, kann dieser in „CC" (Carbon Copy) oder „BCC" (Blind Carbon Copy) gesetzt werden. Wird z. B. der Abteilungsleiter in CC gesetzt, kann der Empfänger ebenso diese E-Mail-Adresse einsehen. Im Gegensatz dazu erkennt der Empfänger bei dem Verwenden des BCC-Feldes nicht, dass die E-Mail zudem als Kopie an weitere Empfänger versandt wurde.

Betreff

Der Betreff ist zwingend anzugeben und entsprechend des regulären Geschäftsbriefs präzise und zielführend zu formulieren. Er dient als kurze Inhaltsangabe, damit ggf. vorzunehmende Weiterleitungen schnellstmöglich und korrekt erledigt werden können. Hierbei ist zu prüfen, ob beim Weiterleiten oder Beantworten der E-Mail der Betreff aufgrund eines ggf. veränderten Inhalts anzupassen ist. Um bei der internationalen Kommunikation Probleme und Missverständnisse zu vermeiden, sollte auf Umlaute, ß und Akzente verzichtet werden.

Textfeld

Das Textfeld beginnt wie jeder Geschäftsbrief auch mit der Anrede ab der Fluchtlinie und wird mit einem Komma abgeschlossen. Folgend ist eine Leerzeile zwischen der Anrede und dem weiteren Brieftext zu setzen. Dabei ist der Brieftext einzeilig und bei Bedarf mit entsprechenden Einrückungen, Absätzen oder Hervorhebungen zu formatieren.

Abschluss

Nach dem Brieftext folgt mit einer Leerzeile dazwischen der Abschluss. Begonnen wird dabei mit dem Gruß, daraufhin folgt der Firmenname, dann der Name der Bearbeiterin bzw. des Bearbeiters und den ggf. vorzunehmenden Zusätzen (i. A., i. V., ppa.), abschließend sind die Kommunikationsdaten anzuführen. Die gemachten Angaben sind jeweils mit einer Leerzeile voneinander zu trennen.

In diesem Teil der geschäftlichen E-Mail sind darüber hinaus die gesetzlich vorgegebenen Angaben des Unternehmens einzufügen (§§ 37a, 125a HGB; § 80 AktG; § 35a GmbHG).

Der Abschluss kann ebenso über eine Signatur, d. h. über einen elektronischen Baustein, der den Gruß, die Kommunikations- und Unternehmensangaben enthält, automatisiert und eingesetzt werden. Diese Signatur kann auch zusätzliche Hinweise wie z. B. „Think before you print" enthalten.

BEISPIEL

Mit freundlichen Grüßen
•
Großhandlung
Exclusiva GmbH
•
i. A. Ronja Bunko
•
E-Mail: info@exclusiva.hildesheim-wvd.de
Internet: www.exclusiva.hildesheim-wvd.de
Telefon: 05121 3017920
Telefax: 05121 3017921

Anschrift: Almsstr. 43–47, 31134 Hildesheim
Geschäftsführer: Michael Hertien, Susanne Hahne
Handelsregister HRB 2345 Hildesheim
Erfüllungsort und Gerichtsstand: Hildesheim
Steuernummer: 15 307 71722

Datenschutz bei E-Mail-Kontakt

Trotz der vielen Vorteile, welche die E-Mail-Kommunikation bietet, birgt diese Form genauso viele Risiken. Da die E-Mail-Adressen und auch die Inhalte der E-Mails zu den personenbezogenen Daten zu zählen sind, bedarf es hierbei der Beachtung des Datenschutzes. Unter anderem sind die Zugänge zu dem Computer sowie zu den E-Mail-Programmen zu schützen oder auch die Inhalte zu verschlüsseln. Virenscanner oder geeignete Firewalls sind weitere Maßnahmen, die zur

Sicherheit der personenbezogenen Daten beitragen. Ferner unterliegt die Weiterleitung oder Archivierung der E-Mails der Datenschutzrichtlinien. Eine Missachtung dieser oder die missbräuchliche Datennutzung bspw. im Bereich des E-Mail-Marketings zieht hohe Bußgeld-Strafen bis zu einer Höhe von 20 Millionen Euro nach sich. Eine Möglichkeit, um vertrauliche Daten via E-Mail zu übermitteln, bietet die DE-Mail. Über das De-Mail-Gesetz (§ 1) wird den Unternehmen, Städten/Behörden und auch Privatpersonen eine rechtsverbindliche, sichere elektronische Kommunikation angeboten. Voraussetzungen für diese Kommunikation sind, dass Sender und Empfänger ihren Sitz in Deutschland und beide ein De-Mail-Konto haben.

AUFGABEN

1. Diskutieren Sie die Nutzung von geschäftlichen E-Mails als Alternative zu dem regulären Geschäftsbrief.

2. Erstellen Sie aus der Perspektive Ihres Ausbildungsunternehmens eine Anfrage per E-Mail an die Exclusiva GmbH bezüglich 100 Firmen-T-Shirts. Die Details der T-Shirts sind auf Ihr Ausbildungsunternehmen anzupassen. Beachten Sie dabei die Bestandteile und die Aufteilung der E-Mail.

3. Partnerarbeit:
   Recherchieren Sie im Internet (z. B. unter der Seite *https://www.iana.org/domains/root/db*) nach weiteren Top-Level-Domains und notieren Sie sich fünf davon. Lassen Sie anschließend Ihre Partnerin/ihren Partner raten, um welches Land es sich handelt oder welches Unternehmen diese Domain innehat.

ZUSAMMENFASSUNG

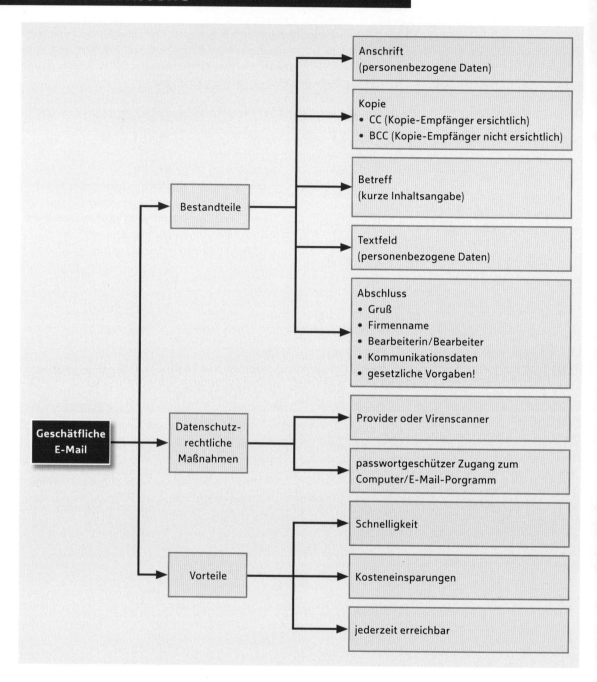

Geschätfliche E-Mail

Bestandteile
- Anschrift (personenbezogene Daten)
- Kopie
  - CC (Kopie-Empfänger ersichtlich)
  - BCC (Kopie-Empfänger nicht ersichtlich)
- Betreff (kurze Inhaltsangabe)
- Textfeld (personenbezogene Daten)
- Abschluss
  - Gruß
  - Firmenname
  - Bearbeiterin/Bearbeiter
  - Kommunikationsdaten
  - gesetzliche Vorgaben!

Datenschutzrechtliche Maßnahmen
- Provider oder Virenscanner
- passwortgeschützer Zugang zum Computer/E-Mail-Porgramm

Vorteile
- Schnelligkeit
- Kosteneinsparungen
- jederzeit erreichbar

6.14 Kommunikation über Social Media

Einstieg

Die Exclusiva GmbH möchte sich als modernes Unternehmen präsentieren und überlegt daher stetig, wie sie ihre Kommunikation mit ihren Kunden verbessern kann. Vor diesem Hintergrund bittet Frau Zeitz, die Abteilungsleiterin für den Funktionsbereich Verkauf/Absatz, die Auszubildenden um ihre Mithilfe.

1. Beschreiben Sie weitere Möglichkeiten, neben dem Telefon, dem Geschäftsbrief und der E-Mail, wie die Exclusiva GmbH in Kontakt mit den Kunden treten kann.

2. Erklären Sie, welche Vorteile die Exclusiva GmbH haben könnte, wenn sie die sozialen Netzwerke nutzen würde.

INFORMATIONEN

Der Begriff Social Media

Die sozialen Medien (Social Media) ermöglichen eine Kommunikation in Echtzeit mit Tausenden, eine sogenannte „Many-to-Many-Kommunikation". Dies unterscheidet sich stark von einer Kommunikation über E-Mail, der sogenannten „One-to-One-Kommunikation". Insgesamt umfasst und bedeutet Social Media mehr als lediglich die Technologien, die damit einhergehen, wie die sozialen Netzwerke, Blogs oder die unterschiedlichen Multimediaplattformen. Bei Social Media steht der Kontakt zwischen den Menschen, d. h. wer sich an der Kommunikation beteiligt und wie sie genutzt wird, im Fokus. Das Ziel von Social Media ist daher, einen Mehrwert aus dieser Interaktion zu erhalten.

Social Media als Chance und gleichzeitige Herausforderung für Unternehmen

Die Anzahl an Menschen, die in Deutschland soziale Medien nutzen, liegt bei ca. 78 %. Jugendliche und Erwachsene im Alter zwischen 14 und 29 Jahren sind besonders aktiv im Social Web. Diese hohe Zahl zeigt, dass sich die Unternehmen, um angesehen zu bleiben, eine entsprechende Social-Media-Präsenz aufbauen sollten. Dieser Anspruch zieht jedoch einige Herausforderungen nach sich.

Schnelllebigkeit von Informationen

Nachrichten, egal, ob gute oder schlechte, verbreiten sich über das Social Web sehr schnell. Ohne das Nutzen von Social-Media-Plattformen werden Informationen z. B. per E-Mail lediglich an einen bestimmten Personenkreis versandt. Social Media ermöglicht das Erreichen einer breiten Öffentlichkeit innerhalb von wenigen Sekunden. Diese sehr schnelle Verbreitung von Informationen wird als „viral" (entsprechend eines Virus) bezeichnet.

Neben den für das Unternehmen gewinnbringenden veröffentlichten Informationen können auch sogenannte Fake News z. B. zu einem rapiden Abfall des Börsenkurses und damit zu einem ggf. längerfristigen Verlust des Unternehmens führen. Auch wenn das Unternehmen innerhalb weniger Minuten auf inkorrekte Informationen reagiert, kann es bleibende Schäden wie z. B. einen Image-Schaden erleiden.

Vertrauen als Grundlage

Social Media erwartet von allen Mitgliedern absolute Offenheit und Ehrlichkeit. Dies stellt die Basis für die gegenseitige Akzeptanz und das Vertrauen dar. Die Unternehmen sollten daher, falls sie ggf. Fehler gemacht haben, zu diesen stehen und diese nicht versuchen zu verschleiern oder schönzureden. Das Eingestehen von Fehlern wird als Stärke angesehen, was das Ansehen der Unternehmen sogar verbessern kann. Das Vertrauen wird darüber hinaus auf der Grundlage von Empfehlungen für das eine oder andere Unternehmen von Freunden und Bekannten ermöglicht. Diese z. B. „Gefällt-mir-Klicks" bei Facebook erreichen folgend einen weiteren Personenkreis und damit ggf. noch mehr Menschen der gewünschten Zielgruppe, die bereits aufgrund der Empfehlung dem Unternehmen Glaubwürdigkeit schenken.

Persönliche Ansprache

Social Media fordert die Kommunikation mit Menschen. Die Unternehmen müssen daher die Bereitschaft zeigen, ihre Mitarbeiterinnen und Mitarbeiter, die sich hinter dem Unternehmen verstecken, zu präsentieren. Eine persönliche Vorstellung der Ansprechpartnerinnen und Ansprechpartner mit Bild und ggf. einem erweiterten Profil ist dabei empfehlenswert.

Authentische und gewissenhafte Dialoge

Auftretende Probleme, Wünsche und auch Kritik seitens der Kundinnen und Kunden sind von den Unternehmen gewissenhaft zu bearbeiten. In diesem Zusammenhang nimmt die persönlich anzusprechende Person eine zentrale Rolle ein. Die angesprochene Person sollte innerhalb des Unternehmens die Frage oder das Problem der Kundin oder des Kunden klären, um diesem eine entsprechende Antwort oder Lösung präsentieren zu können. Falls der Kunde mit dieser Antwort oder Lösung immer noch nicht zufrieden sein sollte, ist es die Aufgabe dieser Bezugsperson, nach weiteren Lösungsalternativen innerhalb des Unternehmens zu suchen oder entsprechendes Fachpersonal anzusprechen und den Kunden auf dem Laufenden zu halten. Ein Wechsel der Bezugsperson oder ein Verweis auf mögliche Kontaktformulare wirkt sich bei diesem Prozess besonders negativ auf das Vertrauensverhältnis zwischen dem Unternehmen und der Kundin oder dem Kunden aus.

Um den Kundinnen und Kunden zu zeigen, dass ihre Kritik wertgeschätzt wird, sind die Beanstandungen an die entsprechenden Fachabteilungen weiterzuleiten. Diese haben dann die Aufgabe, die Kritik zu prüfen und ggf. Verbesserungsmaßnahmen einzuleiten. Die Kunden sind über die Rückmeldungen der Fachabteilungen zu informieren, um das Vertrauensverhältnis weitergehend zu bestärken.

Insgesamt darf bei Social-Media-Aktivitäten nicht vergessen werden, dass die Kommunikation primär öffentlich ist und zu schnellen positiven wie auch negativen Reaktionen führen kann.

Rechtliche Grundlagen

Für Unternehmen gelten das Recht ihres Unternehmenssitzes sowie das Recht des Landes, indem sich ihre Zielgruppe befindet. Darüber hinaus sind die Hausregeln (u. a. enthalten in den AGB, englisch TOS genannt, Nutzungsbedingungen, Richtlinien oder Vorgaben für Profile, Seiten etc.) der Social-Media-Dienste einzuhalten.

Wahl und Benennung eines Accounts

Vor der Erstellung eines Accounts in einem sozialen Netzwerk sind die damit einhergehenden Nutzungsbestimmungen oder auch die allgemeine Zulässigkeit von Accounts für Unternehmen zu prüfen. Für Unternehmen können bspw. für das Anlegen eines Accounts Kosten z. B. in der Form von Mitgliedsbeiträgen entstehen. Darüber hinaus bedarf es einer Prüfung bei der Einrichtung der Art des Accounts. Für natürliche Personen werden die Accounts oft (persönliche) „Profile" und bei den Unternehmen „Seiten" oder „Fanseiten" genannt. Mit der Entscheidung für eine geschäftliche Seite gehen die Wettbewerbsrechte und die Impressumspflicht einher. Darüber hinaus sind z. B. bei Facebook die Vorgaben bezüglich der Namenswahl zu berücksichtigen.

Verwendung von Bildern, Fotos, Videos und Texten

Bereits existierende Bilder, Fotos oder Videos sind meistens urheberrechtlich geschützt. Wenn z. B. eines dieser Bilder in das eigene Profil aufgenommen werden soll, müssen die entsprechenden Urheber (Rechtinhaber des Bildes) um ihre Einwilligung gebeten werden. Bei eigens erstellten Fotos ist das Recht auf das eigene Bild zu beachten. Das heißt, wenn auf dem Foto Personen zu erkennen sind, müssen diese ihre Zustimmung zur Veröffentlichung geben oder sie müssen auf dem Foto unkenntlich gemacht werden. Ausnahmen bilden hier Fotos von Sportlern bei entsprechenden Wettkämpfen, Rednern auf einer Bühne oder ähnlichen öffentlichen Veranstaltungen. Falls ein Unternehmen denkt, dass es sich diesen Aufwand sparen kann, ist davon abzuraten. Aufgrund der sich verbessernden Bildersuchtechniken können Bilder, Fotos und Videos schneller ausfindig gemacht werden und die entsprechenden Strafen verhängt werden.

Bei der Wiedergabe oder dem Kopieren von urheberrechtlich geschützten Texten genügt die Kennzeichnung dieses Textes als Zitat mit der entsprechenden Quellenangabe.

Haftung für Links und Nutzerbeiträge

Bei der Verlinkung oder dem Teilen von Internetseiten mit illegalen Inhalten machen sich nicht nur die Herausgeber dieser Seiten, sondern auch das Unternehmen, welches auf den Link hingewiesen oder in seine Webseite eingebettet hat, haftbar. Daher ist eine genaue Prüfung der Seiten vor einer möglichen Verlinkung vorzunehmen. Vergleichbare Konsequenzen ergeben sich auf der Grundlage rechtswidriger Inhalte seitens anonymisierter Nutzer auf der Internetseite des Unternehmens. Das Unternehmen hat solche Inhalte innerhalb von ein bis fünf Tagen zu löschen. Darüber hinaus macht es sich strafbar, wenn sie die rechtswidrigen Links mit „Gefällt mir" kommentiert.

Sachlich inkorrekte oder rechtswidrige Beiträge können seitens des Webseiten-Betreibers gelöscht werden. Dies betrifft jedoch nicht die Äußerung von Kritik.

Darüber hinaus gelten im Social-Media-Bereich auch die **Wettbewerbsvorschriften**. Die Unternehmen dürfen keine Vergleiche oder Hinweise auf Konkurrenzunternehmen vornehmen. Ferner sind bei dem Einsatz von **Influencern** diese darauf hinzuweisen, dass sie kommunizieren, dass die jeweiligen Produkte aus kommerziellen Gründen vorgestellt, ausprobiert oder beurteilt werden.

Insgesamt sind die Nutzer der Internet-Präsenz des Unternehmens noch darauf hinzuweisen, welche Daten von ihnen gesammelt, wofür sie verwendet und inwieweit diese an Dritte weitergegeben werden. Des Weiteren muss auf die Möglichkeit der Auskunft, Änderung und Löschung der eigenen Daten hingewiesen werden, um den Datenschutzrichtlinien gerecht zu werden.

Netiquette

Um die eigene Internet-Präsenz davor zu schützen, evtl. auch beleidigende Kommentare zu erhalten, besteht für die Unternehmen die Möglichkeit, eine sogenannte **Netiquette** für den virtuellen Raum aufzustellen. Dieses Kunstwort setzt sich aus den Worten „Net" und „Etiquette" zusammen und ist im deutschen Sprachgebrauch auch in der folgenden Schreibweise zu finden: „Netikette".

Die Netiquette umfasst zumeist Verhaltensregeln für die Nutzer von Internet-Seiten oder einzelnen Diensten und beinhaltet ggf. Hinweise auf die rechtlichen Grundlagen. Grundlage dafür bilden die Unternehmensleitlinien oder die bereits erfolgten Erfahrungen mit den unterschiedlichen Präsenz-Formen im Internet. Unternehmen verfolgen mit der Verfassung einer Netiquette das Ziel, einen respektvollen Umgang zwischen den Nutzern sowie mit diesen und dem Unternehmen zu gewährleisten. Die Regeln sind dabei auf die Zielgruppe und die Kommunikationsform angepasst. Neben den Verhaltensregeln beinhaltet die Netiquette häufig auch dienstspezifische Empfehlungen, z. B. wie die Kontaktformulare auszufüllen oder E-Mails zu formatieren sind.

BEISPIELE

- „Nutzen Sie bei vertraulichen Informationen geeignete Verschlüsselungen."
- „Überlegen Sie sich vorab, welche Ansprechpartnerin/welcher Ansprechpartner für Ihre Frage am geeignetsten ist, und adressieren Sie die E-Mail entsprechend."
- „Sehen Sie von dem Versand von Kettenbriefen ab."
- „Vermeiden Sie, in öffentlichen Foren über Privates mit anderen Nutzern zu kommunizieren."
- „Berücksichtigen Sie, dass manche Personen im Chat langsamer schreiben, lesen oder etwas verstehen können als Sie selber, da sie ggf. an mehreren Chats parallel beteiligt sind. Lassen Sie Ihrem Gegenüber genügend Zeit für eine Antwort."

Für die sozialen Netzwerke bieten sich folgende Oberpunkte für die Formulierung geeigneter Regeln an:

- Beachten der Sicherheitseinstellungen
- Löschen von unbekannten „Freundschaftsanfragen" (Bleiben Sie misstrauisch!)
- Schutz der Privatsphäre (d. h. wer darf das Profil sehen und mitlesen)
- Aktivitäten auf dem eigenen Profil, d. h. z. B. die Facebook-Pinnwand, aktiv kontrollieren und ggf. Beiträge löschen

Typen von Social-Media-Plattformen

Die Möglichkeiten, über die sozialen Medien in Kontakt zu treten, sind weitreichend und unterliegen einem ständigen Wandel. Zum Beispiel war MySpace zwischen 2006 und 2008 das bekannteste und meist genutzte soziale Netzwerk, heute spricht jedoch keiner mehr davon. Als Unternehmen ist es daher sehr wichtig, sich ständig über neue und die für die Zielgruppe aktuell bedeutendste Social-Media-Plattformen zu informieren. Folgend soll mithilfe der Typisierung von Social Media und entsprechenden Beispielen ein Überblick über die Fülle an Möglichkeiten gegeben werden.

Soziale Netzwerke ermöglichen die **Profilerstellung** und so eine Vernetzung mit anderen Nutzern.

BEISPIELE

- Facebook
- Twitter
- XING
- Instagram
- Pinterest
- LinkedIn

Das Profil erlaubt darüber hinaus, eigene Kurzbeiträge zu veröffentlichen, andere Beiträge mit „Gefällt-mir-Klicks" zu versehen oder bestimmte Seiten und Profile zu „abonnieren", also ihnen zu folgen, um die von diesen veröffentlichten Beiträge regelmäßig auf der eigenen Startseite lesen zu können. Das heißt, wenn die Unternehmen der Seiten etwas Neues veröffentlichen, sehen die Abonnenten den Beitrag sofort. Dies ermöglicht den Unternehmen, nicht in Vergessenheit zu geraten. Darüber hinaus können die Nutzer andere Nutzer auf bestimmte Seiten hinweisen und die Seiten „teilen", was eine virale Verbreitung der Informationen zulässt.

Die Beiträge der Unternehmen sollten jeweils kurz und die Anzahl von vier bis zwölf nicht unter- aber auch nicht überschreiten, damit die Unternehmen wieder auf sich aufmerksam machen und gleichzeitig nicht zu aufdringlich wirken und die Nutzer abwandern. Auf die eingehenden Fragen und Kommentare ist eine Reaktionszeit von maximal einem Tag empfehlenswert.

Blogs gestatten, längere **Artikel** zu veröffentlichen, und sind darauf ausgelegt, diese Informationen längerfristig zur Verfügung zu stellen. Blogplattformen, mit denen Blogs erstellt werden können, sind die folgenden:

BEISPIELE

- Wordpress
- Blogspot
- LiveJournal Tumblr

Bekannt sind Blogs z. B. in der Form von Reisetagebüchern oder als Integration auf Unternehmens-Webseiten. Der Vorteil an Blogs besteht darin, dass sie ohne tiefergehendes technisches Verständnis erstellt werden und damit tiefergehende Informationen transportieren können. Die Reihenfolge der Blog-Artikel kann nach Datum, Nutzern oder nach Kategorien, z. B. nach einem bestimmten Produkt oder einer Produktgruppe, geordnet werden. Weiterhin besteht die Möglichkeit, die Blog-Artikel nach einem Schlagwort zu durchsuchen und eine sogenannte „Tag Cloud" (Schlagwortwolke) erstellen zu lassen.

Die veröffentlichten Artikel können Nutzer kommentieren und ggf. Fragen hinterlassen. Dies ermöglicht Diskussionen zu dem im Artikel angesprochenen Thema. Des Weiteren gestatten die Verlinkungen (Pingbacks) oder Hinweise auf andere Blog-Artikel eine Verflechtung der Themen. Es entsteht eine sogenannte „Blogosphäre".

Videoplattformen sind vergleichbar mit den Blogs und erlauben das Speichern und Weitergeben von Informationen. Eine Kommentierung und eine Bewertung sind hier ebenso lediglich von registrierten Nutzern möglich. Aktuell wird diese Social-Media-Plattform für Erklärvideos verwendet.

BEISPIELE

- YouTube
- vimeo
- Tik Tok
- Likee

Bewertungsplattformen zählen ebenso zu der Kategorie Social Media. Sie bieten die Möglichkeit eines offenen und interaktiven Meinungsaustausches, was das Ziel von Social Media darstellt. Beispiele hierfür sind yelp!, tripadvisor oder jameda.de. Google Maps ist diesem Typ ebenso zuzuordnen, da hier Standorte (z. B. Restaurants, Ärzte oder Einzelhandelsunternehmen) markiert, mithilfe von Sternen bewertet und über die Berichte kommentiert werden können.

Messenger wie z. B. WhatsApp und Snapchat (hierbei erfolgt die Unterhaltung vor allem über Bilder/Kurzvideos) ermöglichen im Gegensatz zu den bereits vorgestellten Social-Media-Plattformen mehr Privatsphäre und eine eher ungestörte One-to-One-Kommunikation. Neben dem klassischen Chat mit einer Person, d. h. über Text, Fotos, Videos oder Sprachnachrichten, haben die Nutzer darüber hinaus die Möglichkeit, in einem ausgewählten Personenkreis miteinander zu schreiben.

Unternehmen nutzen Messenger bereits für den Kundenservice. Neben den Servicegesprächen bieten die Unternehmen genau zu ordnende Sendungsverfolgungen oder auch schnelle Orientierungshilfen innerhalb des Flughafens an. Die Bearbeitung der Fragen oder der aktuellen Ortung darf 15 Minuten nicht überschreiten, eine entsprechend schnelle Interaktion innerhalb des Unternehmens ist daher zwingend erforderlich.

Wird der Messenger als eine Art der Kundenkommunikation angeboten, ist der Kunde auf die Datenschutzerklärung des Messenger-Anbieters hinzuweisen. Ferner muss seitens des Unternehmens auf eine Nachrichtenverschlüsselung hingewiesen werden.

Einsatz von Emojis

Emojis nehmen einen hohen Stellenwert bei der Social-Media-Kommunikation ein. Dies hat unter anderem eine Studie des Social-Analytics-Dienstleisters Quintly ergeben. Die Untersuchungsbasis bildeten 29 000 Instagram-Profile mit insgesamt 5,5 Millionen Posts. Von den untersuchten Profilen nutzten ca 50 % Emojis. Die folgende Abbildung verdeutlicht, warum Emojis gepostet werden.

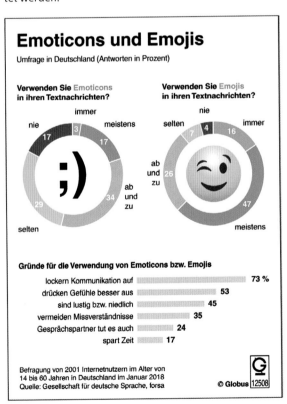

Die Geschichte der Emojis

Die Emojis haben ihren Ursprung und damit auch ihre Namensgebung in Japan („e" japanisch für „Bild" und „moji" japanisch für „Buchstaben"). Ihr Erfinder, Shigetaka Kurita, entwarf 1998 die ersten Piktogramme im Rahmen einer beruflichen Arbeit bei dem Portaldienst „i-mode". Seine Aufgabe bestand darin, eine Art Kurzschrift zu entwickeln. Die Emojis waren folglich das Ergebnis. Als Orientierung bei der Entwicklung nahm er Straßenschilder, Wettersymbole, comicartige Zeichnungen wie z. B. das Zeichen für eine Bombe oder eine Glühbirne sowie Tierkreiszeichen zu Hilfe. Zu seinen Favoriten zählen bis heute der Smiley und das Herz.

Die Emojis entwickelten und entwickeln sich stetig weiter. Zu Beginn gab es keine einheitliche Kodierung, d. h. jeder Mobilfunkprovider hatte seine eigenen Emojis und die Übermittlung zu einem anderen Mobilprovider war kaum möglich. Mit der Aufnahme ausgewählter Emojis in den internationalen Standard-Unicode-Zeichensatz im Jahre 2010 können nun weltweit Emojis versandt und vergleichsweise dargestellt werden.

Heute umfassen die Emojis **Emoticons** (Zeichen und Symbole zur Darstellung von Gefühlen), die mithilfe von Zeichen nachgebildet werden können. Diese Zeichen sind unter anderem Kommas, Punkte, Doppelpunkte oder auch Klammern.

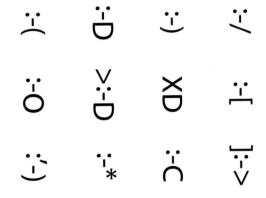

Neben den Emoticons schließen die Emojis ebenso kleine Bilddateien ein, z. B. in den Themenbereichen Sport, Natur oder Tiere. Mit deren Hilfe können z. B. über Facebook oder WhatsApp komplexe Sachverhalte ausgedrückt werden. Die Darstellung in Emojis erspart dabei Zeit, was zu einer noch schnelleren Kommunikation führt.

Emojis in der geschäftlichen Kommunikation

In der privaten Kommunikation ist die Nutzung von Emojis alltäglich geworden, was jedoch nicht für die geschäftliche Kommunikation gilt. Dennoch passen sich einige

Unternehmen an diese Weise der Kommunikation an. Sie haben zum Teil bereits auf ihr Unternehmen eigens angepasste Emoji-Sets, die sogenannten **Branded Emojis**, entwickelt. Zu diesen Unternehmen zählen unter anderem Ikea, Starbucks, Burger King, Holiday Inn. Sie bringen vor allem den Vorteil der Wiederkennung mit sich.

In der geschäftlichen Kommunikation sollte die Nutzung von Emojis sehr genau überlegt sein. Der Grat zwischen dem modernen Image, also der Zeit entsprechenden Kommunikation, einerseits und der Seriosität des Un-

ternehmens andererseits ist sehr schmal und stellt eine große Herausforderung dar. Jedes Unternehmen hat sich die Frage zu stellen, welche primäre Zielgruppe sie verfolgt und ob sich diese mit Emojis besser ansprechen lässt. Positiv stehen laut einer Studie von YouGov aus dem Jahr 2017 eher Frauen in dem Alter zwischen 25 und 44 Jahren der Unternehmenskommunikation mit Emojis gegenüber. Diese Potenzialgruppe zeichnet sich ferner dahingehend aus, dass sie Apps auf dem Smartphone oder dem Tablett als Informationsquelle der aktuellen Nachrichten nutzt oder auch den neuesten Modetrends folgt. Die Studie hat weiterhin ergeben, dass viele Personen Emojis zum Teil nicht korrekt verstehen. Unternehmen sollten daher mit der Verwendung von Emojis sparsam umgehen und auf einen unmissverständlichen Einsatz dieser achten.

Branded Emojis von facebook

Einige Social-Media-Plattformen		
Plattform	**Erläuterung und Hinweise zur Zielgruppe**	**Beispiele für Marketingmöglichkeiten[1]**
Foren	Foren sind die älteste Form der sozialen Medien. Es gibt eine Vielzahl von Foren für unterschiedlichste Zielgruppen jeden Alters und Geschlechts und zu den unterschiedlichsten Themenbereichen. Als Nutzer hat man die Möglichkeit, ein Thema zu beginnen oder sich an bereits bestehenden Diskussionen zu beteiligen.	• Beobachtung von Diskussionen, um wichtige Informationen über eigene Produkte und Dienstleistungen zu bekommen • Beantwortung von Fragen zu eigenen Leistungen
eigene Blogs	Blogs sind von Einzelpersonen, Gruppen oder Unternehmen betriebene Websites, die mithilfe einfach zu verstehender Programme schnell und ohne großen Aufwand erstellt und im Netz veröffentlicht werden. Der Blogger (der Besitzer der Website) kann über verschiedenste Themen schreiben. Leser können darauf mit Kommentaren reagieren. Die Zielgruppe ist entsprechend der Vielzahl an Blogs und deren inhaltlicher Reichweite sehr breit gestreut. Der Inhalt des Blogs sowie der Gestalter des Blogs bestimmen damit die Zielgruppe.	• gezielte Vermarktung von Produkten und Dienstleistungen: Blogs ermöglichen gut platziert eine direkte Zielgruppenansprache. • Aufgrund ihrer guten Auffindbarkeit bei Google werden Blogs regelmäßig von Millionen von Menschen gelesen. • Unternehmen stellen ihre Kompetenz zu einem bestimmten Thema heraus. • Blogs können ein weiterer Weg sein, um aus Produkten Marken werden zu lassen. • Blogs ersetzen die Frequently Asked Questions als Kundenbindungsinstrument für eine serviceorientierte Kommunikation.

---

1   Zu den Marketingmöglichkeiten mit Social-Media-Plattformen vgl. Kapitel 7.13.

Plattform	Erläuterung und Hinweise zur Zielgruppe	Beispiele für Marketingmöglichkeiten
Facebook	Facebook ist das beliebteste und am schnellsten wachsende soziale Netzwerk. Es hat weltweit ca. 1,5 Millionen Nutzer und bietet viele Zusatzfunktionen wie Chat, Fotoupload usw. Hinsichtlich der Weiterentwicklung und der Ausweitung an Social-Media-Plattformen steigt das Alter der Zielgruppe. Erwachsene zwischen 18 und 44 Jahren nutzen diese Plattform am meisten. Dabei lässt sich eine leichte stärkere Nutzung von Männern feststellen.	• Das Unternehmen erstellt eine eigene Facebook-Website (facebookpage). • Aufbau einer Fangemeinschaft z. B. durch den Like-Button. • In Facebook können auch Werbeanzeigen gebucht werden (facebook ads).
Twitter	Die Mitglieder (Follower) von Twitter folgen bestimmten Personen, für deren Informationen, Meinungen bzw. Aktivitäten sie sich interessieren. Von den Autoren bekommt man „Tweets" (kurze Nachrichten mit maximal 140 Zeichen). Auf diese kann man antworten. Die 14- bis 24-Jährigen nutzen Twitter fast täglich und bilden hierbei die stärkste Zielgruppe.	• Information der Follower über die aktuelle Entwicklung eines neuen Produkts • Bekanntgabe von Terminen, z. B. Events im Rahmen des Eventmarketings oder freie Termine bei Dienstleistungsunternehmen • Suche, ob Kunden in Tweets Beschwerden geschrieben haben • Reaktion auf Tweets von Kunden
WhatsApp	Dies ist ein Instant-Messenger-Dienst, über den man Textnachrichten, Bild-, Video- und Ton-Dateien sowie Kontaktdaten zwischen zwei Personen oder in Gruppen austauschen kann. Die Zielgruppe erstreckt sich über die gesamte Bevölkerung und umfasst jede Altersgruppe (ab 16 Jahren).	Unternehmen können zentral über eine Oberfläche Newsletter an die gewünschten Empfänger schicken, eingehende Fragen beantworten und Statistiken einsehen.
Instagram	Social-Media-Plattform zum Teilen von Videos und Fotos. Der Großteil der Nutzer dieser Plattform sind zwischen 16 und 24 Jahren alt. Knapp die Hälfte der 25- bis 34-Jährigen nutzt die Plattform ebenso. Ältere Nutzer sind lediglich vereinzelt auf Instagram zu finden.	Instagram ermöglicht eine gezielte Zielgruppenansprache, eine direkte Kommunikation mit Followern und Kunden und eine optimale Darstellung von visuellem Content.
Pinterest	Bei Pinterest können Texte und Bilder an virtuelle Pinnwände „geheftet" werden. Andere Personen können dieses Dokument ebenfalls teilen bzw. es positiv bewerten. Der Zielgruppe von Pinterest ist weiblich und zwischen 18 und 44 Jahren alt. Dabei spielen die Video-Pins eine immer bedeutendere Rolle.	• Reichweitenvergrößerung • Kommunikation mit Kunden • Produktpräsentation

AUFGABEN

1. Erklären Sie, was unter Social Media zu verstehen ist.

2. Recherchieren Sie nach den Auftritten Ihnen bekannter Unternehmen in den von Ihnen genutzten Social-Media-Plattformen (z. B. Rossmann bei Facebook). Vergleichen Sie Ihre Ergebnisse mit Ihrer Partnerin/ Ihrem Partner.

3. Informieren Sie sich über die Hausregeln von Facebook unter den folgenden Internetadressen. Planen Sie für die Exclusiva GmbH eine Seite auf Facebook, lesen Sie sich insbesondere für die Namensgebung der Seite die Regeln des zweiten Links durch.
   - *https://www.facebook.com/legal/terms*
   - *https://www.facebook.com/policies/pages_groups_events/*

Social-Media-Plattform	Gründungsjahr	Anzahl der Nutzer	kurze Charakterisierung (max. zwei Sätze)	Funktionen	Datenschutz	Ausstiegsmöglichkeiten	Marketingmöglichkeiten	Mögliche Alternativen
Facebook								
Twitter								
...								

4. Diskutieren Sie den Einsatz von WhatsApp für die Exclusiva GmbH.

5. Recherchieren Sie im Internet nach zwei Alternativen zu WhatsApp, Facebook oder Twitter und bereiten Sie sich darauf vor, diese kurz vorzustellen.

6. Die Vielzahl an Social-Media-Plattformen ist kaum noch zu überschauen.
   a) Erstellen Sie vor diesem Hintergrund eine Tabelle für folgende Social-Media-Plattformen entsprechend dem unten abgebildeten Aufbau und füllen Sie diese aus. Nutzen Sie zur Informationsbeschaffung das Internet.
   - Facebook
   - Twitter
   - Instagram
   - WhatsApp
   - Vimeo
   - YouTube
   - Linked In
   - Xing
   - Reddit
   - Pinterest
   b) Diskutieren Sie in der Klasse, welche weiteren Social-Media-Plattformen momentan zu den oben aufgeführten an Bedeutung gewinnen und welche Gründe dies haben könnte.

7. Analysieren Sie Ihr Nutzverhalten von Emojis.
   a) Zählen Sie dazu Ihre in den letzten 15 Kontaktaufnahmen mit Freunden/Bekannten und Arbeitskollegen verwendeten Emojis aus. Notieren Sie sich dazu ebenso, welche Emojis Sie verwendet haben und was Sie mit dem einzelnen Emoji vermitteln wollten.
   b) Vergleichen Sie nun Ihre Bedeutung des Emojis für die Nachricht mit der im Unicode festgelegten Deutung. Besuchen Sie dazu die folgende Internetseite *https://unicode.org/emoji/charts/full-emoji-list.html* (Stand: Februar 2021).

8. Verfassen Sie lediglich unter zu Hilfenahme von Emojis eine kurze Nachricht. Lassen Sie diese dann von Ihrem Sitznachbarn lösen. (Tipp: Lassen Sie sich von der Verfilmung des Songs „Royals" von Lorde mithilfe von Emojis inspirieren *https://www.youtube.com/watch?v=EDOMm_Nadag*, zuletzt aufgerufen am 7.4.2021).

9. Entwickeln Sie eine Verfilmung mit Emojis zu einem Lied Ihrer Wahl.

10. Diskutieren Sie den Einsatz von Emojis im Hinblick auf B2C- oder B2B-Kommunikation. Stellen Sie dazu ebenso Überlegungen an, welche Emojis für welche Kommunikation geeignet oder auch eher ungeeignet sind. Beziehen Sie dabei Ihre eigenen persönlichen Erfahrungen mit Emojis ein.

ZUSAMMENFASSUNG

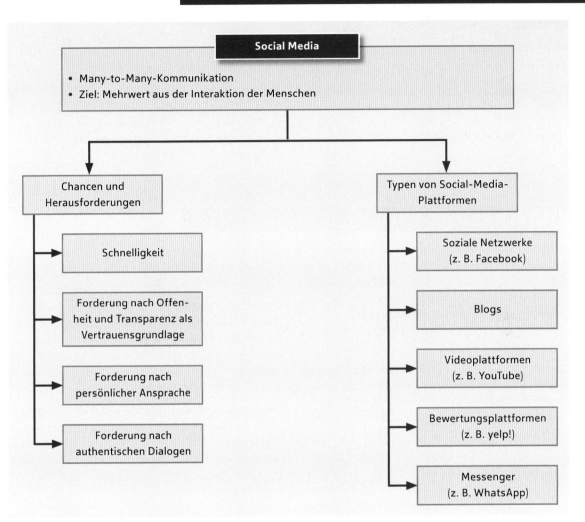

Social Media

- Many-to-Many-Kommunikation
- Ziel: Mehrwert aus der Interaktion der Menschen

Chancen und Herausforderungen

Schnelligkeit

Forderung nach Offenheit und Transparenz als Vertrauensgrundlage

Forderung nach persönlicher Ansprache

Forderung nach authentischen Dialogen

Typen von Social-Media-Plattformen

Soziale Netzwerke (z. B. Facebook)

Blogs

Videoplattformen (z. B. YouTube)

Bewertungsplattformen (z. B. yelp!)

Messenger (z. B. WhatsApp)

6.15 Kommunikation über weitere Vertriebswege

Einstieg

Heute unterhalten sich Agathe Kwasny und Tacdin Acay über aktuelle Vertriebswege und warum die digitale Kommunikation dabei so wichtig ist. „Welche Trends zeichnen sich zurzeit in Zusammenhang mit der Serviceorientierung ab?", möchte Agathe wissen.

1. Erläutern Sie, warum die digitale Kommunikation so wichtig ist, und halten Sie Ihre Ergebnisse schriftlich fest.

2. Informieren Sie sich über aktuelle Kommunikationswege und halten Sie diese in einer Mindmap fest. Notieren Sie auch Vor- und Nachteile.

INFORMATIONEN

Um den Kunden ein bestmögliches Serviceangebot zu bieten und mit diesen auf innovativen Wegen zu kommunizieren, ist es unumgänglich, verschiedene digitale Möglichkeiten der Kommunikation zu kennen, entsprechend der Situation auszuwählen und zu nutzen. Dabei spielen natürlich auch die verschiedenen Kundenbedürfnisse eine große Rolle.

„Jederzeit erreichbar sein", ein Problem oder eine Frage gleich zu klären und das Ganze am besten „Face to Face". Bei verschiedenen Serviceanlässen stellt der Kunde diese Wünsche oder auch Ansprüche an den Onlinehandel, und dieser sollte situationsgerecht reagieren.

Videokonferenz

Die klassische Videokonferenz am PC aus den letzten Jahren ist sicherlich Jedem bekannt. Mehrere Teilnehmer, die sich an verschiedenen Standorten befinden, tauschen sich über Ton- bzw. Bildverbindung aus.

Die Vorteile dieser Art der Kommunikation sind:

- Zeitliche bzw. räumliche Flexibilität
- beliebig hohe Teilnehmerzahl möglich

- schnelle und einfache Kommunikation
- Einsparen von Ressourcen
- Kostenersparnis durch „fehlende Reisekosten"

Um sich diese Vorteile auch „mobil" zunutze zu machen, gibt es mittlerweile verschiedene Programme und Apps, die auch über das Smartphone bzw. Tablets genutzt werden können. Dadurch wird die Videokonferenz – gerade in der Geschäftswelt und im digitalen Handel, aber auch im privaten Bereich – immer attraktiver.

Der Einzelhandel macht sich diese Technik zunutze und bietet Kunden an, beispielsweise Reklamationen oder Fragen direkt mithilfe einer Videokonferenz zu lösen. Durch das tatsächliche Sehen des Gegenübers und des Problems, das der Kunde hat, kann diesem schnell und einfach Abhilfe geschaffen werden.

Aufgrund von verschiedenen Programmlösungen ist es zudem möglich, auch in Fremdsprachen zu kommunizieren, also mithilfe einer simultanen Übersetzung sein Gegenüber fachgerecht zu beraten.

Ferner ist es möglich, während einer Konferenz Videos abzuspielen, um das vorher Erklärte nochmals zu visualisieren.

Von den Kosten her unterscheiden sich die Softwarelösungen. Soll eine solche angeschafft werden, ist es ratsam, sich über die verschiedenen Funktionen der Programme zu informieren und dieses dann entsprechend der individuellen Bedürfnisse auszuwählen.

Auch spielt die Sicherheit eine große Rolle. Hier ist darauf zu achten, dass die verwendeten Videosysteme eine integrierte Verschlüsselungsfunktion nach gängigen Sicherheitsstandards haben, um den Datenschutz zu gewährleisten. Ist dies nicht der Fall, kann zusätzliche Sicherheitssoftware installiert werden.

Tipps für eine sichere Videokonferenz

- genaue Prüfung der Sicherheitsmaßnahmen des Providers
- Standardeinstellungen prüfen und ggf. anpassen
- sicheres Netzwerk verwenden
- Softwareschulungen anbieten
- Regeln im Umgang miteinander festlegen und kommunizieren

Chats zur Kundenbetreuung

Als weitere Möglichkeit der Kommunikation bieten sich Chats an. Über einen Button, welcher auf der Homepage des jeweiligen Unternehmens integriert ist, kann ein virtueller Chat gestartet und ein Gespräch geführt werden.

Voraussetzung hierfür ist, dass immer ein Mitarbeiter vorhanden sein muss, der das Chatgespräch fachgerecht führt und dem Kunden direkte Hilfestellung leisten – ihm also antworten kann.

Durch die Chatfunktion ist es schnell und einfach möglich, auf die immer stärker entwickelnden Informationsansprüche des Kunden sowie die individuellen Bedürfnisse einzugehen. Auch die so erzeugte „Kundennähe" wirkt sich positiv auf die Kundenbindung und dementsprechend auf den Erfolg des Unternehmens aus.

Berücksichtigung finden sollte dabei jedoch die Tatsache, dass zusätzliche Kosten für die Homepage anfallen können, da die Chatfunktion programmiert und gewartet werden muss.

Besonders für Neukunden, aber auch für Bestandskunden bietet sich die Chatfunktion an.

Vorteile von Chats zur Kundenbetreuung sind:

- für den Kunden kostenlose Kommunikation
- schnell und einfach über verschiedene Endgeräte möglich, u. U. schnelle Zielerreichung

- Auch schüchterne Kunden können auf dem schriftlichen Weg ihr Anliegen vorbringen.
- „Emotionen kochen nicht so hoch", falls es um „Probleme" gehen sollte.
- Der Chatverlauf ist dokumentiert.
- Inhalte des Gesprächs können nachgelesen und die gegebenen Tipps bei Problemen so nochmals später genutzt bzw. eingesetzt werden.
- Kommunikation ist über weite Strecken möglich (z. B. Kauf eines Artikels in Dänemark) und erlaubt dennoch eine schnelle, einfache und kostengünstige Hilfestellung und Problemlösung.
- Bilder und Dateien können schnell und einfach versendet werden (Bsp.: Montageanleitungen, etc.).
- Ein kompetenter Service ist möglich. Mitarbeiter unterstützen sich gegenseitig bei Problemlösung.
- Keine umständliche „Menübedienung" durch den Kunden notwendig – dieser kann gleich „losschreiben".
- Mehrere Personen können nahezu zeitgleich beraten werden = Kostenersparnis für das Unternehmen.
- Der Chat kann kurzzeitig abgestellt und in ein Kontaktformular umgewandelt werden (falls der Mitarbeiter seinen Arbeitsplatz kurz verlassen muss, hat der Kunde trotzdem die Möglichkeit der Kontaktaufnahme).
- Verbesserung der Chat-Beratung; aufgrund vorhandener Protokolle sind Verläufe und Gesprächsinhalte klar nachvollziehbar und ggf. anfallender Schulungsbedarf für Mitarbeiter wird ermittelt.

Nachteile von Chats zur Kundenbetreuung

- Geschultes Personal muss unter Umständen „rund um die Uhr" eingesetzt werden.
- Personal muss ggf. mehrere Sprachen sprechen können.
- ggf. höhere Personalkosten
- Probleme, falls es zu Tippfehlern kommt, die den Gesprächsverlauf negativ beeinflussen
- Ggf. fallen für den Verkäufer zusätzliche Kosten für die Homepagebetreibung an.
- Gespräche werden virtuell geführt (schlechte Einschätzung, ob tatsächlich beim Kunden ein Problem besteht = Zeitfresser).
- „Ältere Kunden" haben unter Umständen eine Hemmschwelle und nutzen die Chatfunktion nicht.
- ggf. hoher Zeitaufwand beim Kunden für die Texteingabe
- großer Druck bei Mitarbeitern, da dieser innerhalb kürzester Zeit „reagieren" müssen
- Chatunterbrechungen sind nur schwierig bis gar nicht möglich – Mitarbeiter und Kunde müssen also voll konzentriert sein.

Chats im Allgemeinen	
Was?	**Erläuterung**
Kosten	Die Kosten für ein Live-Chat-Tool können variieren – je nachdem, wie viele Supportmitarbeiter eingesetzt werden und welcher Anbieter gewählt wird.
Installation auf der Website	Betriebsbereiten Quellcode auf der Website platzieren
Chatanfragen beantworten	Durch ein Dashboard kann nachvollzogen werden, wie viele Besucher sich aktuell auf der Homepage befinden und ob eine Frage über die Chatfunktion gestellt wird. Hier geht der Kunde über die Chatfunktion auf das Unternehmen zu!
Chats zur Kundenakquise nutzen	Gezielte Konfiguration der Software, um Kunden, die gerade die Website besuchen, anzusprechen – das heißt: Der Kunde interessiert sich für ein bestimmtes Produkt und bekommt „Hilfestellung über die Chatfunktion" angeboten. Hier geht das Unternehmen auf den potenziellen Kunden zu und versucht, diesen von einem Produkt oder einer Dienstleistung zu überzeugen.
Erreichbarkeitsmodus	Sollte ein Mitarbeiter kurzfristig nicht erreichbar sein, sollte der „Offlinemodus" für den Kunden im Chat angezeigt werden.
Einsatz von Textbausteinen	Da Kundenfragen unter Umständen ähnlich sein können bzw. vom Support immer wieder die gleichen „Floskeln" zum Einsatz kommen, bieten sich unter Umständen sogenannte Textbausteine an. Also: Vorgefertigter Text wird per Copy and Paste in den Chatverlauf eingefügt. Vorteile: Zeitersparnis für das Unternehmen Vermeidung von Tippfehlern Nachteile: Vorformulierte Floskeln können roboterartig klingen.
Protokolle zur Evaluation nutzen	Da die Chatprotokolle automatisch gespeichert werden, können diese schnell und einfach zur Evaluation genutzt werden.
Analyse der Website-Frequenz	Will das Unternehmen analysieren, wie viele Besucher die Homepage hat, welche Produkte besonders beliebt und wie die Besucher auf die Homepage gelangt sind (also beispielsweise durch welchen Suchbegriff), bietet sich der Einsatz von (Echtzeit)-Tracking an. Durch die entsprechenden Erkenntnisse können Produkte besser platziert und besser Hilfestellung geleistet werden.
Integration der Chats in andere Programme (Bsp.: CRM)	Wird in einem Chat ein Bestandskunde beraten, kann der geführte Chat direkt in das CRM-Programm geladen und gespeichert werden.
Arbeiten im Team	Werden verschiedene Supportmitarbeiter eingesetzt, sollte darauf geachtet werden, dass das Live-Chat-Tool laufende Chats zwischen den Mitarbeitern hin und her schieben kann, um Chatunterbrechungen zu vermeiden.

Sprachsteuerung – auch in Webshops

Die „klassische" Sprachsteuerung über das Smartphone ist sicherlich jedem geläufig. Egal ob mit Siri oder per Sprachsteuerung in einem E-Mail- oder sonstigem Kommunikationsprogramm – es können schnell und einfach Informationen ausgetauscht, Probleme geklärt oder Daten in Text umgewandelt werden.

Bisher war es in den meisten Webshops nicht möglich, Bestellungen oder Sucheingaben mittels Sprachsteuerung vorzunehmen. Daher arbeiten mit Hochdruck verschiedene Unternehmen an der Entwicklung von Programmen, mit deren Hilfe per Sprachsteuerung Bestellungen ausgelöst werden können.

Vor allem für Menschen, die wenig Zeit haben und schnell etwas „erledigen" möchten, bietet sich diese Art der Kommunikation an. Auch bei Problemen könnte die Eingabe des Anliegens mittels Sprachsteuerung hilfreich sein.

Sprachgesteuerter Lautsprecher regelt das Entertainment zu Hause

Bisher gibt es verschiedene Programme, wie Amazon Echo, die erfolgsversprechend sind und folgendermaßen funktionieren:

Die Spracheingabe wird in eine Cloud übertragen. Dort wird die Stimme dann zerlegt, prozessiert und es wird analysiert, was der Sprecher möchte. Nachteil ist hierbei, dass die Worte vom „Sender" so gewählt sein müssen, dass die Cloud diese erkennt und entsprechend verarbeitet. Auch gibt es das Problem, dass viele Systeme nicht kompatibel sind und daher nicht korrekt arbeiten.

Ist die Spracherkennung erfolgreich – beispielsweise bei der Suchfunktion von Amazon –, werden passende Ergebnisse angezeigt und können vom Kunden direkt in ihren Warenkorb gelegt werden.

In den nächsten Jahren wird sich dieser Bereich immer weiter entwickeln. Daher sollte er von den E-Commerce-Kaufleuten fokussiert und entsprechend eingesetzt bzw. genutzt werden.

Geräte mit Mikrofon erlauben die Sprachsteuerung

Hotlines in Webshops

Immer wenn es zu Problemen kommt oder der Kunde Fragen schnell und unkompliziert klären möchte, bietet sich der Einsatz von Hotlines an. Unter dem Oberbegriff „User Experience" sind die Hotlines für Kunden sehr wichtig. (vgl. auch Kapitel 6.13).

Häufig jedoch steht das Betreiben dieser in einem Konflikt mit der Wirtschaftlichkeit. Daher bieten nicht alle Webshops Hotlines bzw. die persönliche Telefonbetreuung an.

Kommen Anfragen – vor allem „einfacher Natur" – über ein Kontaktformular oder per Mail bei dem jeweiligen Sachbearbeiter ein, können diese einfacher und leichter abgearbeitet werden. Der Mitarbeiter muss nicht innerhalb kürzester Zeit reagieren und eine Lösung anbieten.

Liegt jedoch ein komplexes Problem vor, kann der Hin-und-Her-Kontakt auf dem schriftlichen Weg ein erheb-

licher Zeitfresser für Kunde und Mitarbeiter sein und zu Unzufriedenheit auf beiden Seiten führen.

Entscheidet sich ein Unternehmen für die Hotline, sollte die entsprechende Hotline-Nummer schnell und einfach auf der jeweiligen Homepage zu finden sein.

Verschiedene Hotline-Möglichkeiten	
Hotline mittels Sprach-computer	Per Spracheingabe wird das Anliegen des Kunden vorgetragen. Der Sprach-computer gibt dann verschiedene Lösungen vor. Sollte der Kunde sein Problem bzw. Anliegen nicht geklärt bekommen, wird er mit einem Mitarbeiter verbunden. Hintergrund: Zur Kostenminimierung soll möglichst auf den Einsatz eines Mitarbeiters verzichtet werden.
Hotline-Unterscheidung gemäß dem Anliegen des Kunden	Um zielführend und zeitsparend agieren zu können, gibt der Kunde den Grund seines Anliegens an und wird im Anschluss in die entsprechende Fachabteilung durchgestellt (z. B. Reklamationsabteilung, Bestellannahme usw.). Hintergrund: Zeitersparnis, geschulte Mitarbeiter, die kompetent Auskunft geben können.
24-Stunden Hotline	Der Kunde kann rund um die Uhr sein Anliegen vorzutragen und zu einem Ergebnis kommen.
Callcenter	Sollen keine eigenen Mitarbeiter für die Hotline-Betreibung genutzt werden, bietet sich der Einsatz eines Call-Centers an. Dies hat den Vorteil, dass geschulte Mitarbeiter die Anrufer beraten. Für das beauftragende Unternehmen fallen zwar Kosten an, jedoch sind diese meist viel geringer als die sonst anfallenden Personal-, Raum- und Nebenkosten.

Vorteile von Hotlines für den Kunden:

- kompetente, schnelle und freundliche Beratung, wenn geschultes Personal eingesetzt wird
- Kundenorientierung ist für Kunden „greifbar" und führt zu höherer Kundenbindung.
- schnelle Lösung möglich
- Komplexe Probleme können gelöst werden.
- Kunde fühlt sich ernst genommen.

Nachteile von Hotlines für den Kunden:

- ggf. lange Wartezeiten
- Wird die Spracheingabe vom Hotline-Computer nicht richtig erkannt, kann dies zu erheblichen Zeitverzögerungen für den Kunden führen.
- nervenaufreibend für den Kunden, wenn die Spracheingabe nicht richtig erkannt wird und die Eingaben ständig wiederholt werden müssen
- Geschulte Mitarbeiter müssten immer verfügbar sein (höhere Personalkosten).
- Ggf. fallen hohe Telefonkosten für den Kunden an (Hotline-Gebühren).
- Hotline muss immer besetzt, also ein Mitarbeiter erreichbar sein.

Werden Gespräche per Hotline geführt, ist es unter Umständen möglich, dass eine Legitimation des Anrufers erfolgt. Dieser muss im Vorfeld beispielsweise Frageantworten hinterlegen oder bekommt ein Passwort für die Hotline-Nutzung übermittelt, das dann später zum Einsatz kommt bzw. einzelne Stellen dieses abfragen.

Für Schulungszwecke zeichnen viele Unternehmen die Anrufe auf, analysieren die Gespräche und nutzen die Ergebnisse zur Serviceverbesserung.

In welchen Bereichen Hotline-Mitarbeiter geschult werden und was sich der Hotline-Mitarbeiter immer wieder vor Augen führen sollte, ist nachfolgend aufgeführt:

- Welche psychologischen Prozesse spielen bei der Kommunikation eine Rolle?
- Welche Bedeutung haben die Stimme und Tonlage für den Anrufer?
- Wie reagiere ich in Konfliktsituationen?
- Welche Fachsprache wende ich an?
- Wie wird eine positive Gesprächsatmosphäre geschaffen?
- Wie gehe ich mit Kunden im Allgemeinen um?
- Welche Datenschutzbestimmungen sind zu berücksichtigen (Abfrage von Teletans usw.)?

Frequently asked questions (FAQ) in Onlineshops

Um Kunden schnell Hilfe anbieten zu können, bietet sich der Einsatz von FAQ an – frequently asked questions –, übersetzt: häufig gestellte Fragen. Bei diesen handelt es sich um eine Form des Kundenservices.

Anhand der FAQ-Liste, die beispielsweise unter dem Menüpunkt „Hilfe" aufgeführt sein kann, ist es dem Kunden möglich, sich über häufig gestellte Fragen zu informieren und ggf. seine eigene Frage ohne Hilfe durch den Verkäufer zu beantworten.

Erstellen einer FAQ-Liste

Die von Kunden häufig gestellten Fragen werden gesammelt, mit der entsprechenden Antwort versehen und dann in einer Liste zusammengestellt. Die Darstellungsform kann sich unterscheiden, beispielsweise werden die Fragen und Antworten in Tabellenform abgebildet oder jeweils Frage und Antwort mit verschiedenen Farben kenntlich gemacht.

BEISPIEL 1

Frage	Antwort
Wie kann ich meine bestellten Artikel wieder zurücksenden?	Sie können Ihre bestellten Artikel bequem und einfach wieder zurücksenden, indem Sie unter dem Menüpunkt „Retoure" in Ihrem Kunden-Account das Retourenlabel runterladen und auf der entsprechenden Sendung anbringen. Sobald die Sendung in unserem Logistikzentrum eingegangen ist, werden wir die Retoure bearbeiten und für Ihr Kundenkonto eine Gutschrift erstellen.

BEISPIEL 2

Fallen Versandkosten für Retouren an? *Nein, die Rücksendung ist für Sie kostenlos, wenn Sie unser Retourenlabel verwenden, welches Sie unter dem Menüpunkt „Retoure" in Ihrem Kunden-Account finden.*

Je genauer die Antworten beschrieben sind, umso eher werden die Fragen der Kunden geklärt, ohne dass diese zusätzlich den Support kontaktieren müssen. Und: Der Kunde muss die Fragen einfach finden sowie die Antworten auch verstehen. Daher muss zwingend darauf geachtet werden, dass die FAQ entsprechend einfach formuliert sind.

Damit der Kunde schnell zu seiner gesuchten Frage bzw. Antwort „kommt", sollten beim Programmieren der Stichwortsuche auch Schlagwörter aus den FAQ hinterlegt und die Fragen ggf. alphabetisch aufgeführt werden.

Um immer aktuell zu sein, bietet es sich an, die FAQ stetig zu evaluieren und zu aktualisieren.

Auch ist es möglich, die Kundenbindung durch FAQ zu stärken, wenn der Kunde aktiv in das Erstellen der FAQ-Liste mit einbinden wird. Über Feedbackbögen beispielsweise können mögliche Fragen abgefragt, gesammelt und mit den entsprechenden Antworten bei den FAQ ergänzt werden.

Vorteile von FAQ:

- Kunde kann sich selbst helfen.
- Zeitersparnis für den Kunden (unnötige Wartezeiten durch ggf. Telefonschleifen entfallen)
- einfach und zielführend
- Support muss nicht immer „dieselben Fragen beantworten" und wird entlastet.
- kostengünstig für Kunde und Verkäufer
- Kunde wird von der Kompetenz des Anbieters überzeugt, wenn die FAQ-Liste ausführlich und ansprechend ist.
- Kundenbindung und Neukundengewinnung durch gute FAQ

Nachteile von FAQ:

- hoher Zeitaufwand beim Erstellen der FAQ
- Aktualität muss immer gewährleistet sein – ggf. hoher Aufwand beim Überarbeiten der FAQ, wenn die FAQ-Liste entsprechend lang ist
- Bei spezifischen Fragen des Kunden reicht die FAQ-Liste nicht aus und der Kunde kontaktiert trotzdem den Support.

Übrigens: Bei dem Begriff frequently asked questions handelt es sich um die Pluralform. Das in der Praxis gerne verwendete „s" hinter der Abkürzung FAQ ist daher gemäß Duden unkorrekt – also nicht notwendig.

AUFGABEN

1. Überlegen Sie, in welchen Fällen Sie eine Videokonferenz nutzen würden, und halten Sie Ihre Ergebnisse fest. Tauschen Sie sich im Plenum aus.

2. Entwickeln Sie einen Leitfaden, wie man sich während einer Videokonferenz verhält und worauf zu achten ist. Tauschen Sie Ihre Ergebnisse im Plenum aus.

3. Informieren Sie sich über geeignete Videokonferenz-Programme und stellen Sie jeweils die Vor- und Nachteile in einem Handout zusammen. Präsentieren Sie Ihre Ergebnisse und üben Sie konstruktive Kritik.

4. Erstellen Sie eine Mindmap, die alle wichtigen Informationen zum Verhalten während Chats beinhaltet. Tauschen Sie sich im Plenum aus.

5. Überlegen Sie, inwieweit die Sprachsteuerung für den Kauf in Onlineshops sinnvoll ist, und diskutieren Sie Ihre Ergebnisse im Plenum.

6. Nennen Sie Vor- und Nachteile des Kaufes mittels Sprachsteuerung für Kunden und für Verkäufer und üben Sie im Plenum konstruktive Kritik.

7. Welche Möglichkeiten haben Sie in der Praxis, Hotlines als Kundenservice-Instrument einzusetzen? Halten Sie Ihre Ergebnisse fest und diskutieren Sie diese.

8. Welche Regeln müssen beachtet werden, wenn man Mitarbeiter einer Hotline ist? Erstellen Sie eine Mindmap und präsentieren Sie diese.

9. Entwickeln Sie für Ihren Bereich eine FAQ-Liste. Gestalten Sie diese ansprechend und stellen Sie Ihre Ergebnisse im Plenum vor.

10. Stellen Sie einen Zusammenhang zwischen den FAQ und dem Marketing her. Üben Sie im Plenum konstruktive Kritik.

ZUSAMMENFASSUNG

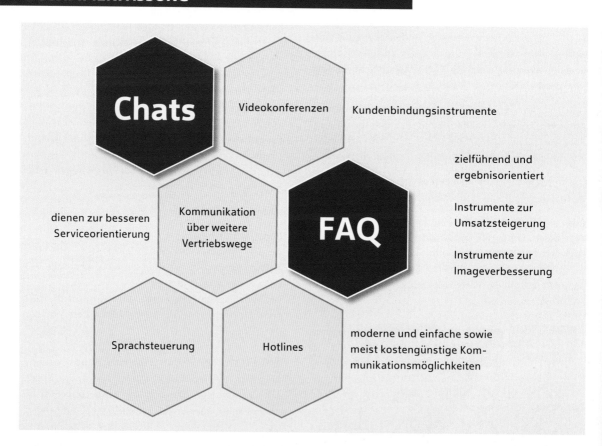

6.16 Reflexion der eigenen Kommunikationskompetenz

Einstieg

Annette Zeitz, verantwortliche Mitarbeiterin für den Funktionsbereich Verkauf/Absatz der Exclusiva GmbH, hat in den letzten Wochen von Kundinnen und Kunden immer wieder die Rückmeldung erhalten, dass sich diese von unterschiedlichen Mitarbeiterinnen und Mitarbeitern während der Kommunikation über Telefon, E-Mail und auch über die sozialen Medien angegriffen gefühlt haben. Um dieser Kritik entgegenzuwirken, bittet sie Frau Schwartzer, Verantwortliche für den Funktionsbereich Verwaltung und Personal, um Hilfe. In einem gemeinsamen Meeting mit den Geschäftsführern wird über mögliche Lösungen diskutiert.

1. Beschreiben Sie mögliche Lösungen, die zur Reflexion des eigenen Kommunikationsverhaltens beitragen können.

2. Erklären Sie, was Ihrer Meinung nach zu einem angemessenen Kommunikationsverhalten zu zählen ist.

INFORMATIONEN

Voraussetzungen für eine gelungene Kommunikation

Mit dem Ziel, dass eine Kommunikation als angenehm und zielführend wahrgenommen wird, muss zwischen den Kommunikationspartnern ein Vertrauensverhältnis herrschen oder zumindest die Möglichkeit bestehen, ein solches zu erschaffen. Darüber hinaus ist auf eine wertschätzende Interaktion zu achten. Falls dies nicht immer der Fall sein sollte, helfen die folgenden Tipps zur Verbesserung des eigenen Kommunikationsverhaltens.

Tipps zur Verbesserung des eigenen Kommunikationsverhaltens

Um sein Kommunikationsverhalten zu verbessern, können Maßnahmen zur eigenständigen Reflexion oder externe Expertinnen und Experten, aber auch Kolleginnen und Kollegen helfen. Darüber hinaus muss in einem ersten Schritt der Ist-Zustand ermittelt werden, damit in den nächsten Schritten dieser verbessert wird. Ferner dürfen Externe lediglich zur Verbesserung beitragen, d. h. motivieren und zum Weitermachen animieren.

Selbstkritik

Die Aufmerksamkeit auf mögliche eigene Fehler im Kommunikationsverhalten zu lenken, ist im Alltag eher schwierig zu realisieren. Vor diesem Hintergrund bedarf es der Übung und ggf. einer schrittweisen Beurteilung und Verbesserung möglicher Kommunikationsmängel.

Wirkung der Wortwahl

Mit jedem Wort werden bestimmte Emotionen übermittelt. Zum Beispiel ist das Wort „nachhaken" eher negativ behaftet. Daher sollte vielmehr das Wort „nachfragen" verwendet werden.

Vermeiden von Füllwörtern

Insbesondere im Telefongespräch, beim Audio- und Videochat oder auch bei Face-to-Face-Gesprächen fallen häufig Füllwörter wie „ähm" oder „ja, also". Diese sind möglichst zu vermeiden, da sie zum Teil sehr häufig genutzt werden und damit z. B. von einem Vortrag inhaltlich ablenken. In der Schriftsprache bedarf es der Vermeidung von sehr fordernden Füllwörtern wie „doch", „auch" und „denn". Zum Beispiel „Haben Sie denn auch daran gedacht, die Sicherheitskopie anzufertigen?"

Angemessene Lautstärke und angemessenes Tempo

Bei der mündlichen Kommunikation muss im Hinblick auf die mediale Übertragung auf eine angemessene Lautstärke, Geschwindigkeit und Betonung geachtet werden.

Wenn z. B. eine Person nicht zu sehen ist, fällt das Verständigen schwieriger, da dann die Lippenbewegungen oder auch die nonverbalen Indizien nicht zu erkennen sind.

Indirekte Aufforderungen/Kritik

Formulierungen mit „du", „Sie" oder auch „man" können zu beleidigenden Kommunikationsphrasen führen und damit zu einer Verletzung des Gegenübers im Selbstwertgefühl.

BEISPIEL

- „Das habe ich Ihnen doch bereits erklärt."
- „Das haben Sie nicht richtig verstanden."
- „Das kann man doch."

Aktives Zuhören

Insgesamt wird zwischen dem Hören und dem Zuhören unterschieden. Das Hören stellt einen passiven Prozess, das Zuhören hingegen einen aktiven Prozess dar. Der Zuhörer bereitet sich auf eine Interaktion mit dem Gegenüber vor und muss daher die Inhalte des Gesprächs möglichst genau verstehen.

AUFGABEN

1. Setzen Sie sich mit Ihrer Sitznachbarin/Ihrem Sitznachbarn Rücken an Rücken. Nun berichten Sie oder Ihre Sitznachbarin/Ihr Sitznachbar von dem letzten Wochenende. Sie oder Ihre Gesprächspartnerin/Ihr Gesprächspartner geben im Anschluss wieder, was verstanden wurde. Anschließend tauschen Sie die Rollen. Zum Schluss reflektieren Sie gegenseitig, inwieweit das Gehörte korrekt wiedergegeben wurde.

2. Entwickeln Sie eine Checkliste mit drei Kriterien, auf die Sie in der kommenden Woche besonders achten wollen. Geben Sie darüber hinaus ein Kriterium an Ihre Sitznachbarin bzw. Ihren Sitznachbarn, damit dieser auf dieses Kommunikationsverhalten bei Ihnen achtet. Zum Beispiel soll diese Person die Anzahl an Füllwörtern wie „ähm" oder „hmm" zählen.

ZUSAMMENFASSUNG

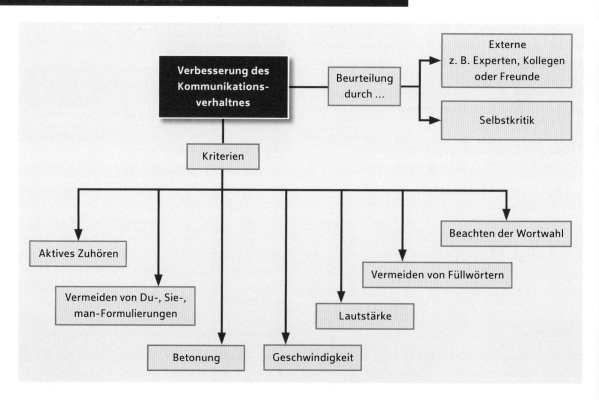

6.17 Kundenbewertungen

Einstieg

Frau Zeitz, Leiterin des Funktionsbereichs Verkauf und Absatz, möchte, um die Exclusiva GmbH weiterhin als modernes Unternehmen präsentieren zu können, die Möglichkeiten zum Einholen von Feedback erweitern. Frau Zeitz bittet die Auszubildenden um ihre Mithilfe.

1. Beschreiben Sie Möglichkeiten zum Einholen von Feedback und Bewertungen.

2. Erläutern Sie mögliche Chancen und Risiken einer öffentlichen Bewertungsplattform.

INFORMATIONEN

Feedback und Bewertungen: Chance oder Risiko?

Bewertungen wirken sich auf die Wahl für oder gegen den Kauf eines Artikels, der Buchung einer Reise oder auch den Besuch eines Restaurants aus. Die Bewertungsplattformen dienen regelmäßig zur Entscheidungsfindung. Entsprechend einer GfK-Umfrage des Kölner Unternehmens Greven Medien GmbH & Co. KG vom Februar 2017 gaben 66,4 Prozent der Befragten an, dass sie sich vor dem Kauf auf einer Onlineplattform über den entsprechenden Artikel informieren. 31,9 Prozent lassen sich von den Bewertungen bei ihrem Kaufverhalten direkt beeinflussen. Entscheidender für oder gegen eine Kaufentscheidung sind lediglich die Empfehlungen von Freunden und Bekannten (47,8 Prozent) sowie unabhängige Tests (42,9 Prozent).

Um eine möglichst positive Bewertung zu erhalten, sind Formulierungen wie „Wir möchten uns ständig verbessern, bitte teilen Sie uns Ihre Meinung mit" zu vermeiden, da diese die Kundin oder den Kunden bereits auf das Negative oder das Verbesserungswürdige aufmerksam machen. Vielmehr sind Formulierungen wie: „Dir gefällt dein neues Outfit? Dann zeige es uns auf Instagram." Da die positiven Verkäuferbewertungen entscheidend für den Umsatz und das Image des Unternehmens sind, analysieren und modifizieren sie oder über ein Bewertungs-Anfrage-Tool ihre Feedback-Anfragen. Möglichkeiten für ein optimiertes Bewertungsverfahren mit entsprechend positiven Meinungsäußerungen sind automatisierte, auf die Zielgruppe angepasste, auf ausgewählte Artikel bezogene oder auch termingerechte Zusendungen.

Bei negativen Bewertungen, insbesondere im Social-Media-Bereich und wenn dieser öffentlich einsehbar ist, sollte zeitnah darauf reagiert werden. Darüber hinaus ist es empfehlenswert, den weiteren Dialog in eine One-to-One-Kommunikation umzuleiten. Falls eine Bewertung nicht den Tatsachen entspricht, kann sie gelöscht oder bei dem jeweiligen Anbieter wie z. B. Google ein Antrag auf Löschung gestellt werden. Dies ist jedoch lediglich bei einem Rechtsverstoß realisierbar.

Insgesamt gilt die Regel: **„Ohne jede Bewertung erhält das Unternehmen in den sozialen Medien auch keine Aufmerksamkeit."**

Feedback-Möglichkeiten für Kunden

Mehr als die Hälfte der zwischen 18- und 34-Jährigen nutzen das Feedback, die Bewertungen und Kommentare der sozialen Medien für ihr tägliches Einkaufsvergnügen. Bei den Personen über 35 Jahren liegt der Anteil bei 43 Prozent.

Im Social-Media-Bereich werden primär Bewertungsportale genutzt, bei denen Sterne und auch Kommentare zu hinterlassen sind. Bei den sozialen Netzwerken wie z. B. Facebook kann über die den „Gefällt mir"-Button gekennzeichnet werden, ob das Unternehmen positiv zu bewerten ist.

Insgesamt empfiehlt es sich, den Kundinnen und Kunden die Möglichkeit zu bieten, über möglichst viele Kanäle Feedback abzugeben. Dies kann neben den sozialen Me-dien bspw. eine Meinungsabfrage vor Ort (über Frage-bögen oder kurze Interviews) oder eine entsprechende E-Mail sein. Ferner kann sich auf der Internetseite nach dem Kaufabschluss z. B. ein Fenster mit der Bitte um Feedback öffnen.

Negative Online-Bewertungen.
Wie kann ich mich gegen schlechte Bewertungen im Internet wehren?

Negative Online-Bewertungen sind ärgerlich – und nicht immer berechtigt. Welche Bewertungen Unternehmer nicht hinnehmen müssen und wie man rechtlich gegen Lügen und Gemeinheiten vorgehen kann.

„Das Essen war ungenießbar, ich würde jedem vom Besuch dieses Restaurants abraten" – autsch! Schlechte Bewertungen wie diese tun weh und schrecken Kunden ab. Sind sie berechtigt, müssen Unternehmer sie hinnehmen. Doch was, wenn eine Bewertung völlig daneben und unberechtigt ist?

Die schlechte Bewertung eines Kunden, an den man sich partout nicht erinnern kann, oder beleidigende Aussagen über sich selbst oder Mitarbeiter – das dürften viele Unternehmer kennen. Diese Bewertungen würde man am liebsten direkt löschen. Doch das lassen Bewertungsportale wie Yelp, Google oder Facebook nicht zu. Welche rechtlichen Möglichkeiten haben Unternehmer, verunglimpfende Bewertungen löschen zu lassen? Und welche Bewertungen muss man akzeptieren, welche sind rechtswidrig?

Welche Bewertungen sind zulässig?

Eine Kritik wie *„Das Design des Produkts gefällt mir nicht"* oder *„Das Hotelzimmer war klein und ungemütlich, das Essen hat nicht geschmeckt, ich kann den Laden nicht empfehlen"* müssen Unternehmer hinnehmen. Sie fallen nach Artikel 5 des Grundgesetzes unter die freie Meinungsäußerung. Eventuell sollte man freundlich darauf reagieren, sich für das Feedback bedanken und sich entschuldigen.

Auch wahre Tatsachenbehauptungen müssen Unternehmer akzeptieren, etwa: *„Der Kellner hat uns das falsche Essen serviert. Wir haben ein Schnitzel bestellt, jedoch Fisch bekommen."*

Tatsachenbehauptungen lassen sich überprüfen, sagt David Geßner, Rechtsanwalt für Medienrecht, der sich auf das Löschen rufschädigender Bewertungen spezialisiert hat. Entsprechend gilt auch: „Unwahre Tatsachenbehauptungen müssen Unternehmer niemals dulden", sagt Geßner.

Welche Bewertungen sind unzulässig?

„Die Grenze des Zulässigen ist erreicht, wenn der Bewertende unwahre Tatsachen über das Unternehmen verbreitet oder die Äußerung einen rein schmähenden und diffamierenden Inhalt hat, der dazu dient, das Unternehmen herabzuwürdigen und seinen Ruf zu schädigen", so Geßner. Solche Bewertungen verletzen die Rechte eines Unternehmens.

Schmähkritik wäre zum Beispiel eine Bewertung wie: *„Der Besitzer dieses Drecksladens ist ein Vollidiot und Betrüger. Vollkommen asozial."* Das müssen Unternehmer nicht hinnehmen, sagt Geßner.

Was kann man gegen unzulässige Bewertungen unternehmen?

„Eine negative, rufschädigende Bewertung sollten Unternehmen möglichst außergerichtlich und schnell löschen lassen", sagt der Medienanwalt. Wenn sie nicht direkt einen Anwalt einschalten wollen, können Unternehmer im ersten Schritt selbst denjenigen kontaktieren, der die Bewertungen geschrieben hat. Sie sollten ihn auffordern, die Bewertungen zu löschen, ihm dafür eine Frist setzen und in Aussicht stellen, dass Sie sonst einen Anwalt einschalten müssen, sagt Geßner. „In der Regel scheuen die Bewertenden das Prozesskostenrisiko und löschen die Bewertung."

Alternativ kann man sich direkt an den Betreiber der Website wenden, auf der die Bewertung steht – wenn der Verfasser der Bewertung anonym ist oder er nicht auf persönliche Nachrichten reagiert, geht es auch gar nicht anders.

Was müssen Unternehmer beachten, wenn sie sich an den Betreiber wenden?

Wer sich an Portalbetreiber wie Jameda oder Holidaycheck oder Provider wie Google und Facebook wendet, sollte konkret beschreiben, welche Rechte der Bewerter verletzt hat, sagt Geßner. Hat er Lügen über das Unternehmen verbreitet? War er nie Kunde, hat aber trotzdem die Leistungen der Firma bewertet? Hat er den Chef oder Angestellte massiv beleidigt?

„Die Beschwerde muss derart konkret sein, dass daraus eine Rechtsverletzung ohne Weiteres ersichtlich wird. Der Provider ist dann verpflichtet, eine Stellungnahme bei den Bewertenden einzuholen und die Rechtslage zu prüfen", sagt Geßner. Außerdem sollten Unternehmer den Link nennen, unter dem die Bewertung online zu finden ist.

Das Bewertungsportal für Ärzte Jameda sperrt die Bewertung, während es diese prüft, so Geßner. Google dagegen nicht – die schlechte Bewertung bleibt also erstmal im Netz.

Wann sollten Unternehmer einen Anwalt einschalten?

Bittet man den Verfasser einer Bewertung oder den Seitenbetreiber, eine Bewertung zu löschen, kann das Wochen dauern – die Kritik macht derweil ihre Runde im Netz und wird womöglich nie gelöscht. Um keine

Zeit zu verlieren, empfiehlt Geßner, möglichst schnell einen Anwalt einzuschalten. Denn wenn sie ein Anwaltsschreiben erhalten, löschen viele Bewerter ihren Beitrag.

„Google hat zum Beispiel keine Lust auf große Prozesse", sagt Geßner. Versuche man selbst Google zu kontaktieren, bestünde die Gefahr, dass man sich an den falschen Ansprechpartner wende oder in seiner Nachricht wichtige Informationen auslasse. So stünden die Chancen schlecht, dass Google die Bewertung prüft und löscht.

Welche rechtlichen Schritte können Unternehmer einleiten?

Schalten Unternehmer einen Anwalt ein, sollte dieser den Bewerter zunächst abmahnen und Anspruch auf Unterlassung und Beseitigung erheben, sagt Geßner. Klagt man dagegen direkt auf Unterlassung, bleibt man möglicherweise auf den Kosten des Verfahrens sitzen – wenn der Bewertende die Forderung direkt anerkennt.

Unternehmer können gegenüber dem Verfasser einer rechtswidrigen Bewertung verlangen, es zukünftig zu unterlassen, das Persönlichkeitsrecht des Unternehmens zu verletzen (§ 823 I und § 1004 I BGB) und die Bewertung zu löschen.

Wie kann man herausfinden, wer die Bewertung verfasst hat?

Hat jemand anonym oder unter falschen Namen eine unzulässige Bewertung geschrieben, liegt es nahe wissen zu wollen, wer hinter der Bewertung steckt. War es möglicherweise ein direkter Konkurrent? Oder jemand, den die Konkurrenz auf das Unternehmen angesetzt hat? Oder ein angeblicher Kunde?

Das herauszufinden, ist nicht ganz einfach. Portalbetreiber dürfen keine Auskunft darüber geben, wer hinter eine Bewertung steckt. Das hat der Bundesgerichtshof 2014 entschieden (Az. VI ZR 345/13).

„Bislang kann ein Unternehmer nur durch ein Strafverfahren die Identität eines Bewerters ermitteln lassen", sagt Geßner. Dazu müsse man einen Strafantrag wegen Beleidigung, übler Nachrede oder Verleumdung stellen.

Mit dem Netzwerkdurchsetzungsgesetz soll es einfacher werden – das Gesetz gilt seit Januar 2018 in vollem Umfang. Laut dem Gesetz sollen Bewertete bei anonymen rechtswidrigen Bewertungen leichter erfahren können, wer hinter der Bewertung steckt, so Geßner. Außerdem werden Betreiber sozialer Netzwerke dazu verpflichtet, offensichtlich strafbare Inhalte, auf die ein Nutzer sie hinweist, innerhalb von 24 Stunden bis zu einer Woche zu löschen.

Wie geht man gegen Massenbewertungen vor?

Häufen sich verunglimpfende und unwahre Bewertungen in kurzer Zeit, müssen Unternehmer schnell reagieren – sonst droht ein Rufmord. Dabei sollten sie genauso vorgehen, wie bei einzelnen negativen Bewertungen. Das heißt: „Man muss gegen jeden einzelnen Bewerter vorgehen, egal, ob er Teil einer größeren Gruppe ist", sagt Geßner. Die Bewertungen seien individuelle Äußerungen und müssen daher einzeln überprüft werden.

Bei Massenbewertungen könne man laut Geßner gut argumentieren, dass die Gruppe versucht, die Gesamtnote eines Unternehmens bei Google, Facebook oder anderen Bewertungsportalen zu verschlechtern.

Nach Geßners Erfahrung behaupten die Verfasser von Massenbewertungen oft Tatsachen, die sie beweisen müssen. Haben sie wirklich in dem Restaurant gegessen, das sie verunglimpfen? Haben sie eine Rechnung von dem angeblichen Besuch? „In vielen Fällen scheuen die Bewertenden eine rechtliche Auseinandersetzung", sagt Geßner. „Nach einer Abmahnung durch einen Anwalt werden viele rufschädigende Bewertungen gelöscht – ohne Gerichtsprozess."

Was tun, wenn die Konkurrenz den Ruf schädigen will?

Um die direkte Konkurrenz schlecht aussehen zu lassen, kann es schon mal vorkommen, dass Unternehmen Mitbewerber schlecht bewerten. „Nicht selten setzen Konkurrenten gezielt Personen auf ein Unternehmen an, um dessen Ruf zu schädigen", sagt Geßner.

Das sei unlauteres Handeln, so Geßner. Der Betroffene habe nach dem Wettbewerbsrecht Anspruch auf Unterlassung und Beseitigung der Bewertung, gegebenenfalls auch Anspruch auf Schadensersatz.

Wann haben Unternehmen Anspruch auf Schadensersatz?

Wenn eine negative Bewertung die Rechte eines Unternehmers verletzt und ein finanzieller Schaden entsteht, hat er Anspruch auf Schadensersatz. Aber: „Viele Unternehmer haben das Problem, den Zusammenhang zwischen Bewertung und Schaden vor Gericht nachzuweisen", sagt Geßner. „Ein Umsatzrückgang kann auch immer andere Gründe haben."

Ein Zusammenhang lasse sich einfacher nachweisen, wenn eine Gruppe Massenbewertungen abgegeben hat, so der Medienanwalt. Wenn beispielsweise die Besucherzahl auf der Homepage oder im Onlineshop eines Unternehmens direkt nach einer Flut schlechter Bewertungen stark zurückgeht, liegt ein Zusammenhang nahe. Unternehmer können dann den ausgefallenen Gewinn als Schadensersatz geltend machen (§ 823 Abs. 1, § 823 Abs. 2 BGB in Verbindung mit §§ 185 ff StGB). Wie hoch der Schadensersatz ausfällt, entscheide das Gericht.

Wer trägt die Kosten für ein Verfahren?

Zunächst müssen Unternehmer die Kosten für einen Anwalt selbst tragen. „Ist der Bewertende ermittelbar, können bei rechtsverletzenden Bewertungen die Kosten bei der Gegenseite geltend gemacht werden", sagt Geßner.

Außerdem trägt laut Geßner häufig die Rechtsschutzversicherung die Kosten.

Quelle: Büntemeyer, Lisa: Wie kann ich mich gegen schlechte Bewertungen im Internet wehren? – Interview mit RA David Geßner. In: www.impulse.de. 19.10.2017. https://www.impulse.de/recht-steuern/rechtsratgeber/negative-online-bewertungen/7226791.html [10.12.2020].

AUFGABEN

1. Erklären Sie, warum Feedback für ein Unternehmen so bedeutsam ist.

2. Recherchieren Sie im Internet nach fünf Möglichkeiten zur Vergabe von Feedback.

3. Diskutieren Sie drei verschiedene Möglichkeiten zum Abgeben von Feedback. Greifen Sie dabei auf Ihre eigenen Erfahrungen als Kundin bzw. als Kunde zurück.

ZUSAMMENFASSUNG

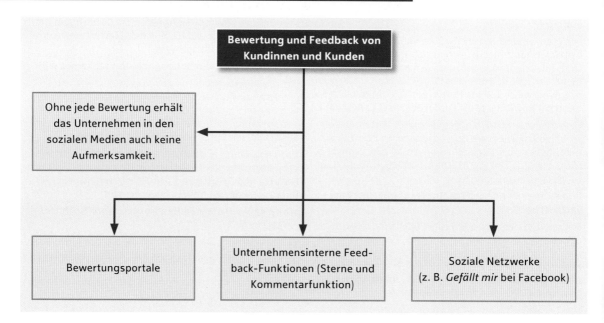

6.18 Kundenbindung/Aftersales-Service

Einstieg

Nach Feierabend fährt Agathe Kwasny zum Einkaufen in die Innenstadt. An einer Kasse in einem Warenhaus liegen zwei Flyer der Larstadt Warenhaus GmbH für die Kunden aus:

LARSTADT GmbH
das andere Warenhaus

AKTUELL

Alle Vorteile der **LAR**STADT-Warenhaus-Haushaltskarte auf einen Blick

1. **LAR**STADT-**Warenhaus-Gewinnspiel**
   wöchentliches Gewinnspiel:
   - **10.000,00 € in bar** bei 5 Treffern
   - **10.00,00-€-Einkaufsgutschein** bei 4 Treffern
   - **25,00-€-Einkaufsgutschein** bei 3 Treffern

   monatliches Superspiel:
   - **100.000,00 € in bar**, wenn Ihre Kartennummer gezogen wird

2. **Partner-Rabatte**
   - **Rabatte** erhalten Sie gegen Vorlage der **LAR**STADT-Warenhaus-Haushaltskarte bei den **LAR**STADT Warenhaus-Partnern.

3. **Partner-Sonderangebote**
   - Ausgewählte **Sonderangebote** erhalten Sie gegen Vorlage der **LAR**STADT-Warenhaus-Haushaltskarte in bestimmten Zeiträumen bei allen **LAR**STADT-Warenhaus-Partnern.

LARSTADT GmbH
das andere Warenhaus

TREUE-AKTION

Sichern Sie sich Ihre BERNDIES-Edelstahlpfanne – Qualität pur!

Und so einfach kommen Sie an Ihren neuen BERNDIES-Küchenhelfer:

- Den ersten Treuepunkt im Wert von 5,00 € bekommen Sie von Ihrem **LAR**STADT-Warenhaus-Markt geschenkt.
- Bei jedem weiteren Einkauf in Ihrem **LAR**STADT-Warenhaus-Markt erhalten Sie für je 5,00 € einen weiteren Treuepunkt.
- Schon für 15 Treuepunkte gibt's einen der praktischen Küchenhelfer – eine Edelstahl-Pfanne – zu einem stark ermäßigten Treuepreis.
- Die Treuepunkt-Aktion läuft bis zum 8. Januar des nächsten Jahres.
- Die Treuepunkte für die BERNDIES-Küchenhelfer gibt es bis zum 8. Januar des nächsten Jahres in Ihrem **LAR**STADT Warenhaus- Markt.
- Sie können Ihre vollen Sammelkarten bis zum 22. Januar des neuen Jahres einlösen.
- Neue Sammelkarten erhalten Sie ebenfalls in Ihrer **LAR**STADT-Warenhaus-Filiale.

1. Stellen Sie fest, welche Absichten die Larstadt Warenhaus GmbH mit diesen Maßnahmen verfolgt.

2. Nennen Sie Vorteile der beiden Maßnahmen aus Sicht der
   a) Kunden,
   b) Larstadt Warenhaus GmbH.

3. Führen Sie Maßnahmen des Customer-Relationship-Managements auf, die nicht nur von dem Einzelhandelsunternehmen Larstadt Warenhaus GmbH, sondern auch von der Exclusiva GmbH durchgeführt werden können.

INFORMATIONEN

Customer-Relationship-Management

Lange Zeit stand im Bereich der Kommunikation mit Kunden die Werbung im Sinne einer möglichst breiten Streuung der Werbebotschaft an potenzielle Konsumenten im Mittelpunkt der Marketingaktivitäten der Unternehmen. Deren vornehmliches Ziel war es, neue Kunden zu gewinnen. Die Reichweite der Werbemaßnahmen und die Anzahl der Kundenkontakte waren Ausdruck erfolgreich durchgeführter Marketingaktionen. Dieser offensiven Gewinnung neuer Kunden wird nun bewusst die defensive Marketingstrategie der Bindung bestehender Kunden an das Unternehmen gegenübergestellt. Der Verlust von Kunden stellt für ein Unternehmen durch den Verlust von Umsätzen einen enormen wirtschaftlichen Schaden dar. Einen neuen Kunden zu gewinnen kostet bis zu fünfmal mehr, als bestehende Kunden im Kundenstamm zu halten. Daher muss es das Ziel der Unternehmen sein, eine hohe Kundenbindung zu erreichen. Eine solche Bindung kann durch ein starkes **Beziehungsmarketing** (Customer-Relationship-Management) erreicht werden, bei dem die Kundenwünsche erfasst und zur Zufriedenheit des Kunden erfüllt werden.

> **DEFINITION**
>
> **Customer-Relationship-Management** bedeutet den positiven Ausbau der geschäftlichen Beziehungen zu Kunden, um eine anhaltende und stabile Partnerschaft zu gewährleisten.

Das Beziehungsmarketing spielt vor allem im Einzelhandel eine große Rolle. Momentan gewinnen Marketingmaßnahmen in diesem Bereich jedoch auch in Großhandels- und Industrieunternehmen sowie Dienstleistungsunternehmen eine zunehmend größere Bedeutung.

Um dieser anspruchsvollen Aufgabe gerecht zu werden, müssen Unternehmen ihre Prozesse entsprechend **kundenorientiert ausrichten** und **bedürfnisgerechte Servicedienstleistungen** anbieten. Zentrale Zielgröße ist dabei die Kundenzufriedenheit, die einen Indikator für die Kundenbindung und somit auch einen wesentlichen Einflussfaktor auf den langfristigen Unternehmenserfolg darstellt.

> Eine hohe Kundenbindung ist der Erfolgsgarant für anhaltendes Wachstum. Je länger eine Kundenbeziehung dauert, desto höher steigt der Gewinn je Kunde und Jahr für das Unternehmen.

Aftersales-Services

Die Aftersales-Services sind ein Teilgebiet des Beziehungsmanagements. Unter einem Aftersales-Service versteht man produktbegleitende Dienstleistungen, die ein Kunde nach Abschluss des Kaufvertrags in Anspruch nehmen kann.

Der Zeitraum nach der eigentlichen wirtschaftlichen Tätigkeit wird also für zusätzliche Marketinganstrengungen genutzt, um die Kundenzufriedenheit sowie die Kundenbindung zu steigern. Diese Art des Marketings beruht auf der Erkenntnis, dass die Kundenbeziehung

nicht mit dem Geschäftsabschluss endet, sondern über die gesamte Nutzungsdauer eines Produkts oder einer Dienstleistung weiter bestehen bleibt.

Grundsatz: „Nach dem Kauf ist vor dem Kauf".

Durch einen umfassenden Aftersales-Service kann sich ein Unternehmen daher einen entscheidenden Vorteil gegenüber der Konkurrenz verschaffen und durch diese Serviceleistungen seine Kunden dauerhaft an sich binden.

Instrumente

Die normalen Instrumente des Aftersales-Service sind Service und Wartung, Ersatzteilbeschaffung, Reparatur und das Beschwerdemanagement.

Aber auch die folgenden Instrumente gewinnen zunehmend an Bedeutung:

- One-to-One-Marketing
- Kundenkarten
- Kundenklubs
- Kundenzeitschriften
- Events
- Couponing

Serviceleistungen

Der Service des Unternehmens bezieht sich im Bereich Aftersales-Services unmittelbar auf das verkaufte Produkt:

- **technische Serviceleistungen**

  Sie umfassen alle Maßnahmen, die der Gewährleistung oder Wiederherstellung der einwandfreien Funktion einer Ware dienen.

BEISPIELE

- Aufstellen von technischen Geräten (Waschmaschinen, Fernsehgeräte, Konsolen usw.)
- Reparaturservice (z. B. für technische Geräte, Uhren, Schuhe)
- Inspektions- und Wartungsservice (z. B. bei Kraftfahrzeugen und Büromaschinen)
- Änderungsservice bei Bekleidung

- **kaufmännische Serviceleistungen**

  Sie umfassen Beratungs- und Zustellungsdienste sowie Gefälligkeiten aller Art, individuelles Entgegenkommen und Hilfsbereitschaft in vielfältigen Ausprägungen.

BEISPIELE

- Garantiegewährung
- Kulanz: Der Umtausch von Waren bei Nichtgefallen ist eine freiwillige Leistung des Einzelhändlers, da er gesetzlich nur zum Umtausch fehlerhafter Ware verpflichtet ist. Ein solches Verhalten des Einzelhändlers wird als **Kulanz** (= Entgegenkommen) bezeichnet. Kulanz liegt auch dann vor, wenn Mängel an einer gekauften Ware von dem Einzelhandelsbetrieb nach Ablauf der Garantiefrist kostenlos behoben werden.
- Entsorgung (z. B. von alten Autos oder Computern)

One-to-One-Marketing

Entscheidend für eine erfolgreiche Kundenbindung ist der ständige Dialog zwischen Lieferant und Kunden, damit die Kundenbindung weiter wächst. Der Kunde wird direkt vom Unternehmen angesprochen (One-to-One-Marketing). Dies geschieht überwiegend über:

- Briefe
- Postwurfsendungen
- E-Mails
- SMS

Dieser Dialog darf nicht abbrechen oder ins Stocken geraten. Dabei geht es darum, den Kunden mit Informationen zu ihn interessierenden Produkten zu versorgen. Ziel soll dabei aber immer der Gang in die Filiale und dort der Dialog mit den Mitarbeitern sein.

BEISPIEL

Es dauert drei bis sechs Jahre, bis ein Kunde der Elektroabteilung der Larstadt Warenhaus GmbH wieder einen neuen Fernseher braucht. Diese Zeit kann mit One-to-One-Maßnahmen genutzt werden. Im Vergleich zur klassischen Werbung ist dieser Weg billiger und wirksamer. Neben dem Wiederkauf des nächsten TV-Geräts steht die Verwirklichung von sogenannten *Cross-Selling-Potenzialen* im Vordergrund. Das heißt, dass man dem Kunden zu seinem Fernseher einen „perfekt abgestimmten Blu-Ray- oder DVD-Player" anbietet. Die Schreiben sind möglichst persönlich gehalten, indem sie vom Geschäftsführer der jeweiligen Filiale unterschrieben und eher als Einladung formuliert sind.

Um den Kunden direkt ansprechen zu können, ist die Ermittlung der Kundendaten notwendig. Daten wie

- Name,
- Kontaktmöglichkeiten
- Kaufverhalten (Was mag der Kunde?),
- und Nichtkaufverhalten (Was mag der Kunde nicht?),
- Kontaktgründe,
- Kontaktversuche und die Reaktion darauf

müssen in einer Kundendatenbank festgehalten werden. Schnell werden verlorene Kunden in einer gut gepflegten Datenbank aufgedeckt und können durch Rückgewinnungsmaßnahmen wieder reaktiviert werden.

One-to-One-Marketing basiert auf der einfachen Idee: „Behandle unterschiedliche Kunden auf unterschiedliche Weise!" Das Kaufverhalten einzelner Kunden wird sehr genau beobachtet und der Dialog mit den Kunden gesucht, um von ihnen selbst zu erfahren, was sie wirklich wollen. Das Ziel einer One-to-One-Beziehung mit dem Kunden: Es geht nicht darum, möglichst viele Kunden für ein Produkt zu finden, sondern möglichst viele Produkte für einen Kunden. Dabei soll sich jeder Kunde so fühlen, als ob er von dem Unternehmen mit einem direkt auf ihn zugeschnittenen persönlichen Angebot beliefert wird.

BEISPIELE

- Die Larstadt Warenhaus GmbH fordert bei technischen Elektrogeräten die Kunden auf, Garantiekarten einzusenden. Dadurch erhält man auch Kundendaten.
- Während der Garantiefrist fragt Larstadt nach der Zufriedenheit der Kunden.
- Vor Ablauf der Garantiefrist bittet Larstadt die Kunden um eine Prüfung der Geräte und um eventuelle. Reklamation bei technischen Mängeln.
- Nach Ablauf der Garantiefrist informiert Larstadt über aktuelle Geräte und bietet den Ankauf des Altgeräts bei Neukauf an.

Kundenkarten

Kundenkarten sind ein bekanntes Instrument, mit dem die Kunden an ein Unternehmen gebunden werden sollen.

Es gibt verschiedene Varianten:

- Karten, die von einem Unternehmen allein herausgegeben werden
- gemeinsame Kundenkartenprogramme als Zusammenschluss mehrerer Unternehmen

BEISPIELE

- Payback-Karte
- DeutschlandCard

Das Unternehmen, das die Paybackkarte ausstellt, ist auch auf der Karte abgebildet und kann die Karte nach eigenen Vorstellungen gestalten. Der Hinweis auf die anderen Unternehmen besteht nur durch z. B. das Payback-Logo. Die Abwicklung des Programms und die Verwaltung der Kundenkonten liegen aber komplett bei Payback.

- Kundenkarten, die im Rahmen von Stadtmarketingprogrammen ausgestellt werden:

Hier stehen nicht bestimmte Unternehmen, sondern eine Stadt im Vordergrund, die als Einkaufsziel attraktiv gemacht werden soll. Gerade für kleine Händler ist ein solches System vorteilhaft, da für sie allein die Durchführung zu aufwendig wäre.

Die Kundenkarten bringen dem Kunden verschiedene Vorteile. Er kann mit den Umsätzen, die er mit der Karte gesammelt hat, Rabatt oder Bonus erzielen. Um diesen Bonus, z. B. bestimmte Produktgeschenke wie Radio oder Küchenmaschine, zu erreichen, kauft der Kunde bei den Anbietern, die auf der Karte genannt sind, ohne die Preise von anderen Anbietern zu erfragen. Er ist also durch die in Aussicht gestellte Prämie an die oder das Unternehmen gebunden.

Kundenklubs

Durch spezielle Angebote soll eine gefühlsmäßige Bindung der Kunden an das Unternehmen erfolgen. Solche besonderen Angebote werden oft als *Kundenklub* organisiert.

Durch Kundenklubs bemühen sich Unternehmen, ihren Kunden – entsprechend ihres Wertes für das Unternehmen – das Bewusstsein zu vermitteln, ganz besonders vorteilhaft behandelt zu werden. Ein Kundenklub ist eine durch ein – manchmal auch durch mehrere – Unternehmen organisierte Vereinigung von tatsächlichen oder potenziellen Kunden. Das jeweilige Unternehmen bietet ihnen ein umfangreiches Informations- und Veranstaltungsprogramm. Darüber hinaus erhalten Klubmitglieder beim Kauf von Produkten besondere finanzielle Vorteile. Durch die Angebote des Klubs soll ein ganz eigenes Unternehmensimage geschaffen werden. Ein Kundenklub ermöglicht also eine dauerhafte, intensive Kommunikation zwischen Unternehmen und den Klubmitgliedern. Es ist ein integratives Kundenbindungsinstrument eines Unternehmens, das seinen Mitgliedern eine Auswahl exklusiver Leistungen zur Verfügung stellt. Der entscheidende Vorteil eines Kundenklubs ist der Aufbau eines persönlichen Verhältnisses zum Kunden. Somit wird dem Klubmitglied durch die Zugehörigkeit einer ausgewählten Gruppe das Gefühl gegeben, etwas Besonderes zu sein.

Kundenzeitschriften

Kundenzeitschriften erfreuen sich immer größerer Beliebtheit. Das **Marketinginstrument Kundenmagazin** schafft Vertrauen, gibt Einblick in das Unternehmen und fördert die Kundenbindung.

BEISPIEL

Norbert Schäfer, verantwortlicher Redakteur der Kundenzeitschrift der Exclusiva GmbH:

„Die Exclusiva Rundschau flattert unseren Kundinnen und Kunden vierteljährlich ins Haus und versorgt sie mit den wichtigsten, interessantesten und kuriosesten Neuigkeiten rund um die Exclusiva GmbH. Sie soll keine plumpe Aufforderung zum Kauf von Hoffmannprodukten sein, sondern konzentriert sich auf für den Leser interessante und wichtige Hintergrundinformationen. Dabei geht es natürlich auch um den Verkauf, die Siche-

rung von Marktanteilen und die Umsetzung von Unternehmenszielen.

Die Exclusiva GmbH selbst steht bei Texten und Illustrationen nur bedingt im Mittelpunkt. Für uns sind die Kundenzeitschriften ein Serviceangebot, das wir ganz gezielt an den Bedürfnissen unserer Kunden im Einzelhandel ausrichten …"

Umfang, Form und Erscheinungsweise von Kundenzeitschriften variieren stark. Die Spanne reicht von acht Seiten im Tageszeitungsformat bis zu über 80 Seiten als vierfarbiges Hochglanzmagazin. Immer häufiger werden Printmedien mit ergänzenden Online-Newslettern kombiniert.

So unterschiedlich Kundenzeitschriften sein können, einige grundsätzliche Dinge haben sie gemeinsam:

- Sie richten sich an eine klar definierte Zielgruppe.
- Sie tragen einen einprägsamen Titel, der nicht zu offensichtlich auf den Herausgeber verweist.
- Sie bieten professionell geschriebene Texte mit ansprechendem, professionell gestaltetem Layout.
- Sie stellen das Unternehmen bzw. die Unternehmensstrategie im Kontext der anderen Inhalte dar und nicht als „Selbstzweck".
- Sie vermitteln Inhalte, die Lesevergnügen mit Service und Nutzen verbinden.
- Sie bieten sich als Verteilungsmedien für Coupons, Produktmuster oder Teilnahmekarten an.
- Sie enthalten eine Vielzahl von Möglichkeiten, um Antworten (wichtig für die Gewinnung von Kundendaten!) zu erhalten: Kreuzworträtsel, Gewinnspiele/Preisausschreiben, Hotlines, Internetadressen, Anmeldungen zu Veranstaltungen, Wettbewerbe, Angebotsscheckhefte, Bestellmöglichkeiten für Publikationen u. v. m.

Events[1]

Zur Kundenbindung dient ebenfalls das Eventmarketing. Als Marketingstrategie auf dem gesättigten Käufermarkt wird dabei die Erlebnisvermittlung als Strategie eingesetzt.

Gutes Eventmarketing sollte immer etwas Emotionales und Einzigartiges sein. Gute Events sind unterhaltsam, aber auch informativ und marketingwirksam.

---

1 Events = Ereignisse

Events können:

- institutionalisiert sein, wie beispielsweise Legoland
- regelmäßig geplant werden

BEISPIEL

Immer in der ersten Juliwoche findet in der Hamburger Filiale der Exclusiva GmbH die BOSS-Woche statt.

- sporadisch stattfinden, wie beispielsweise Jubiläen oder Produkteinführungen

Events sind eine nicht zu unterschätzende organisatorische Herausforderung. Sie machen vor allem dann Sinn, wenn sie als Highlight in ein strategisches Kommunikationskonzept des Unternehmens eingebunden sind.

Weitere Möglichkeiten, den Kontakt zu den Kunden zu intensivieren und persönlicher zu machen, sind **Kundenabende** und **Filialfeste**.

Couponing

Auch das Couponing ist ein gutes Kundenbindungsinstrument. Ein Coupon stellt einen Gutschein bzw. eine Bezugsberechtigung dar.

BEISPIEL

Die Exclusiva GmbH gibt bei jedem Einkauf Treuepunkte heraus. Hat der Kunde genug Punkte gesammelt, bekommt er eine Belohnung für seine Treue. Dies hat die Kundenbindung nachhaltig gesteigert.

Coupons können über Zeitungen bzw. Zeitschriften, per Direktwerbung oder im Verkaufsraum an die Kunden verteilt werden.

Es gibt verschiedene Arten der Coupons:

- **Rabatt-Coupon** (Cash-Coupon)
  Dies sind Gutscheine, die einen Preisnachlass auf ein Produkt gewähren.

- **Warengutschein** (Free-Offer-Coupon)
  Diese Gutscheine beinhalten eine Zugabe als Anreiz für den Kunden. Darunter fallen auch Produktbündelungen.

BEISPIEL

„Buy one – get one free": zwei Produkte zum Preis von einem

Auch *Sampling*[1] *Coupons*, die zum Bezug einer Warenprobe oder Testpackung berechtigen, sind als Warengutscheine einzuordnen.

- **Einkaufsgutschein** (Shopping-Coupon)
  Diese Art von Coupons ist produktunabhängig, da dem Verbraucher beim nächsten Einkauf ein pauschaler Betrag von der Gesamteinkaufssumme abgezogen wird.

- **Treuecoupon**
  Diese Art des Gutscheins kann auf zweierlei Arten funktionieren. Entweder ist auf dem Coupon ein Betrag in einer echten (Euro) oder virtuellen[2] (Bonuspunkte, Meilen) Währung aufgedruckt, der nach Einlösung auf einem individuellen Kundenkonto gutgeschrieben wird. Alternativ können die einzelnen Coupons zunächst vom Verbraucher gesammelt und dann auf einen Schlag zusammen gegen eine Rückvergütung eingelöst werden.

---

1 vom englischen *sample* = Stichprobe, Probe, Auswahl

2 virtuell: nicht tatsächlich vorhanden, sondern durch eine Hilfskonstruktion ersetzt

Exkurs: Servicekommunikation – Unterschiede zwischen B2C und B2B – Trend zum Portal

Im B2B Umfeld haben wir es regelmäßig mit Hersteller-Händler-Beziehungen zu tun. Es geht um die Brücke vom sekundären Wirtschaftssektor zum tertiären. Diese ist häufig geprägt von einem professionellen Einkäufer/**Procurement-Manager** auf der Händlerseite und einem Verkäufer/Account oder **Key-Account-Manager** (= KAM) auf der Herstellerseite. Beide arbeiten über einen längeren Zeitraum und wiederholt miteinander zusammen und verfolgen dabei jeweils die Ziele ihres eigenen Unternehmens. Somit unterscheidet sich diese Situation schon grundsätzlich von der B2C-Verkaufssituation, die regelmäßig durch eine gewisse Anonymität und auch Einmaligkeit der beiden Seiten geprägt ist. Weder am Point of Sale noch in einem Kundendialog im Webshop, per E-Mail oder am Telefon gibt es im Bereich Handel-Endverbraucher eine ähnliche Vertrautheit.

Dies ist auch logisch, ist es doch die Aufgabe des Handels, die Feindistribution der Produkte an Tausende bis hin zu Millionen Kunden zu übernehmen, während der Hersteller häufig nur ein paar Hundert oder Tausend Kunden, also Händler, bedient. Somit lohnt es sich im B2B-Umfeld für den Hersteller, ein KAM-Modell einzuführen, um seine wichtigsten Kunden persönlich zu betreuen. Die Wichtigkeit des Kunden wird dabei unterschiedlich bestimmt. So kann der Hersteller zum Beispiel auf die Abnahmen einer hohen Stückzahl fokussieren, ohne dabei wirklich den Umsatz oder die Marge im Auge zu haben, weil es ihm dadurch gelingt, die Produktion seines Werks auszulasten und er somit die Produktivität hochhält. Genauso gut kann er die Marge im Auge haben, um beispielsweise den Deckungsbeitrag zu erhöhen und letztlich zum Gewinn des Unternehmens beizutragen. Es sind eine Vielzahl von Kennzahlen oder Zielen möglich. Welchen Kundenwert also der jeweilige Kunde haben kann, bestimmt der Hersteller nach unterschiedlichen Gesichtspunkten und Kriterien.

Eine derart starke Verbindung zwischen Verkäufer und Käufer ist im B2C eher unüblich. Dennoch sind die Erwartungen – z.B. in einem Beratungsgespräch – des Einkäufers an den Key-Account-Manager ähnlich wie die im B2C-Beratungsgespräch. Er erwartet eine hohe Beratungskompetenz und eine verlässliche Aussage zu Qualität und Preis der Produkte. Darüber hinaus erwartet der Einkäufer vom Key-Account-Manager insbesondere in Ausnahmesituationen eine sehr hohe Erreichbarkeit und Lösungskompetenz.

Das KAM-Modell hat sich bisher sehr bewährt. Zunehmend bekommt es aber aus dem E-Commerce Konkurrenz bzw. wird durch Onlineangebote ergänzt oder erweitert. Sogenannte **B2B-Selfservice-Portale** verbinden viele Funktionen. Die wichtigsten sind die Service- und die Verkaufsfunktion online. Während das B2B-Portal auch die Verkaufsfunktion eines typischen Webshops – Produktkatalog, Warenkorb und Check-out – kennt, kommen zusätzliche Funktionen dazu: individuelle Kundenpreise, Rollenkonzepte für z.B. Zentraleinkäufer und Filialeinkäufer, Kaufhistorie, Produktinformationen wie Produktdaten, -texte oder Bilder als Datenbank, Sicherheitsdatenblätter, technische Zeichnungen, aber auch spezielles Fachwissen zur Anwendung des Produkts im Text-, Podcast- oder Video-Format. Die Anforderungen des Händlers sind da anspruchsvoller als die eines Endverbrauchers im B2C. Er erwartet vom Hersteller eine Expertenkompetenz zum Produkt.

Ein weiterer Unterschied ist die Zugangsbeschränkung. B2B-Selfservice-Portale sind, wie der Name schon ausdrückt, Unternehmen als Kunden vorbehalten. Das heißt also, Zugangsvoraussetzung ist der Gewerbenachweis. Häufig ist mit der Anmeldung eines B2B-Kunden auch ein tiefgreifender Bonitätscheck verbunden. Anders als im B2C werden hierbei die Risiken durch professionelle Auskunftsdienstleister detailliert in mehrseitigen Dossiers bewertet. Denn immerhin werden die Kunden dann regelmäßig für Hunderttausende von Euro auf Rechnung Ware beziehen.

AUFGABEN

1. Was versteht man unter Customer-Relationship-Management?

2. Wodurch unterscheidet sich das Customer-Relationship-Management von der klassischen Werbung?

3. Was versteht man unter Aftersales-Services?

4. Was ist One-to-One-Marketing?

5. Führen Sie einige Maßnahmen des One-to-One-Marketings auf.

6. Was sind Kundenkarten?

7. Welche Arten von Kundenkarten gibt es?

8. Erläutern Sie den Begriff *Couponing*.

9. Welche Arten des Couponing gibt es?

10. Erläutern Sie die Funktion von Kundenklubs.

11. Welche Vorteile haben Kundenzeitschriften?

12. In dieser Aufgabe sollen die wichtigsten Inhalte zur Kundenbindung im Rahmen eines Gruppenpuzzles erarbeitet werden.
    a) Bilden Sie vier oder acht Gruppen.
    b) Der Text des vorliegenden Kapitels enthält u. a. Abschnitte über:
       * CRM
       * Couponing
       * Kundenkarten
       * direkte Kundenansprache

       Teilen Sie das Kapitel innerhalb Ihrer Gruppe (Stammgruppe) auf. Die für einen Abschnitt zuständigen Bearbeiter kommen dann in Expertengruppen zusammen.
    c) Lesen Sie sich den Ihnen zugeteilten Abschnitt des Kapitels sorgfältig durch. Besprechen Sie den Textabschnitt mit den anderen Experten so, dass Sie alles verstehen (Zeit: 15 Minuten).
    d) Erstellen Sie in Ihrer Expertengruppe eine gemeinsame Wandzeitung.
    e) Bereiten Sie sich darauf vor, Ihre Ergebnisse Ihrer Stammgruppe zu präsentieren.
    f) Gehen Sie in Ihre Stammgruppe und informieren Sie Ihre Mitschüler über Ihr Thema.

13. Beschaffen Sie sich in verschiedenen Unternehmen Antragsformulare für Kundenkarten. Vergleichen Sie diese und erstellen Sie in Gruppenarbeit eine Tabelle, die die folgenden Fragen beantwortet:
    a) Welche Angaben enthält die Kundenkarte?
    b) Welche Daten werden auf dem Antragsformular erfasst?
    c) Kann mit der Kundenkarte nur in dem entsprechenden Geschäft eingekauft werden?
    d) Was passiert, wenn eine solche Karte verloren geht?
    e) Hat die Kundenkarte eine Kreditfunktion?
    f) Ist die Kundenkarte übertragbar?
    g) Kann jeder eine solche Karte erhalten?

14. Die Exclusiva GmbH hat viele Stammkunden. In letzter Zeit konnten jedoch auch ein paar Neukunden gewonnen werden. Die Auszubildenden Ronja Bunko und Andreas Seeger bekommen nun von Frau Hertien den Auftrag, Vorschläge zur Verbesserung der Kundenbeziehung für die Exclusiva GmbH zu entwickeln.

    a) Welche Probleme müssen Ronja und Andreas klären?
    b) Warum ist die Bindung der Kunden an die Exclusiva GmbH so wichtig?
    c) Für die Exclusiva GmbH ist der Erhalt der bestehenden Kunden von besonders hoher Bedeutung. Frau Hertien betont, dass dies vor allem mithilfe eines Customer-Relationship-Managements zu erreichen ist.
       * Warum will die Exclusiva GmbH unbedingt den Verlust von bestehenden Kunden vermeiden?
       * Erläutern Sie den Begriff "Customer-Relationship-Management", indem Sie diesen an einem Beispiel aus Ihrem Unternehmen darstellen,

15. Frau Hertien möchte, dass Ronja und Andreas die Möglichkeiten eines Aftersales-Services bei der Exclusiva GmbH beispielhaft verdeutlichen. Sie sagt: „Durch einen umfassenden Aftersales-Service kann sich ein Unternehmen einen entscheidenden Vorteil gegenüber der Konkurrenz verschaffen und durch diese Serviceleistungen seine Kunden dauerhaft an sich binden."
    a) Nennen Sie fünf Instrumente des Aftersales-Service.
    b) Die Exclusiva GmbH hat im B2B-Bereich einen Neukunden, die Kirsten Kalinke GmbH, gewonnen. Der Kunde hat gerade seine erste Lieferung erhalten. Ronja und Andreas wollen die Strategie des One-to-One-Marketings anwenden, um diesen Kunden langfristig an das Unternehmen zu binden. Was wird unter einem One-to-One-Marketing verstanden?
    c) Stellen Sie dar, wie man die Kirsten Kalinke GmbH im Rahmen des One-to-One-Marketings langfristig an die Exclusiva GmbH binden kann.
    d) „Es geht beim One-to-One-Marketing nicht darum, möglichst viele Kunden für ein Produkt zu finden, sondern möglichst viele Produkte für einen Kunden." Erläutern Sie, wie diese Aussage zu verstehen ist.

    e) Ronja und Andreas sind der Meinung, dass die Exclusiva GmbH durch technische und kaufmän-

nische Serviceleistungen eine höhere Kundenbindung erzielen kann. Geben Sie jeweils zwei
Beispiele für solche Serviceleistungen.

16. Die Exclusiva GmbH will in einigen Wochen an
einem Sonntag einen „Tag der offenen Tür" durchführen, um die Kunden stärker an das Unternehmen
zu binden.

a) Welche Eckdaten sind bei der Planung dieser
Veranstaltung grundsätzlich von Bedeutung?

b) Welche Ziele verfolgt die Geschäftsleitung mit
dieser Marketingaktion?

c) Mit welchen Instrumenten kann die Wirkung des
„Tages der offenen Tür" gemessen werden?

d) Welche alternativen Marketingmaßnahmen zu
einem „Tag der offenen Tür" bieten sich zur Kundenbindung sowie zur Darstellung des Betriebs
an?

ZUSAMMENFASSUNG

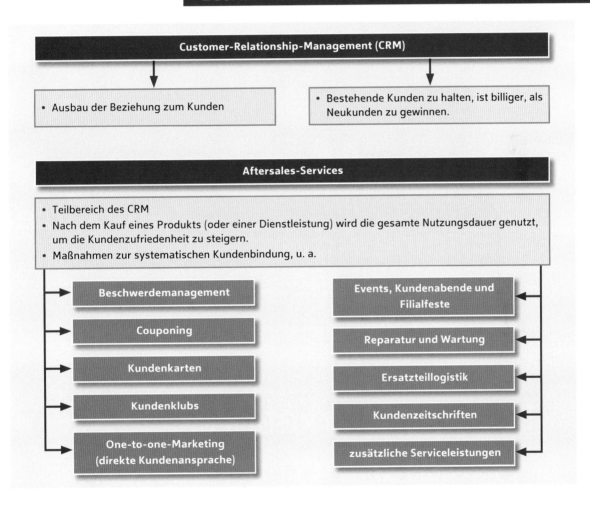

Customer-Relationship-Management (CRM)

- Ausbau der Beziehung zum Kunden

- Bestehende Kunden zu halten, ist billiger, als Neukunden zu gewinnen.

Aftersales-Services

- Teilbereich des CRM
- Nach dem Kauf eines Produkts (oder einer Dienstleistung) wird die gesamte Nutzungsdauer genutzt, um die Kundenzufriedenheit zu steigern.
- Maßnahmen zur systematischen Kundenbindung, u. a.

- Beschwerdemanagement
- Couponing
- Kundenkarten
- Kundenklubs
- One-to-one-Marketing (direkte Kundenansprache)

- Events, Kundenabende und Filialfeste
- Reparatur und Wartung
- Ersatzteillogistik
- Kundenzeitschriften
- zusätzliche Serviceleistungen

Marktforschung Suchmaschinen

A/B-Test Targeting

Web Analytics Display Advertising

Marketing

Influencer Virales Marketing

Search Engine Optimizing

Affiliate-Marketing

Kennzahlen

Search Engine Advertising

Lernfeld 7

Onlinemarketing-Maßnahmen umsetzen und bewerten

7.1 Überblick über das Marketing

Einstieg

Herr Hertien hat schon einiges darüber gelesen, dass Auszubildenden für einige Zeit in bestimmten Bereichen die Unternehmensführung zu Ausbildungszwecken überlassen wird. Nachdem er gerade in der Zeitung wieder auf einen ähnlichen Artikel gestoßen ist, beschließt Herr Hertien, in der nächsten Zeit die Auszubildenden stärker über die normalen Sachbearbeitertätigkeiten hinaus mit Fragen der Unternehmensleitung zu konfrontieren.

Lidl gibt Hamburger Filiale drei Wochen an Azubis ab

Der Lebensmitteldiscounter Lidl hat für drei Wochen eine Hamburger Filiale an seine Auszubildenden übergeben.

(sla) HAMBURG. Zwischen dem 6. und dem 25. Februar werden insgesamt 21 junge Männer und Frauen das Geschäft in Hamburg-Jenfeld allein führen. „Nur alle paar Tage sehen wir Betreuer einmal nach dem Rechten", sagt Ausbildungsleiterin Vanessa Peters. „Ansonsten sind die Lehrlinge vollkommen auf sich gestellt."

Jetzt müssen die Auszubildenden selbstständig Dienstpläne erarbeiten, Marketingmaßnahmen durchführen, Produkte nachbestellen und sind dafür verantwortlich, dass die Kasse jeden Abend stimmt. Für die jungen Mitarbeiter sind die drei Wochen eine große Herausforderung. „Denn es kann eine ganze Menge schiefgehen", sagt Lehrling Vincent Jacobs. Er ist in den nächsten drei Wochen stellvertretender Filialleiter. Alle sehen die Aktion des Discounters aber als eine Chance. „So bekommen wir einmal das Gefühl dafür, was beim Betrieb einer Filiale alles bedacht werden muss", sagt Jacobs.

Lidl hat bereits vor mehr als fünf Jahren begonnen, seine Auszubildenden mithilfe einer Lehrlingsfiliale zu schulen. „Wir wollen unseren Nachwuchs motivieren und ihnen zeigen, dass wir ihnen auch die Leitung einer Filiale zutrauen", so Peters. Hierbei komme es besonders darauf an, dass alle als Team zusammenarbeiten. „Und das ist gar nicht leicht, da wir uns bisher nicht kannten", so die Auszubildende Kerstin Müller. „Erst gestern sind wir uns das erste Mal begegnet."

In Hamburg haben in den vergangenen Jahren verschiedene Firmen Filialen an ihre Lehrlinge abgegeben. Nach dem Buchhaus Thalia und Schuhhändler Görtz startete die Hansebäckerei 2005 den Versuch einer lehrlingsgeführten Filiale. So sind auch der Einzelhandelsverband und die Gewerkschaft ver.di bereits vertraut mit derartigen Projekten. „Das ist bundesweit eine gängige Methode in der Ausbildung", sagt Anja Keuchel, Gewerkschaftssekretärin für den Einzelhandel. „Sie fördert die Motivation und bereitet junge Menschen auf ihre späteren Aufgaben vor." Ulf Kalkmann, Sprecher des Einzelhandelsverbandes Hamburg, ergänzt: „Die Lehrlinge bekommen einen tieferen Einblick in die Materie Einzelhandel." Dabei würden sich besonders Filialunternehmen wie Lidl für diese Projekte eignen.

Quelle: Hamburger Abendblatt:
Lidl gibt Hamburger Filiale drei Wochen an Azubis ab. In:
www.abendblatt.de. 07.02.2006. https://www.abendblatt.de/
wirtschaft/article107084909/Lidl-gibt-Hamburger-Filiale-
drei-Wochen-an-Azubis-ab.html [10.12.2020].

Herr Hertien:

„Guten Morgen Ronja, guten Morgen Agathe. Wie Sie wissen, sind unsere Verkaufszahlen in den letzten Monaten stark rückläufig. Es wird für unser Unternehmen langsam kritisch. Und dann kommt jetzt noch die Fernsehberichterstattung über umweltbelastete Jeans hinzu. Ich habe gestern den Unternehmensberater von der Industrie- und Handelskammer angerufen. Der sagte, wir sollten konsequente Marketingmaßnahmen anwenden. Herr Staub – Abteilungsleiter Verkauf – ist damit beauftragt, bis nächsten Mittwoch ein Konzept vorzulegen. Wie würden Sie denn an die Sache rangehen?"

Ronja Bunko:

„Tja. Marketing, hat das nicht auch etwas mit Werbung zu tun? Unsere Artikel verkaufen sich nicht von selbst, mögen sie noch so toll sein. Wir müssen einfach verstärkt die Werbetrommel rühren, um am Markt bestehen zu können."

Herr Hertien:

„Was schlagen Sie denn vor? Sollen wir eine Anzeige schalten oder eine Plakat-Aktion starten? Oder was im Onlinemarketing?"

Ronja Bunko:

„Also ehrlich gesagt, finde ich das ziemlich einfallslos. Wir sollten uns mal was Pfiffigeres einfallen lassen als immer nur Werbung. Gibt es nicht etwas Moderneres oder anderes?"

Agathe Kwasny:

„Ich habe da mal was von Verkaufsförderung gehört, das soll auch helfen. Was ist das denn jetzt?"

Ronja Bunko:

„Ich habe eine Idee: Alle möglichen Unternehmen sponsern irgendwelche Vereine, warum dann nicht wir?"

Herr Hertien:

„Prima Idee."

Agathe Kwasny:

„Um die Sache mit den schadstoffbelasteten Jeans aus der Welt zu schaffen, sollten wir unsere Öffentlichkeitsarbeit ebenfalls forcieren. Vielleicht sollten wir einen Tag der offenen Tür planen, damit unsere Kunden auch mal hinter die Kulissen schauen können und mitkriegen, dass wir nur überprüfte Textilien vertreiben."

Ronja Bunko:

„Vielleicht können wir ja auch mal neue Sachen ins Sortiment aufnehmen, fair gehandelte Textilien und so ..."

Agathe Kwasny:

„Vielleicht sollten wir mal unsere Preise überprüfen ..."

Herr Hertien:

„Stopp, stopp, stopp! Das sind ja so viele Ideen auf einmal. Das geht nun wirklich nicht! Mir schwirrt schon der Kopf von Ihren Einfällen. Ich schlage vor, jeder von Ihnen informiert sich erst einmal genauer über ein Marketinginstrument und stellt mir dieses in zwei Wochen vor. Sie werden eine Menge über Marketing lernen. Wir können uns ja dann auch anschauen, was uns Herr Staub vorgeschlagen hat ...
Also dann ... seien Sie kreativ!"

Stellen Sie fest, welche Marketinginstrumente die Exclusiva GmbH einsetzen kann, um die Absatzlage zu verbessern.

INFORMATIONEN

Verkäufer- und Käufermärkte

In den letzten Jahrzehnten wandelte sich der Markt vom Verkäufer- zum Käufermarkt. Dadurch sind Unternehmen immer mehr gezwungen, sich mit den Problemen, Wünschen und Bedürfnissen der potenziellen Kunden auseinanderzusetzen. Vor diesem Hintergrund ist es für erfolgreiche Unternehmen von größter Wichtigkeit, dass sich jeder Mitarbeiter über die besondere Bedeutung absatzpolitischer Maßnahmen bewusst ist.

Verkäufermärkte

Nach dem Zweiten Weltkrieg agierten die Unternehmen zunächst auf einem Verkäufermarkt.

> **DEFINITION**
>
> Kennzeichen eines **Verkäufermarkts** ist eine Marktsituation, in der die Nachfrage größer als das Angebot ist.

Die Unternehmen mussten sich nicht an den spezifischen Bedürfnissen des Markts orientieren, da der Absatz der von ihnen angebotenen Waren aufgrund der Knappheit nach dem Krieg problemlos war. Im Mittelpunkt der Unternehmenstätigkeit stand die Versorgung der Kunden und der Bevölkerung mit Waren. Die Unternehmen versuchten, die Waren auf den damals sehr engen Märkten zu beschaffen beziehungsweise zu produzieren. Hatten sie damit Erfolg, boten sie die Artikel an und konnten sicher sein, die dringend nachgefragten Waren auch abzusetzen. Die Kunden und letztlich die Verbraucher waren froh, überhaupt etwas kaufen zu können. Absatzpolitische Maßnahmen waren überhaupt nicht notwendig.

Im zerstörten Deutschland konnten Unternehmen, die in der Lage waren, irgendeine Ware anzubieten, diese auch sofort verkaufen.

Durch die große Nachfrage der Kunden bei gleichzeitig geringem Warenangebot haben die Verkäufer die Marktmacht.

Käufermärkte

In den 50er-Jahren begann die Zeit des Wiederaufbaus und des Wirtschaftswachstums. Die mit dem Käufermarkt einhergehende Mangelwirtschaft hatte ein Ende. Ab 1960 setzte in der Bundesrepublik der Wandel vom Verkäufermarkt zum Käufermarkt ein. Immer mehr Unternehmen boten immer mehr Waren an, sodass es schwieriger wurde, Käufer für die angebotenen Artikel zu finden. Die Unternehmen waren daher zunehmend gezwungen, verkaufsorientiert anzubieten.

> **DEFINITION**
>
> Ein **Käufermarkt** zeichnet sich dadurch aus, dass die Käufer gegenüber den Anbietern eine starke Marktposition haben. Auf einem solchen Markt überwiegt das Angebot die Nachfrage.

Durch das riesige Warenangebot haben die Käufer die Marktmacht.

Für die Unternehmen ist mittlerweile nicht mehr die Beschaffung der Engpass, sondern der Verkauf von Waren. Erfolgreich sind nur die Unternehmen, die versuchen, den Markt aktiv zu beeinflussen.

Für den Geschäftserfolg eines Unternehmens reicht es heute also nicht aus, nur qualitativ hochwertige Ware herzustellen. Kein Unternehmen kann es sich leisten, einfach darauf zu hoffen, dass die Kunden ihren Weg von sich aus zum Lieferanten finden. Ein Unternehmen muss sich also sowohl bei der Herstellung als auch im Verkauf anstrengen.

Ein Unternehmen steht heute einer großen Konkurrenz in Form vieler anderer Unternehmen gegenüber. Bleiben die Kunden aus, ist schnell die Existenz gefährdet. Deshalb ist es für Unternehmen heute wichtig, Marketing zu betreiben.

Marketing

> **DEFINITION**
>
> Unter **Marketing** versteht man alle – bewusst und systematisch angewandten – Maßnahmen eines Unternehmens, die darauf ausgerichtet sind, den Absatz der eigenen Waren zu fördern.

Beim Marketing steht also nicht mehr die Erstellung von Produkten allein im Vordergrund, sondern die Unternehmensführung vom Absatz her: Es geht um das aktive Bearbeiten des Markts mit dem Ziel, möglichst großen Gewinn zu erwirtschaften. Vor allem die Kunden sollen entsprechend der Unternehmensziele beeinflusst werden. Alle Handlungen des Unternehmens werden systematisch und geplant auf die Wünsche der Kunden hin ausgerichtet.

Marketinginstrumente

Zur Erreichung der Marketingziele kann ein Unternehmen unterschiedliche Marketinginstrumente einsetzen. Dies sind alle Maßnahmen, die es dem Unternehmen ermöglichen, auf den Markt einzuwirken. Zu den Marketinginstrumenten zählen:

- Produktpolitik
- Sortimentspolitik
- Preispolitik
- Kommunikationspolitik
- Distributionspolitik

Die unterschiedlichen Marketinginstrumente werden gemeinsam eingesetzt. Diese Kombination nennt man Marketingmix.

Produktpolitik

Fragestellung der Produktpolitik:
Wie kann das Produkt an die Bedürfnisse der Kunden angepasst werden?

Unter den Begriff *Produkt* fallen vor allem Güter, aber auch Dienstleistungen können als Produkt verstanden werden. Die Produktpolitik beinhaltet die Produkt- und Verpackungsgestaltung, die Markenbildung und die Festlegung des Produktprogramms (Industrie) bzw. des Sortiments (Handel).

Die Produktpolitik setzt bei der **Produktgestaltung** an. Die optimale Gestaltung eines Produkts trägt ganz entscheidend zu einem möglichen späteren Markterfolg bei. Die Festlegung der Erscheinungsform eines Produkts hat daher so zu erfolgen, dass seine Eigenschaften den Anforderungen und Wünschen der potenziellen (möglichen) Kunden gerecht werden.

Art und Charakter des Produkts werden bestimmt durch:

- Aussehen
- Qualität
- Farbe und Konsistenz
- Form
- Produkteigenschaften und Produktnutzen
- Zusatznutzen
- Geschmack

Zur Produktpolitik gehört auch die **Verpackungsgestaltung.** Hier werden Entscheidungen darüber getroffen, ob und wie ein Produkt verpackt werden soll. Wichtig ist in diesem Zusammenhang, insbesondere bei exklusiven Produkten, das Aussehen der Verpackung, da an ihr häufig Prestige und Image des Produkts ausgemacht werden. Zudem dienen die Verpackungen oft als Werbeträger. Die Verpackungspolitik ist im Laufe der Zeit auch wegen des steigenden Umweltbewusstseins der Verbraucher immer wichtiger geworden.

Sortimentspolitik

Fragestellung der Sortimentspolitik:
Wie kann das gesamte Waren- und Dienstleistungsangebot eines Handelsunternehmens an den Bedürfnissen der Kunden ausgerichtet werden?

Die Aufgabe der Sortimentspolitik ist es, das Sortiment (Waren und/oder Dienstleistungen) des Unternehmens so zu gestalten, dass die geplanten Umsätze und Gewinne erreicht werden.

Im Rahmen der Sortimentspolitik sorgt ein Handelsunternehmen für eine möglichst optimale Gestaltung seines Gesamtangebots an Waren, Sach- und Dienstleistungen.

Die Sortimentspolitik legt den Inhalt und den Umfang des Sortiments fest. Die Sortimentspolitik beinhaltet also die Gliederung des Sortiments nach Warengruppen, Artikeln und Sorten.

Zur ständigen Sortimentskontrolle werden EDV-gestützte Warenwirtschaftssysteme eingesetzt. Werden Sortimentslücken und nichtverkäufliche Waren aufgespürt, ist eine Sortimentsveränderung notwendig. Dem Händler stehen dazu folgende Maßnahmen zur Verfügung:

- **Sortimentsbereinigung**
  Bei der Sortimentsbereinigung (Elimination) werden bestimmte Artikel aus dem Sortiment gestrichen. Dadurch wird der Sortimentsumfang geringer.

- **Sortimentserweiterung**
  - Die Aufnahme zusätzlicher Warengruppen führt zu einer Sortimentsverbreiterung.
  - Die Aufnahme zusätzlicher Artikel in schon bestehende Warengruppen führt zu einer Sortimentsvertiefung.

- **Diversifikation**
  Diese liegt vor, wenn ein Unternehmen Warengruppen neu in das Sortiment aufnimmt, die mit dem bisherigen Sortiment keine oder nur geringe Verwandtschaft aufweisen.

Preispolitik

Fragestellung der Preispolitik:
Welchen Preis werden die Kunden akzeptieren?

In der Preispolitik wird zunächst festgelegt, wie viel ein Kunde für ein Produkt bezahlen muss. Die Preispolitik beschäftigt sich also mit der Festlegung des Verkaufspreises. Ein Unternehmen muss sich in der gegebenen Situation entscheiden, ob es die Kalkulation des Preises an seinen Unternehmenszielen, seinen Kosten, den Kunden oder an den Konkurrenten ausrichtet.

Zusätzlich müssen aber auch Konditionen wie Kreditbedingungen, Rabatte und Liefer- sowie Zahlungsbedingungen festgelegt werden.

Distributionspolitik

Fragestellung der Distributionspolitik:
Auf welchem Weg soll das Produkt die anvisierte Kundengruppe erreichen?

Mit den Instrumenten der Distributionspolitik steuert ein Unternehmen den Weg seiner Produkte zu den Kunden.

Es werden Entscheidungen getroffen über:

- **Vertriebsart**
  direkter Absatz an den Endverbraucher und/oder indirekter Absatz über z. B. Zwischenhändler

- **Vertriebssystem**
  betriebseigene Vertriebssysteme, z. B. Niederlassungen, Reisende, und/oder betriebsfremde Vertriebssysteme, z. B. Handelsvertreter

BEISPIEL

Eine ganz wichtige distributionspolitische Entscheidung der Vergangenheit:

Die Exclusiva GmbH entscheidet sich, nicht nur an Einzelhändler zu verkaufen, sondern sich über einen Internetshop auch direkt an Endverbraucher zu wenden.

Kommunikationspolitik

Fragestellung der Kommunikationspolitik:
Wie wird der Kunde zum Kauf animiert?

Bei der Kommunikationspolitik geht es darum, den Kontakt mit den potenziellen Kunden aufzunehmen und die Kunden dazu zu bringen, die Leistungen des Unternehmens nachzufragen. Die Kommunikationspolitik plant und steuert also die Verständigung zwischen dem Unternehmen und seiner Umwelt beziehungsweise Teilen davon (= Zielgruppen).

Eine Maßnahme der Verkaufsförderung

Zur Kommunikationspolitik gehören die Teilinstrumente:

- Absatzwerbung
- Verkaufsförderung (Salespromotion)
- Direktwerbung
- Product-Placement
- Öffentlichkeitsarbeit (Public Relations)
- Sponsoring
- Human Relations

Kommunikationspolitik		
Teilinstrument	**Merkmale**	**Beispiele**
Absatzwerbung	Käuferbeeinflussung, die sich an alle potenziellen und anonymen Kunden richtet. Sie findet in räumlicher Distanz vom Verkaufsort statt: Der Kunde soll zur Ware gebracht werden.	Nutzung unterschiedlicher Printmedien, elektronischer Medien oder Onlinemedien, z. B. eine Anzeige in einer Fachzeitschrift
Direktwerbung	direkte individuelle Ansprache von (bekannten) Zielpersonen	• personalisierte Briefe • Telefonanrufe • E-Mail (Alle Kunden der Exclusiva GmbH werden per E-Mail über die neu ins Sortiment aufgenommenen E-Bikes informiert. Eine solche E-Mail ist sehr kostengünstig.) • SMS
Salespromotion	Auch Verkaufsförderung genannt: Den am Absatz Beteiligten wird – i. d. R. in der Verkaufsstätte – (durch Aktionen) das Verkaufen erleichtert. Die Ware wird zum Kunden gebracht. Arten: • endverbraucherorientiert • handelsorientiert • verkäuferorientiert	• z. B. Bereitstellung von Verkaufshilfen am Ort des Verkaufs (Prospekte/Displays für Fachgeschäfte) • Schulung der Fachhändler und des Außendienstes • Preisausschreiben
Public Relations	auch Öffentlichkeitsarbeit genannt: positive Darstellung des Unternehmens (nicht der Produkte)	Ähnlich wie bei der Absatzwerbung, wobei hier die Imagepflege des Unternehmens im Vordergrund steht. Zusätzlich: • Veranstaltungen und Ausstellungen • Besichtigungen • Publikationen • Internet-PR • Tag der offenen Tür • Kundenzeitung
Product-Placement	bewusste Integration von Waren und Dienstleistungen in Kinofilme oder Fernsehsendungen	Unterbringung von Markenartikeln als Requisiten in der Handlung so, dass sie nicht als Werbemaßnahme erkannt werden (z. B. Platzieren des E-Bikes in einer Theateraufführung eines Stadttheaters, wo als Requisite ein Fahrrad benötigt wird)
Human Relations	Pflege zwischenmenschlicher Beziehungen innerhalb eines Unternehmens zur Absatzförderung	Alle Maßnahmen, die über eine Verbesserung des Betriebsklimas die Motivation der Mitarbeiter und damit evtl. mittelbar auch den Absatz steigern, z. B. • Betriebsausflüge • Betriebsfeiern • Werkzeitung • Betriebsbesichtigungen für Familienmitglieder

Teilinstrument	Merkmale	Beispiele
Sponsoring	Personen oder Institutionen werden unterstützt und gewähren dem Unternehmen dafür bestimmte absatzfördernde Gegenleistungen (z. B. Werbemöglichkeiten).	• Sportsponsoring (Die Exclusiva GmbH unterstützt ein Fahrradteam.) • Kultursponsoring • Sozialsponsoring (Ein Künstler bekommt ein Stipendium.)
persönlicher Verkauf	Professionell durchgeführte persönliche Beratungsgespräche bei Artikeln mit hohem Erklärungsbedarf sind absatzfördernd.	• Kontaktaufnahme zum Kunden • Bedarfsermittlung • Warenvorlage • Verkaufsargumentation • Preisnennung • Einwandbehandlung • Herbeiführung der Kaufentscheidung • Abschluss der Verkaufshandlung

Maßnahmen zur Effizienzverbesserung der Marketinginstrumente

Mit der Marktforschung und der Marktsegmentierung kann die Effizienz der verschiedenen Marketinginstrumente deutlich verbessert werden.

Marktforschung

Um Marketinginstrumente erfolgreich anwenden zu können, ist es dringend erforderlich, genaue Kenntnisse über den Absatzmarkt, die Zielgruppe sowie die Konkurrenzsituation zu erlangen. Dies ist Aufgabe der Marktforschung.[1] Darunter versteht man die systematische und objektive Gewinnung und Analyse von Informationen, die zur Erkennung und Lösung von Problemen im Bereich des Marketings dienen. Je mehr Informationen ein Unternehmen über den Markt hat – und je besser diese sind –, desto optimaler können die Marketinginstrumente eingesetzt werden.

Marktsegmentierung

Bei allen Marketingbemühungen eines Unternehmens steht der Absatz im Vordergrund. Jedes Unternehmen muss den Kreis derjenigen Betriebe bestimmen, die generell als Abnehmer in Frage kommen sollen.

Eine mögliche Vorgehensweise kann nun sein, alle möglichen Abnehmer als Kunden zu gewinnen: Der Absatzmarkt wird „mit der Gießkanne besprengt", die Marketingaktivitäten zielen in einheitlicher Weise auf alle Abnehmer. Durch dieses engmaschige Abnehmernetz ergeben sich in einigen Fällen Rationalisierungsvorteile bei der Kundenbearbeitung und -belieferung.

Bei der Marktsegmentierung wird dagegen der – in der Regel unübersichtliche – Markt nach bestimmten Gesichtspunkten in nach Möglichkeit einheitliche Untergruppen eingeteilt. Diese nennt man Marktsegmente. Die Marktsegmente können dann mithilfe direkt auf sie zugeschnittener Marketingmaßnahmen bearbeitet werden.

Vorteile der Marktsegmentierung:

• Durch speziell zugeschnittene Marketingaktivitäten fällt es leichter, neue Kunden zu gewinnen bzw. alte Kunden stärker zu binden.
• Wird der Einsatz der jeweiligen Marketinginstrumente auf die Zielgruppe genau abgestimmt, erfolgt dies effizient: Streuverluste werden vermieden.

---

1 siehe Kapitel 7.2

Ein Beispiel für Kundensegmentierung bei Endverbrauchern

Es gibt sehr viele Kundentypologien. Eine sehr bekannte Kundentypologie stellen die Sinus-Milieus dar. Die Kunden werden nach ihrem Lebensstil unterschieden und den einzelnen Milieus zugeordnet.

von oben nach unten:
nach sozialer Lage in Schichten, auf der Grundlage von Alter, Bildung, Beruf und Einkommen

von links nach rechts:
nach der Grundorientierung, in einem Spannungsbogen von traditionell bis postmodern

Oben sind die gesellschaftlichen Leitmilieus angesiedelt, am linken Rand die traditionellen Milieus, in der Mitte die Mainstream-Milieus und rechts die hedonistischen (am Genuss orientierten) Milieus.

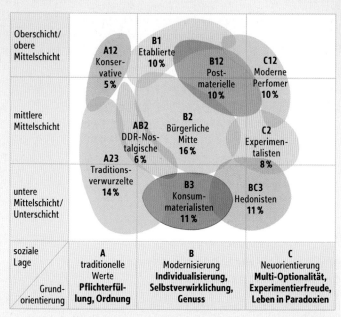

In Anlehnung an Materialien der Sinus Sociovision GmbH, Heidelberg

Kundenselektion

Die Marktsegmentierung kann auch zur Kundenselektion führen: Ein gut geführtes Unternehmen wird immer auch die Frage prüfen, inwieweit es sinnvoll ist, mit allen möglichen Kunden zusammenzuarbeiten. Sinn und Ziel einer Geschäftsbeziehung ist schließlich die Erzielung eines Gewinns. Die Praxis zeigt jedoch, dass dieses Ziel in zahlreichen Kunden-Lieferanten-Beziehungen nicht erreicht wird. Die Geschäftsbeziehung hat keinen wirtschaftlichen Erfolg. Für ein Unternehmen können also Nachteile auftreten, wenn jeder Auftrag angenommen werden würde. Viele dieser Aufträge verursachen nämlich mehr Kosten als Gewinn.

BEISPIEL

Bei Kunden, die eine schlechte Zahlungsmoral haben, fallen oft zusätzliche Kosten des Geldeinzugs an.

DEFINITION

Die Prüfung der Kunden unter Ergebnisaspekten und die anschließende Entscheidung, zu welchen potenziellen Kunden Geschäftsbeziehungen aufgenommen werden, wird als **Kundenselektion** bezeichnet. Der Kreis der möglichen Abnehmer wird damit eingeengt.

Ziel der Kundenselektion ist die Bestimmung einer Zielgruppe unter Aussonderung unrentabler Kunden. Die Marketingaktivitäten werden dann gezielt auf die gewinnversprechenden Kunden gelenkt.

BEISPIEL

Die Textilgroßhandlung Zehren und Abmeier OHG vertreibt Damenmoden. Als gewinnbringende Produkte haben sich teure, aber qualitativ hervorragende Pullover erwiesen. Beliefert wird nur das jeweils beste Fachgeschäft ausschließlich in mittleren oder größeren Städten.

Werden der Absatz und die Absatzbemühungen planmäßig und bewusst nur auf gewinnbringende Kunden beschränkt, so liegt eine selektive Absatzpolitik vor. Für Kunden ohne ausreichenden Vertriebserfolg bieten sich die folgenden Instrumente an:

- **Vernachlässigung** der Kunden durch die Intensitätsabstufung der Geschäftsbeziehungen
  Die Absatzbemühungen wie Verkaufsförderung, Werbung usw. werden gezielt auf Kunden verlagert, die vergleichsweise bessere Erfolgsbeiträge bringen.

- **Ausschaltung** von Kundengruppen
  - direkt durch Abbruch der Geschäftsbeziehungen
    Beliefert werden nur noch die Kunden, die zur Wirtschaftlichkeit und Rentabilität beitragen und die Liquidität nicht belasten.
  - indirekt durch ungünstige Konditionen
    Für bestimmte Kundengruppen werden z. B. die Preise angehoben oder die Lieferungs- und Zahlungsbedingungen verschlechtert.

Kriterien für die Marktsegmentierung

Für die Marktsegmentierung kann das Unternehmen grundsätzlich alle jene Merkmale heranziehen, auf die aus absatzpolitischen Gründen besonderen Wert gelegt wird. Sie versprechen Vorteile bei der Zusammenarbeit. Kunden können z. B. ausgewählt werden nach:

- **Jahresumsatz**
  - Es werden Umsatzgrößenklassen gebildet (z. B. bis 20.000,00 €; bis 100.000,00 €; über 100.000,00 € Jahresumsatz).
  - Es erfolgt eine Einteilung nach Losgrößen (5 000 Stück, 10 000 Stück usw.).

- **durchschnittliche Auftragsgröße**
  Einzelaufträge, Kleinabnehmer, Großabnehmer

- **Zahlungsmoral**
  Kunden, die gemahnt wurden; Kunden innerhalb des Zahlungsziels; Kunden innerhalb der Skontofrist

- **Geschäftstyp**
  Fachhandel, Discounter usw.

- **Dauer der Beziehung mit einem Kunden**

- **Absatzgebiete**
  z. B. Entfernungszonen, die kostengünstig oder -ungünstig zu beliefern sind

Marketingkonzept

Marketingmaßnahmen werden nur dann erfolgreich sein, wenn sie systematisch und sorgfältig geplant, durchgeführt und anschließend kontrolliert werden. Dieses Vorgehen wird durch konsequentes Aufstellen eines Marketingkonzepts unterstützt, das alle für eine Marketingmaßnahme wichtigen Informationen enthält.

Stufen eines Marketingkonzepts		
Marketingerfolg ↑	Marketing-Controlling	Es findet eine umfassende und systematische Kontrolle aller Marketingmaßnahmen statt.
	Marketing-maßnahmen	Hier werden die Einzelmaßnahmen der kommunikationspolitischen Instrumente detailliert beschrieben.
	Marketing-strategien	Es wird der Weg zu den Zielen festgelegt: Jetzt ist beispielsweise klar, welche Zielgruppen auf welchen Märkten mit welchen Marketinginstrumenten mit welchem Etat in den Blickpunkt des Vorgehens kommen.
	Marketing-ziele	Kennt man die Marktsituation, können die Marketingziele formuliert werden. Unterschieden wird zwischen quantitativen (Absatz, Umsatz, Gewinn, Marktanteil usw. und qualitativen Zielen (Image, Bekanntheit usw.).
	Situations-analyse	Die aktuelle Lage wird z. B. durch Marktforschung ausgewertet.

BEISPIEL

Gliederung eines Marketingkonzepts

I. Ausgangslage – Ist-Situation

1. Unternehmensdarstellung (Zahlen, Daten, Fakten, Historie)
2. Sortiment, Positionierung, Zielgruppe(n), Vertriebssystem
3. Marktumfeld, Wettbewerber, Preise, Kommunikationspolitik
4. Stärken, Schwächen (Geschäftsstärke)

II. Darstellung der Marketingidee

1. Kurzbeschreibung des neuen Produkts/Sortiments/Linie
2. USP
3. Vorteil/Nutzen für den Kunden
4. Prognose Markt, Umwelt
5. Zielmarkt (Größe, Mengen), Zielgruppen
6. Chancen, Risiken (Marktattraktivität)
7. Positionierung und Wettbewerber
8. Auswirkungen auf das Gesamtsortiment

III. Marketingziele

1. Umsatz, Mengen, Marktanteile, Wachstum, Plangewinn
2. strategische Komponenten

IV. Marketingkonzeption

1. Produkt, Sortiment (Breite, Tiefe), Beschreibung
2. Form, Farbe, Material, Verzierungen (Visualisierung, Proben)
3. Kosten-/Mengenschätzung
4. Zielgruppenbeschreibung
5. an wen, wo
6. geografische, demografische, Verhaltens-, psychografische Merkmale
7. Zielgruppenquantifizierung, Anzahl potenzieller Käufer x Kaufhäufigkeit
8. Distribution
9. Lieferung, Versand
10. Handelsstufe
11. Preispolitik
12. Verkaufspreise, Konditionen
13. Einkaufs-, Fertigungs- und Verkaufskalkulation
14. Kommunikationspolitik
15. Image, Logo, Slogan
16. Werbung (Aktion, Was, Wann, Wie)
17. persönlicher Verkauf (Aktion, Was, Wann, Wie)
18. VKF (Aktion, Was, Wann, Wie)
19. PR (Aktion, Was, Wann, Wie)
20. Kommunikationsbudget

V. Übersicht Timetable

VI. Abschlussbemerkungen

Quelle: Schulze, Thomas: Gliederung eines Marketingkonzepts. In: www.bilanzanalysen.de. Ohne Datum. http://www.bilanzanalysen.de/marketing/mark1/mark1.html [10.12.2020].

Exkurs: Onlinemarketing – Unterschiede zwischen B2C und B2B

Im Allgemeinen richtet sich das B2C-Onlinemarketing an ca. 63 Mio. Internetnutzer in Deutschland. Dazu zählt eine kleinere Gruppe von Menschen, die im Namen oder Auftrag ihres Unternehmens im Internet unterwegs sind, entweder um Informationen oder um Produkte zu suchen.

Allein deshalb ist die Kundenzielgruppe im B2B-Onlinemarketing viel schmaler bzw. spitzer. In Deutschland waren 2018 ca. 3,2 Millionen Unternehmen registriert.

Die Unternehmen wiederum teilen sich in unzählige Branchen auf. Und jede Branche hat ihre spezifische Fachsprache. Auch hierin unterscheidet sich das Onlinemarketing B2C von B2B: Es werden deutlich weniger bekannte und beliebte Keywords genutzt. Dominierend im B2C-Onlinemarketing sind z. B. Keywords aus den Branchen Fashion, Consumer Electronics oder FMCG[1]. Generische Keywords wie „Hose", „Jacke", „Laptop", „Handy" oder „Kosmetik" sind hart umkämpft und erreichen Millionen von Kunden. Im B2B verhält es sich anders.

BEISPIELE

Viele Besitzer oder einfach nur Fahrer eines Autos wechseln die Reifen zweimal jährlich, üblicherweise zum Winter oder Sommer hin, und benötigen regelmäßig neue.

Der Verbraucher (B2C) sucht also im Internet häufig nach „Winterreifen kaufen". Als Verantwortlicher Onlinemarketing-Manager muss man nun feststellen, dass ca. 10 Millionen Webseiten gefunden werden, wenn das Keyword „Winterreifen kaufen" z.B. in der Google-Suche eingegeben wird.

---

[1] Fast-Moving Consumer Goods (FMCG) sind Waren, die sich schnell und zu relativ niedrigen Kosten verkaufen lassen.

Sucht der Onlinemarketing-Manager eines Industrieunternehmens jedoch z.B. mit dem Keyword „Wuchtgewichte kaufen", so findet er auf den Seiten der Reifenwerkstätten nur ca. 43000 Links zu diesem Thema.

„Wuchtgewichte" sind Produkte, die beim Radwechsel zum Ausgleich einer Unwucht am Rad montiert werden, also von den Werkstätten gebraucht werden, es handelt sich somit um eine B2B-Beziehung von Industrie an Werkstatt.

Gibt er bei Google Ads das Keyword „Winterreifen kaufen" ein, so kann er geschätzt ca. 57000 Impressionen und 3100 Klicks erzielen. Dies entspricht einem CPC von 0,73 €. Mit „Wuchtgewichten kaufen" ist das Ergebnis von Google Ads ernüchternd. Null Impressionen und folglich keine Klicks.

Bevor ein Onlinemarketing-Manager eine Google-Ads-Kampagne starten kann, um Reifen zu verkaufen,

sollte er eine Potenzialanalyse machen. Ein weiterführendes Tool ist Google Ads. Hier gibt er seine Keywords ein (die sein Produkt am besten beschreiben) und bekommt von Google Ads eine Potenzialanalyse.

Stehen ihm keine professionellen Tools zur Verfügung, ist die Eingabe von Keywords in der Google-Suche ein erstes Indiz.

Keywords

	Kosten ▲	Klicks ▲	Impressio... ▲
Wuchtgewicht kaufen	0,00 €	0	0
Winterreifen kaufen	2.232,24 €	3.061	57.313

Das Beispiel verdeutlicht, dass sich das Onlinemarketing im B2B-Bereich deutlich anders verhält. Die Anforderungen sind einfach andere. Schon die Marktforschung und Marksegmentierung erfolgen unter anderen Gesichtspunkten. Auch der Marketingmix unterliegt anderen Kriterien.

AUFGABEN

1. Was versteht man unter einem Verkäufermarkt?

2. Wodurch unterscheiden sich Käufer- und Verkäufermarkt?
   a) Beim Käufermarkt ist die Nachfrage kleiner als das Angebot; beim Verkäufermarkt ist das Angebot kleiner als die Nachfrage.
   b) Beim Käufermarkt ist die Nachfrage größer als das Angebot; beim Verkäufermarkt ist das Angebot kleiner als die Nachfrage.
   c) Beim Käufermarkt ist die Nachfrage kleiner als das Angebot; beim Verkäufermarkt ist das Angebot größer als die Nachfrage.
   d) Beim Käufermarkt ist die Nachfrage größer als das Angebot; beim Verkäufermarkt ist das Angebot größer als die Nachfrage.
   e) Es gibt keine Unterschiede.

3. Welche Aufgabe hat der Einzelhandel auf einem Verkäufermarkt?

4. Durch welche Merkmale ist der Käufermarkt gekennzeichnet?

5. Entscheiden Sie, ob ein Käufer- oder Verkäufermarkt vorliegt.
   a) Im November 1948 kommt der Einzelhändler Rudolf Neckermann überraschend in den Besitz von 500 Wintermänteln. Dies spricht sich rasend schnell herum. Angesichts des bevorstehenden kalten dritten Nachkriegswinters werden ihm die Mäntel von der Bevölkerung aus den Händen gerissen. Man schaut auch bei anderen Einzelhändlern vorbei, ob diese zufällig auch irgendwo welche Waren bekommen haben.

Umworbene Kundschaft

Die werbestärksten Branchen in Deutschland 2017

Brutto-Werbeinvestitionen in Millionen Euro

Online-Handel	2029 Mio. €
Pkw	1806
Zeitungen	1680
Online-Dienstleistungen	1624
Lebensmittel-Einzelhandel	1518
Arzneimittel	1376
Unternehmenswerbung	1181
Publikumzeitschriften	899
Süßwaren	883
Möbel und Einrichtung	788
Verlage u. a. Medien	681
Mobilnetz	602
TV-Sender	550
Alkoholfreie Getränke	427
Haarpflege	426
Bier	424
Finanzdienstleistungen*	399
Kaufhäuser	393
Versicherungen	393
Rubrikenwerbung	393

Quelle: Nielsen, Media Perspektiven   *Privatkunden

© Globus 12419

b) In der Bundesrepublik Deutschland werden etwa 20 Milliarden Euro für Werbung ausgegeben.

6. Seit wann gibt es in der Bundesrepublik einen Käufermarkt?

7. Was versteht man unter Marketing?

8. Warum wird Marketing für Unternehmen immer wichtiger?

9. Erläutern Sie den Begriff Marketingmix.

10. Welche Instrumente gehören zum Marketing?

11. Warum führen Unternehmen häufig eine Marktsegmentierung durch?

12. Was ist ein Marketingkonzept?

13. Erläutern Sie die Stufen eines Marketingkonzepts.

14. Erläutern Sie die Aufgabe der Sortimentspolitik.

15. Geben Sie an, was unter Produktpolitik verstanden wird.

16. Stellen Sie fest, was zur Preispolitik gehört.

17. Führen Sie die Fragestellung der Distributionspolitik auf.

18. Erläutern Sie das Ziel der Kommunikationspolitik.

19. Ordnen Sie die folgenden Marktsituation jeweils dem Käufer- oder Verkäufermarkt zu:
   a) Märkte für Grundnahrungsmittel
   b) Ölmarkt während einer Ölkrise
   c) große Teile des Automobilmarkts
   d) Kosmetikartikel
   e) der Wohnungsmarkt in einer Region mit starkem Bevölkerungszuwachs

20. Lesen Sie den folgenden Text:

> Bei der Marktsegmentierung wird der zum Teil unübersichtliche Markt nach bestimmten Gesichtspunkten in nach Möglichkeit einheitliche Untergruppen eingeteilt. Eine Marktsegmentierung kann folgende Vorteile haben:
>
> - Durch speziell zugeschnittene Marketingmaßnahmen fällt es leichter neue Kunden zu gewinnen oder alte Kunden zu binden
> - Durch genaue Abstimmung der jeweiligen Marketinginstrumente auf die Zielgruppe werden Streuverluste vermieden.
>
> Eine Marktsegmentierung kann bis zur Kundenselektion führen. Ziel einer Kundenselektion ist die Bestimmung einer Zielgruppe unter Aussonderung unrentabler Kunden. Die Marketingaktivitäten werden dann gezielt auf die gewinnversprechenden Kunden gelenkt.

Erstellen Sie eine Mindmap mit den wichtigsten Aussagen.

21. In dieser Aufgabe soll das Kapitel mithilfe der Fragenkettenmethode bearbeitet werden.
   a) Lesen Sie das komplette Kapitel.
   b) Formulieren Sie eine Frage zu einem bestimmten Inhalt des Textes und halten Sie diese und die Antwort dazu schriftlich fest.
   c) Ihre Lehrkraft wählt einen Schüler aus, der seine Frage an die Klasse stellt.
   d) Der Mitschüler, der sich als Erstes meldet, beantwortet die Frage. War die Antwort richtig, darf er seine Frage der Klasse vorstellen.
   e) Jeder Mitschüler, der einmal richtig geantwortet hat, braucht nicht mehr zu antworten.
   f) Hat jeder geantwortet, ist diese Unterrichtsphase beendet.

22. Ronja Bunko liest zufällig in einer Zeitschrift einen Artikel über die Entwicklung der Wirtschaft in der Zeit vom 2. Weltkrieg bis heute. Sie bringt diesen Artikel mit in den Betriebsunterricht.

a) Beschreiben Sie die Rolle des Einzelhandels und der dort beschäftigten Verkäufer früher und heute.
b) Begründen Sie die Notwendigkeit kundenorientierten Verhaltens auch für Sie und Ihr Unternehmen.

Der Weg zum Käufermarkt

Marketing:

- Warum betreiben Unternehmen überhaupt Marketing?
- Wozu brauchen Sie Marketing?

Mit dem Marketing wurde begonnen, seit sich die Märkte in den westlichen Ländern vom Verkäufermarkt zum Käufermarkt wandelten. Dies war in den USA zu Beginn der Fünfzigerjahre und in Deutschland etwa zu Beginn der Sechzigerjahre der Fall.

Auf Verkäufermarkten gibt es kaum Produkte: Die Nachfrager suchen Produkte, die von den Anbietern nicht oder nur in ungenügender Menge zur Verfügung gestellt werden.

Nach dem Krieg mussten die Käufer noch kaufen, was gerade angeboten wurde: Die produzierten und angebotenen Güter waren zu diesen Zeiten sehr knapp.

Solche **Verkäufermärkte** sind gekennzeichnet durch einen Nachfrageüberhang. Die Kunden der Unternehmer (also die Nachfrager) müssen sich sehr aktiv verhalten, um überhaupt an Waren zu kommen. Die Verkäufer (die Anbieter) brauchen sich dagegen um den Absatz keine Gedanken zu machen, weil er alles knapp ist.

Im Zuge des deutschen Wirtschaftswunders kippte Ende der Fünfzigerjahre jedoch die Marktmacht, als sich der Verkäufermarkt zum Käufermarkt wandelte: Die bisherige Knappheitswirtschaft entwickelte sich zur Überflussgesellschaft.

Der Käufermarkt ist durch ein Überangebot an Produkten gekennzeichnet

Auf einem **Käufermarkt** müssen die Unternehmen selbst sehr aktiv sein und sich um den Absatz bemühen, weil riesige Mengen an Gütern angeboten werden. Es herrscht ein starker Wettbewerb unter den auf dem Markt auftretenden Anbietern. Um sich vom Mitbewerber abzuheben, muss ein Unternehmen nun mit unterschiedlichsten Maßnahmen auf die Wünsche und Probleme der Abnehmer reagieren, um erfolgreich zu sein. Es entwickelte sich das Marketing.

23. Nennen Sie nachfolgend fünf Maßnahmen der Kommunikationspolitik und erläutern Sie diese mit einem Beispiel aus der Exclusiva GmbH.

ZUSAMMENFASSUNG

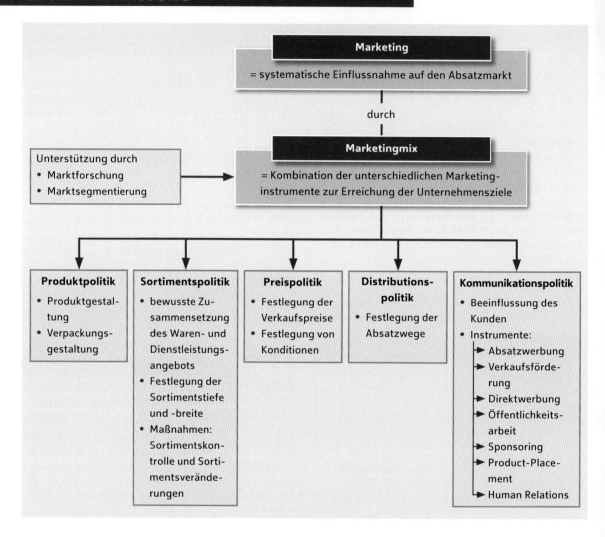

7.2 Marktforschung

Einstieg

Herr Hertien trifft sich mit der Abteilung Verkauf. Es entwickelt sich folgendes Gespräch, das Andreas Seeger ganz interessiert verfolgt:

Herr Hertien:

„Liebe Kolleginnen und Kollegen, wie Sie ja mitbekommen haben, gibt es in einem Bereich unseres Sortiments Absatzprobleme. Die Herrenmode läuft nicht optimal. Auch unser Außendienst berichtet, dass die Kunden etwas über unsere Artikel murren."

Frau Wollbny:

„Die Abteilung Einkauf sollte mal gewagtere und innovativere Kleidung einkaufen."

Herr Vergin:

„Wir wissen doch gar nicht, ob unsere Kunden mit besagten Sortimentsveränderungen einverstanden sind."

Frau Wilhelm:

„Und wie kommen wir an die Kunden ran?"

Herr Lehrich:

„Wir müssen Marktforschung betreiben!"

Frau Strongmann:

„Sollen wir ein Marktforschungsinstitut beauftragen? Ich denke nur an die Kosten, die bei der Beauftragung eines Instituts anfallen. Sollten wir uns deshalb nicht selbst mit der Marktforschung befassen?"

1. Stellen Sie fest, was Marktforschung ist.

2. Machen Sie Vorschläge, welche Methoden der Marktforschung die Exclusiva GmbH ergreifen könnte.

INFORMATIONEN

Marktforschung und Markterkundung

Ohne hinreichende Kenntnisse über

- die Kunden,
- die Mitbewerber und
- das Umfeld des Unternehmens

besteht immer die Gefahr, dass ein Unternehmen scheitert. Unternehmen benötigen Informationen, um das Marktgeschehen zu verstehen und eine Grundlage für begründete Entscheidungen zu haben. Deshalb ist es wichtig, dass ein Unternehmen Daten systematisch sammelt und diese dann richtig auswertet und interpretiert: Es betreibt **Marktforschung.**

> **DEFINITION**
>
> **Marktforschung** ist die systematische Beschaffung von Informationen über den Markt, auf deren Grundlage später Marketingentscheidungen getroffen werden sollen.

Verkleinerung des Unternehmensrisikos

Instrument, um die unterschiedlichen Marketingmaßnahmen optimal auf die Marktverhältnisse abzustimmen

Ziele der Marktforschung

Informationsvorsprung gegenüber Mitbewerbern

frühes Erkennen von Entwicklungen des Markts

Grundlage für richtige Entscheidungen

Nicht zu verwechseln mit der Marktforschung ist die **Markterkundung.** Hier werden gelegentlich – also von Fall zu Fall – und unsystematisch Informationen zusammengetragen.

BEISPIEL

- Messebesuche
- Gespräche mit Kunden
- Weiterbildungsseminare

Dies ist in der Regel kostengünstiger als das systematische, planvolle und umfassende Vorgehen bei der Marktforschung. Diese wiederum stellt aber die besseren Ergebnisse zur Verfügung.

Entscheidungen im Bereich der Marktforschung

Unternehmen, die Marktforschung betreiben möchten, müssen verschiedene Entscheidungen treffen:

- Was soll untersucht werden?
- Über welchen Zeitraum sollen die gesammelten Informationen Auskunft geben?
- Welche Methoden der Informationsgewinnung sollen angewandt werden?

Ein Marktforschungsprojekt läuft normalerweise in mehreren Schritten ab. Die Arbeit der Marktforschung beginnt mit der Definition des Problems und endet mit einem Bericht und eventuellen Handlungsempfehlungen an den Auftraggeber:

- Das Problem muss formuliert, Ziele müssen definiert werden.
  Was ist das Ziel der Untersuchung? (z. B. Analyse der Kundenzufriedenheit)
- Die Untersuchungsart muss festgelegt werden.
  Mit welcher Marktforschungsmethode kann das Ziel erreicht werden?
- Die Zielgruppe wird festgelegt.
  Welchen Umfang soll die Untersuchung haben?
- Das Erhebungsinstrument wird gestaltet.
  Wie soll die Untersuchung im Detail durchgeführt werden?
- Die Untersuchung wird durchgeführt.
  Welche Besonderheiten sind hierbei zu beachten?
- Die erhobenen Daten werden analysiert und interpretiert.
  Welche Analyseverfahren werden angewendet?
- Die Ergebnisse werden dargestellt.
  Berichterstellung mit den wesentlichen Ergebnissen, den Schlussfolgerungen sowie Handlungsempfehlungen an den Auftraggeber.

Problemlösungsprozess im Bereich der Marktforschung

1. Ausgangslage
- Erkennen der Problemstellung
- Formulierung von Hypothesen

↓

2. Beschaffung und Auswertung von Sekundärmaterial

↓

3. Festlegung des Ziels der Marktuntersuchung

↓

4. Bestimmung der Maßnahmen
- Informationsträger
- Erhebungsmethode

↓

5. Mitteleinsatz
- Träger der Durchführung
- Budget

↓

6. Vorbereitung der Durchführung
- detaillierte Ausgestaltung der Erhebung (Interviewfragen, Fragebogen, Testmaterial)
- Pretest
- Schulung der Befrager, Tester

↓

7. Durchführung der Erhebung

↓

8. Datenaufbereitung uns Auswertung

↓

9. Erstellen des Schlussberichts mit Resultaten

↓

10. Überprüfung der Zielerreichung

vgl.: Thommen, Jean-Paul: Managementorientierte Betriebswirtschaftlehre. 7. Auflage. Zürich: Versus Verlag, 2004, S. 222.

Nutzen des Produkts

gutes Aussehen des Produkts

Prestige durch das Produkt

Kaufmotive der Kunden, z. B.

Merkmale der Kunden, z. B.

Alter

Beruf

Bildungsstand

Geschlecht

Familienstand

Mögliche Untersuchungsgegenstände der Marktforschung

Anzahl

Marktanteile

Marketingmaßnahmen

Bekanntheitsgrad

Mitbewerber, z. B.

Preisentwicklung

Reaktionen der Kunden auf Marketingmaßnahmen

Methoden der Marktforschung im Hinblick auf den ausgewerteten Zeitraum

Marktanalyse, Marktbeobachtung und Marktprognose unterscheiden sich zeitbezogen.

Marktanalyse

Bei der Marktanalyse beschränkt sich die systematische Untersuchung des Markts auf einen bestimmten Zeitpunkt: Die Marktsituation und -struktur wird nur punktuell – also nur einmal – dargestellt.

Marktbeobachtung

Da sich Marktverhältnisse häufig ändern, reicht eine Marktanalyse oft nicht aus. Dann wird eine ständige Marktbeobachtung notwendig. Die Marktbeobachtung ist eine fortlaufende Beobachtung der Entwicklung und Veränderung des Markts in einem bestimmten Zeitraum.

Marktprognose

Mithilfe des vorliegenden Datenmaterials wird versucht, die zukünftige Marktentwicklung richtig abzuschätzen und vorauszuberechnen.

Methoden im Hinblick auf die verwendeten Informationsquellen

Sekundärforschung und Primärforschung bedienen sich verschiedener Informationsquellen.

Sekundäre Marktforschung

Weil sie schnell und kostengünstig zu Ergebnissen führt, wird oft zunächst die sekundäre Marktforschung angewendet.

DEFINITION

Bei der **sekundären Marktforschung** liegen die Daten bereits vor.

BEISPIEL

Frau Wilhelm erläutert Andreas Seeger die Sekundärforschung: „Bei der sekundären Marktforschung wird das bereits vorhandene Datenmaterial verwendet. Man kann sie daher salopp auch als Schreibtischforschung bezeichnen."

Die Daten wurden für andere Zwecke erhoben, werden jetzt aber für den Untersuchungsgegenstand der Marktforschung neu aufbereitet und interpretiert. Das Datenmaterial kann entweder aus betriebsinternen oder externen (betriebsfremden) Quellen entstammen.

Vorteile der sekundären Marktforschung liegen darin, dass das Datenmaterial jederzeit zur Verfügung steht und auch schnell und leicht ausgewertet werden kann.

BEISPIEL

Betriebsinterne Quellen

- Auftragseingänge
- Absatzstatistiken
- Bilanzen
- Lagerstatistiken
- Inventuren
- Vertriebskostenrechnungen, Reklamationen
- Besuchsberichte des Außen- und Kundendienstes
- Kundendateien
- eigene Datenbanken

Externe Quellen

- amtliche Statistiken (Bund, Länder und Gemeinden)
- Informationen der Wirtschaftsorganisationen und -verbände
- wirtschaftswissenschaftliche Institute und Marktforschungsinstitute
- Nachschlagewerke
- Fachliteratur
- Zeitungen und Zeitschriften
- Messe- und Ausstellungskataloge
- Geschäftsberichte
- Presseveröffentlichungen

Informationsgewinnung durch sekundäre Marktforschung für einzelne Marketingaktivitäten

Informationsquellen	Absatzwege		Absatzform		Produkt- und Sortimentsgestaltung		Preisgestaltung		Lieferungs- und Zahlungsbedingungen		Werbung, PR, Verkaufsförderung		Kundendienst	
Information über	Konkurrenz	Eigene	Konkurrenz	Eigene	Konkurrenz	Eigene	Konkurrenz	Eigene	Konkurrenz	Eigene	Konkurrenz	Eigene	Konkurrenz	Eigene
I. Intern														
1. Umsatzstatistik		x		x		x		x		x		x		x
2. Auftragsstatistik		x		x		x		x				x		
3. Kostenrechnung						x		x				x		x
4. Kundenkartei				x		x				x		x		x
5. Kundenkorrespondenz		x		x		x		x		x		x		x
6. Absatzmittlerkartei		x				x		x						x
7. Vertreterbereich	x	x	x	x	x	x	x	x		x	x	x	x	x
8. Kundendienstberichte						x		x				x	x	x
9. Berichte des Einkaufs	x	x	x			x	x			x	x			
II. Extern														
10. Amtliche Statistik, Umsätze					x									
11. Amtliche Statistik, Preis							x							
12. Prospekte, Kataloge	x		x		x		x		x		x		x	
13. Geschäftsberichte	x		x		x				x					
14. Wirtschaftszeitungen	x		x		x		x		x				x	
15. Fachzeitschriften	x		x								x		x	
16. Adress-, Handbücher usw.		x		x							x	x		
17. Adressenbüros		x		x								x		
18. Messekataloge und -besuche	x		x		x		x		x		x		x	

Quelle: Meffert, Heribert; Burmann, Christoph; Kirchgeorg, Manfred: Marketing – Grundlagen marktorientierter Unternehmensführung. Konzepte – Instrumente – Praxisbeispiele. 10. Auflage. Wiesbaden: Gabler 2008, S. 154.

Als nachteilig kann sich auswirken, dass das Datenmaterial nicht unbedingt exklusiv ist. Es passt auch nicht immer zur zu lösenden Problemstellung. Daher wird nach der sekundären Marktforschung oft auch ein Verfahren der primären Marktforschung angewandt.

Primäre Marktforschung

Die primäre Marktforschung gewinnt Informationen direkt an ihrem Entstehungsort: Ein bestimmter Markt wird neu und erstmalig untersucht.

Die primäre Marktforschung bedient sich folgender Methoden:

- Befragung
- Beobachtung
- Experiment

Befragung

Die Befragung ist die meist genutzte Erhebungsmethode in der Marktforschung. Sie bietet sich für eine Vielzahl an Fragestellungen und Zielgruppen an. Befragt werden können Kunden, andere Marktteilnehmer oder Mitarbeiter.

Es gibt vier grundsätzliche Arten der **standardisierten Befragung.** Dabei werden jeweils die Formulierung der Fragen, ihre Reihenfolge sowie die Antwortmöglichkeiten und das Interviewer-Verhalten genau festgelegt:

- **mündliche Befragung**
  Sie ist sehr zeitaufwendig und teuer, da die Fragen direkt von einem Interviewer gestellt werden.

Kundenbefragung auf einer Einkaufsstraße

- **telefonische Befragung**
  Bei telefonischen Befragungen erfolgt das Interview im Rahmen eins Telefongesprächs. Anfahrtszeit und -kosten entfallen zwar für den Interviewer, dennoch sind die Befragungskosten noch relativ hoch.

- **schriftliche Befragung**
  Hierzu wird ein gedruckter Fragebogen verschickt. Schriftliche Befragungen sind insgesamt günstiger als mündliche oder telefonische Befragungen, lediglich Versandkosten und -zeit fallen an. Im Vergleich ist jedoch die Rücklauf- und Antwortquote deutlich geringer.

Multiple-Choice-Fragebogen

- **Onlinebefragungen**
  Bei Onlinebefragungen wird ein Fragebogen auf einer Internetseite zur Verfügung gestellt. Bei einer anderen Variante wird er per E-Mail verschickt.

Ein **Panel** ist eine Sonderform einer standardisierten Befragung. Dieser Begriff bezeichnet die mehrmalige Befragung einer identischen Gruppe von Personen bzw. Personengruppen zum selben Thema. Dadurch lassen sich schnell und leicht Veränderungen im Verhalten oder in der Meinungsbildung einer Zielgruppe erkennen. Wichtige Arten sind:

- **Handelspanel**
  Handelspanels bestehen überwiegend aus Handelsunternehmen als Mittlern zwischen Industrie und Konsumenten. Sie untersuchen Lagerbestände und An- und Verkäufe bestimmter Artikel kontinuierlich über eine bestimmte Zeitperiode (z. B. ein Jahr lang alle zwei Monate). Die zentrale Fragestellung lautet: Über welche Absatzwege werden welche Waren in welchen Mengen verkauft?

- **Verbraucherpanel**
  Verbraucherpanels erfassen, welche Käufe hauptsächlich von Einzelpersonen getätigt werden (Individualpanel) und welche Einkäufe sich auf den gesamten Haushalt beziehen (Haushaltspanel). Sie haben die zentrale Fragestellung: Welcher Konsument bzw. Personenkreis kauft welche Güter?

Nicht standardisierte Befragungen können einen sehr freien Gesprächsverlauf nehmen, der sehr in die Tiefe bzw. in die Breite gehen kann. Dem Fragenden steht dabei nur ein Leitfaden zur Verfügung, der das Ziel des Interviews und eine Themengruppe enthält.

Beobachtungen

Eine Beobachtung wird immer nonverbal durchgeführt. Sie ist daher im Gegensatz zu einer Befragung von der Auskunftsbereitschaft der am Marktgeschehen beteiligten Personen unabhängig. Zielgerichtet wird das Verhalten interessierender Personen erfasst. Sinnlich wahrnehmbare Phänomene werden untersucht und aufgezeichnet. Gegenstand der Beobachtung können Eigenschaften und Verhaltensweisen

- von Personen (z. B. Beobachten des Kaufverhaltens, von Passanten, von Lesern)
- oder von Sachen (Platzierung von Produkten in Regalen, Gerätebenutzung)

sein.

Kundenlaufstudien

Ein typisches Beispiel für das Marktforschungsinstrument Beobachtungen sind Kundenlaufstudien im Einzelhandel. Sie bringen Transparenz in das Einkaufsverhalten der Kunden und beantworten die für Einzelhandelsunternehmen zentralen Fragen:

- Welchen Weg wählen die Kunden durch den Verkaufsraum?
- Wie beeinflusst dieser Weg ihr Kaufverhalten?

Verdeckte Beobachter erfassen die Bewegung und das Verhalten der Kunden auf einer elektronischen Karte. So können verkaufsschwache oder verkaufsstarke Ladenbereiche genau identifiziert werden. Die Unternehmen können auf das Kundenverhalten mit unterschiedlichen Verkaufsstrategien reagieren, z. B.:

- An verkaufsstarken Stellen werden Artikel mit hohen Gewinnspannen platziert.
- An verkaufsschwachen Stellen werden sog. Mussartikel (z. B. Milch, Zucker in Lebensmittelgeschäften) oder Aktionsartikel platziert.

BEISPIELE

Geht der Kunde durch einen Gang, halten die verdeckten Beobachter über ein dort aufgestelltes Regal u. a. fest:

- „Am Regal wird vorbeigegangen." (Frequenz)
- „Kunde informiert sich am Regal." (In vielen Fällen wird auch festgehalten, wie lange er am Regal bleibt und welche Regalbereiche er betrachtet.)
- „Kunde kauft Ware."
- „Kunde geht in Richtung ..."

Bei einer Auswertung aller Daten durch die EDV werden Kundenströme und Verweildauer der Kunden innerhalb der Verkaufsräume sichtbar. Erkennbar werden so:

- tote Winkel und Ecken in den Geschäftsräumen
- Laufhindernisse
- Wege, die von Kunden kaum genommen werden
- Wegstrecken, die die Kunden schnell bewältigen
- Wege, auf denen die Kunden sich langsam bewegen

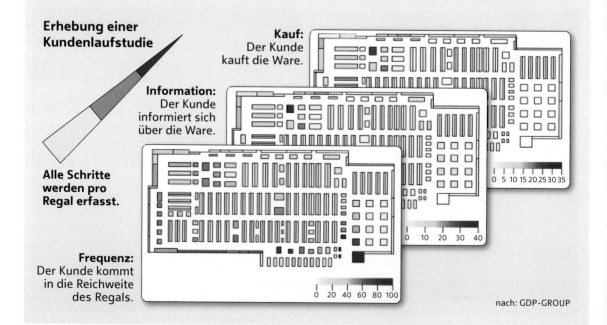

Erhebung einer Kundenlaufstudie

Kauf: Der Kunde kauft die Ware.

Information: Der Kunde informiert sich über die Ware.

Alle Schritte werden pro Regal erfasst.

Frequenz: Der Kunde kommt in die Reichweite des Regals.

nach: GDP-GROUP

Experiment

Mit Experimenten können Zusammenhänge zwischen Ursachen und Wirkung erschlossen werden. Es werden gezielt bestimmte Bedingungen hergestellt und deren Auswirkungen beobachtet. So wird beispielsweise eine Versuchsanordnung mit vorgegebenen Rahmenbedingungen geschaffen. Dann verändert man einen ganz bestimmten Einflussfaktor, um die Reaktion darauf als Wirkung zu messen.

Klein-Deutschland mitten in der Pfalz

Das Städtchen Haßloch ist eine ökonomische Miniaturausgabe der Bundesrepublik. Eines haben die Einwohner den übrigen Bürgern aber voraus.

Eigentlich ist Haßloch ein Ort wie Hunderte andere: 20 000 Einwohner, ein Heimatmuseum, gemütliche Lokale. Wer jedoch genau hinsieht, entdeckt Dinge, die es in keiner anderen Stadt gibt: Werbeplakate mit unbekannten Waschmitteln, Kaugummis, die es nirgendwo sonst zu kaufen gibt, und selbst das Fernsehprogramm unterscheidet sich von dem des übrigen Bundesgebiets. Die Bürger in Haßloch „leben in einer eigenen Welt", sagt Göran Seil von der Nürnberger Gesellschaft für Konsumforschung (GfK). Das Marktforschungsinstitut testet seit 22 Jahren im Auftrag von Unternehmen neue Lebensmittel und Drogerieartikel in der pfälzischen Kleinstadt.

Haßloch ist aus ökonomischer Sicht so etwas wie Deutschland im Kleinformat. Hier leben anteilig etwa so viele Singles, Ehepaare, Familien, Rentner und Kinder wie in der gesamten Republik. Die Löhne der Haßlocher spiegeln die Einkommensverhältnisse aller Bundesbürger wider. Die Kaufkraft der Stadt liegt nur minimal über dem Mittelwert Deutschlands. Die Gemeinde ist so durchschnittlich, dass sie für die Marktforscher der GfK etwas ganz Besonderes ist.

Jeder kann unbewusst zum Testkäufer werden

In Haßloch können die Marktforscher eine Produkteinführung einschließlich Werbekampagne genau simulieren. Wenn beispielsweise ein Unternehmen ein neues Waschmittel auf den Markt bringen will, wird es zunächst in 15 Supermärkten und Drogerien der Stadt ins Regal gestellt wie jede andere Ware auch. Alle Bürger und Besucher der Stadt können das Testprodukt kaufen.

3 500 Haßlocher Haushalte haben zusätzlich eine Chipkarte der GfK, die sie beim Bezahlen an der Kasse vorlegen. So können die Marktforscher genau nachvollziehen, wann und wie oft die Testpersonen eine Probeware kaufen. 2 500 der 3 500 Haushalte werden zudem mit spezieller Werbung für das Produkt berieselt. Sie erhalten mit gesonderten Anzeigen versehene Ausgaben der Regionalzeitung und der Programmzeitschrift. Und in ihr Fernsehprogramm werden spezielle Werbespots eingespielt. Möglich macht dies das Kabelfernsehen, das es in Haßloch schon seit 1984 gibt. Von ihrem Fernsehstudio aus versorgen die GfK-Mitarbeiter die 2 500 Haushalte über das Kabelnetz mit dem geänderten Werbeprogramm.

Die Forscher können also einerseits feststellen, wie sich ein Testprodukt insgesamt verkauft. Mithilfe der Chipkarten sehen sie außerdem, ob die Werbung den Absatz fördert, und zu welchen Waren die Kunden immer wieder greifen.

Bis zu 300 000 Euro pro Testlauf

Rund 20 Tests pro Jahr führen die Konsumforscher durch. Je nach Aufwand zahlen die Unternehmen zwischen 50 000 und 300 000 Euro für eine Untersuchung. Eine ordentliche Summe, die sich laut GfK jedoch auszahlt. Ein Produktstart koste Millionen, erklärt GfK-Research-Manager Seil. Und die Erfolgsquote bei den in Haßloch getesteten Waren sei deutlich höher als bei Produkteinführungen ohne den Testlauf in der Pfalz. So würden in Deutschland jedes Jahr 30 000 Waren neu oder überarbeitet in den Handel gebracht. Nur 30 Prozent davon setzten sich durch. 20 bis 50 Millionen Euro seien da „ganz schnell versenkt", sagt Seil. Von den in Haßloch getesteten Waren seien über 50 Prozent eingeführt worden und diese hätten sich alle auf dem Markt behauptet. Zu den Haßlocher Testprodukten gehören beispielsweise das Waschmittel „Lenor" und die Damenbinde „Always".

Den Bürgern fällt im täglichen Leben nicht auf, welche Werbung ausschließlich in Haßloch zu sehen ist. „Das merken nur Gäste von uns", erzählt Annette Penn. „Die sagen dann plötzlich: Das wird bei uns gar nicht beworben!" Seit knapp zehn Jahren gehört Penns Familie zu den GfK-Testern.

„Wir machen es gern", sagt Penn, „nicht nur wegen der kostenlosen TV-Zeitschrift und den 3,85 Euro, die wir pro Monat bei der Kabelgebühr gutgeschrieben bekommen." Es habe einen gewissen Reiz, die Warenwelt mehr zu beeinflussen als ein normaler Bürger – auch wenn das natürlich völlig unbewusst passiert. Denn niemand könne feststellen, ob es nur eine Probeware ist oder nicht. Nur einmal habe sie im Nachhinein den Verdacht gehabt: Ihre beiden Töchtern verliebten sich in Schokomüsli, das war auf einmal nicht mehr im Regal.

Zwischen drei Monaten und einem Jahr kann ein Testlauf dauern. Das hängt vor allem daran, wie oft Produkte neu gekauft werden – bei einem Kaugummi geht dies viel schneller als bei Spirituosen oder Waschmittel. Bis zur Markteinführung sind es dann noch mal gut drei Monate.

Jeder hat einen „statistischen Zwilling"

Das Gute an der Bevölkerungsstruktur von Haßloch ist laut Seil, dass jeder ersetzt werden kann. Wenn eine Familie umziehen oder ein Teilnehmer sterben sollte, gebe es mindestens einen „statistischen Zwilling". Da neue Tester besonders gern zu neuen Produkten greifen, kommen sie zunächst „einen Monat lang in Quarantäne", erklärt Seil. Ihre Einkäufe werden zwar registriert, beeinflussen aber das Ergebnis zunächst nicht.

Haßloch wird noch länger Testmarkt der GfK bleiben, sagt Seil. Selbst wenn sich die wirtschaftliche Lage in Haßloch derart verbessern oder verschlechtern sollte, dass sie nicht mehr dem Durchschnitt Deutschlands entsprechen sollte, würde dies nicht das Ende bedeuten. Dann würde die GfK einfach die veränderte Kaufkraft berücksichtigen und die Ergebnisse ihrer Untersuchungen entsprechend auf den Bundesdurchschnitt umrechnen. Ein Umzug sei zu teuer.

Sebastian Heise

Quelle: Autor: Sebastian Heise
Titel: "Gesellschaft: Klein-Deutschland mitten in der Pfalz"
Aus: FOCUS Online vom 09.09.2015
Link zum Artikel: https://www.focus.de/finanzen/news/tid-12695/gesellschaft-klein-deutschland-mitten-in-der-pfalz_aid_351714.html [10.12.2020].

AUFGABEN

1. Warum sollten Unternehmen Marktforschung betreiben?

2. Wodurch unterscheidet sich die Markterkundung von der Marktforschung?

3. Welche Methoden der Marktforschung unterscheiden sich hinsichtlich des Zeitraums der Erhebung?

4. Erläutern Sie den Unterschied zwischen Primär- und Sekundärforschung.

5. Führen Sie Beispiele für Informationsquellen der sekundären Marktforschung auf.

6. Erläutern Sie den Begriff Panel.

7. Welche Arten des Panels gibt es?

8. Auf welche Weisen können Befragungen durchgeführt werden?

9. Wie wird im Rahmen der Marktforschung ein Experiment angewendet?

10. Welche der unten stehenden Antworten ist ein Beispiel für Sekundärforschung?
    a) Fieldresearch
    b) Neues Zahlenmaterial wird gesammelt und ausgewertet.
    c) Bereits vorhandenes Zahlenmaterial wird ausgewertet.
    d) Neues Zahlenmaterial für eine bestehende Marktuntersuchung wird benötigt.
    e) Kundenbefragung

11. Sie werden gebeten, externe Datenquellen auszuwerten. Was verstehen Sie unter betriebsexternen Datenquellen?
    a) Messeberichte
    b) Lagerbestandslisten, Warenpreislisten
    c) Berichte von Außendienstmitarbeitern
    d) Jahrbücher, Zeitungsberichte, Geschäftsberichte
    e) Bilanz

12. Geben Sie für die folgenden Beispiele an, um welches Verfahren der Marktforschung es sich handelt.
    a) Die Marfor GmbH – ein renommiertes Marktforschungsinstitut – untersucht laufend die Kundengewohnheiten auf dem Textilmarkt.
    b) In diesem Bericht gibt die Marfor GmbH Trendempfehlungen für das nächste Jahr.
    c) Ziel dieses Marktforschungsverfahrens ist das Erkennen von Ursache-Wirkungs-Zusammenhängen.

13. Welche Marktforschungsmethode wird in dem Zeitungsausschnitt auf der folgenden Seite beschrieben?

14. Mit großer Wahrscheinlichkeit können Sie an Ihrer berufsbildenden Schule gegen den kleinen oder großen Hunger etwas an einem Kiosk oder einer Verkaufsstätte kaufen. Auch Schulbedarf ist dort oft zu haben. Betrieben wird der Kiosk/die Verkaufsstätte entweder von einem Hausmeister, anderen Personen oder evtl. auch von Schülergruppen im Rahmen von Projekten.
    In dieser Aufgabe sollen Sie nun die Situation dieser Verkaufsstätte untersuchen. Von Interesse ist einerseits, was gekauft wird, und andererseits, was im Sortiment vermisst wird.
    Bilden Sie dazu vier Gruppen:
    a) Gruppe 1 und 3 bereiten einen Fragebogen vor, mit dem die Käufer nach den Käufen gefragt werden. Die Gruppen 2 und 4 bereiten eine Beobachtung vor. Dazu gehört beispielsweise die Auswahl eines Standorts, von dem aus man mögliche Käufer beobachten kann, ohne dass dies auffällt.

Dem Kunden mit System auf der Spur

(Zürich) Montagnachmittag in Seebach bei Zürich: Der 280 qm große Pick Pay Markt wird entsprechend der ruhigen Stunde eher spärlich frequentiert. Die wenigen Kunden tätigen ihre Einkäufe, vergleichen Preise und schauen nach Sonderangeboten. Nichts, was besonders auffällig wäre. Und doch ist etwas außergewöhnlich in dem Markt, auch wenn es kaum einem Kunden auffällt: Seit letzter Woche hängt eine unauffällige Schiene quer über der Decke, parallel zur Beleuchtung. In ihr sind Infrarotsensoren integriert. Sie reagieren auf die ebenfalls in den Einkaufswagen installierten Sensoren. Damit soll herausgefunden werden, wie viele Kunden sich wann und wo im Markt befinden.

Am Personal Computer demonstriert August Egli, wie das Tracking System funktioniert: Auf dem Bildschirm ist der Grundriss des Marktes angeordnet. Wie bei einem Computerspiel blinken die einzelnen Einkaufswagen, die an den Regalen entlang gemessen werden. Mit Farbtönungen lassen sich sowohl stark frequentierte Flächen als auch solche, bei denen kaum Publikum gezählt wird, hervorheben.

Aus diesen Bildern kann man Schlüsse ziehen, erklärt Egli und veranschaulicht am Beispiel eines Marsh-Marktes von 3 500 qm, wie das funktioniert. Der Laden, dessen Kundenfrequenz aufgezeichnet wurde, befindet sich in den Vereinigten Staaten in einer sogenannten „Blue collar"-Gegend, was mit unterer Mittelschicht zu übersetzen ist. Durch die Aufzeichnung des Kundenlaufstroms am Computer habe man sehen können, dass die hochwertige Weinabteilung genauso wenig frequentiert wurde wie die Kosmetikabteilung. Die daraus abgeleiteten Maßnahmen, statt hochpreisiger Weine günstige Sixpack-Biere in das Sortiment zu nehmen und die Kosmetika im Mittelpreissegment anzusiedeln, hätten die Kundenfrequenz in den „toten Zonen" um 30 Prozent erhöht, berichtet Egli.

Quelle: Homburg, Christian; Krohmer, Harley: Marketingmanagement. Stategie – Instrumente – Umsetzung – Unternehmensführung. Wiesbaden: Gabler 2003, S. 236.

b) Die Gruppen 1 und 2 führen ihre Maßnahme in der ersten Pause, die Gruppen 3 und 4 in der 2. Pause durch.

c) In der Woche darauf sollen die Ergebnisse ausgewertet werden.

Präsentieren Sie die Ergebnisse der Klasse.

15. a) Lesen Sie das Kapitel und erstellen Sie eine Mindmap mit den wichtigsten Informationen.

b) Bereiten Sie sich darauf vor, einen kurzen Vortrag über den Inhalt dieses Kapitels zu halten. Als Hilfsmittel dürfen Sie Ihre Mindmap verwenden.

16. Ordnen Sie die richtigen Begriffe der Marktforschung den folgenden Beispielen zu.

a) Die Tom Hoss KG wertet regelmäßig Einkommensstatistiken im Hinblick auf potenzielle Kunden aus.

b) Die Spindler KG erteilt dem Marktforschungsinstitut Mafinst den Auftrag, permanent die Käufergewohnheiten zu erforschen.

c) Herr Hertien erfährt bei einem Messebesuch, dass der Mitbewerber Spindler KG demnächst neue Produkte ins Sortiment aufnehmen wird.

d) Die Grotex GmbH wertet Kataloge von Mitbewerbern aus, um ggf. sortiments-und preispolitische Entscheidungen treffen zu können.

17. Die Exclusiva GmbH überlegt, Taschen in das Sortiment aufzunehmen. In verschiedenen Sitzungen wird dies beraten. Einige Zeit später werden die Ergebnisse der Beratungen Herrn Hertien vorgetragen. Auch hier ist Ronja Bunko mit dabei.

Herr Hertien: *„Meine Damen, meine Herren, ich danke Ihnen für Ihre Vorschläge über Sortimentsveränderungen innerhalb unseres Hauses. Jetzt müssen wir erst einmal überlegen, wie es weitergehen soll. Neben dem Vorschlag, verstärkt Berufskleidung anzubieten, finde ich auch den Vorschlag, Taschen verstärkt in unser Sortiment aufzunehmen, sehr interessant. Ich halte es aber für wenig sinnvoll, unsere Ideen der Veränderung einfach in die Tat umzusetzen, also zu realisieren. Wir wissen doch gar nicht, ob unsere Kunden mit besagten Innovationen einverstanden sind. Darum schlage ich vor, wir ziehen sie zu unseren Überlegungen hinzu."*

Herr Staub: *„Diese Idee finde ich sehr gut. So können wir eher feststellen, welche unserer Ideen zur Verbesserung bei ihnen am meisten ankommt. Wir sollten vorher die Ideen noch einmal sammeln."*

Herr Hertien: *„Genau, und dann sollten wir ein Marktforschungsunternehmen mit weiteren Untersuchungen beauftragen."*

Frau Vosges: *„Dazu möchte ich auch noch etwas sagen. Können wir eine Marktforschungsstudie nicht selbst erstellen? Ich denke nur an die Kosten, die bei der Beauftragung eines Instituts anfallen. Sollten wir uns nicht selbst mit der Marktforschung befassen? Herr Staub als Abteilungsleiter Absatz/Verkauf kann uns bestimmt bei unseren Forschungen mit Tipps behilflich sein, wie wir eine unserer Fragestellung entsprechende Marktforschungsstudie erstellen* können. Wenn wir gemeinsam daran arbeiten, dann werden wir bestimmt auch zu einem Ergebnis kommen."

Herr Hertien: „Da haben Sie recht, Frau Vosges. In der Tat kann uns Herr Staub Tipps geben, denn immerhin ist er Spezialist auf dem Gebiet."

Herr Staub: „Also gut. Zunächst sollten wir die möglichen Quellen, die uns Informationen zu den Sortimentsveränderungen geben können, anzapfen. Da wir sehr viel Material und Informationen benötigen, bin ich dafür, dass wir arbeitsteilig arbeiten. Jeder von uns kann für eine der von uns geplanten Veränderungen Informationen recherchieren, ob und inwieweit diese Veränderung von den Konsumenten überhaupt angenommen wird bzw. wie in diesem Zusammenhang der derzeitige Trend aussieht. Wir betreiben also zunächst einmal die sogenannte Sekundärforschung. Aber das reicht nicht aus. Neben der Sekun-därforschung müssen wir wahrscheinlich auch noch Primärforschung betreiben."

Herr Hertien: „Einverstanden."

Herr Staub: „Um allen hier Anwesenden die Aufgabe zu erleichtern, bin ich dafür, dass wir für eine der geplanten Sortimentsveränderungen unser Vorgehen einmal exemplarisch demonstrieren. Nehmen wir doch die Taschen ... Der Lieferant Caramia würde gerne unser neuer Geschäftspartner werden."

a) Schlagen Sie Quellen vor, die im Rahmen der Sekundärforschung ausgewertet werden können.

b) Begründen Sie, warum neben der Sekundärforschung die Primärforschung von großer Bedeutung ist.

c) Machen Sie Vorschläge, was die Mitarbeiter der Exclusiva GmbH im Rahmen der Primärforschung unternehmen könnten, um Informationen über die Akzeptanz von Taschen zu erhalten.

d) Erstellen Sie einen Fragebogen, mit dessen Hilfe das Kundeninteresse an Taschen erkundet werden kann.

ZUSAMMENFASSUNG

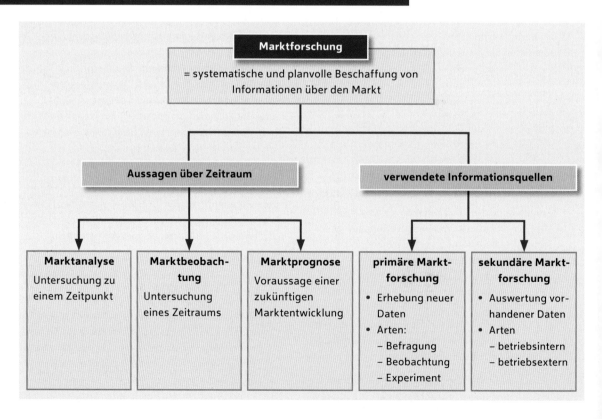

Marktforschung

= systematische und planvolle Beschaffung von Informationen über den Markt

Aussagen über Zeitraum

Marktanalyse
Untersuchung zu einem Zeitpunkt

Marktbeobachtung
Untersuchung eines Zeitraums

Marktprognose
Voraussage einer zukünftigen Marktentwicklung

verwendete Informationsquellen

primäre Marktforschung
• Erhebung neuer Daten
• Arten:
  – Befragung
  – Beobachtung
  – Experiment

sekundäre Marktforschung
• Auswertung vorhandener Daten
• Arten
  – betriebsintern
  – betriebsextern

7.3 Display Advertising

Einstieg

Die beiden Auszubildenden der Exclusiva GmbH Andreas Seeger und Tacdin Acay erhalten von der Leiterin des Onlinemarketings, Frau Südmann, den Auftrag, Werbung zum Valentinstag zu entwerfen. Die Maßnahmen sollen auf verschiedenen Webseiten im Internet zu sehen sein. Die Webseiten sollen ein geeignetes Umfeld bieten, in dem die Display Ads die Zielgruppe der Exclusiva GmbH erreichen.

Am 14.02. ist Valentinstag!

1. Erstellen Sie z. B. mit einem Textverarbeitungsprogramm eine Tabelle und sammeln Sie Gemeinsamkeiten und Unterschiede von Print- und Onlineanzeigen.

2. Suchen Sie in einer Internetrecherche nach Onlinebannern zum Valentinstag und beschreiben Sie die Elemente und den Aufbau der Display Ads.

3. Nennen Sie Warengruppen der Exclusiva GmbH sowie einzelne Artikel, die sich als Geschenke zum Valentinstag eignen.

4. Entscheiden Sie, ob Sie das Unternehmen oder einzelne Artikel bewerben möchten. Begründen Sie Ihre Entscheidung.

INFORMATIONEN

Display Advertising (Bannerwerbung) ist eine Form der klassischen Werbung und gehört neben Printanzeigen und Plakaten, Radio-, Fernseh- und Kinowerbung zu den Instrumenten der Above-the-Line-Kommunikation, die durch eine massenmediale Verbreitung, generelle Zielgruppenansprache und weite Streuung gekennzeichnet sind.

> **DEFINITION**
>
> Zur **Above-the-Line-Kommunikation** gehören alle klassischen Werbeinstrumente der Massenkommunikation (One-to-Many), die für eine breite Zielgruppe sichtbar und zweifelsfrei als Werbung erkennbar sind. Sie werden meist konventionell über analoge oder digitale Medien gestreut.

Display Advertising ist neben dem Suchmaschinenmarketing, E-Mail- und Social-Media-Marketing ein wichtiges Instrument der Online-Marketingkommunikation. Nach einer Aufstellung der NetzwerkReklame GmbH gaben Unternehmen in Deutschland 2019 etwa 6,2 Milliarden Euro für Display-Werbung aus. Darin enthalten sind die Ausgaben für die verschiedenen Bereiche des Display Advertising mit unterschiedlichen Wachstumsraten:

- Desktop Display –3,22 %
- Mobile Display +13,64 %
- Video Ads + 17,9 %
- Social Ads + 2,8 %.

Der Online-Vermarkterkreis OVK (vgl. S. 280) hat ermittelt, dass der Display-Werbemarkt in Deutschland 2019 um knapp 10 % gegenüber dem Vorjahr gewachsen ist (vgl.: *www.netzwerkreklame.de/werbespendings/*) Als Werbemittel werden im Display Advertising sogenannte **Banner** eingesetzt, die den Nutzer auf ein bestimmtes Produkt oder eine Dienstleistung aufmerksam machen sollen. Für Display Advertising wird daher häufig synonym der Begriff **Bannerwerbung** verwendet. Werbebanner werden ähnlich wie Werbeanzeigen in Zeitungen und Zeitschriften mit Text- und Bildelementen grafisch gestaltet und erscheinen auf Bildschirmen von Desktops, Tablets oder Smartphones (vgl. Bannergestaltung S. 282 ff.).

DEFINITION

Das **Werbebanner** ist ein Werbemittel der klassischen Werbung. Ähnlich wie eine Printanzeige in einer Zeitung erscheint das grafisch gestaltete Banner jedoch auf einer Website, deren Betreiber hierfür digitale Werbeflächen anbietet, die von den Werbetreibenden gebucht werden können. In den letzten Jahren wurde die Bannerwerbung sehr stark weiterentwickelt und um die digitalen Möglichkeiten des Internets ergänzt.

Werbebanner werden von den Werbetreibenden (Advertiser) als digitale Werbeanzeigen (Display Ads) auf digitalen Werbeflächen geschaltet, die von Werbeträgern (Publisher) angeboten werden und über sogenannte Vermarkter gebucht werden können. Die Onlinevermarkter bündeln die Werbeflächen einer größeren Zahl von Publishern und bieten sie in deren Namen zur Buchung an. Eine Werbefläche kann z. B. ein Anzeigenplatz sein, der in den redaktionellen Teil der Website oder App einer Onlinezeitung eingebunden und als Anzeige gekennzeichnet wird.

Banner sind kleine Dateien, die abhängig von ihren technischen Eigenschaften in unterschiedlichen Dateiformaten programmiert werden. Das Banner selbst oder ein Button innerhalb des Banners ist als Hyperlink angelegt, der zu der Website führt, die beworben werden soll.

Es gibt sie in zahlreichen Formaten, in denen viele verschiedene Gestaltungselemente miteinander kombiniert werden können. Dazu gehören Bilder, Texte oder Videos, die statisch, animiert oder bewegt auf dem Bildschirm erscheinen. Wenn der Nutzer auf die digitale Werbeanzeige klickt, gelangt er direkt auf die Website, zum Onlineshop oder auf eine Landingpage des werbenden Unternehmens (vgl. Gestaltung der Landingpage S. 286).

DEFINITION

Die **Landingpage** ist die Produktseite des im Banner beworbenen Inhalts. Dort „landet" der User, nachdem er das Banner angeklickt hat.

Klassische Bannerwerbung

Display Advertising begann 1994 mit der Digitalisierung von gedruckten Werbeflächen im Internet. Grafisch gestaltete Werbebanner, die den bisher in Zeitungen und Zeitschriften geschalteten Anzeigen sehr ähnlich waren, konnten nun auf dem Computerbildschirm des Nutzers erscheinen.

Have you ever clicked your mouse right HERE?   YOU WILL

Anfänge der Bannerwerbung

Das erste Banner der Welt erschien 1994 in den USA im Auftrag des Telekommunikationskonzerns AT&T auf der Website des Technologiemagazins Wired, dem Web-Magazin Hotwired.com. Von 1000 Nutzern, für die das Banner sichtbar war, klickten 440 darauf. Das entspricht einer Click-Through-Rate (CTR) von 44 Prozent. Klickraten von 25 bis 50 % waren anfangs keine Seltenheit.

DEFINITION

Die **Click-Through-Rate (CTR)**, im Deutschen auch als Klickrate bezeichnet, ist der Anteil der Klicks an der Zahl der Einblendungen (Impressions) und galt lange Zeit als wichtigste Kennzahl zur Erfolgsmessung eines Werbebanners. Außerdem dient sie häufig zur Berechnung des Preises für eine Bannerschaltung.

Formel zur Berechnung:

$$CTR = \frac{Klicks}{Impressions} \cdot 100$$

Innerhalb von zwei Jahrzehnten haben sich die Banner Ads zu einem Milliarden-Geschäft entwickelt und bieten inzwischen vielen Webseiten die Möglichkeit der Refinanzierung ihres Angebots im WWW.

Heute klicken allerdings nur noch etwa 0,1 bis 0,05 Prozent der Nutzer auf ein Banner. Bei einer Klickrate von 0,05 % klickt bei 2000 Einblendungen (Impressions) nur gerade mal ein Nutzer auf das die digitale Anzeige und gelangt damit auf die dazugehörige Landingpage. Grund für die niedrigen Klickraten ist eine Spirale aus einem stetig zunehmenden Angebot von Werbeflächen, wodurch die Preise sinken. Diese Entwicklung wiederum führt dazu, dass noch mehr Werbeflächen zur Verfügung gestellt werden, um die Umsatzziele zu erreichen.

Das Prinzip der Printanzeige wurde also auf das Internet übertragen und nach und nach um dessen Möglichkeiten erweitert. Im Unterschied zur Print-Werbung lässt sich der Werbeerfolg der Display Ads sehr effektiv und einfach messen. Wie erfolgreich ist aber eine Werbung, die von 1000 Nutzern gesehen wird, von denen aber nur einer sie tatsächlich auch anklickt? Eine niedrige CTR bedeutet jedoch nicht zwangsläufig, dass Bannerwerbung sich nicht lohnt, denn Banner zeigen bereits Wirkung, wenn sie nur wahrgenommen werden. Sie erzeugen einen wertvollen **Brandingeffekt** (vgl. Ziele der Bannerwerbung S. 278). Nutzer erinnern sich an die Marke, die sie gesehen haben, auch wenn sie sich nicht bewusst mit dem Inhalt der Anzeige beschäftigt haben. Dieser Effekt ist allerdings nicht mehr so einfach zu messen. Um die Markenbekanntheit (Brand Awareness) zu messen, werden u. a. Recall-Tests eingesetzt (Erinnerungstests).

Display Advertising ist ein Instrument im Onlinemarketing-Mix, mit dem die Customer Journey häufig beginnt. Eine Display-Kampagne kann den Kunden bereits in der Inspirations- und Awareness-Phase erreichen. Die Markenbekanntheit (Brand Awareness) ist entscheidend, um den Kunden zum Besuch des Onlineshops zu motivieren und dort die Conversion Rate zu steigern.

DEFINITION

Die **Customer Journey** (die Reise des Kunden) beschreibt die Phasen, die der Kunde von der Wahrnehmung der Marke bis zum Kaufabschluss durchläuft.

Textanzeigen

Anzeige ♦ https://www.exclusiva.de/>ostern ▾

Ostergeschenke für die ganze Familie bei der Exclusiva GmbH

Der Osterhase in Bestform: Entdecken Sie 111 Geschenkideen für Abwechslung im Osternest, z. B. Nudeln in Hasenform in personalisierter Geschenktüte für 4,99 €

Beispiel-Textanzeige

Im Gegensatz zu den hauptsächlich textbasierten Anzeigen des Suchmaschinen-Marketings werden Banner viel stärker wahrgenommen und bieten erheblich mehr visuelle Gestaltungsmöglichkeiten. Die bunten, blinkenden, bewegten und klingenden Bilder erzeugen beim Nutzer starke optische und akustische Reize, die zu deutlich höheren Klickraten führen, als dies bei reinen Textanzeigen der Fall ist. Außerdem verbringen Nutzer viel mehr Zeit auf Webseiten, auf denen Display Ads erscheinen, als auf Suchseiten mit Textanzeigen.

Banner Blindness

Der positive Effekt, der bei den Nutzern durch die aufmerksamkeitsstarke Wirkung der Banner erreicht wird, relativiert sich durch das große Überangebot an Bannern. Dieses führt zu einer Reizüberflutung und Überforderung der Nutzer, die bei ihrer Informationssuche im Internet von den Bannern abgelenkt werden. Viele User sind genervt und empfinden die Display Ads als lästig und aufdringlich.

Die Banner bewusst zu ignorieren, ist für einige Nutzer sicher eine Möglichkeit, der nervenden Werbung zu entgehen. Banner Blindness heißt aber auch, dass Werbebanner unbewusst nicht mehr wahrgenommen werden, weil den Nutzern immer wieder dieselben Motive eingeblendet werden. Andere Nutzer greifen zu technischen Hilfsmitteln und installieren auf ihren Geräten Werbefilter, sogenannte AdBlocker. Das sind spezielle Programme, die die Werbeeinblendungen blockieren und zwangsläufig ebenfalls zu weiter sinkenden Klickraten führen.

Das Phänomen der Banner Blindness ist bei der Kampagnenplanung zu berücksichtigen. Beispielsweise können für eine Kampagne mehrere Motive erstellt werden, um sie bei den Einblendungen rotieren zu lassen und so für mehr Abwechslung zu sorgen. Auch mit Interaktionsmöglichkeiten oder neuen Bannerformaten wird versucht, der Banner Blindness entgegenzuwirken. Sowohl die AdBlocker als auch das Phänomen der Banner Blindness haben dafür gesorgt, dass die Webseitenbetreiber ihre Seiten immer seltener über massenhaft billige Banner mit immensen Streuverlusten monetarisieren. Stattdessen sprechen sie ihre User gezielt mit zunehmend hochwertigen Ads an.

Ziel ist es, Werbeformate zu entwickeln, die von den Nutzern akzeptiert werden. Dabei kommt es darauf an, dass die Werbebotschaft für den Nutzer eine gewisse Relevanz hat und in das User-Erlebnis eingebunden wird. Es geht also darum, Bannerwerbung möglichst zielgruppenaffin zu gestalten und dann möglichst auf Werbeflächen in inhaltlichen Umfeldern auszuspielen, die von potenziellen Kunden gesehen werden, um Streuverluste zu minimieren (vgl. Kap. 7.5 Targeting auf Seite 308 ff. und 7.6 Buchung und Auslieferung der Onlinewerbung auf Seite 319 ff.). Display Advertising ist heute weniger aufdringlich und fügt sich eher harmonisch in den Aufbau der Seite ein (vgl. Native Ads auf Seite 289).

Erfolgreiche Ads: Mobile und Video

Während die Bannerwerbung auf stationären Desktop-Bildschirmen fast so alt ist wie das Internet selbst und stagnierende Umsätze verzeichnet, wird der Onlinewerbung in den digitalen Kanälen Mobile und Video für die kommenden Jahren ein starkes Wachstum prognostiziert. „Das starke Wachstum der digitalen Werbung beruht auf mehreren Faktoren: Die stärksten Treiber sind Bewegtbild, Mobile und der intelligente Einsatz von Technologie.", erklärt der Vorsitzende des Online Vermarkterkreises OVK, Rasmus Giese.[1]

Die Gestaltung und Ausspielung von Display Ads auf stationären Desktop-Bildschirmen kann schon allein wegen des kleineren Bildschirmformats nicht ohne Weiteres auf mobile Endgeräte wie Smartphones und Tablets übertragen werden. Unternehmen legen ihre Werbekampagnen daher crossmedial an, indem sie den Nutzer mobil durch Imagekampagnen inspirieren, um ihn mit nachgelagerten Produktkampagnen zum Besuch des Onlineshops zu bewegen.

Werbewirkungseffekte wie Aufmerksamkeit (Ad Awareness), Image, Produktbekanntheit (Product Awareness) und Nutzeraktivierung hängen von der Anzahl der Kontakte mit dem Werbebanner ab, die bei den beiden digitalen Werbekanälen recht unterschiedlich sind. Sind viele Kontakte, d. h. Einblendungen (Impressions) notwendig, um einen gewünschten Effekt zu erreichen, spricht man von einem hohen Werbedruck.

Mit Bannerwerbung auf mobilen Endgeräten kann eine bestimmte Aufmerksamkeit beim Nutzer mit deutlich weniger Kontakten erreicht werden als mit stationären Display Ads, die auf den größeren Bildschirmen leichter ignoriert oder übersehen werden können. Bei der Wiedererkennung (Ad Recognition) erzielen dagegen die

Banner auf den großflächigen Bildschirmen bessere Ergebnisse.

Neben den grafisch gestalteten Display-Anzeigen (statisch oder animiert mit Bewegtbildern) gehören auch Video-Banner zu den Varianten des Display Advertising. Ihre audiovisuellen Reize erregen deutlich mehr Aufmerksamkeit bei den Nutzern und haben somit einen hohen Erinnerungswert. Außerdem verbreiten sie sich häufig viral, was die Reichweite der Werbebotschaft nochmals deutlich erhöhen kann – ein wichtiger Vorteil der Videowerbung für die Werbetreibenden.

Videowerbung ist insbesondere bei jungen Nutzern beliebt, da ihnen Videos von Kindheit an vertraut sind. Als störend wird von den Nutzern allerdings häufig der automatisch oder per Mouseover einsetzende Ton empfunden. Er überrascht die Nutzer, erschreckt sie aber auch und lenkt sie stark ab. Daher sollte bei Video-Bannern darauf geachtet werden, dass der Ton aktiv von den Nutzern eingeschaltet werden kann, z. B. durch Anklicken eines Lautsprechersymbols. Ebenso sollte die Lautstärke individuell regulierbar sein. Auch die Dauer der Videowerbeeinblendung spielt bei der Akzeptanz eine große Rolle: Werbespots bis zu 15 Sekunden finden die größte Zustimmung bei den Nutzern. Allerdings sinkt die Aufmerksamkeitsspanne der Nutzer durch die Nutzung von Smartphones. Die Zielgruppe der Millennials lässt sich besser mit kurzen Clips - sogenannten Bumper Ads - erreichen, die nur 5 bis 6 Sekunden lang sind.

Die dynamischen Werbeformate mit Bewegtbild- und Toninhalten sind in den letzten Jahren immer beliebter geworden und verzeichnen hohe Wachstumsraten. Statische Werbeformate haben nach der Suchmaschinen-Werbung noch immer den größten Umsatzanteil in der digitalen Werbung, Videowerbung dagegen hat die größten Zuwachsraten. Dies gilt insbesondere für das Anzeigenformat Pre-Roll (vgl. Bannerformate auf Seite 286 ff.).

---

1 Quelle: Hirsch, Igor: OVK-Zahlen: Digitale Werbung wächst 2019 um zehn Prozent, doch 2020 endet eine Ära. In: https://meedia.de/.
26.02.2020. *https://meedia.de/2020/02/26/ovk-zahlen-digitale-werbung-waechst-2019-um-zehn-prozent-doch-2020-endet-eine-aera/*
[17.02.2021].

Online-Videowerbung		
Instream Video Ads	Outstream Video Ads	
	In-page	In-feed
Pre Roll erscheint direkt vor Beginn des Videoinhalts. **Post Roll** wird am Ende des Video-Contents ausgespielt. Beim **Mid Roll** wird der Video-Content durch einen Werbespot einmal oder mehrmals unterbrochen	auch: „In banner"-Video; wird auf Webseiten auf klassischen Displayflächen im Bannerformat angezeigt, z. B. als Sitebar oder Medium Rectangle	auch: „In read"- oder „In article"-Video; wird auf redaktionellen Text-Seiten, z. B. in einem Artikel, zwischen zwei Absätzen platziert oder innerhalb eines Feeds[1] (z. B. Facebook-Timeline)

Für steigende Werbeausgaben im Bereich Online-Videowerbung sorgen zum einen die zunehmende Verfügbarkeit des mobilen Internets mit günstigen Flatrate-Tarifen sowie WLAN Hot Spots. 70 % der User schauen YouTube-Videos über mobile Endgeräte. Vor allem bei den jungen mobilen Zielgruppen der Millennials und der Generation Z ist Bewegtbild-Werbung sehr beliebt (vgl. Die TOP 10 Display-Werbeformen, S. 280).

Zum anderen entwickeln sich Outstream-Formate zu einer attraktiven Ergänzung der Instream-Ads, weil sie dem Bedürfnis der Konsumenten nach mehr relevantem Content und Nutzererlebnis Rechnung tragen und gleichzeitig den Werbetreibenden mehr Zeit lassen für ein kreatives und wirksames Storytelling. Außerdem bieten Outstream-Ads Medienhäusern und anderen Anbietern von redaktionellen Inhalten, die selbst nur wenig Videoinhalte produzieren, die Chance, schwindende Anzeigenerlöse und rückläufige TV-Reichweiten zu kompensieren.

Trends in der Display-Werbung: Social Display Ads, Digital Out-of-Home (DOOH) und Digital Retail Media

Social Display Ads werden nativ auf Facebook, Instagram und anderen sozialen Netzwerken eingebunden. 2018 gaben die Advertiser in Deutschland eine Milliarde Euro für Social Display Ads aus. Das entspricht einer Steigerung von 15 % gegenüber dem Vorjahr. Am schnellsten wächst dabei das Story-Format. Instagram Story Ads werden täglich von 500 Millionen Usern geklickt.

Die klassische Bannerwerbung wird weiterentwickelt und auf neue Kanäle verlagert. Ein entscheidender Vorteil der Display Ads auf Social Media ist, dass über die Zielgruppen der jeweiligen Kanäle viele Details bekannt sind. Dies ermöglicht ein exaktes Targeting, unmittelbare Interaktionen mit den Usern sowie minimale Streuverluste. Somit werden sowohl eine hohe Werbewirkung als auch ein effizienter Budgeteinsatz erreicht.

BEISPIEL

Werbeformate auf Facebook
- Lead Ad
- Messenger Ad
- Video Ad
- Carousel Ad

Neben Facebook und Instagram bieten auch andere Social-Media-Kanäle die Möglichkeit, unterschiedliche Display Ads in Audio-, Video- oder klassischen Anzeigenformaten mit individuellen Targeting-Varianten in einem vertrauenswürdigen Umfeld zu platzieren, z. B. Twitter, Snapchat, Xing, Pinterest. Auch der Streamingdienst Spotify ist im Bereich Social Media aktiv und bietet zahlreiche Werbeformate an.

Digital Out-of-Home (DOOH) ist die Bezeichnung für digitale Außenwerbung im öffentlichen Raum und eine attraktive und äußerst erfolgreiche Alternative zur klassischen Plakatwerbung. Statt Plakatwänden präsentieren digitale Bildschirme oder Säulen mit LED-Beleuchtung bunte und wechselnde Werbescreens. Sie stehen z. B. in Fußgängerzonen, in Shopping Malls, an Bahnhöfen oder Flughäfen, in Fitnessstudios oder an Raststätten. Da es sich auch bei DOOH-Werbung um digitale Display Ads handelt, die online gebucht, in Echtzeit ausgespielt und mit mobilen Targeting-Techniken kombiniert werden können, sollen sie an dieser Stelle erwähnt werden (vgl. Real Time Advertising, S. 322 ff).

2019 erreichte die digitale Außenwerbung bereits ein Drittel der gesamten Umsätze mit Außenwerbung und ein Umsatzwachstum von 47 % im 3. Quartal 2019 gegenüber dem Vorjahr.

DOOH: Signifikantes Wachstum

2016/2017
469,36 Mio. Werbeträger-Kontakte
58,8 % Reichweite
11,5 Ø-Kontakte

+ 97 % mehr Kontakte
+ 26 % mehr Reichweite
+ 53 % mehr Ø-Kontakte

2019/2020
924,35 Mio. Werbeträger-Kontakte
74,3 % Reichweite
17,6 Ø-Kontakte

alle Angaben pro Woche

---

1 Feed: Liste mit Artikeln oder Nachrichten, Produkten oder Dienstleistungen

Vorteile der DOOH-Werbung sind eine hohe Reichweite und dass sich die Konsumenten auffallend gut an die digitalen Screens erinnern können. Wartezeiten machen das menschliche Gehirn empfänglich für Werbebotschaften. Erreicht wird mit der digitalen Außenwerbung vor allem eine junge mobile Zielgruppe, die beständig nachwächst. Die Bildschirme können individuell angesteuert, Werbebotschaften in Echtzeit platziert und Inhalte ohne großen Aufwand aktualisiert werden. Außerdem werden digitale Screens als weniger störend empfunden.

Darüber hinaus können dank digitaler Technik die digitalen Displays mit den Smartphones, die sich in der Nähe aufhalten, kommunizieren. QR-Codes, Beacons oder Augmented-Reality-Technologie stellen die Verbindung zum Nutzer her und können die echte Realität mit zusätzlichen Informationen anreichern (vgl. Proximity Targeting, S. 313). Der User erhält situationsbezogen passende Werbung und interagiert mit ihr, wodurch die Markenwahrnehmung deutlich gestärkt wird.

Digital Retail Media ist eine noch relativ neue Werbeform auf digitalen Marktplätzen und in Onlineshops. Zu den bekanntesten Anbietern in Deutschland gehören zurzeit z. B. Amazon, Zalando und Otto. Sie bieten Werbekunden Werbeflächen für bezahlte Anzeigen auf ihren Websites an.

Die großen Onlineshops profitieren vor allem von den wertvollen Datensätzen, die eine zielgruppenspezifische Aussteuerung der Display Ads ermöglichen. Millionen von Datensätzen mit den soziodemografischen Daten, Produktinteressen, dem Such- und Kaufverhalten ihrer Nutzer versilbern sie, indem sie ihren Werbekunden versprechen, dass diese ihre Kunden mit digitalen Anzeigen optimal platziert und zielgenau ansprechen können (vgl. Targeting, S. 308 ff.). Auch potenzielle Neukunden oder Bestandskunden werden erreicht (vgl. Predictive Behavioral Targeting und Re-Targeting, S. 315).

Otto und Zalando haben jeweils mehr als 25 Millionen aktive Kunden, Amazon mehr als 40 Millionen – Tendenz steigend. Das Umsatzwachstum im E-Commerce geht seit Jahren nach oben und die Corona-Pandemie verstärkt diesen Trend noch einmal kräftig.

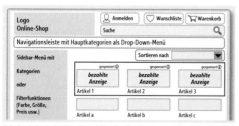

Digital Retail Media: Oberhalb der organischen Suchergebnisse des Online-Shops stehen prominente Anzeigenplätze zur Verfügung, die von Werbekunden gebucht und passend zu den Suchergebnissen der Kunden Keyword basiert ausgespielt werden.

Auch das Suchverhalten der Konsumenten hat sich in den letzten Jahren geändert. Die Suche beginnt häufig nicht mehr bei Google (Suchabsicht), sondern oft direkt bei Amazon (Kaufabsicht): 45 % der deutschen Internetnutzer beginnen ihre Produktsuche direkt auf Amazon. Hinzu kommt, dass Amazon Search Ads eine sehr hohe Reichweite haben. Diese Entwicklung führt dazu, dass ein Teil der Werbebudgets von Google zu Amazon verlagert wird.

Ein weiterer nicht zu unterschätzender Vorteil von Retail Media ist die Bereitschaft der Kunden, im Onlineshop etwas zu kaufen. Die Kunden befinden sich am Ende der Customer Journey und sind in Kauflaune. Dies sind beste Voraussetzungen, um die tatsächlichen Conversions signifikant zu steigern.

Ziele der Bannerwerbung

Mit Onlinewerbung können grundsätzlich Ziele in jeder Phase des Kaufprozesses erreicht werden. Ein wichtiges Ziel ist die Sichtbarkeit (Viewability) der digitalen Werbeanzeige an stationären und mobilen Touchpoints, um auf den Onlineshop oder ein bestimmtes Produkt aufmerksam zu machen. Die Sichtbarkeit hängt u. a. von der Gestaltung, von den technischen Effekten, dem Bannerformat und von einer prominenten Platzierung der Anzeige ab.

BEISPIEL

Die Sichtbarkeit von Display-Formaten hat 2020 aufgrund des veränderten Mediennutzungsverhaltens während der Covid-19-Pandemie um 5 % zugenommen. Ursache ist die geringere Nachfrage der wirtschaftlich vielfach angeschlagenen Advertiser bei gleichzeitig erhöhter Bildschirmzeit der Nutzer im Lockdown und Homeoffice. So konnte nicht nur die Viewable Viewtime verlängert, sondern auch die zielgruppengenaue Positionierung der Ads durch mehr zur Verfügung stehende attraktive Werbeplätze verbessert werden.

Display Advertising ist das Instrument im Onlinemarketing-Mix, mit dem die Customer Journey häufig beginnt, denn die massenhafte Verbreitung der Banner auf den Webseiten des Internets ermöglicht eine hohe Onlinepräsenz und damit auch eine hohe Reichweite, die die Bekanntheit des Unternehmens steigern kann.

Die 5 Phasen der Customer Journey

Conversion
Der Kauf

Intent to Purchase
Der Kauf wird provoziert

Consideration
Der Kauf wird überlegt

Favoribility
Produkt wird favorisiert

Awareness
Interesse wird geweckt

Quelle: Prohaska, Sebasitan : Customer Journey - wie kundenorientiertes Marketing funktioniert. In: www.ithelps-digital.com. 18.10.2017. https://www.ithelps-digital.com/de/blog/online-marketing/customer-journey [25.02.2021].

Bezogen auf den gesamten Kaufprozess steht die Online-Bannerwerbung am Anfang der Customer Journey. Sie ist oft der erste Touchpoint (Kontaktpunkt), an dem der potenzielle Kunde auf das Angebot aufmerksam wird, bevor er sich online wie offline informiert, auf Bewertungsportalen recherchiert, Testergebnisse liest, das Angebot im stationären Handel sieht, einen Radiospot hört oder mit Freunden darüber spricht. In der Regel sind mehrere Touchpoints notwendig, bis aus einem Interessenten ein zahlender Kunde wird.

In den einzelnen Phasen der Customer Journey ist auf eine integrierte Kommunikation der Marke zu achten, d. h. die inhaltliche und formale Abstimmung des Banners und der Landingpage sowie des gesamten Internetauftritts, um einen konsistenten (zusammenhängenden, stabilen) Gesamteindruck zu vermitteln (vgl. Bannergestaltung S. 282 ff.).

DEFINITION

Integrierte Kommunikation bedeutet die inhaltliche und formale Abstimmung aller Kommunikationsmaßnahmen, indem z. B. Logo, Farbe, Slogan, Typografie, Wording und Schlüsselbilder durchgängig einheitlich verwendet werden. Die Erinnerung an die Marke wird erleichtert, die Präferenzen für die Marke verstärkt und der Markenwert gesteigert.

Banner erreichen eine große Zahl potenzieller Kunden, erhöhen die Markenpräsenz und machen damit die Marke beim Nutzer bekannt. Display Advertising eignet sich daher sehr gut für Branding-Kampagnen, um die Marke zu positionieren.

DEFINITION

Die **Positionierung der Marke** bedeutet, der Zielgruppe die wesentlichen Unterschiede, Vorzüge und Qualitäten eines Produkts oder einer Dienstleistung im Vergleich zur Konkurrenz bewusst zu machen.

BEISPIELE

Aspekte der Markenpositionierung:

- Brand Awareness (Markenbekanntheit, Markenimage, Markenerinnerung, Markenbewusstsein)
- Message Association (Zuordnung der Werbebotschaft)
- Brand Favorability (Vorzüge der Marke)
- Brand Attitude (Einstellung des Nutzers zur Marke)
- Brand Building (Markenbildung, Markenaufbau)

Die Markenerinnerung ist umso größer, je mehr Aufmerksamkeit das Banner beim Nutzer weckt. Deshalb sollte der Inhalt der Website, auf der das Banner erscheint, auch zur beworbenen Marke passen. Dadurch wird das Interesse der Nutzer möglichst effizient geweckt und Streuverluste werden reduziert. Um die passende Umgebung für die Ads zu finden, muss die Zielgruppe der Werbebotschaft möglichst genau festgelegt werden (vgl. Kap. 7.5 Targeting S. 308 ff.).

Die Brand Awareness ist entscheidend, um die Ziele in den folgenden Phasen der Customer Journey zu erreichen. Dazu gehört stets die Steigerung der Sales, Orders oder Leads.

DEFINITION

Ein **Lead** ist ein Datensatz, z. B. die Daten eines Kunden, der sich für einen Newsletter anmeldet.

Der Nutzer soll die Website bzw. Landingpage und schließlich den Onlineshop des werbenden Unternehmens besuchen und dort das beworbene Produkt kaufen, die Dienstleistung buchen oder den Newsletter anfordern. Banner sollen die Kaufabsicht (Purchase Intent) der Kunden verstärken.

Banner mit Aktionsvorteilen, Rabatten, Versandkostenbefreiung oder Gutscheinen können dem Nutzer die Entscheidung erleichtern und ihn zu einem kaufenden Kunden werden lassen. Nur wenn dies gelingt, kann das wichtigste Ziel, nämlich die Steigerung der Konversionsrate, erreicht werden.

DEFINITION

Die **Konversionsrate** ist der Anteil der Unique Visitors (einzelner Besucher) einer Website, die die gewünschte Aktion (z. B. den Kauf) auch tatsächlich ausführen.

Ob die Performance-Ziele der Bannerwerbung erreicht werden, lässt sich anhand von verschiedenen KPIs (Key Performance Inidcator) feststellen. (Vgl. dazu KPIs – Kennzahlen zur Leistungsbewertung, S. 303)

Onlinevermarkter – Verbände und Organisationen

Im Folgenden werden wichtige Verbände und Organisationen vorgestellt, in denen sich sogenannte Onlinevermarkter zusammengeschlossen haben, um sich für die Onlinewerbung zu engagieren. Sie entwickeln z. B. Standards und Richtlinien, führen Studien durch, sammeln und bereiten wichtige Informationen auf und organisieren Tagungen.

DEFINITION _____

Onlinevermarkter sind Anbieter von Werbeflächen, die sie an werbetreibende Unternehmen vermitteln. In der Regel verfügt jeder Vermarkter über ein größeres Portfolio an Websites, deren Werbeplätze über ihn gebucht werden können. Dazu gehören eigene Websites ebenso wie die von anderen Website-Betreibern (Publisher), in deren Auftrag sie deren Werbeflächen verkaufen. Der Vermarkter erhält in der Regel etwa 60 % des Umsatzerlöses. Die Größe der Onlinevermarkter wird nach ihrer Reichweite in Millionen Unique Usern ermittelt. Die fünf größten deutschen Onlinevermarkter erreichen zurzeit über 220 Millionen Nutzer.

Rang	Vermarkter	Mio. Unique User
\multicolumn{3}{c}{**Reichweite der Top 10 der Online-Vermarkter für digitale Werbung in Deutschland im August 2020**}
1	Ströer Digital	49,78
2	Ad Alliance	46,21
3	Media Impact	45,45
4	BurdaForward	41,92
5	eBay Classifieds Group	38,89
6	United Internet Media	36,74
7	SevenOne Media	33,50
8	iq digital	32,63
9	FUNKE Mediengruppe	23,69
10	BCN - Burda Communication Network	18,13

Quelle: Eigene Dartellung, Zahlen übernommen von: https://de.statista.com/statistik/daten/studie/4793/ umfrage/reichweite-der-top-20-vermarkter-fuer-internetwerbung/, Stand Oktober 2020.

agof (Arbeitsgemeinschaft Online Forschung e. V.)

2002 haben sich Vermarkter für stationäre und mobile Internetwerbung zur agof mit Sitz in Frankfurt am Main zusammengeschlossen, darunter die größten ihrer Branche, wie z. B. Ströer Digital, Media Impact, United Internet Media, Burda Forward, eBay Classifieds Group und SevenOne Media. Die agof untersucht und veröffentlicht u. a. täglich die aktuellen Kennzahlen über die Reichweiten von Online-Werbeträgern in der *daily digital facts* – der täglichen Markt-Media-Studie.

BVDW (Bundesverband Digitale Wirtschaft e. V.)

Der BVDW mit Sitz in Düsseldorf vertritt als Zentralorgan der Digitalen Wirtschaft seit 1995 die Interessen von Unternehmen mit digitalen Geschäftsmodellen, z. B. Internetagenturen, E-Commerce, Online-Mediaplanung, Mobile Marketing und Mobile-Produktentwicklung, Onlinevermarktung, Performance Marketing und Social Media.

OVK (Online-Vermarkterkreis) Fachkreis im BVDW

Der OVK ist einer von vielen Fachkreisen und Fokusgruppen, die im BVDW organisiert sind und aktuelle Themen in unterschiedlichen Segmenten der digitalen Wirtschaft bearbeiten. Mitglieder im OVK sind die größten deutschen Onlinevermarkter, die die Interessen der Onlinemarketing-Branche auf dem digitalen Werbemarkt vertreten. Sie empfehlen einheitliche Bannerformate als Standard und veröffentlichen regelmäßig den OVK-Report mit Zahlen und Trends für digitale Werbung, um die Markttransparenz und Planungssicherheit zu erhöhen. Der OVK ist international als deutsche Vertretung des IAB Europe tätig.

IAB (Interactive Advertising Bureau) Europe

Das IAB ist ein internationaler Verband mit Sitz in New York, der seit 1996 die Interessen der digitalen Werbe- und Medienbranche vertritt. Das IAB setzt sich weltweit für Vereinheitlichungen und Standardisierungen in der digitalen Werbung ein, um die Werbeflächen und Bannerformate für die Werbekunden transparent vergleichbar zu machen und ohne großen Aufwand buchen zu können.

Bannertechnologie

Die klassische Bannerwerbung wird ständig weiterentwickelt und an die neuen technischen Möglichkeiten angepasst.

Statische und animierte Banner

Seit Beginn des Display Advertising bestehen Banner aus einem unveränderten Bild mit Text (statische Banner), das in den Aufbau einer Webseite eingefügt wird und mit einer gewöhnlichen Print-Anzeige vergleichbar ist.

Der Nutzer klickt auf das Banner, das mit der beworbenen Seite verlinkt ist. Jeder Link ist mit einem Code versehen, durch den die Klicks gezählt werden können. Die Anzahl der Klicks geben Aufschluss über den Erfolg eines Banners und fließen bei verschiedenen Abrechnungsmodellen in die Preisgestaltung der Banner ein (vgl. Vergütungsmodelle, S. 303).

Dieses Prinzip ist bis heute so geblieben. Neben den statischen Bannern gibt es jedoch inzwischen dank fortschreitender Technik vielfältige Varianten, um Banner mit Bildanimationen, Bildfolgen, Bewegtbildern, Videos und Audiofunktionen sowie interaktiven Elementen anzureichern. Abhängig vom Targeting können sie mit individuell auf die Situation oder die Interessen des Nutzers abgestimmten Botschaften ausgeliefert werden. Diese dynamischen Banner werden auch als HTML5-Rich-Media-Banner bezeichnet. Sie sind wesentlich auffälliger und damit auch werbewirksamer, sie erzielen wesentlich höhere Klickraten als statische Banner und sind daher bei den Werbetreibenden sehr beliebt.

Früher Pop-up, heute Layer Ad

Pop-up-Banner und Layer Ads haben gemeinsam, dass sich der Werbeinhalt vor den gerade vom Nutzer betrachteten Webseiteninhalt legt und diesen somit verdeckt.

Pop-up-Banner, die mit JavaScript programmiert werden und sich in einem eigenen Browserfenster öffnen, können von den Nutzern mit Pop-up-Blockern erfolgreich ausgeblendet werden.

Das funktioniert bei den Layer Ads, für die DHTML-Technologie verwendet wird, nicht. Layer Ads müssen vom Nutzer per Klick geschlossen werden. Die Schaltflächen werden von den Gestaltern häufig absichtlich an ungewohnten Stellen oder erst nach einer zeitlichen Verzögerung eingeblendet, damit der Nutzer die Werbung möglichst lange betrachtet.

Auch wenn der Nutzer die Werbung nicht anklickt, sondern nur wegklickt, wird diese Handlung als Klick gezählt und abgerechnet. Zudem können die Nutzer mittels Cookies eindeutig identifiziert werden, sodass sie im besten Fall erst nach einer gewissen Zeit wieder mit einem neuen Layer Ad überrascht werden.

Bedeckt das Banner lediglich die Fußzeile, also den unteren Teil des Browserfensters, handelt es sich um ein Floor Ad.

BEISPIELE für weitere Bannertechniken

- Sticky Ads (auch Scroll-Banner), bleiben auch beim Scrollen einer Webseite immer im sichtbaren Bereich des Browserfensters
- Nanosite Banner (auch Microsite), Banner als Webseite im Miniformat; Interaktion mit dem Nutzer ist möglich, ohne dass dieser die eigentliche Webseite verlassen muss; dies verringert die Absprungrate.
- Expandable Banner, vergrößern sich, wenn der Nutzer auf das Banner klickt oder mit der Maus darüberfährt (Mousover)
- Streaming Banner, kann Werbevideos oder -audios einspielen

Dateiformate

Banner werden abhängig von ihren Gestaltungselementen als Grafik-, Animations- oder Videodatei in die Website eingebunden. Einfache statische Display Ads werden in den Bildformaten JPG oder PNG erstellt. Ein gängiges Dateiformat für Videos ist MP4, das von allen gängigen Browsern unterstützt wird.

Einfache Animationen können mit GIF (Graphics Interchange Format) dargestellt werden. Das Grafikformat ist vor allem für animierte Banner geeignet. Sie bestehen entweder aus einer Sequenz von mehreren Bannern, die mehrfach nacheinander oder in einer Endlosschleife eingeblendet werden, oder aus wechselnden Text- oder Bildelementen innerhalb eines Banners. Auch kurze Videosequenzen ohne Ton sind in GIF möglich. Das Animationsformat besteht aus einer Abfolge von Einzelbildern, die eine verlustfreie Kompression ermöglichen und daher weniger Speicherplatz benötigen.

Die maximale Dateigröße wird vom Vermarkter in KB (Kilobyte) oder MB (Megabyte) angegeben. Sie wird auch als Dateigewicht bezeichnet und muss in den meisten Fällen unter 150 KB liegen, bei statischen Bannerformaten sind es häufig sogar nur max. 40 KB, bei mobilen Bannern etwa 20 KB. Das Banner muss auf der Webseite, auf der es erscheinen soll, schnell geladen werden, damit der Besucher die Anzeige auch sieht, bevor er nach unten scrollt oder die Webseite wieder verlässt.

Für Rich-Media-Werbemittel mit aufwendig animierten, interaktiven und Video-Elementen haben sich Technologien wie Adobe Flash Player oder HTML5 bewährt, wobei Flash aufgrund von Sicherheitslücken bereits als überholt bezeichnet werden kann.

> **DEFINITION** _____
>
> **HTML** steht für Hypertext Markup Language und ist eine Auszeichnungs- bzw. Programmiersprache zur Vernetzung von Texten im WWW. HTML5 ist die fünfte Fassung der Computersprache.

HTML5

Der OVK empfiehlt HTML5 bereits seit 2015 für Rich-Media- und digitale Bewegtbildwerbung. Er hat die unverbindliche HTML5-Richtlinie zur Erstellung von Werbemitteln entwickelt, die der BVDW aus seiner Website kostenlos zum Download anbietet. Die Richtlinie enthält Standards zu Bannerformaten, Dateigrößen, Klicktags, Browserkompatibilität, Grafikkomprimierung, Video, Animation, Anlieferung und Vorlaufzeit. Sie soll einheitliche Rahmenbedingungen bei der Produktion und Anlieferung schaffen und die Abstimmung zwischen Publishern, Vermarktern, AdServer-Betreibern und Agenturen erleichtern.

HTML5 hat sich in den letzten Jahren auch in der digitalen Werbeindustrie als unternehmensunabhängiger Standard durchgesetzt, der von allen gängigen Browsern unterstützt wird. Die Banner werden dank der Möglichkeiten des responsiven Webdesigns unabhängig vom Endgerät, also auch auf Tablets und Smartphones, zuverlässig dargestellt und jeweils flexibel an die Größe des Browserfensters angepasst. Mit der neuen Technologie haben sich bei den Werbeformen Sonderformate, wie z. B. Interstitial Ads mit Videoeinbindung und Dynamic Sitebars, etabliert, die eine besonders hohe Aufmerksamkeit bei den Nutzern erreichen (vgl. Bannerformate).

> **DEFINITION** _____
>
> **Responsives Webdesign** (RWD), *engl. responsive –* reagierend, ist ein technischer Ansatz, der bewirkt, dass die Banner ihr Layout und ihren Inhalt den jeweiligen Formaten, Auflösungen und Eingabetechniken der unterschiedlichen Bildschirme automatisch anpassen. Grafische Elemente werden an die Bildschirmgröße angepasst. Banner, die am Desktop mit der Maus angeklickt werden, können auf dem Smartphone durch Tippen oder Wischen geöffnet werden.
>
> Dies reduziert den gestalterischen Aufwand, ermöglicht eine konsistente Darstellung der Werbebotschaft und ist unabhängig vom Endgerät – Smartphone, Tablet, Laptop oder Desktop-PC – sehr benutzerfreundlich und besonders für Cross-Screen-Kampagnen geeignet.

Bannergestaltung

Die Kreation der Onlinebanner hat großen Einfluss darauf, ob überhaupt und wie lange die Werbung angesehen wird (vgl. Viewability). Auch die Kaufabsicht und die Kaufabschlüsse (vgl. Conversion Rate) können über ein qualitativ hochwertiges Design der Display Ads gesteigert werden. Der Erfolg einer Display-Anzeige hängt also maßgeblich von deren Gestaltung ab.

Die technische Entwicklung bietet im Wettbewerb um die Aufmerksamkeit der Nutzer neben unterschiedlichen Bannerformaten immer mehr Möglichkeiten und Varianten für die Gestaltung und das Design der Banner. Bestand ein digitales Banner in den Anfängen des Internets aus den Bild- und Textelementen einer klassischen Anzeigen- oder Plakatwerbung, können diese bereits seit vielen Jahren durch bewegte Bilder, Animationen, Ton- und Videosequenzen ergänzt werden. Mit Bannersets können auf einer Fläche mehrere Banner nacheinander eingeblendet werden. Bannersets bestehen aus zwei oder mehr Bannermotiven, die zu einer Kampagne gehören (vgl. Storytelling).

Die Display-Anzeige ist ein bedeutender Touchpoint am Anfang der Customer Journey. Daher ist es wichtig, dass bei der Gestaltung die Vorgaben des Corporate Designs und der Corporate Communication (Kundenansprache) im Sinne der integrierten Kommunikation berücksichtigt werden. Dazu gehören u. a. die Schriftart (vgl. Typografie), das Logo, die farbliche Gestaltung sowie das Wording (vgl. Tonality).

Insgesamt sollte die Konsistenz mit anderen Werbemitteln und dem Gesamtauftritt des Unternehmens erkennbar sein, um durch ein einheitliches Erscheinungsbild des Unternehmens für Harmonie, Orientierung und Wiedererkennung zu sorgen.

DEFINITION

Das **Corporate Design** ist Bestandteil der Corporate Identity. Es umfasst die Gestaltung der Kommunikationsmittel (Logo, Briefpapier, Plakate etc.) und Produkte nach klaren und einheitlichen Prinzipien und ermöglicht die visuelle Identifikation mit einem Unternehmen bzw. einer Marke.

Ein einheitliches Form-, Farb- und Schriftkonzept gewährleistet eine schnelle Wiedererkennung und starke Unterscheidungskraft von den Mitbewerbern.

Die Kreation des Banners sollte darauf ausgerichtet sein, aufmerksam zu machen, ohne aufdringlich zu sein, denn der Besucher einer Webseite sucht nicht gezielt nach Werbebannern. In der Regel besucht er die Webseite, weil er sich für bestimmte Themen interessiert, ein Produkt kaufen oder eine Dienstleistung buchen oder einfach nur unterhalten werden möchte.

Innerhalb von ein bis max. zwei Sekunden muss der Nutzer auf das Banner aufmerksam werden, sonst ist er von anderen Inhalten abgelenkt oder verlässt die Webseite bereits wieder. Der Nutzer sollte schnell und eindeutig erkennen können, worum es geht. Ein langer Spannungsbogen ist für Bannerwerbung ungeeignet. Spannung und Aufmerksamkeit lassen sich durch wenige Elemente und eine Abwechslung von Harmonie und Kontrast erreichen. Daher gilt als wichtigster Grundsatz bei der Gestaltung von Onlinebannern: „Keep it short and simple – KISS!" (Gestalte es kurz und einfach!) Im Zweifel gilt: Weniger ist mehr!

Um die Aufmerksamkeit des Nutzers auf das Banner zu lenken, müssen verschiedene Aspekte beachtet werden: Das Design des Banners muss ansprechend und übersichtlich sein. Die Werbebotschaft muss für die Zielgruppe relevant und verständlich sein. Der Inhalt des Banners muss für den Nutzer einen Mehrwert bieten, z. B. unterhaltende Darstellung, günstiges Preisangebot, Auswahlmöglichkeiten, Produktproben usw.

Die sehr kurze Zeitspanne, in der die Gunst des Nutzers erreicht werden muss, und das durch die Bannergröße beschränkte geringe Platzangebot bestimmen wesentliche Gestaltungselemente sowie Gestaltungsgrundsätze einer Display-Anzeige.

Gestaltungselemente

Das Logo sorgt für die Wiedererkennung der Marke, für Markenpräsenz. Das Logo ist ein wichtiges Symbol der Markenerinnerung. Es gibt dem Nutzer eine Orientierung, denn er kann bei bekannten Marken sehr schnell zuordnen, welches Produkt bzw. Unternehmen hier beworben wird. Das Logo sollte daher deutlich erkennbar mit starkem Kontrast in der Anzeige und an einer auffälligen Stelle platziert werden (vgl. Blickführungslinien).

Das Bild (Visual) übernimmt häufig die Funktion des Eyecatchers. Das Motiv sollte zur Anzeige passen und gleichzeitig den Betrachter in den Bann ziehen, positive Emotionen wecken.

In der Regel werden Produktabbildungen verwendet oder Fotos von Menschen, manchmal auch von Tieren oder Landschaften. Vorteilhaft, aber auch teurer als Stockbilder, sind individuelle und unverwechselbare Fotos.

Eine Produktempfehlung als animierte 360-Grad-Ansicht ist für den Betrachter interessanter und aussagekräftiger als eine schlichte 2-D-Darstellung. Auch die Verwendung von Bildausschnitten sowie die Vergrößerung von Details fallen auf.

Gesichter wirken besonders stark auf den Betrachter, wecken die Aufmerksamkeit und rufen Emotionen hervor, v. a., wenn sie den Betrachter oder das Produkt direkt anschauen.

In-Text-Ad, Beispiel des OVK

Manche Banner kommen aber auch ohne Bild aus. Der Text wird meist mit einer auffälligen Hintergrundfarbe oder einem außergewöhnlichen Layout kombiniert.

Das Nutzenversprechen (Value Proposition) muss wahr und für die Zielgruppe relevant sein. Für die Formulierung des Nutzenversprechens ist es daher wichtig, die Zielgruppe genau zu kennen (vgl. Marktsegmentierung). Um den Betrachter zu überzeugen, reicht es nicht aus, lediglich die Produktvorteile aufzuzählen. Er muss auf den ersten Blick den USP erkennen können: Welchen entscheidenden Vorteil hat das Angebot für ihn? Warum ist es für ihn attraktiv, sich näher damit zu beschäftigen?

DEFINITION

Unique Selling Proposition (USP) ist das einzigartige Verkaufsargument für ein bestimmtes Produkt, das unverwechselbare Nutzenversprechen für die Zielgruppe, die kaufentscheidende Produkteigenschaft. Mit dieser Eigenschaft unterscheidet sich das Produkt eindeutig von den Angeboten der Konkurrenz. Mit dem USP wird die Marke gegenüber den Wettbewerbern positioniert.

Das Nutzenversprechen ist der wesentliche Inhalt des Banners und wird durch einen kurzen Text (z. B. Headline, Slogan, ggf. kombiniert mit einem Bild, z. B. einer Produktabbildung) übermittelt. Es ist das kundenbezogene Kaufargument, das schnell verständlich, eingängig, leicht zu merken und überzeugend sein sollte.

Fullsize-Banner, Beispiel des OVK

Der Text besteht meist nur aus wenigen Wörtern, der vom Leser sehr schnell erfasst und verstanden werden muss. Daher kommt es bei der Formulierung von zielgruppengerechten Werbebotschaften auf jedes einzelne Wort an. Man sollte sich überlegen, welche Worte bei der Zielgruppe am besten ankommen und welche Vorgaben das Corporate Wording des Unternehmens bei der Kundenansprache macht. Auch beim Text sollte auf die Konsistenz des Werbemittels geachtet werden.

Medium-Rectangle-Banner, Beispiel des OVK

Der Text enthält die zentrale Werbebotschaft, das Nutzenversprechen, das häufig durch ein Foto illustriert wird. In der Regel gehören zu den Textelementen eines Onlinebanners ein Teaser oder eine Headline, evtl. eine Sub- oder Overline und der Slogan oder Markenframe.

DEFINITION

Der **Markenframe** steht für den Charakter der Marke und dient der Unterscheidung gleichwertiger Produkte. Durch den Markenframe werden dem Produkt neue Eigenschaften zugewiesen. Er lässt eine Marke attraktiver erscheinen. Die Wahrnehmung des Produktes wird durch den Kontext bzw. Rahmen (Frame) beeinflusst, z. B. Starbucks = „Kurzurlaub", Nivea Happy Time = „Gute Laune für meine Haut".

Die Schriftart richtet sich in der Regel nach dem Corporate Design. Manche Unternehmen verwenden eine eigene Hausschrift oder die lizenzierte Schrift eines Schriftartenanbieters. In jedem Fall eigenen sich serifenlose Schriften, z. B. Arial, Helvetica oder Verdana, da sie auf den Display Ads besser lesbar sind. Wichtig ist auch, dass die Schrift groß genug ist und die Zeichen- sowie Zeilenabstände das Lesen erleichtern. Konkrete Einstellungen hängen von der Größe der Anzeige ab sowie von der Bildschirmgröße des Endgeräts, auf dem die Anzeige ausgespielt werden soll.

Die Farben sind häufig ebenfalls durch das Corporate Design bereits vorgegeben. Wichtig sind gut erkennbare Kontraste bei der Auswahl der Farben. Leuchtende Farben sorgen für Aufmerksamkeit. Als Hilfsmittel können Farbpaletten und Erkenntnisse der Farbpsychologie eingesetzt werden. Insgesamt stehen jedoch die Konsistenz des Werbemittels und Wiedererkennung der Marke im Vordergrund.

Der Call-to-Action-Button „Mehr erfahren", „Jetzt buchen", „Zum Shop" usw. ist das Response-Element des Banners und fordert den Nutzer zur Interaktion auf. Aufgrund der kurzen Aufmerksamkeitsspanne soll durch die Formulierungen eine gewisse Dringlichkeit erzeugt werden.

Der Button, der leicht zu finden sein sollte und häufig unten rechts platziert ist, hebt sich meist durch eine zur farblichen Gestaltung der Anzeige passende Kontrastfarbe vom Hintergrund ab. Für den erfahrenen Nutzer ist die begrenzte Fläche das Signal, dass er daraufklicken kann, um auf die Landingpage zu gelangen.

Durch den Call-to-Action-Button wird die Klickrate gesteigert, die letztendlich den Erfolg des Onlinebanners bestimmt.

Die Blickführungslinien: Die Anordnung von Text- und Bildelementen folgen Blickführungslinien, an die der Betrachter gewöhnt ist und ihm eine schnelle Orientierung geben. Betrachter bewegen ihre Augen hauptsächlich in Z-Form von links oben nach rechts unten. Es ist aber auch möglich, den Blickverlauf gezielt durch Größe und Positionierung auffälliger Elemente zu steuern.

Die Kennzeichnung eines Onlinebanners als Werbung ergibt sich aus dem sogenannten Trennungsgebot, Werbung und redaktionelle Inhalte eindeutig voneinander zu unterscheiden (vgl. Telemediengesetz, Rundfunkstaatsvertrag, Gesetz gegen unlauteren Wettbewerb).

Eine ausreichende Kennzeichnung kann einerseits durch die Gestaltung der Werbung erreicht werden, indem sich Banner durch einen Rahmen oder farblichen Hintergrund optisch stark vom redaktionellen Umfeld abheben und auf den ersten Blick zweifelsfrei als Werbung erkennbar sind.

Andererseits wird empfohlen, das Banner zusätzlich durch Begriffe wie „Werbung" oder „Anzeige" zu kennzeichnen, um sich vor Abmahnungen zu schützen. Begriffe wie „Promotion", „Public Relation" oder „sponsored by" werden von den Gerichten als nicht ausreichende Kennzeichnung abgelehnt.

In der oberen rechten Ecke findet man häufig folgende Kennzeichnung des Onlinebanners als Werbung.

Content und Banner

Müssen Banner als Werbung besonders gekennzeichnet werden?

Es gibt keine Unterschiede zwischen Print-Werbung und Online-Advertising: Redaktionelle Inhalte und Werbung muss man online wie offline strikt trennen.

Bei Werbung, die eindeutig als solche erkennbar ist, kann eine Kennzeichnung ausnahmsweise unterbleiben. So entschied das Kammergericht Berlin 2012 (Az. 5 W 10/12), dass dies bei klassischer Bannerwerbung nicht notwendig sei. Die Trennung von Inhalten und Anzeigen sei durch die Platzierung der Werbung in horizontalen oder vertikalen Werbebannern erkennbar. Mit der Platzierung von Content im Zentrum der Seite, der durch seitliche Anzeigen im Randbereich flankiert werde, seien Internetnutzer von Beginn an vertraut. Anders wird die Bewertung allerdings dann aussehen, wenn sich ein kaum als solches erkennbares Banner beispielsweise inmitten von redaktionellem Content befindet.

Quelle: Heidrich, Joerg: Werbung im Internet – Antworten auf die häufigsten Fragen. In: c't – Magazin für Computertechnik 18/2017, S. 170.

Der Schließen-Button wird meist als kleines Kreuz dargestellt und befindet sich in der oberen rechten Ecke des Banners. Er ist vor allem notwendig bei allen Bannerarten, die den Inhalt der Webseite überdecken.

Um die Klickrate zu erhöhen, wird der Schließen-Button mitunter an einer ungewöhnlichen Stelle platziert, wo ihn der Nutzer nicht sofort findet, oder er erscheint erst nach einigen Sekunden. Nicht selten klicken dann Nutzer ungeduldig in die obere rechte Ecke, wo sie den Schließen-Button vermuten, oder mitten auf das Banner, um es wegzuklicken oder das Video zu stoppen. Unerwartet und vor allem ungewollt gelangen sie auf die Landingpage. Viele Nutzer nervt das, sie fühlen sich von der Werbung belästigt. Solche negativen Erlebnisse sind schlecht für das Markenimage. Die Nutzer verbinden mit dem Unternehmen oder der Marke schlechte Erfahrungen.

Der Test, wie ein Banner am besten ankommt, welches Design den Kunden am meisten anspricht, ist sehr wichtig, denn qualitativ schlechte Banner können einen negativen Branding-Effekt haben. Deshalb sollte man die Wirkung mehrerer Varianten eines Banners testen, indem immer nur ein Element ausgetauscht wird. Zum Beispiel lässt man dasselbe Banner mit unterschiedlichen Hintergrundfarben gleichzeitig ausspielen, um zu testen, welche Farbe den größten Erfolg erzielt.

AIDA-Formel

Die seit Jahrzehnten in der Marketingkommunikation verwendete AIDA-Formel kann unter anderem für die Gestaltung von Display Ads verwendet werden. Sie beschreibt, wie ein Betrachter die Werbung wahrnimmt, und dient dazu, komplexe Prozesse einfach zu strukturieren und in einzelne Schritte zu zerlegen. Die AIDA-Formel ist ein Konzept, das die tatsächlich viel komplexere Wirklichkeit reduziert und vereinfacht, um bestimmte Prinzipien, wie z. B. die Werbewirkung zu verstehen.

A   Attention (Aufmerksamkeit)
z. B. auffällige Headline, ein Bild, eine Animation, Töne
Die Aufmerksamkeit des Besuchers einer Webseite wird auf das Banner gelenkt. Er schaut kurz hin.

I   Interest (Interesse)
z. B. das Logo, der Slogan, die Hintergrundfarbe
Der Betrachter erkennt das Logo oder liest den eingängigen Slogan, der ihn neugierig macht. Sein Interesse wird geweckt und er beschäftigt sich näher mit dem Inhalt des Banners.

D   Desire (Wunsch)

z. B. der Inhalt des Textes oder des Videos, die Atmosphäre des Bildes

Der Nutzer spürt das Bedürfnis, das Produkt besitzen oder zumindest sich weiter informieren, seine Neugier befriedigen zu wollen, wenn die Werbebotschaft ein Nutzenversprechen enthält, das für ihn relevant ist und ihm einen Mehrwert bietet.

A   Action (Handlung)

z. B. der Call-to-Action-Button „Mehr erfahren", „Jetzt informieren", „Mehr entdecken", „Beitrag berechnen", „Jetzt abonnieren", „Hier bestellen"

Wenn die Werbung ihre beabsichtigte Wirkung erreicht, klickt der Nutzer nun auf den Button und gelangt auf die zu zum Onlinebanner passende Landingpage.

Das Ziel: die Landingpage

Die Landingpage ist die Zielseite der Bannerkampagne, die Seite, auf der der Nutzer „landet", wenn er auf das Banner klickt. Sie führt den Nutzer direkt zum beworbenen Produkt, um ihm das Auffinden zu erleichtern. Hier soll aus dem Nutzer, der die Landingpage besucht, ein Kunde werden. Aufgabe der Landingpage ist es, die Conversion Rate zu steigern.

Die Landingpage verlängert die Kampagne über die eigentliche Display Ad hinaus. Hier findet der Besucher weitere Informationen über das beworbene Produkt, das ihn interessiert (Interest). Im Mittelpunkt steht die Produktpräsentation mit Detailinformationen über Funktion, Qualität, Verwendungsmöglichkeiten, Preis und Vertrauensbildung.

BEISPIELE für Vertrauensbildung (Trust-Elemente)

- Referenzen zufriedener Kunden
- Kundenbewertungen
- Gütesiegel, z. B. TÜV, Trusted Shops, Stiftung Warentest, Top Shop
- Zertifikate für sichere Datenübertragung, z. B. SSL- oder TLS-Verschlüsselung

Aufgrund der kurzen Verweildauer der Nutzer muss die Landingpage innerhalb kürzester Zeit den Mehrwert und die Vorteile gegenüber Mitbewerbern kurz und prägnant kommunizieren. Sie soll das Nutzenversprechen einlösen mit dem Ziel, den Nutzer von der Attraktivität des Angebots zu überzeugen (Desire) und ihn zur gewünschten Handlung zu motivieren (Action). Am Ende legt der Besucher im besten Fall die Ware in den Warenkorb des ebenfalls über die Landingpage erreichbaren Online-shops und schließt den Kauf ab. Zumindest aber soll er sich für einen Newsletter anmelden oder eine Anfrage stellen, d. h. seine Kontaktdaten hinterlassen und damit einen Lead generieren.

Die Gestaltung der Landingpage ebnet den Weg dorthin. Der Besucher erkennt das bereits im Banner wahrgenommene Corporate Design (Logo, Farben, Typografie) und die Markenwelt (Key Visuals, Corporate Wording) auf der Landingpage wieder. Die inhaltliche und sprachliche Übereinstimmung hilft ihm dabei, sich schnell zu orientieren.

Wenig hilfreich wäre es, wenn der Nutzer nach dem Anklicken des Banners auf die Homepage (Startseite) des Unternehmens gelangen würde und von dort aus das beworbene Produkt zunächst suchen müsste.

In Kontaktformularen sollten nur Daten des Kunden abgefragt werden, die notwendig sind, um den beabsichtigten Zweck zu erfüllen. Für die Vereinbarung eines Beratungstermins sind z. B. die Anschrift und das Geburtsdatum des Interessenten unerheblich, Name, Telefonnummer und E-Mail-Adresse sowie evtl. die Auswahl für Zeitfenster, in denen dem potenziellen Kunden der Termin am besten passt, dagegen unerlässlich. Die Internetnutzer sind, was die Herausgabe ihrer Daten angeht, kritischer, misstrauischer und vorsichtiger geworden.

Die Landingpage sollte darüber hinaus über eine einfache Navigation verfügen. Ziel ist es, den Besucher auf das beworbene Angebot zu fokussieren, d. h. auf lange Texte, Werbung für andere Produkte oder andere Inhalte, die ihn ablenken könnten, sollte verzichtet werden.

Häufig ist die Landingpage eine Unterseite der Website des Unternehmens. Es gibt aber auch die Möglichkeit, den Nutzer auf eine kampagnenspezifische Mikro-Website (Microsite), eine sogenannte Single Landingpage, zu leiten. Dabei handelt es sich um eine schlanke Website mit wenigen Unterseiten und einer geringen Navigationstiefe. Sie ist mit einer eigene URL (Uniform Resource Locator, die Adresse einer Website) ausgestattet, formal eigenständig und unabhängig von der übergeordneten Webpräsenz des Unternehmens.

Bannerformate

Banner können in unterschiedlichen Formaten und Größen auf einer Website eingebunden werden. Um eine Vergleichbarkeit der Banner zwischen den Anbietern zu gewährleisten, sind der OVK und das IAB ständig um eine Standardisierung der Bannerformate bemüht, die gleichzeitig die aktuellen Trends und technischen Entwicklungen berücksichtigt. (vgl. Digitale Werbeformen auf der Seite des OVK).

BEISPIELE für standardisierte digitale Werbeformen

In-Page für stationäre Displays

→ Standardwerbeformen, z. B. Medium Rectangle, Skyscraper, Super Banner, Full Banner

→ Sonderwerbeformen, z. B. Microsite, Interstitial, In-Text Video Ad

→ Premium Ad Package

→ Kombinationswerbeformen: Ad Bundle, Wallpaper

In-Page für Mobile

→ Standardwerbeformen, z. B. Content Ad 4:1 oder 6:1

→ Mobile Premium Ad Package, z. B. Content Ad 2:1, Medium Rectangle, Expandable

Der OVK setzt sich für eine Standardisierung der Onlinewerbung ein, um den Werbetreibenden die Produktion und Anlieferung von Onlinekampagnen zu erleichtern. Eine Übersicht über die vom OVK entwickelten Standardwerbeformen findet man auf dessen Website, auf der eine Werbeformenliste zum Download angeboten wird.

Aufgrund der großen Anzahl unterschiedlicher Bannerformate werden hier zunächst die fünf wirtschaftlich bedeutsamsten Formate dargestellt.

Die TOP 10 Display-Werbeformen

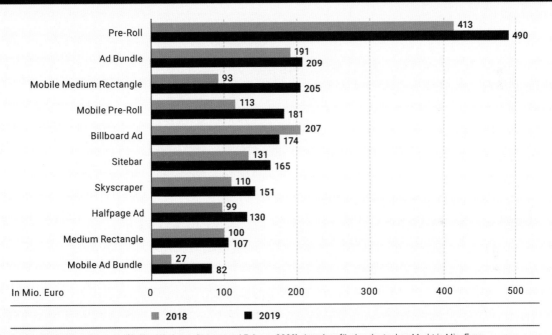

Quelle: The Nielsen Company (Online-Werbung, Datenstand Februar 2020). Angaben für den deutschen Markt in Mio. Euro

---

DEFINITION

Die **Bruttowerbeinvestitionen** sind die Aufwendungen der Werbetreibenden für die reine Werbeschaltung ohne Produktionskosten. Um die Nettowerbeinvestitionen zu ermitteln, werden von den Bruttowerbeinvestitionen die von den Publishern gewährten Rabatte und Provisionen (z. B. AE-Provision) abgezogen.

Pre-Roll

Das Pre-Roll ist eine Form von In-Stream Video Ads. Dies sind kurze Werbespots, die zwischen 10 und 30 Sekunden dauern und im Umfeld von Videocontent geschaltet werden (z. B. bei YouTube). Dabei wird das Pre-Roll vor dem eigentlichen Videoinhalt eingeblendet. Dadurch erreicht es die ungeteilte Aufmerksamkeit des Nutzers. Die Werbung kann inhaltlich passend zum Videocontent ausgeliefert werden, den der Nutzer ausgewählt hat, sodass die Werbebotschaft vor allem Nutzer erreicht, die sich für das Thema interessieren. Durch die zielgruppengenaue Ansprache wird die Relevanz gesteigert und eine besonders effiziente Werbewirkung erreicht. Das Pre-Roll kann auch zur Fortsetzung einer klassischen TV-Kampagne im Internet eingesetzt werden.

Ad Bundle

Das Ad Bundle ist eine festgelegte Kombination aus mehreren Werbeformen, die gemeinsam gebucht werden können, damit sie für eine möglichst zielgruppengenaue Platzierung der Werbebotschaft sorgen. Das Ad Bundle besteht aus den folgenden Desktop Ads:

- Super Banner
- Medium Rectangle
- Skyscraper/Wide Skyscraper

Der Vermarkter des Ad Bundle sorgt dafür, dass die einzelnen Werbemittel möglichst nicht gleichzeitig auf einer Seite eingeblendet werden.

Die Formate des Ad Bundle entsprechen dem Universal Ad Package (UAP), einem weltweit anerkannten Standard für Bannerformate auf Webseiten, der bereits 2003 vom amerikanischen IAB (Interactive Advertising Bureau) entwickelt wurde. Das Universal Ad Package besteht aus den folgenden vier Bannerformaten:

- Super Banner
- Rectangle
- Medium Rectangle
- Wide Skyscraper

Die standardisierten Werbemittel erleichtern die Vergleichbarkeit (z. B. Preis-Leistungs-Verhältnis) und Verständigung zwischen Onlinevermarktern, Publishern und Werbetreibenden bei der Entwicklung und Umsetzung von Werbekampagnen im Internet.

Der Super Banner

Super Banner, Beispiel des OVK

Der Super Banner ist am oberen Rand der Website unmittelbar über der Hauptnavigation platziert und bietet eine große prominente Werbefläche, die unmittelbar nach dem Seitenaufruf sichtbar wird. Der Expandable Super Banner vergrößert sich durch Mouseover und bietet eine noch größere Werbefläche. Der Auszieheffekt kann bei der Gestaltung so eingesetzt werden, dass bestimmte Inhalte den Nutzer so neugierig machen, dass er mit der Maus über das Banner fährt, um mehr zu erfahren. Dadurch wird die Werbewirkung noch einmal deutlich erhöht.

DEFINITION

Der **Mouseover-Effekt** ist eine interaktive Funktion, in der Bannerwerbung häufig dazu genutzt wird, um die Größe der eingeblendeten Banner zu verändern. Sobald der Nutzer mit dem Mauszeiger über ein grafisches Element fährt, vergrößert sich das Banner. Man nennet die mit der Mouseover-Funktion ausgestatteten Banner deshalb auch Expandable Banner. Bewegt der Nutzer den Mauszeiger von der Fläche weg, nimmt das Banner sein ursprüngliches Format wieder an. Technisch wird dazu ein JavaScript-Element in den HTML-Code einer Webseite integriert. Bekannt ist der Mouseover-Effekt auch aus Anwendungsprogrammen, bei denen Icons durch einen kurzen Text erläutert werden, sobald man sie mit dem Mauszeiger berührt.

Medium Rectangle

Medium Rectangle, Beispiel des OVK

Das Medium Rectangle ist, ebenso wie das etwas kleinere einfache Rectangle, in den Content einer Website eingebettet. Die Nähe zum redaktionellen Inhalt erhöht die Glaubwürdigkeit. Außerdem ist die Anzeige im unmittelbaren Sichtfeld des Nutzers platziert und entgeht somit kaum seiner Wahrnehmung.

Skyscraper/Wide Skyscraper

Skyscraper, Beispiel des OVK

Der Skyscraper (Wolkenkratzer) erscheint auffällig im Hochformat meist am rechten Rand der Webseite. Der Wide Skyscraper ist etwas breiter und damit noch aufmerksamkeitsstärker. Die große contentnahe Fläche sorgt für ein gutes/effizientes Branding. Außerdem kann dieses Banner mit einem sogenannten „Sticky-Effekt" gebucht werden, der bewirkt, dass das Werbemittel auch beim Scrollen der Seite immer im sichtbaren Bereich des Nutzers bleibt. Der Expandable Skyscraper als erweiterte Form des Skyscraper breitet sich bei Mouseover aus.

Billboard Ad

Das Billboard wird horizontal unterhalb der Hauptnavigation zentral im Sichtfeld des Nutzers platziert und hat ein besonders großflächiges Format. Dadurch ist es besonders auffällig und bietet viele Gestaltungsmöglichkeiten mit statischen, interaktiven und bewegten Elementen aus Text-, Grafik- sowie Audio- und Video-Inhalten. Es sollte möglichst nicht parallel mit Super Banner, Skyscraper oder Wallpaper ausgeliefert werden.

Sitebar

Die Sitebar erscheint ähnlich wie der Skyscraper und der Wide Skyscraper im Hochformat, aber deutlich breiter

rechts neben dem Content. Das Format passt sich automatisch an die Bildschirmgröße an und dank „Sticky-Effekt" bleibt die Werbebotschaft für den Nutzer ständig präsent. Die größere Fläche bietet vielfältige Gestaltungsmöglichkeiten für Rich-Media-Inhalte und sorgt für viel Aufmerksamkeit beim Nutzer.

Besondere Werbeformate

Native Ads

Native Ads (Werbung im natürlichen Umfeld) haben vor allem das Ziel, nicht oder zumindest nicht auf den ersten Blick als Werbung wahrgenommen zu werden. Daher ist hier besonders auf die Einhaltung der Kennzeichnungspflicht für Werbung zu achten.

Es handelt sich dabei um die Anzeigen, die im gleichen Stil wie die redaktionellen Inhalte der Website, auf der sie erscheinen, gestaltet sind. Sie passen optisch und häufig auch inhaltlich zum redaktionellen Umfeld.

Nutzer interessieren sich für den Inhalt der Website, auf die sie bei ihrer Suche im Internet gelangt sind. Die Wahrscheinlichkeit, dass sie sich auch für den Inhalt der Werbung interessieren, ist hoch. Damit bieten Native Ads einen redaktionellen Mehrwert. Sie werden nicht so schnell ausgeblendet oder negativ wahrgenommen wie andere Display Ads. Die Glaubwürdigkeit der redaktionellen Inhalte soll sich auf das beworbene Angebot übertragen.

Interstitials

Im Gegensatz zu den Native Ads, die möglichst wenig als Werbung auffallen sollen, provozieren Interstitials eine bewusst störende Wirkung. Es handelt sich dabei um ganzseitige Layer Ads, die den gesamten Inhalt der angezeigten Webseite überdecken, sobald der Nutzer eine neue Unterseite der besuchten Webpräsenz aufrufen möchte. Allerdings erwartet der Nutzer, wenn er auf ein Navigationselement klickt, eigentlich eine ganz andere Seite.

Frank Vogels Plädoyer für den Umgang mit Native Advertising

*Der Sprecher der Geschäftsleitung von **G+J EMS Frank Vogel** fordert dazu auf, von Frau Ulla zu lernen. Wer das ist? Eine spannende und clevere Verkaufsexpertin.*

Im Zeitalter von sich rasant entwickelnder Technik und ständig neuen Kommunikationsformaten wird digitales Marketing immer vielfältiger, immer komplexer und damit unübersichtlicher. Fast jeder Konsument ist heute digital erreichbar. Aber die Frage aller Fragen ist: Welches ist das vermeintlich beste Format, um ihn zu berühren? Funktioniert Display? Sollte nicht alles Geld

sowieso gleich zu Facebook gehen, oder werden wir zukünftig alle nur noch native Werbeformen einsetzen?

Besonders Native Advertising scheint gemeinsam mit Content-Marketing der neue Stern am Kommunikationshimmel zu sein. Es entsteht fast der Eindruck, dass sich alle Kommunikationsprobleme damit ganz spielerisch lösen lassen. Nicht mehr 42 wie in der Science-Fiction-Komödie „Per Anhalter durch die Galaxis" ist die Antwort auf alles. Vielmehr ist Native Advertising die neue Weltformel.

Aber stimmt das? Haben Display, Video oder digitale Sonderwerbeformen ausgedient?

Native Advertising kann ein fantastischer Brandbeschleuniger sein. Es ist aber kein universeller Alleskönner, sondern hat wie jedes andere Werbeformat auch seine Wirkungsgrenzen. Deshalb plädieren wir bei G+J EMS ganz klar für Vielfalt statt Eintönigkeit. Genau damit rufen wir aber in jüngster Zeit bei Kunden und Agenturen immer leidenschaftlichere Diskussionen hervor. Es scheint bei Werbeformaten nur noch ein Entweder-oder zu geben und kein Sowohl-als-auch. Die Folge: Schwarz-Weiß-Denken und teilweise extrem verhärtete Positionen. Tja, Vorhof zur Hölle oder Retter in der glänzenden Rüstung? Eine Einigung auf einen schlagkräftigen Kommunikationsmix scheint erst mal unerreichbar.

Aber: Geht nicht, gibt's nicht! Zeit für „Mission: Impossible". In der Hauptrolle: meine alte Chefin Ulla.

Dazu muss man wissen, dass ich in den letzten Jahren vor meinem Abitur als Obst- und Gemüseverkäufer am Stand eines hessischen Wochenmarktes gearbeitet habe. Dieser Stand war nicht ohne Grund der Größte und bestfrequentierte des gesamten Marktes. Meine Chefin verfügte über diverse Verkaufstricks und Kniffe und spielte damit so virtuos, dass sie in der realen Welt die komplette Klaviatur der virtuellen Digitalwerbung abbildete – bis heute.

Also, was können wir von Ulla lernen?

These 1

Ohne Grundrauschen geht nichts! Hier kam Ullas besondere Stimme zum Einsatz. Spätestens ab 10 Uhr pries sie mit diesem durch Mark und Bein gehenden Organ lauter als jeder andere auf dem Markt Erdbeeren, Spargel oder Trauben an. In der Logik von Digitalwerbung ist diese Maßnahme wohl am ehesten mit einem digitalen Display zu vergleichen: Kontinuierlich, produktbezogen und – abhängig von der Kontaktfrequenz – auch mit einem gewissen Nervfaktor. Aber: Gemessen an der Zahl der Menschen, die daraufhin an Ullas Stand Spargel und Erdbeeren kauften, eine ausgesprochen wirkungsvolle Kombi aus Lautstärke und Werbedruck.

These 2

Mehr Aufmerksamkeit durch Überraschung! Ulla hatte ein Faible für opulente Inszenierungen: Je nach Jahreszeit wurde der Stand unterschiedlich dekoriert und wir als Verkäuferteam gleich mit. Keine Weihnachtszeit ohne blinkende Lichterketten, „Last Christmas"-Gedudel und Santa-Claus-Mützen auf den Köpfen aller Verkäufer – aus Digital-Logik wohl am ehesten mit einem Ad-Special oder Homepage-Event vergleichbar. Damit waren uns nicht nur maximale Aufmerksamkeit und der eine oder andere dumme Spruch sicher, sondern auch eine klingende Kasse und fette Trinkgelder.

These 3

Subtile Verführung als Wirkung-Booster! Da gab es noch die ausgeklügelten Abverkaufsbeschleuniger, mit denen Ulla schon damals das tat, was heute als Native

Advertising überall ein Thema ist. So wurden zur Erdbeerzeit am Stand frische Waffeln mit selbst gemachtem Erdbeerkompott plus dazugehörigem Rezept mit allen Mengenangaben serviert – der Renner bei allen hessischen Schleckermäulern und ein zuverlässiger Turbo für den Verkauf. Beim Ködern der Feinschmecker erwies sich Ulla im Laufe der Zeit auch als echter Hipster – ihr aktueller Verkaufsschlager sind grüne Detox-Smoothies mit Rezept und bereits vorgepackten Zutaten. Targeting und Datamanagement beherrscht Ulla übrigens ebenfalls. Für Stammkunden gibt es auch schon mal den ganz speziellen Smoothie mit individualisierten Zutaten. Und dreifach Kundenbindung dazu.

Ulla, der übrigens digitales Marketing bis heute völlig wurscht ist, hat also schon vor 20 Jahren sehr erfolgreich alle grundsätzlichen Mechaniken digitaler Kommunikation angewendet. Sie wusste instinktiv, dass sich auf dem hessischen Markt sehr unterschiedliche Zielgruppen befanden und sie nur den jeweils passenden Ton treffen musste, um sie am Ende alle als Kunden zu kriegen. Bis heute schwört sie auf ihr kommunikatives Arsenal und schlägt damit sowohl vor als auch hinter dem Stand alle in den Bann. Und was für Ulla und ihren Marktstand gilt, gilt für jeden Marketingverantwortlichen, der sein Produkt verkaufen will: Der richtige Format-Mix ist entscheidend für eine erfolgreiche Kommunikation.

[...] Aber worin liegt nun das Geheimnis gut gemachter Native Ads – ist es ihre Subtilität, mit der sie sich in Stil und Optik der jeweiligen Werbeplattform anpassen? Diese Einbindung ist zwar charakteristisch für Native Ads, entscheidend für die volle Entfaltung ihrer Kraft ist aber die Kampagnenarchitektur insgesamt. Deshalb:

Fakt 1

Achten Sie auf die Dosierung – wer nur noch auf Native Advertising setzt, weil das in Zeiten von Adblockern zur Vermeidung nerviger Banner als unabdingbarer Kurswechsel gepriesen wird, schwächt die Kraft seiner nativen Inhalte. Subtile Informationsvermittlung braucht parallel auch immer Aufmerksamkeitsverstärker für den Absender der Botschaft.

Fakt 2

Bieten Sie mit Ihren Native Ads intelligente Inhalte mit echtem Nutzwert für den Nutzer, aber machen Sie sich dabei klar, dass es einen Grund dafür gibt, warum es Medien und Markenartikler gibt. Klar: Wenn werbende Marke, werbetragendes Medium und Thema des Native Ads gut zusammenpassen, entsteht relevanter Content, der gerne gelesen wird. Aber: Guter nativer Content ist eben kein Inhalt, der jeden einzelnen Vorteil Ihres Produkts in den Vordergrund stellt, es geht vielmehr darum, eine zu Ihrer Marke passende Geschichte zu erzählen. Deshalb: Seien Sie behutsam und nehmen Sie sich Zeit! Guter nativer Content entsteht nicht in drei Minuten zwischen zwei Meetings, sondern braucht inhaltliche Exzellenz und Storytelling-Fähigkeiten. Es geht darum, mit Empathie und Fingerspitzengefühl zu erspüren, was einen Nutzer interessiert. Gutes Native

Advertising ist wie ein erstes Date: Sprechen Sie nur über sich und Ihr Produkt, wird es wohl kein weiteres Date geben.

Fakt 3

Überlassen Sie den Erfolg nicht dem Zufall: Auch guter nativer Content braucht eine permanente Optimierung durch moderne Content-Management-Systeme. Wie bei jedem anderen redaktionellen Artikel wird dabei fortlaufend gecheckt, ob der Artikel klickt oder eben nicht. Durch A/B-Testings lässt sich darüber hinaus erkennen, ob eine andere Headline oder ein anderes Bild ein noch besseres Ergebnis bringen würde.

Fakt 4

Und denken Sie daran: Menschen lassen sich gerne subtil verführen, aber ungern offensichtlich in die Irre führen. Sprich: Native Ads sollten immer klar als Werbung gekennzeichnet werden, damit deutlich ist, was redaktioneller und was werblicher Inhalt ist. User hinter die Fichte führen zu wollen, ist sehr gefährlich.

Sie sind immer schlauer als erwartet und ihre Reaktanzen werden ganz fürchterlich sein. Also Finger weg von Täuschungen, die zudem völlig unnötig sind. Denn guter Content wird gut geklickt – auch wenn „Anzeige" drübersteht.

Fakt 5

Aber vor allem: Lassen Sie sich nicht einreden, dass Native Advertising das universelle Allheilmittel und die neue Weltformel ist. So lange Menschen Individuen und keine gleichgeschalteten Roboter sind, bedarf es auch einer individuellen und maßgeschneiderten Kommunikation mit einem intelligenten Format-Mix – zumindest, wenn Sie mit Ihrem Angebot erfolgreich alle potenziellen Kunden auf dem Markt erreichen wollen. So wie meine alte Chefin Ulla!

Quelle: Vogel, Frank: Frank Vogels Plädoyer für den Umgang mit Native Advertising. In: www.wuv.de. 07.06.2016. https://www.wuv.de/medien/frank_vogels_plaedoyer_fuer_den_umgang_mit_native_advertising, [10.12.2020].

Wie eine Werbeunterbrechung legt sich nun aber das Interstitial („in den Zwischenräumen liegend") zwischen die Ausgangs- und die Zielseite und gibt die gewünschte Seite erst nach einem festgelegten Zeitintervall frei oder muss vom Nutzer geschlossen werden. Häufig erscheint der Close-Button erst nach einigen Sekunden oder der Nutzer muss ihn suchen, weil er nicht an der erwarteten Stelle erscheint.

Ein Vorteil dieser auffälligen Display Ads ist die ungeteilte und konkurrenzlose Aufmerksamkeit des Nutzers. Er ist gezwungen, sich mit der Werbung zu beschäftigen. Die große Werbefläche bietet viele Gestaltungsmöglichkeiten für Rich-Media-Elemente. Der Nachteil ist, dass der Nutzer irritiert, verunsichert oder genervt ist, weil er bei seiner Recherche nicht nur abgelenkt, sondern regelrecht unterbrochen wird. Diese störende Wirkung kann sich negativ auf das Image des Unternehmens oder der beworbenen Marke auswirken.

AUFGABEN

1. Erläutern Sie den Begriff Display Advertising.

2. Was ist ein Werbebanner?

3. Erläutern Sie die Ziele von Bannerwerbung.

4. Wofür steht die Abkürzung CTR? Wie wird diese Kennzahl berechnet?

5. Bedeutet eine niedrige CTR, dass die Bannerwerbung sich nicht gelohnt hat? Erläutern Sie Ihre Antwort.

6. Was ist die Customer Journey?

7. Erläutern Sie den Begriff „Lead".

8. Was sind Onlinevermarkter?

9. Führen Sie Beispiele für Onlinevermarkter auf.

10. Was bedeutet „Banner Blindness"?

11. Welche Möglichkeiten hat man, um Banner Blindness zu vermeiden?

12. Was versteht man unter der Positionierung der Marke?

13. Nennen Sie drei Aspekte der Markenpositionierung.

14. Erklären Sie den Unterschied zwischen statischen und animierten Bannern.

15. In welchen Dateiformaten werden Banner erstellt?

16. Was ist responsives Webdesign?

17. Erläutern Sie den Begriff „Corporate Design".

18. Führen Sie Gestaltungselemente einer Display-Anzeige auf.

19. Was ist das Ziel eines Markenframes?

20. Erläutern Sie die AIDA-Formel.

21. Was ist das Ziel einer Landingpage?

22. Führen Sie Beispiele für Trustelemente auf.

23. Erläutern Sie den Unterschied zwischen Pop-ups und Layer Ads.

24. Unterscheiden Sie die Bannerformate
    a) Pre-Roll
    b) Ad Bundle
    c) Billboard Ad
    d) Skyscraper
    e) Sitebar

25. Was ist ein Mouseover-Effekt?

26. Was ist das Ziel einer Native Ad?

27. Wodurch unterscheiden sich Interstitials von Native Ads?

28. Lesen Sie den unten stehenden Text.
    a) Klären Sie Ihnen unbekannte Begriffe. Halten Sie diese in dem von Ihnen geführten Glossar fest.
    b) Fassen Sie den Inhalt schlagwortartig in maximal fünf Zeilen zusammen.

29. Recherchieren Sie im Internet. Suchen Sie Beispiele für
    a) Pre-Roll
    b) Ad Bundle
    c) Billboard Ad
    d) Skyscraper
    e) Sitebar
    f) Native Ads
    g) Interstitials
    Erstellen Sie einen Screenshot und führen Sie Ihrer Klasse die Beispiele vor.

30. Beschreiben und interpretieren Sie die Infografik „Top 10 Display-Werbeformen nach Brutto-Werbeinvestitionen" auf Seite 287.

a) Beantworten Sie dazu folgende Leitfragen:
   • Welche Datenquelle wurde verwendet?
   • Welche Daten werden verglichen?
   • Welche Einheit haben die Daten?
   • Um welche Art von Diagramm handelt es sich?
   • Welche Display-Werbeformen sind Video Ads bzw. Mobile Ads zuzuordnen?

b) Ermitteln Sie die Zuwächse für die einzelnen Formate. Welche Werte sind besonders auffällig? Begründen Sie die Abweichungen! Formulieren Sie eine Prognose für die nächsten zwei Jahre.

What is the role of a display ad in marketing?

A display ad, also known as a banner ad, is a form of online paid advertising that is typically a designed image or a photo and copy. Viewers can then click on the image with the promotion to then be taken to the corresponding landing page.

Display ads function differently than text ads because they aren't found in search results. They can be spotted on websites and can feature interactive displays or some type of animation to engage the user.

Retargeting can also be used for these ads. For example, on ecommerce or shopping site a user may place something in his or her cart and then leave the site without purchasing. Ads can then be used to advertise exactly what that user placed in his or her cart to get them to complete the purchase that they left before. [...]

Display ads can be a main component in a marketer's paid advertising campaigns. Developing click-worthy images help directs a viewer to a landing page with relevant content about the brand or company.

These ads not only can increase brand awareness, but they can engage or re-engage visitors to your marketing in order to help filter the visitor into your funnel to become a lead.

Quelle: Skyword, Staff: Display Ad. In: skyword.com. 28.01.2014. https://www.skyword.com/marketing-dictionary/display-ad/ [10.12.2020].

ZUSAMMENFASSUNG

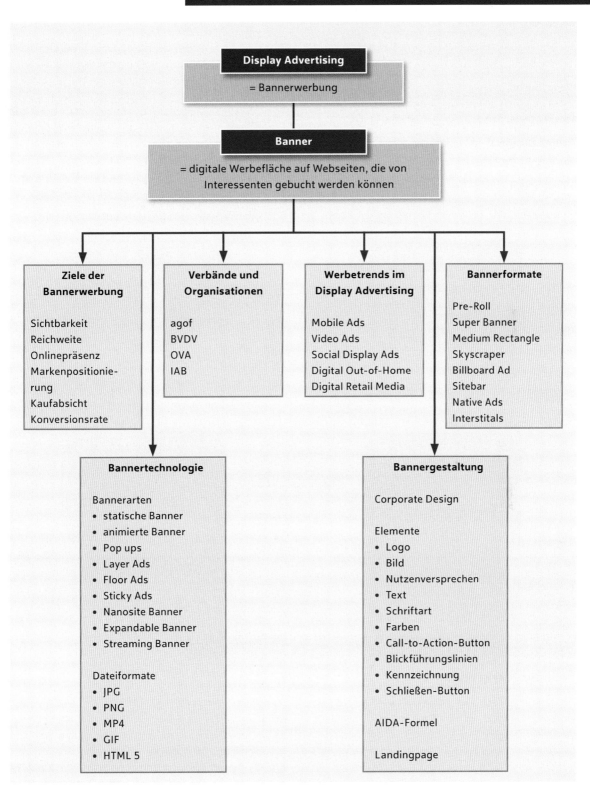

Display Advertising

= Bannerwerbung

Banner

= digitale Werbefläche auf Webseiten, die von Interessenten gebucht werden können

Ziele der Bannerwerbung

Sichtbarkeit
Reichweite
Onlinepräsenz
Markenpositionie-rung
Kaufabsicht
Konversionsrate

Verbände und Organisationen

agof
BVDV
OVA
IAB

Werbetrends im Display Advertising

Mobile Ads
Video Ads
Social Display Ads
Digital Out-of-Home
Digital Retail Media

Bannerformate

Pre-Roll
Super Banner
Medium Rectangle
Skyscraper
Billboard Ad
Sitebar
Native Ads
Interstitals

Bannertechnologie

Bannerarten
- statische Banner
- animierte Banner
- Pop ups
- Layer Ads
- Floor Ads
- Sticky Ads
- Nanosite Banner
- Expandable Banner
- Streaming Banner

Dateiformate
- JPG
- PNG
- MP4
- GIF
- HTML 5

Bannergestaltung

Corporate Design

Elemente
- Logo
- Bild
- Nutzenversprechen
- Text
- Schriftart
- Farben
- Call-to-Action-Button
- Blickführungslinien
- Kennzeichnung
- Schließen-Button

AIDA-Formel

Landingpage

7.4 Affiliate-Marketing

Einstieg

Ronja Bunko und Andreas Seeger treffen sich in der Mittagspause.

Ronja Bunko:

„Hast du schon gehört? Wir haben eine neue geschäftliche Partnerschaft!"

Andreas Seeger:

„Nein, erzähl mal!"

Ronja Bunko:

„Die Heide AG verkauft uns Werbeflächen auf ihrer Internetseite. Wir stellen ihr Werbematerial Bilder und Texte unserer Artikel zur Verfügung. Besucher der Heide AG werden über einen eingebauten Link zu unserem Webshop weitergeleitet."

Andreas Seeger:

„Das ist mir noch ein bisschen abstrakt ..."

Ronja Bunko:

„Hier, ich zeichne dir das Verfahren des Affiliate-Marketing einmal auf. Im Endeffekt ist die Heide AG nichts anderes als ein Vertriebspartner unseres Unternehmens ..."

Ronja Bunko erstellt die folgende Abbildung:

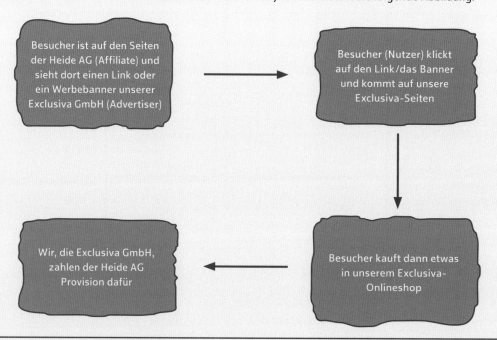

Erläutern Sie die Begriffe Affiliate, Advertiser und Nutzer.

INFORMATIONEN

Affiliate-Marketing

Das Konzept des Affiliate-Marketing generiert seit Jahren steigende Umsätze für den Onlinehandel, sowohl über stationäre Desktop- als auch über Mobile-Geräte. Insbesondere der zunehmende Mobile Traffic sorgt für ein starkes Umsatzwachstum im Affiliate Marketing. 2019 wurden im E-Commerce allein mit Affiliate-Marketing 10 Milliarden Euro Umsatz erwirtschaftet, d. h. jeder siebte Euro wurde durch Affiliate-Marketing generiert. Vor allem die Branchen Reisen, Finanzen, Mode und Telekommunikation profitieren von dieser Möglichkeit, ihre Werbung im Onlineauftritt von Partnerunternehmen zu platzieren. Affiliate-Marketing ist ein Online-Vertriebsmodell und Teil des Onlinemarketing-Mix. Der Begriff kommt aus dem Englischen (to affiliate = anschließen, beitreten).

Online-Vertriebspartner

Betreiber von Websites (Publisher) übernehmen die Funktion von Vertriebspartnern (Affiliates) für die werbenden Unternehmen. Diese werden als Merchants oder Advertiser bezeichnet und bieten im Rahmen von Partnerprogrammen ihre Werbemittel an, damit die Affiliates diese auf den Werbeflächen ihrer Websites einbinden und mit der Website des Advertisers verlinken. Im Gegenzug erhalten die Affiliates von den Merchants eine erfolgsabhängige/performancebasierte Vermittlungsprovision (vgl. „Vergütungsmodelle"). Ein Advertiser schließt in der Regel mit vielen Affiliates Verträge.

Affiliates können nur Einnahmen generieren, wenn sie die Werbemittel ihrer Partner, sogenannte Affiliate-Links, möglichst prominent platzieren und positiv darstellen, um den Nutzer zum Kauf zu veranlassen. Nur dann kann der Affiliate auch Einnahmen generieren. Denn im Gegensatz zur Bannerwerbung wird nicht der Klick auf das Werbemittel vergütet, sondern erst der Kauf eines Produkts oder eine andere erfolgreich abgeschlossene Handlung des Nutzers, z. B. die Anmeldung zu einem Newsletter. Daher wird Affiliate-Marketing auch als Empfehlungsmarketing bezeichnet.

Affiliates

Affiliates sind Mittler zwischen den Shop-Betreibern (Merchants, Advertiser) und den Endkunden, die die Produkte oder Dienstleistungen kaufen sollen. Damit übernehmen sie eine Gatekeeper-Funktion.

Affiliates sind nicht nur kommerzielle Website-Betreiber, z. B. von Vergleichs-, Ratgeber-, Themen und Gutscheinportalen, sondern sehr häufig auch private Blogger, die auf ihren Websites sehr persönlich über Special-Interest-Themen, z. B. Bildung, Mode, Kosmetik, Ernährung, Gesundheit, Sportarten oder Reiseziele berichten und die passenden Produktempfehlungen geben. Das Affiliate-Marketing bietet ihnen dabei eine attraktive Einnahmequelle.

Auch Influencer und YouTuber, die sich auf bestimmte Themen spezialisiert haben, nutzen das Affiliate-Marketing, z. B. im Zusammenhang mit ihren Produktvorstellungen und Produkttests. Sie schreiben jedoch nicht nur auf ihrer eigenen Website, sondern sind darüber hinaus auch auf zahlreichen Social-Media-Kanälen, wie z. B. YouTube, Facebook, Snapchat und Instagram, unterwegs, was besonders vorteilhaft für die Reichweite ist (vgl. auch Kap. 7.16 Influencer-Marketing). So können Affiliate-Links z. B. auch unter einem YouTube-Video erscheinen.

BEISPIELE für Affiliate-Modelle

- Content Websites (Blogs, Nischenseiten)
- Gutschein-Websites (Couponing)
- Cashback- und Bonusprogramme
- Preisvergleichsseiten
- Test- und Themenportale
- Social-Media-Affiliates (Influencer)

BEISPIELE für bekannte Affiliates

- check24.de
- idealo.de
- günstiger.de
- verivox.de
- booking.com
- gutscheinsammler.de
- chip.de

Affiliate-Link als Wallpaper des Berliner Herstellers für handgefertigte und genähte Premium-Lederschuhe SHOEPASSION auf der Seite gentleman-blog.de

Für Merchants sind Affiliates besonders dann interessant, wenn der Inhalt ihrer Seite zu ihren Produkten und ihrer Zielgruppe passt. Neben dem thematisch passenden Umfeld ist es auch vorteilhaft, wenn die Seite des Affiliates eine hohe Reichweite, also viele Besucher hat.

Die Seriosität der Seite und das Vertrauen, das die Kunden in das Urteil des Bloggers bzw. in die Objektivität der Vergleichsseite haben, überträgt sich auf die Affiliate-Anzeige. Der Nutzer erkennt sie weniger als Werbung und ist eher bereit, ihr Glauben zu schenken.

Ziele

Merchants und Affiliates verfolgen das gleiche Ziel: Beide wollen die Umsätze des Merchants erhöhen. Da der Affiliate-Partner mit einer Provision am Umsatz des Merchants beteiligt ist, sind die Onlinekäufe der Kunden das wichtigste Ziel. In vielen Branchen werden mehr als 30 % der Onlineumsätze über Affiliate-Links erzielt.

Die Advertiser wollen zudem ihre Präsenz auf den Webseiten der Affiliates erhöhen, um die Bekanntheit und den Wert ihrer Marke zu steigern. Sie nutzen die Reichweite und das positive Image der Affiliate-Website, um neue Zielgruppen zu erschließen und Interessenten und Neukunden zu gewinnen. Diese Ziele sind für den Merchant mit relativ geringem Aufwand und ohne finanzielles Risiko erreichbar, denn er bezahlt die Werbung nur, wenn auch Umsätze generiert werden.

Weitere Ziele können die Vorbereitung von Offline-Käufen oder die Generierung von Leads sein, indem die Interessenten mit dem Merchant in Kontakt treten und sich auf dessen Website anmelden.

BEISPIELE für Leads

- Anmeldung für einen Newsletter
- Download von Content, z. B. eines Whitepapers
- Terminvereinbarung für eine Beratung
- Abschluss eines Testabos
- Installation einer App
- Download von Software

Auch die Affiliate-Partner verfolgen das Ziel, Umsätze für ihre Kooperationspartner zu generieren, indem sie qualifizierten Traffic auf die Websites der Merchants leiten und die daraus resultierenden Werbeerlöse erhöhen. Bekannte und attraktive Werbepartner, deren Produkte zum Inhalt der eigenen Website passen, können deren Image und damit die Besucherzahlen weiter steigern. Zum Beispiel ist es für Besucher einer DIY-Seite sicher hilfreich, wenn die Bezugsquellen für die Materialien und Geräte, die in einer Anleitung verwendet werden, leicht

zu finden sind und in den Textbeiträgen oder der Sitebar der Website als Link angezeigt werden.

Unterschiede zur Bannerwerbung

Affiliate-Links sind nicht nur Banner, sondern auch Textlinks, die manchmal nur aus dem Unternehmenslogo oder der Firmenbezeichnung bestehen, die den Nutzer zum entsprechenden Angebot führt.

Es wird noch mehr darauf geachtet, dass der Werbeinhalt zum Inhalt der Webseite passt (Links korrespondieren mit dem Inhalt, bieten das passende Produkt zum Artikel etc.). Affiliate-Links werden häufiger auf privaten Webseiten geschaltet, z. B. Blogs, aber auch auf Bewertungsportalen

Der Website-Betreiber (Publisher, Affiliate) nimmt Einfluss auf den Inhalt und nimmt nur Affiliate-Links auf, die zum Inhalt seiner Seite passen, ihn ergänzen. Während Seiten, auf denen Bannerwerbung erscheint, lediglich darauf achten, dass die Banner nicht rechtswidrig oder imageschädigend sind.

Ein weiterer wesentlicher Unterschied zur klassischen Bannerwerbung besteht in der erfolgsorientierten Vergütung der Affiliate-Partner statt der sonst üblichen Abrechnung über den Tausenderkontaktpreis (TKP – vgl. Vergütungsmodelle).

Werbemittel

Merchants, die Partnerprogramme betreiben, stellen ihren Affiliate-Partnern unterschiedliche Werbemittel zur Verfügung, mit denen die Affilates ihre Produkte bzw. Dienstleistungen bewerben können. Die Affiliates wählen geeignete Werbemittel, die zu ihrer Zielgruppe und dem Inhalt ihrer Website passen, aus und binden diese als Link in ihre Webseiten ein.

BEISPIELE für Affiliate-Werbemittel

- Textlinks
- Deeplinks
- Gutscheincodes
- Banner
- Videos
- Logos
- Widgets

DEFINITION

Ein **Deeplink** führt den Nutzer zu einer bestimmten Produktseite auf der Webpräsenz des Merchants, die zum Inhalt der Affiliate-Seite passt.

Widget ist ein aus „**wi**ndow" (Fenster) und „ga**dget**" (praktisches Gerät) abgeleiteter Begriff. Dabei handelt es sich bezogen auf das Affiliate-Marketing um ein Tool, das der Merchant seinen Affiliates im Rahmen seines Partnerprogramms als Zusatzfunktion anbietet. Der Affiliate kann die Widgets in seine Webseite einbinden. Sie werden in einem Fenster ausgeführt und sind stets mit der Website des Advertisers verknüpft. Widgets dienen dem Nutzer zur Interaktion (z. B. Vergleichsrechner, Produktfilter, Suchfunktion, Kontaktformular) oder dem Affiliate zur Präsentation von Produkten (z. B. Slideshow, Bildergalerie, Karussell)

Beispiel für ein Widget

Bei **Textlinks** handelt es sich um lukrative Keywords, die relativ unauffällig in redaktionelle Beiträge eingesetzt und zur Webpräsenz des entsprechenden Advertisers verlinkt werden. Kunden, die sich mit einem bestimmten Thema beschäftigen und einen Blog-Artikel lesen, werden als Interessenten über einen Klick auf den Textlink auf die Seite des Merchants geleitet und erhalten hier Angebote, die genau zu ihrem Interessengebiet passen und ihnen im besten Fall bei der Lösung eines Problems helfen.

Grundsätzlich besteht auch bei Textlinks eine Kennzeichnungspflicht, die jedoch oftmals unterbleibt. Der sicherste Schutz vor Abmahnungen ist auch hier die Kennzeichnung mit den Wörtern „Werbung" oder „Anzeige" direkt neben dem Link. Viele verwenden ein Sternchen, dessen Erklärung auf derselben Seite eindeutig zuzuordnen sein muss, um sich dem Vorwurf der Irreführung zu entziehen. Sie darf nicht im Footer, in der Sitebar oder im Impressum stehen.

Ein Mouseover-Effekt allein reicht als Kennzeichnung nicht aus. Eine andere Variante der Kennzeichnung sieht so aus:

meine-100-Schlappen.de `Werbung`

Technisch gesehen handelt es sich bei allen Werbemitteln um klickbare Links, sogenannte Affiliate-Links. Diese enthalten einen Partnercode des Affiliates, der den Kunden vermittelt hat. Diese konkrete Zuordnung ist wichtig, damit der Merchant erkennen kann, durch welchen Affiliate-Partner der Kunde auf ihn aufmerksam geworden ist. Neben der Erfolgskontrolle ist diese Information notwendig, um die Provision für den Affiliate ermitteln zu können (vgl. „Vergütungsmodelle").

Partnerprogramme

Advertiser und Affiliates kooperieren als Partner und verfolgen gemeinsame Interessen. Der Erfolg des einen bedingt gleichzeitig den Erfolg des anderen. Der Publisher integriert zum Beispiel die vorformulierten Textlinks des Merchants auf seiner Website möglichst so, dass sie dem Besucher hilfreich und relevant erscheinen und er auf den Link klickt, der ihn auf die Website des Merchants führt.

Die Grundlage für diese Art der Kooperationen bilden Affiliate-Programme. Dies sind Partnerprogramme, die zum Beispiel Betreiber von Onlineshops, die als Advertiser auftreten, ihren Affiliate-Partnern anbieten.

Um Publisher auf sich aufmerksam zu machen, beschreiben die Merchants ihre Partnerprogramme ausführlich auf ihrer Website oder sie verweisen auf die Affiliate-Netzwerke, über die sich die Affiliates für ihr Partnerprogramm anmelden können (vgl. Affiliate-Netzwerke).

Eins der ältesten und bekanntesten Partnerprogramme ist das 1996 gegründete **amazonPartnerNe**t. Gerüchten zufolge hatte Jeff Bezos, der Gründer von Amazon, auf einer Cocktail-Party die Idee dazu, als ihm eine Bekannte erzählte, dass sie Bücher über ihre Website ohne einen eigenen Shop verkaufen wolle. Dies war der Beginn der Incentivierung von Website-Betreibern, die seitdem ihre Beiträge auf Amazon-Produkte verlinken.

BEISPIELE für typische Angaben in Partnerprogrammen

- Link zur Website für den Endkunden
- Zielgruppen
- Produktkategorien
- durchschnittlicher Wert eines Warekorbs
- verschiedene Trackingarten
- klick- und conversion-optimierte Werbemittel
- Bearbeitungszeit
- Tracking-Lifetime (Cookie-Laufzeit)
- Art und Höhe der Vergütung
- ausführliche verbale Beschreibung des Angebots und der Zielgruppe
- Zahlungs- und Lieferbedingungen
- Vorteile für den Affiliate

Neben den Werbemitteln werden den Affiliates auch aktuelle und detaillierte Produktdatenfeeds in den Dateiformaten CSV oder XML (Standardformate zur Übermittlung von Produktdaten) sowie regelmäßige Newsletter mit Consumer Insights und Optimierungsideen zur Verfügung gestellt.

> **DEFINITION**
>
> Ein **Produktdatenfeed** ist ein Datensatz, der wichtige Informationen zu einem Artikel enthält, z. B. die Bezeichnung, eine ausführliche Beschreibung, die technischen Daten sowie den Preis und einen Bildlink.

Beziehungspflege

Merchants und Affiliates sind aufeinander angewiesen, beide haben ähnliche Ziele. Die Advertiser sind stets darum bemüht, Affiliates zu finden, die für ihre Produkte relevanten und qualitativ hochwertigen Content anbieten. Die Besucher dieser Websites zeigen in der Regel eine hohe Kaufbereitschaft für Angebote, die einen inhaltlichen Bezug zu der Seite aufweisen. Außerdem ist hier eine zielgruppengenaue Ansprache mit sehr geringen Streuverlusten möglich.

Im Affiliate-Marketing werden durchschnittlich 80 % der Umsätze mit nur 20 % der Affiliate-Partner erzielt. Daher ist eine enge Partnerbindung wichtig für den Erfolg eines Partnerprogramms. Ein Affiliate-Manager als Ansprechpartner, der die Affiliates persönlich betreut, mit ihnen regelmäßig telefonisch oder per E-Mail kommuniziert und ihnen ständig aktuelle und relevante Informationen über neue Produkte und Angebote übermittelt, kann wesentlich dazu beitragen.

Da die Konkurrenz durch Partnerprogramme anderer Merchants groß ist und erfolgreiche Affiliates auch von den Affiliate-Netzwerken stark umworben werden, sind neben dem persönlichen Kontakt oft weitere Maßnahmen notwendig, die den Affiliate dabei unterstützen, die Produkte des Merchants erfolgreich zu vermarkten.

BEISPIELE für Maßnahmen zur Partnerbindung

- attraktive Vergütungsmodelle
- Conversion-starke Werbemittel
- detaillierte Produktdatenfeeds
- Newsletter mit aktuellen Tipps und Neuigkeiten
- Schulungen
- Einladungen zu Events
- Weihnachtsgeschenke

Akquise neuer Affiliate-Partner

Viele Merchants nehmen die Leistungen von Affiliate-Netzwerken in Anspruch, um geeignete Affiliates zu finden. Außerdem gibt es Affiliate-Verzeichnisse, die sich lediglich darauf beschränken, die Partnerprogramme übersichtlich und vergleichbar auf einer Website darzustellen, und die keine weiteren Dienstleistungen anbieten. Dazu gehören z. B. 100partnerprogramme.de und affiliate-marketing.de.

Merchants können aber auch selbst nach Seiten mit relevanten Keywords recherchieren und die Seitenbetreiber persönlich ansprechen. In jedem Fall müssen die Websites der Affiliates zur eigenen Zielgruppe und zum Angebot der Produkte und Dienstleistungen passen sowie eine möglichst hohe Reichweite, d. h. große Besucherzahlen aufweisen.

BEISPIELE für Maßnahmen zur Partnerakquise

- attraktives Partnerprogramm
- hohe Provisionen
- lange Cookie-Laufzeiten
- bekannte Marke
- hohe Conversionrate

Affiliate-Netzwerke

Viele Merchants melden ihr Partnerprogramm bei einem der großen Affiliate-Netzwerke an. Sie treten als Dienstleister auf und bilden eine Schnittstelle zwischen Merchants und Affiliates. Affiliate-Netzwerke übernehmen u. a. die technische Abwicklung des Affiliate-Geschäfts, das Tracking sowie die Abrechnung zwischen Affiliate und Merchant.

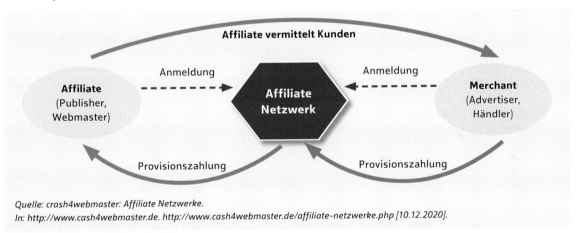

Quelle: crash4webmaster: Affiliate Netzwerke.
In: http://www.cash4webmaster.de. http://www.cash4webmaster.de/affiliate-netzwerke.php [10.12.2020].

BEISPIELE für Leistungen von Affiliate-Netzwerken

- Vermittlung passender Affiliates
- Bündelung der Online-Werbeverträge
- technische Beratung und Abwicklung
- Übermittlung der Werbemittel
- Trackingsysteme und Support
- Zahlungsabwicklung (Provisionsermittlung und -abrechnung)
- Konkurrenzanalyse
- Erfolgsauswertung/Reporting

Affiliate-Netzwerke verfügen teilweise über mehrere Tausend Partnerprogramme, die sie auf ihrer Plattform im Internet vorstellen, sowie Hundertausende Affiliate-Seiten, die sie an die Merchants vermitteln können.

BEISPIELE für bekannte Affiliate-Netzwerke

- AWIN
- Rakuten Affiliate Network
- belboon
- SuperClix
- TradeDoubler

Merchants zahlen für die Dienstleistungen der Affiliate-Netzwerke eine sogenannte Setup-Gebühr für das Einrichten des Partnerprogramms, die zwischen 500,00 Euro und 5 000,00 Euro liegt. Außerdem erhält das Affiliate-Netzwerk im Allgemeinen 30 % der Provision, die an den Affiliate ausgeschüttet werden, als Vermittlungsprovision.

Tracking

Tracking ist im Affiliate-Marketing die technische Grundlage für eine zuverlässige Berechnung der Provisionen. Außerdem dienen Tracking-Methoden dazu, die Gestaltung und Platzierung von Werbemitteln zielgruppengenau und effizient zu steuern.

DEFINITION ⎯⎯⎯⎯⎯⎯⎯⎯⎯⎯

Tracking ist ein Begriff aus dem Onlinemarketing und meint die Registrierung und Analyse des Nutzerverhaltens im Internet. Tracking-Methoden erfassen die Bewegungsdaten eines Users und erstellen daraus ein Kundenprofil, aus dem sich individuelle Vorlieben und Interessen einzelner Personen ablesen lassen. Sie ermitteln zum Beispiel, auf welchen Websites und Unterseiten einer Webpräsenz sich ein Nutzer wie lange aufhält und welche Aktionen, z. B. Anmeldungen, Bestellungen oder Downloads, er ausführt. Deshalb wird Tracking auch als „Spurbildung" bezeichnet.

Cookie-Tracking

Cookies sind kleine Textdateien, die durch den Browser auf dem Computer des Nutzers gespeichert werden, wenn er die Website eines Merchants besucht. Wenn ein Nutzer auf einen Affiliate-Link klickt und darüber auf die Website des Merchants gelangt, wird im Browserverlauf des Nutzers ein Cookie gespeichert, der die Affiliate-ID erkennt. Durch einen zuvor vergebenen Publisher-Code weiß der Merchant, von welcher Affliate-Seite der Nutzer weitergeleitet wurde.

Auf diese Weise lässt sich je nach Cookie-Laufzeit, die in der Regel 30, 60 oder 90 Tage beträgt, auch bei späteren Transaktionen des Nutzers noch feststellen, auf welchen Affiliate sie zurückzuführen ist, und die Provision kann dem Publisher nach einer erfolgreichen Transaktion richtig zugeordnet werden. (vgl. Vergütungsmodelle S. 303 ff.).

Die eingeschränkte Nutzung der Cookies infolge der Datenschutzbestimmungen sowie verkürzte Cookie-Laufzeiten durch die Browser-Anbieter werden für das Geschäftsmodell der Affiliates zur Gefahr, da Leads nur über Cookies zugeordnet und abgerechnet werden können.

Allerdings zeichnen sich auch für dieses Problem bereits Lösungen ab. Diese bestehen zum einen in der stärkeren Nutzung von First Party Cookies, für die keine Einwilligung benötigt wird und die von den Browsern noch nicht blockiert werden (First Party Tracking mit Subdomains). Das Mastertag Tracking konzentriert sich ebenfalls auf Aussteuerung von First Party Cookies. Weitere Methoden sind das Bounceless Tracking sowie das Server-to-Server Tracking, die über die Auswertung sogenannter Referrer-Daten feststellen können, über welche Webpräsenz die Besucher auf die Seite des Merchants gelangt sind.

Zum anderen findet ein Wechsel der Vergütungsformen statt. Damit Affiliates weiterhin eine faire Vergütung erhalten, wird das etablierte CPO-Provisionsmodell mit fixen Werbekostenzuschüssen zu einer Art Hybrid-Provision weiterentwickelt. So kann das Risiko von fehlerhaften Tracking-Zuweisungen minimiert werden.

Nutzung von Cookies auf Websites

Cookies (engl. „Keks" oder „Plätzchen") werden von Website-Betreibern verwendet, um Nutzer wiederzuerkennen, sie auf ihrem Weg durch das Netz zu tracken und ihr Surfverhalten zu analysieren. Im Gegenzug werden den Besuchern von Websites nutzerfreundliche Bedienung sowie optimale Nutzungserlebnisse versprochen. Die statistische Analyse und Auswertung der Tracking-Ergebnisse erfolgt meist über das Analysetool **Google Analytics.**

Die gesammelten Daten werden in der Regel auch an Dritte, z. B. Google und Facebook weitergegeben. Cookies, die von Drittparteien auf Websites gesetzt werden, bezeichnet man als **Third Party Cookies**. Sie tracken das Surfverhalten der Nutzer über mehrere Websites hinweg sowie in den sozialen Netzwerken. Sie analysieren die individuellen Aktivitäten der Nutzer, um ihnen Werbung zu zeigen, die sie mit hoher Wahrscheinlichkeit interessieren wird. Aus Third Party Data werden Nutzerprofile generiert, um für den Besucher der Seite möglichst relevante Werbung auszuspielen.

Nachdem im Mai 2018 die Datenschutzgrundverordnung der Europäischen Union (DSGVO) in Kraft trat, mussten Seitenanbieter ihre Nutzer auf die Verwendung von Cookies hinweisen. In der Regel wurde beim ersten Seitenaufruf ein Banner am oberen oder unteren Bildschirmrand der Website eingeblendet. Ein Link auf die Datenschutzerklärung stellte sicher, dass der Nutzer über die Speicherung seiner Daten, die Weiterleitung der Daten an Dritte sowie sein Widerspruchsrecht inklusive einer Opt-out-Funktion informiert wurde. Ansonsten stimmte der Besucher den Cookies zu, indem er sich weiter auf der Website bewegte.

Eigentlich sollte im weiteren Verlauf die ePrivacy-Verordnung die DSGVO konkretisieren und die rechtliche Verwendung von Cookies zum Schutz vor ungewolltem Tracking ausdrücklich regeln. Eine Einigung der EU-Mitgliedsstaaten darüber steht jedoch noch aus. Bis dahin stecken zwei Urteile zur Cookie-Einwilligung („Planet49"-Urteil des EuGH im Oktober 2019 sowie ein

BGH-Urteil im Mai 2020) und die im Mai 2020 aktualisierten Richtlinien des Europäischen Datenschutzausschusses (EDSA) zur Einwilligung im Sinne der DSGVO den rechtlichen Rahmen für den Einsatz von Cookies ab.

Danach dürfen **Tracking- und Werbe-Cookies** einschließlich derer, die von Drittparteien (sogenannte Third Party Data, z. B. von Google oder Facebook) platziert oder mit diesen geteilt werden, **nur noch nach ausdrücklicher, aktiver und freiwilliger Einwilligung** des Besuchers verwendet werden (Opt-in-Pflicht für Cookies). Außerdem muss die Einwilligung durch den Website-Anbieter **nachweisbar** (Dokumentationspflicht über ein Consent-Tool) und vom Nutzer jederzeit **widerrufbar** sein.

Beim ersten Seitenaufruf sollte der Nutzer durch ein sogenanntes Cookie-Banner darüber informiert werden, welche Art Cookies von der Website genutzt werden. Das Banner erscheint am oberen oder unteren Rand des Bildschirms oder legt sich als Layer über die Webseite.

Wir setzen Cookies ein um Ihre Benutzererfahrung zu verbessern. Für bestimmte Angebote benötigen wir aber Ihre Erlaubnis. Sie können diese hinterher jederzeit in unserer Datenschutzerklärung widerrufen.	☑ **Essenziell** ☐ **Statistik** ☐ **Externe Dienste** **ALLE AKZEPTIEREN** SPEICHERN

Beispiel für die Formulierung von Cookie-Abfragen

Der Nutzer muss **freiwillig** zustimmen. Er muss wählen können, ob und ggf. welchen Cookies er zustimmt oder ob er ihre Verwendung ablehnt. Dem Kunden muss der Zugang zur Website auch ohne profilbildendes Werbetracking möglich sein. Die entsprechenden Buttons werden häufig mit „Zustimmen" oder „Akzeptieren" oder „nur notwendige/essenzielle Cookies" bezeichnet. Für ausführliche Informationen sollte das Cookie- bzw. Consent-Banner auf die Datenschutzerklärung verlinken.

Cookies, die für den Betrieb einer Website unbedingt notwendig sind, dürfen auch ohne explizite Zustimmung gespeichert werden. Dabei handelt es sich um **temporäre Session Cookies**, z. B. um die Spracheinstellungen, den Login und den Warenkorb des Kunden für die Dauer der Sitzung zu speichern. Wenn der Nutzer seine Sitzung beendet und den Browser schließt, werden diese Cookies automatisch gelöscht.

Bis zu einer Interaktion des Nutzers mit dem Cookie-Banner muss das Banner eingeblendet bleiben. Der Seitenbetreiber muss sicherstellen, dass der Nutzer **freiwillig** eingewilligt hat, **bevor** die in den Cookies gespeicherten Daten zur Profilbildung und für Marketingzwecke (Tracking, Werbung) genutzt werden dürfen. Der Nutzer muss die Möglichkeit haben, die Einwilligung zu verweigern und sie jederzeit zu widerrufen (Opt-out).

Vorab angekreuzte Checkboxen erfüllen nicht die Anforderung einer wirksamen **aktiven** Einwilligungserklärung im Sinne der DSGVO. Die Einwilligung des Nutzers sollte mittels eines Consent-Tools rechtssicher dokumentiert werden. Bei der Platzierung ist darauf zu achten, dass das Banner die Pflichtangaben der Seite (Impressum und Datenschutzerklärung) nicht verdeckt.

Umstrittenes Cookie-Design

Kritisch zu bewerten ist das häufig manipulative Design von Cookie-Bannern, das auch als **Cookie consent tracking** (eine Methode des **Dark Patterns**, des Benutzerschnittstellen-Designs) bezeichnet wird. Es soll das Verhalten der Website-Besucher beeinflussen und steuern. Hierbei wird die geforderte freiwillige Einwilligung in die Cookie-Verwendung dadurch eingeschränkt, dass das Cookie-Banner absichtlich nutzerunfreundlich und die Möglichkeit, die Cookies abzulehnen, unattraktiv gestaltet werden. Dadurch soll der Nutzer dazu verleitet werden, auf „zustimmen" zu klicken, obwohl er unter neutralen Umständen eine andere Entscheidung getroffen hätte.

Der Button, mit dem man der Nutzung aller Cookies zustimmt, ist häufig größer und farblich auffälliger gestaltet als der für die Verwendung von ausschließlich essenziellen Cookies bzw. der Ablehnung von Cookies. Rechtlich gesehen muss die Ablehnung wie auch der Widerruf einer Einwilligung genauso einfach sein wie die Erteilung der Einwilligung. Diese Anforderung wird jedoch bereits dann nicht erfüllt, wenn für Ablehnung oder Widerruf mehr Klicks und aufwendigere Entscheidungen über eine manuelle Bearbeitung der Cookie-Einstellung notwendig sind als für die Einwilligungserklärung. Eine Wahlmöglichkeit hat der Nutzer also nur scheinbar, und so wird es wahrscheinlicher, dass er auf „zustimmen" klickt. Diese Art, den Nutzer zu drängen, ihn sozusagen zur Einwilligung zu stupsen, wird als **Nudging** bezeichnet.

Einerseits ist eine hohe Consent-Rate für ein erfolgreiches Onlinemarketing unerlässlich, andererseits schützen nur rechtssicher gestaltete Cookie-Banner vor Abmahnungen und Bußgeldern. Auch wenn 41 % der Deutschen auf „Cookies akzeptieren" klicken, ohne die

Hinweise gelesen zu haben, bedeutet das nicht, dass sie mit der Situation zufrieden sind. Denn 63 % der Nutzer in Deutschland sind von den Cookie-Hinweisen auf Websites genervt oder fühlen sich beim Surfen im Netz dadurch behindert. Das erhöht nicht gerade die Akzeptanz für die Cookie-Nutzung. Dies hat eine repräsentative Umfrage ergeben, die YouGov Deutschland 2020 im Auftrag von WEB.DE und GMX durchgeführt hat.

Quelle: https://onlinemarketing.de/unternehmensnews/2-jahre-dsgvo-63-prozent-genervt-von-cookie-hinweisen.

Cookie-Regulierungen der Browser

Die größten Browseranbieter blockieren standardmäßig bereits heute (Mozilla-Firefox, Apple-Safari) oder in Zukunft (Google Chrome ab 2022) das Setzen und Speichern von Third Party Cookies. Sobald der Nutzer den Browser schließt und seine Sitzung beendet, werden diese Cookies automatisch gelöscht.

In diesem Zusammenhang sollte die Entwicklung der geplanten **Privacy Sandbox** (Sandkasten der Privatsphäre) aufmerksam verfolgt werden. Google entwickelt mit der Sandbox seit Anfang 2020 eine standardisierte und datenschutzkonforme Lösung für den Chrome-Browser (Marktanteil 60 %). Bei der Sandbox handelt es sich um eine Art Safe für persönliche Daten. Im Browser gespeicherte Daten verlassen die Sandbox grundsätzlich anonymisiert. Zu Zielgruppensegmenten aggregiert, werden sie an Interessenten verkauft. Es soll keine Möglichkeit mehr geben, individuelle Daten abzurufen. Nutzer können lediglich einer Werbezielgruppe zugeordnet, aber nicht persönlich identifiziert werden.

Postview-Tracking

Bei dieser Tracking-Methode wird ein View-Cookie gesetzt, sobald der Besucher auf der Affiliate-Seite das Banner gesehen hat. Die Vergütung des Affiliates erfolgt unabhängig vom Klick auf das Banner. Das View-Cookie ermöglicht die Zuordnung des Kunden zu dem Affiliate auch noch zu einem späteren Zeitpunkt. Voraussetzung für die Provisionszahlung ist allerdings, dass der Besucher die Website des Merchants während der Cookie-Laufzeit besucht.

Session-Tracking

Die Sitzung des Nutzers wird verfolgt. Jeder Nutzer, der über einen Affiliate-Link auf die Website eines Merchants gelangt, erhält eine einmalige Session-ID, die auch die ID des Affiliates registriert. Das Surfverhalten und die Transaktionen des Nutzers werden während seines Besuchs auf der Website erfasst.

Wenn der Nutzer die Session unterbricht, indem der den Browser schließt, kann der Affiliate nicht mehr erkannt und nachträgliche Einkäufe des Nutzers dem Affiliate nicht mehr zugeordnet werden. Der Affiliate verliert damit seine Provision. Der Vorteil dieser Tracking-Methode ist, dass sie auch bei deaktivierten Cookies funktioniert.

Fingerprint-Tracking

Diese Tracking-Methode ist eine Alternative zum Cookie-Tracking und basiert auf der Identifizierung des Nutzers auf der Basis eines digitalen „Fingerabdrucks". Dabei wird die Konfiguration des genutzten Rechners ermittelt und daraus eine digitale Signatur des Endgerätes erstellt, das der Nutzer gerade verwendet. Diese enthält Informationen über die IP- und MAC-Adresse, die Browser-Version, das Betriebssystem, die Sprache und die verwendeten Add-ons. Diese Art des cookieless Tracking funktioniert auch im privaten Surfmodus der Browser, wird von ihnen also bisher nicht blockiert.

Mit dem Steckbrief des Geräts, der ähnlich dem menschlichen Fingerabdruck einzigartig ist, kann der Nutzer auch nach mehreren Sitzungen immer eindeutig wiedererkannt und der Weg des Kunden über verschiedene Websites hinweg eindeutig verfolgt werden – unter der Voraussetzung, dass er dasselbe Endgerät und denselben Browser verwendet. Allerdings sind auch Fingerprints nur nach einer ausdrücklichen Zustimmung des Nutzers zulässig, da sie personenbezogene Auswertungen erlauben.

Pixel-Tracking

Das Pixel-Tracking wird von Affiliate-Netzwerken genutzt, um erfolgreiche Conversions ihrer Vertragspartner auszulesen. Dazu gehören die Höhe des Umsatzes sowie der Name des Affiliates, über dessen Seite der Nutzer in den Onlineshop gelangt ist.

Es handelt sich um eine 1x1-Pixel-große Grafik im GIF-Format innerhalb eines HTML-Codes, der sich z. B. auf der Danke-Seite des Merchants befindet.

Für den Nutzer unbemerkt führt ihn der Link von der Seite des Affiliates nicht direkt auf die Webseite des Merchants, sondern über den Webserver des Netzwerks. Das Pixel überträgt die Daten, die das Netzwerk benötigt, um die Provision für den Affiliate sowie die vom Netzwerk erbrachte Dienstleistung zu ermitteln.

Cross-Device-Tracking

Die Customer Journey vollzieht sich nicht mehr über mehrere Kontaktpunkte an einem Gerät, sondern die Nutzer verwenden während des Kaufprozesses unterschiedliche Geräte (Smartphone, Tablet, verschiedene PCs, z. B. bei der Arbeit oder zu Hause), bis sie ihre endgültige Kaufentscheidung getroffen und das Produkt bestellt haben.

Cross-Device-Tracking ist eine neuere Methode, bei der der Nutzer einer Website geräteübergreifend getrackt und sein Surfverhalten analysiert werden kann. Um den Besucher zu markieren, wird statt eines Cookies eine User-ID verwendet. Diese User-ID wird vergeben, wenn Nutzer sich auf einer Webseite anmelden, z. B. bei Onlineshops, bei Zeitungen mit Paywall, bei Facebook usw.

Egal von welchem Gerät sie sich mit ihrem Benutzernamen und Passwort später anmelden, den Nutzern kann über ihren Login stets dieselbe User-ID zugeordnet werden. Das Tracking-Programm erstellt mithilfe der User-ID das Nutzungsprofil eines Kunden während der Customer Journey über alle verwendeten Geräte hinweg (auch: User-ID Tracking).

Damit können die Werbemittel beim Retargeting auf die erkannten Bedürfnisse und die jeweiligen Geräte individuell angepasst werden. Beim Cross-Device-Tracking ist allerdings auch der Datenschutz zu beachten. Nutzer-IDs müssen unbedingt anonymisiert gespeichert werden. Cross-Device-Tracking nimmt aufgrund des massiv steigenden Mobile Traffic einen immer größeren Stellenwert ein, um die Sales der Kunden geräteübergreifend zuordnen zu können.

KPIs – Kennzahlen zur Leistungsbewertung

KPI steht für „Key Performance Indicator" und misst den Werbeerfolg der Onlinemarketing-Instrumente. Sie werden vor allem im Controlling eingesetzt (vgl. die ausführliche Darstellung der KPIs in LF 10 in Band 3 dieser Lehrbuchreihe).

Mit den folgenden Kennzahlen lässt sich beurteilen, ob die verwendeten Affiliate-Links effizient eingesetzt werden konnten.

- **Ad Impressions/Ad-Views**
  Anzahl der Sichtkontakte: Wie oft haben Nutzer ein bestimmtes Werbemittel, z. B. einen Affiliate-Link, gesehen?

- **Ad-Clicks**
  Anzahl der Klicks: Wie viele Nutzer haben auf diesen Link geklickt?

- **Click-Through-Rate (CTR)**
  Der prozentuale Anteil der Ad-Clicks an den Ad Impressions.

- **Sign-up**
  Anzahl der Leads, d. h. der Datensätze von Nutzern, die sich für das Angebot des Merchants interessieren,

weil sie sich für einen Newsletter anmelden, für einen Download registrieren oder einen Beratungstermin vereinbaren.

- **Sales/Umsätze**
  Anzahl der tatsächlichen Bestellungen von Kunden, die aufgrund des geschalteten Werbemittels zu Kaufverträgen und damit zur Generierung von Umsatz geführt haben.

- **Conversion Rate**
  Prozentualer Anteil der Nutzer, die die gewünschte Handlung ausgeführt haben (z. B. Klick, Kauf oder Anmeldung), gemessen an der Zahl der Besucher einer Website.

Vergütungsmodelle

Bei der klassischen Online-Bannerwerbung zahlt der Werbetreibende den vereinbarten TKP (Tausenderkontaktpreis) abhängig von den Ad Impressions (Pay per View) oder für die ausgeführten Klicks auf das Banner (Pay per Click) an das Unternehmen, bei dem er die Werbefläche für seine Banner gebucht hat, z. B. Onlinevermarkter oder das Google Display Netzwerk (GDN).

Im Affiliate-Marketing sind diese beiden Vergütungsmodelle eher unüblich. Der Merchant (Werbetreibende) bezahlt den Affiliate performancebasiert, d. h. leistungsabhängig. Der Affiliate bekommt die Vermittlungsprovision ausschließlich für den messbaren Erfolg. Dieser besteht darin, dass der Nutzer nicht nur auf den Affiliate-Link klickt, sondern darüber hinaus die gewünschte Aktion auf der Webseite des Merchants ausführt, z. B. Anmeldung für einen Newsletter, Download eines Whitepapers, Kauf eines Produkts oder Auftrag für eine Dienstleistung.

Folgende Vergütungsmodelle sind im Affiliate-Marketing weit verbreitet, wobei *Cost per ...* für die Kosten des Merchants steht und *Pay per ...* für die Bezahlung des Affiliates, also zwei Seiten derselben Medaille:

Cost/Pay per Sale oder Cost/Pay per Order

Der Affiliate erhält nur dann eine Provision, wenn er einen Kunden auf die Website des Merchants vermitteln konnte, der dort tatsächlich auch einen Kaufabschluss tätigt. Der Merchant zahlt eine Provision in Prozent vom Wert des Warenkorbs, den der Kunde bei ihm bestellt hat.

Auch Folgekäufe werden ja nach der vereinbarten Cookielaufzeit berücksichtigt und vergütet. Kauft also derselbe Kunde z. B. innerhalb von 90 Tagen wieder im Onlineshop des Merchants ein, erhält der Affiliate nochmals die entsprechende Provision auf den Warenwert.

Bei diesem Vergütungsmodell geht der Merchant keinerlei finanzielles Risiko ein, da er die Provision nur an denjenigen zahlt, der auch Umsätze für ihn erzielt.

Cost/Pay per Lead oder Cost/Pay per Sign-up

Diese Art der Vergütung wird verwendet, wenn Dienstleistungen oder Produkte verkauft werden, die eine längere Customer Journey erfordern bzw. für den Onlineverkauf ungeeignet sind, wie z. B. Autos, Küchen oder Unternehmensberatungsleistungen.

Die Provision wird dann gezahlt, wenn der Affiliate den Kontakt zwischen dem potenziellen Kunden und dem Merchant herstellt, indem der Kunde sich auf der Seite des Merchants zu einem bestimmten Zweck erfolgreich anmeldet, z. B. Teilnahme an einem Gewinnspiel, Anforderung eines Newsletters, Tischreservierung im Restaurant oder Vereinbarung eines Beratungstermins. Die durch die Affiliates vermittelten Leads werden häufig in absoluten Beträgen vergütet, z. B. 10,00 Euro je Anfrage.

Cost/Pay per Install

Der Affiliate hat Links zum Software-Download in die redaktionellen Beiträge seiner Website integriert und erhält eine Provision des Anbieters, wenn er einen Nutzer dazu bringt, die Software auf seinem Computer zu installieren. Ein sehr bekanntes Beispiel ist die Onlineausgabe der Computerzeitschrift chip.de

Weitere Vergütungsmodelle sind Cost/Pay per Print-out, Cost/Pay per Click-out.

Last-Cookie-Wins-Modell

Dies ist die zurzeit gängigste Methode des Cookie-Trackings, bei der Affiliate die vereinbarte Provision erhält, dessen Seite den Käufer unmittelbar vor der Kaufentscheidung auf die Seite des Merchants weitergeleitet hat. Erfolgreich ist also nur der letzte Kontaktpunkt der Customer Journey.

First-Cookie-Wins-Modell

Diese Methode bedeutet genau das Gegenteil: Der Affiliate, der den ersten Kontaktpunkt zum Kunden herstellt, erhält die Provision.

Kritik

Es gibt immer mehr Kanäle und Plattformen, die die User im Internet aufsuchen, um sich zu informieren, bevor sie ein Produkt kaufen, z. B. bei teuren technischen Geräten oder Reisen. Hat der Kunde sich entschieden, sucht er nach dem günstigsten Angebot und gelangt schließlich z. B. über eine Preisvergleichs- oder Gutscheinseite zum Onlineshop des Merchants, wo er den Artikel in den Warenkorb legt und bezahlt. Nach dem „Last Cookie Wins"-Modell erhält nur der letzte Werbekontakt eine Provision.

Dies erscheint ungerecht, weil es die übrigen Affiliates, die ebenfalls an der Werbung für die Kaufentscheidung beteiligt waren, leer ausgehen lässt. Da die letzten Werbekontakte häufig Preisvergleichs- oder Gutscheinseiten sind, hat das zur Folge, dass die Produkte häufig zu einem besonders niedrigen Preis oder mit zusätzlichen Preisnachlässen verkauft werden müssen. Dies drückt den Gewinn zusätzlich zur Provision.

Daher setzt sich immer mehr eine kanalübergreifende Analyse durch, die es ermöglicht, die Vergütung auf mehrere Kontaktpunkte zu verteilen. Dieses neuere verursachungsgerechte Vergütungskonzept wird im Folgenden beschrieben:

Attributionsmodell

Die Touchpoints der Customer Journey werden ermittelt, indem der Klickpfad des Nutzers getrackt und in Kontaktklassen eingeteilt wird. Die Vergütung erfolgt nach Kontaktpunkten, d. h. zwischen dem ersten und letzten Kontaktpunkt liegende Werbekontakte werden ebenfalls belohnt, wenn auch mit einem kleineren prozentualen Anteil an der Vergütung als der erste und letzte Kontakt. Der Vorteil dieses Vergütungsmodells ist, dass alle Affiliate-Partner belohnt werden. Dadurch sind sie motivierter, ihre Vertriebs- und Verkaufsaktivitäten im Sinne des Merchants zu verbessern.

BEISPIELE für ein Attributionsmodell

Eurowings Global Description
(Auszug aus dem Partnerprogramm)
[...]
Vergütung:

Wir haben zum 28.08.2017 die Vergütungsstruktur der Affiliate-Partner vom „Last-Cookie-Wins" Modell auf ein 5+1 Attributionsmodell umgestellt.

Wir messen damit die gesamte Journey des Users und verteilen auf Grund der prozentualen Beteiligungen der Publisher in den Kontaktklassen die Vermittlungsprovision.

Für die Bewertung der Customer Journey Touchpoints wurde folgendes Modell implementiert:

Erster Kontakt	*30 %*
Zweiter Kontakt	*5 %*
Dritter Kontakt	*5 %*
Vierter Kontakt	*5 %*
Fünfter Kontakt	*5 %*
Letzter Kontakt	*50 %*

Sollte die Journey kürzer als sechs Kontakte sein oder ist der Partner mehrfach als Kontakt in der Journey, werden diese Kontakte aggregiert.

Wenn ein User z. B. 3 Kontakte in der Journey hatte, wird eine Vergütung nach folgendem Muster berechnet:

Erster Kontakt	*30 %*
Zweiter Kontakt	*5 %*
Letzter Kontakt	*65 %*

Sollte nur ein Kontaktpunkt in der Kette bzw. Journey vorhanden sein, bleibt die Vergütung bei 100 % der Vermittlungsprovision.

Dieses Modell ermöglicht eine bessere Vergütung nach Kontaktpunkten und Wertigkeit bzw. Position in der Customer Journey und schafft die Voraussetzungen für eine faire Incentivierung aller involvierten Publisher. Ferner werden die Publisher öfter in den konvertierenden Journeys erkannt und prozentual an jeder Conversion beteiligt. [...]

Quelle: Eurowings Global. Affiliate Program Description. In: www.best-affiliate-programs.net. o. ED. https://www.best-affiliate-programs.net/affiliate-program/eurowings-global/1208355 [25.02.2021].

Provisionierung des Customer-Lifetime-Value

Unter dem Customer-Lifetime-Value versteht man den Wert, den ein Kunde für ein Unternehmen während der gesamten Kundenbeziehung hat bzw. in Zukunft haben wird. Die Dauer und der Wert der Kundenbeziehung wird bei der Vergütung des Affiliates mitberücksichtigt, indem die Provision immer dann gezahlt wird, wenn der Kunde im Onlineshop einkauft. Dies ist vor allem bei Abonnements interessant. Sie werden abhängig vom monatlichen Beitrag des Abonnenten ebenfalls monatlich provisioniert. Dies ist für den Affliate ein enormer Vorteil, da eine einzige Vermittlung zu regelmäßigen Einnahmen führen.

AUFGABEN

1. Beschreiben Sie den Begriff Affiliate-Marketing.

2. Was sind Online-Vertriebspartner?

3. Was sind Affiliates?

4. Nennen Sie drei Affiliate-Modelle.

5. Welche Ziele verfolgen Merchants und Affiliates?

6. Führen Sie Beispiele für Leads auf.

7. Beschreiben Sie die Unterschiede zur Banner-werbung.

8. Nennen Sie vier Arten von Werbemitteln.

9. Erläutern Sie die Werbemittel Deeplink und Widget.

10. Geben Sie typische Angaben in Partnerprogrammen an.

11. Was muss bei Textlinks beachtet werden?

12. Welche Vorteile hat ein Affiliate-Netzwerk?

13. Nennen Sie drei Beispiele für Leistungen eines Affiliate-Netzwerks.

14. Was ist Tracking?

15. Beschreiben Sie das Cookie-Tracking.

16. Das Cookie-Banner der Exclusiva GmbH erschien bisher am oberen Rand des Bildschirms und verschwand, sobald der Nutzer begann, die Seite zu nutzen. Bisher hatte es folgenden Wortlaut (Cookie-Hinweis):

Verwendung von Cookies

Um unsere Website für Sie optimal zu gestalten und fortlaufend verbessern zu können, verwenden wir Cookies.

Durch die weitere Nutzung der Website stimmen Sie der Verwendung von Cookies zu. Weitere Informationen zu Cookies erhalten Sie in unserer Datenschutzerklärung.

---

a) Informieren Sie sich über die aktuellen datenschutzrechtlichen Anforderungen an die Cookie-Hinweise, die den Nutzern beim ersten Besuch einer Website eingeblendet werden.

b) Erstellen Sie eine Liste mit Kriterien zur inhaltlichen und grafischen Gestaltung von Cookie-Bannern.

c) Recherchieren Sie im Internet nach Cookie-Hinweisen, die von Onlineshops verwendet werden. Achten Sie auf inhaltliche und gestalterische Unterschiede. Prüfen Sie, ob die rechtlichen Anforderungen erfüllt werden.

d) Entwerfen Sie einen neuen rechtssicheren Cookie-Banner für die Exclusiva GmbH und beschriften Sie alle rechtlich relevanten Elemente.

17. Unterscheiden Sie
a) Session-Tracking
b) Fingerprint-Tracking
c) Pixel-Tracking.

18. Führen Sie mindestens drei KPIs zur Beurteilung der verwendeten Affiliate-Links auf.

19. Lesen Sie den unten stehenden Text.
a) Klären Sie Ihnen unbekannte Begriffe. Halten Sie diese in dem von Ihnen geführten Glossar fest.
b) Fassen Sie den Inhalt schlagwortartig in maximal drei Zeilen zusammen.

An Internet affiliate is a company, organization, or individual that markets another company's products through their website. In exchange for marketing their products, companies pay affiliates a commission for each sale they generate.

Affiliate programs exist for many different industries, such as travel, clothing, technology, and online services. This allows web publishers to promote specific products or services related to the content of their websites. For example, the webmaster of a fashion website may publish affiliate banners for a clothing store. The owner of a software review website may include affiliate links to different software programs.

Quelle: unbekannter Autor: Affiliate. In: https://techterms. com. 30.05.2014. https://techterms.com/definition/affili- ate [10.12.2020].

---

20. Ermitteln Sie die zehn wichtigsten Affiliate-Netzwerke unter der Internetadresse *https://www.100partnerprogramme.de/top-100/*. Beachten Sie, innerhalb welcher Beträge bzw. Prozentsätze sich Provisionen bewegen.

ZUSAMMENFASSUNG

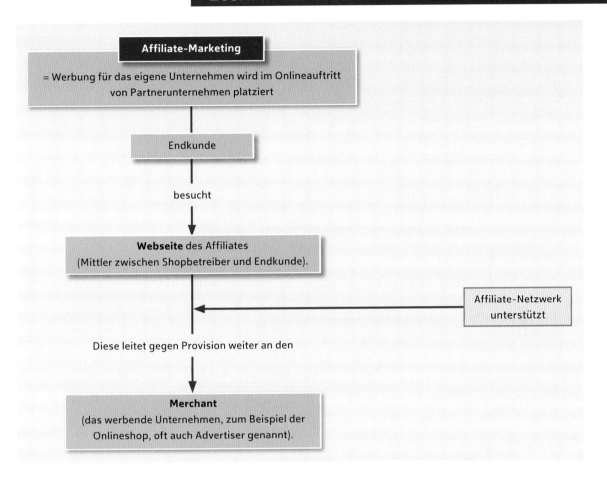

Affiliate-Marketing

= Werbung für das eigene Unternehmen wird im Onlineauftritt von Partnerunternehmen platziert

Endkunde

besucht

Webseite des Affiliates
(Mittler zwischen Shopbetreiber und Endkunde).

Affiliate-Netzwerk
unterstützt

Diese leitet gegen Provision weiter an den

Merchant
(das werbende Unternehmen, zum Beispiel der Onlineshop, oft auch Advertiser genannt).

7.5 Targeting

Einstieg

Ronja Bunko bekommt ein Gespräch zwischen Frau Zeitz und Herrn Vergin mit:

Frau Zeitz:

„Wir haben mal unsere Umsätze ausgewertet. In Schleswig-Holstein sieht das ja ganz mau aus. Da müssen wir unbedingt etwas machen."

Herr Vergin:

„Ein klassischer Fall für Geo-Targeting."

Ronja Bunko:

„Darf ich mal kurz stören: Targeting – was ist das denn?"

Stellen Sie fest, was „Targeting" bedeutet.

INFORMATIONEN

Mit Targeting (aus dem engl. target = Ziel) ist im Onlinemarketing die genaue Zielgruppenansprache bei der Auslieferung von Onlinewerbung gemeint. Dazu werden möglichst viele und genaue Nutzungs- und Kundendaten erhoben, um das Nutzerverhalten zu analysieren und Kundenprofile zu erstellen. Ziel ist die individuelle Nutzeransprache, bei der den Usern einer Website Werbung gezeigt wird, die für sie relevant ist, d. h. die individuell auf ihre Bedürfnisse und Interessen ausgerichtet ist.

Bereits bei der strategischen Planung und Gestaltung von Werbekampagnen muss die Zielgruppe, die erreicht werden soll, möglichst genau bestimmt werden. Dazu werden Daten aus verschiedenen Quellen gesammelt, die die Eigenschaften der Zielgruppen möglichst genau beschreiben, u. a. soziodemografische Daten, die über die eigene Website generiert werden, z. B. Name, Alter, Geschlecht bei der Anmeldung von Nutzern (First Party Data). Auch allgemeine Marktforschungsdaten (Second Party Data) z. B. über Beruf, Bildung, Haushaltsnettoeinkommen, Haushaltsgröße werden genutzt.

Im Onlinemarketing bieten moderne Technologien zusätzlich vielfältige Möglichkeiten, die Display Ads individuell auf einzelne Nutzer auszurichten und zur richtigen Zeit auf der passenden Werbefläche auszuliefern (vgl. Kap. 7.6 Buchung und Auslieferung der Onlinewerbung).

Targeting-Techniken zur Eingrenzung der Zielgruppe basieren auf der Nutzung von Daten. Weltweit werden im Internet täglich 2,5 Trillionen Bytes digitale Daten erzeugt, das ist der Rohstoff des 21. Jahrhunderts. Um einen Teil dieser Daten für Marketingzwecke nutzbar zu machen, werden sehr häufig **Tracking-Technologien** mit **Third Party Cookies** eingesetzt. Third Party Data sind Daten, die von Dritten erhoben, gehandelt oder getauscht werden, um Aufschluss über das zukünftige Konsumverhalten der Nutzer zu erhalten. Diese Art der Datenerhebung und -nutzung ist bei Datenschützern umstritten. Weitgehende rechtliche Regelungen schränken die Nutzung dieser Daten immer mehr ein (vgl. Nutzung von Cookies auf Websites, S. 300 f.).

Vorteile und Nachteile des Targeting

Online-Werbemittel können z. B. auf Websites, in Newslettern oder Social-Media-Kanälen so ausgeliefert und platziert werden, dass sie möglichst viele Nutzer erreichen, für die die Werbebotschaft auch tatsächlich relevant ist, zum Beispiel, weil sie ihnen einen Mehrwert bietet.

Durch präzises Targeting mit werblichen Inhalten, die genau zur Zielgruppe passen, können die Werbebudgets besonders effizient eingesetzt werden. Die zielgruppengenaue Steuerung reduziert Streuverluste erheblich. Gleichzeitig steigt die Wahrscheinlichkeit für mehr Conversion im Onlineshop. Damit werden die Nachteile der Marketingkommunikation über Massenmedien verringert. In der Praxis werden häufig mehrere Targeting-Techniken miteinander kombiniert, um die Werbewirksamkeit zu optimieren (integriertes Targeting).

Nachteile des Targeting sind der höhere Aufwand bei der Ermittlung der Daten sowie eine geringere Reichweite der Werbekampagne durch eng definierte Targeting-Raster.

Risiken des Targeting

Der Einsatz von **Third Party Cookies** spielt bei vielen Targeting-Methoden eine wichtige Rolle. Dies sind Cookies, die mithilfe von Tracking-Technologien von einer anderen Domain als der des Website-Publishers gesetzt und gelesen werden, um personalisierte Werbung, z. B. Display Ads, ausspielen zu können (vgl. Cookie-Tracking, S. 300 ff.). Zu den cookiebasierten Targeting-Arten gehört das soziodemografische und psychografische Targeting, das Behavioral Targeting sowie das Retargeting. Auch die Technik des Frequency Capping nutzt Cookies.

Die weitreichenden Datenschutzbestimmungen zum Schutz der Privatsphäre erschweren jedoch viele Targeting-Methoden, die auf der Auswertung von Cookie-Daten basieren, zunehmend. Die rechtlichen Voraussetzungen zur Verwendung solcher Cookies werden immer komplizierter (vgl. DSGVO und Consent Banner S. 300 ff.).

Zudem sperren inzwischen viele Nutzer die Cookies mit der entsprechenden „Do-Not-Track"-Funktion in den Einstellungen ihres Browsers oder die Browser-Anbieter selbst verhindern sie. Um die Einwilligung der Nutzer zur Verwendung von Cookies zu bekommen, sind neue technische Lösungen erforderlich, die mit höherem Aufwand und höheren Kosten verbunden sind. Dabei sind 75 % der Deutschen von maßgeschneiderter Werbung auf Mobilgeräten genervt. Viele empfinden personalisierte Werbung als Eingriff in ihre Privatsphäre.

Können diese Tracking-Daten für das Targeting nicht oder nur noch eingeschränkt gespeichert und genutzt werden, nimmt die Reichweite der Display-Werbung ab und die Streuverluste zu, denn ohne Third Party Cookies würden die Internetnutzer anonym bleiben, weder ihre Interessen noch ihr Surfverhalten wären bekannt. Eine individuelle Werbeansprache wäre nicht mehr möglich. Merchants könnten ihre Werbung also immer weniger effizient ausspielen, die Werbegewinne würden einbrechen.

Die Zukunft des Targeting

Zurzeit suchen Fachleute nach neuen Lösungen, die die Regelungen des individuellen Datenschutzes einhalten und dennoch Targeting und personalisierte Werbung ermöglichen. Die gute Nachricht ist: Targeting kann weiterhin die Daten aus dem Cookie-Tracking nutzen, sofern die Einwilligung der User datenschutzkonform vorliegt. Dann dürfen Cookies weiterhin genutzt und auch persönliche Daten verarbeitet werden.

Das IAB Europe (vgl. Online-Vermarkter – Verbände und Organisationen) empfiehlt die Nutzung einer Consent Management Plattform (CMP), die den vom IAB entwickelten branchenweiten Standard „Transparency & Consent Framework (TCF)" und damit sämtliche Datenschutzrichtlinien erfüllt. Aufgabe von Consent Management Plattformen ist, die Einwilligung der User zu verwalten und nachvollziehbar sowie nachprüfbar zu dokumentieren. Publisher und Drittparteien müssen jederzeit feststellen können, ob der Nutzer damit einverstanden ist, dass Third Party Cookies gesetzt und die dadurch erhobenen Daten für Werbezwecke genutzt werden dürfen.

Doch wie bringt man die Nutzer dazu, der Cookie-Nutzung zuzustimmen? Zum einen sollten die Publisher für größtmögliche Transparenz sorgen und den Usern erklären, welche Daten sie sammeln möchten und zu welchem Zweck sie genutzt werden sollen. Zum anderen sollten die Nutzer vom Mehrwert, den sie durch die zielgruppengenaue Ansprache haben, überzeugt werden („Wir wollen Ihnen das optimale Nutzererlebnis bieten!"). Denn nur wenn die User der Cookie-Speicherung zustimmen, können sie auch relevante Anzeigen erhalten. Nur Werbung, die den Nutzer interessiert und die für ihn nützlich ist, will er auch sehen. Dazu gehört auch qualitativ hochwertige Werbung sowie ihre sinnvolle Einbettung in den redaktionellen Content einer Website. Alles andere empfindet der Nutzer als nervig oder gar störend. Die Einwilligung muss für ihn also eindeutig erkennbar mit Vorteilen verbunden sein.

Alternativen zum cookiebasierten Targeting

Wie können Advertiser ihre Zielgruppe erreichen, wenn einzelne Nutzer den Consent verweigern oder Browser die Third Party Cookies blockieren und die Publisher keine Informationen mehr über die User-Identität erhalten? In diesem Zusammenhang werden Alternativen zum domainübergreifenden Third Party Tracking immer wichtiger, die die Möglichkeit bieten, cookieless und ohne personenbezogene Daten dennoch zufriedenstellende Reichweiten zu erzielen. Dazu gehören cookieunabhängige Targeting-Methoden, die die Werbung vor allem kontextbasiert ausliefern, z. B. **Kontext-Targeting, Semantisches Targeting oder Keyword-Targeting**. Des Weiteren besteht die Möglichkeit, öffentlich zugängliche und kostenlose Daten, z. B. Wetter, Verkehr u. Ä. für das Targeting zu nutzen, z. B. durch **Geo-Targeting, Proximity-Targeting** oder **Zeit-Targeting**.

Einen relativ neuen, aber ebenfalls contentbezogenen Ansatz verfolgt das **On-Demand Advertising** im Bereich Bewegtbild, bei dem der Nutzer das Targeting selbst übernimmt. Statt des üblichen Pre-Rolls werden dem Nutzer in einer Übersicht vier bis sechs Videos zu unterschiedlichen Themen bzw. von verschiedenen Marken angeboten, die inhaltlich zum Thema der Webseite oder des Videos passen. Der Nutzer wählt den Werbeclip aus, der ihn in diesem Moment am meisten interessiert. Advertiser müssen darauf achten, dass das Werbeangebot in der Region des Nutzers relevant und auch verfügbar ist.

Soziodemografisches Targeting

Onlinewerbung wird an Nutzer mit bestimmten soziodemografischen Merkmalen ausgeliefert. Die Profildaten der Zielgruppe werden aus internen und externen Marktforschungserhebungen gewonnen. Vor allem die Daten, die Website-Besucher bei der Anmeldung, der Registrierung und dem Login mehr oder weniger freiwillig hinterlassen (First Party Data), aber auch Daten aus Onlineumfragen der AGOF oder anderen Marktforschungsinstitutionen (Second Party Data) können miteinander kombiniert werden. Aus den Daten werden wiederum anonyme Profile erstellt, die ganz bestimmten Personen zugeordnet werden, auf deren Geräten dann beim Aufruf einer Website ein für den Besucher relevantes Onlinebanner erscheint.

BEISPIELE für demografische Merkmale:

- Alter
- Geschlecht
- Familienstand
- Zahl der Kinder

BEISPIELE für sozioökonomische Merkmale:

- Ausbildung
- Beruf
- Einkommen
- Staatsangehörigkeit
- Religion

Hier ist eindeutig die Familie mit Kindern das Ziel der Kampagne.

Psychografisches Targeting

Soziodemografische Daten können Marketer aber auch in die Irre führen, wie das berühmte Beispiel von Prinz Charles, Thronfolger des Vereinigten Königreiches und ältester Sohn von Königin Elisabeth II., und Ozzy Osbourne, Rockmusiker und Leadsänger der Heavy-Metal-Band *Black Sabbath,* zeigt. Sie sind beide über 70 Jahre alt, stammen beide aus England, sind vermögend und erfolgreich und reisen beide gern in die Alpen. Dennoch interessieren sie sich wohl kaum für dieselben Produkte.

Während soziodemografische Daten die Basis für das Targeting bilden, um Zielgruppen grob einzugrenzen bzw. bestimmte Nutzergruppen auszuschließen, lassen sich mit psychografischen Merkmalen die Kunden noch präziser erreichen. Nicht alle Personen mit demselben Alter und Geschlecht haben auch die gleichen Interessen und Verhaltensweise. Die Gesellschaft ist pluralistischer und diverser geworden.

Das psychografische Targeting nutzt Erkenntnisse der Sozialpsychologie, deren Gegenstand die umfassende psychologische Beschreibung einer einzelnen Person ist. Im Marketing geht es nicht so sehr um einzelne Personen als vielmehr darum, Kunden mit ähnlichen Persönlichkeitsmerkmalen zu einer Zielgruppe zusammenzufassen und dabei den Datenschutz nicht außer Acht zu lassen. Daten zum Surfverhalten im Netz werden mit Marktforschungsdaten abgeglichen, um aus den Übereinstimmungen psychografische Profile zu erstellen. Diese werden als „anfassbare" Personas beschrieben. Personas dienen sowohl in der Kreation wie auch in der Mediaplanung dazu, die Zielgruppe mit Werbung anzusprechen, die diese als persönlich und nützlich erkennt. Denn es geht um Werbung, an die sich Nutzer gerne erinnern, die sich vertraut anfühlt, die ihr Konsumverhalten beeinflussen kann.

Das psychografische Targeting verwendet drei Persönlichkeitsfacetten der Psychologie, um psychografische Personas zu identifizieren:

- **Basismotive**:
  - Macht: Streben danach, Einfluss zu nehmen, Dinge unter Kontrolle zu haben und zu bestimmen
  - Leistung: Streben nach Optimierung und Erreichen hoher Leistungsstandards
  - Anschluss: Streben nach gemeinschaftlichen Erlebnissen, Teil einer Gruppe zu sein
- **Kaufhandlungen**:
  - rational gesteuerte
  - emotional gesteuerte
  - routiniert (durch Routine) gesteuerte
- die sogenannten **Big Five**, ein Modell der Persönlichkeitspsychologie.

Dieses Modell zur Beschreibung von Persönlichkeitsfaktoren beschreibt fünf Dimensionen der Persönlichkeit unterschiedlicher Ausprägung, die jedem Menschen zugeordnet werden können:
- Offenheit für Erfahrungen (vorsichtig bis experimentierfreudig),
- Gewissenhaftigkeit (unbekümmert/spontan bis sorgfältig/organisiert),
- Extraversion (schüchtern bis selbstsicher/gesellig),
- Verträglichkeit (egozentrisch/konkurrenzdenkend bis einfühlsam/verständnisvoll) und
- Neurotizismus (emotional labil/sensibel bis ruhig/emotional stabil).

Beim psychografischen Targeting werden die Eigenschaften einer Marke in Abhängigkeit von den psychografischen Merkmalen der Personas unterschiedlich betont. Je nach Zielgruppe werden in der Kreation Leistungsversprechen und Tonality für unterschiedliche Display Ads entwickelt, die dann später auch in der Mediaplanung berücksichtigt werden. Werbebotschaft und Ansprache werden gezielt auf die identifizierte Persona angepasst.

DEFINITION

Tonality (auch: „Tone of Voice") beschreibt den Grundton der Werbung, die Atmosphäre, mit der die Werbebotschaft übermittelt wird.

Elemente:
- Wording: Begriffe, die zur Zielgruppe, aber auch zur Corporate Identity passen
- Ansprache: Tonfall, sachlich oder emotional, duzen oder siezen
- Corporate Design: Farben, Schriftarten, Logo, Bildmaterial

Ziel ist es, durch Sprache, Farben, Formen und Bilder und ggf. auch Musik beim Konsumenten bestimmte Assoziationen und Gefühle auszulösen, die die Werbewirksamkeit positiv beeinflussen.

Kontext-Targeting

Das Kontext-Targeting sorgt dafür, dass Werbemittel in einem thematisch passenden redaktionellen Umfeld ausgeliefert werden (auch: Content Targeting). Das hat den Vorteil, dass Advertiser und Publisher dieselbe Zielgruppe erreichen möchten. Der Nutzer sieht die für ihn relevante Werbung genau in dem Moment, in dem er sich mit dem Thema der Website beschäftigt.

BEISPIEL

Neben dem Artikel über Kinderarmut in Bolivien erscheint die Halfpage-Ad einer Menschenrechtsorganisation passend zum redaktionellen Inhalt.

Der Merchant legt fest, auf welchen Websites er seine potenziellen Kunden am besten erreichen kann. Dazu bestimmt er ein oder mehrere geeignete, d. h. thematisch passende Keywords, nach denen die Websites durchsucht werden. Die Werbung wird dann auf Seiten platziert, auf denen diese Schlagwörter verwendet werden. Probleme kann es bei der Zuordnung von mehrdeutigen Begriffen geben, z. B. kann sich das Wort „Golf" auf Autos beziehen oder auf den Golf von Mexiko.

Definiert werden sollten auf jeden Fall Ausschlussbegriffe, die verhindern, dass die Werbung in Umfeldern präsentiert wird, die imageschädigend auf die Marke wirken könnten (z. B. Pornografie, Erotik, Extremismus, Diskriminierung, Gewalt, rechtswidrige oder strafrechtlich relevante Inhalte).

Die Konzentration der Werbemittel-Auslieferung auf bestimmte Themengebiete funktioniert insbesondere bei High-Involvement-Produkten gut, da die kaufwilligen Interessenten in der Regel viele Informationen sammeln und Angebote prüfen wollen, bevor sie sich entscheiden.

DEFINITION

Involvement bedeutet „Miteinbezogenheit". Der Begriff kommt aus dem Lateinischen involvere = einwickeln. High-Involvement-Produkte sind hochpreisige und langlebige, oft auch technisch anspruchsvolle Güter des gehobenen Bedarfs, über die sich die Kunden sehr sorgfältig und gründlich informieren. Ihre Kaufentscheidung treffen sie erst dann, wenn sie von der Qualität überzeugt sind und sich persönlich mit dem Produkt identifizieren können. Gegenteil: Low-Involvement-Produkte (z. B. Güter des täglichen Bedarfs wie Lebensmittel oder Hygieneartikel)

Semantisches Targeting

Ebenso wie das Kontext-Targeting ist auch das Semantische Targeting typisch für das Affiliate-Marketing (vgl. Kap. 7.4 Affiliate-Marketing). Beide Arten können unabhängig vom Nutzerprofil eingesetzt werden, weil sie nicht Nutzerdaten, sondern Themen und Content von Webseiten durchsuchen.

Beim semantischen Targeting definiert der Advertiser jedoch nicht einzelne Keywords, sondern ein Thema. Nun werden die Webseiten nach Wörtern des dazu passenden semantischen Gesamtzusammenhangs durchsucht. Bei diesem Verfahren entfällt das Problem der Mehrdeutigkeit. Ein weiterer Vorteil des semantischen Targeting ist, dass die Werbung auf Seiten eingeblendet wird, deren Inhalte die Werbebotschaft unterstützt.

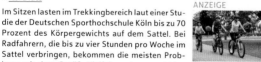

FEDERSTÜTZEN IM TEST – FÜR MEHR KOMFORT UND FAHRSPASS AUF DEM RAD

Federstützen: Einfach mal FEDERN lassen!
Stöße und Vibrationen schaden Körper und Fahrspaß. Doch wie minimiert man diese am besten und auf was muss man achten? Wir testen sechzehn aktuelle Federstützen in Labor und Praxis auf ihre Tauglichkeit.

UPDATE: 23. JANUAR 2020
VON SEBASTIAN BÖHM
IN TEST & TEILE

ANZEIGE

Im Sitzen lasten im Trekkingbereich laut einer Studie der Deutschen Sporthochschule Köln bis zu 70 Prozent des Körpergewichts auf dem Sattel. Bei Radfahrern, die bis zu vier Stunden pro Woche im Sattel verbringen, bekommen die meisten Probleme mit dem Gesäß. Vielfahrer dagegen leiden unter Problemen im Bereich des Rückens und dort vor allem im Bereich der Lendenwirbelsäule. Zudem gaben die Teilnehmer an, einen höheren Komfort zu spüren, wenn die Stütze fachmännisch montiert wurde. Ist diese perfekt justiert, kann sie die Belastung um bis zu zwei Drittel reduzieren![1]

Beispiel für ein Rectangle: Ein Fahrradhändler wirbt in einem redaktionellen Umfeld, das genau die Zielgruppe anspricht, die er mit seiner Werbebotschaft erreichen möchte, nämlich Menschen, die sich mit dem Thema Radfahren beschäftigen und sich daher möglicherweise für den Kauf eines neues Rades interessieren.

Keyword-Targeting

Der Advertiser definiert auch bei dieser Technik Keywords, die zum Ausspielen seiner Anzeige führen sollen. Im Unterschied zum Kontext-Targeting werden beim Keyword-Targeting nicht die Websites nach den Keywords durchsucht, sondern die Keywords werden mit den Wörtern der Suchanfrage, die ein Nutzer in eine Suchmaschine eingibt, verglichen (vgl. Google Ads sowie Kap. 7.9 Search Engine Advertising (SEA).

Daher richtet sich die Platzierung der Anzeige nicht nach den Keywords, die auf Websites verwendet werden (vgl. Kontext-Targeting), sondern nach Begriffen, nach denen ein Nutzer recherchiert und für die er sich offenbar interessiert.

Stimmen Begriffe der Suchanfrage mit den zuvor festgelegten Keywords überein, werden die dazu passenden Google-Shopping-Anzeigen oder Google-Textanzeigen auf der Ergebnisseite der Suchmaschine angezeigt.

Das aktive Interesse des Nutzers an Informationen über bestimmte Schlagwörter, nach denen er gezielt sucht, lässt seine Bereitschaft, sowohl die eingeblendeten Anzeigen anzuklicken als auch die entsprechend beworbenen Produkte zu kaufen, deutlich steigen.

Technisches Targeting

Erfasst werden technische Informationen über die Hard- und Softwareausstattung der Internetnutzer, um die Darstellung der digitalen Werbung möglichst optimal an die jeweilige technische Ausstattung des Nutzers anzupassen. Diese Daten werden automatisch beim Besuch einer Website übermittelt.

BEISPIELE für technische Informationen:

- Bandbreite der Internetverbindung
- Bildschirmauflösung
- mobiles/stationäres Endgerät
- Betriebssystem
- Webbrowser

So können zum Beispiel die Inhalte durch Anwendung von Responsive Design an die Bildschirmgröße und die Bandbreite angepasst werden. Die nutzerfreundliche Darstellung vermeidet lange Ladezeiten sowie einen unübersichtlichen Seitenaufbau und damit die Gefahr der Reaktanz (die ablehnende Haltung des Nutzers gegenüber der Werbung).

---

1 Quelle: Böhm, Sebastian: Federstützen: Einfach mal FEDERN lassen! In: www.radfahren.de. 23.01.2020. https://www.radfahren.de/test-teile/federstuetzen-test-komfort-fahrspass-rad/ [25.02.2021].

Geo-Targeting

Dieses regional ausgerichtete Targeting wird auch als IP-Targeting bezeichnet, weil die IP-Adresse des Rechners genutzt wird, um den geografischen Standort des Nutzers zu ermitteln. Noch zuverlässigere Daten der Standortermittlung sind möglich, wenn die Nutzer ihre GPS-Funktion einschalten oder XMP-Daten zur Verfügung stellen, sobald sie ihre Bilder über Social-Media-Kanäle teilen.

Beim Geo-Targeting wird standortbezogene Werbung anhand von geografischen Merkmalen ausgespielt. Werbliche Angebote können speziell auf Städte, Regionen oder Länder zugeschnitten und an Personen ausgeliefert werden, die sich an diesen Orten aufhalten.

Geo-Targeting ist vor allem für Unternehmen geeignet, die ihre Produkte und Dienste an einem bestimmten Ort anbieten, z. B. der stationäre Handel, Gastronomie und Kulturveranstalter. Die Werbemittel werden an eine regional definierte Zielgruppe ausgeliefert, z. B. nur an Personen, die sich in einem Umkreis von 10 Kilometern zum Unternehmen aufhalten.

Dyn. Banner nach Geo, Kampagne & Intent

Es können bestimmte Orte festgelegt werden, an denen den Nutzern, die sich dort aufhalten, passende Anzeigen in Echtzeit ausgespielt werden, z. B. Anzeigen für Mietautos oder -fahrräder am Bahnhof oder Flughafen. Jemand recherchiert zum Thema Übergewicht und erhält auf den Seiten Anzeigen von Fitnessstudios in seiner Nähe. Die Standortdaten werden häufig mit Wetter- oder Verkehrsdaten kombiniert. Regnet es zum Beispiel in Norddeutschland, werden Regenschirme oder -jacken angeboten, scheint in Süddeutschland die Sonne, erhalten die Nutzer, die sich dort aufhalten, Anzeigen von Sonnenschutzmitteln oder Badeanzügen. Nutzer, die im Stau stehen, werden von einer nahegelegenen Raststätte umworben. Daten für Allergiker werden genutzt, um in pollenbelasteten Regionen für Heuschnupfenmedikamente zu werben.

Geo-Targeting ist vielfältig einsetzbar und bietet den Vorteil, dass Nutzern Angebote in ihrer Umgebung gemacht werden können, die für sie relevant sind. Dadurch steigt die Wahrscheinlichkeit, dass sie sie auch tatsächlich in Anspruch nehmen. Geeignet ist diese Form von IP-Targeting vor allem für Werbeflächen auf mobilen Endgeräten

und DOOH-Displays. Die Optimierung des Werbeerfolgs gelingt auch ohne personenbezogene Daten.

Geo-Targeting lässt sich auch für Testphasen einsetzen, indem bestimmte Werbemittel zunächst auf einen oder mehrere Standorte begrenzt eingesetzt werden. Diese können miteinander verglichen und ihre Wirksamkeit getestet werden.

Proximity Targeting

Die Werbung erscheint auf dem Smartphone des Nutzers als Push-Nachricht, weil er sich in der Nähe eines Point of Interest aufhält. Es geht um standortbasiertes Targeting im Kontext des Raumes, in dem sich der Nutzer gerade befindet, z. B. an einer Tankstelle, in einem Restaurant oder Fitnessstudio, auf einer Messe oder in einem Schuhgeschäft. Unter der Voraussetzung, dass der Nutzer die passende App auf seinem Smartphone installiert hat, kann der Advertiser ihn in Echtzeit mit relevanter Werbung ansprechen, z. B. einem Gutschein für die Waschanlage, einem Sonderpreis für ein spezielles Menü oder einer Gratisprobe Schuhpflege. Oder der Kunde erhält Informationen über die Neueinführung eines Produkts.

Die Werbung selbst befindet sich auf der App, die ständig aktualisiert wird. Zur Anzeige der Werbung auf dem Smartphone des Nutzers wird die Beacon-Technologie genutzt. Beacons (engl. Leuchtfeuer) sind kleine lokale Sender mit einer Reichweite von ca. 50 Metern, die z. B. am Eingang und im Inneren eines Geschäfts installiert werden und via Bluetooth Low Energy mit den Smartphones (Empfänger) der App-Nutzer kommunizieren. Wie ein Leuchtfeuer locken attraktive Angebote vorbeigehende Kunden an, sobald sie in die Reichweite des Beacons gelangen.

Zeit-Targeting

Beim Zeit-Targeting werden Anzeigen passend zum Konsumverhalten in Abhängigkeit vom Wochentag, besonderen Anlässen oder der Tageszeit ausgespielt. Morgens im Berufsverkehr sind andere Inhalte relevant als am Wochenende oder in der Mittagspause.

Frequency Capping

Diese Technik beugt dem sogenannten Banner-Burnout vor, das durch zu häufiges Einblenden der Werbemittel ausgelöst wird und eine nachlassende Werbewirkung zur Folge hat.

Dabei wird erfasst, wie oft ein Werbemittel bereits an eine bestimmte IP-Adresse ausgeliefert wurde, und die

Häufigkeit der Einblendungen mit demselben Banner-motiv wird gedeckelt/limitiert. Zum Beispiel wird fest-gelegt, dass maximal fünf identische Banner pro Tag und Rechner oder maximal zehn Kontakte einer bestimmten Kampagne an einen Nutzer ausgeliefert werden sollen. Auf diese Weise wird verhindert, dass der Nutzer genervt oder gelangweilt ist von stets wiederkehrenden Werbe-botschaften. Außerdem nimmt die Wirksamkeit der Wer-bung nach einigen Kontakten und damit auch die Effi-zienz der Kampagne deutlich ab.

Behavioral Targeting

Verhaltensbasiertes Targeting (engl. behavio(u)r = Ver-halten) bedeutet im Unterschied zur klassischen Online-werbung nach dem Gießkannenprinzip die zielgruppen-genaue Auslieferung von Werbebannern unabhängig vom Content der Website.

Ausschließlich die Erkenntnisse aus der anonymisierten Analyse des Surf- und Klickverhaltens einzelner Nutzer beeinflussen die Auswahl und Anzeige eines relevanten Werbeinhalts. Behavioral Targeting nutzt die Technolo-gie des Real Time Advertising, um Werbemittel indivi-duell an Zielgruppensegmente mit ähnlichen Interessen und Kaufabsichten in Echtzeit auszuliefern (vgl. Kap. 7.6 Buchung und Auslieferung der Onlinewerbung).

Um Zielgruppensegmente zu bilden, die eine gewisse Affinität zu bestimmten Produkten oder Dienstleistungen aufweisen, werden Cookies in den Webbrowsern der Nut-zer platziert. Sie geben Aufschluss darüber, wie oft und wie lange Nutzer bestimmte Suchabfragen oder Keywords eingeben und welche Webseiten sie besuchen. Aus diesen gewonnenen Daten lassen sich Rückschlüsse auf das Inter-esse eines Nutzers an bestimmten Themen und seine Kauf-bereitschaft von dazu passenden Produkten ziehen.

Wird eine Werbebotschaft eingeblendet, die für den Nut-zer aufgrund der ermittelten Daten relevant sein müsste, wird auch seine Reaktion auf diese Ad Impression ge-messen und gespeichert. Somit werden die Nutzerprofile immer genauer, um zukünftig die Zielgruppe noch exak-ter ansprechen zu können.

Behavioral Targeting ermöglicht also eine effiziente Kampagnensteuerung, weil sehr spitze Zielgruppen mit hoher Reichweite und wenig Streuverlusten erreicht werden können. Je relevanter die Werbebotschaft für den Nutzer ist, desto höher ist die Wahrscheinlichkeit, dass er auf das Banner klickt und aufgrund seines Interesses auch einen Kauf abschließt. Die Click-Through-Rate und Conversionrate werden signifikant gesteigert und das Werbebudget optimal verwendet.

Allerdings werden dem Behavioral Targeting Grenzen ge-setzt; sowohl durch zunehmend strengere Datenschutz-bestimmungen als auch durch die Nutzer selbst, die Third Party Cookies verweigern, sowie durch Browser, die Coo-kies löschen (vgl. Nutzung von Cookies auf Websites, S. 300 f.). Können die Cookies nicht gespeichert werden, werden immer wieder neue Nutzerprofile angelegt und die Daten dadurch verfälscht. Viele Nutzer können nicht mehr identifiziert werden.

On-Site Behavioral Targeting

Beim On-Site Behavioral Targeting wird das Verhalten der Nutzer auf der eigenen Website analysiert. Daran lassen sich Präferenzen einzelner Nutzer an bestimmten Produktkategorien oder Preissegmenten erkennen.

Die Produktempfehlungen werden jedoch nicht auf an-deren Websites eingeblendet, sondern auf der eigenen Website. Diese spezifischen Werbeeinblendungen des eigenen Unternehmens, die sich am bisherigen Verhal-ten des Nutzers auf der Website orientieren, werden häufig unter der Rubrik „Inspiriert durch Ihre Wünsche" (Amazon), „Empfehlungen für dich" (Otto), „Deine per-sönlichen Empfehlungen" (Tom Tailor) angezeigt. Die Auswahl der angezeigten Artikel hängt vom individuel-len Suchverhalten des Nutzers und den daraus abgelei-teten Interessenschwerpunkten ab.

Network Behavioral Targeting

Das seitenübergreifende Targeting nutzt alle Websites eines Ad Networks. Sowohl die Datenerhebung als auch die zielgruppenbezogene Auslieferung von Werbemit-teln erstreckt sich auf das gesamte Werbenetzwerk, so-dass der Umfang der Daten sehr groß und die Bildung von Nutzerprofilen viel genauer ist, als dies bei einzelnen Websites möglich ist.

Predictive Behavioral Targeting

Bei dieser Art des Behavioral Targeting geht es um Vorhersagen (Predictions) über die Interessen von bisher nicht bekannten Nutzern mit einem ähnlichen Surfverhalten, mit dem Ziel, Neukunden zu gewinnen.

Dazu werden vorhandene Nutzerprofile (Bestandskunden) mit Nutzern verglichen, die ähnliche statistische Profile aufweisen. Dabei handelt es sich um statistische Zwillinge (oder Lookalikes), die aus externen Datenquellen, z. B. AGOF Internet Facts oder Daten von Drittanbietern (Third Party Data; vgl. Data Management Platforms (DMP), gewonnen werden.

Die eigene Zielgruppe kann so um neue Nutzerprofile erweitert werden, um potenzielle Neukunden mit einem ähnlichen Such-, Surf- und Klickverhalten ansprechen zu können und ihnen Produkte anzubieten, für die sie sich möglicherweise interessieren, obwohl sie bisher nicht danach gesucht haben. Die Kaufwahrscheinlichkeit ist hoch, die Streuverluste sind relativ gering.

Re-Targeting

Beim Re-Targeting werden Nutzer einer bestimmten Zielgruppe mit Werbemitteln angesprochen, die vor Kurzem eine bestimmte Website besucht haben.

So funktioniert personalisierte Werbung

A

Nutzer schaut sich ein Produkt an.

App X verrät, welches Produkt.

Daten-sammler speichert im Nutzerprofil das Interesse am Produkt.

B

Nutzer öffnet

App Y sendet Nutzerdaten und ruft weitere Infos zum Nutzer ab.

sendet passende Werbung **Daten-sammler**

personenbezogene Nutzerdaten (IP-Adresse, Werbe-ID usw.)   Datenfluss
- - - - ➤

Auch beim Re-Targeting werden Cookies eingesetzt, um die Daten und das Verhalten der Nutzer zum Beispiel beim Besuch eines Onlineshops speichern und analysieren zu können. Sie geben unter anderem Aufschluss darüber, welche Unterseiten des Webauftritts der Kunde angeschaut hat, für welche Produkte er sich interessiert oder welche Produkte er bisher bestellt hat (Bestellhistorie). Von besonderem Interesse ist auch, wenn Nutzer Waren in den Warenkorb gelegt haben, ohne jedoch die Bestellung abzuschließen.

Diese Informationen werden dazu genutzt, um dem Kunden neue Angebote zu machen, die für ihn relevant sind – entweder ähnliche Produkte oder kompatible Produkte. Oder ihm werden erneut die Produkte zum Kauf vorgeschlagen, die er zuvor angesehen, aber nicht gekauft hat.

Dazu werden Werbemittel auf Websites eingeblendet, die zu einem Netzwerk gehören und die der Kunde besucht, nachdem er den Onlineshop verlassen hat. Die Einblendung erfolgt unabhängig vom Inhalt der Websites (Omni-Channel-Re-Targeting) und wird allein an den Interessen des Kunden ausgerichtet, um ihn zu einem erneuten Besuch des Onlineshops zu bewegen.

Re-Targeting ist ein Instrument, das sich zur Bestandskundenbindung und zur Kundenreaktivierung eignet. Bestehende Kundenkontakte sollen aufrechterhalten, intensiviert und gepflegt werden. Unterbrochene Kontenkontakte werden wieder aufgenommen, indem die Kunden mittels Werbeeinblendungen an das Unternehmen erinnert und erneut zu dessen Website geleitet werden. Dabei werden vor allem Nutzer umworben, die bereits kurz vor einem Kaufabschluss standen.

Mit sogenannten Cross- und Up-Selling-Prozessen soll bei den Bestandskunden zusätzlicher Umsatz generiert werden. Kunden, die Schuhe gekauft haben, wird die passende Schuhcreme angeboten (Cross-Selling). Kunden, die eine Reise gebucht haben, erhalten das Angebot für eine bessere Zimmerkategorie zu einem geringen Aufpreis (Up-Selling).

Allerdings sollten diese Angebote in zeitlicher Nähe zum Besuch des Onlineshops erfolgen, denn der Werbetreibende kann nicht feststellen, ob der Nutzer das Produkt eventuell bereits bei einem Konkurrenten gekauft hat. In diesem Fall wäre die Werbung für den Nutzer nicht mehr relevant und die Werbewirkung eher gering.

Auch Banner-Stalking durch zu häufige Wiederholungen der Anzeigen ist zu vermeiden (vgl. Frequency Capping). Erfolgversprechender ist es, alternative oder verwandte Produkte zu empfehlen.

BEISPIELE für eine dynamische Bannerkampagne:

Der Nutzer interessiert sich für Handgepäck im Flugzeug und informiert sich auf der Website eines Unternehmens, das Koffer und Taschen anbietet.

Er sieht sich verschiedene Rucksäcke und Koffer, die als Handgebäck geeignet sind, genauer an und speichert diese in der Merkliste der Webpräsenz. Er verlässt jedoch die Seite, ohne einen Artikel zu kaufen.

Auf einigen Internetseiten, die der Nutzer im Folgenden anklickt, erscheinen Anzeigen mit neuen oder anderen Modellen.

Zeigt der Kunde nach ca. sechs Einblendungen kein Interesse, werden ihm verwandte Produkte angeboten, z. B. Zubehör oder kompatible Produkte wie eine digitale Kofferwaage oder ein Nackenkissen.

Exkus: Onlinemarketing – Targeting im B2B

Im Umfeld des B2B haben wir es mit Geschäftsbeziehungen zwischen Unternehmen zu tun. Folglich wäre es eine Möglichkeit, das Targeting auf Unternehmen anzuwenden.

BEISPIELE

Ein Hersteller verkauft Schrauben und Dübel und wendet sich deshalb an Bauunternehmen. Man sucht z. B. im Sinne eines Predictive Behavioral Targeting den statistischen Zwilling oder Lookalike. Das dürfte in Datenbanken von Drittanbietern nicht schwer sein. So weit, so logisch. Doch Unternehmen suchen nicht im Internet, es sind die Mitarbeiter, die suchen. Dennoch ist die Zielgruppendefinition nicht falsch. Nur dass wir nach der natürlichen Person, also nach dem Mitarbeiter mit der Funktion als z. B. Einkäufer oder Einkaufentscheider Ausschau halten, nach dem, der hinter der juristischen Person des Unternehmens steckt. Letztlich erweitern wir das Datenmodell, das hinter dem Predictive Behavioral Targeting steht, um die Unternehmensart, engen den Empfängerkreis weiter ein und minimieren noch mehr die Streuverluste.

Dieses Beispiel verdeutlicht einmal mehr die Besonderheit des B2B-Onlinemarketings.
Von den hier beschrieben Techniken zur Eingrenzung der Zielgruppen sind für das B2B-Onlinemarketing besonders geeignet:

- Profile-Targeting, erweitert um Arbeitgeber/Firma

- Kontext-Targeting – indem man im branchenspezifischen Umfeld Webseiten zur Ausspielung der Werbung sucht
- Semantisches-Targeting
- Keyword-Targeting
- Technisches Targeting – hierbei ist es besonders interessant, zum Beispiel auf Webbrowser zu fokussieren. Unternehmen, die Windowsrechner im Einsatz haben, erlauben ihren Mitarbeitern häufig nur das Arbeiten im Internet mit im Betriebssystem standardmäßig installierten Browser. Hier ist auffällig, dass gerade kleine Unternehmen häufig aufgrund des Fehlens einer professionellen IT-Abteilung meist ältere Versionen im Einsatz haben.
- Zeit-Targeting – Mitarbeiter insbesondere im Einkauf eines Unternehmens sind in der Regel an Werktagen und zu den üblichen Bürozeiten online.
- Behavioral Targeting – hierbei darf nicht vergessen werden, dass die Cookies i. d. R. auf Firmenrechnern in Firmennetzwerken gesetzt werden müssen. Häufiger als im B2C-Bereich kommt es durch IT-Richtlinien in Unternehmen zu technischen Einschränkungen.
- On-Site Behavioral Targeting – ausgehend von der Annahme, dass sich auf der Website im B2B von vornherein die spezifische Kundenzielgruppe aufhält, ist das eine erfolgversprechende Technik.
- Network Behavioral Targeting – hier ist wiederum die Einschränkung wichtig, zielgruppenspezifische Netzwerke zu finden. Je nach Branche kann das auch erfolglos sein.

Weniger geeignet sind:

- Geo-Targeting – als Hersteller ist es unüblich eine kleine Region zu beliefern. Gängiger ist es, größere Regionen anzusprechen wie z. B. DACH, BENLUX, Europa usw. Aufgrund der Sprachhürden ist es aber sinnvoll, von vornherein für unterschiedliche Länder/Sprachen ein eigenes Onlinemarketing zu planen.
- Frequency Capping - mit dieser Technik wird die Häufigkeit festgelegt, mit der Display- oder Videoanzeigen demselben Nutzer präsentiert werden. Es wird geregelt, ob ein User ein Banner beispielsweise nur ein einziges Mal oder mehrmals sehen soll.

AUFGABEN

1. Beschreiben Sie, was Targeting ist.

2. Wo können Online-Werbemittel eingesetzt werden?

3. Welche Vorteile bietet Targeting?

4. Wie wird Targeting möglich gemacht?

5. Nennen und erläutern Sie fünf Arten von Targeting.

6. Im soziodemografischen Targeting wird Online-werbung an Nutzer mit bestimmten soziodemografischen Merkmalen ausgeliefert. Nennen Sie
   a) drei Beispiele für demografische Merkmale
   b) und drei für sozioökonomische Merkmale.

7. Was versteht man unter Kontext-Targeting?

8. Erläutern Sie den Begriff „Geo-Targeting".

9. Lesen Sie den unten stehenden Text.
   a) Schlagen Sie unbekannte englische Fachbegriffe nach.
   b) Ergänzen Sie das von Ihnen angelegte Glossar englischsprachiger Fachausdrücke aus dem Bereich Electronic Commerce.
   c) Erstellen Sie eine Mindmap, die Inhalte des Artikels schlagwortartig auf Englisch wiedergibt.

10. Welche Form des Targeting liegt vor?
    a) Die zielgruppengenaue Schaltung von Anzeigen ist abhängig vom Verhalten der Kunden.
    b) Zielgruppenansprache ist auf User einer bestimmten Region ausgerichtet.
    c) Zur Zielgruppenansprache werden Daten zum verwendeten Betriebssystem oder zur installierten Software mit herangezogen.
    d) Für diese Form des Targeting werden die Daten über die Zielgruppen aus der Kundendatenbank des Unternehmens bezogen.
    e) Bei dieser Form des Targetings arbeitet eine eigene Software daran, die Bedeutung des Contents zu analysieren. Dabei helfen nicht nur einzelne Keywords, sondern ganze Sinnzusammenhänge.

11. Erläutern Sie, welche Form des Targeting angesprochen wird.

Targeting is a subfield of online marketing. Through targeting, one tries to direct an advertisement to a specific audience as precisely as possible. In order to effectively convey adverts without large divergence losses, targeting plays a crucial role in both SEA and display advertising. It is conceivable that in future, forms of targeting might also be done over Smart TVs.

Requirements

Every targeting measure requires precise definition of target groups. This is because if the audience of an advert cannot be clearly defined, the targeting would not be able to unfold its actual effect. Basically, the more precisely the target group can be defined, the finer the targeting will be.

Once the target audience has been identified and analyzed an ideal marketing action can be optimized e. g.,
with the original or modified AIDA model of the sales process.

Online targeting is usually based on the use of cookies. Advertisers use these small files to acquire important information about the surfing behavior of users and are therefore able to integrate the relevant adverts based on this information. Due to the ever-growing debate on data protection and the more restrictive regulations, many vendors are increasingly opting for alternative user marking methods.

Common forms of targeting

There are many different targeting methods for online advertisement. (...)

Quelle: unbekannter Autor: Targeting In: https://en.ryte.com. o. ED. https://en.ryte.com/wiki/Targeting [10.12.2020].

ZUSAMMENFASSUNG

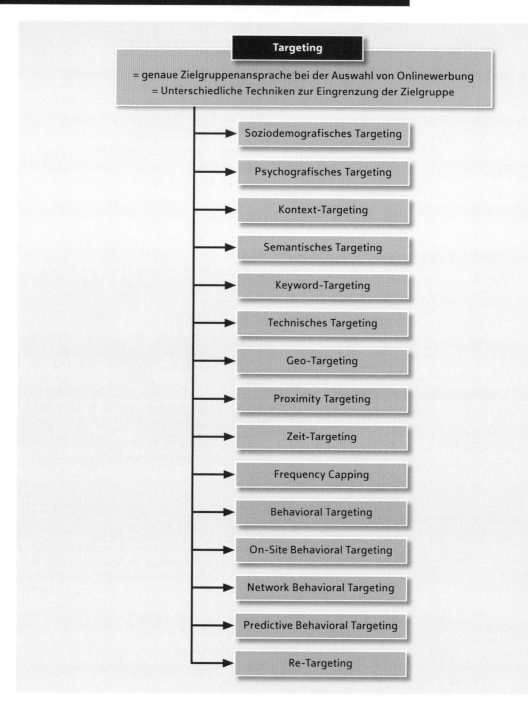

7.6 Buchung und Auslieferung der Onlinewerbung

Einstieg

Montagmorgen in der Exclusiva GmbH. Herr Brand ist mit Ronja Bunko im Gespräch.

Herr Brand:

„… Also wollen wir unseren Shop noch etwas bekannter machen. Wir sind bereit, 40.000,00 € dafür auszugeben. Ein Publisher bietet uns eine CPM von 20."

Ronja Bunko:

„Publisher? CPM?"

Herr Brand:

„Ja, das sind wichtige Begriffe, wenn man online Werbung buchen will. Die ‚CPM' bedeutet die Kosten von 1000 Werbeanzeigenaufrufen. Damit können wir jetzt ermitteln, wie viel Anzeigenaufrufe wir mit unserem Budget potenziell erzielen können."

Ronja Bunko:

„Wie funktioniert denn das?"

Herr Brand:

„Um die potenzielle Reichweite zu ermitteln, nehmen wir unsere Gesamtkosten mal 1000 und teilen dann das Ganze durch die CPM."

1. Erläutern Sie die Begriffe „Publisher" und „CPM"

2. Berechnen Sie, wie viele Anzeigenaufrufe mit einem Werbebudget von 40.000,00 € erzielt werden können.

INFORMATIONEN

Advertiser, die ihre Display-Anzeigen auf Webseiten schalten möchten, buchen passende Werbeplätze entweder direkt beim Betreiber einer Website, der seine Werbeflächen selbst vermarktet, oder bei einem Vermarkter oder Werbenetzwerk, die in der Regel die Werbeflächen im Auftrag mehrerer Publisher an Werbetreibende vermitteln. Die Werbemittel werden an den jeweiligen Vertragspartner übermittelt. Die Banner werden anschließend über einen Ad Server auf der vereinbarten Werbefläche der Website ausgeliefert und platziert.

Online-Mediaplanung

Die Online-Mediaplanung hat die Aufgabe zu entscheiden, für welche Werbeobjekte (z. B. einzelne Produkte oder Unternehmen) mit welchen Werbemitteln (z. B. Banner, Video) auf welchen Werbeträgern (z. B. Websites, Blogs, Portale) geworben werden soll. Außerdem müssen die Zielgruppe (z. B. nach soziodemografischen Kriterien und Interessen) definiert sowie zu erreichende Werbeziele (z. B. Nettoreichweite, Umsatz) und das zur Verfügung stehende Budget festgelegt werden. Während und nach Ablauf der Kampagne werden Werbewirkung und Erfolg anhand von KPIs (Key Performance Indicators, z. B. die Conversionrate) kontrolliert.

DEFINITION

Die **Nettoreichweite** zählt die Personen (Unique Visitors), die mindestens einen Kontakt mit dem Werbemittel hatten. Jede Person wird dabei nur einmal gezählt, unabhängig davon, wie häufig sie die Seite aufgerufen hat, auf der das Werbemittel eingeblendet wird.

Der **Unique User**, also der „einzelne Nutzer", ist die Basis der AGOF Internet Facts. Er drückt aus, wie viele Personen in einem bestimmten Zeitraum mindestens einen Kontakt mit einer Website bzw. einzelnen Belegungseinheiten hatten. Der Unique User ist die Grundlage für die Berechnung von Reichweiten und Strukturen von Online-Werbeträgern sowie von wesentlichen Faktoren für die Mediaplanung.

Für die geplanten Kampagnen können Werbeplätze über den klassischen Werbeeinkauf für eine bestimmte Anzahl von Einblendungen (Ad Impressions) innerhalb eines festgelegten Zeitraums gebucht werden. Eine weitere Möglichkeit besteht im datenbasierten und automatisierten Einkauf von Werbeflächen (vgl. Programmatic Advertising).

Die klassische Buchung der Onlinewerbung

Publisher und Vermarkter stellen im Internet umfassende Informationen zur Verfügung, um die Planung und Buchung von Display-Kampagnen für die Mediaeinkäufer der werbetreibenden Unternehmen möglichst einfach und kundenfreundlich zu gestalten. Dazu beschreiben sie ihr Portfolio, das sie vermarkten, ausführlich auf ihrer Website. Ein Portfolio besteht meist aus mehreren Websites, Portalen, Magazinen oder Marktplätzen, auf denen freie Werbeflächen verfügbar sind.

BEISPIEL Auszug aus dem Portfolio des Vermarkters united internet media:

Portale
- web.de
- gmx
- 1&1

Verzeichnismedien
- Das Telefonbuch
- Das Örtliche
- Gelbe Seiten

Außerdem veröffentlichen die Publisher im Internet ausführliche Preislisten, die detaillierte Mediadaten und weitere Informationen und Konditionen zur Belegung der Werbeflächen einzelner Websites mit Display-Ads enthalten:

- die Reichweite der Website in Millionen Unique Vistors, stationär und mobil
- soziodemografische Beschreibung der Zielgruppe des Werbeträgers, z. B. Geschlecht, Alter, Haushaltsnettoeinkommen, Bildung
- ggf. verschiedene Targeting-Methoden (z. B. Profile-Targeting, Geo-Targeting; vgl. Kap. 7.5 Targeting)
- Beschreibung der Bannerformate, ihrer Größe und Platzierung auf der Webseite für unterschiedliche Endgeräte (siehe Abbildung)
- Kombinationsbuchungen von Werbeformen und -formaten werden häufig zu einem bestimmten Festpreis angeboten
- Preise in Abhängigkeit vom Zeitpunkt (Tag, Kerngeschäftszeiten, Woche, Wochenende) und von der Anzahl der Ad Impressions innerhalb des Kampagnenzeitraums
- das Mindestbuchungsvolumen
- Möglichkeit des Frequency Capping (legt fest, dass ein bestimmter Besucher die Werbung nur x-mal pro Tag/Woche sieht)
- Abrechnungsmodelle: z. B. üblicherweise TKP (Tausender-Kontakt-Preis = Preis für 1000 Ad Impressions) oder seltener CPC (Cost per Click)
- Monitoring: Kontrolle der Werbewirkung

Beispiele für klassische Werbeplatzierungen

BEISPIEL für Werbeformen auf der Homepage der FAZ:

Kategorie 1
- Wallpaper (Online)
- 6:1-Banner, 4:1-Banner (Mobile)

Kategorie 2
- Billboard, Sitebar Ad, Fireplace, 4:1 Banner (Online)
- 2:1-Banner, 3:1-Banner (Mobile)

Bei der Online-Mediaplanung muss der Mediaeinkäufer des Unternehmens u. a. folgende Entscheidungen treffen:

- Welche Zielgruppe soll erreicht werden? (soziodemografische Merkmale wie Alter, Geschlecht)
- Welche Bannerarten/Werbemittel sollen verwendet werden (IAB-Standardwerbeformen, Native oder Interstitials, Mobile oder Video Ads, In Page oder In Stream usw.)?
- In welchem thematischen Umfeld soll die Werbung eingeblendet werden (z. B. Homepage oder ein bestimmtes Ressort (Politik, Sport, Kultur) einer Zeitung)?
- Für welche Endgeräte (Mobile, Desktop) wird die Kampagne geplant?
- In welcher Region soll die Anzeige erscheinen (Stadt, PLZ, Bundesland, national, international)?
- Wie hoch ist das Budget, das insgesamt sowie pro Tag eingesetzt werden soll?
- Wann soll die Kampagne beginnen und wann voraussichtlich enden?

DEFINITION _____

Die Zahl der **Ad Impressions** gibt an, wie oft ein Werbemittel auf einer Webseite eingeblendet wurde, unabhängig davon, ob der Nutzer das Banner wahrgenommen hat oder nicht.

Ad Impressions werden durch das Aufrufen einer Webseite durch den Nutzer ausgelöst, sofern auf der Webseite ein Werbemittel eingeblendet wird. Dies kann der Nutzer verhindern, wenn er einen Ad Blocker nutzt.

DEFINITION _____

Die **Bruttoreichweite** einer Kampagne entspricht der Zahl der Ad Impressions. Sie gibt die Zahl der Kontakte an, die die Zielgruppe mit einer Website bzw. einer Display Ad innerhalb eines bestimmten Zeitraums hatte, unabhängig davon wie viele Kontakte davon auf dieselbe Person entfallen. Die Bruttoreichweite gibt also keinen Aufschluss über die Zahl der erreichten Personen.

Buchung in passenden Umfeldern

Für ihre Display-Kampagnen suchen Advertiser nach einem redaktionellen Umfeld, das inhaltlich möglichst gut zu den Eigenschaften und Interessen ihrer Zielgruppe passt. Umgekehrt suchen auch die Publisher nach themenbezogener Werbung, die inhaltlich auf den redaktionellen Content abgestimmt ist. Werbung und Content sind fest miteinander verbunden. Alle Nutzer sehen dieselben Anzeigen.

Neben der Buchung einer zuvor genau definierten Werbefläche, auf der eine Display Ad erscheinen soll, werden weitere Buchungsformen unterschieden:

• Run of Channel

Die Auslieferung der Werbemittel kann websiteübergreifend in Content Channels (Themenkanälen) gebucht werden. Websites mit ähnlichen Themengebieten oder Zielgruppen werden von den Vermarktern zu Channels zusammengefasst.

Der Advertiser wählt für die Auslieferung seiner Onlinewerbung einen Content Channel aus, der zu seinem Produkt, das beworben werden soll, passt. Innerhalb dieses Themenkanals werden die Banner rotierend auf den dazugehörigen Websites eingeblendet. Die Auslieferung der Banner an die verschiedenen Websites eines Content Channels erfolgt über einen Ad Server.

Hier erreichen die Advertiser ihre Zielgruppe besonders gut. Für die Besucher der Websites eines Content Channels ist das beworbene Produkt aufgrund ihres Interessengebietes besonders relevant und ihre Kauf-

bereitschaft relativ hoch ist. Streuverluste können so minimiert werden.

— Gesundheit

Wir ermöglichen zielgruppenspezifische Kampagnen-Aussteuerungen im attraktiven Special Interest Umfeld **Health**. Unser hochwertiges Portfolio bietet Ihnen attraktive Angebote im Segment Gesundheit, Wellness und Ernährung und ist damit das passende Werbeumfeld, um die gesundheitsbewusste Frau im werberelevanten Alter zu erreichen.

Quelle: unbekannter Autor: Portfolio Display Rotationen, Run of Health. In: www.sevenonemedia.de. o. ED. https://www.sevenonemedia.de/digital/portfolio [10.12.2020].

• Run of Network

Die Display Ads eines Advertisers werden unabhängig von Inhalten in Banner-Rotation auf den verfügbaren Werbeflächen der Webseiten des gesamten Werbenetzwerks eines Vermarkters ausgespielt. Bei dieser Buchungsform sind die Streuverluste recht hoch, dafür sind die TKPs jedoch eher niedrig.

• Run of Site

Das Werbemittel rotiert innerhalb der Website eines Content-Anbieters, z. B. Banner, die im Wechsel auf allen Seiten der BRIGITTE-Ausgaben (BRIGITTE, BRIGITTE WIR und BRIGITTE WOMAN) vom Vermarkter platziert werden.

• Rubrik/Ressort

Besonders bei den Onlineausgaben von Zeitungen, Zeitschriften oder Magazinen können die Werbemittel in einer spezifischen Rubrik geschaltet werden, z. B. in den Ressorts Politik, Wirtschaft oder Sport. Die die konkrete Platzierung legt der Publisher fest. Wenn die Zielgruppe eines Werbetreibenden männlich, zwischen 30 und 49 Jahre und sportaffin ist, wird er Werbeflächen auf Webseiten einkaufen, die von dieser Zielgruppe besonders häufig besucht werden. Aufgrund der unzähligen Anbieter von Werbeinventar im Internet wird es für die Advertiser immer komplizierter, den richtigen Vermarkter mit den passenden freien Werbeflächen zu finden.

Real Time Advertising (RTA)

Display-Advertising ist grundsätzlich ein klassisches Werbeinstrument der Massenkommunikation, mit dem breite Zielgruppen in digitalen Massenmedien angesprochen und hohe Streuverluste in Kauf genommen werden.

Beim Real Time Advertising handelt es sich um sehr komplexe Technologien, die den Verkauf von Online-Werbeflächen und die Auslieferung der Werbemittel an sehr spitze Zielgruppen in Echtzeit möglich machen.

Werbung nach dem Gießkannenprinzip wird zunehmend zum Auslaufmodell. Die userbasierte Auslieferung von Werbung im Internet setzt sich immer weiter durch. Für 2021 wird damit gerechnet, dass 72 % der weltweiten digitalen Werbung programmatisch gehandelt werden. (**Real Time Bidding (RTB):** Zum Ablauf der Echtzeit-Auktionen siehe S. 325) verkauft und ausgeliefert.

Das automatisierte, datenbasierte digitale Marketing wird auch als Programmatic Advertising (automatische Werbung) bezeichnet. Für das datengetriebene Marketing werden große Mengen an Daten (Big Data) benötigt, die gesammelt, ausgewertet und für die zielgruppengenaue Platzierung der Onlinebanner genutzt werden. Es geht darum, die Bedürfnisse der Nutzer so gut wie möglich zu kennen und ihnen Dinge zu verkaufen, die sie benötigen bzw. Dinge, von denen sie noch gar nicht wissen, dass sie sie benötigen (360-Grad-Sicht auf den Kunden).

Beim Real Time Advertising werden nicht mehr Umfelder, sondern Zielgruppen eingekauft. Mithilfe von ausgefeilten Tracking- und Targeting-Methoden ist es möglich, dem jeweiligen Nutzer ganz individuell im richtigen Moment die für ihn relevante Werbebotschaft zu zeigen, völlig unabhängig von dem Inhalt der Website, auf der er sich gerade befindet.

BEISPIEL

Die 20-jährige kaufmännische Auszubildende und ein 55-jähriger Inhaber eines Handwerksbetriebs sehen sich dieselbe Webseite eines TV-Senders an. Dennoch werden ihnen völlig unterschiedliche Werbebanner angezeigt, weil die Auszubildende vorher nach veganen Kosmetikprodukten gesucht hat, während sich der Inhaber des Handwerksbetriebs zuvor im Internet über Werkzeuge informiert hat.

Das Targeting richtet sich beim Real Time Advertising also nicht mehr nach dem Umfeld („Ich platziere mein Banner für zwei Wochen auf Seite xy"), sondern wird ausschließlich von den Eigenschaften und Interessen der Zielgruppe bestimmt („Ich möchte mein Banner Nutzern zeigen, die …").

Werbetreibende können auch Bestandskunden und potenzielle Neukunden unterschiedlich ansprechen: Interessenten erhalten ein Basis- oder Einstiegsangebot (z. B. die Gartenmöbel-Grundausstattung zum attraktiven Setpreis). Bestandskunden werden dagegen ergänzende Produkte oder Komplementärprodukte zu den bereits gekauften Produkten angeboten, z. B. die passende Auflage für die Gartenliege oder das passende Leuchtmittel zur Lampe (Cross-Selling).

Digitale Werbung soll also für den Nutzer relevanter werden, um folgende Ziele zu erreichen:

- aus der Sicht der Publisher:
  - Monetarisierung ihrer Websites, Blogs etc.
  - optimale Ausnutzung aller Werbeflächen
- aus der Sicht der Advertiser:
  - zielgruppengerechte Auslieferung
  - individualisierte Werbebotschaften
  - Erhöhung der Klickraten
  - Verhindern von Bannerblindness und Bannerburn-out
  - Minimieren von Streuverlusten

Die an der Auktion beteiligten Akteure

Real Time Bidding (RTB) macht es möglich, dass Werbeinventar, das von den Publishern angeboten wird, in Echtzeit-Auktion innerhalb von ca. 100 Millisekunden an die Advertiser versteigert wird und dem interessierten Nutzer auf einer Webseite eingeblendet werden kann.

Hinter diesem Prozess steckt eine komplexe Technologie, an der nicht mehr nur Advertiser und Publisher beteiligt sind, die ihr Unternehmen oder ihre Produkte bewerben und ihre Werbeinventar monetarisieren möchten. Verschiedene Internetplattformen sorgen für die Versteigerung der Banner in Echtzeit und deren zielgruppengenaue Auslieferung.

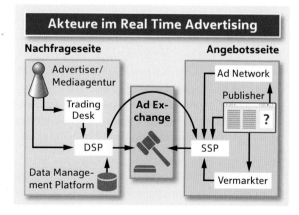

Ad Network

Ad Networks sind Werbenetzwerke für Onlinemedien. Sie bündeln alle nicht direkt verkauften Werbeflächen verschiedener Publisher und vermitteln sie datengetrieben (data driven) und unter Beachtung von Targetingvorgaben an die Advertiser.

Als Mittler zwischen Angebot (Publisher) und Nachfrage (Advertiser) ermöglichen sie Publishern, ihre Werbeflächen, die sie bisher nicht verkaufen konnten, zu vermarkten. Advertisern bieten sie die Chance, ihre Kampagnen über verschiedene Targeting-Techniken zielgruppengenau zu platzieren. Sie können den Erfolg ihrer Kampagne während der Laufzeit beobachten, optimieren und auswerten.

BEISPIELE für bekannte Ad Networks:

- Google Display Network (GDN)
- Undertone
- Adconion
- Adscale

Google Display Netzwerk (GDN)

Publisher von Millionen von Websites und Portalen mit unterschiedlichen Themenschwerpunkten nehmen über Google AdSense am Google Display Netzwerk (GDN) teil, z. B. Amazon, Spiegel Online und Heise. Das GDN ist eines der reichweitenstärksten Netzwerke weltweit.

Google AdSense ist das Tool für die Angebotsseite. Die Websitebetreiber nehmen daran teil, indem sie dort ihr Werbeinventar zur Versteigerung anbieten. Sie legen vorher fest, welche Inhalte von Anzeigen auf ihrer Seite nicht erwünscht sind und welche Flächen zur Verfügung stehen.

Die Advertiser ersteigern für ihre Banner und Kampagnen Werbeflächen auf den Webseiten des Werbenetzwerks, indem sie das Tool der Nachfrageseite, nämlich Google Ads (früher: Google AdWords), nutzen. Auf allen Werbeplattformen des Displaynetzwerks sowie auf YouTube etc. können viele verschiedene Anzeigenformate mit Text-, Bild- oder Videobannern geschaltet werden. Im Google-Ads-Richtliniencenter erhalten interessierte Merchants weitere Informationen über die Werberichtlinien, unzulässige Inhalte und technische Anforderungen.

Um die Auslieferung der Banner möglichst zielgruppengenau und effizient zu steuern, können die Werbetreibenden vielfältige Einstellungen auswählen, z. B. Gerätearten, Targeting-Techniken, Rotation sowie das Frequency Capping.

Das GDN ist für Werbetreibende besonders interessant, wenn sie Werbung für Nischenmarken oder sehr spezielle Themen machen. Aufgrund der großen Anzahl von Websites, die über das GDN miteinander vernetzt sind, besteht die Möglichkeit, auch bei spitzen Zielgruppen dennoch viele Nutzer zu erreichen.

Ad Server

Aufgrund der unzähligen Websites und vielfältigen Bannerformate und -funktionen ist es für einen einzelnen Anzeigenmitarbeiter nicht mehr möglich, die Übersicht darüber zu behalten, welche Werbeflächen für welche Zeiträume noch zur Verfügung stehen. Diese Aufgabe übernimmt nun der Ad Server.

Ein Ad Server stellt die technische Komponente des Ad Networks dar. Mit ihm ist es möglich, Ad Impressions zuverlässig auszuliefern, den Kampagnenverlauf auszusteuern sowie die Werbewirkung zu kontrollieren.

Die Dateien mit den Bannerdaten werden vom Advertiser an den Ad Server des Werbenetzwerks übermittelt (Hardware). Von dort aus werden die Display-Ads nach der Versteigerung auf den entsprechenden Webseiten platziert.

Die Software des Ad Servers überwacht die Werbekampagne und steuert sie nach den vom Advertiser festgelegten Kriterien, z. B. Bannerrotation, Wechselrhythmus, Frequency Capping, Laufzeit, Targeting und Umfeld. Außerdem erstellt der Ad Server das Reporting, mit dem der Werbeerfolg dokumentiert wird. Zum Beispiel werden die tatsächlichen Ad Impressions und Klicks gezählt sowie der RoI (Return on Investment) ermittelt.

Die Belegung der Werbeflächen über einen Ad Server ist aus der Sicht der Publisher viel einfacher und effizienter. Wird z. B. ein Werbeplatz für 15 000 Ad Impressions verkauft, kann die Ad-Server-Software den Werbeplatz automatisch an den nächsten Banner vergeben, sobald die Einblendungen erreicht sind.

BEISPIELE für bekannte Ad Server:

- Google-Ad-Manager (vormals: DoubleClick for Publishers (DFP) by Google)
- ADITION technologies
- AppNexus
- SpotX

Sell Side Platforms (SSP)

Eine Sell Side Platform (auch: Supply Side Platform; engl. to supply = anbieten, beliefern) vertritt in der Auktion die Publisher (Websitebetreiber, Vermarkter und Ad Networks), die ihre Werbeinventar monetarisieren wollen (Angebotsseite). Die Publisher geben ihr Inventar in das

System ein und die SSP entscheidet, welche Werbeflächen zur Auktion freigegeben werden, und legt die Mindestpreise fest.

Die SSP erhält mehrere Gebote auf eine Werbefläche von den mitbietenden DSP, also den Portalen der Nachfrageseite. Wie bei einer echten Auktion erhält der Höchstbietende den Zuschlag. Sein Banner wird dem Nutzer, der die Webseite mit der freien Werbefläche aufgerufen hat, eingeblendet. Dabei werden nur Banner berücksichtigt, deren Targeting-Kriterien zum Profil des Nutzers passen.

BEISPIELE für bekannte SSP:

- AppNexus
- PubMatic

Demand Side Platforms (DSP)

Eine Demand Side Platform (engl. to demand = nachfragen, abrufen) vertritt in der Auktion die Werbetreibenden, die ihre Banner auf freien Werbeflächen möglichst zielgruppengenau platzieren möchten (Nachfrageseite). Die DSP ist also das Gegenstück zur SSP.

DSPs bieten den Werbetreibenden die Möglichkeit, an Auktionen teilzunehmen, und bündeln die Nachfrage mehrerer Advertiser (einzelne Unternehmen, Agenturen, Ad Networks) für den Auktionsprozess. Es gibt eine große Auswahl an DSPs. Sie unterscheiden sich vor allem durch die Bidding-Prozesse und die Targeting-Möglichkeiten.

DSPs sind ebenso wie die SSPs Schnittstellen zu den verschiedenen Ad Exchanges, also den Marktplätzen, auf denen die Auktion stattfindet. Darüber hinaus ist eine DSP in der Regel mit einer DMP vernetzt und nutzt deren Daten für die Auktion.

Eine DSP hat den Überblick über das verfügbare Inventar und gibt im Auftrag des Advertisers Gebote für passende Werbeplätze ab. Dabei richtet sich die DSP nach der vom Werbetreibenden definierten Zielgruppe, den ausgewählten Targeting-Kriterien sowie nach dem angegebenen Budget. Sie entscheidet, welches Banner am besten zum Profil des Nutzers passt, der gerade die Website mit der zu vermittelnden Werbefläche angeklickt hat.

BEISPIELE für bekannte DSP:

- AppNexus
- Centro
- Amobee
- MediaMath
- theTradeDesk

Data Management Platform (DMP)

Genutzt werden DMPs vor allem von Advertisern und den angeschlossenen DSPs für ihr Datenmanagement. Eine Data Management Platform aggregiert Daten aus unterschiedlichen Quellen und stellt sie zu anonymen Nutzer-IDs zusammen. Durch die Zusammenführung der Daten soll die Datenqualität verbessert und das Zielgruppen-Targeting während der Auktion optimiert werden.

Folgende Datenquellen werden unterschieden:

- First Party Data: Kundendaten, die im eigenen Unternehmen gesammelt werden; Quellen: z. B. Login, Such- und Kaufverhalten, CRM-System
- Second Party Data: Daten, die das Unternehmen nicht selbst generiert hat, sondern First Party Data eines anderen Unternehmens, das seine Daten verkauft; Daten aus „zweiter Hand"
- Third Party Data: Daten von diversen Dritten, die hinzugekauft werden können; zusammengeführte Daten (demografische, soziodemografische ober verhaltensbezogene Merkmale von Nutzern anderer Websites, Social-Media-Plattformen, Dating- oder Shoppingplattformen)

DEFINITION

CRM (Customer Relationship Management) bedeutet Kundenbeziehungsmanagement. Ein CRM-System ist eine Software, die alle Kontaktdaten mit Kunden zentral erfasst und speichert. Dazu gehören unter anderem Anrufe, E-Mails, Besprechungen, Präsentationen und Anfragen, Angebote und Bestellungen. Alle Mitarbeiter haben darauf Zugriff. Wichtige Informationen sind stets verfügbar und können für die Erstellung neuer Angebote und die Kundenbeziehungspflege genutzt werden.

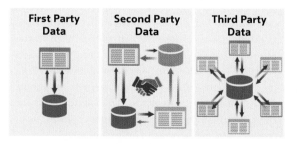

Die DMP verbindet Erst-, Zweit- und Dritt-Daten miteinander, um Zielgruppensegmente zu bilden und neue Nutzerprofile für die Ansprache von Neukunden zu gewinnen. Dazu werden aus den aggregierten und anonymisierten Daten statistische Zwillinge gebildet, die den Nutzerprofilen (soziodemografische Eigenschaften, Such- und Kaufverhalten) der eigenen Kunden ähneln.

Durch Verwendung solcher Lookalikes steigt die Wahrscheinlichkeit, dass die angesprochenen Neukunden ähnliche Kaufabsichten haben.

Eine DMP verarbeitet die ihr zur Verfügung stehenden Daten in Millisekunden und nutzt sie, um die passende Werbung auszuliefern. Je höher die Datenqualität im Augenblick der Gebotsabgabe ist, umso effizienter können die Werbemittel platziert werden.

BEISPIELE für bekannte DMP:

- Oracle BlueKai
- nugg.ad
- Salesforce

Ad Exchange

Ad Exchanges werden als elektronischer Marktplatz oder Online-Werbebörse bezeichnet. Auf diesen Technologie-Plattformen finden die Bannerauktionen statt. Eine Ad Exchanges ist ein Vermarktungskanal für Publisher und ermöglicht Advertisern den Zugriff auf aggregierte Werbeflächen verschiedener Anbieter.

Das Werbeinventar der Publisher wird über die SSPs angeboten und in Echtzeit-Auktionen (Real Time Bidding, RTB) automatisiert an die Werbetreibenden versteigert.

Die Preise für die Werbeflächen werden anhand der Gebote der Nachfrage (DSPs) in Echtzeit berechnet. Die digitale Anzeige des Höchstbietenden wird ausgeliefert und erscheint auf dem Bildschirm des Nutzers. Dies alles geschieht innerhalb von ca. 100 Millisekunden, während der Nutzer die Website aufruft.

BEISPIELE für bekannte Ad Exchanges:

- Google-Ad-Manager (vormals: DoubleClick Ad-Exchange by Google)
- Microsoft Advertising Exchange
- OpenX
- Rubicon Project

Ablauf der Auktion – Real Time Bidding

Real Time Bidding (engl. bidding – Abgabe von Geboten) bedeutet „Auktion in Echtzeit" und ist Teil des Programmatic Advertising.

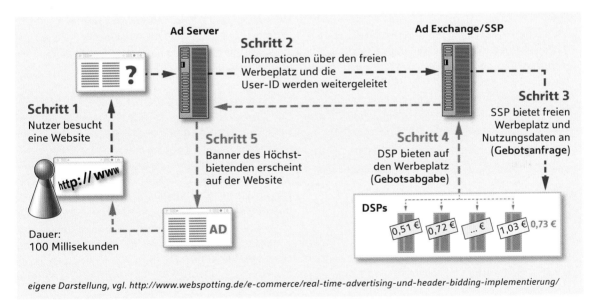

eigene Darstellung, vgl. http://www.webspotting.de/e-commerce/real-time-advertising-und-header-bidding-implementierung/

Schritt 1: Der Nutzer ruft eine Website auf, auf der freie Werbeflächen zum Verkauf stehen.

Schritt 2: Der angeschlossene Ad Server registriert den Zugriff des Nutzers auf die Website und kann ihn anhand seiner User-ID eindeutig identifizieren. Der Ad Server übermittelt die Informationen über den freien Werbeplatz und die Nutzerdaten an die SSP weiter.

Schritt 3: Nun beginnt die eigentliche Auktion auf dem elektronischen Marktplatz, der Ad Exchange. Die SSP bietet den freien Werbeplatz und die Nutzerdaten an (Bid Request, Gebotsanfrage). Daraufhin suchen DSPs in ihren Systemen nach Kampagnen der Werbetreibenden, deren Targeting-Kriterien mit den angegebenen Nutzereigenschaften möglichst genau übereinstimmen. An der Auktion nehmen nur Advertiser teil, wenn der Nutzer zu ihrer Zielgruppe gehört, d. h. wenn das Werbemittel für diesen Nutzer relevant ist.

Schritt 4: Anschließend geben die DSPs im Auftrag der ausgewählten Werbetreibenden unterschiedliche Gebote für den Werbeplatz ab (Bid Response, Gebotsabgabe). Die Ad Exchange verkauft die Ad Impression an den Werbetreibenden mit dem höchsten Gebot. Der Preis für die Ad Impression richtet sich jedoch nicht nach dem höchsten Gebot, sondern ist um einen Cent teurer als das zweithöchste Gebot. In dem im Schaubild dargestellten Beispiel sind das also 0,73 €.

Schritt 5: Das Werbebanner des Gewinners wird an die SSP übermittelt und über den Ad Server des Ad Networks ausgeliefert. Die Website wird geladen und das Werbebanner erscheint auf dem Bildschirm des Nutzers. Die Auktion findet statt während sich die Webseite aufbaut. Zwischen dem Anklicken der Seite durch den Nutzer und dem Erscheinen der Display Ad vergehen ca. 100 Millisekunden.

Vergütungsmethoden

Im Wesentlichen wird die Buchung von Onlinebannern durch zwei Preismodelle abgerechnet.

- **CPM (Cost per Mille), auch Tausender-Kontaktpreis (TKP)**
  Die Werbekosten werden pro Tausend Ad Impressions (Einblendungen, Sichtkontakte) abgerechnet. Dieses Modell ist auch im Printbereich üblich. Es wird hauptsächlich verwendet, wenn die Markenbekanntheit durch größere Sichtbarkeit gesteigert werden soll. Bei den Nutzern soll durch möglichst viele Einblendungen mehr Aufmerksamkeit für die Marke erreicht werden.

  Ob die Anzeige auch im sichtbaren Bereich erscheint oder der Nutzer sie aus anderen Gründen nicht wahrnimmt, ist jedoch nicht gewährleistet. Dennoch zahlt der Werbetreibende auch in diesen Fällen für die Auslieferung der Werbebanner.

- **CPC (Cost per Klick)**
  Bei diesem Abrechnungsmodell zahlt der Werbetreibende nicht für jede Einblendung seiner Banner auf einer Webseite, sondern erst dann, wenn der Besucher

auf die Anzeige klickt und dadurch auf die Landingpage oder Website des Werbetreibenden gelangt. Dieses Modell stellt sicher, dass der Werbetreibende nur dann zahlt, wenn zumindest auch der Traffic auf seine eigene Seite zunimmt.

Programmatic Advertising im Post-Cookie-Zeitalter

Einerseits hinterlassen Menschen immer mehr Daten im Internet, der E-Commerce boomt und bekommt durch die Coronakrise einen enormen Wachstumsschub, aber auch die Information und Kommunikation im Netz nehmen erheblich zu. Die vielfach durch Cookie-Tracking erhobenen Third-Party-Daten werden für die personalisierte Werbung genutzt, die datengetrieben und mit hochentwickelter Technik zielgenau ausgesteuert wird. Die Customer Journey der Nutzer wird immer genauer verfolgt und um die Gunst der Nutzer wird mit immer individuelleren Botschaften geworben. Die Daten sind die Geschäftsgrundlage für die programmatische Werbung, die automatisierten Auktionen von Werbeflächen im Internet, deren wichtigstes Ziel die Steigerung der Conversionrate ist und bleibt. Andererseits wird den Adtech-Unternehmen durch die Datenschutzbestimmungen und Browser, die die Speicherung der Cookies verhindern, diese Geschäftsgrundlage entzogen.

Deshalb werden Alternativen zum Cookie benötigt, die die Identifizierung individueller Profile und eine personalisierte Werbung weiterhin technisch möglich machen. In diesem Zusammenhang werden First-Party-Daten wichtiger werden. Die Website-Betreiber werden die Login-Daten ihrer Kunden in Zukunft stärker nutzen, um das Nutzerverhalten zu analysieren und ihr Kaufverhalten vorherzusagen. Fachleute vermuten, dass sich Advertising-Identity-Lösungen, die personenbezogene Identifier speichern und pseudonymisierte Profile wiedererkennen können, durchsetzen werden. Doch auch dafür ist die Einwilligung der Nutzer notwendig.

AUFGABEN

1. Was ist das Ziel der Online-Mediaplanung?

2. Was versteht man unter der Nettoreichweite?

3. Erläutern Sie den Begriff „Unique User".

4. Wie läuft die klassische Buchung der Online-werbung ab?

5. Welche Entscheidungen muss der Einkäufer von Online-Werbemaßnahmen im Rahmen seiner Online-Mediaplanung treffen?

6. Was geben Ad Impressions an?

7. Was versteht man unter der Bruttoreichweite?

8. Unterscheiden Sie Run of Channel und Run of Network.

9. Wodurch unterscheidet sich das Real Time Advertising von der klassischen Onlinewerbung?

10. Was sind Ad Networks?

11. Führen Sie Beispiele für Ad Networks auf.

12. Was ist ein Ad Server?

13. Erläutern Sie die Begriffe
    a) Sell Side Platform
    b) Demand Side Platform

14. Wie läuft Real Time Bidding ab?

15. Führen Sie zwei wesentliche Vergütungsmethoden bei der Buchung von Onlinebannern auf.

16. Die Exclusiva GmbH möchte eine neue Warengruppe einführen. Bei den dafür infrage kommenden Zielgruppen möchte sie daher eine Werbekampagne durchführen, um die Warengruppe bekanntzumachen und auch erste Umsätze zu generieren. Die Exclusiva GmbH ist bereit, 40.000,00 € für diese Werbemaßnahme auszugeben. Die Werbekampagne soll 800 000 Aufrufe enthalten. Berechnen Sie die Kennzahl CPM. Verwenden Sie dazu die folgende Berechnungsformel:

$$CPM = \frac{Kosten}{Aufrufe} \cdot 1000$$

17. Die Tom Horst KG möchte eine Werbekampagne durchführen. Eine Agentur, die Werbeflächen im Internet vermietet, garantiert eine CPM-Rate von 30. Wie viel kostet die Werbekampagne, wenn 1 Million Aufrufe erzielt werden sollen?

ZUSAMMENFASSUNG

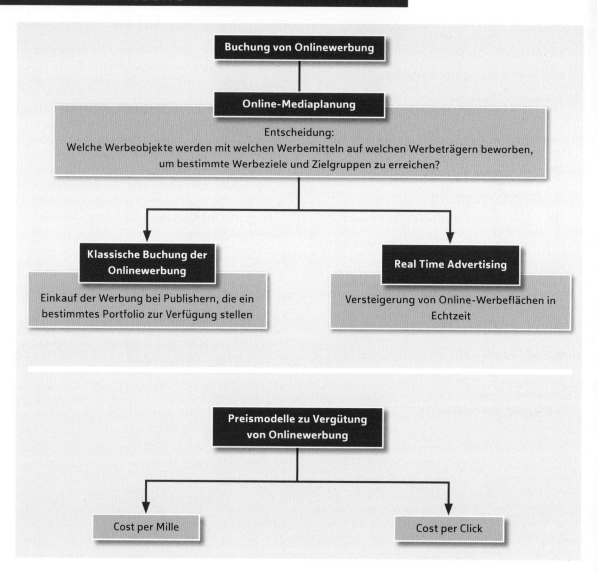

7.7   Search Engines

Einstieg

Der Abteilungsleiter für den Bereich Onlinevertrieb, Herr Brand, hat einen Anruf von einer Onlinemarketing-Agentur erhalten, die die Exclusiva GmbH im Bereich Onlinemarketing unterstützen möchte. Herr Brand gibt Andreas Seeger den Auftrag, über die Firma im Internet zu recherchieren. Andreas verschafft sich mittels einer Suchmaschine einen Überblick über die Agentur. Auf ihrer Webseite gibt sie verschiedene Dienstleistungen im Bereich Suchmaschinen-Marketing an. Andreas fragt sich nun, wie sich eine Suchmaschine eigentlich zusammensetzt und wie diese funktioniert.

1. Welche Suchmaschinen kennen Sie?

2. Nennen Sie die Ihnen bekannten Bestandteile einer Suchmaschine.

INFORMATIONEN

DEFINITION

Suchmaschinen sind technisch komplexe Onlineprogramme basierend auf Browser- oder App-Installationen.

Suchmaschinen stehen hierbei jedem Nutzer kostenlos zur Verfügung und können selbstständig die im Internet veröffentlichten Websites durchsuchen und deren Inhalte, ähnlich wie in einem Katalog, aufbereiten. Die katalogisierten Inhalte werden danach in einer Ergebnisliste, je nach Relevanz zum eingegebenen Suchbegriff, sortiert und dargestellt.

Webkataloge

Die Vorgänger von Suchmaschinen waren Webkataloge. Diese stellten die einzige Möglichkeit dar, einen Überblick über die vielen veröffentlichten Websites zu erhalten. Jedoch war die Art der Katalogisierung recht aufwendig, da alle Websites manuell erst geprüft werden mussten, bevor diese in den Webkatalog aufgenommen wurden. Zusätzlich wurden Tag für Tag immer mehr Websites ins **World Wide Web** veröffentlicht, sodass man den Anforderungen der digitalen Katalogisierung nicht mehr gewachsen war.

Somit wurde nach einer Möglichkeit gesucht, Websites automatisch in einen Katalog aufzunehmen, diesen zu durchsuchen und die Ergebnisse dieses Kataloges sortiert auszuspielen.

Suchmaschinen sollten die folgenden Aufgaben erfüllen:

- Suche nach neuen Websites und Webseiteninhalten
- Speicherung und Indexierung von neuen Inhalten im Internet
- Generierung von Suchergebnisseiten (SERPs)

Historie der Suchmaschinen

Bei der Suche nach einer Alternative zu Webkatalogen entstand an der McGill Universität in Montreal im Jahr 1990 die erste Suchmaschine namens „Archie". Der Vorreiter von Suchmaschinen, wie wir sie heute kennen, konzentrierte sich auf die Durchsuchung von Dateien und Ordnern in FTP-Verzeichnissen.

BEISPIEL

Über einen FTP-Server (File Transfer Protocol) werden Dateien sowohl in- als auch extern zur Verfügung gestellt. Diese Dateien können von anderen Standorten jederzeit heruntergeladen werden.

„Archie" sammelte Daten, sortierte diese und bereitete die durchsuchten Informationen anschließend für den Nutzer auf. Die Suchmaschine konnte zu diesem Zeitpunkt jedoch noch keine Texte durchsuchen. Dennoch war „Archie" bis 1994 die einzige „Suchmaschine" und gilt deshalb zu Recht als deren Vorreiter.

Mit der Freigabe des Word Wide Webs zur kostenlosen Nutzung im Jahr 1993 entstanden im Zuge dessen Jahr für Jahr neue Suchmaschinen. Bald gab es nicht mehr nur Suchmaschinen, die von Universitäten entwickelt wurden, sondern auch viele andere, die im Namen von kommerziellen Unternehmen auf den Markt kamen. Die erste Suchmaschine, so wie wir sie heute kennen, war **„Lycos"**.

„Lycos" konnte sowohl Worthäufigkeiten der Suchbegriffe als auch die Nähe der Suchbegriffe untereinander in den Dokumenten und Dateien untersuchen. Innerhalb kürzester Zeit folgten viele weitere namenhafte Suchmaschinen, die auch heute noch jeder kennt, darunter unter anderen „Google" oder „Yahoo".

Im Jahr 1998 fiel der Startschuss für den heutigen Marktführer „Google". Schon damals zeichnete sich „Google" durch ein modernes und übersichtliches Design und durch eine hohe Benutzerfreundlichkeit aus. Zusätzlich lieferte der Google Algorithmus relevante Suchergebnisse, und das ist einer damaligen erstaunlichen Geschwin-

digkeit. Während „Google" eine immer größere Marktpositionierung erlangte, kooperierten die Konkurrenten „Microsoft" und „Yahoo". So übernahm Microsoft die Algorithmen von „Yahoo" für seine eigene Suchmaschine „Bing". Das Ziel dieses Zusammenschlusses war es, die Wettbewerbsfähigkeit gegenüber „Google" zu erhöhen.

Da „Google" jedoch immer weitere Produkte und Leistungen, wie beispielsweise Google Bilder, Google Maps, GMail ect., auf den Markt brachte, konnte der Zusammenschluss das gewünschte Ziel jedoch nicht erreichen.

Mit der hohen Qualität, die „Google" vorgibt, ist es nicht verwunderlich, dass die Suchmaschine auch heute noch in Deutschland und vielen anderen Ländern der Welt, Marktführer im Segment der Suchmaschinen ist.

Funktion von Suchmaschinen

Suchmaschinen funktionieren ähnlich wie Bibliotheken. Denn auch dort findet man alle Informationen ordentlich sortiert nach vielen unterschiedlichen Themenbereichen. Während in Bibliotheken z. B. die Bibliothekarin bei der Bereitstellung der Informationen zuständig ist, helfen bei Suchmaschinen sogenannte **„Webcrawler"** (auch Bots, Spider genannt). Webcrawler sind Soft- und Hardware-Systeme, die kontinuierlich das World Wide Web nach neuen Inhalten durchsuchen und diese Informationen auf Servern ablegen. Die Server befinden sind weltweit in verschiedenen Datenbankzentren. Anschließend werden alle gesammelten Informationen durch Datenbanksysteme in einem Katalog (Index) aufbereitet. Der **Index** ist der wichtigste Teil einer Suchmaschine.

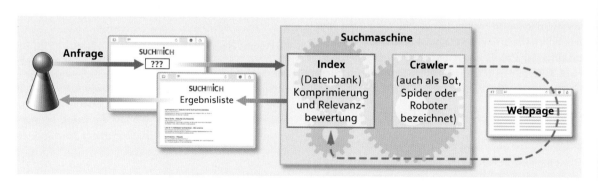

Bei der Eingabe von Suchbegriffen (auch Keywords genannt) in die Suchmaschine wird hierbei nicht mehr das ganze Internet, sondern nur der Index der Suchmaschine durchsucht. Diese bereitet anhand der Keywords relevante Suchergebnisseiten (**SERPs – Search Engine Result Pages**) auf.

Der **Algorithmus der Suchmaschine** legt dann das Ranking, also die Aufstellung der Suchergebnisse, anhand von vielen teilweise unbekannten Kriterien fest. Hierbei ist die erste Position einer SERP das relevanteste Suchergebnis zum Keyword und daher besonders für Unternehmen interessant.

SERPS von Google

Je nach Suchanfrage können die SERPs in Google unterschiedlich aussehen. Jedoch lassen sich die Suchergebnisseiten von Google immer in drei große Teilbereiche einteilen:

- Bezahlte Suchergebnisse
- Organische Suchergebnisse
- Knowledge Panel/Google My Business

Die **bezahlten Suchergebnisse** nehmen in der Google Suche einen großen Stellenwert ein und stehen in der Regel über oder rechts neben den **organischen Suchergebnissen**. Sie besetzen fast immer, die ersten Ergebnispositionen und werden unter anderem durch die die Klickrate, den Klickkosten und dem Qualitätsfaktor in eine relevante Reihenfolge gebracht. Weitere Informationen zu den bezahlten Suchergebnissen und dem Thema Suchmaschinenwerbung erfahren Sie im Kapitel 7.9.

Unter den bezahlten Suchergebnissen stehen die organischen Suchergebnisse, die mittels des Algorithmus in ein zum Suchbegriff **relevantes Ranking** gebracht werden. Die organischen Suchergebnisse nehmen innerhalb der SERPs den meisten Platz ein.

Bei gewissen Suchanfragen kann neben den Suchergebnissen ein Knowledge Panel oder ein „Google My Business"-Eintrag angezeigt werden. Der Knowledge Panel wird oft bei allgemeineren Suchanfragen geschaltet. Er besteht aus zusätzlichen Informationen zum Suchbegriff.

BEISPIEL

Im Knowledge Panel können je nach Suchbegriff unterschiedliche Informationen ausgespielt werden. Folgende zusätzliche Informationen werden beim Suchbegriff „Google" im Knowledge Panel angezeigt:

- Ausschnitt aus dem Wikipedia Eintrag
- Name des CEO
- Gründungsdatum des Unternehmens
- Angaben zur Zentrale
- Nennung der Tochterunternehmen
- Namen der Gründer

Googles „Knowledge Panel", hier für Verlage und Publisher

Der „Google My Business"-Eintrag wird bei regionalen Anfragen, wie beispielsweise der Suche nach einem Restaurant oder einem anderen lokalen Ladengeschäft gezeigt. Google My Business ist das Online-Branchenbuch von Google, das wesentliche Informationen zu örtlichen Geschäften, wie Öffnungszeiten, Adresse und Telefonnummer uvm., beinhaltet.

Google My Business Eintrag

Arten von Suchmaschinen

Man unterscheidet:

- Indexbasierte Suchmaschinen
- Metasuchmaschinen
- Katalogbasierte Suchmaschinen (Webkataloge)
- Spezialsuchmaschinen
- Hybridformen

Indexbasierte Suchmaschinen

Die indexbasierte Suchmaschine ist der Klassiker unter den Suchmaschinen. Unter dieser Art von Suchmaschinen fallen unter anderem Google, Bing, Baidu, Yandex und viele mehr. Wie schon im oberen Absatz erklärt, crawlen diese Suchmaschinen das World Wide Web und legen die gefundenen Informationen in Form eines Index an. Auf diesen Index wird bei einer Suchanfrage zurückgegriffen und die Suchergebnisse mithilfe des Algorithmus nach **Relevanz** dargestellt.

Metasuchmaschinen

Metasuchmaschinen werden im Gegensatz zu indexbasierten Suchmaschinen nur noch selten verwendet. Diese Art von Suchmaschinen greift auf verschiedene Datenbestände von unterschiedlichen Suchmaschinen zurück. Grundsätzlich dauert bei Metasuchmaschinen eine Suchanfrage etwas länger, da die Suchmaschine erst auf die Antwort aller befragten Suchmaschinen warten muss. Außerdem sind die SERPs kritisch zu betrachten, da hier die Suchergebnisse teilweise nach **Mehrheitsfindung** dargestellt werden und nicht etwa nach Relevanz.

Spezialsuchmaschinen

Diese Art von Suchmaschinen versucht nicht alle Websites in einen Index aufzunehmen, sondern sich eher einem **bestimmten Themenfeld** zu widmen. Die Definition einer Spezialsuchmaschine ist recht schwierig, da es viele Überschneidungen zu spezialisierten Webkatalogen und Themen-Websites gibt. Beispielsweise können Ebay.de oder Amazon.de neben E-Commerce-Anbietern auch als Produktsuchmaschine bezeichnet werden. Gleiches gilt für das Google Produkt „Google Shopping", welches hier in erster Linie als Produktsuchmaschine bezeichnet wird. Andere Beispiele für Spezialsuchmaschinen wären Preissuchmaschinen, wie check24.de, oder YouTube als Video-Suchmaschine. Außerdem gibt es noch verschiedene Suchmaschinen für die Themen Steuern, Recht oder Medizin.

Hybridformen

Suchmaschinen als Hybridformen besitzen einen eigenen **kleineren Index** und befragen zusätzlich auch andere Suchmaschinen bei Suchanfragen. Hierbei werden mit Hilfe des Algorithmus die SERPs aus allen Quellen kombiniert.

Suchmaschinen und deren Nutzer

Suchmaschinen sind aus unserem Alltag nicht mehr wegzudenken. Die Suchanfragen, die über Google und Co. kommen, sind hierbei dynamisch. Gibt der Nutzer anfangs noch eine sehr allgemeine Suchanfrage ein, wird er im nächsten Schritt doch viel spezifischer, um die gewünschten Informationen zu erhalten. Daher ist es für Unternehmen und Websitebetreiber besonders wichtig zu wissen, was die Nutzer auf ihren Websites suchen bzw. erwarten zu finden. So kann man grundsätzlich das Suchverhalten der Nutzer in drei verschiede Muster kategorisieren:

- Navigationsorientiert
- Informationsorientiert
- Transaktionsorientiert

Navigationsorientiertes Nutzerverhalten

Die Nutzer suchen bei einem navigationsorientierten Suchanfrage bereits gezielt nach Seiten, die der Nutzer kennt oder von denen er annimmt, dass diese existieren. Das können beispielsweise Namen, Marken, Orte etc. sein. Auch typische Unterseiten, die man als Nutzer erwartet, können Ergebnis einer navigationsorientierten Suchanfrage sein (wie Kontakt-, Anfahrts-, Jobseiten).

Informationsorientiertes Nutzerverhalten

Bei informationsorientierten Suchanfragen möchten die Nutzer in der Regel Fragen beantwortet haben, d. h. Informationen suchen und erhalten und Wissen aufbauen. Die Nutzer haben hierbei keine direkte Absicht, Waren zu kaufen oder Dienstleistungen in Anspruch zu nehmen. Vor allem Content-lastige Websites mit informativen Grafiken oder Videos, Texten und Tabellen sind typische Seiten für diese Art von Suchverhalten. Haben die Nutzer die gesuchten Informationen aus den Ergebnissen herausgefunden, ist das Informationsbedürfnis befriedigt und es erfolgt meist keine weitere Interaktion mit der Website. Da vor allem bei informationsorientierten Suchanfragen oftmals Wikipedia in den SERPs auftauchte, hat Google dementsprechend reagiert und Wikipedia in den „Knowledge Graph" integriert. Mit dem Knowledge Graph zeigt Google dem Nutzer zusätzliche Informationen zu seiner Anfrage.

Transaktionsorientiertes Nutzerverhalten

Transaktionsorientiertes Suchverhalten beinhaltet meist eine Kaufabsicht, eine Registrierung oder Ähnliches. Hierbei weiß der Nutzer genau, was er möchte, und ist dahingehend vor allem für Suchmaschinenmarketing empfänglich. Von diesen Suchanfragen profitieren vor allem Betreiber von Onlineshops oder Datenbanken für Musik, Bilder und Videos sowie Anbieter unterschiedlicher Onlineangebote.

BEISPIEL

Navigationsorientierte Suchanfrage
- „Westermanngruppe, Kontakt", „google.de", Siemens

Informationsorientierte Suchanfrage
- Wie bindet man eine Krawatte, Wetter in Braunschweig

Transaktionsorientierte Suchanfrage
- Schulbücher bestellen, Auto mieten

Herausforderung heutiger Suchmaschinen

Mit dem stetigen Wandel der Digitalisierung gibt es immer wieder neue Herausforderungen, denen sich die Suchmaschinenbetreiber heute stellen müssen. Denn vor dem internetfähigen Endgerät sitzt immer noch ein Mensch, der mit dem Keyword „Laster" sowohl einen Lkw als auch eine schlechte Angewohnheit meinen kann und der mit dem Keyword „Auto Reparatur" auch Suchergebnisse zum Keyword „Auto reparieren" angezeigt bekommen möchte. Die Berücksichtigung von Synonymen ist hierbei nur eine der vielen Herausforderungen an Suchmaschinen.

Des Weiteren können Suchmaschinen nur bedingt Tipp- und Schreibfehler in Suchanfragen erkennen und andere grammatikalische Formen eines Suchbegriffs nicht eindeutig zuordnen. So kommt es vor, dass auf die Suchbegriffe „Blume" und „Blumen" ganz andere SERPs gelistet werden.

Da viele Websitebetreiber regelmäßig ihre Website aktualisieren, sind auch hier die Suchmaschinenbetreiber gezwungen, ihre Webcrawler ständig nach neuen Inhalten suchen zu lassen. Auch müssen bereits indexierte Inhalte auf Aktualität geprüft werden, was hohe Anforderungen an die Netzwerksituation der Suchmaschinen stellt. Gleichzeitig spielen hierbei auch die Datenmenge und die kurzen Antwortzeiten auf eine Suchanfrage eine große Rolle.

In vielen Ländern, in denen Suchmaschinen vertreten sind, gibt es dazu auch noch verschiedene rechtliche Grundlagen vor allem in Bezug auf den Datenschutz und jugendgefährdende Inhalte. So werden alle Suchanfragen in Deutschland vorher von der Bundesprüfstelle für jugendgefährdete Medien überprüft und gegebenenfalls als jugendgefährdend eingestuft und somit nicht in den Suchmaschinen gezeigt.

Die größten Herausforderungen im Überblick:

- Aktualität des Index
- Einhaltung der Datenschutzbestimmungen
- Grammatik und Mehrdeutigkeit von Suchbegriffen
- Technische Anforderungen an die Suchmaschine (Geschwindigkeit)
- Benötigte Datenmengen und resultierend daraus mehr Platz in Datenbankzentren

AUFGABEN

1. Was ist eine Suchmaschine?

2. Worin unterscheiden sich Suchmaschinen und Webkataloge?

3. Welche Funktion hat ein Webcrawler?

4. Nennen Sie zwei Aufgaben von Suchmaschinen.

5. Beschreiben Sie den Ablauf, nachdem eine Suchanfrage an eine Suchmaschine abgegeben wurde.

6. Erläutern Sie zwei Arten von Suchmaschinen.

7. Nennen Sie drei Muster von Suchmaschinennutzern.

8. Recherchieren Sie nach zwei Beispielen für ein Knowledge Panel. Welche Inhalte werden Ihnen angezeigt?

9. Verwenden Sie die Google-Suche und suchen Sie nach den Keywords „Blume" und „Blumen". Welche Unterschiede stellen Sie fest?

10. Erklären Sie den Unterschied zwischen der Suchmaschine „Archie" und der heutigen Suchmaschine „Google".

11. Nennen Sie je zwei weitere Beispiele aus dem alltäglichen Leben für eine navigationsorientierte, informationsorientierte und transaktionsorientierte Suchanfrage.

12. Informieren Sie Ihre Mitschüler über Alternativen zur Suchmaschine Google. Recherchieren Sie dazu im Internet.

ZUSAMMENFASSUNG

Suchmaschinen

→ basieren auf komplexen Onlineprogrammen
→ unabdingbar für eine schnelle, einfache sowie übersichtliche Verwendung des World Wide Webs
→ generieren Suchergebnisseiten (SERPs)
→ indexieren neue Websites und Webseiten

Funktion

Crawler

- durchsuchen das Internet nach neuen Inhalten
- legen die Inhalte auf Servern in Datenbankzentren ab

Suchmaschinen

- katalogisieren die Inhalte und nehmen sie in einen Index auf
- durchsuchen innerhalb von Sekunden den Index auf Ergebnisse zu einer Suchanfrage
- stellen die Ergebnisse in den SERPs übersichtlich zur Verfügung

Arten von Suchanfragen

Navigationsorientierte Suchanfrage:	Informationsorientierte Suchanfrage:	Transaktionsorientierte Suchanfrage:
Der Nutzer weiß genau, was er möchte, und sucht gezielt nach einer Webseite, Personennamen, einer Marke o. Ä.	Der Nutzer möchte eine Frage beantwortet haben, er sucht nach Informationen, um Wissen zu erlangen.	Der Nutzer hegt eine Absicht zum Kauf, zu einer Registrierung oder Ähnlichem und ist dahingehend am nächsten an einer Conversion.

7.8 Search Engine Optimizing

Einstieg

Nachdem sich Andreas Seeger bei der Internet-Recherche bewährt hat, erhält er nun den Auftrag, nach verschiedenen Onlinemarketing-Agenturen zu „googeln", die die Abteilung Onlinevertrieb der Exclusiva GmbH bei der Umsetzung von verschiedenen Onlinemarketing-Maßnahmen unterstützen sollen. Andreas stößt auf den Websites der Agenturen immer wieder auf das Leistungsangebot „Search Engine Optimizing".

1. Was stellen Sie sich unter „Search Engine Optimizing" vor?

2. Welche Leistungsangebote können Onlinemarketing-Agenturen außerdem anbieten?

INFORMATIONEN

Im vorangegangenen Kapitel gab es einen ersten Überblick über das Thema Suchmaschinen. Im Laufe der letzten Jahrzehnte haben nicht nur Suchmaschinen einen immer größeren Stellenwert für private Nutzer bekommen, auch Unternehmen, Händler oder Institutionen haben Suchmaschinen für ihr Geschäft neu erfunden. Vor einigen Jahren noch reichte eine Eintragung mit der eigenen Website in der Suchmaschine Google aus. Dabei spielte es keine Rolle, auf welchem Platz man als Websitebetreiber stand. Die Hauptsache war, man war gelistet und wurde von den Crawlern der Suchmaschinen entdeckt. Der Anspruch der Websitebetreiber, indexiert zu werden und dadurch für die Internetgemeinde präsent zu sein, wurde damals schon geprägt.

Heute sind die **obersten und somit besten Positionierungen** für unterschiedliche Suchbegriffe hart umkämpft. Mit dem Anstieg der Nutzung von mobilen Endgräten gewann der Wettbewerb um die besten Rankingplätze an Schärfe. Die **Optimierung der Suchergebnisse** wurde ein immer wichtigeres Thema in der Onlinewelt.

DEFINITION

Suchmaschinenoptimierung, engl.: **Search Engine Optimization**, kurz: **SEO**, ist eine Onlinemarketing-Maßnahme mit dem Ziel, die organischen Suchergebnisse zu unterschiedlichen Suchbegriffen besser in den Suchergebnisseiten zu platzieren.

Suchmaschinenoptimierung ist heute eine der wichtigsten Onlinemarketing-Maßnahmen für Unternehmen und gefragter denn je. Im Prinzip funktioniert die SEO folgendermaßen: Um das Ranking auf bestimmte Suchbegriffe oder auch Keywords zu verbessern, werden durch SEO sogenannte „**Rankingfaktoren**" bearbeitet. Es gibt unzählige, teilweise unveröffentlichte Rankingfaktoren. Hier ein Auszug:

Rankingfaktoren

- Content-Qualität (Rechtschreibung, Grammatik, Relevanz, Formatierung, Länge der Texte usw.)
- Duplicate Content (Bsp. doppelte Texte auf der Website)
- Aktualität der Website und deren Content
- Alter der Website
- User Experience auf der Website
- Klickrate, Verweildauer, Absprungrate
- Interne und externe Links
- Technische Anforderungen
- uvm.

In der Suchmaschinenoptimierung wird an all diesen Rankingfaktoren kontinuierlich gearbeitet. So gibt es innerhalb der SEO ein umfangreiches Aufgabenspektrum, wobei sowohl technische, betriebswirtschaftliche als auch textsichere Anforderungen an die SEO gestellt werden. Mithilfe dieser Rankingfaktoren ermittelt Google, wer auf den oberen Rankingpositionen stehen kann.

Ziele von Suchmaschinenoptimierung

- Verbesserung der Auffindbarkeit eines Angebots oder einer Webseite durch bestmögliche Rankingplatzierung auf festgelegte Keywords
- Optimierung der Darstellung und Erscheinung der Suchergebnisse
- Optimierung der Erwartung auf die Suchergebnisse durch Schaffen eines Mehrwerts für Nutzer

Grundsätzliches zur Suchmaschinenoptimierung

Ein wichtiger Grundsatz, um Suchmaschinenoptimierung zu verstehen, ist, sich bewusst zu werden, dass Suchmaschinenbetreiber wie Google niemals ihren Suchalgorithmus verraten werden. Die Suchergebnisse können nicht manipuliert werden, und trotz aller Bemühungen, Strategien und analytischem Denken weiß kein Suchmaschinenoptimierer, wie SEO wirklich funktioniert. Auch die Mitarbeiter der Suchmaschinen bewahren Stillschweigen. Deshalb ist die Suchmaschinenoptimierung durch **Experimente, Beobachtungen und strategisches Denken** geprägt.

Hilfestellungen geben Google und Co. durch sogenannte „Verhaltensregeln", beispielsweise die „Google Webmaster Guidelines". Suchmaschinenoptimierer haben mit der Befolgung der Richtlinien die Möglichkeit, dass ihre Seite besser indiziert werden kann. Außerdem gibt es eine Auflistung der Verfahren, die Google als Verstöße gegen diese Richtlinien wertet und die zur Abwertung bis hin zum Ausschluss einer Website aus dem Google-Index führen können.

In der Praxis ist es nicht immer möglich, alle Richtlinien zu befolgen, da SEO keine Kunst ist, die mit Einhaltung der Richtlinien über Nacht voll entfaltet werden kann. Schnelle und günstige Suchmaschinenoptimierung ist nicht ohne ein gewisses Risiko zu stemmen. Möchte man als Unternehmen einen **nachhaltigen Effekt** durch Suchmaschinenoptimierung erzielen, empfiehlt es sich, Optimierungsmaßnahmen mit Geduld und ohne Abstrafungen durchzuführen, um den größtmöglichen Erfolg zu erzielen.

Richtlinien für Webmaster

Wenn du die unten stehenden Allgemeinen Richtlinien von Google einhältst, können wir Ihre Website leichter finden, indexieren und platzieren.

Wir empfehlen dringend, auch die Qualitätsrichtlinien weiter unten zu beachten. In diesen Richtlinien werden einige der unerlaubten Verfahren beschrieben, die zur endgültigen Entfernung einer Website aus dem Google-**Index** oder zu einer sonstigen Beeinträchtigung durch automatische oder manuelle Spammaßnahmen führen können. Von Spammaßnahmen betroffene Websites werden möglicherweise nicht mehr in den Suchergebnissen auf google.com oder auf einer Partnerwebsite von Google angezeigt.

[...]

Qualitätsrichtlinien

Diese Qualitätsrichtlinien decken die häufigsten Formen von Täuschung und Manipulation ab. Google kann jedoch auch andere irreführende, hier nicht aufgeführte Praktiken ablehnen. Ist ein bestimmtes irreführendes Verfahren hier nicht aufgelistet, lässt dies nicht den Schluss zu, dass dieses Verfahren von Google toleriert wird. Webmaster, die unsere Richtlinien einhalten, bieten nutzerfreundlichere Websites und werden folglich durch ein besseres Ranking belohnt als diejenigen, die ständig nach Schlupflöchern suchen.

[...]

Grundprinzipien

- Erstelle Seiten in erster Linie für Nutzer, nicht für Suchmaschinen.
- Täusche die Nutzer nicht.
- Vermeide Tricks, die das Suchmaschinen-Ranking verbessern sollen. Ein guter Anhaltspunkt ist, ob es dir unangenehm wäre, deine Vorgehensweise einem konkurrierenden Website-Betreiber oder einem Google-Mitarbeiter zu erläutern. Ein weiterer hilfreicher Test besteht darin, sich folgende Fragen zu stellen: "Ist dies für meine Nutzer von Vorteil? Würde ich das auch tun, wenn es keine Suchmaschinen gäbe?"
- Überlege, was deine Website einzigartig, wertvoll oder attraktiv macht. Gestalte deine Website so, dass sie sich von anderen in deinem Bereich abhebt.

[...]

Quelle: unbekannter Autor: Richtlinien für Webmaster. In: https://developers.google.com. o. ED. https://developers.google.com/search/docs/advanced/guidelines/webmaster-guidelines?hl=de&visit_id=637498400828243956-3021333056&rd=1 [25.02.2021].

Einflussfaktoren im SEO-Bereich

Wie auch bei anderen Onlinemarketing-Maßnahmen hängt der Erfolg von SEO nicht nur von den eigenen Bemühungen oder der Einhaltung der Verhaltensregeln ab. Hinzu kommen beispielsweise der Einfluss auf die SEO von Wettbewerbern.

Die Funktion von SEO ist ganz simpel: Zu jedem Keyword, das als Suchanfrage gestellt wird, gibt es nur eine Reihenfolge der Suchergebnisse. Es gibt nur einen Platz eins und nur einen Platz zwei. Der Erfolg der eigenen Maßnahmen ist also abhängig davon, wie viel Aufmerksamkeit die Konkurrenz dem SEO-Bereich widmet und diesen verfolgt.

Ein weiterer Einflussfaktor für den Erfolg von SEO ist die stetig wachsende **Entwicklung der Suchmaschinen**. Auch die Richtlinien der Suchmaschinenbetreiber werden regelmäßig aktualisiert. Was gestern noch legitim war, kann heute schon gegen eine Richtlinie verstoßen. Außerdem bauen die Suchmaschinenbetreiber ihr Produktportfolio regelmäßig aus. Das heißt, ein Anbieter einer Flugsuchmaschine kann direkte Konkurrenz von Google und Co. bekommen. Die Flugsuchmaschine von Google beispielsweise wird immer präsenter dargestellt werden als die eines anderen Anbieters.

Als weiterer Schwerpunkt der Einflussfaktoren im SEO-Bereich zählen die **Updates von Google**. Mit den Updates versucht Google immer mehr den Weg zu einer semantischen Suchmaschine zu gehen.

> **DEFINITION**
>
> Eine **Semantische Suchmaschine** möchte den Inhalt der einzelnen Suchbegriffe verstehen, Verknüpfungen dazu herstellen und Ergebnisse so generieren, dass sie zur Intention des Nutzers passen. Spam-Seiten und Websites ohne Mehrwert werden abgestraft mit schlechten Platzierungen.

Die Google Updates

Die wichtigsten Updates von Google:

- Panda-Update
- Penguin-Update
- Hummingbird-Update
- Mobile Update
- ect.

Das Panda-Update

2011 wurde zum ersten Mal ein Update, das sogenannte „Panda-Update", ausgeführt. Dieses Update sorgte für einen deutlichen Einschnitt in der Sichtbarkeit zahlreicher Websites. Das Panda-Update erfasste Seiten mit **relevantem und einzigartigem Content**, die einen echten Mehrwert für die Nutzer lieferten. Webseiten, auf die dies zutraf, erhielten höhere Platzierungen, Webseiten, die die Kriterien nicht erfüllten, wurden abgestraft. Quintessenz für die Webseitenbetreiber: Mit eigenem, originellem redaktionellen Inhalt können bessere Rankingplätze erzielt werden.

Das Penguin-Update

Ein Jahr später, 2012, kam ergänzend zum Panda-Update das Penguin-Update heraus. Dieses Update zielte auf die Erfassung von Spam, Backlinks und Verlinkungen. Beispielsweise erkannten Filter, wenn Links gekauft worden waren oder ein zu schneller Linkaufbau vorhanden war. Auch dies führte zu Rankingabfällen oder sogar zur Löschung aus dem Index von Google. Seit dem Penguin-Update 4.0 ist der Filter fest in den Algorithmus von Google integriert.

Das Hummingbird-Update

Mit dem Hummingbird-Update im Jahr 2013 führte Google einen neuen Algorithmus ein, der bis heute Bestand hat. Etwa 90 % aller Websites waren davon betroffen, was Google dem Ziel, eine semantische Suchmaschine zu werden, näherbrachte. So war Google vor dem Hummingbird-Update nur in der Lage, einzelne Wörter der Suchanfrage zu interpretieren, nach dem Update konnte Google auch die Bedeutung der Wörter miteinander verknüpfen und so genauer auf die Absicht des Suchenden eingehen. Nun konnte Google schnellere und **präzisere Suchergebnisse** präsentieren und die Zahl der ähnlichen Ergebnisse zu ähnlichen Suchbegriffen verringern.

Das Mobile-Update

Durch die immer größer werdende Nutzung von mobilen Endgeräten kündigte Google 2015 das Mobile-Update an. Grund war nicht nur eine bessere Nutzerfreundlichkeit durch mobil-optimierte Seiten, sondern auch die leichtere Verarbeitung von Suchanfragen über die Sprachsteuerung eines mobilen Endgerätes. Da mobile Optimierungen sich positiv auf das Ranking der Suchergebnisse auswirken, ist es auch heute noch für Websitebetreiber wichtig, eine **mobil-optimierte Website** vorzuweisen. Dies kann unter anderem mit der Optimierung der Seitenladezeit oder mit einem Responsive Design verwirklicht werden.

DEFINITION

Das **Responsive Design** ist ein grafisch-technisches Konzept, das die Website an Eigenschaften des jeweils benutzten Endgerätes (Tablets, Smartphones, Laptop, ect.) anpasst. (vgl. Kapitel 7.3)

Gliederung der SEO

Der Bereich der Suchmaschinenoptimierung wird in zwei große Teilbereiche unterteilt, in die **OnPage-Optimierung** und die **OffPage-Optimierung**. Diese Aufgabenbereiche können ganz klar unterschieden werden:

Die OnPage-Optimierung umfasst alle Maßnahmen die auf der eigenen Website vorgenommen werden können, wohingegen die OffPage-Optimierung alle Maßnahmen betrifft, die auf fremden Websites der Suchmaschinenoptimierung dienen.

| WEB | ANALYSIS | CONTENT | BACKLINKS | KEYWORDS | TRAFFIC | RANKING | OPTIMIZATION |

Übersicht der Suchmaschinenoptimierung

Die OnPage-Optimierung

Wie bereits erwähnt, unterscheidet sich die Suchmaschinenoptimierung in zwei essenzielle Teilbereiche. Die OnPage- oder auch OnSite-Optimierung befasst sich vor allem mit allen inhaltlichen Vorgängen der eigenen Website, die von Dritten nicht beeinflussbar sind. Im oberen Schaubild haben wir unter der OnPage-Optimierung die für uns wichtigsten Teilbereiche aufgelistet.

Vor allem in Bereich OnPage handelt es sich um **inhaltliche, strukturelle und technische Maßnahmen**. So ist es im Rahmen der inhaltlichen OnPage-Optimierung das Ziel, themenrelevante Seiteninhalte (im Fachbereich: Unique Content) zu erstellen und zu optimieren.

Im Bereich der OnPage-SEO gliedern wir die Bereiche Keywords, Technische OnPage-Optimierung, Content und Key Performance Indikatoren (KPI).

Keywords

Auf den vorangegangenen Seiten haben wir immer wieder festgelegte Keywords und das dazugehörige Ranking erwähnt. Daher ist auch der erste Schritt im Bereich der SEO, sich mit Keywords zu beschäftigen. Fast alle Optimierungsmaßnahmen münden in einer vorher definierten **Keywordstrategie**.

BEISPIEL

Der Unternehmer für Möbel Hanssmann bietet auf seiner Website seine Produkte (Sessel, Kommoden, Betten, ect.) an und möchte vor allem seine Produkte im Bereich der Betten über Suchmaschinenoptimierung bewerben. Es ist also logisch, dass der Unternehmer Keywords verwendet, die zu seiner Produktpalette der Betten passen.

Nun ist es wichtig diese Ziel-Keywords zu recherchieren und zu definieren. Regelmäßige Keyword-Recherchen sollten durchgeführt werden, um einen Überblick über das Suchverhalten eigener und potenzieller Kunden zu erhalten. Außerdem sollte bei der Optimierung der Keywords beachtet werden, nur auf Keywords zu optimieren, mit denen das Unternehmen auch eine realistische Chance auf Erfolg und hohe Rankings hat. Ein wichtiger Punkt ist hierbei, die Website immer optimal im Wettbewerbsumfeld zu positionieren.

Einflussfaktoren für eine erfolgreiche Keyword-Strategie

Folgende Faktoren sollten bei der Auswahl der Keywords beachtet werden:

- Suchverhalten (navigations-, transaktions- und informationsorientiert, lokal)
- Aktuelle Rankings
- Unterschiedlicher Sprachgebrauch
- Aufbau des entsprechenden Inhalts
- Budget und Saisonabhängigkeit
- Wettbewerb durch Google Ads
- Qualität der SEO des Wettbewerbs

Das Ziel eines jeden Unternehmens ist es, mithilfe einer SEO auf Top-Suchbegriffen mit einer hohen Anzahl an Traffic zu ranken. Jedoch stehen sich hierbei die Bemühungen der Konkurrenz und der Kosten-Nutzen-Aufwand gegenüber.

BEISPIEL

Der Möbel-Anbieter Hanssmann wird anfangs großen Aufwand betreiben und einiges an Geld ausgeben, um auf Suchbegriffen wie „Möbel", „Sessel" oder Ähnlichem zu ranken. Solche allgemeinen Begriffe sind vor allem von großen Marken hart umkämpft. Selbst wenn Hanssmann auf Seite zwei des Google-Rankings landet, wird er hier schon weniger Klicks erhalten, als wenn er sich auf spezifischere Keywords konzentriert.

- **Shorthead und Longtail Keywords**

Keywords mit einem hohen Aufkommen von Traffic in einem großen Wettbewerb nennt man in der Branche **Shorthead Keywords**. Schlussfolgernd sind Shorthead Keywords Suchanfragen, die in der jeweiligen Branche sehr typisch sind.

BEISPIEL

Hanssmann wählt das Shorthead Keyword „Kommode".

Das Pendant dazu sind die **Longtail Keywords**. Diese besitzen ein weitaus geringeres Suchvolumen, haben jedoch auch einen geringeren Wettbewerb und sind somit viel spezifischer.

BEISPIEL

Hanssmann wählt das Longtail Keyword „Kommode weiß günstig". Die Chance, dass ein Kauf einer Kommode getätigt wird, ist bei Longtail Keywords oft höher.

Nun muss jedes Unternehmen für sich selbst mögliche Keywords in Erwägung ziehen, um eine möglichst gute Mischung aus Shorthead und Longtail Keywords zu entwickeln.

- **Schreibweise der Keywords**

Als Einsteiger in der SEO-Branche kommen zwangsläufig Fragen zur Schreibweise der einzelnen Keywords auf. Die Form von **Singular und Plural der Keywords** spielt nur bedingt eine Rolle, da die Suchmaschine die Keywords im Singular und Plural weitestgehend erkennt. Die Überlegung, für beide Formen eines Keywords zu optimieren, macht daher keinen Sinn: Google würde beide Formen trotz unterschiedlicher SERPs erkennen und der Websitebetreiber könnte durch die Optimierung von zwei Seiten für jeweils Singular und Plural keinen Mehrwert für den Nutzer schaffen.

Ähnliches gilt auch für die **Groß- und Kleinschreibung der Keywords**. Die Suchmaschine speichert alle Daten in Kleinschreibung ab, aber die Einhaltung der Groß- und Kleinschreibung bietet natürlich mehr Nutzerfreundlichkeit.

Sonderzeichen hingegen können einen geringen Einfluss auf die Rankings der Suchergebnisse haben. Dies trifft dann vor allem auf die Namen von Marken, Personen etc. zu.

BEISPIEL

Die Website des Textilunternehmens h&m (Hennes & Mauritz) lautet „hm.com"; wird in die Suchmaschine „h m" eingegeben, wird auch die Hochschule für angewandte Wissenschaften in München in der Trefferliste angezeigt. Jedoch macht es auch hier Sinn die korrekte auf die korrekte Schreibweise zu optimieren, da man bei einer Eingabe von „h&m" sicher gehen kann, dass die Nutzer auch nach dem Textilunternehmen suchen und nicht nach der Hochschule in München.

Zu den Sonderzeichen und zur gleichen Vorgehensweise zählen übrigens auch die Umlaute.

- **Saisonale und regionale Einflüsse**

Zusätzlich sollte ein Unternehmen auch die saisonalen und regionalen Einflüsse der Suchanfragen berücksichtigen. Ein Anbieter für Winterstiefel wird sicher mit stark schwankenden Suchergebnissen zu tun haben, die sich dann vor allem auf die Wintermonate beziehen. Google bietet mit „Google Trends" Unterstützung. So können Unternehmen ihre ausgewählten Keywords vergleichen und auf saisonale Gegebenheiten eingehen. Wichtig hierbei ist, schon vor der Saison an den SEO-Stellschrauben zu drehen, damit sie rechtzeitig zur Saison mit guten Platzierungen rechnen können.

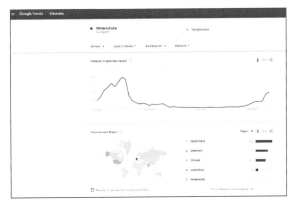

Google Trends: Stichwort „Winterschuhe"

Technische OnPage-Optimierung

Die technisch versierte OnPage-Optimierung befasst sich mit Quellcode-Optimierungen der eigenen Website, beispielsweise der Optimierung der Meta-Daten, der Alt-Attributes von Bildern (Alternative Bildbeschreibung) und der Title Elements. Außerdem gehören die Optimierung der internen Links und der Seitenstruktur einer Website zur OnPage-Optimierung.

> **DEFINITION**
>
> **Meta-Daten** oder Meta-Elemente sind strukturierte Daten, die Informationen für andere Daten enthalten.

Content Marketing

Content Marketing, auch Inhaltsmarketing genannt, ist eine Marketing-Maßnahme, in der mit Inhalten eine bestimmte Zielgruppe informiert und unterhalten wird. Da man in fast allen Onlinekanälen mit Inhalten arbeitet, findet sich Content Marketing in vielen anderen Onlinemarketing-Maßnahmen als **Teildisziplin** wieder. E-Mail-Marketing kann nur mit guten Inhalten funktionieren, Social-Media-Marketing lebt von emotionalen Beiträgen und im SEO- Bereich kann ohne guten Content gar kein Erfolg mehr erzielt werden.

Content-Marketing-Maßnahmen

- Blogbeiträge
- Webseitenbeiträge
- Social Media Posts
- Tests
- Umfragen
- Infografiken
- Whitepaper
- uvm.

Ziele im Content Marketing

Mit Content Marketing lassen sich sowohl kurzfristige als auch langfristige Ziele erreichen. Beispiele für eine kurzfristige Zielerreichung können die Erhöhung der Reichweite oder neue Besucher auf der Website sein. Beispiele für eine langfristige Zielsetzung sind der Aufbau von Kundenbindung, die Positionierung einer Marke oder eine bessere Auffindbarkeit bei Google und Co.

Content Marketing im SEO-Bereich

Content Marketing und Suchmaschinenoptimierung verschmelzen in vielen Teilbereichen zusammen. Deshalb fällt es vielen SEOs und Content Marketern schwer, die beiden Bereiche klar voneinander abzugrenzen. Mit der Weiterentwicklung der Suchmaschinen ist SEO jedoch nur noch mit gutem Content Marketing umsetzbar. Die technische OnPage- und OffPage-Optimierung reicht bei Weitem nicht mehr für die heutigen Ansprüche von Google aus. Suchmaschinenoptimierung bestimmt die Keywords, und Content Marketing nutzt diese für die Content-Erstellung. Ohne Content Marketing keine Optimierung für Suchmaschinenoptimierer.

Zusätzlich hat die Qualität des Contents einen entscheidenden Einfluss auf das Ranking. Google möchte zu jeder Suchanfrage die relevantesten Suchergebnisseiten mit Mehrwert bereitstellen. Für Websitebetreiber gilt also, relevanten und einzigartigen Content mit einer guten Lesbarkeit zu erstellen und auf die Webseite zu bringen. Dabei rückt die Menge des zu erstellenden Contents immer mehr in den Vordergrund. In der Anfangszeit der SEO reichten 200 bis 300 Wörter aus. Das Konzept „content is king" hat sich in den vergangenen Jahren jedoch immer wieder durchgesetzt. So sollte darauf geachtet werden, eine höhere Wörteranzahl zu erreichen. Immer mit dem Gedanken im Hinterkopf, dass ein SEO-Text niemals unnatürlich und nur wegen der Wörteranzahl verlängert werden muss. Das Ziel, einen sinnvollen Text zu erstellen, der dem Nutzer einen **Mehrwert** bietet, steht immer im Vordergrund. Daher sollte man sich nach der Erstellung des Contents mit folgenden Fragen beschäftigen:

- Welche Zielgruppe spreche ich mit dem Content an?
- Welche Fragen habe ich mit dem Content beantwortet?
- Welche Quellen habe ich verwendet?
- Ist der Content schlüssig aufgebaut?
- Welche Intension hat der Unser bei der Suche?
- Und was erwartet der Nutzer bei diesem Content?

Keyworddichte und WDF * IDF

Wie werden Content und SEO jetzt miteinander verknüpft? Mit den vorher festgelegten Keywords. Doch wie viele Keywords sollte man in einem Text verwenden? Auf keinen Fall so viel wie möglich. Auch hier gilt, den Text nicht mit unnötigen Keyword-Wiederholungen zu strecken. Ein grobes Richtmaß für die Anzahl der Keywords in Texten ist die Keyworddichte.

> **DEFINITION**
>
> Die **Keyworddichte**, auch Keyword Density genannt, gibt das Verhältnis der Keywords zur Gesamtzahl der Wörter innerhalb eines Textes an. Die Keyword Dichte gilt als wichtiger Rankingfaktor in der SEO, wurde aber mittlerweile weiterentwickelt.

Die **Weiterentwicklung der Keyworddichte** ist die Formel **WDF * IDF**. WDF steht für „Within Document Frequency", die dokumentspezifische Gewichtung eines Wortes. IDF steht für „Inverse Document Frequency", die inverse Dokumenthäufigkeit. Mit dieser Formel erfahren auch seltene Begriffe eine Gewichtung, wenn sie innerhalb eines Themas eine zentrale Rolle spielen und oft mit anderen Wörtern erwähnt werden. Beispiel hierfür wäre, wie wichtig das Wort „Webdesign" für einen Text zum Thema Webseitenerstellung ist. Die Formel WDF * IDF muss aber keinesfalls auswendig gelernt oder manuell berechnet werden. Es gibt hierfür verschiedene SEO-

Tools, die die Formel mit einigen einfachen Klicks selbst berechnen. Die Formel ist vor allem für Unterseiten mit viel Content von Vorteil, weil hiermit auch verwandte Themenbereiche abgedeckt werden können.

Key Performance Indikatoren in der SEO

Key Performance Indikatoren oder kurz KPI sind in der Betriebswirtschaftslehre nichts anderes als Leistungskennzahlen für die Erfolgsauswertung einzelner Kampagnen und der Arbeiten in der Suchmaschinenoptimierung. Im Folgenden geben wir eine Übersicht der wichtigsten KPI in der Suchmaschinenoptimierung.

- **Sichtbarkeit**

In den unterschiedlichen SEO-Tools wird die Sichtbarkeit immer auf anderen Grundlagen berechnet. Jedoch kann man sagen, dass sich die Sichtbarkeit auf zwei Werte bezieht:

- Anzahl und das Suchvolumen der Suchbegriffe, mit denen eine Domain bei Google gefunden wird
- die Rankings, die man mit diesen Suchbegriffen besetzt

Je höher die Sichtbarkeit ist, desto besser ist die Website in der Suchmaschine Google über alle Keywords hinweg zu finden. Schwankungen in der Sichtbarkeit sind aber nicht unüblich, daher sollte diese Kennzahl nicht allein betrachtet werden.

- **Rankingposition**

Aus der Rankingposition lassen sich auch einige andere Kennzahlen berechnen, wie beispielsweise die Sichtbarkeit. Die Rankingposition ist ein wichtiger KPI, jedoch mit Bedacht zu verwenden, da die Suchergebnisseiten je nach Nutzer immer individueller werden. Die Beobachtung der Rankings für die umsatzstärksten Keywords im Zeitverlauf ist jedoch ein guter Indikator für eventuelle Optimierungen und inhaltliche Anpassungen.

- **Seiten-Performance**

Unter dem KPI Seiten-Performance steckt vor allem die Ladegeschwindigkeit der Website. Da auch hier wieder die Nutzerfreundlichkeit für die Nutzer von Google im Vordergrund stehen soll, sollten Websitebetreiber unbedingt ihre Seitenladegeschwindigkeit prüfen und gegebenenfalls optimieren.

- **Click-Through-Rate**

Die Click-Through-Rate oder auch Klickrate gibt das Verhältnis der Anzahl der Klicks zu den Impressionen an.

Die Klickrate ist außerdem ein Rankingfaktor, und daher heißt es: Je höher die Klickrate, desto besser das Ranking.

- **Absprungrate und Verweildauer**

Die Absprungrate und die Verweildauer auf den einzelnen Seiten geben Aufschlüsse über die Nutzererfahrung auf den jeweiligen Seiten und sollten daher stets im Auge behalten werden.

- **Seitenzugriffe**

Ein weiterer spannender KPI ist die Zahl der Seitenzugriffe. Ausschließlich alle SEO-Tools gliedern die Seitenzugriffe nach den unterschiedlichen Quellen (woher die Zugriffe kamen). Das können organische Zugriffe, bezahlte Zugriffe (vgl. SEA, Search Engine Advertising) oder direkte Zugriffe (direkte Suche der Seite) sein.

- **Organische Suchzugriffe**

Ähnlich wichtig wie die Seitenzugriffe besonders im Zeitverlauf zu betrachten, ist der KPI Organische Suchzugriffe. Bei diesem Indikator kann abgelesen werden, zu welchen Tageszeiten oder Wochentagen Zugriffe stattgefunden haben oder wie sich die Zugriffe im Vergleich zum Vorjahr oder zum Vormonat verändert haben. So können am eindeutigsten die Erfolge der SEO-Bemühungen ermittelt werden.

OffPage-Optimierung

Die OffPage-Optimierung befasst sich vor allem mit den SEO-Bemühungen außerhalb der eigenen Website. In der Regel sind hiermit externe Links oder auch **Backlinks** gemeint. Ein Link verweist immer auf eine Quelle, also eine URL (Linkziel). Die Suchmaschine Google wertet vor allem Links von externen Webseiten als eine Art Empfehlung, was schlussfolgernd als Rankingfaktor betrachtet wird.

Im Gegensatz zu den externen Links kommen die **internen Links** von der eigenen Website. Beispielsweise kann ein Beitrag auf einem Blog zum Thema Suchmaschinen am Ende des Beitrags auf den folgenden Beitrag zum Thema Suchmaschinenoptimierung verlinken – das ist dann ein interner Link. In der OffPage-Optimierung wird aber grundsätzlich nur mit externen Links gearbeitet.

Der wichtigste Teil der OffPage-Optimierung ist also der Aufbau von Backlinks. Die Anzahl der Links in der organischen Suche wird von Google unterschiedlich stark bewertet. So ist es für jeden generierten Backlink von Vorteil, eine gewisse Qualität vorzuweisen. Je mehr Backlinks zu einer Webseite führen, umso höher ist auch die Popularität dieses Links.

Wovon jedoch dringend abgeraten werden sollte, sind Methoden des Linkkaufs. Suchmaschinen wie Google merken schnell, wenn Links gekauft wurden oder Links in kürzester Zeit eine hohe Popularität erreichen. Erkennen Suchmaschinen dieses Verhalten, kann es schnell zu Abstrafungen kommen. Im schlimmsten Fall werden die Links als Spam gekennzeichnet.

Um Backlinks zu generieren, muss auch hier wieder auf die **Themenrelevanz zur Zielseite** geachtet und einen thematischen Bezug zum Inhalt der Seite geschaffen werden. Hochwertige Backlinks könnten folgendermaßen aussehen:

- Geteilte Infografiken/Bilder
- Themenrelevante Verweise von Blogbeiträgen
- Online-Gastbeiträge für Verlage
- Engagement in Onlinecommunitys und Foren
- Erstellung von Linklisten
- Do-it-Yourself-Videos/How-to-Videos

Inhouse oder Agentur?

Für Unternehmen stellen sich bei der Umsetzung von Suchmaschinenoptimierungen folgende Fragen: Lieber einen Suchmaschinenoptimierer inhouse anstellen oder eine Agentur damit beauftragen? Zu dieser essenziellen Frage lässt sich keine pauschale Antwort abgeben. Vielmehr ist es wichtig, dass sich das Unternehmen genau überlegt, ob die personellen Kompetenzen, die ein SEO mitbringt, einen Mehrwert für die erfolgreiche Marktpo-

sitionierung mitbringt. Passen diese Kompetenzen zum Unternehmen und können diese auch zukünftig ausgebaut werden? Im besten Falle lässt sich eine Mischform aus einem Inhouse-SEO und der Beauftragung einer Agentur generieren.

Im Folgenden sind die Vor- und Nachteile dieser Überlegung aufgelistet.

Inhouse SEO	
Vorteile	**Nachteile**
• Kurze Entscheidungswege • Integration in das Unternehmen • Identifikation • Produkt-/Kundenkenntnisse	• Gefahr der Betriebsblindheit • Starke Auslastung • Weniger vielfältiges Expertenwissen

Agentur	
Vorteile	**Nachteile**
• Vielfältiges Expertenwissen • Mehr Verfügbarkeit von Fachpersonal • Mehr Flexibilität für das Unternehmen • Fokus auf SEO	• Wechselnde Ansprechpartner • Keine Identifikation mit dem Produkt, den Kunden oder dem Unternehmen • Eventuell mehr Kosten

AUFGABEN

1. Geben Sie eine eigene Definition von Suchmaschinenoptimierung.

2. Welche Rankingfaktoren gibt es?

3. Erklären Sie, warum Duplicate Content als schlechter Rankingfaktor gilt.

4. Was ist eine Semantische Suchmaschine?

5. Recherchieren Sie im Internet nach weiteren Google-Updates und geben Sie einen kurzen Überblick über die Inhalte der Updates.

6. Welches Ziel verfolgt die Suchmaschinenoptimierung?

7. Überlegen Sie sich jeweils fünf Beispiele für Longtail und Shorthead Keywords zu einem Thema Ihrer Wahl.

8. Erläutern Sie den Bezug zwischen Suchmaschinenoptimierung und Content Marketing.

9. Recherchieren Sie vier weitere Key Performance Indikatoren im SEO-Bereich und geben Sie eine kurze Definition dieser KPI wieder.

10. Finden Sie im Internet Beispiele für passende Backlinks.

ZUSAMMENFASSUNG

Suchmaschinenoptimierung (SEO)

Onlinemarketing-Maßnahme mit dem Ziel,

→ die organischen Suchergebnisse zu unterschiedlichen Suchbegriffen besser in den Suchergebnisseiten zu platzieren

→ das Ranking auf bestimmte Suchbegriffe oder auch Keywords zu verbessern

Rankingfaktoren

- Content-Qualität
- Aktualität der Website
- Technische Anforderungen
- Interne und externe Links
- Duplicate Content
- Alter der Website
- User

OnPage(OnSite)-Optimierung

- befasst sich mit allen inhaltlichen Vorgängen der eigenen Website, die von Dritten nicht beeinflussbar sind

- Keywords
- Technische OnPage-Optimierung
- Content
- Key Performance Indikatoren (KPI)

OffPage(OffSite)-Optimierung

- befasst sich mit SEO-Bemühungen außerhalb der eigenen Website
- Hauptaufgabe im OffPage-Bereich ist die Generierung von hochwertigen und qualitativen Backlinks

7.9 Search Engine Advertizing

Einstieg

Nachdem die Geschäftsführung der Exclusiva GmbH dem Relaunch der eigenen Internetseite zugestimmt hat, wurde nun auch erfolgreich der Webshop durch die neue Abteilung Onlinevertrieb aufgesetzt. Im Zuge dessen hat Andreas Seeger, inzwischen „Recherche-Experte", vom Leiter der Abteilung Onlinevertrieb, Herrn Brand, die Aufgabe bekommen, sich über verschiedene Werbeformen im Word Wide Web zu informieren. Ganz besonders oft liest er hierbei den Begriff „Search Engine Advertising".

1. Übersetzen Sie den Begriff „Search Engine Advertising".

2. Welche Werbeformen kennen Sie in der Suchmaschine Google?

INFORMATIONEN

Im vorherigen Kapitel ging es ausschließlich um organische, unbezahlte Suchergebnisse und deren Optimierung im Sinne der Suchmaschinenoptimierung. In diesem Kapitel geht es nun um die Bedeutung der bezahlten Suchergebnisse und dem Teilbereich des Onlinemarketings: Es geht um Suchmaschinenwerbung/Keyword Advertising.

Suchmaschinenwerbung oder engl. **Search Engine Advertising**, in der Branche kurz **SEA** genannt, umfasst das Schalten von bezahlten Suchanzeigen, die in der Regel über oder neben den organischen, also nicht bezahlten Suchergebnissen stehen. Die bekanntesten Anbieter im deutschsprachigen Raum sind Google und Bing inklusive Yahoo, wobei Google den Löwenanteil von zeitweise bis zu 94 % Marktanteil in Deutschland besitzt. Bei Suchanfragen zu bestimmten Produkten oder Produkteigenschaften, die in Google Shopping gelistet sind, werden zusätzlich oberhalb der Textanzeigen oder rechts neben den Suchergebnissen Bild-Anzeigen eingeblendet.

Suchergebnis zu „Sneaker Damen weiß" mit Bild-Anzeigen rechts

Nachfolgend beziehen wir uns auch hier auf den Suchmaschinengiganten Google und seine SEA-Plattform **Google Ads**, die 2000 auf den Markt kam. Schon zwei Jahre nach der Gründung von Google musste das Unternehmen, das Versprechen eine werbefreie Plattform zu bleiben, zugunsten Google Ads aufgeben. Die Beta-Version war anfangs bereits so erfolgreich, dass Google Ads kurze Zeit später schon auf dem Markt freigegeben wurde. Innerhalb weniger Jahre wurde Google Ads in mehrere Sprachen wie Deutsch, Spanisch, Französisch oder Chinesisch übersetzt und an die jeweiligen Märkte angepasst. Währenddessen stieg der Erfolg von Google Ads exponentiell an.

2006 erfolgte die Veröffentlichung eines offiziellen Ads-Blogs und 2008 konnten Anzeigen auf verschiedene Endgeräte ausgerichtet werden. 2012 wurde dann auch die Video-Plattform YouTube in das **Google-Werbenetzwerk** integriert, wonach die Steuerung und Ausspielung von Video-Anzeigen möglich war. Über die Jahre hinweg wurden kontinuierlich die Qualitätsrichtlinien angepasst. 2018 launchte Google die neue Ads-Oberfläche mit einigen neuen Funktionen, einer neuen Nutzeroberfläche und seit Juli 2018 mit einem neuen Namen: von bisher Google AdWords zu Google Ads.

Funktion von SEA

Um die Position einer Anzeige festzulegen, findet im Hintergrund zu einem bestimmten Suchbegriff (**Keyword**) eine Art Auktion statt. Unternehmen haben bei der Kampagnenerstellung vorab Keywords, passend zu ihrer Zielseite, ausgewählt und dafür ein Gebot abgegeben. Je nach Wettbewerb können die Gebote höher oder niedriger liegen. In einer Branche mit vielen Anbietern und einem hart umkämpften Marktplatz liegen die Gebote höher und sind somit deutlich teurer. Sucht ein Nutzer nun nach diesem Keyword, ermittelt Google Ads anhand des Gebotes die Auktionsreihenfolge. Jedoch heißt das nicht, dass der Anbieter mit dem höchsten Gebot auch immer an erster Stelle steht. Google lässt verschiedene Faktoren mit einfließen, so auch den **Qualitätsfaktor**. Dazu an anderer Stelle mehr.

Der größte Vorteil, den Google Ads mit sich bringt, ist, dass diese Werbeform gegenüber herkömmlicher Bannerwerbung nur Anzeigen mit dem Inhalt einblendet, nach denen der Nutzer auch sucht. Es wird also eine Verbindung zwischen dem Bedarf des Suchenden und dem Angebot der Unternehmen hergestellt. Dies zieht unter anderem auch höhere Klickraten nach sich. Bei herkömmlicher Bannerwerbung kann man höchstens eine Klickrate zwischen 0,1 bis 0,3 % erwarten. Bei Google Ads hingegen spricht eine Klickrate ab 3 % für Erfolg.

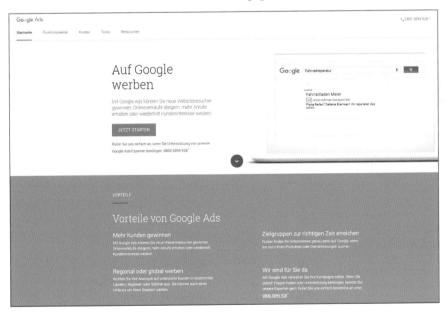

Zusätzlich ist Keyword Advertising sehr **Performance-orientiert**. Das heißt, bei klassischer Werbung bezahlen Unternehmen einen Preis für eine Anzeigenschaltung, die Leser vielleicht sogar später überblättern. Deshalb wird Suchmaschinenwerbung oft auch „Performance Marketing" genannt. Denn anderes als bei der klassischen Abrechnung wird bei SEA das **Cost-per-Click-Verfahren** (CPC) verwendet. Werbetreibende zahlen also nur, wenn ein Nutzer auch auf ihre Anzeige geklickt hat. Klicken Nutzer jedoch nicht auf die gezeigten Anzeigen, kann man mindestens von einem kostenlosen Branding-Effekt profitieren und diese anhand der Impressionen erkennen.

Für Werbetreibende ist es außerdem von Vorteil, Keyword Advertising zu betreiben, da man dort mit voller **Kostenkontrolle** und festgelegten Geboten arbeitet. Alle Gebote sind frei wählbar und können in der Regel durch Tages-, Monats- und Kampagnenbudgets definiert werden.

SEA-Anbieter Google Ads arbeitet zudem mit einer ansehnlichen Liste von Partnerwebsites zusammen, um Werbetreibenden auch dort die Möglichkeit für eine Anzeigenschaltung zu geben. Ganz nach dem Motto: Alles ist möglich, aber nichts muss.

BEISPIEL

Auszug der Partnerwebsites von Google Ads

- Web.de
- eBay
- YouTube
- Gmx.de
- Accuweather.com
- PC Magazine
- GSN.com
- Uvm.

Google Ads selbst generiert alle Textanzeigen im Suchnetzwerk und Banneranzeigen im Displaynetzwerk. Alle Anzeigen aus dem Displaynetzwerk können durch verschiedene Optionen gesteuert werden.

Zum einem lassen sich Display-Anzeigen anhand von festgelegten Keywords (genau wie im Suchnetzwerk) steuern. Display-Anzeigen können aber zum anderen auch durch eine Liste von Themen gesteuert werden. Dabei sucht Google dann anhand der ausgewählten Themen die passenden Partnerwebsites heraus. Eine weitere Möglichkeit ist die Steuerung über **Placements**. Dabei wählt der Werbetreibende explizit die verschiedenen Partnerwebsites für die Anzeigenschaltung aus. Dann gibt es noch die Steuerung über **Interessen und Remarketing**. Auch hier wählt man passende Interessen für seine Kampagne heraus und Google selektiert dann die passenden Partnerwebsites. Die fünfte und letzte Möglichkeit ist die Steuerung anhand von **demografischen Merkmalen**. Alle Möglichkeiten der Steuerung sind miteinander kombinierbar.

Im Folgenden sind die Vor- und Nachteile von Google Ads im Überblick aufgelistet:

Suchmaschinenwerbung (Google Ads)	
Vorteile	**Nachteile**
<ul><li>Erfolgsorientierte Abrechnung nach CPC</li><li>Kurzfristige Buchung von Anzeigen jederzeit möglich</li><li>Einfache Steuerung des Budgets und der Ausspielung der Anzeigen</li><li>Flexible Kampagnengestaltung, abgestimmt auf die eigene Produkt- oder Dienstleistungspalette</li><li>Erfolgskontrolle und Werbewirksamkeitsmessung durch Echtzeit-Kennzahlen und Conversion-Tracking möglich</li><li>Kostenloser Branding-Effekt</li></ul>	<ul><li>Google Ads suggeriert eine einfache Handhabung, jedoch ist das Tool nichts für Unerfahrene, da so schnell zu viel Geld ausgegeben werden kann.</li><li>Im Vergleich zu SEO bietet SEA keine Nachhaltigkeit in der Google Suche. D. h. Mehraufwand bedeutet nicht gleich mehr Präsenz bei Google.</li><li>Viel Konkurrenz bedeutet immer höhere Klickkosten.</li><li>Ohne passende Zielseite performen die Kampagnen nicht.</li><li>Nicht alle Faktoren des Qualitätsfaktors sind öffentlich.</li></ul>

Wie im Kapitel „SEO" geben wir auch hier eine Übersicht der wichtigsten Kennzahlen, die für die Nutzung von Google Ads zum Basiswissen gehören.

Key Performance Indikatoren in der Suchmaschinenwerbung

- **Impressionen:** Anzahl der einblendeten Google-Ads-Anzeige in den Suchergebnissen
- **Klicks:** Anzahl der Website-Besucher durch eine Impression einer Anzeige

- **Klickrate:** Verhältnis der Impressionen zu Klicks
- **Cost-per-Click:** reale Kosten pro Klick auf die Anzeige
- **Conversion:** Anzahl der Bestellungen, Käufe o. Ä., die eindeutig auf die Anzeige zurückzuführen sind
- **Conversionrate:** Verhältnis zwischen Klicks und getätigten Conversions
- **Cost-per-Conversion:** reale Kosten für eine getätigte Conversion

Googles Keyword Planner

Bei der Entwicklung einer Google-Ads-Kampagne ist es, wie in allen Marketing-Bereichen, wichtig, vorab ein klares Ziel dieser Bemühungen zu definieren. Welche Keywords wie viele Klicks bringen kann aus klickgenauen Berichten entnommen werden. Die Höhe des **Suchvolumens**, wie oft die Keywords geklickt werden und alternative Suchbegriffe verrät Google Ads im kostenlosen Tool „Keyword-Planner". Im Keyword Planner können Keyword-Pläne für zukünftige Kampagnen ganz einfach erstellt und Prognosen zu den jeweiligen Keyword-Plänen angezeigt werden. Auch für die regelmäßige Optimierung der Kampagnen kann der Keyword Planner zu Rate gezogen oder für neue Keyword-Ideen verwendet werden.

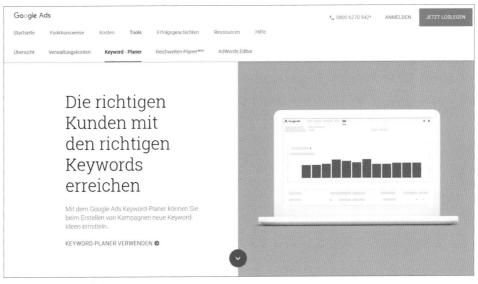

Google Ads Keyword Planner

Ein weiterer Punkt, der den Erfolg einer Anzeige beeinflusst, ist die Gestaltung der Anzeige. Durch eine geschickte Gestaltung und das Einhalten von einigen Tricks lässt sich auch hier die Klickrate der Anzeigen erhöhen. Im besten Fall könnte eine Anzeige so aussehen:

In den Anzeigentexten selbst sollten sogenannte **Call-to-Actions (kurz: CTAs)** enthalten sein. Diese CTAs sind in der Regel Handlungsaufforderungen an den Kunden oder Interessenten, die bei geschickter Aussage auch den gewünschten Effekt erzielen. Einfach Handlungsaufforderungen können „Jetzt kaufen", „Hier bestellen" usw. sein.

Olafson® Bürobedarf | Der beste Online-Shop für Bürobedarf
Anzeige | www.olafson-buro.de/Bürobedarf ▶
⭐⭐⭐⭐⭐ Bewertungen für olafson-buro.de
Riesige Auswahl an Bürobedarf, nur bei Olafson®. 24/7 Versand und Service. Erfahrung
von drei Generationen. Ab 39€ Versandkostenfrei und 30 Tage Rückgaberecht. 4 Jahre
Garantie. Alle Marken!
Papier - 1,99 € - Das beste Papier im Internet! - Mehr ▶

Büroartikel   Büromöbel
Nr.1 für Büroartikel? Olafson®!   Büromöbel? Bei Olafson®!
Riesige Auswahl und kleinste Preise! Beste Qualität und riesige Auswahl!

Reduzierte Fahrräder | Kostenloser Versand | wegradeln.de
Anzeige | www.wegradeln.de/Fahrräder ▶
⭐⭐⭐⭐⭐ Bewertungen für wegradeln.de
Kaufe jetzt Online im größten Fahrrad-Sortiment im Internet! Bekannt aus unserer
Werbung! Gratisversand. 10€ Versand ins europäische Ausland. Keine Registrierung.
Fahrräder - Mountainbikes - E-Bikes - Fahrradzubehör - Fahrradteile - ab 189,99 € -
Die besten Fahrräder im Internet! - Mehr ▶

Smartphones und die neusten Technikgadgets | techover.de
Anzeige | www.techover.de/Smartphones ▶
⭐⭐⭐⭐⭐ Bewertungen für techover.de
Bei uns gibt es die besten Smartphones und Technikgadgets! Heute bestellt, morgen
geliefert! Keine Versandkosten ab 30€ Bestellwert! Top-Marken!
Smartphones - Tablets - W-LAN Router - Taschenlampen - Bluetooth-Lautsprecher

Dekolot Online Shop | Unschlagbare Angebote
Anzeige | www.dekolot-online.de/ ▶
⭐⭐⭐⭐⭐ Bewertungen für dekolot-online.de
Das Beste was es an Deko gibt. Für Zuhause, Geburtstage, Hochzeiten, und und und!
Jetzt Online bestellen oder besuch uns in einer unserer 23 Filialen in ganz Deutschland!
Zufriedenheitsgarantie und kostenlose Rücksendungen. Wir haben sogar Gartenmöbel!
23x in Deutschland - Finde heraus wo! - Mehr ▶

Jetzt neu   Küche
Schau dir jetzt an, was wir tolles Besteck und Geschirr für ein neues
neues im Angebot haben   Zuhause

Sommer   Tannenzapfen
Frische Trends für die warme   Haben wir Tannenzapfen schon
Jahreszeit   erwähnt?

Je größer die Anzeige in den Suchergebnissen, desto größter ist auch die Präsenz in den SERPs. Daher wird die Nutzung von **Anzeigenerweiterungen** empfohlen. Diese Erweiterungen lassen sich mit wenigen Klicks erstellen und werden meist von Google auch bevorzugt ausgespielt. Sie bilden eine Erweiterung zur normalen Erstellung der Anzeigen. Anzeigenerweiterungen vergrößern die Anzeige eines Werbetreibenden um mindestens eine Zeile in den Suchergebnissen und lichten zusätzliche Informationen, wie beispielsweise Standorte, Preise, Zusatzinformationen (Versand, Beratung etc.), Produktserien oder Modelle, Telefonnummer usw., für den Nutzer ab.

Sinnvollerweise sind in den Anzeigentexten auch die Keywords enthalten, auf denen diese Anzeigen geschaltet werden. Auch alternative Anzeigentexte sollten hinterlegt werden, um Google Ads die Möglichkeit zu geben, die beste Version für Ihre Kampagne zu ermitteln.

Google Ads und Conversion-Tracking

Dass Suchmaschinenwerbung viele Besucher durch Klicks auf die eigene Website bringen kann, ist ein besonderer Vorteil dieser Onlinemarketing-Maßnahme. Aber viele Klicks auf eine Anzeige für „Damen Sneaker" müssen nicht unbedingt bedeuten, dass die Nutzer diese Sneakers dann auch kaufen oder dadurch viele Neukunden gewonnen werden. Die gewünschte Handlung in diesem Fall ist es, dass Nutzer auch die Sneakers bestellen. Das heißt, letztendlich ist das Ziel nicht, mehr Klicks zu bekommen, sondern **Umsatz zu generieren**. Die Klicks sind für dieses Ziel jedoch unabdingbar. In der Konzeption einer Kampagne sollte dieser Gedanke berücksichtigt werden, denn schlussfolgernd ergibt sich nicht die Frage, welche Keywords die meisten Klicks bringen, sondern welche Keywords den meisten Umsatz bringen. Besser gesagt: welche Keywords eine **Conversion** generieren.

In der Onlinewelt hat sich aus dieser Problematik ein einfaches Modell des Conversion-Tracking ergeben:

DEFINITION —————

Conversion-Tracking ist ein Teil der Website-Analyse, mit deren Hilfe ein Werbetreibender nachverfolgen kann, welche Kampagnen oder welches Keyword zu welchem Umsatz oder zu welcher Conversion geführt hat.

Conversion-Tracking ist ein sehr technisch versiertes Modell, wobei sich die meisten Unternehmen Unterstützung durch eine Agentur für Webprogrammierung oder Ähnliches holen. Conversion-Tracking einmal richtig angewendet, kann die **Erfolgsauswertung von Onlinemarketing-Maßnahmen** signifikant steigern und einen hohen Effizienzgrad bilden. Eine verbesserte Möglichkeit, Kampagnen auszuwerten, ist die Kombination mit dem Google Analytics Konto. Dazu mehr im Kapitel 7.19 „Auswertung der Marketingmaßnahmen".

Google Ads Qualitätsfaktor

Der von Google eingeführte Qualitätsfaktor macht aus Ads keine reine Auktion, denn dieser Qualitätsfaktor bezieht teilweise unbekannte Einflüsse in die Auktion mit ein, um relevantere Ergebnisse zu erhalten. Die Bewertung des Qualitätsfaktors liegt bei einer Skala von 1 bis 10, wobei 10 der beste Wert ist. Jedoch scheint die Berechnung dieses Wertes immer wieder sehr undurchsichtig, sodass der Qualitätsfaktor oft in den Hintergrund gerät. Dennoch misst Google ihm eine wichtige Rolle bei der Funktion von Ads bei. Ein guter Qualitätsfaktor bedeutet nämlich eine **qualitative Anzeige** für Google und weniger Kosten für den Werbetreibenden.

Damit Google die Anzeigenposition berechnen kann, werden die Werte des Qualitätsfaktors und die Kosten pro Klick benötigt. Diese Parameter werden von Google mit den Wettbewerbern verglichen, aus denen sich dann das Ranking bildet.

DEFINITION —————

Der **Qualitätsfaktor** ist ein Schätzwert, der Aussagen über die Leistung der Keywords in den bisherigen Kampagnen in Google Ads trifft.

Da der Qualitätsfaktor auf vorhandenen Kampagnen in Google Ads beruht, wird zunächst für neue Kampagnen bzw. Keywords kein Qualitätsfaktor angezeigt.

Aus folgenden Parametern setzt sich der Qualitätsfaktor zusammen:

- Relevanz der Keywords
- Bisherige Klickrate der Keywords
- Bisherige Klickrate der angezeigten URL
- Leistung des gesamten Ads-Kontos
- Qualität der Zielseite
- Verwendung von Anzeigenerweiterungen in der Kampagne

Das Ziel des Qualitätsfaktors ist immer eine ideale inhaltliche Verknüpfung von der Suchanfrage zum Anzeigentext und vom Anzeigeninhalt zu der Zielseite aufzubauen. Je besser diese Zielsetzung funktioniert, desto geringer ist die **Absprungrate**.

Synergie zwischen SEA und SEO

Da Suchmaschinenwerbung ganz eng mit der Suchmaschinenoptimierung verbunden ist, bietet diese Tatsache viele **Vorteile für Werbetreibende**. Werden beide Kanäle miteinander vereint, kann die SEO von den Daten und Test-Ergebnissen der SEA profitieren. Beispielsweise profitiert eine Keyword-Recherche für einen SEO-Text von bereits performenden Keywords der SEA-Kampagnen. Auch können die Keywords der SEA-Kampagne Aufschluss darüber geben, ob sie es wert sind, auch langfristig mittels SEO optimiert zu werden.

Grundsätzlich kann SEO und SEA für jedes Unternehmen individuell eingesetzt werden. Jedoch sollte das Zusammenspiel der beiden Disziplinen auf Zielvorgaben innerhalb des Unternehmens geprüft werden. Ein gutes Zusammenspiel aus beiden Bereichen gewährleistet dabei den größten Erfolg. Ob rein von einer Agentur unterstützt, selbst inhouse im Unternehmen betrieben oder beides: Sowohl SEA als auch SEO können bei guter Zusammenarbeit und unter Berücksichtigung von Budget, Zeitvorgaben, Wettbewerb und Marketingzielen gewinnversprechend auf das Unternehmen wirken.

SEA	SEO
Gemeinsamkeiten → Fokus auf Keyword, Kennzahlen (Klicks, Impressionen, Klickrate), Zielseite und Nutzenntension, Verknüpfung zu Google Analytics	
Unterschiede → Werbemittel: Anzeige, Einfluss des Qualitätsfaktor, kurzfristige Wirkung, schnellere und flexiblere Umsetzung, vorwiegend navigations-orientierte („navigonal keywords") und transaktionale Suchbegriffe	Werbemittel: Suchergebnis, mittel bis langfristige Wirkung, nachhaltiger, mehr Vorlauf nötig (zeitintensiver), auch informationsorientierte Suchbegriffe („informational keywords")

AUFGABEN

1. Was bedeutet SEA und wofür steht es?

2. Wann wurde Google Ads gegründet?

3. Kennen Sie noch andere SEA-Tools? Recherchieren Sie im Internet.

4. Erklären Sie den Ablauf bei einer Auktion im Google-Ads-Programm.

5. Welche Abrechnungsmodelle außer Cost-per-Click gibt es noch? Informieren Sie sich dazu und tragen Sie die Ergebnisse in einer kurzen Übersicht zusammen.

6. Welche vier Ausrichtungsmöglichkeiten für SEA-Kampagnen gibt es?

7. Nennen Sie jeweils drei Vor- und Nachteile von Suchmaschinenwerbung.

8. Suchen Sie im Internet nach guten SEA-Anzeigen und erklären Sie, woran Sie diese erkennen.

9. Erklären Sie den Begriff „Qualitätsfaktor".

10. Beschreiben Sie zwei Synergieeffekte von SEA und SEO.

ZUSAMMENFASSUNG

Suchmaschinenwerbung kurz SEA (eng. Search Engine Advertising), umfasst das

→ Schalten von bezahlten Suchanzeigen, die in der Regel über oder neben den organischen, also nicht bezahlten Suchergebnissen stehen.

Funktion von SEA

- Unternehmen geben für Keywords passend zu ihrer Zielseite ein Gebot ab.
- Im Hintergrund der Google-Suche findet zu diesem Keyword eine Art Auktion statt.
- Je nach Wettbewerb können die Gebote höher oder niedriger liegen.
- Der Anbieter mit dem höchsten Gebot ist nicht immer an erster Stelle.
- Google lässt verschiedene Faktoren mit einfließen, so auch den Qualitätsfaktor.
  → Der Qualitätsfaktor ist ein Schätzwert, der Aussage über die Leistung der Keywords in den bisherigen Kampagnen in Ads trifft.

7.10 Multimedia-Marketing

Einstieg

Die beiden Auszubildenden Ronja und Andreas bekommen von Frau Sündermann, der Leiterin des Marketing-Bereichs, den Auftrag, ein neues Produkt in den Webshop aufzunehmen. Dabei sollen die Auszubildenden darauf achten, auch ein Bild online zu stellen.

Ronja:

„Warum sind Bilder denn so wichtig?"

Frau Sündermann:

„Wenn wir verschiedene Medien wie Bilder einsetzen, können sich unsere Kunden das Produkt besser vorstellen. Die Wahrscheinlichkeit dafür, dass der Kunde das Produkt kauft, steigt dadurch. Der Fachbegriff hierfür lautet Multimedia-Marketing."

Andreas:

„Könnte man auch andere Medien außer Bildern einbeziehen?"

Frau Sündermann:

„Ja, denkbar ist das. Man könnte auch Videos oder Audio-Dateien bereitstellen. Recherchieren Sie doch einmal gemeinsam, für welche unserer Produkte sich ggf. Videos oder Audio-Dateien lohnen. Vielleicht können wir unsere Produktprösentation noch verbessern."

1. Welche Bedeutung hat der Begriff „Multimedia"?

2. Welche Vorteile könnte die Verwendung von Multimedia haben?

3. Welche Schwierigkeiten können beim Einsatz von Multimedia-Marketing auftreten?

4. Welche Medien fallen Ihnen ein, die bei einer Produktbewerbung im Internet Anwendung finden?

INFORMATIONEN

Unter Multimedia-Marketing wird der Einsatz verschiedener Medien wie Text, Grafiken, Bilder, Video und Audio verstanden, um die gleiche Werbebotschaft zu vermitteln.

So werden in Werbeprospekten beispielsweise nicht nur die Produkte beschrieben, der Interessent erhält in der Regel auch ein passendes Bild von dem Produkt. Ein weiteres Beispiel bietet die TV-Werbung. Hier werden meist die beiden Medien Video und Ton miteinander verknüpft.

Abzugrenzen ist das Multimedia-Marketing vom Cross-Media-Marketing, bei dem die Werbebotschaft über verschiedene **Kanäle**, wie TV, Facebook, Zeitung etc. verbreitet wird.

Nutzen des Multimedia-Marketings

Der Einsatz verschiedener Medien für ein und dieselbe Werbebotschaft sorgt dafür, dass die Werbung für Kunden und Interessenten interessanter wird.

Je mehr Medien eingebaut sind, umso interessanter wirkt eine Werbung, und die Kunden und Interessenten sind eher bereit, sich mit der Werbung bzw. dem beworbenen Produkt auseinanderzusetzen. Für ein Unternehmen bedeutet dies, dass die eigene Werbung besser wahrgenommen wird, sodass sich die Chancen erhöhen, dass der Kunde oder der Interessent das beworbene Produkt letztendlich auch kaufen wird.

Die abgebildete Grafik veranschaulicht diese Tatsache gut. Es wird sichtbar, dass Internetnutzer eher bereit sind, auf eine Werbeanzeige zu klicken, wenn diese verschiedene Medien beinhaltet.

Multimedia steigert Interesse und Aufmerksamkeit

Faktor 1
nur Text

Faktor 1,9
Text + Foto

Faktor 4,2
Text + Video

Faktor 7,5
Text + Foto
+ Video

Faktor 9,8
Text + Foto + Video
+ Daten zum Download

AUFGABEN

1. Erläutern Sie, was man unter dem Begriff Multi-media-Marketing versteht.

2. Welchen Nutzen bietet Multimedia-Marketing für die Unternehmen?

3. Welche Beispiele aus der Praxis kennen Sie, in denen Multimedia-Marketing eingesetzt werden?

4. In welchen Bereichen nutzt Ihr Unternehmen das Multimedia-Marketing?

5. Welche Medien lassen sich Ihrer Meinung nach gut kombinieren? Begründen Sie Ihre Meinung.

ZUSAMMENFASSUNG

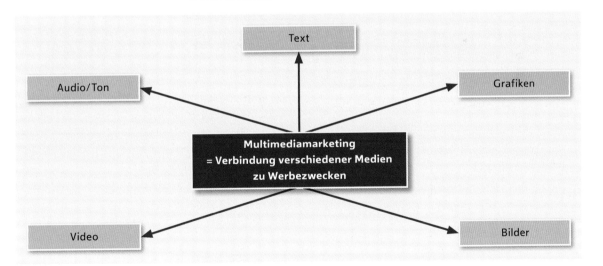

Text

Audio/Ton

Grafiken

Multimediamarketing
= Verbindung verschiedener Medien
zu Werbezwecken

Video

Bilder

7.11 Crossmedia-Marketing

Einstieg

Die Auszubildende Ronja hört am Frühstückstisch gemeinsam mit ihren Eltern Radio. In der Werbepause nimmt sie einen Radiospot zu einer anstehenden Werbeaktion ihres Ausbildungsunternehmens der Exclusiva GmbH wahr. Auf dem Weg zur Arbeit fällt ihr dann ein Plakat auf, welches ebenso für die kommende Veranstaltung wirbt. Im Büro angekommen trifft sie Andreas, ihren Mitauszubildenden.

Ronja:

„Guten Morgen Andreas. Sag mal hast du auch schon die neue Werbung der Exclusiva GmbH gesehen?"

Andreas:

„Hallo Ronja! Ja, ich habe auf Facebook eine Anzeige gesehen."

Ronja:

„Ich habe heute Morgen einen Spot im Radio gehört und auf dem Weg zur Arbeit ein Plakat gesehen. Die kommende Veranstaltung wird ganz schön stark beworben."

Andreas:

„Da hast du recht, bestimmt will man sicher - gehen, dass die Veranstaltung überall bekannt wird, oder was meinst du?"

Ronja:

„Das könnte sein. Ich frage mich, ob es noch weiter Werbemaßnahmen gibt. Lass uns doch mal Frau Sündermann fragen."

Ronja und Andreas:

„Frau Sündermann, wir haben mitbekommen, dass die anstehende Werbeaktion im Radio, auf Plakaten und auf Facebook beworben wird. Gibt es noch weitere Werbemaßnahmen?"

Frau Sündermann:

„Ja, wir geben den Termin für die Werbeaktion auch auf Twitter bekannt und machen unsere Kunden an den Kassen auf die Aktion aufmerksam. Das nennt man Crossmedia-Marketing und bedeutet, dass man die Kunden über die verschiedensten Kommunikationskanäle informiert."

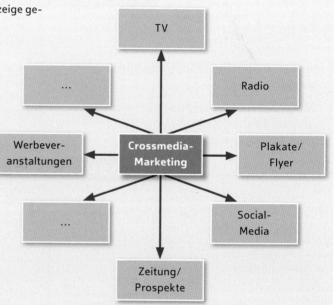

1. Was können Vorteile des Crossmedia-Marketings sein?

2. Worauf sollte man bei der Auswahl der Werbekanäle Ihrer Meinung nach achten?

3. Welche aktuellen Beispiele für Crossmedia-Marketing-Maßnahmen kennen Sie?

4. Kennen Sie noch weitere Werbekanäle, die man für Crossmedia-Marketing-Maßnahmen nutzen kann?

INFORMATIONEN

Unter Crossmedia-Marketing versteht man den Gebrauch verschiedener, in der Regel mindestens drei, abgestimmter **Kommunikationskanäle**, um eine Werbebotschaft zu verbreiten. Während im 19. Jahrhundert Crossmedia-Marketing meist noch unmöglich war, hat diese Marketingform zum Anfang des 20. Jahrhundert mit der Verbreitung des Radios Schwung aufgenommen. Erste größere Marketing-Kampagnen mit dem Einsatz von Zeitungsanzeigen, Plakaten und Radio wurden organisiert. In der 2. Hälfte des 20. Jahrhunderts hielt der Fernseher Einzug in die Haushalte und damit eine neue Medienform, die für Crossmedia-Marketing genutzt werden konnte. Die neuste Form begann in den 1990er und wurde immer weiter entwickelt. Gemeint ist das Internet mit den Sozialen Medien.

In der heutigen Zeit gewinnen Crossmedia-Kampagnen immer mehr an Bedeutung, auch für kleine Unternehmen. Wer in der Flut an Informationen, die die digitale Gesellschaft mit sich bringt, Aufmerksamkeit erregen möchte, sollte möglichst auf mehreren Kanälen präsent sein, um von Interessenten und Kunden wahrgenommen zu werden.

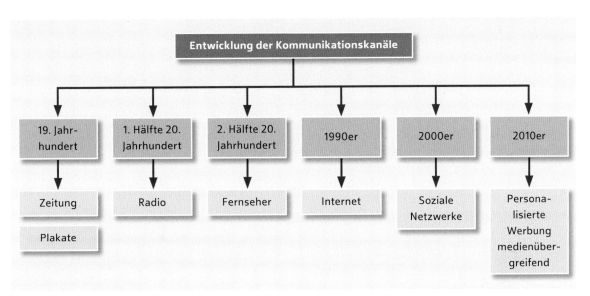

Zeitstrahl Medienentwicklung

Medienauswahl

Eine Werbemaßnahme soll in der Regel möglichst viele Personen erreichen, um viele Interessenten und Kunden zu informieren und anzulocken. Mithilfe der verschiedenen Medien sollen unterschiedliche Zielgruppen erreicht werden. So wird der Einsatz von Sozialen Medien vor allem für jüngere Interessenten und Kunden eingesetzt, während für die älteren Generationen andere Formen, wie z. B. Radio oder Zeitung, verwendet werden. Um regionale Produkte zu bewerben, eignen sich hingegen Tageszeitungen, Plakate und Wurfsendungen im entsprechenden Zielgebiet. Es ist also wichtig, vorab die Zielgruppe genau zu analysieren, um die richtigen Werbekanäle auszuwählen. Bei all diesen Werbemaßnahmen stehen verschiedenste Ziele im Fokus, wie z. B. Steigerung des Bekanntheitsgrades, Absatzsteigerung oder Gewinnsteigerung.

Um zu ermitteln, ob und wie stark die verschiedenen Ziele erreicht werden konnten, gibt es entsprechende Erfolgskennzahlen. Mittels dieser Kennziffern lässt sich prüfen, ob während einer Werbemaßnahme im Vergleich zu der Zeit ohne Werbemaßnahme z. B. mehr Produkte verkauft wurden, mehr Besucher auf der Website waren, wie häufig eine Werbung angeklickt wurde usw.

Diese Kennziffern helfen am Ende der Werbemaßnahme dabei, einzuschätzen, ob eine Werbekampagne den richtigen Nerv getroffen hat oder nur wenige Interessenten und Kunden damit erreicht werden konnten, und entscheiden darüber, ob eine neue Werbekampagne in dieser Form wiederholt werden kann oder ob Änderungen bei der Medienauswahl vorgenommen werden müssen.

Umsetzung von Crossmedia-Kampagnen

Für die Durchführung einer Crossmedia-Kampagne ist eine gute Leitidee oder auch ein Leitmotiv wichtig, das sowohl für einen Wiedererkennungswert, aber auch für einen roten Faden sorgt. Je interessanter die Idee ist, umso einprägsamer ist die Werbebotschaft. Wichtig ist dabei, dass die verschiedenen Kanäle aufeinander abgestimmt sind und sich bestenfalls gegenseitig unterstützen.

Ist die Werbekampagne ein Erfolg, besteht darüber hinaus die Chance, dass die Interessenten und Kunden selbst die Werbebotschaft weiterverbreiten, z. B. durch Mund-zu-Mund-Propaganda. Werden Soziale Medien einbezogen, besteht ebenso die Chance, dass die Beiträge geteilt und somit weiterverbreitet werden. Damit erzielt man fast von alleine eine höhere Resonanz in den Medien und die Reichweite der Werbebotschaft vergrößert sich.

Verzahnung von Online- und Offline-kanälen

Bei der Auswahl der unterschiedlichen Kanäle sollte berücksichtigt werden, dass Online- und Offlinekanäle miteinander verzahnt werden. Dies kann mithilfe eines sogenannten digitalen Rückkanals geschehen, auf den die Interessenten und Kunden z. B. über Anzeigen in klassischen Werbeformaten aufmerksam gemacht werden. Hierzu eignen sich spezielle Kampagnen-URLs oder QR-Codes, die auf bestimmte Websites oder über Hashtags und Links zu einer Social-Media-Plattform weiterleiten. Durch den Rückbezug festigt sich bei den Interessenten und Kunden einerseits die Werbebotschaft, andererseits bietet der Rückbezug auf Onlinekanäle den Unternehmen die Möglichkeit, an wichtige Informationen zu gelangen, die zur Nutzung von personalisierter Werbung hilfreich sind.

Der Einsatz von personalisierter Werbung

Um Werbung individuell für einen Interessenten oder Kunden gestalten zu können, muss man wissen, mit welcher Kommunikation (Zeitung, TV, Radio, E-Mail etc.) der Konsument schon in Kontakt gekommen ist. Dies ist vor allem beim Übergang von Offline- zu Onlinemedien schwierig, aber nicht unmöglich.

So kann man z. B. bei Printwerbung mithilfe einer speziellen Kampagnen-URL oder eines QR-Codes auf eine spezielle Website verweisen oder auch spezielle Coupon-Codes, die auf das Ursprungsmedium hinweisen, einsetzen. Ebenso denkbar sind Foto-Gewinnspiele, bei denen das Bild eines Printprodukts hochgeladen wird,

oder aber die Eingabe eines Stichworts, welches im TV genannt wurde etc.

Im Digitalen kann der Interessent oder Kunde dann mithilfe von Cookies beobachtet werden. So kann z. B. nachvollzogen werden, ob der Kunde über Online-Werbebanner, Social-Media-Werbung oder über andere Werbeformate auf die Internetpräsenz aufmerksam wurde. Durch das Wissen, das in den Cookies steckt, kann das Unternehmen dem Interessenten oder Kunden anschließend personalisierte Werbung zukommen lassen und ihn mit ergänzenden Botschaften und Aufforderungen z. B. in Form von Pop-ups oder Werbebannern zu weiteren Handlungen auffordern oder zu Käufen verleiten. Die individuellen Angebote sind dabei i. d. R. besser auf Interessenten und Kunden abgestimmt und dadurch erfolgsversprechender als die allgemeine Werbung.

Interaktion bei Crossmedia-Kampagnen

Der Bereich der Sozialen Medien bietet für Unternehmen die Möglichkeit, die Interessenten und Kunden leicht zu einer Interaktion aufzufordern. So kann die Zielgruppe z. B. mithilfe von Gewinnspielen, Rätseln oder QR-Codes zu einer Interaktion ermutigt werden. Soziale Netzwerke wie Facebook und Co. sind dafür besonders geeignet, aber auch mithilfe von anderen Werbekanälen ist eine Interaktion möglich. Gelingt es, die Interessenten und Kunden zum „Mitmachen" zu motivieren, verankert sich die Werbebotschaft, das Produkt oder die Marke besonders gut und das eigene Unternehmen bleibt stärker im Gedächtnis.

Telefonieren mit dem Werbeplakat

Die deutsche Werbeindustrie hat das Plakat wiederentdeckt – und es ein wenig aufgepeppt. Der neuste Clou: Passanten fotografieren die Plakate mit ihrer Handykamera und schicken die Bilder an den Werbetreibenden. Der dankt es ihnen mit digitalen Belohnungen.

Wenn es um Werbung der Zukunft geht, scheinen die meisten Experten nur noch über Handymarketing und interaktive Dienste im Digitalfernsehen zu reden. Dabei gehört das gute alte Plakat zu den erfolgreichsten Segmenten des Marktes. Gegenüber den Vorjahresmonaten legten die Out-of-Home-Werbemedien um fast 50 Prozent bei den Einnahmen zu, haben die Marktforscher von Nielsen Media Research in Hamburg herausgefunden. Insgesamt gaben deutsche Unternehmen im Januar 2007 knapp 1,4 Milliarden Euro brutto für Werbung in klassischen Medien aus.

Davon profitierte besonders das Plakat. Das liegt zum einen an den großen Werbebudgets einiger Firmen. Zu den wichtigsten Wachstumstreibern zählen neben dem Handel und den Telekommunikationsanbietern die Autobauer, die gegenüber dem Vorjahr knapp zehn Prozent bei den Werbeausgaben zulegen. Outdoor-Offensiven wie die bis dahin größte Plakatkampagne von Volkswagen brachten zum Jahresbeginn 48 Millionen Euro an Einnahmen für Plakataufsteller.

Zum anderen haben vor allem die Marktführer in diesem Segment, Ströer und Wall, die bisherigen Spanplattenflächen am Straßenrand in elektronische Multimediabildschirme verwandelt, die mit neuester Funktechnik ausgestattet sind. Darüber hinaus haben die Firmen eine aufwendige technische Infrastruktur im Hintergrund geschaffen. Ströer zum Beispiel testet derzeit eine Software, die Motive auf Fotos erkennen kann.

Solche Programme möchte Ströer für ein neues Werbekonzept einsetzen, bei dem Passanten zum Mitmachen aufgefordert sind. Betrachter eines von Ströer aufgestellten Plakates können die Werbefläche mit ihrem Kamerahandy fotografieren und über eine Multimediakurznachricht ihres Telefons an eine bestimmte Nummer schicken. Das Foto landet auf einem zentralen Rechner des Betreibers.

Dieser Server startet eine spezielle Software, die automatisch überprüft, ob es sich tatsächlich um das Werbemotiv handelt. Wenn ja, schickt der Rechner dem Passanten eine Belohnung auf das Handy, zum Beispiel den Trailer zum beworbenen Kinofilm, einen Gutschein, Handyklingeltöne, MP3-Musikdateien oder einfach die Adresse der nächsten Bezugsquelle zum gerade fotografierten Produkt.

Für die Erkennung nutzen Techniker die Software, die optische Muster auf digitalen Fotografien erkennen kann, zum Beispiel bestimmte Markenlogos oder Produktabbildungen. Das Programm vergleicht dazu das eingeschickte Foto mit Abbildungen der Muster, die einer Datenbank hinterlegt sind. Stimmen die Darstellungen überein, schickt die Software automatisch zum Beispiel den Klingelton auf das Passanten-Handy. Die Erkennungsrate liegt je nach Motiv bei 98 bis 100 Prozent.

Mithilfe dieses Verfahrens erreichen die Anbieter, dass sich Passanten intensiv mit ihrer Werbung auseinandersetzen, und sie stellen einen direkten Kontakt zu einem möglichen Kunden her. Außerdem erhalten sie die Handynummer des Passanten, die sie für weitere Werbeaktionen nutzen können. Bei Experten läuft diese Art der Kommunikation unter den Begriffen One-to-One- oder Dialogmarketing.

„Die Außenwerbung profitiert zunehmend von der direkten Interaktion mit den Zielgruppen. Moderne Plakate bieten flexible Einsatzmöglichkeit, hohe Reichweiten und die Fähigkeit, Daten für multimediale Anwendungen zu übertragen", sagt Wall-Vorstand Daniel Wall. Große Unternehmen wie Coca-Cola, RTL oder Henkel nutzen mittlerweile Plakate und Citylight-Poster für multimediale Kampagnen. Zahlreiche Werbevitrinen auf den Flaniermeilen großer Städte sind dazu mit der Funktechnik Bluetooth ausgestattet.

Diese Sender melden einem Handybesitzer, der die Bluetooth-Funktion an seinem Mobiltelefon aktiviert hat und sich in der Nähe eines solchen Plakates aufhält, dass für ihn eine Nachricht zum Herunterladen bereitliegt. Das funktioniert nur, wenn der Passant einwilligt und eine entsprechende Nummer zur Autorisierung eingibt. Unverlangte Werbung auf das Handy ist in Deutschland nicht erlaubt, und sie hätte angesichts des Kommunikations- und Werbegewitters im täglichen Leben wohl auch einen negativen Werbeeffekt.

Für seine Mars-Schokoriegel startete der Nahrungsmittelkonzern Masterfoods kürzlich eine großflächige Bluetooth-Kampagne in Berlin und Düsseldorf. Passanten konnten den Mars-Titel aus dem TV-Werbespot als Klingelton direkt auf ihr Handy laden, wenn sie die Bluetooth-Schnittstelle am Telefon aktiviert und die angegebene Autorisierungsnummer 1111 eingegeben hatten. In neuen Kampagnen sollen Passanten weiterführende Informationen zum beworbenen Produkt oder Coupons erhalten, mit denen sie zum Beispiel im Laden um die Ecke eine günstige Jeans kaufen können.

„Die Branche der Außenwerbung ist dankbar für solche technischen Innovationen", sagt Guido Bliss, Berater für Out-of-Home-Medien. „Es geht künftig sehr stark darum, Botschaften auf Plakaten mit dem Handy zu verbinden." Die ganze Branche denke in letzter Zeit viel konzeptioneller als bisher. „Gerade das Plakat ist für die Anforderungen an eine zeitgemäße Kommunikation gut aufgestellt", sagt auch Jo Groebel, Direktor des Deutschen Digital-Instituts in Berlin.

Für Groebel ist Außenwerbung ein neues Leitmedium der digitalen Welt: „Sie wird mit neuen Medien in der Lage sein, ihren Kunden sehr genaue Angaben über die Zielgruppen von Plakatwerbung zu machen. Sie ist das einzige Medium, das Menschen über den ganzen Tag begleiten kann." Außenwerbung sei „sehr viel weniger entfliehbar"als andere Medienformen. Anders als TV-Werbespots lassen sich Plakate nicht einfach wegzappen.

Detlev Brechtel

Quelle: Brechtel, Detlev: Telefonieren mit dem Werbeplakat. In: WELT Online. 09.05.2007. https://www.welt.de/wirtschaft/webwelt/article857436/Telefonieren-mit-dem-Werbeplakat.html [10.12.2020].

AUFGABEN

1. Was versteht man allgemein unter Crossmedia-Marketing?

2. Worin unterscheiden sich Multimedia-Marketing und Crossmedia-Marketing?

3. Welche Aspekte muss ein Unternehmen bei der Planung von Crossmedia-Maßnahmen berücksichtigen?

4. Welche Vorteile hat die Verbreitung der gleichen Werbebotschaft über verschiedene Kommunikationskanäle für das Unternehmen?

5. Welche Vorteile bietet die Verknüpfung von Offline- und Online-Kommunikationskanälen?

6. Wieso streben Unternehmen die Interaktion ihrer Interessenten und Kunden an?

7. Welche Kommunikationskanäle nutzt Ihr Ausbildungsunternehmen für Werbemaßnahmen?

8. Lesen Sie den Text „Telefonieren mit dem Werbeplakat". Welche konkreten Maßnahmen zur Kommunikation mit dem Kunden werden beschrieben und welche Vorteile für den Händler ergeben sich daraus?

ZUSAMMENFASSUNG

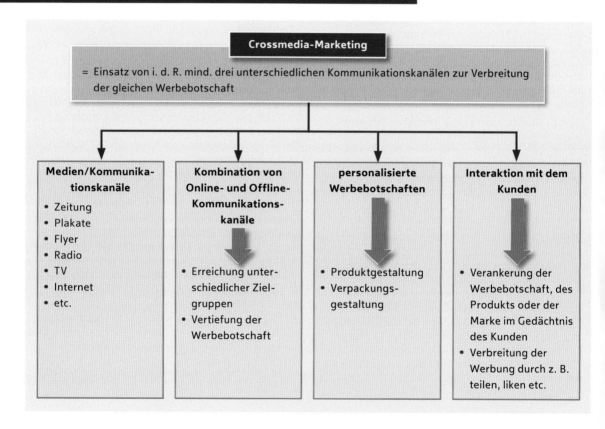

Crossmedia-Marketing

= Einsatz von i. d. R. mind. drei unterschiedlichen Kommunikationskanälen zur Verbreitung der gleichen Werbebotschaft

Medien/Kommunikationskanäle

- Zeitung
- Plakate
- Flyer
- Radio
- TV
- Internet
- etc.

Kombination von Online- und Offline-Kommunikationskanäle

- Erreichung unterschiedlicher Zielgruppen
- Vertiefung der Werbebotschaft

personalisierte Werbebotschaften

- Produktgestaltung
- Verpackungsgestaltung

Interaktion mit dem Kunden

- Verankerung der Werbebotschaft, des Produkts oder der Marke im Gedächtnis des Kunden
- Verbreitung der Werbung durch z. B. teilen, liken etc.

7.12 Mobile Marketing

Einstieg

Die beiden Auszubildenden Andreas und Ronja unterhalten sich gerade in ihrer Mittagspause. Andreas fällt ein QR-Code auf, der neben einer Werbeanzeige auf einem Flyer abgebildet wird.

Andreas:

„Sag mal, weißt du, was es mit diesen QR-Codes auf sich hat?"

Ronja:

„Ja, die kannst du mit deinem Handy einscannen und wirst dann automatisch zu der Website des Unternehmens weitergeleitet oder bekommst zusätzliche Informationen zu Veranstaltungen."

Andreas:

„Das ist ja praktisch, ich hab mich immer schon gewundert, wofür die Dinger gut sind! Weißt du, ob unser Ausbildungsbetrieb auch QR-Codes nutzt?"

Ronja:

„Soweit ich weiß nicht, aber wir können ja einmal Frau Sündermann fragen, sie wird es sicherlich wissen."

Ein wenig später in Frau Sündermanns Büro.

Andreas und Ronja:

„Frau Sündermann, wir haben eine kurze Frage. Nutzt die Exclusiva GmbH eigentlich QR-Codes, um Werbung zu machen?"

Frau Sündermann:

„Bisher nutzen wir noch keine QR-Codes. Haben Sie beide Ideen, wie die Exclusiva GmbH diese konkret einsetzen könnte?"

Ronja:

„Man könnte diese beispielsweise in unser wöchentliches Angebotsblättchen integrieren."

Andreas:

„Oder auf Werbeflyern abdrucken."

Frau Sündermann:

„Das sind schon einmal zwei gute Vorschläge von Ihnen, lassen Sie uns doch einmal genauer schauen, welche Möglichkeiten für die Exclusiva GmbH infrage kommen und wie diese konkret umgesetzt werden können."

1. Welche Einsatzmöglichkeiten von QR-Codes kennen Sie?

2. Gibt es weitere Möglichkeiten, wie mobile Endgeräte (z. B. Smartphones) für Werbung genutzt werden können?

3. Warum ist es heutzutage wichtig, mobile Endgeräte bei der Marketingausrichtung eines Unternehmens zu berücksichtigen?

4. Welche Chancen und Risiken gibt es beim mobilen Marketing für die Exclusiva GmbH aus Ihrer Sicht?

INFORMATIONEN

Unter **Mobile Marketing** versteht man alle kommunikativen Maßnahmen, die ein Unternehmen über mobile Endgeräte tätigt, um das Verhalten von Interessenten und Kunden zu beeinflussen.

Dabei ist das **Mobile Marketing** ein Entwicklungsfeld, welches ursprünglich aus dem Telefon-Marketing stammt. Die technische Weiterentwicklung hat dafür gesorgt, dass sich auch die Werbemöglichkeiten weiterentwickeln.

Zu den Bereichen des Mobile Marketing gehört die mobile Übermittlung von Informationen, der mobile Verkauf inkl. der Auslieferung von mobilen sowie realen Produkten und Dienstleistungen und die mobile Gewinnung von Daten.

Ausprägungen des Mobile Marketing

Mobile Übermittlung von Informationen

Unter der mobilen Übermittlung von Informationen versteht man in erster Linie Werbung, die mobil an die entsprechenden Zielgruppen ausgeliefert wird. Dabei muss man unterscheiden, ob die zugestellten Informationen für den Adressaten standortunabhängig sind oder sich auf seinen Aufenthaltsort beziehen.

Bei **standortunabhängigen** Informationen hat der Kunde die Möglichkeit, kostenlos Informationen abzurufen, wie z. B. Nachrichten, Hinweise auf Angebote etc.

Bei **standortabhängigen** Informationen (Location-Based-Services) wird der Standort des Nutzers verwendet, um diesem gezielt Informationen zu übermitteln, die sich auf seinen Aufenthaltsort beziehen. Voraussetzung hierfür ist, dass der Nutzer der Übermittlung seines Standortes an das werbende Unternehmen zugestimmt hat und eine entsprechende Einverständniserklärung vorliegt. Diese Art der Werbung wird oftmals von Kundenbindungsprogrammen wie z. B. Payback durchgeführt, um die Kunden mithilfe von Coupons und Angeboten zu locken, einen Laden in der unmittelbaren Nähe zu betreten.

Einsatzmöglichkeiten des Mobile Marketing

Das Mobile Marketing bietet Unternehmen verschiedene Möglichkeiten, um an wichtige Informationen der Kunden und Interessenten zu gelangen.

- **Informationsgewinnung**
  Der mobile Kontakt zu Interessenten und Kunden wird von Unternehmen häufig dazu genutzt, Informationen einzuholen. Die Informationen können dabei von unterschiedlicher Art sein. So können z. B. Informationen zu Produkten oder Serviceleistungen mittels Umfra-

gen eingeholt werden. Auch Adressdaten können z. B. mithilfe von angebotenen Gewinnspielen beschafft werden. Ebenso denkbar sind GPS-Standortdaten.

- **Verkauf virtueller Produkte und Dienstleistungen**
  Unter virtuellen Produkten und Dienstleistungen werden z. B. Onlinespiele, Musik, Videos, Bücher, Zeitschriften etc. verstanden. Virtuelle Produkte und Dienstleistungen können mobil bestellt und auch ausgeliefert oder aber mobil abgerufen werden. So kann Musik bspw. vom Käufer heruntergeladen oder auch gestreamt werden.

- **Verkauf realer Produkte und Dienstleistungen**
  Bei der mobilen Bestellung von realen Produkten wie z. B. Kleidung kann in der Regel kein Bezug zum Standort des Nutzers ausfindig gemacht werden. Anders sieht es hingegen bei Dienstleistungen aus, die an eine physische Präsenz gebunden sind, wie z. B. das Kaufen eines Flugtickets oder die Bestellung eines Mietwagens. Ebenso verhält es sich beim Kauf eines Parktickets oder eines Fahrscheins für die U-Bahn.

Mobile Endgeräte zur Nutzung des Mobile Marketing

Mobile Endgeräte wie Smartphones und Tablets sind aus unserem Leben nicht mehr wegzudenken. Gerade die jüngeren Generationen empfinden eine „24 Stunden/7 Tage die Woche"-Erreichbarkeit als lebensnotwendig. Dementsprechend werden die mobilen Endgeräte zu einem entscheidendem Aktions- und Reaktionskanal. Für die Unternehmen bedeutet dies, dass die „Allround-Talente" ihnen den Zugang zu den verschiedensten Zielgruppen eröffnen. Die Unternehmen haben so die Möglichkeit, zu fast jeder Zeit und fast an jedem Ort mit Kunden und Interessenten in Kontakt zu treten.

Eine wichtige Rolle spielt in diesem Zusammenhang die geradezu inflationäre Verbreitung von Apps. Es gibt sie für die verschiedensten Anlässe, teilweise sind sie gratis, teilweise kosten sie ein paar Euro, dennoch belasten Sie den Geldbeutel der Nutzer nicht sehr stark. Allerdings ist darauf hinzuweisen, dass der Download einer App nicht gleichzeitig eine intensive Nutzung dieser App bedeutet. Hierfür muss die App dem Nutzer einen Mehrwert bieten, z. B. indem sie auf besondere Angebote aufmerksam macht. Dies zeigt auch der folgende Text.

App-Nutzung statt App-Müdigkeit!
Wie viele Apps braucht man wirklich?

Warum sollen wir uns noch weitere Apps herunterladen?

So ähnlich formulierte es vor Kurzem eine Anwenderin, als sie mitbekam, dass Sitrion das alte Intranet der 90er Jahre durch die Sitrion ONE Lösung ersetzen wolle. Für alle, die mit dem Namen des Unternehmens an dieser Stelle nichts verbinden: Sitrion ist ein multinationaler Software-Hersteller.

Sie gehörte schon zu den erfahrenen Kollegen im Unternehmen, welches traditionell organisiert ist.

In Übereinstimmung mit dieser Tatsache war es nicht leicht, die eine oder andere technische und geistige Hürde zu überwinden, die hier genommen werden musste.

Ironischerweise gehört – und das mag man beachtlich finden – eben diese Mitarbeiterin inzwischen zu denjenigen Mitarbeitern, die die neue App mit Freude benutzen.

Offensichtlich wurde ihr die Frage „Warum noch eine weitere App?" hinreichend beantwortet.

Die Home-Bildschirme unserer Smartphones sind heutzutage in der Regel gut gefüllt bis überfüllt. Der artenreiche Icon-Wald sorgt bei so manchem von uns dafür, dass er oder sie die eine oder andere App in der Intention, sie zu öffnen, gelegentlich übersieht und in der Konsequenz den Überblick verliert.

Eine Wetter-App benachrichtigt uns rechtzeitig vor dem Sonnenuntergang darüber, dass die Sonne untergeht, warnt uns aber auf der anderen Seite zum Teil nicht ausreichend früh vor dem Tief „Janno" mit dem nächsten Schnee-Sturm oder dem nächsten Hoch namens „Brigida" mit neuer heiß ersehnter Warmluft. Eine Börsen-App informiert investitionsfreudige Privatanleger über ihren aktuellen Depot-Stand und den minutengenauen Kurs der dort vorhandenen Aktien.

Die App eines Versicherers empfiehlt uns, die KfZ-Versicherung zu wechseln und Quiz-Duell drängt uns dazu, baldmöglichst eine begonnene Partie mit unserer Freundin oder unserem Freund zu Ende zu spielen.

Wie viele Apps brauchen wir wirklich?

Bei allem Realismus stellen wir häufig fest: Nur auf wenige Apps können wir tatsächlich unbedingt nicht verzichten. Vielleicht sind es je nach Interessens- und Wirkungsfeld fünf oder sechs – gelegentlich auch mehr. Tatsache ist allerdings, dass die meisten von uns Ihre Apps überwiegend über die Benachrichtigungsfunktion nutzen und nicht – wie ja sicher auch der ursprüngliche Gedanke der Innovation einmal war – über die App selbst. So wie Kanäle von Facebook und anderen nachrichtenbasierten Diensten der sozialen Netzwerke mehr und mehr zum „News-Feed" werden, so werden Möglichkeiten des interaktiven Anteils von Apps zunehmend weniger genutzt.

Sie sind mit ihren aufblinkenden informativen Schnipseln und Kurz-Erinnerungen auf dem Sperrbildschirm ein Teil der unbändigen Nachrichten-Flut, die minütlich, stündlich und sogar täglich lange in sämtlichen Ausprägungen über den Strand unserer Persönlichkeit gespült wird.

Schlussfolgerung: Mit der Zahl der Apps sinkt die Interaktion pro App

Greifen wir als exemplarisches Beispiel die Nutzung eines Stauwarners heraus, d. h. einer Anwendung, die uns pünktlich vor einer Staubildung informieren soll bzw. uns dies mitteilt, sobald wir darin stehen, auch wenn wir letzteres eher vermeiden wollen.

Nehmen wir als Beispiel die Staumelder-Funktion der Anwendung „Google Maps".

Ohne unser Zutun sagt uns diese per Kurz-Benachrichtigung, dass die Wartezeit auf der A1 – am besten auch, wo – erhöht sein wird (auf die Autobahn auffahren müssen wir dann noch selbst).

Mit dem Verhalten, dass wir gar nicht (mehr) mit unseren Apps interagieren, ist übrigens keiner von uns allein, wie eine Studie des amerikanischen Marktforschungsunternehmens „comScore" von 2016 zeigt. Während der durchschnittliche Erwachsene ca. 27 Apps auf seinem Smartphone installiert hat, rufen wir allein drei davon eigeninitiativ auf. Auf diese drei Apps verwenden wir etwa 75 % unserer Zeit. Alle anderen Anwendungen dort existieren im ungenutzten Untergrund.

Steigt man tiefer in die besagte Studie ein, zeigt sich, dass die genannten 27 Apps meist wechselseitig voneinander abhängige Systeme, z. B. Facebook und der Facebook-Messenger, sind.

Als Nutzer verwenden wir beide, da sie eng miteinander verbunden sind und eine gegenseitig sinnvolle Ergänzung bieten. Auf diese Weise hat Facebook übrigens ein anwendungstechnisches „Flagschiff" (Facebook) sowie einen diversifiziertes Produkt hiervon (Facebook-Messenger) geschaffen. Es handelt sich, das sei noch erwähnt, um eine horizontale Produktdiversifikation, da Facebook dadurch im weitesten Sinne bei seinem angestammten Geschäftsfeld bleibt.

Mensch bleibt Mensch – ob im Job oder privat

Lassen sich die oben beschriebenen Aussagen auf die Nutzungsart von möglichen Mitarbeiter-Apps übertragen? Zunächst können wir einigermaßen zweifelsfrei feststellen, dass Menschen sich schnell an Dinge gewöhnen. Mancher spricht von ihnen auch als „Gewohnheitstier". Das Nutzungsverhalten, das wir privat an den Tag legen, praktizieren wir im beruflichen Kontext in der Regel nicht anders. Ein „Digital-Native" mutiert nicht zum Smartphone-Hasser und umgekehrt, sobald er durch die eigene Haus- oder Wohnungstür tritt. Ebenso ist es schwer vorstellbar, dass Mitarbeiter ihr Android-Gerät oder ihr iPhone aufgrund der Tatsache, dass ihr Chef ihnen dessen Nutzung verboten hat, zu Hause liegen lassen werden. Fakt war seit dem ersten Smartphone, ist und bleibt: Es ist immer und überall dabei und mit uns unterwegs. Daher könnte sich die moderne Unternehmenskommunikation dies langfristig zu Nutze machen. Warum sollten Mitarbeiter nicht den Status der verbleibenden Urlaubstage auf dem Smartphone anschauen und zu Hause auf der Couch ihren Urlaub beantragen können – so einfach, wie sie im Anschluss ihren Urlaub in einem Online-Buchungsportal buchen? Eine gute Frage, denken Sie nun? Bis es soweit ist, müsste im Arbeitsleben noch Einiges flexibilisiert werden, wie es so schön heißt. Und weiß man, wie gut das dem Privatleben einiger weniger auf Dauer tun wird?

Der Kampf gegen die App-Ermüdungserscheinungen

Die Daten aus der oben genannten Studie im oberen Teil dieses Beitrags legen nahe, dass Menschen zumeist lediglich diejenigen Apps nutzen, die ihnen in irgendeiner erdenklichen Weise einen Mehrwert bieten. Sie stellen sich die Frage: „Was ist da für mich drin?" Es ist die Frage, die jede gute Anwendung beantworten können muss – denn: Ohne Mehrwert keine Nutzung, keine Aufmerksamkeit, keine Reichweite.

Damit in der Kommunikationslandschaft von Apps von Unternehmen keine App-Ermüdungserscheinungen erkennbar werden, sollten Sie diese Frage sinnvoll beantworten. Unternehmen konkurrieren am Markt um eine vorherrschende Stellung. Und auch, wenn kaum ein Unternehmen die Macht hat, Facebook dort abzudrängen oder gar abzuhängen, können andere Unternehmen durch ihre Konkurrenz lernen, den digitalen Nutzen zu verbessern und auszuweiten. Apps für den privaten Bereich sollten im besten Fall auch Spaß machen – ein Faktum, das von den entsprechenden Entwicklern gerne mehr beherzigt werden darf.

Als Ziel des Ganzen ist es ihre Aufgabe, ein schlüssiges System zu konstruieren, in dem Nutzer auf sie zugeschnitten die relevanten Funktionen wiederfinden, verstehen und nutzen können.

Wer seine Kernfunktionen bündelt und damit genug „Nutzenswertes" für eine Zielgruppe anbietet, wird feststellen, dass die Funktionalitäten eines Systems akzeptiert und angewendet werden.

Eine weitere Studie von „comScore" aus dem Jahr 2017 kommt übrigens zu dem Ergebnis, dass 21 % der 18- bis 34-jährigen in der Vergangenheit Apps gelöscht hat, weil sie deren Aussehen auf ihrem Bildschirm nicht mochten. Bei einem derartigen Anteil an einer Grundgesamtheit von 1 033 der Probanden stellt sich zumindest nur in geringem Maße die Frage nach der wissenschaftlichen bzw. statistischen Signifikanz der Studie. Sie ist in den USA erhoben worden. Statistisch ist also etwas mehr als ein Fünftel der US-Amerikaner damit beschäftigt, Apps wegen ihres Aussehens zu löschen, wenn sie ein Smartphone in der Hand haben. Zu welchem Ergebnis würde wohl eine Studie in Deutschland kommen, liefe sie unter den gleichen Feld-Bedingungen ab?

Quelle: BV EINS GmbH, Köln/Johannes Katholnigg, Bonn

Apps sind dabei für die Nutzer unverzichtbar, wenn eine hohe Funktionalität erreicht werden soll, da vieles im Internet nicht ohne Weiteres darstellbar und realisierbar ist. Daher werden Apps oftmals auch als „Rollstuhl ins Internet" bezeichnet. Erst wenn die mobilen Browser leistungsfähiger und die Datenverbindungen noch schneller werden und somit ein „echtes" mobiles Internet entsteht, können die Nutzer auf die Verwendung von Apps verzichten. Bis dahin sind Unternehmen darauf angewiesen, Apps kostenintensiv für die unterschiedlichen Smartphone-Typen programmieren zu lassen. Oder die Unternehmen konzentrieren sich auf wenige App-Stores und Handytypen, dadurch laufen sie jedoch Gefahr, dass sie nicht alle Interessenten und Kunden erreichen.

Anforderungen an Apps

Um die eigene App so zu gestalten, dass sie von potenziellen Kunden wie auch von den Bestandskunden als interessant eingestuft und regelmäßig benutzt wird, ist es wichtig, das Nutzerverhalten seiner Zielgruppe zu kennen und die App entsprechend anzupassen.

Eine Studie aus dem Jahr 2016 belegt, dass Anwender immer weniger Apps nutzen, für die wenigen Apps jedoch insgesamt mehr Zeit aufwenden. D. h. die Nutzungsdauer pro App steigt. Besonders Spiele, Social-Media- und News-Apps bekommen von den Nutzern immer mehr Aufmerksamkeit. Somit lag bspw. die durchschnittliche Sitzungsdauer von Spielen auf Android-Geräten im Jahr 2016 bei rund 15 Minuten pro Tag und damit um – 3 Minuten mehr als noch in 2015.

Ebenso ist im App-Verhalten der Nutzer festzustellen, dass die „Retention Rate", also der Prozentsatz an Nutzern, welche eine App nach einem bestimmten Zeitraum (z. B. sieben Tage nach der Installation) noch immer nutzt, stark abnimmt.

$$\textbf{Retention Rate}\text{ in \%} = \frac{\text{(Aktive Nutzer)}}{\text{(gesamte Anzahl der Nutzer)}} \cdot 100$$

Hierzu besagt eine weiter Studie, dass sogar 70 % aller installierten Apps nach nur einem Tag wieder gelöscht werden. Die Tatsache, dass Interessenten und Kunden eine Anwendung bereits nach kurzer Zeit nicht mehr nutzen, liegt laut Experten am größeren Wettbewerb. Es gibt immer mehr Apps und somit auch mehr Apps, welche die gleichen Funktionen aufweisen. Dies macht es den Unternehmen und Entwicklern wiederum schwer, Nutzer auf lange Sicht für sich zu gewinnen.

Was bedeutet dies also für die Unternehmen und ihre mobile Strategie? Da der Wettbewerb immer größer wird und sich die Aufmerksamkeit der Nutzer auf wenige Apps beschränkt, müssen die kleinen Anwendungen noch genauer auf die Bedürfnisse der Interessenten und Kunden eingehen und den **Mehrwert der App** (auch im Vergleich mit Konkurrenzunternehmen) in den Vordergrund stellen. Zudem muss eine **einfache Bedienbarkeit** (Usability) und eine gelungene **Nutzererfahrung** (User Experience) sichergestellt werden, um Interessenten und Kunden langfristig zu binden.

Besonders die **Wiedergewinnung** (Re-Engagement) von verlorenen Nutzern kann hier ein entscheidender Wettbewerbsvorteil sein. Hier geht es darum, verlorene Kunden dazu zu motivieren, ihre Beweggründe für die Löschung der App mitzuteilen, um diese Fehler anschließend beheben zu können.

Um zu den Apps zu zählen, mit denen sich Nutzer gerne beschäftigen, wird empfohlen, vor allem die Nutzer in den Mittelpunkt aller Überlegungen zu stellen und sie intensiv in die (Weiter-)Entwicklung der App einzubeziehen. Nutzer sollen die Möglichkeit haben, ihre Ideen zur Verbesserung einzubringen und Feedback zu geben. Somit wird eine stärkere Bindung der Nutzer an die App erreicht, von der das eigene Unternehmen profitieren kann.

Interesse und Aufmerksamkeit mithilfe von QR-Codes gewinnen

Eine weitere Möglichkeit, mit Interessenten und Kunden in Kontakt zu treten, sind die sogenannten **QR-Codes** (Quick-Response-Codes). QR-Codes bestehen aus einer quadratischen Matrix, deren Daten durch eine Software ausgelesen werden. Die meisten Smartphones und Tablets sind mittlerweile mit einer solchen Software ausgestattet. Wird das Lesegerät (z. B. Smartphone) über einen QR-Code gehalten, liest die Software die Daten aus und leitet den Interessenten automatisch auf eine mobile Website.

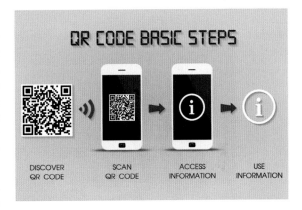

Dabei gibt es verschiedene Anwendungsbereiche, für die QR-Codes genutzt werden können. So können QR-Codes beispielsweise auf eine kurze Umfrage verweisen. Solche Anwendungsbereiche finden sich häufig in öffentlichen Verkehrsmitteln wieder. Ziel der Verkehrsbetriebe ist es hier, ein Feedback von ihren Kunden zu erhalten um die Fahrt zukünftig noch angenehmer für den Fahrgast zu gestalten und damit eine hohe Kundenbindung zu erreichen. Aber auch das Unterbreiten von Angeboten ist mithilfe von QR-Codes möglich, indem die Interessenten auf eine Website mit einem speziellen Angebot weitergeleitet werden. Ziel solcher Aktionen kann z. B. die Neukundengewinnung sein. Aber auch die reine Informationsübermittlung ist denkbar. So kann ein QR-Code genutzt werden, um über eine bestimmte Veranstaltung zu informieren oder um Interessenten auf das eigene

Onlineangebot aufmerksam zu machen, indem der QR-Code den Nutzer zu dem mobilen Webshop weiterleitet.

Der QR-Code kann dabei auf verschiedene Arten in Umlauf gebracht werden- Gängige Formen sind Mailings, Plakate, Flyer, Aufdrucke auf Produkten etc. Für Interessenten und Kunden hat der QR-Code dabei unter anderem die Vorteile der einfachen Bedienbarkeit und dass Fehler beim Eintippen der Website vermieden werden.

Beispiele für die Anwendung von QR-Codes

Der QR-Code führt den Anwender hier von einem Katalog aus auf eine Seite mit zusätzlichen Informationen zum Produkt.

Hier scannt der Nutzer den QR-Code von einem Plakat, um weiterführende Infos zu erhalten.

Dieser QR-Code eines Kunden wird im Geschäft vom Verkaufspersonal gescannt und generiert einen Rabatt auf die gekaufte Ware.

Hier kann, neben der Bereitstellung von Zusatzinformationen, sogar per QR-Code bezahlt werden.

Erzeugung eines QR-Codes

Für die Erstellung eines QR-Codes wird ein QR-Code-Writer benötigt. Dieser wird im Internet von verschiedenen Anbietern bereits kostenlos zur Verfügung gestellt und ist dementsprechend frei zugänglich. Die Erfinder des QR-Codes, das japanische Unternehmen Demo Wave, verzichtet auf seine Patente, sodass keine Gefahr besteht, Rechte Dritter zu verletzen. Dennoch ist es natürlich nicht erlaubt, den QR-Code in Werbung einzubeziehen, die gegen das Gesetz zum unlauteren Wettbewerb (UWG) verstößt.

Augmented Reality (AR)

Mit der Kombination aus Smartphone, Kamera und der Umgebung, in der man sich befindet, ergibt sich eine weitere Form des Mobile Marketings. Dazu wird zunächst ein Produkt ausgewählt (zum Beispiel als QR-Code aus einem Prospekt oder aus einem Webshop). Nebenbei wird durch die Kamera die Anzeige des Raumes ermöglicht. Das infrage kommende Produkt wird mittig auf dem Bildschirm platziert und das Smartphone in der Umgebung bewegt. So wird das Produkt virtuell an verschiedenen Orten platziert und man bekommt eine gute Vorstellung von der Wirkung. Ein Beispiel für die Nutzung zeigt sich im Bereich von Einrichtungsgegenständen, die virtuell in der eigenen Wohnung platziert werden können.

Eine noch bessere Vorstellung von der Wirkung kann durch die Nutzung einer VR-Brille (Virtual-Reality-Brille) erzielt werden.

Einstieg und Etablierung von Mobile Marketing

Mobile Marketing bietet Unternehmen verschiedene Möglichkeiten und Vorteile der Kundengewinnung und der Kundenbindung. Dabei stellt sich häufig die Frage, welche konkreten Maßnahmen ein Unternehmen umsetzen sollte. Dies ist jedoch von vielen Faktoren wie z. B. der Unternehmensbranche, dem Budget, den Unternehmenszielen etc. abhängig und kann daher nicht pauschal beantwortet werden. Hilfreich für die Entscheidungsfindung ist folgende Checkliste, welche die wichtigsten Fragestellungen berücksichtigt, die ein Unternehmen im Vorfeld klären sollten.

Checkliste zur Ausgestaltung von Mobile-Marketing-Strategien	
Fragestellung	**Mögliche Ausprägungen**
Wofür sollen die mobilen Anwendungen eingesetzt werden?	• Unternehmensinformationen bekanntgeben • Produktinformationen bereitstellen • Angebote verteilen • Feedback einholen • …
Welchen Bezug sollen die mobilen Anwendungen zu anderen Kommunikationswegen haben?	• Keine Beziehung zu anderen Maßnahmen • Vernetzung von Offline- und Onlinemaßnahmen • Ergänzung von Offlinemaßnahmen • …
Welche Zielgruppe soll angesprochen werden?	• Bestimmte Altersgruppe • Bestimmtes Geschlecht • Bestimmte Region • …
Welche Informationen sollen bereitgestellt werden?	• Öffnungszeiten • Ansprechpartner • Angebotsauswahl • …
Welchen Mehrwert haben die mobilen Informationen für den Interessenten/Nutzer?	• Nutzerfreundlicher Onlineshop • Sonderaktionen • …
Wie wird sichergestellt, dass die mobilen Daten sowohl qualitativ hochwertig als auch aktuell sind?	• Verantwortlichkeiten im Unternehmen klären • …
Wie unterscheidet sich das eigene Unternehmen von den Mitbewerbern?	• Preisgestaltung • Serviceangebote • Imageposition • …
Welche Informationen sollen über den QR-Code einsehbar sein?	• Unternehmenswebsite • Onlineshop • spezielle Angebote • …
Wie soll der QR-Code kommuniziert werden?	• Flyer • Plakate • Anzeigen • …

Fragestellung	Mögliche Ausprägungen
Mit welchen Sozialen Medien sollen die mobilen Inhalte verknüpft werden, um eine höhere Reichweite zu erreichen?	• YouTube • Facebook • Twitter • ...
Wie soll überprüft werden, ob die mobilen Anwendungen Erfolg haben?	• Anzahl der App-Downloads • Anzahl QR-Code-Abrufe • Höhe des mobil generierten Umsatzes • ...

Exkurs: responsives Design

Responsives Design wird für die Erstellung von Internetseiten verwendet, damit eine Internetseite auf unterschiedlichen Endgeräten (z. B. Smartphone, Tablet, Laptop, Fernseher, ...) immer ansehnlich dargestellt wird. Responsives Design berücksichtigt insbesondere die Darstellung von Menüs, Schriftgröße, Bilder und Grafiken sowie Tabellen. Für Onlinemarketing ist Responsivität entsprechend wichtig, damit die entsprechende Marketingaktion in allen Fällen gut betrachtet werden kann. Wird z. B. ein QR-Code mit einem Smartphone eingescannt, dann soll die Internetseite, die sich öffnet, keine zu kleine Schrift haben, die rechts aus dem Bild herausverläuft, und kein Menü haben, das über einem Bild liegt.

AUFGABEN

1. Welche vier Einsatzfelder bietet das Mobile Marketing?

2. Was versteht man unter Location-Based-Service?

3. Nennen Sie jeweils drei Beispiele für standortunabhängige und standortabhängige Dienstleistungen aus dem Bereich des Mobile Marketing.

4. Welche Bedeutung haben Apps im Bereich des Mobile Marketing?

5. Wie hat sich das Nutzerverhalten der Interessenten und Kunden bzgl. Apps entwickelt und was bedeutet dies für die Unternehmen und Entwickler?

6. Erklären Sie kurz, wie ein QR-Code funktioniert.

7. Wo haben Sie persönlich bereits einen QR-Code gesehen? Nennen Sie Beispiele aus der Praxis.

8. Die Exclusiva GmbH hatte in den letzten zwei Wochen 163 App-Downloads zu verzeichnen. Eine Auswertung ergab, dass von den 163 App-Downloads noch 93 Apps aktiv genutzt werden. Berechnen Sie die Retention-Rate.

9. Die Exclusiva GmbH hat sich zum Ziel gesetzt, Neukunden zu gewinnen. Hierfür plant sie ein Event mit Modenschau und speziellen Sonderangeboten. Beschreiben Sie, wie die Exclusiva GmbH ihre Marketingmaßnahmen mithilfe mobiler Strategien ergänzen und unterstützen kann.

10. Finden Sie Beispiele aus der Praxis, in denen QR-Codes zur Anwendung kommen.

11. Welche Bereiche des Mobile Marketing nutzt Ihr Ausbildungsunternehmen?

12. Grenzen Sie die Begriffe "Augmented Reality" und "Virtual Reality" voneinander ab.

ZUSAMMENFASSUNG

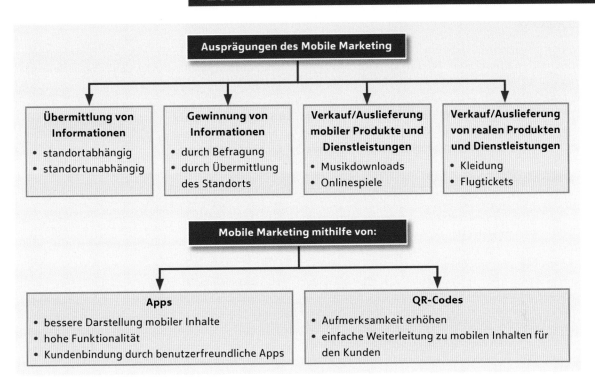

7.13 Social-Media-Marketing

Einstieg

In ihrer langjährigen Geschichte hat die Exclusiva GmbH stets mit entsprechenden Marketingmaßnahmen auf den Wandel der Zeit reagiert. Im Jahr 2003 wurde das digitale Zeitalter der Exclusiva GmbH mit einer eigenen Internetrepräsentanz eingeläutet. Über die Website werden die Kunden u. a. über Unternehmensdaten und das allgemeine Warenangebot informiert. Im Jahr 2003 wurden mit der Schaltung der Website zudem weitere Ziele verfolgt: die Kundenneugewinnung und die Kundenkommunikation über das Internet.

Die Evaluation der Ergebnisse einer extern beauftragten Marktforschungsstudie hat der Exclusiva GmbH damals gezeigt, dass die genannten Ziele positiv evaluiert werden konnten. Die Marktforschungsstudie wurde in diesem Jahr wiederholt und hat dabei u. a. die folgenden Erkenntnisse geliefert:

- Der neu geschaltete Webshop wird von den Besuchern grundsätzlich positiv bewertet (Design, Handhabung, etc.).
- Die Klickraten/Besucherzahlen des Webshops sind im Vergleich zu der Konkurrenz als sehr gering einzustufen, obwohl zweimal wöchentlich in regionalen Tageszeitungen (u. a. „Hildesheimer Wochenblatt") für selbigen mit einer ganzseitigen Werbeanzeige geworben wird.
- Es besteht die Gefahr, dass die Exclusiva GmbH zukünftig als „Marke von gestern" wahrgenommen wird, wenn nicht an einer jugendlich moderaten Unternehmensausstrahlung gearbeitet wird.

- Der gesamte Onlineauftritt der Konkurrenzanbieter wird von den potenziellen Kunden positiver bewertet als der Auftritt der Exclusiva GmbH.

Die Erkenntnisse liegen der neu eingerichteten Abteilung „Onlinevertrieb" vor. Herr Brand (Abteilungsleiter) hat daraufhin ein Gespräch mit Frau Sündermann (zuständig für das Onlinemarketing) geführt:

Herr Brand:

„Hallo Frau Sündermann. Der neue Webshop scheint von unseren Kunden positiv bewertet zu werden. Wir haben demnach unser erstes Ziel erreicht, allerdings spricht wiederum die Anzahl der Besucher eine nicht so erfreuliche Sprache."

Frau Sündermann:

„Der Aufbau des professionellen Webshops hatte in unserer Abteilung oberste Priorität. Wir müssen jetzt jedoch parallel den nächsten Schritt einleiten, der uns auch bei der Verfolgung der anderen Ziele behilflich sein wird. Den Bereich des Social-Media-Marketing hat die Exclusiva Gmbh bisher leider komplett verschlafen. Wir werden bei der Konzeption auch auf die frische Expertise unserer Auszubildenden zurückgreifen."

Herr Brand:

„Ich freue mich auf die ersten aussagekräftigen Ideen."

1. Unterstützen Sie die Abteilung „Onlinevertrieb" der Exclusiva GmbH dabei, die ersten Schritte im Social-Media-Marketing einzuleiten, indem Sie die anvisierten Ziele berücksichtigen.

2. Führen Sie in Ihrer Klasse eine Erhebung durch, wie viele Minuten Sie für welche Medien im Internet aus welchem Grund nutzen. Welche Erkenntnis können Sie aus Marketingsicht daraus gewinnen?

3. Führen Sie in Ihrer Klasse eine weitere Erhebung durch, indem Sie zunächst individuell ermitteln, wie vielen Unternehmen/Marken/Dienstleistungen Sie selbst auf verschiedenen Social-Media-Kanälen „folgen". Welche Erkenntnis können Sie aus Marketingsicht daraus gewinnen?

INFORMATIONEN

„Das Internet ist wie eine Welle: Entweder man lernt, auf ihr zu schwimmen, oder man geht unter."

Quelle: aicovo gmbh: Zitat von Bill Gates. In: www.nur-zitate. com. https://www.nur-zitate.com/autor/Bill_Gates [10.12.2020].

Die Aussage, die Bill Gates bereits vor einigen Jahren postuliert hat, weist auch heute mehr denn je eine hohe Aktualität auf. Die Zeit, in der das Internet als reines Informationsmedium galt, ist lange vorbei. Durch den permanenten digitalen Fortschritt sind neue Anwendungen und Tools entstanden. In den Vordergrund hat sich die **Vernetzung und der Austausch der Nutzer untereinander** gespielt. Als Nutzer gelten dabei die privaten Haushalte und die Unternehmen. Sie verwenden dabei **soziale Dienste**, die i. d. R. kostenlos für sie bereitgestellt werden. Die Nutzer interagieren auf verschiedenen Plattformen miteinander und treten so in einen Austausch. Dies geschieht primär öffentlich und für jeden transparent (z. B. in einem sozialen Netzwerk) oder privat (z. B. in einem Messenger). Im Jahr 2019 waren laut der ARD/ZDF Onlinestudie 63 Millionen Personen der deutschsprachigen Bevölkerung online. Zum Vergleich: Im Jahr 2010 waren es 49,0 Millionen Personen. Dabei beträgt im Durchschnitt die tägliche Internetnutzung ca. drei Stunden. Wird lediglich die Altersgruppe der Unter-30-Jährigen in den Fokus gerückt, verdoppelt sich die Zeit auf ca. sechs Stunden. Die sozialen Dienste nehmen davon einen großen Anteil ein.

Es wird demnach keine Glaskugel benötigt, um die Aussage zu treffen, dass die Tendenz der aktiven Internetnutzung in den kommenden Jahren – u. a. durch die wachsende Mobilität der Anwender (Smartphones, Tablets, o. Ä.), verknüpft mit dem Ausbau öffentlicher WLAN-Spots – weiter steigen wird. Diesen Aspekt haben mittlerweile auch die (meisten) Unternehmen erkannt (siehe Statistik). Neben dem Display-Advertising (vgl. Kapitel 7.3) hat sich dabei primär der eigene Unternehmensauftritt in den sozialen Medien in den Vordergrund gespielt.

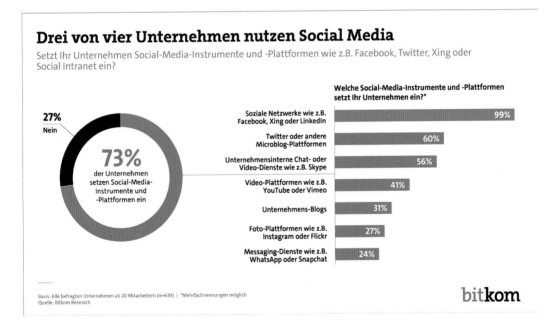

Drei von vier Unternehmen nutzen Social Media

Setzt Ihr Unternehmen Social-Media-Instrumente und -Plattformen wie z.B. Facebook, Twitter, Xing oder Social Intranet ein?

27% Nein

73% der Unternehmen setzen Social-Media-Instrumente und -Plattformen ein

Welche Social-Media-Instrumente und -Plattformen setzt Ihr Unternehmen ein?*

Soziale Netzwerke wie z.B. Facebook, Xing oder LinkedIn	99%
Twitter oder andere Microblog-Plattformen	60%
Unternehmensinterne Chat- oder Video-Dienste wie z.B. Skype	56%
Video-Plattformen wie z.B. YouTube oder Vimeo	41%
Unternehmens-Blogs	31%
Foto-Plattformen wie z.B. Instagram oder Flickr	27%
Messaging-Dienste wie z.B. WhatsApp oder Snapchat	24%

Basis: Alle befragten Unternehmen ab 20 Mitarbeitern (n=639) | *Mehrfachnennungen möglich
Quelle: Bitkom Research

bitkom

In einem modernen Marketingkonzept ist das Puzzleteil **Social Media** daher nicht mehr nur ein Randstück. Vielmehr erhöhen die Unternehmen ihre Budgets in diesem Bereich kontinuierlich, um diesen bereits etablierten **Kommunikationskanal** zielführend für das Unternehmen einzusetzen. Der Begriff des Social-Media-Marketings ist entstanden.

DEFINITION

Im **Social-Media-Marketing** wendet das Unternehmen gezielt Social-Media-Dienste an und tritt dabei mit einem bestehenden Kundenstamm oder interessierten/potenziellen Neukunden in eine Kommunikation ein. Je nach **Zielsetzung** werden unterschiedliche Bestrebungen verfolgt, wie etwa die Kundengewinnung, die Imageverbesserung, die Verfolgung von Absatz- und Umsatzzielen oder die Informationsverbreitung, etc.

Um weiter auf der Welle Internet mitschwimmen zu können, müssen Unternehmen ihren Mitarbeitern Kompetenzen im Umgang mit den Angeboten verleihen. Im Onlinemarketing-Mix kann Social-Media-Marketing in unterschiedlicher Weise sinnvoll eingesetzt werden, sodass sich unterschiedliche Marketingziele verfolgen lassen.

Social-Media-Marketingziele

- Bekanntmachung einer Marke (Social Branding)
- Bekanntmachung eines Produkts/einer Dienstleistung
- Aufbau einer Unternehmensidentität
- Imageverbesserung/Reputation
- Öffentlichkeitsarbeit
- Kundenkommunikation (Service/Rückfragen/Kritik)
- Kundengewinnung/Kundenrückgewinnung
- Gespräche/Onlineunterhaltungen initiieren
- Virales Marketing betreiben
- Traffic auf die eigene Website (z. B. Onlineshop) lenken
- Mitarbeiterakquise/Recruiting (Human Resources)
- Entwicklung von Produktideen durch Einbezug der (potenziellen) Zielgruppe/Crowdsourcing
- Preispolitik
- Vertriebspolitik (z. B. durch Social Commerce)
- Marktforschung

Social-Media-Kanäle im Überblick

Mittlerweile gibt es eine Vielzahl an unterschiedlichen Angeboten im Bereich Social Media, sodass eine Kategorisierung nicht immer trennscharf vorgenommen werden kann. Dies liegt daran, dass u. a. der Branchenprimus Facebook verschiedene Dienste (Bild-, Text- und Videoupload) miteinander vereint, die bei anderen Diensten isoliert für sich stehen. Daraus ergibt sich, dass in der Fachliteratur die meisten Social-Media-Kanäle allgemein als soziale Netzwerke gelten. Nachstehend zählen zu den sozialen Netzwerken diejenigen Angebote, die verschiedene Dienste miteinander vereinen.

Social-Media-Kanäle/Instrumente

- Soziale Netzwerke
- Sharing-Plattformen (Fotos, Videos, etc.)
- Microblogs
- Blogs & Foren
- Messenger Dienste

Soziale Netzwerke

Das größte soziale Netzwerk ist nach wie vor Facebook. Im beruflichen Segment spielen Xing und LinkedIN eine bedeutsame Rolle. Allen gemeinsam ist die digitale Vernetzung der Nutzer untereinander. Über „Freundschaftsanfragen" erweitert sich die eigene Kontaktliste und gleichzeitig der angezeigte Content in der Timeline (Chronik) bzw. im Newsfeed.

DEFINITION

Content (engl. Inhalt) ist ein Oberbegriff für sämtliche Medien, die im Internet online gestellt werden (z. B. Texte, Bild- und Videodateien, usw.).

DEFINITION

Die **Timeline** (engl. Chronik) bzw. das Newsfeed (engl. Zufuhr von Neuigkeiten) ist die Hauptseite des Social-Media-Angebots. Sie enthält den privaten und kommerziellen Content der Freundesliste bzw. der abonnierten Seiten.

DEFINITION

Ein **Post** ist die Mitteilung, die veröffentlicht (gepostet) wird. Der Post transportiert den Content.

In sozialen Netzwerken verbinden sich die Nutzer über ihre selbst erstellten Profile. Bereitwillig geben sie aus marketingrelevanter Sicht eine Vielzahl an Daten an, für die sich ein Unternehmen interessiert – und das kostenlos.

„Kostenlose" Daten für Unternehmen

- Alter
- Wohnort
- Art der Ausbildung
- Kontaktinformationen
- Fotos
- „Gefällt mir"-Angaben bzw. „likes"
- (...)

Das digitale Profil liefert – je nach vorgenommener Privatsphäre-Einstellung – transparent abrufbar personenbezogene Daten, die nicht mehr umständlich in einer Kundenbefragung erschlossen werden müssen.

Beispiel Facebook

Neben möglichen personenbezogenen Daten ist für das Social-Media-Marketing vordergründig das **eigene Unternehmensprofil** und die daraus folgende Kommunikation interessant. Nicht nur Freunde können sich untereinander vernetzen, sondern auch das Unternehmen mit den privaten Haushalten. Dazu wird jedoch kein klassisches Profil erstellt. Facebook bietet die Funktion an, eine eigene Seite (siehe Abbildung unten) zu erstellen, die sodann von den privaten Nutzern per „Gefällt-mir"-Button abonniert wird.

Mittlerweile hat eine eigene Facebookseite fast einen höheren Stellenwert als die eigene Website. Die Chance, dass ein Nutzer auf die Seite im sozialen Netzwerk stößt, ist deutlich höher einzuschätzen, als dass dieselbe Person von sich aus in einer Suchmaschine nach dem Unternehmen recherchiert und in der Folge auf die Website gelangt. Dennoch ist es natürlich nötig, die Unternehmensauftritte entsprechend zu bewerben. Neue Social-Media-Auftritte können beispielhaft im Kontaktfeld des Unternehmens bei traditionellen Marketingmaßnahmen (z. B. auf einer Printanzeige) genauso publik gemacht werden wie auch durch einen Hinweis im Briefkopf oder in der E-Mail-Signatur.

Facebook-Seite der Exclusiva GmbH

Auf der Seite präsentiert das Unternehmen zum einen relevante Informationen, die von Interesse für die Nutzer sein könnten (z. B. Öffnungszeiten, Unternehmensphilosophie, Kontaktinformationen oder auch die Weiterleitung zu der eigenen Website) und zum anderen den regelmäßigen Content. Bedeutsam ist die professionelle Gestaltung. Das Markenemblem wird in Kombination mit einem Titelbild oder einem Titelvideo dargestellt. So kann je nach gesellschaftlicher Aktualität marketingrelevant agiert bzw. reagiert werden. Das **Titelbild/Titelvideo** ist mit der klassischen Werbeanzeige zu vergleichen. Es muss **Aufmerksamkeit erzeugen**. Im abgebildeten Beispiel wird über das Titelbild in den Sommermonaten etwa Fernweh, Sommerzeit und entspannte Glückseligkeit suggeriert, welche sodann mit dem Unternehmen in Verbindung gesetzt wird. Die Marketingmitarbeiter möchten das Gefühl auslösen, dass Fernweh und Glückseligkeit auch im Webshop der Exclusiva GmbH zu finden sind. Idealerweise ist direkt unter dem Titelbild der Button „Jetzt einkaufen" positioniert, welcher den Nutzer nach Betrachtung des Titelbildes nur durch einen weiteren Klick auf den Webshop weiterleitet.

Ziel ist es ferner, den Nutzer auf der Seite verweilen zu lassen, damit dieser letztlich selbige abonniert. Das erste Ziel ist demnach, die privaten Nutzer durch ein „Gefällt mir" dauerhaft an die eigene Unternehmensseite zu binden. In der Folge müssen die Nutzer mit Content gefüttert werden. So schnell, wie ein „Gefällt mir" gedrückt wurde, so schnell kann dies mit einem Klick auch wieder rückgängig gemacht werden, wenn der nachfolgende Content für den Betrachter ausbleibt oder keinen Mehrwert bietet. Ebenso ist es wichtig, auf die Kommunikation der Kunden zu reagieren. Je nach Marketing-Zielsetzung ist also der Content des Posts und der nachstehende Umgang mit selbigem elementar.

BEISPIELE

Was soll mit dem Post erreicht werden (= Zielsetzung)?

- Produkt/Dienstleistung bewerben
- Diskussionen anregen/Interaktionen auslösen (Fragen an die Nutzer formulieren)
- Auf den (neuen) Webshop aufmerksam machen
- Aktuelle gesellschaftliche Themen verbreiten, um mit diesen in Verbindung gesetzt zu werden

Wann ist der geeignete Zeitpunkt für den Post?

- Aktivität der Zielgruppe beachten: Zu welcher Tageszeit und an welchen Wochentagen ist mit einer hohen Interaktion zu rechnen?
- Posts können automatisiert online gestellt werden.

Welche Ansprache wird gewählt?

- Zielgruppenabhängig (Du/Sie-Stil)
- Standardsprache; gehobene Sprache; Jugendsprache etc.

Wie wird mit möglichen Reaktionen der Nutzer umgegangen?

- Strategien für eine Krisenkommunikation im Vorfeld antizipieren (z. B. konsequent einen Standpunkt vertreten, um glaubwürdig zu bleiben)

Der Content eines Posts kann darüber hinaus mit Hashtags, Tags, Mentions oder Emojis angereichert werden. Werden Emojis hauptsächlich dazu genutzt, die emotionale Wirkung zu erhöhen, generieren Hashtags und Mentions (Erwähnungen/Verlinkungen, z. B. auf Prominente, die als Testimonial agieren können) höhere Reichweiten des Posts und damit Potenzial für eine höhere Interaktion. Gleichzeitig können aber auch die privaten Nutzer über das Unternehmen (#Exclusiva) kommunizieren; das Unternehmen kann sich dann einschalten (siehe dazu Abschnitt über Twitter).

DEFINITION

Ein **Hashtag (#)** wird in Kombination mit einem Schlagwort verwendet, um den Post für andere auffindbar zu machen, welche nach dem Schlagwort suchen. Ferner eignet sich ein Hashtag dazu, dem eigenen Beitrag eine bestimmte Symbolik zu verleihen.

In der folgenden Abbildung bewirbt die Exclusiva GmbH ihren neuen Webshop. Primäres Ziel ist es demnach, den Nutzer von Facebook auf die eigene Seite zu lenken, damit dieser dort im Idealfall Produkte erwirbt. Dadurch, dass die privaten Nutzer den Beitrag kommentieren oder bewerten können, entsteht für das Unternehmen eine größere Reichweite. Die Darstellung

zur Reichweite im Social-Media-Marketing verdeutlicht diese Beziehungen.

Facebook-Seite der Exclusiva GmbH

DEFINITION

Die **Reichweite** eines Beitrages richtet sich nach dem Verhalten der einzelnen Betrachter. Wird ein Beitrag von einem Nutzer mit einem Emoji-Symbol versehen oder der Beitrag mit der eigenen Freundesliste geteilt, steigert sich die Reichweite (= Schneeballeffekt).

Dabei bleibt die tatsächliche Reichweite keine Dunkelziffer für das Unternehmen. Die meisten sozialen Netzwerken bieten den Unternehmen (kostenlose) statistische Auswertungen der eigenen Profilseite an. So lassen sich u. a. Zahlen über die Reichweite, Seitenaufrufe, Beitragsinteraktionen oder neue Seitenabonnenten für beliebige Zeiträume statistisch anzeigen.

Da der Content i. d. R. von den Nutzern kommentiert wird, ist es bedeutsam, diesen nicht nur online zu stellen, sondern auch die etwaige Diskussion zu beobachten. Bleibt eine Reaktion des Unternehmens in der Folge aus, könnte dies negative Folgen – schlimmstenfalls in Form eines Shitstorms – haben.

DEFINITION

Unter einem **Shitstorm** wird in sozialen Medien ein „Sturm der Entrüstung" verstanden, welcher für ein Unternehmen negative Folgen haben kann, z. B. Imageverlust oder Umsatzrückgang.

Werden darüber hinaus z. B. gesellschaftlich-sensible Themen in den eigenen Content integriert, ist es mitunter auch ratsam, die eigene Nutzerschaft auf einen angemessenen kommunikativen Umgang (= Nettiquette) hinzuweisen. Dies kann im Zweifel für ein positives Image in der breiten Community sorgen.

Netzwerkdurchsuchungsgesetz: Seit dem 1. Januar 2018 gilt in Deutschland das NetzDG. Anbieter sozialer Medien sind demnach verpflichtet, rechtswidrigen Content unverzüglich zu entfernen (§ 3). Aus Unternehmenssicht sind die Vorschriften als Vorteil zu werten.

Der große Vorteil von Facebook ist, dass mittlerweile fast alle Zielgruppen potenziell zu erreichen sind. Allerdings sagen einige Prognosen voraus, dass die wichtige junge Zielgruppe (ab 14 Jahren) bereits zu anderen Kanälen abgewandert. Ein dynamischer Aspekt, der bei der Planung einer Social-Media-Strategie immer bedacht werden sollte.

Vergleichsweise einfach gestaltet

Viele Funktionen und Features

Ursprünglich für User, die ihre bestehenden persönlichen Verbindungen ausbauen wollten. Erst später wurde Facebook für das Marketing interessant.

Beliebtestes soziales Netzwerk

Weltweit mittlerweile über 2,7 Milliarden Teilnehmer

Nutzer

Ungefähr 32 Millionen Teilnehmer in Deutschland

Ungefähr 140 Millionen Unternehmen, die auf Facebook werben

Marketing mit Facebook

Wie eine private Person kann auch ein Unternehmen für sich eine Facebook-Seite erstellen, um eine reale Präsenz in diesem sozialen Netzwerk herzustellen

Erscheinen auf der Seitenleiste

Beliebtestes Werbemittel bei Facebook

Mobil ohne Seitenleiste (muss überscrollt werden)

Facebook-Werbeanzeigen (Facebook-Ads)

Bezahlte Werbung

Kostenlose Marketingmöglichkeit für Unternehmen

Den potenziellen Kunden einen Nutzwert bieten

Ziel

Kundenbindung durch interessante Inhalte erreichen

Beispiel Xing

Abgesehen von Facebook – das im Bereich der sozialen Netzwerke eher breit aufgestellt ist bzw. viele Interessen und Bedürfnisse seiner Nutzer miteinander vereint – gibt es auch Netzwerke, die eine Nische bedienen. Xing ist ein berufliches Netzwerk, das einen Onlinekontakt zwischen dem (potenziellen) Arbeitgeber mit dem (potenziellen) Arbeitnehmer oder einen generellen Austausch zwischen Nutzern (z. B. derselben Branche) ermöglicht. Im Grunde bildet der private Nutzer auf seiner Profilseite seinen Lebenslauf online ab. Neben klassischen Daten (Ausbildung, Qualifikationen, Arbeitserfahrungen, usw.) können darüber hinaus besondere Fähigkeiten mit Schlagworten (z. B. „Personalmanagement" oder „Werbekommunikation") auf der eigenen Profilseite verlinkt werden. Die Schlagworte ermöglichen den Unternehmen (per Suchfunktion) eine gezielte Recherche.

In einem zweiten Schritt kann die Mitarbeiterakquise durch eine persönliche Nachricht in die Wege geleitet werden. Für Unternehmen bietet das Netzwerk darüber hinaus verschiedene Marketinglösungen an:

- eigene Unternehmensseite,
- spezielle E-Recruiting-Maßnahmen
- oder die Bewerbung von Events und Stellenausschreibungen.

Einige Funktionen sind erst nach Abschluss einer kostenpflichtigen Premiummitgliedschaft nutzbar. Xing ist primär auf den deutschsprachigen Raum spezialisiert. Auf internationaler Ebene und damit mit einer globalen Nutzerdichte agiert das internationale Pendant **LinkedIn**.

Visuelle Sharing-Plattformen

Ein Bild sagt mehr als tausend Worte. Das Sprichwort hat auch in Zeiten des Social-Media-Marketing nichts von seiner Daseinsberechtigung verloren. **Instagram** (ca. 1 Milliarde Nutzer weltweit; davon 21 Millionen in Deutschland.), **Pinterest** (ca. 250 Millionen), TikTok (ca. 800 Millionen) und YouTube (ca. 1,5 Milliarden) sind nur vieri Plattformen aus einer Vielzahl an Social-Media-Angeboten, die in diesem Bereich agieren. Die Nutzerzahlen verraten bereits, dass derartige Plattformen auch für Unternehmen interessant sind. Sie funktionieren grundsätzlich ähnlich wie die sozialen Netzwerke (weshalb diese auch oft in selbige Kategorie fallen).

DEFINITION

Ein **Follower** (engl. Anhänger) folgt der Unternehmensseite bzw. hat diese abonniert, um in der Folge den Content auf der eigenen Timeline angezeigt zu bekommen.

Beispiel Instagram

Instagram (gehört zu Facebook) ist vor allem in der jungen Zielgruppe beliebt. Das Prinzip ist simpel. Der Post eines Nutzers beinhaltet entweder ein Bild oder eine kurze Videosequenz, die mit einem kurzen Text und/oder einem Hashtag versehen wird. Nutzer, die auf den Beitrag stoßen, können diesem durch das Drücken des „Herz-Buttons" (ähnlich „Gefällt mir") eine positive Zustimmung verleihen oder durch einen Kommentar verbal auf diesen reagieren. Die Hashtags nehmen bei Instagram einen hohen Stellenwert ein. Interessierte Nutzer suchen nach Schlagworten, um sich die entsprechenden Bilder anzeigen zu lassen.

Was bedeutet das aus Marketingsicht? Ist ein Hashtag „beliebt", d. h. wird er von vielen Nutzern in den Beiträgen verwendet, dann sollte ein Unternehmen versuchen, eigene Beiträge ebenfalls damit zu versehen. Dabei ist es von Bedeutung, dass der Hashtag nach wie vor zum eigenen Content passt. Die Nutzer merken ansonsten schnell, dass nur jemand auf den „Zug aufspringen" möchte.

Ein Post von LIDL Deutschland illustriert diese Marketingstrategie. Um den Post zum einen zu einer hohen Reichweite zu verhelfen und zum anderen mit einer emotionalen Intention zu versehen, wurden verschiedene Hashtags verwendet. Diese muten auf den ersten Blick eher privat (#vollsüssaber; #couplemoments) statt kommerziell an. Gleichzeitig stehen sie in Verbindung mit firmeneigenen Hashtags (#lidlmoments). Die privat anmutenden Hashtags werden strategisch für die eigene Bewerbung genutzt. Ein Nutzer stolpert demzufolge über den LIDL-Content, obwohl er sich gerade nur #pärchenkram ansehen wollte. Durch die Verwendung der privaten Hashtags kodiert das Unternehmen eine jugendliche Modernität, die im Idealfall positiv in Erinnerung bleibt bzw. eine direkte Aktion (z. B. Betrachtung des Onlineshops) beim Nutzer auslöst. Die Bedeutung der Hashtags wird auch offline deutlich. Die traditionellen Werbeformen (Werbeplakate, TV-Werbung) verweisen mit der Integration von Hashtags mittlerweile immer häufiger auf die Kommunikation in den Social-Media-Kanälen.

Hinsichtlich des Contents ist es von Bedeutung, die Vorlieben der eigenen Nutzer zu kennen, um daran die eigenen Inhalte ausrichten zu können. Eine Supermarktkette hat beispielhaft erkannt, dass die Nutzer gerne Bilder von ihren Gerichten online stellen. Daraufhin wurde die Strategie entwickelt, selbst regelmäßig professionelle Bilder mit den entsprechenden Zutaten online zu veröffentlichen. Natürlich nicht ohne den dezenten Hinweis, wo diese zu erwerben sind.

Über den Tellerrand: Instagram ist auch bekannt für die hohe Rate an Accounts, die im Feld des sog. Influencer-Marketings anzusiedeln sind. Dabei handelt es sich um Personen, die sich eine hohe Anzahl an Followern erarbeitet haben. Die Instagram-Influencer oder allgemein die Social-Influencer fallen dabei durch Authentizität und Glaubwürdigkeit auf und machen sich damit als weiteres Puzzleteil interessant für die Social-Media-Marketingstrategie eines Unternehmens (vgl. ausführliche Informationen in Kapitel 7.16).

BEISPIEL

Eine Instagram-Bloggerin, die primär Bilder von ihrem Fitnesstraining hochlädt, integriert von Zeit zu Zeit bestimmte Fitnessprodukte in ihre Beiträge mit einer entsprechenden Empfehlung und Verlinkung, auf welchen Kanälen diese käuflich zu erwerben sind. Seit 2017 werden die meisten Beiträge dieser Art durch die Ergänzung „bezahlte Partnerschaft mit" ergänzt, um dem Kritikpunkt der Schleichwerbung entgegenzuwirken.

Neben der dauerhaften Verbreitung von Bildern und Videosequenzen sind die sog. **Storys** ein weiterer großer Baustein bei Instagram, der aus marketingstrategischer Sicht genutzt werden sollte.

DEFINITION

Storys sind Beiträge, die sich nach 24 Stunden wieder auflösen und fortan für die Nutzer nicht mehr sichtbar sind.

Aus Marketingsicht ist zu bedenken, dass der Story-Content demnach nur eine begrenzte Zeit abrufbar ist. Private Nutzer verwenden Storys beispielsweise für Alltagskomik, einen spontanen Gruß o. Ä. Eine ähnliche Interaktion verleiht den Unternehmen Authentizität.

Eine Strategie innerhalb der Storys sollte es daher sein, das Nutzerverhalten der eigenen Follower zu kennen und dieses für die eigene Beiträgen in einem nicht auffälligen Maße zu adaptieren, um darüber hinaus mit eigener Kreativität Zustimmung zu erfahren. Es können einzelne oder mehrere Bilder und Videos (mit Audiounterstützung) mit verschiedenen Tools (Bildbearbeitung, handschriftliche Notizen u. v. m.) bearbeitet werden. Beispielhafter Content wären etwa Innenansichten aus einer Teambesprechung oder Produktbilder mit entspre-

chenden Verzierungen (Smileys, Hashtags usw.). Durch die Teilhabe an derartigem Content entsteht auch eine Art Live-Charakter vom Tag des Unternehmens. Hierbei zeigt sich wieder ein bedeutender Vorteil für die Interaktion auf den Social-Media-Kanälen: Die symmetrische Kommunikation („auf Augenhöhe sprechen") zwischen Unternehmen und privaten Nutzern wird dadurch erleichtert, dass beide Gruppen mit denselben Tools ihre Beiträge kommunizieren.

Neben dem Teilen von Bildern und Storys sind in den letzten Jahren weitere Funktionen für die Anwender (und damit auch für Marketingmitarbeiter) hinzugekommen. Neben **Instagram Live** (**Live-Streams**) ist vor allem **Instagram TV** (kurz: **IGTV**) und **Instagram Reels** bei Marketingaktionen beliebt. Während bei IGTV längere Filmclips und damit umfangreichere Marketingaktionen an die Follower verbreitet werden können, ist die Funktion Instagram Reels auf kurze Videos ausgelegt. Diese Videos lassen sich entsprechend bearbeiten (z. B. Musikuntermalung, Slowmotion-Funktion u. v. m.).

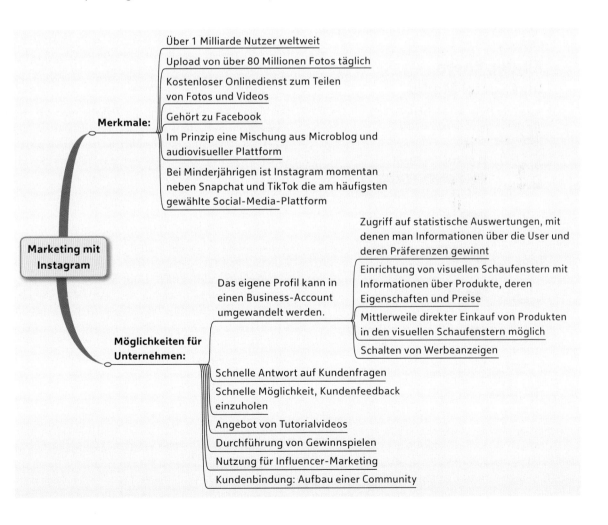

Marketing mit Instagram

Merkmale:
- Über 1 Milliarde Nutzer weltweit
- Upload von über 80 Millionen Fotos täglich
- Kostenloser Onlinedienst zum Teilen von Fotos und Videos
- Gehört zu Facebook
- Im Prinzip eine Mischung aus Microblog und audiovisueller Plattform
- Bei Minderjährigen ist Instagram momentan neben Snapchat und TikTok die am häufigsten gewählte Social-Media-Plattform

Möglichkeiten für Unternehmen:
- Das eigene Profil kann in einen Business-Account umgewandelt werden.
  - Zugriff auf statistische Auswertungen, mit denen man Informationen über die User und deren Präferenzen gewinnt
  - Einrichtung von visuellen Schaufenstern mit Informationen über Produkte, deren Eigenschaften und Preise
  - Mittlerweile direkter Einkauf von Produkten in den visuellen Schaufenstern möglich
  - Schalten von Werbeanzeigen
- Schnelle Antwort auf Kundenfragen
- Schnelle Möglichkeit, Kundenfeedback einzuholen
- Angebot von Tutorialvideos
- Durchführung von Gewinnspielen
- Nutzung für Influencer-Marketing
- Kundenbindung: Aufbau einer Community

Neben Instagram sind weitere primär auf den Content mit Bildern und Videos spezialisierte Sharing-Kanäle zu nennen: **Pinterest**, **Flickr**, **Tumblr** oder **Tik Tok**. Der letztgenannte Dienst stellt dabei ein enormes Marketingpotenzial vor allem in der jüngeren Zielgruppe dar. Bei Tik Tok können Nutzer u. a. kurze Videosequenzen drehen und diese z. B. mit einem Playback-Lied untermalen und in der Folge teilen. Unternehmen können Nutzer so dazu animieren, derartige Videos zu erstellen und mit einem Kampagnenhashtag (#ExclusivasuchtdenSuperstar) zu versehen. Die Nutzer werden zu kostenlosen Content-Lieferanten für das Unternehmen.

Beispiel YouTube

Als Online-Videoanbieter ist YouTube der unumstrittene Marktführer. Daneben gibt es eine Vielzahl weiterer Anbieter (siehe Statistik), die sich auf diesem Feld bewegen. Erneut zeigt sich, dass die großen sozialen Netzwerke selbst Videofunktionen integriert anbieten. Es kommt daher nicht von ungefähr, dass Anbieter - wie zuvor bei Instagram beschrieben - ihre Videofunktionen regelmäßig erweitern.

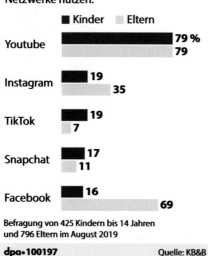

UMFRAGE:

Kinder, Eltern und Social Media

Anteil der Zehn- bis 14-Jährigen und der Eltern, die folgende soziale Netzwerke nutzen:

■ Kinder   ▨ Eltern

	Kinder	Eltern
Youtube	79 %	79
Instagram	19	35
TikTok	19	7
Snapchat	17	11
Facebook	16	69

Befragung von 425 Kindern bis 14 Jahren und 796 Eltern im August 2019

dpa•100197   Quelle: KB&B

Bewegtbilder sind im Marketing schon immer ein beliebtes Mittel gewesen, da neben den visuellen auch die auditiven Reize der Beeinflussung ausgespielt werden können. YouTube (gehört zu Google) hat global ca. 1,9 Milliarden Nutzer. Die Anwendung erfolgt nach dem gleichen Schema wie bei den zuvor beschriebenen Angeboten. Eine (Unternehmens-)Seite wird erstellt, die in der Folge den Content an die Abonnenten/Follower weiterleitet. Aus Marketingsicht kann eine derartige Plattform z. B. genutzt werden, um dem eigenen Werbespot – neben oder statt der TV-Ausstrahlung – eine Plattform zu bieten, die lediglich personelle Ressourcen kostet.

BEISPIEL

Ein Weihnachtsclip von Edeka – garniert mit dem Hashtag #heimkommen – erreichte über 59 Millionen Aufrufe. Das virale Marketing (vgl. Kapitel 7.15) auf verschiedenen Social-Media-Kanälen hat funktioniert.

Eine weitere Möglichkeit ist die Platzierung von Videotagebüchern, die auf den ersten Blick nichts mit der eigenen Produktlinie gemein haben.

BEISPIEL

Die Exclusiva GmbH erstellt ein Videotagebuch, das verschiedene Alltagssituationen zeigt. Im Vordergrund steht eine alltägliche, episodenartige Geschichte, die wie eine Serie kommuniziert wird. Währenddessen tragen die Darsteller z. B. Produkte aus dem Sortiment oder verwenden diese. Das Videotagebuch kann in Form eines Blogs (siehe Abschnitt Blogs & Foren) aufgebaut sein.

Die Videos können in die eigene Website oder auf den anderen Social-Media-Kanälen eingebettet werden, um sie entsprechend der ganzheitlichen Onlinestrategie zu vermarkten. In den letzten Jahren hat sich zudem der Einsatz von Live-Streaming-Angeboten etabliert.

Microblogs

Microblogs unterscheiden sich von den bisherigen Social-Media-Kanälen dahingehend, dass der Content i. d. R. kurz und kompakt gehalten wird. Er besteht meist nur aus wenigen Zeichen, um damit die nötige Aufmerksamkeit zu erreichen. Stand heute (2020) ist aus Unternehmenssicht primär der Microblogging-Dienst Twitter interessant.

Beispiel Twitter

Das 2006 gegründete Unternehmen hat ca. 330 Millionen Nutzer (Stand 2019). Dadurch, dass neben den privaten Nutzern auch Unternehmen, Journalisten, Prominente u. v. m. den Dienst für ihre Kommunikation bzw. ihr (Self-)Marketing nutzen, ist es nicht selten, dass ein Tweet auch in anderen Medien zitiert und damit die Reichweite erhöht wird. Die Profilseite ist im Gegensatz zu den anderen Kanälen eher kompakt gehalten. Es wird der Nutzername (@exclusivaGmbH), das Markenemb-lem und ein kurzer Willkommenstext angezeigt, der in den meisten Fällen auf die eigene Website verlinkt und firmeneigene Hashtags beinhaltet. Außerdem verweisen viele Unternehmen auf weitere Accounts, die sich z. B. isoliert um die Kundenkommunikation kümmern (@exclusiva_hilft). Global agierende Unternehmen betreiben darüber hinaus für verschiedene Länder entsprechende Accounts.

Neben der Kundenkommunikation ist aus Marketing-sicht vor allem die Verbreitung von Informationen und die Bekanntmachung von Produkten/Dienstleistungen interessant. Die Anwendung ist simpel angelegt.

DEFINITION _____

Ein **Tweet** ist eine Nachricht mit einer Länge von 280 Zeichen, die zusätzlich mit einem Bild, einer Grafik oder einer kurzen Videosequenz angereichert werden kann.

DEFINITION _____

Ein **Retweet** ist die Verbreitung eines Tweets eines anderen Nutzers auf der eigenen Timeline.

DEFINITION _____

Unter dem **Favorisieren** wird die Zustimmung eines Tweets eines anderen Nutzers verstanden. Das Favorisieren wird den eigenen Followern angezeigt.

Was sollte ein Unternehmen twittern? In erster Linie hängt die Antwort von der eigenen Zielsetzung ab, die mit dem Auftritt verbunden sein soll. Ein primäres Ziel – wie z. B. die Bekanntmachung und Verlinkung auf Produkte aus dem Onlineshop – sollte jedoch mit weiteren Posts kombiniert werden. Es besteht sonst die Gefahr, dass nur diejenigen Follower gehalten werden, die ohnehin schon Interesse an den Produkten haben. Wird hingegen ab und zu auch ein Tweet aus einem anderen Blickwinkel online ge-stellt, ergibt sich möglicherweise auch ein Interesse für ein breiteres Publikum. Zwischengeschaltet werden könnten z. B. **transparente Firmentweets** (Bilder aus der Produkti-onsstätte oder einer Teambesprechung), angereichert mit humorvollen, informationellen oder seriösen Hashtags (je nach Zielgruppe und Unternehmensausrichtung).

Wird ein Tweet formuliert, ist neben dem „richtigen" Content vor allem das Setzen von Hashtags bedeutsam.

Die Hashtags haben bei Twitter eine enorme Bedeutung, da die Tweets dadurch themenbezogen kategorisiert und so durch die Nutzer auffindbar gemacht werden. Er-folgreiche Hashtags tauchen ferner in den „Trends" auf. Dadurch wird der Tweet auch Nutzern angezeigt, die nicht zu den eigenen Followern zählen. Ein Unternehmen kann durch das Verwenden eines derzeit gesellschaftlich beliebten Hashtags Position beziehen und so beispiels-weise eine Imagesteigerung anstreben.

BEISPIEL _____

Im Sommer 2017 hat die Bundesregierung die Ehe für gleichgeschlechtliche Paare verabschiedet. In den so-zialen Medien wurde die Entscheidung unter dem Hashtag #Ehefüralle diskutiert. Viele Unternehmen/ Marken färbten daraufhin ihr Firmenlogo in den be-kannten Regenbogenfarben und/oder formulierten einen Tweet mit dem o. g. Hashtag.

Dabei besteht jedoch auch immer die Gefahr, dass sich ein bestehender Kundenstamm mit der Position nicht identifiziert und fortan das Unternehmen meidet. Wie in jedem Social-Media-Kanal gilt auch hier die Erinnerung, dass jedes Handeln eine Reaktion auslösen kann.

Hinsichtlich der Kundenkommunikation ist neben der ei-genen Bereitstellung von Content auch die **Reaktion auf bestehende Tweets** privater Nutzer eine Möglichkeit, eine positive Außendarstellung zu vermitteln. So lassen sich beispielhaft über die Suchfunktion alle Tweets an-zeigen, in welchen der Firmenname „Exclusiva" genannt wird. Dadurch kann ein Unternehmen aktiv die Kommu-nikation suchen. Sodann kann eine Direktnachricht (d. h. privat) an den Nutzer geschrieben werden. Die zweite Möglichkeit wäre die öffentliche Reaktion auf einen Tweet per öffentlicher Antwortfunktion. Durch diese Möglichkeit können ebenfalls positive Signale gesendet werden:

- Wir diskutieren mit.
- Wir helfen Ihnen bei Bedarf.
- Wir scheuen uns nicht, in eine transparente Kommuni-kation einzutreten.

Da die Kommunikation i. d. R. in Echtzeit geführt wird, nehmen personelle und zeitliche Ressourcen je nach Un-ternehmensgröße einen hohen Anteil ein.

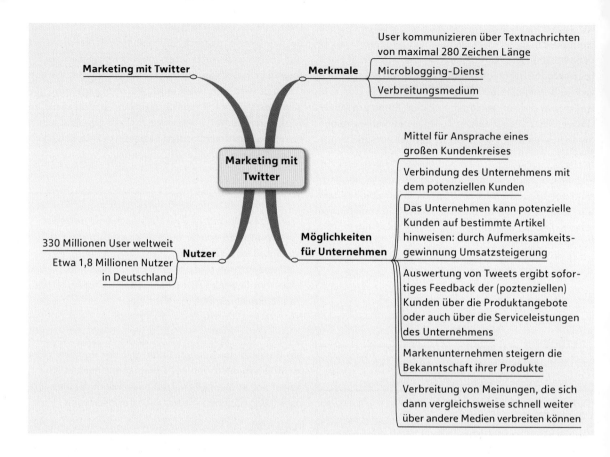

Blogs & Foren

Foren

Foren zählen zu den Anfängen des Internetzeitalters. Zeitlich sind sie demnach vor dem Beginn des eigentlichen Social-Media-Marketing einzuordnen. Da es sich aber ebenfalls um einen (sozialen) Austausch handelt, sollten Foren bei der Planung und Konzeption einer Social-Media-Strategie weiterhin berücksichtigt werden.

Ein Forum ist eine Plattform, auf der das Unternehmen verschiedene Themenbereiche gliedert (z. B. „Unternehmensphilosophie", „Feedback zur Produktlinie", „Versand & Service"). In den Themenbereichen können registrierte Nutzer sog. Threads erstellen und fortan miteinander öffentlich kommunizieren. Das Unternehmen agiert ähnlich wie bei Facebook und Co in moderierender Weise bzw. reagiert auf Fragen. Dabei können in den o. g. Bereichen verschiedene Marketingziele verfolgt werden, beispielsweise könnte etwa das Produkt oder die Dienstleistung von den Nutzern diskutiert und bewertet werden.

> **DEFINITION** _____
>
> Unter einem **Thread** (engl.: Faden) wird die chronologische Abfolge von Beiträgen verstanden.

Da der Großteil der Internetnutzer mittlerweile jedoch innerhalb der „Big Player" interagiert, ist aus Unternehmenssicht genau zu überprüfen, ob ein Forum in die Gesamtstrategie passt. Personelle Ressourcen (Moderation, Layoutpflege usw.) könnten u. U. auf anderen Kanälen sinnvoller eingesetzt werden. Andernfalls ist gesamtstrategisch zu bedenken, dass die ältere Zielgruppe möglicherweise gerade in diesem Bereich des Internets (noch) aktiv ist.

Blogs

Blogs finden hingegen auch in der jüngeren Zielgruppe immer noch bzw. erneut einen großen Anklang. Dabei sind sie von den Microblogs klar abzugrenzen. Ein **Corporate Blog** (Bezeichnung eines Unternehmensblogs) ist eine Website, auf der die Blogeinträge chronologisch online gestellt werden. Der neueste Eintrag steht ganz oben, der von den Nutzern kommentiert werden kann.

Wie lässt sich ein Blog für Marketingzwecke einsetzen? Dies hängt wie bei den anderen Angeboten von der eigenen Zielsetzung ab. Interessant ist aus Unternehmenssicht, dass ein Blog auch dazu genutzt werden kann, um in den Suchmaschinenrankings (vgl. Kapitel 7.7) häufiger gelistet zu werden, wenn ein Nutzer beispielsweise nach einem bestimmten Stichwort sucht, welches das Unternehmen in seinem Blog ebenfalls zum Thema gemacht hat.

Daneben wird mit einem Blog primär eine positive Außendarstellung bzw. eine Kundenbindung im Allgemeinen angestrebt. Gesellschaftlich relevante Themen können genauso kommuniziert werden wie auch ganz innovativer Content. Gemeinsam ist die intendierte Wirkung: die Herstellung einer Verbindung zu der eigenen Unternehmensphilosophie. Ist ein Nutzer erst mal auf den Blog gelangt, kann sich dieser schnell zu einem Lead entwickeln.

> **DEFINITION**
>
> Unter einem **Lead** wird die erfolgreiche Kontaktanbahnung bzw. der neue Kontakt eines Unternehmens verstanden, der durch eine Onlinemarketing-Maßnahme akquiriert wurde.

Ein gut geplanter Blog kann wie ein traditionelles Unternehmensmagazin wirken. Für kleinere Unternehmen bietet die Plattform **WordPress** (*https://de.wordpress.com*) eine erste Anlaufstelle. Größere Unternehmen sollten ihre Seriosität mit einer eigenen Domäne untermalen.

BEISPIEL

Möglicher Corporate-Blog-Content für ein Unternehmen

- Das Produkt/die Dienstleistung sinnvoll erweitern: Rezeptideen bei Nahrungsmitteln oder ein Reisetagebuch mit stimmungsvollen Bildern bei einem Kameraanbieter
- Produktentwicklung/Dienstleistungsentwicklung: Feedback von potenziellen Kunden für mögliche Modifikationen sammeln und nutzen
- Gesellschaftliche Themen adaptieren: Welche Auswirkungen hat eine Gesetzesänderung auf das Unternehmen?
- Projekte oder Events vermarkten
- Imageverbesserung kommunizieren: Unterstützung in der Region oder globale Charity-Aktionen veröffentlichen
- Expertise kommunizieren
- Einblicke in das Unternehmen gewähren (sich interessant für neue Mitarbeiter machen, aber auch Transparenz für die Kunden ausstrahlen)
- Kunden zum Mitmachen animieren: Kunden bloggen über das Unternehmen/das Produkt/die Dienstleistung.

Traffic für den Corporate Blog: Die Nutzer des Corporate Blogs werden i. d. R. über den Content auf den anderen Social-Media-Kanälen auf einen neuen Blogeintrag aufmerksam gemacht, z. B. via Tweet. Es zeigt sich die enge Verknüpfung der einzelnen Angebote im Rahmen einer Gesamtstrategie. Wird der Nutzer zu einem regelmäßigen Follower, kann dieser mittels RSS-Feed (RSS-Feeds zeigen an, wenn auf Websites, Blogs etc. Veränderungen vorgenommen werden) die Bloginhalte abonnieren.

Messenger-Dienste

Streng genommen gehören Messenger-Dienste nicht zum Social-Media-Marketing. Vielmehr hat sich in der Vergangenheit ein eigener Bereich innerhalb des Onlinemarketings entwickelt: das Messenger-Marketing. Einige Branchenverbände (siehe Statistik zu Beginn) zählen derartige Dienste zu Social Media, weshalb sie an dieser Stelle ebenfalls erwähnt werden.

Der Messenger ist ein alltägliches Werkzeug, vor allem der jungen Zielgruppe, um miteinander mobil in einem privaten Raum miteinander zu kommunizieren. Dabei werden Text-, Bild- und Videonachrichten via Chat übermittelt. Der Unterschied zu den bisherigen Diensten liegt demnach in der Transparenz. Inhalte werden nicht der hiesigen Öffentlichkeit zugestellt, sondern lediglich einem ausgewählten Personenkreis bzw. einer einzelnen Person.

Warum sollte ein Messenger-Dienst in die Social-Media-Strategie integriert werden? Bisher nutzt lediglich rund ein Viertel der Unternehmen (siehe Statistik zu Beginn) diese Möglichkeit. Jene Unternehmen profitieren dabei jedoch noch (immer) von dem First-Move-Effekt, den die Nutzer verspüren könnten. Während andere Unternehmen auf traditionelle Weise bzw. mit etablierten Diensten ihre Social-Media-Strategie planen und umsetzen, können diese Unternehmen mit innovativen Ansätzen in Form des Messenger-Marketing gezielt bei ihrer Anhängerschaft punkten. Es ist jedoch davon auszugehen, dass derartige Dienste in Zukunft verstärkt von Unternehmen in ihre Social-Media-Strategie integriert werden. Der große Vorteil gegenüber anderen Instrumenten ist derjenige, dass Messenger-Nachrichten i. d. R. sehr schnell vom Nutzer abgerufen und gelesen werden. Dies liegt daran, dass die Nachrichten als Push-Benachrichtigungen auf dem jeweiligen Smartphone des Nutzers angezeigt werden.

DEFINITION

Eine **Push-Benachrichtigung** ist eine Nachricht/Meldung, die auf dem Startbildschirm des Smartphones erscheint, ohne dass der Nutzer die entsprechende App direkt nutzt. Die App muss lediglich auf dem Smartphone installiert sein. Mit der Formulierung „Breaking-News" kann der Nachricht zusätzlich entsprechender Nachdruck verliehen werden.

Über den Tellerrand: Neue innovative Ansätze im Bereich Social Media sind für Unternehmen besonders interessant, wenn diese noch nicht inflationär genutzt werden. Neben dem Risiko, dass kein Marketingnutzen generiert werden kann, entsteht dabei vor allem die Chance auf den First-Move-Effekt (Pioniervorteile) als Early Adopter (engl. frühzeitiger Anwender). Im digitalen Zeitalter, das immer neue Anwendungen auf den Markt bringt, könnte sich die Integration von „frischen" Angeboten positiv auf den Gesamterfolg auswirken. Anfang 2021 wurde beispielhaft die **App Clubhouse** (eine Audioapp, in welcher in verschiedenen Räumen live miteinander gesprochen werden kann) überraschend gehypt. Die App war in den Medien sehr präsent und somit für viele Politiker und Marketingschaffende interessant. Dabei zeigte sich noch ein weiterer Effekt: Der sog. Fear-of-missing-out-Effekt. Denn: Die App konnte zu Beginn nur derjenige nutzen, der von jemand anderem dazu eingeladen wurde.

Beispiel WhatsApp

Der Marktführer unter den Messenger Angeboten ist mit rund 58 Millionen täglichen Anwendern (in Deutschland) WhatsApp (2019).

Der Account wird mit der eigenen Mobilfunknummer eingerichtet. In der Kontaktliste stehen alle Kontakte, die auch den Dienst nutzen. Eine Zeit lang haben Unternehmen sogenannte Broadcastlisten innerhalb der klassischen App genutzt, um Marketing-Aktionen zu kommunizieren. Allerdings ist diese Vorgehensweise nicht mit der DSGVO vereinbar und seit Dezember 2019 untersagt. Bestimmte Kommunikationsformen sind jedoch grundsätzlich erlaubt. Daher bietet WhatsApp (gehört zu Facebook) mittlerweile die folgenden Anwendungen an:

- WhatsApp (Die klassische Standard-App)
- WhatsApp Business APP
- WhatsApp Business API

Die **WhatsApp Business APP** ist eine Alternative, die eher für kleinere Unternehmen ausgelegt ist, da die Bedienung ebenfalls über das eigene Smartphone gesteuert wird. Es kann ein Unternehmensprofil erstellt werden sowie Kommunikation mit den Kundinnen und Kunden stattfinden. Es können Produkte visuell hervorgehoben werden. Allerdings ist auch innerhalb dieser Anwendung der Datenschutz gem. DSVGO nicht gewährleistet.

Während die vorangegangenen Anwendungen kostenfrei nutzbar sind, ist die dritte Alternative – die **WhatsApp Business API** – kostenpflichtig. Es bietet dieselben Funktionen (analog zur Business App), allerdings ist der Datenschutz gem. DSVGO eher gewährleistet. Daher ist der Zugang zu dieser Anwendung für ein Unternehmen auch nicht mit ein, zwei Klicks erledigt. API steht für *Application Programming Interface*. Es handelt sich um keine eigenständige App, sondern vielmehr um eine Anwendung, die in eine weitere Software implementiert wird.

Aufgrund des Datenschutzes sollte das Messenger-Marketing eines Unternehmens somit gut geplant sein.

BEISPIEL

Messenger-Einsatzmöglichkeiten für ein Unternehmen

- Persönliche/Exklusive Beratung (Styleberatung, Nutzen verschiedener Produkte)
- Persönliche Hilfestellung (Pendant zu der öffentlichen Hilfestellung, wie z. B. dem Twitteraccount)
- Unterhaltung (Verbreitung von multimedialen Inhalten)

In der Social-Media-Strategie sind Messenger-Dienste letztlich als das Puzzleteil zu werten, mit dem das Unternehmen die persönliche und damit private Komponente abgedeckt – im Vergleich zu den anderen Puzzleteilen, die primär die öffentliche und damit transparente Komponente abbilden. Der Vorteil der Integration von Messenger-Diensten ist demnach, dass Nutzergruppen angesprochen werden können, die nicht öffentlich in sozialen Medien agieren wollen, sondern in einem geschützten Raum. Dazu gehört auch die Verbreitung (das Sharing) der Inhalte durch den privaten Nutzer an seine Bekanntschaften, was in Messenger-Diensten mit wenigen Klicks privat geschieht. Folge: Die eigentlich persönliche Styleberatung kann – je nach Nutzerverhalten – die Reichweite weiter steigern (= Form des viralen Marketings).

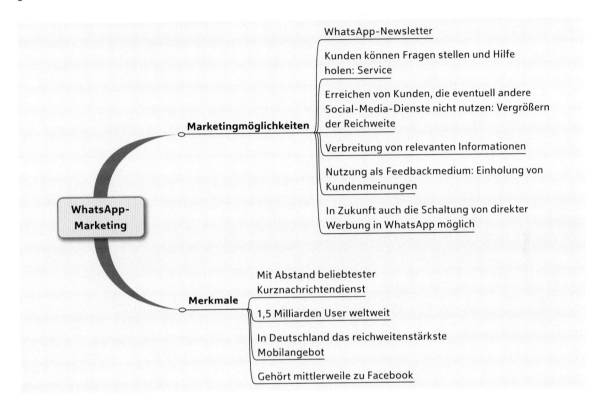

Weitere Messenger-Dienste (siehe auch Grafik auf vorheriger Seite)

- Facebook Messenger (Video- und Textmessenger)
- Telegram
- Google Hangouts
- Skype (Videomessenger)
- Snapchat
- Kik Messenger

Social-Media-Instrument	Beispielhafte Vorteile und Nachteile

Facebook	Facebook ist der Branchenprimus mit 2,7 Milliarden Nutzern weltweit (Stand: 2. Quartal 2020) und bündelt verschiedene Social-Media-Aktivitäten.
	
	• Vorteile
	  – (Fast) alle Zielgruppen sind potenziell erreichbar. Die mögliche Reichweite des gesetzten Contents ist (fast unbegrenzt) hoch.
	  – Vereint eine Vielzahl an verschiedenen Content-Möglichkeiten (Text, Bild, Video on Demand/live).
	  – „Kostenlose" Informationen mit wenigen Klicks abrufbar (Daten der Nutzer; Beobachtungen von Onlineunterhaltungen der Zielgruppe unter den eigenen Beiträgen).
	  – Hohe öffentliche/mediale Aufmerksamkeit bei positiver Kommunikation.

Social-Media-Instrument	Beispielhafte Vorteile und Nachteile

	• Nachteile
	  – Hoher zeitlicher Aufwand durch die digitale Pflege der Profilseite und der permanenten Kundenkommunikation.
	  – Hohe öffentliche/mediale Aufmerksamkeit bei einem „Shitstorm" in Krisenfällen.
	  – Gefahr, den „Überblick" zu verlieren.
	  – Tendenziell nutzt die junge Zielgruppe das Angebot nicht mehr so häufig.

XING	XING agiert als Nische im Themenbereich „Beruf und Karriere".
	• Vorteile
	  – Zielgenaue Suche von potenziellen neuen Mitarbeitern.
	  – Professionelle/seriöse Vermarktung des eigenen Unternehmens.
	  – Zeitaufwand ist kalkulierbar, da Interaktion nur nach Bedarf.
	• Nachteile
	  – Nicht alle Angebote sind kostenlos nutzbar.
	  – Globale Unternehmen sollten eher auf das internationale Pendant LinkedIn setzen.

Instagram	Instagram konzentriert sich primär auf das Bild- und Videosharing.
	• Vorteile
	  – Vor allem die bedeutsame junge Zielgruppe ist bei Instagram zu finden.
	  – Visuelles Marketing erreicht kognitiv schneller den Empfänger als reiner Text.
	  – Beliebte Hashtags der Zielgruppe sind relativ simpel auffindbar und für die eigene Strategie einsetzbar.
	  – Ausbau der eigenen Strategie vor allem durch Influencer-Marketing möglich.
	• Nachteile
	  – Sinnvolles Bildmaterial muss sich gegenüber der Konkurrenz abheben, da sonst schnell ein „Copy/Paste-Verdacht" bei der Zielgruppe entstehen kann.
	  – Ältere Zielgruppen sind in der Breite eher nicht erreichbar.

YouTube	YouTube agiert als Plattform, auf welcher ein Unternehmen kostenlos Videoclips präsentieren kann.
	• Vorteile
	  – Eingestellte Videos können in andere Social-Media-Kanäle eingebettet werden.
	  – Vor allem für Erklärungen/FAQ geeignet („Tutorial-Clips").
	  – Marktführer mit der höchsten Nutzeranzahl in diesem Bereich.
	• Nachteile
	  – Hoher Konkurrenzdruck: Minütlich wird neues Videomaterial online gestellt. Viele Themenbereiche werden bereits abgedeckt. Folge: Neue Unternehmen müssen um Aufmerksamkeit kämpfen.
	  – Hoher Zeitaufwand, wenn professionelle Clips produziert werden sollen. Hinweis: Je nach Strategie können aber auch vermeintlich „verwackelte" Handyclips Authentizität bewirken bzw. eine Nähe zu der Zielgruppe aufbauen.

Twitter	Twitter ist ein Kurznachrichtendienst, mit welchem primär Textnachrichten, aber auch Bilder bzw. kleinere Videosequenzen (Livevideos durch Erweiterungsapp „Periscope" möglich) verbreitet werden können.
	• Vorteile
	  – Schnelle Verbreitung von Informationen möglich.
	  – Prädestiniert für eigene Hashtagkampagnen oder die Adaption bestehender Hashtags für eigene Marketingzwecke.

Social-Media-Instrument	Beispielhafte Vorteile und Nachteile

	• Nachteile
	  – Hoher zeitlicher Aufwand (Follower erwarten von einem Nachrichtendienst permanente „News").
	  – Junge Zielgruppe eher nicht erreichbar.

Corporate-Blog	Mithilfe eines Corporate Blogs kann ein Unternehmen regelmäßig über verschiedene Themen informieren/schreiben und eine Kommunikation mit seinen Nutzern anregen.
	
	• Vorteile
	  – Erhöht die Auffindbarkeit des Unternehmens in Suchmaschinen.
	  – Die Kontrolle liegt komplett beim Unternehmen.
	
	• Nachteile
	  – Möglicherweise hoher Aufwand (regelmäßige Einträge verfassen) für eine kleine Anhängerschaft.
	  – Im Gegensatz zu den anderen Kanälen muss der Traffic (die Nutzer) erst auf den Blog „gelenkt" werden.

Foren	Ein Forum ist eine Plattform, auf der sich registrierte Nutzer untereinander und mit den Mitarbeitern des Unternehmens zu verschiedenen Themen unterhalten können.
	
	• Vorteile
	  – Zielgenau initiierte Diskussionen liefern bedeutsame Informationen (z. B. für die Produktpolitik).
	  – Mögliche (kritische) Diskussionen können transparent geführt werden, ohne dass sich unbeteiligte (nicht registrierte) Nutzer einschalten und damit die Reichweite erhöhen.
	  – Diskussionen/Hilfestellungen werden langfristig gespeichert (Entlastung der Mitarbeiter).
	
	• Nachteile
	  – Die Nutzer können im Gegensatz zu Facebook mit einem anonymen Account interagieren.
	  – Ein Forum funktioniert nur, wenn neben den Moderatoren (vom Unternehmen) auch die weiteren registrierten Nutzer ihren Beitrag zur Diskussion liefern.

WhatsApp	WhatsApp ist ein Messenger-Dienst, der es Nutzern ermöglicht, kostenlos Text-, Bild- und Videonachrichten auszutauschen.
	
	• Vorteile
	  – Hohe Nutzerdichte durch die wachsenden Nutzerzahlen.
	  – Marketingmöglichkeiten noch nicht ausgereizt.
	  – Messenger-Nachrichten werden i. d. R. immer vom Nutzer gelesen.
	
	• Nachteile
	  – Große Hürde: Den Datenschutz nach der DSVGO einhalten.

Die Liste ist nicht als abschließend zu lesen, da diese permanent ergänzt werden könnte. Das jeweilige Social-Media-Potenzial ist individuell aus Unternehmenssicht in der Planungsphase einer Strategie zu analysieren.

Eine Social-Media-Strategie entwickeln

Die Social-Media-Strategie ist aus Marketingsicht ein Puzzleteil der gesamten Onlinestrategie. Die Strategieentwicklung ist folglich in einen größeren Kontext eingebettet. Der Unternehmsauftritt in Social Media darf daher auch nicht übereilt und ohne Konzept erfolgen. Ein schlechtes Konzept kann das Unternehmen sofort als negativer Bumerang treffen.

Die Social-Media-Strategieentwicklung kann dabei an die klassische Kommunikationsplanung innerhalb der Kommunikationspolitik angelehnt werden:

1. Analyse des Ist-Zustands
2. Zielsetzung
3. Planung der Zielgruppen und Planung des Contents
4. Social-Media-Strategie

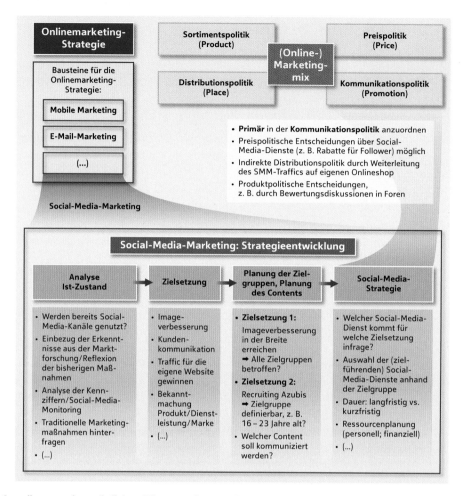

BEISPIEL: Auszüge aus der möglichen Planung einer Social-Media-Strategie

1. Analyse des Ist-Zustandes

- Die Exclusiva GmbH nutzt bisher noch kein Social Media.
- Ein Baustein der traditionellen Kommunikationspolitik war ein Kundenmagazin. Die Zahlen der Kunden-Abonnements sind seit Jahren rückläufig und nicht mehr rentabel.
- Die Marktforschung hat ergeben, dass die Zielgruppe primär auf den Kanälen „Facebook" und „Instagram" aktiv ist.
- Der Konkurrenzanbieter agiert bereits sehr erfolgreich auf verschiedenen Kanälen im Social-Media-Bereich.
- (...)

2. Zielsetzung

- Allgemein: Erste Schritte auf Social-Media-Kanälen sollen eingeleitet werden.
- Speziell: Die Exclusiva GmbH möchte primär und kurzfristig den Traffic auf den neuen Onlineshop lenken. Langfristig soll das Image der Exclusiva GmbH einen modernen jugendlichen Anstrich erhalten. Der Kundendialog soll transparenter gestaltet werden.
- (...)

3. Planung der Zielgruppen und Planung des Contents

- Aufgrund der Sortimentsbreite sollen grundsätzlich alle Zielgruppen angesprochen werden. Die wichtige junge Zielgruppe erhält jedoch ein höheres Gewicht als die älteren Einkäufer der Exclusiva GmbH. Aufgrund der langfristigen Zielsetzung wird daher die Du-Ansprache favorisiert.
- Im Vordergrund soll die Vorstellung einiger Produkte stehen, verknüpft mit alltäglichen Einblicken aus dem Unternehmen (Stichwort: Authentizität und Glaubwürdigkeit).
- Langfristig soll mit einer eigenen Hashtag-Kampagne die Zielsetzung der jugendlichen Modernität erfolgreich umgesetzt werden.
- (...)

4. Social-Media-Strategie

- Für die ersten Schritte eignet sich zunächst ein Unternehmens-Account im sozialen Netzwerk Facebook. Vorteilhaft ist u. a., dass alle Zielgruppen vertreten sind und allgemein eine hohe Anzahl an Nutzern auf der Plattform interagiert.
- Eine Facebookseite gehört langfristig zu einem Social-Media-Auftritt (zwingend) dazu.
- Erste Reaktionen auf die Social-Media-Aktivität können ausgewertet werden, um die Strategie kontinuierlich anzupassen.

- Mittelfristig ist ein weiterer Social-Media-Kanal zu bespielen, sollte die junge Zielgruppe sich weiter von Facebook entfernen.
- Finanziell geht die Exclusiva GmbH kein großes Risiko ein. Lediglich personelle Ressourcen müssen eingeplant werden. Mitarbeiter des Kundenmagazins könnten umgeschult werden, bis die E-Commerce-Azubis zur Verfügung stehen.
- (...)

AUFGABEN

1. Erklären Sie in Ihren eigenen Worten, was sich hinter Social-Media-Marketing verbirgt.

2. Welche Zielsetzungen lassen sich mit Social-Media-Marketing verfolgen?

3. Definieren Sie die folgenden Social-Media-Begrifflichkeiten und erklären Sie jeweils die jeweilige Funktion aus Marketingsicht:
   - Content
   - Hashtag
   - Post
   - Follower
   - Tweet und Retweet
   - Lead
   - Influencer
   - Storys
   - Thread

4. Stellen Sie die unterschiedlichen Instrumente mit ihren unterschiedlichen Schwerpunkten im Bereich Social-Media-Marketing in einer Mindmap grafisch dar. Ergänzen Sie ggfs. Ihre Mindmap mit eigenen Vorschlägen.

5. Welche Vor- und Nachteile besitzen die unterschiedlichen Social-Media-Kanäle?

6. Nehmen Sie kurz Stellung zu dem Zitat von Bill Gates „Das Internet ist wie eine Welle: Entweder man lernt, auf ihr zu schwimmen, oder man geht unter", indem Sie den Fokus auf Social-Media-Marketing lenken.

7. Nehmen Sie kurz Stellung zu der Aussage „Jeder Content, der auf Social-Media-Kanälen platziert wird, muss genau geplant werden."

8. Im Social-Media-Marketing spielt die Reichweite eines Beitrags eine relevante Rolle. Erklären Sie, weshalb dies so ist, und erläutern Sie in eigenen Worten den Unterschied zwischen direkter und indirekter Beziehung im Rahmen der Reichweite eines Beitrages auf einem Social-Media-Kanal.

9. Erklären Sie den First-Move-Effekt im Rahmen einer Social-Media-Handlung.

10. Die Exclusiva GmbH ist bisher nicht im Social-Media-Bereich aktiv. Skizzieren Sie die grundsätzlichen Überlegungen, die die Marketingabteilung bei der Strategieentwicklung berücksichtigen sollte.

11. Erklären Sie, welche Vor- und Nachteile Social-Media-Marketing gegenüber traditionellen Marketingmaßnahmen haben kann.

12. Weshalb ist die Aufmachung (z. B. ein Titelbild) einer Profilseite aus Marketingsicht ein sehr wichtiger Aspekt?

13. Facebook ist der Branchenprimus im Bereich Social Media. Weshalb sollte das Angebot aus Marketingsicht jedoch auch kritisch beobachtet werden?

14. Inwieweit lässt sich Social-Media-Marketing im Onlinemarketing-Mix verorten?

15. Teilen Sie Ihre Klasse in Arbeitsgruppen (jeweils mit dem Schwerpunkt eines frei wählbaren Unternehmens) ein und recherchieren Sie im Internet innerhalb der Social-Media-Angebote, wie das Unternehmen die Angebote nutzt. Mögliche Leitfragen können sein:
    - Ist das Unternehmen vielfältig auf mehreren Kanälen aktiv?
    - Gibt es zwischen den Kanälen Unterschiede mit Blick auf den Content?
    - In welcher Regelmäßigkeit wird der Content für die Nutzer bereitgestellt?
    - Kann eine Strategie identifiziert werden?

    Hinweis: Innerhalb Ihrer Gruppe können Sie sich die Social-Media-Kanäle aufteilen, um effektiver recherchieren und arbeiten zu können.

16. Die Exclusiva GmbH hat sich zum Ziel gesetzt, mit aktuell beliebten Hashtags ihren Content anzureichern, sofern diese aus Marketingsicht zielführend sind. Recherchieren Sie im Internet, welche (aktuellen) Hashtags für Produktabbildungen (Kleidung, Technik, Nahrungsmittel) infrage kommen könnten, um mehr Aufmerksamkeit zu erzielen. Begründen Sie Ihre Ausführungen.

17. Erstellen Sie eine Liste mit den Apps, die sich auf Ihrem Smartphone/Tablet befinden. In einer zweiten Spalte markieren Sie, ob sich die App für Marketinginhalte eignet (aus Sicht der Exclusiva GmbH und/oder Ihres Ausbildungsbetriebes oder generell). In einer dritten Spalte begründen Sie stichpunktartig Ihre Entscheidung.

18. Recherchieren Sie im Internet Social-Media-Fälle, in denen Unternehmen in einen Shitstorm geraten sind. Welche Folgen mussten die Unternehmen hinnehmen?

19. Recherchieren Sie im Internet, welche Unternehmen den Messenger-Dienst WhatsApp erfolgreich für ihre Zwecke nutzen.

20. Recherchieren Sie im Internet einen Blog, der von einer bekannten Firma geführt wird. Analysieren Sie aus Marketingsicht:
    - Wie ist der Blog aufgebaut?
    - Welche Inhalte werden thematisiert und welche Intention könnte dahinterstecken?
    - Was ist das Besondere an diesem (erfolgreichen) Blog?
    - Wie wird der Blog allgemein im Internet bewertet?

21. Erstellen Sie für Ihren Ausbildungsbetrieb ein Exposé für den Bereich Social-Media-Marketing. Das Exposé sollte drei Seiten nicht überschreiten. Als Hilfestellung kann die nachstehende Gliederung herangezogen werden:
    - **Einleitung** (Ist-Zustand SMM; Vergleich zu Mitbewerbern; Zielgruppe): Wie stellt sich die aktuelle Situation dar?
    - **Hauptteil** (Kompakte Planung bzw. Optimierung der Social-Media-Strategie): Welches Ziel soll/könnte wie erreicht werden? Einbindung der Social-Media-Kanäle; Gegenüberstellung der Vor- und Nachteile bezogen auf das Unternehmen, Content-Strategien.
    - **Schlussteil:** Fazit/Empfehlung für die Geschäftsführung

ZUSAMMENFASSUNG

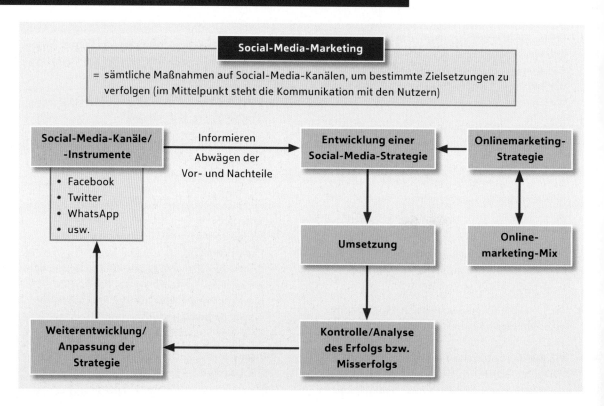

7.14 Guerilla-Marketing

Einstieg

Die Exclusiva GmbH möchte mit ihrer nächsten Werbemaßnahme große Aufmerksamkeit erwecken. Um dieses Ziel zu erreichen, überlegt sich die Geschäftsführung, eine sehr ausgefallene Werbekampagne zu starten. Mit der Maßnahme sollen viele Interessenten angelockt werden. Die Werbemaßnahme soll außerdem möglichst lange anhalten, damit die Exclusiva GmbH lange im Gespräch bleibt.

Im Vorfeld dieser Maßnahme beauftragt Frau Sündermann Ronja Bunko damit, sich ausführlich mit dem Guerilla-Marketing auseinanderzusetzen.

Um sich dem Thema zu nähern, schaut sich Ronja verschiedene Beispiele zu Guerilla-Marketing an. Dabei fällt ihr auf, dass diese Marketingform insbesondere mit-

tels Überraschungseffekt Aufmerksamkeit auf sich ziehen soll. Dabei kommt es offenbar nicht auf Details an.

1. Haben Sie bereits Werbemaßnahmen wahrgenommen, die ähnlich wie die Werbung auf dem Plakat Aufmerksamkeit auf sich ziehen?

2. Was können Vorteile des Guerilla-Marketing sein?

3. Machen Sie zwei Vorschläge für Guerilla-Marketing-Maßnahmen der Exclusiva GmbH.

4. Welche Nachteile kann Guerilla-Marketing mit sich bringen?

INFORMATIONEN

Der Begriff „Guerilla-Marketing" kommt von der Guerilla-Kriegsführung. Dabei geht es um Methoden der Kriegsführung, die überraschen und so nicht erwartet werden. Mit dieser Vorgehensweise soll der Feind überrumpelt bzw. überlistet werden, da er nicht mit dem Manöver rechnet. Diese Art der Kriegsführung wurde und wird insbesondere von Kriegsparteien verwendet, die technisch und personell eigentlich keine Chance auf einen Sieg haben.

Vergleichbar ist dies auch bei dem Guerilla-Marketing. Diese Art der Werbemaßnahme ist relativ einfach und kostengünstig. Gleichzeitig wird jedoch eine im Verhältnis große Aufmerksamkeit erzeugt. Dies wird unter anderem dadurch erreicht, dass über Guerilla-Marketing-Maßnahmen teilweise auch Medien (z. B. Zeitungen oder Blogs im Internet) berichten. Aber auch die Personen, die diese Werbung gesehen haben, dienen als Multiplikator, wenn sie darüber reden und ihren Familien, Freunden oder Kollegen von dieser ausgefallenen Werbemaßnahme berichten.

DEFINITION

Guerilla-Marketing ist ein Marketingansatz, der auf unkonventionellen Methoden beruht und die Konsumenten überrascht. Durch die damit einhergehende Aufmerksamkeit ist Guerilla-Marketing besonders effizient, zumal der Mitteleinsatz (Kosten), verglichen mit klassischen Werbekampagnen, meist eher niedrig ausfällt. Hierfür werden unkonventionelle und untypische Aktionen umgesetzt, die es so bisher noch nicht gab.

In der Regel lassen sich Guerilla-Marketing-Aktionen nicht ohne Weiteres unverändert wiederholen. Sie beruhen auf dem Prinzip, dass die Aktion so viel Gesprächsstoff bietet, dass sie sich über Mundpropaganda, Social-Media-Kanäle und PR von alleine verbreitet. Bei einer Wiederholung derselben Aktion wäre der Überraschungseffekt weg und damit auch automatisch das starke Interesse der Öffentlichkeit. Im schlimmsten Fall kann sich eine Wiederholung sogar negativ auswirken.

Fühlt sich die Zielgruppe davon nämlich gelangweilt, könnte die positive Wirkung der ersten Aktion ins Gegenteil verkehrt werden.

Instrumente

Das Guerilla-Marketing umfasst u. a. die folgenden fünf Instrumente:

- Ambient Marketing
- Ambush Marketing
- Buzz Marketing
- Sensation Marketing
- Viral Marketing

Ambient Marketing

Unter Ambient Marketing oder auch Ambient Media versteht man das Marketing für eine spezielle Zielgruppe, die diese Werbung geplant im „Out-of-Home"-Bereich (also außer Haus) konsumiert. Wichtig ist hierbei insbesondere der richtig gewählte Ort. Das Beispiel veranschaulicht dies gut. Die Fahrgäste des Busses haben während der Fahrt ausreichend Zeit, die Werbung wahrzunehmen und sich zu überlegen, ob ihnen das Produkt gefällt, und darüber zu diskutieren. So können die Fahrgäste über die ausgefallene Werbung ins Gespräch kommen und werden automatisch auch zu Multiplikatoren. Weitere grundsätzlich gut geeignete Orte sind Gratis-Postkarten mit Werbeaufdruck, die in Hotels und Gaststätten ausgelegt werden, Plakattafeln in Duschen – insbesondere in Fitnesscentern – oder Griffe von Zapfpistolen.

Ambush Marketing

Ambush Marketing (engl. ambush = Hinterhalt, Überfall) findet sich insbesondere im Umfeld von Großevents, wie zum Beispiel einer Fußball Weltmeisterschaft, den Olympischen Spielen oder auch Musikfestivals. Diese Events haben in der Regel einige ausgewählte Hauptsponsoren, welche die Werbung auf dem Eventgelände gestalten dürfen. Um dieses exklusive Recht zu erhalten, zahlen die Sponsoren hohe Summen an die Veranstalter. Gerade aber bei diesen Events, bei denen eine große öffentliche Aufmerksamkeit vorhanden ist, wollen auch viele andere Unternehmen, die keine Hauptsponsoren sind, auf sich aufmerksam machen und so von der öffentlichen Aufmerksamkeit profitieren.

BEISPIEL

Öffentliche Aufmerksamkeit kann erreicht werden, indem zum Beispiel über ein Fußballstadion ein Heißluftballon mit einem Werbeaufdruck fliegt. Auch die Sportler tragen Werbung an ihrer Kleidung und können diese nach einem Sieg entsprechend in die Fernsehkameras halten, so wie Usain Bolt in 2008 bei den Olympischen Sommerspielen: Hier hielt er seine Puma-Schuhe in die Höhet. Bei diesen Spielen war jedoch adidas einer der Hauptsponsoren. Trotzdem war die Werbeaktion von Usain Bolt nicht problematisch, da sein Outfit-Ausrüster Puma ist und er keine Verpflichtung hat, Werbung für adidas zu machen.

Ambush Marketing kann aber auch leicht illegal werden. So dürfen bspw. innerhalb des Eventgeländes keine anderen Produkte verkauft werden als die der Sponsoren. Um die Sponsoren vor Ambush Marketing zu schützen, werden teilweise immer radikalere Schritte verfolgt, die wiederrum für ein negatives Image des Events oder auch der Sponsoren führen können.

BEISPIEL

Während der Fußballweltmeisterschaft 2006 in Deutschland mussten Journalisten die Logos von Nicht-Sponsoren auf ihren Laptops überkleben, sonst hätten sie ihre Laptops abgeben müssen.

Buzz Marketing

Das Buzz Marketing basiert auf dem Prinzip der Mundpropaganda und auf der Tatsache, dass persönliche Botschaften (in der Regel im Familien- und Freundeskreis) eine sehr hohe Bedeutung haben. Beim Buzz Marketing werden Personen damit beauftragt, für Produkte zu werben. Als Gegenleistung erhalten diese Personen in der Regel Gratisprodukte oder ein geringes Honorar. Die sogenannten „Buzz Agents" oder „Buzzer" sollen insbesondere ihre eigenen positiven Erfahrungen mit einem speziellen Produkt weitererzählen, dabei sollen sie möglichst auch Social-Media-Plattformen nutzen. Auf diese Weise wird die Produktempfehlung nicht direkt als Werbung wahrgenommen, dem Hinweis wird leichter vertraut. Nach dem Schneeballsystem werden diese positiven Rezensionen dann weitergetragen; und vor allem über eine Social- Media-Plattform können so schnell viele potenzielle Neukunden erreicht werden.

Ein weiterer Vorteil des Buzz Marketings ist, dass die Unternehmen von ihren Buzzern kritisches Feedback erhalten, das sie dann zur Produktoptimierung nutzen können. Somit dient das Buzz Marketing auch als Testlauf, gerade für neue Produkte. Zu beachten ist jedoch, dass die Buzzer nicht verpflichtet sind, nur positiv über die ihnen zur Verfügung gestellten Produkte zu sprechen; sie können genauso gut kritische Kommentare im Internet teilen. Oftmals werden gerade negative Erfahrungen häufiger veröffentlicht und können so – schnell über entsprechende Plattformen verbreitet – zu schweren Imageschäden führen. Deshalb sollten Unternehmen abwägen, ob und vor allem wann sie diese Marketingform wählen: Am sinnvollsten ist Buzz Marketing zu Beginn einer Kampagne, damit etwaige Kritik noch aufgefangen und in eine Produktoptimierung umgesetzt werden kann.

Sensation Marketing

Wie es der Name schon sagt, geht es beim Sensation Marketing um die Erzeugung von etwas Sensationellem, worüber die Menschen (zumindest kurzfristig) reden. Durch eine ausgefallene, teilweise auch provokante Art und Weise soll die Aufmerksamkeit auf eine Marke oder ein Produkt gelenkt werden. Dies funktioniert insbesondere mit Maßnahmen, die bei den Betrachtern einen „Wow-Effekt" auslösen. Dies kann z. B. über eine sehr große Aktion geschehen oder damit, dass etwas Kostbares, Teures etc. scheinbar zerstört wird, wie in diesem Beispiel, bei dem Farbeimer scheinbar ein komplettes Haus verfärbt. Das Ziel dieser Maßnahme einer Versicherungsgesellschaft unter ihrem Motto „Life comes at you fast" ist hier konkret, dass sich die Versicherung in den Köpfen der Menschen verankern soll und dass die Betrachter sich überlegen, bei dieser Gesellschaft, die offenbar an alle Eventualitäten denkt und ihre Mitglieder auf alles vorbereitet, auch eine Versicherung abzuschließen.

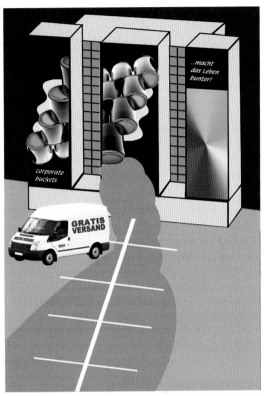

Auslaufende Farbeimer an der Fassade eines Hauses sorgen für einen „WoW-Effekt": Eine Versicherung provoziert damit Aufmerksamkeit.

Viral Marketing

Bei dem Viral Marketing wird der Mensch (unabhängig ob gewollt oder ungewollt) als Werbeträger genutzt. Dies funktioniert z. B. bei Mundpropaganda oder auch über Social-Media-Kanäle. Hierunter fällt auch das Buzz Marketing, das eine spezielle Form des Viral Marketings darstellt. Während beim Buzz Marketing jedoch das Produkt im Mittelpunkt steht, steht beim Viral Marketing in der Regel die Werbebotschaft im Vordergrund. Mehr dazu in Kapitel 7.15.

BEISPIEL

Ein Beispiel für gelungenes Viral Marketing ist der Werbespot, der von EDEKA im Jahr 2015 zu Weihnachten veröffentlicht wurde. Unter dem Hashtag #heimkommen weckte EDEKA allerlei Emotionen und eine traurig-fröhlich-schöne Weihnachtsstimmung. Allein auf YouTube erzielte der Clip fast 60 Millionen Aufrufe.

Werbung zu Heiligabend: Weihnachten wird's ganz schön viral

Von Felix Simon

Der Edeka-Werbespot „Heimkommen" hat zum Fest der Liebe bei YouTube Klickrekorde gebrochen. Und ist kein Einzelfall. Wieso lassen sich Millionen Menschen von Weihnachtsreklame zu Tränen rühren?

Alle Jahre wieder, pünktlich zu Weihnachten, schicken Supermarktketten, Kaufhäuser und große Marken ihre neuesten Werbefilme ins Rennen, die Kunden in Kauflaune und die Kassen zum Klingeln bringen sollen. Wirkliche Ausreißer findet man in dieser Sparte eigentlich nie. Viele Spots folgen dem immer gleichen, bewährten Rezept. Bei Coca-Cola zum Beispiel: Viel Rot muss der Werbefilm zeigen, das ist schließlich die Markenfarbe, und warmes, weiches Licht sorgt für vorweihnachtlich heimelige Atmosphäre. Dazu noch Santa Claus mit Rauschebart, der Coke aus einer Flasche im Retro-Look trinkt, Menschen, die sich (cola-trinkend) in den Armen liegen, und nicht zu vergessen die „Coca-Cola Christmas Trucks", die seit Jahrzehnten durch verschneite Winterlandschaften rollen. Unterlegt wird das Ganze mit einem Song mit Glöckchensound, fertig ist die Grundformel für den perfekten Weihnachtswerbefilm.

Auch andere Unternehmen folgen solchen Mustern. Egal, ob Lindt, Galeria Kaufhof, TK Maxx oder Ikea: die klassischen weihnachtlichen Themen – Familie, Freunde, traute Eintracht – werden in mannigfaltigen Variationen aufgegriffen und in Bezug zur Marke gesetzt, eingebettet in Filme voller Winterzauber, Tannenbäume und brennender Kerzen. Doch genau hier liegt auch die Schwierigkeit: Weil jeder dieselben Klischees bedient, wirkt die Werbung schnell austauschbar, und die Zuschauer schalten bei all der weihnachtlichen Reizüberflutung entweder ab oder um.

[...]

Abhilfe soll eine Strategie schaffen, die sich mittlerweile auch außerhalb der Weihnachtssaison bewährt hat: virales Marketing. Werbefilme werden nicht mehr nur im Fernsehen platziert, sondern auch auf YouTube, Facebook und anderen Online-Plattformen – in der Hoffnung, dass sie die Nutzer dort nicht nur anschauen, sondern auch weiterverbreiten. In England gehören virale Kampagnen schon seit einigen Jahren zum Weihnachtsritual. 2014 eroberte die Kaufhauskette John Lewis mit einem Spot rund um den einsamen Pinguin „Monty" die Herzen vieler Briten. 2015 geht sie mit einer Neuinterpretation des alleinlebenden „Mannes im Mond" an den Start. Mehr als zwanzig Millionen Mal wurde dieser Werbefilm schon auf YouTube angeklickt. Sainsbury's begeistert dagegen mit einem Weihnachts-Katzenvideo die Massen. Und in Deutschland hat Edeka den viralen Vorweihnachtshit gelandet.

[...]

Virale Kampagnen wie „Heimkommen" nutzen dieses Verhalten gnadenlos aus. Sie setzen ein Thema, mit dem die Identifikation leichtfällt und das den Betrachter auf einer tieferen Ebene packt. „Wieso weine ich bei einer Werbung für einen Supermarkt?", war denn auch die ungläubige Frage einiger Nutzer, die sich in ihren Kommentaren nicht erklären konnten, was ihnen beim Betrachten des Edeka-Filmchens widerfahren war. Genau hierin liegt das Kunststück der viral gewordenen Weihnachtsvideos. Sie bringen Menschen dazu, sich etwas anzusehen und sogar noch zu empfehlen, das sie normalerweise meiden. Wer tut sich schon freiwillig Werbung an, geschweige denn belästigt andere mit ihr? Wenn es Werbetreibenden gelingt, diese Hürde zu überwinden, tun die vernetzten Plattformen ein Übriges – und die Filme verbreiten sich wie ein Lauffeuer.

Die Vorteile für Edeka, John Lewis und all die anderen liegen auf der Hand: Obwohl der Produktionsaufwand für einen Internet-Werbefilm genauso hoch sein kann wie für einen klassischen Fernsehspot, kann online eine Menge Geld gespart werden. Denn die Firmen müssen keine teuren Werbeslots im Fernsehen buchen. Die Bereitstellung übernehmen die Plattformen, die Verbreitung die Zielgruppe selbst. Der maßgeschneiderte Hashtag zum Teilen wird netterweise gleich mitgeliefert.

Und noch etwas motiviert Unternehmen, ihr Glück mit Viralem zu versuchen: Durch humorvolle, selbstironische oder nachdenklich stimmende Online-Kampagnen geht ihnen auch die kaufstarke Gruppe derjenigen ins Netz, die ihre Zeit lieber im Internet verbringen als vor dem Fernseher. Da fallen selbst die vielen negativen Reaktionen auf „Heimkommen" wenig ins Gewicht. Edeka ist nicht nur mit seinen Produkten zum Weihnachtsfest in aller Munde. Die brachiale Satire, die Joko und Klaas dazu in Umlauf gebracht haben („Du perverser, alter Mann!"), verstärkt die Wirkung des #Heimkommen-Spots nur noch.

Mehrwert von Guerilla-Marketing

Den Mehrwert oder den Erfolg von Guerilla-Marketing-Maßnahmen zu ermittelt ist sehr schwer. Es gibt keine gut messbaren Größen. Über Profitanteile kann man dies im Ansatz versuchen, diese haben allerdings auch noch viele weitere Einflussfaktoren, weshalb diese Kennzahl wenig aussagekräftig ist. Viel wichtiger ist es zu prüfen, ob über entsprechende Kampagnen berichtet wurde, z. B. in Internetblogs, Zeitungen, Social-Media-Aktivität und sogar im Fernsehen. Diese Viralität hat insbesondere auch das Ziel, das Unternehmen bekannter zu machen und nicht (nur) gezielt für ein Produkt zu werben.

Beispiele von Aktionen

• Zoo Lampertheim

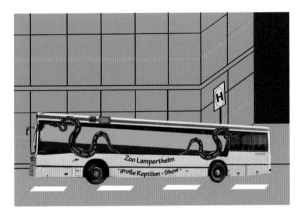

Ziel: Werbung für einen Zoo, der die Werbung auf einem Bus so darstellt, als ob sich eine Schlange am Bus entlang schlängelt.

Schwierigkeit: Für die Umsetzung muss man zunächst mit den Verkehrsbetrieben sprechen, um den Bus als Werbeplattform zu erhalten. Anschließend ist eine Werbeagentur notwendig, die sich um die Umsetzung des Layouts und die Durchführung in Abstimmung mit den Verkehrsbetrieben kümmert. Die Umsetzung für das Unternehmen an sich ist einfach, da die meisten Aufgaben an andere Dienstleister ausgelagert werden kann.

Kosten: Die Kosten sind deutlich höher, da sowohl Verkehrsbetriebe als auch eine Werbeagentur bezahlt werden müssen.

• Deutscher Autohersteller

Ziel: Werbung für ein Auto, die, welche Kunden oder Interessenten selbstständig umhertragen. Solche Tragetaschen werden in der Regel kostenfrei oder sehr günstig herausgeben, z. B. auf Messen oder als Geschenk zu dem Kauf eines Produktes.

Schwierigkeit: Die Umsetzung ist nicht kompliziert. Man muss sich ein gutes und auffallendes Layout überlegen (hier kann eine Werbeagentur unterstützen). Für den Druck der Taschen gibt es inzwischen zahlreiche Druckereien in ganz Deutschland.

Kosten: Neben ggf. anfallenden Kosten für die Werbeagentur bestehen die Kosten hauptsächlich in den Kosten für die Taschen und deren Bedruckung. Dabei sind die Kosten in der Regel von der Stückzahl abhängig.

• Sportschuhproduzent

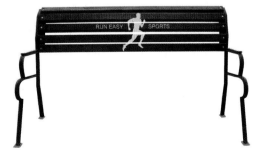

Ziel: Die Werbung soll nicht speziell für ein Produkt, sondern generell zum Laufen und dabei für die Benutzung von Kleidung einer bestimmten Sportartikelmarke anregen. Dabei wird eine Parkbank umfunktioniert zu einer reinen Werbetafel, die Spaziergänger vielleicht etwas ärgern soll, aber auf diese Weise Gesprächsthema wird.

Schwierigkeit: Die Umsetzung ist nicht aufwendig. Eine (alte) Parkbank wird verwendet und die Sitzfälsche entfernt. Anschließend wird das eigene Firmenlogo und ggf. noch eine Werbebotschaft angebracht. Vor dem Aufstellen der Parkbank auf öffentlichem Raum muss unbedingt eine Genehmigung von der Stadt- oder der Landkreisverwaltung vorhanden sein. Wird keine Genehmigung erteilt, darf die Parkbank nur auf privatem Gelände (z. B. dem Firmengelände) aufgestellt werden.

Kosten: Neben den Kosten für die Parkbank ist noch mit einer Gebühr für die Genehmigung der Aufstellung zu rechnen.

Rechtlicher Rahmen

Das Guerilla-Marketing bewegen sich oftmals in rechtlichen Grauzonen. Teilweise werden die Gesetzesgrenzen bewusst überschritten, um eine höhere Aufmerksamkeit zu erzielen.

Ein Mittel, das weiterhin beliebt ist, sind Flyer. Diese Art der Werbung wird in der Regel nicht als störend empfunden. Trotzdem ist diese Werbeform oftmals durch ein Ordnungsamt genehmigungspflichtig.

Das Sprühen und Bekleben öffentlicher Orte ist auch immer wieder gesehen und nicht selten handelt es sich bei solchen Kampagnen um den Tatbestand der Sachbeschädigung, was empfindliche Strafen nach sich zieht.

Im Guerilla-Marketing steht nicht selten auch die Persönlichkeitsverletzung an der Tagesordnung. Dies erzeugt zwar Aufmerksamkeit, zeiht aber auch rechtliche

Konsequenzen mit sich. Generell ist es vor solchen Aktionen immer sinnvoll, bereits in der frühen Planungsphase mit einem Anwalt und ggf. dem Ordnungsamt die geplante Aktion zu besprechen. Zu prüfen sind dabei unter anderem

- Persönlichkeitsrecht
- Hausrecht
- Markenrecht
- Wettbewerbsrecht
- weitere Rechte

Schlüsselfaktoren und Ideen für erfolgreiches Guerilla-Marketing

Guerilla-Marketing setzt genau an der Stelle an, an der andere Marketingaktionen scheitern. Viele Menschen wollen nicht den ganzen Tag von Werbung umgeben sein. Sie wollen etwas Außergewöhnliches und Überraschendes. Genau da kann Guerilla Marketing ansetzen.

Für eine gelungene Guerilla-Marketing-Kampagne ist es wichtig, dass die Maßnahme nicht nur in einem begrenzten Raum (also dem Bereich, in dem die Kampagne stattfindet) sichtbar ist, sondern auch darüber hinaus. Somit ist auch die Präsenz auf Social-Media-Kanälen ein wichtiger Schlüsselfaktor. Dieser kann forciert werden, indem über die Unternehmenseigenen Social-Media-Kanäle Fotos, Videos und Ähnliches von dieser Aktion gepostet werden. Ggf. lohnt es sich auch, gezielt regionale (manchmal auch überregionale) Pressevertreter über die Kampagne zu informieren und so einen weiteren Multiplikator zu gewinnen.

Eine Guerilla-Marketing-Aktion verläuft in der Regel zunächst nur offline ab. Wirklich erfolgreich wird diese aber erst durch eine unterstützende Onlinekampagne.

AUFGABEN

1. Beschreiben Sie in eigenen Worten, was man unter Guerilla-Marketing versteht, und erklären Sie, wie der Begriff „Guerilla-Marketing" entstanden ist.

2. Beschreiben Sie in eigenen Worten, wodurch sich die folgenden Instrumente unterscheiden: Ambient Marketing, Ambush Marketing und Sensation Marketing.

3. Erläutern Sie, worin sich das Buzz Marketing und das virale Marketing unterscheiden.

4. Zum 50-jährigen Firmenjubiläum der Exclusiva GmbH sollen umfangreiche Marketing-Maßnahmen stattfinden, damit möglichst viele Kunden und Interessenten erreicht werden.
   a) Überlegen Sie, welches Instrument für dieses Jubiläum passend ist.
   b) Kreieren Sie (in Form von Text und/oder Grafik) eine entsprechende Werbemaßnahme.

5. Überlegen Sie sich eine Guerilla-Marketing-Maßnahme, die rechtlich nicht erlaubt ist, und erläutern Sie die Rechtslage.

6. Diskutieren Sie die folgende Marketing-Aktion. Überlegen Sie auch, welche Probleme durch diese Aktion auftreten können.

7. Welche rechtlichen Rahmenbedingungen müssen bei der Durchführung von Guerilla-Marketing-Maßnahmen berücksichtigt werden? Nennen Sie zwei Rechte, die nicht verletzt werden dürfen, und beschreiben Sie diese genauer.

8. Welche Vorteile bietet der Einsatz von Flyern der Exclusiva GmbH im Rahmen einer Guerilla-Marketing-Maßnahme?

9. Erläutern Sie, warum die gleiche Guerilla-Marketing-Maßnahme nur einmal zum Einsatz kommen sollte und nicht beliebig oft wiederholt werden kann.

10. Beschreiben Sie, was man unter dem Schneeball-prinzip versteht.

11. Erklären Sie die Rolle von Social Media für den Einsatz von Guerilla-Marketing-Maßnahmen.

12. Recherchieren Sie aktuelle Beispiele zu Guerilla-Marketing-Maßnahmen. Erläutern Sie das Ziel der Kampagnen, mögliche Schwierigkeiten und Kosten. Ordnen Sie die Beispiele einer Unterkategorie des Guerilla Marketing zu.

13. Prüfen Sie, ob in der letzten Zeit in Ihrem Ausbildungsbetrieb eine Guerilla-Marketing-Maßnahme durchgeführt wurde. Beschreiben Sie diese ggf. und ordnen Sie die Maßnahme begründet einer der Unterkategorien zu.

ZUSAMMENFASSUNG

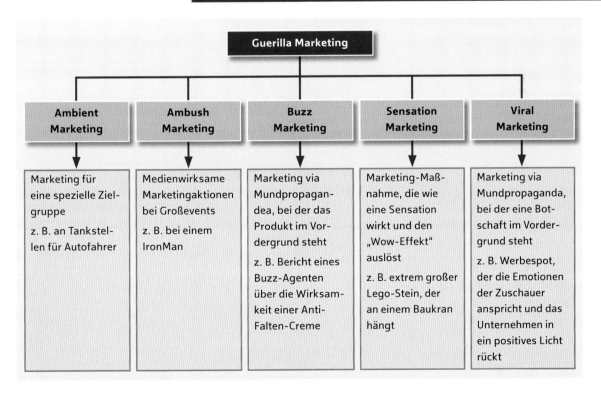

Guerilla Marketing				
Ambient Marketing	**Ambush Marketing**	**Buzz Marketing**	**Sensation Marketing**	**Viral Marketing**
Marketing für eine spezielle Zielgruppe z. B. an Tankstellen für Autofahrer	Medienwirksame Marketingaktionen bei Großevents z. B. bei einem IronMan	Marketing via Mundpropaganda, bei der das Produkt im Vordergrund steht z. B. Bericht eines Buzz-Agenten über die Wirksamkeit einer Anti-Falten-Creme	Marketing-Maßnahme, die wie eine Sensation wirkt und den „Wow-Effekt" auslöst z. B. extrem großer Lego-Stein, der an einem Baukran hängt	Marketing via Mundpropaganda, bei der eine Botschaft im Vordergrund steht z. B. Werbespot, der die Emotionen der Zuschauer anspricht und das Unternehmen in ein positives Licht rückt

7.15 Virales Marketing

Einstieg

Vor Arbeitsbeginn unterhalten sich die beiden Auszubildenden Ronja und Andreas über ihre Tätigkeiten im Marketing-Bereich der Exclusiva GmbH, als Ronja von ihrer Freundin ein Video auf ihr Smartphone zugeschickt bekommt.

Ronja:

„Warte mal Andreas, ich habe gerade ein Video von einer Freundin bekommen."

Andreas:

„Lass uns das Video doch gemeinsam angucken."

Ronja:

„Gut, dann schau mit rein."

Die beiden sehen sich das Video an und müssen lauthals lachen.

Andreas:

„Ronja, das musst du mir unbedingt zuschicken, damit ich es mit meinen Freunden teilen kann!"

Ronja:

„Klar, mach ich gerne."

Andreas:

„So etwas Lustiges müsste die Exclusiva GmbH auch mal machen, damit könnte man bestimmt viele Kunden gewinnen."

Ronja:

„Ja, und billig wäre es auch. Aber auf so eine Idee zu kommen ist schon schwer."

Andreas:

„Vielleicht gibt es auch schon so etwas für unser Unternehmen und wir haben es nur bisher nicht mitbekommen?"

Ronja:

„Lass uns gleich mal Frau Sündermann fragen."

Ein wenig später in Frau Sündermanns Büro.

Andreas und Ronja:

„Frau Sündermann, wir haben uns gefragt, ob die Exclusiva GmbH auch Videos nutzt, die über Messenger geteilt werden, um Werbung zu machen. Wir haben uns vorhin ein lustiges Video angesehen und denken, dass das eine gute Möglichkeit ist, gerade bei jungen Menschen Werbung zu machen."

Frau Sündermann:

„So etwas nennt man virales Marketing, das nutzen wir bisher noch nicht. Habt ihr zwei denn eine konkrete Idee, wie man so etwas umsetzen kann?"

Andreas und Ronja:

„Nein, leider nicht."

Frau Sündermann:

„Dann schlage ich vor, dass Sie beide sich erst einmal über das virale Marketing informieren und Ideen sammeln. Danach können wir gemeinsam schauen, welchen Nutzen das virale Marketing hat und wie die Exclusiva GmbH diese Form des Marketings umsetzen kann."

Andreas und Ronja:

„Einverstanden."

1. Welchen Nutzen bietet virales Marketing dem Unternehmen?

2. Welche Bedeutung hat das Wort viral?

3. Welche Nachteile kann virales Marketing mit sich bringen?

4. Kennen Sie aktuelle Beispiele, in denen Werbevideos online geteilt werden?

INFORMATIONEN

Das virale Marketing ist ein Konzept der Kommunikations- und Vertriebspolitik, das viele verschiedene Techniken und Methoden vorsieht. Ziel des viralen Marketing ist es, dass die Kunden über das beworbene Produkt reden und selbst dafür Werbung machen. Eine gute Werbung wird dabei z. B. über Twitter, Facebook oder andere Social-Media-Kanäle weiterverbreitet. So entsteht ein Schneeballeffekt, der innerhalb kürzester Zeit eine sehr große Personengruppe erreichen kann.

Beispielhafter Ablauf eines Schneeballeffekts

Ein Unternehmen erstellt ein kurzes Video zu Werbezwecken, das Emotionen weckt. Dieses Video wird auf einer Social-Media-Plattform wie zum Beispiel YouTube hochgeladen. Der Link zu dem Video wird per E-Mail oder einem anderen Nachrichtendienst an einige ausgewählte Kunden oder Interessenten verschickt. Wenn das Video die gewollten Emotionen auslöst, wird das Video weiter verteilt. So setzt der Schneeballeffekt ein.

Je mehr Personen sich das Video anschauen und möglichst auch den "Like"-Button drücken, desto prominenter wird das Video auf YouTube dargestellt und desto mehr Menschen erreicht es.

Durch die Entwicklung des Internets ist es so möglich, die Werbung bzw. Botschaft wie ein „Virus" schnell und effizient breit zu streuen. Bei dem viralen Marketing ist insbesondere die Botschaft relevant. Sollte sich eine Person damit identifizieren können oder sich davon begeistern lassen, dann ist die Wahrscheinlichkeit vergleichsweise hoch, dass diese Botschaft weiterverteilt wird.

Formen des viralen Marketing

Das virale Marketing lässt sich durch verschiedene Formen beschreiben. Dabei unterscheidet man das passive vom aktiven und das werbungsorientierte vom ganzheitlich orientierten viralen Marketing.

Passives virales Marketing

Wirbt ein Produkt für sich selbst, dann spricht man vom passiven viralen Marketing. Das bedeutet, dass der Kunde allein durch die Nutzung des Produkts bereits einen ausreichend hohen Mehrwert erfährt, sodass weitere Werbung nicht notwendig ist. Ein Beispiel hierfür ist Hotmail. Durch eine einfache Werbezeile „P.S. Get your private, free email at Hotmail" am Ende jeder ausgehenden E-Mail werden die Empfänger über dieses Produkt informiert und sehen gleichzeitig, dass der E-Mail-Dienst (das Produkt) funktioniert. Ähnlich funktioniert es auch

Einkaufstasche eines Bio-Shops

mit Einkaufstaschen, die eine Werbebotschaft tragen. Für den Kunden selbst leisten diese Taschen einen so großen Mehrwert, dass er das passive virale Marketing gerne in Kauf nimmt.

Aktives virales Marketing

Beim aktiven viralen Marketing muss ein Konsument (oder Interessent) davon überzeugt werden, Informationen (also Werbung) an weitere Personen zu übergeben. Der Verbreiter muss entsprechend motiviert werden. Beispielhaft hierfür sind Webseiten, die es ermöglichen, einen Link zu einem Produkt oder einem Video via E-Mail, Twitter oder Facebook an Freunde und Bekannte weiterzuleiten.

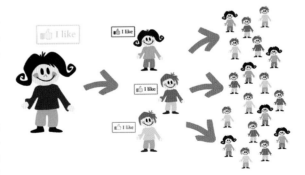

Werbungsorientiertes virales Marketing

Maßnahmen im Rahmen des werbungsorientierten Ansatzes haben meistens das Problem, dass diese so kommerziell sind, dass entsprechende Werbung kaum oder keine Viralität erzeugen. Dies liegt an dem Ziel, eine Steigerung des Bekanntheitsgrads oder der Markenprägung zu schaffen. Es geht von Anfang an um eine hohe Anzahl an Empfängern für eine Werbebotschaft, diese ist nicht als „Selbstläufer" konzipiert.

Durch den kommerziellen Fokus werden diese Botschaften in der Regel schnell als Werbung identifiziert und genau deshalb weniger geteilt.

Dass dies aber trotzdem sehr gut funktionieren kann, zeigt das Beispiel eines Standmixers. Mit diesem Mixer wurde vor laufender Kamera alles Mögliche (u. a. Golfbälle und Batterien) zu Pulver zerkleinert, sodass sich das entsprechende Video schnell verbreitete und daraus eine ganze Serie entstand unter dem Motto „Will it blend?" (Wird es sich mischen/mixen?). So konnte mit gerade einmal 50,00 US-$ Marketingbudget eine Umsatzsteigerung von 700 Prozent erreicht werden.

Ganzheitlich orientiertes virales Marketing

Bei dem ganzheitlich orientierten Ansatz steht die Zielgruppe im Fokus. Es werden die Interessen, Eigenarten und Bedürfnisse der Zielgruppe bewertet. Deshalb haben die Kampagnen auch nicht immer etwas mit einem konkreten Produkt oder einer Unternehmensmarke zu tun, diese geben lediglich den Rahmen vor. Dabei sollte dieser Rahmen (zum Teil auch „Container" genannt) virale Eigenschaften wie z. B. Humor, Sex, Angst usw. beinhalten. Diese Eigenschaften regen die Emotionen der Zielgruppe an. Dadurch soll sichergestellt werden, dass der Kunde oder Interessent begeistert ist, was einem Unternehmen ein positives Image und weitere Bekanntheit einbringt.

Zusätzlich kann der ganzheitlich orientierte Ansatz für weitere Funktionen und Bereiche Verwendung finden,

wie z. B. der Marktforschung, der Preisfindung oder der Produktgestaltung. Die Zielgruppe wird hier entsprechend früh eingebunden, was Vorteile für Unternehmen, aber auch für die Zielgruppe bieten kann.

Erfolgsfaktoren

Virales Marketing hat das Ziel, mit wenig Budget einen möglichst großen Werbeeffekt zu erzielen. Dennoch benötigt auch das virale Marketing eine vernünftige Planung, eine entsprechende Durchführung und ein Controlling, um sich in der Zukunft zu verbessern. Beim viralen Marketing kommt aber noch ein wesentlicher, allerdings nicht steuerbarer Faktor hinzu. Gemeint ist der Zufall. Ohne den Zufall bzw. das Glück, dass eine Werbemaßnahme von Kunden oder Interessenten weiterverteilt wird, funktioniert der Plan mit dem geringen Kosteneinsatz bei hohem Werbeeffekt nicht.

Beim viralen Marketing spricht man auch von „Earned Media". Earned (dt.: verdient) bedeutet in diesem Zusammenhang, dass die entsprechenden Inhalte nicht käuflich sind. Es gibt allerdings Möglichkeiten, entsprechende Werbemaßnahmen in begrenztem Umfang zu steuern und damit die Chance einer stärkeren Verbreitung der Werbeinhalte zu erhöhen.

1. **Zielgruppenanalyse:** Die Zielgruppe ist vorab genau zu analysieren. Durch lässt sich z. B. feststellen, ob die Zielgruppe ggf. einzelne Verbreitungswege nicht verwendet und eine Investition in diesem Verbreitungsweg daher nicht notwendig ist. Auch sollte in der konkreten Kommunikation auf die Zielgruppe eingegangen werden, sodass die Zielgruppe die Werbebotschaft als persönlich bedeutsam empfindet.

2. **Crowdsourcing:** Einen Schritt weiter als bei der Zielgruppenanalyse geht man bei dem Crowdsourcing, wo die Zielgruppe selbst die Kampagnenidee entwickeln soll.

3. **Markenkonforme Aufbereitung:** Die Werbebotschaft muss zu der Identität des Unternehmens passen, andernfalls verliert die Maßnahme, aber auch das Unternehmen an Glaubwürdigkeit.

4. **Emotionaler Mehrwert:** Gelingt es, mit der Werbebotschaft einen persönlichen Vorteil an die Kunden weiterzugeben, ist die Bereitschaft für das Weiterverteilen der Botschaft deutlich höher.

5. **WOW-Erlebnis:** Die Botschaft sollte bei den Empfängern ein „Wow"-Gefühl auslösen. Je stärker in der Botschaft der Effekt einer Weltneuheit vermittelt wird, desto eher wird die Botschaft weiterverbreitet.

6. **Marketing-Mix:** Die Verknüpfung mit anderen Kommunikationsmedien ist ein Muss. Durch eine laufende Präsenz der Marke bei den Konsumenten wird eine virale Marketing-Kampagne laufend unterstützt.

7. **Social Media:** Die Werbekampagne sollte auch direkt in den sozialen Onlinemedien präsentiert werden. Dies erleichtert den Prozess der Weiterverbreitung, z. B. mittels des „Likens" oder „Teilens" einiger Anbieter.

Verbreitung/Verteilung

Die Verbreitung/Verteilung der Werbebotschaft im viralen Marketing ist das Herzstück dieser Form der Werbemaßnahme. Eine Botschaft wird in den verschiedenen Onlinemarketing-Formen bereitgestellt. Anschließend soll sich nach Möglichkeit die Werbebotschaft selbstständig mittels des Schneeballprinzips weiterverteilen. Dies geschieht nur dann, wenn die Botschaft so gestaltet ist, dass die Werbemaßnahme auch dazu motiviert, diese weiterzuleiten.

Verbreitungswege im viralen Marketing

E-Mail

Marketing über E-Mail erreicht sehr günstig eine große Gruppe an Personen. Bei dieser Form muss allerdings darauf geachtet werden, dass nicht der negative Eindruck vom Spam entsteht. Idealerweise haben sich die Personen selbstständig in einen Newsletter eingetragen und es wird nicht direkt für ein Produkt geworben bzw. auf eine Art und Weise, bei der Emotionen und Gefühle des Empfängers stimuliert werden.

Blog

Ein Blog wird in der Regel als eine Art Tagebuch oder Verlaufsbericht genutzt. Dies kann unter Umständen auch für das virale Marketing hilfreich sein. So kann z. B. laufend über die Entwicklung einer Maßnahme berichtet werden, weshalb lokale oder überregionale Medien darauf aufmerksam werden und dann gut den Blog als Quelle nutzen können.

Foren

Ein Forum kann man entweder selbst betreiben oder man benutzt ein bestehendes von externen Anbietern. Ein Forum hat den Zweck, sich in größerer Runde zu einzelnen Themen auszutauschen oder sich zu helfen. Gut platzierte virale Marketingmaßnahmen fallen dabei nicht als Werbung auf, sondern werden als bereichernder Beitrag zu einer Diskussion oder einem Thema interpretiert.

SMS

Die Form „SMS" wird kaum genutzt. Dies liegt zum einen daran, dass dies vergleichsweise teuer ist, und zum anderen daran, dass die erreichten Personen solche Maßnahmen meist als sehr störend empfinden.

Chat

Analog zu SMS ist auch ein Chatprogramm zu sehen. Allerdings sind diese in der Regel kostenlos oder gegen geringe Gebühren nutzbar.

Soziale Netzwerke

Virales Marketing in sozialen Netzwerken ist eine der beliebtesten Formen, da es für die direkten Empfänger der Botschaft sehr leicht ist, diese an Freunde und Bekannte weiterzuleiten. Diese Form ist für das Schneeballprinzip sehr gut geeignet, insbesondere durch Funktionen wie „was andere gerade machen/schauen" oder das „Liken".

Sharing Plattformen

Marketing, insbesondere Fotos und Videos, sollen eine möglichst große Personengruppe erreichen. Gleichzeitig sollen die IT-Infrastrukturen geschont werden. Also verwendet man für virale Videos z. B. YouTube und für virale Fotos z. B. Flickr, die beide sehr bekannt und für jeden auf der ganzen Welt erreichbar sind.

Mundpropaganda

Die Mundpropaganda ist die wohl am schwersten zu messende Verbreitungsform innerhalb des viralen Marketing. Außerdem wird mit dieser Form auch immer nur eine kleine Gruppe erreicht, diese wird dafür aber sehr umfassend und nachträglich über die Marketingmaßnahme informiert.

Influencer

Das Influencer-Marketing benötigt einen bekannten Werbeträger, in der Regel einen Prominenten, der Einfluss auf möglichst viele Personen hat. Dies kann aber auch eine Person sein, die z. B. auf Twitter sehr viele Follower hat. (vgl. auch Kapitel 7.16)

Counter

Counter sind in der Regel mit Bonusprogrammen gekoppelt. So ist es beispielsweise denkbar, dass eine Person einen Gutschein oder einen Rabatt erhält, wenn sie eine oder mehrere Werbebotschaften geteilt oder weitergeleitet hat.

Virale Videos

Fast jeder kennt sie, die Videos, über die man sofort lachen muss und die man deshalb direkt an Freunde oder Geschwister weiterleitet. Dies sind virale Videos. Damit bedient man sich bei der Verbreitung von viralen Videos der gleichen Zielgruppe wie beim viralen Marketing im Allgemeinen. Die ersten viralen Videos sind Ende der 1990er Jahre entstanden. Mit der Entwicklung des Web 2.0 und damit der Entstehung vieler Social Medias wurde es für diejenigen, die Videos „teilen", einfacher genau dies zu tun. Davon können entsprechend auch Unternehmen profitieren, da diese die Videos selbst gerne bereits in Social Medias einstellen, wodurch eine Verbreitung sehr schnell möglich ist.

Eine Sonderform der viralen Videos sind die viralen Videospiele. Das erste große virale Videospiel war „Moorhuhn", das von einem großen Whisky-Hersteller finanziert wurde. Videospiele haben in der Regel über einen längeren Zeitraum den Fokus der Spieler, dafür ist eine Verbreitung schwieriger.

BEISPIEL 1:

Diese Werbung möchte mit diesem Slogan deutlich machen, dass unmögliche Dinge dennoch machbar sind.

BEISPIEL 2:

Pepsi nutzte eine viel besuchte Bushaltestelle, um den Passanten „Unglaubliches" zu präsentieren. Dafür wurde die Bushaltestelle mit einem großen Display und einer Kamera ausgestattet, sodass es für die Passanten auf den ersten Blick so aussieht, als sei tatsächlich ein Tiger in Londons Straßen unterwegs etc. Dies erschien selbstverständlich schnell auf YouTube und wurde auch in diversen Artikel aufgegriffen.

Viral Video der Woche: Magisches Bushäuschen

Pendler, die ihren Augen nicht trauen: Pepsi Max verwandelt in seinem Spot „Unbelievable" eine Londoner Bushaltestelle dank Augmented Reality in einen magischen Ort.

Aliens, Ufos, Roboter: Pendler, die an der New Oxford Street in London auf ihren Bus warten, bekamen dank Pepsi Max ein ganz besonderes Erlebnis geboten. Der Getränkehersteller ersetzte eine seitliche Glaswand durch einen Bildschirm. Er war mit einer Kamera verbunden, die die dahinterliegende Straße im Livestream anzeigte. Vor deren Hintergrund wurden dank Augmented Reality verschiedene Szenarien und Animationen eingeblendet - die den Wartenden zum Teil einen gehörigen Schrecken einjagten [...].

Quelle: Gillner, Susanne: Viral Video der Woche. Magisches Bushäuschen. In: www.internetworld.de. 11.06.2014. https://www.internetworld.de/marketing-praxis/bewegtbildmarketing/magisches-bushaeuschen-478749.html#gref [24.02.2021].

Probleme, Risiken und Kritikpunkte an viralem Marketing

- Gekaufte Likes oder Follower zu wettbewerbsrechtlichen Problemen führen.
- Insbesondere ist auch das UWG (Gesetz gegen unlauteren Wettbewerb) zu beachten.
- Nur weil jemand eine virale Marketingaktion betrachtet, heißt dies noch nicht, dass er das Produkt dahinter auch gut befindet.
- In den sozialen Medien können immer Kommentare oder sonstige Botschaften zu einem Video oder einem Post abgegeben werden. Diese Kommentare können auch negativ oder sogar Werbung für die Konkurrenz sein.
- Eine Erfolgsmessung ist nahezu unmöglich.
- Virales Marketing muss nicht unbedingt kostengünstig sein. Neben den direkten Kosten für die Erstellung der Werbung müssen auch Kosten für das „Seeding", also das gezielte Streuen der viralen Botschaft, eingeplant werden.

AUFGABEN

1. Beschreiben Sie, was man unter dem „Schneeball-effekt" versteht.

2. Welche Faktoren müssen bei der Werbebotschaft berücksichtigt werden, damit die Werbung zum Erfolg wird?

3. Worin unterscheiden sich aktives und passives virales Marketing?

4. Welchen Vorteil im Bereich des viralen Marketings bietet der ganzheitliche Ansatz gegenüber dem werbungsorientierten Ansatz? Begründen Sie Ihre Auswahl aus Sicht eines Unternehmens.

5. Nennen Sie drei Beispiele für virale Eigenschaften.

6. Was versteht man unter dem Begriff „Earned Media"?

7. Erklären Sie kurz die folgenden Erfolgsfaktoren:
   a) Crowdsourcing
   b) emotionaler Mehrwert
   c) Marketing-Mix

8. Welche Vorteile bieten die Verbreitungswege:
   a) E-Mail
   b) Foren
   c) Influencer

9. Welche Nachteile bieten die Verbreitungswege:
   a) Blog
   b) SMS
   c) Counter

10. Welche Schwierigkeiten können bei viralem Marketing aus Sicht eines Unternehmens auftreten?

11. In welcher Form nutzt Ihr Ausbildungsbetrieb virales Marketing?

12. Kennen Sie weitere Beispiele aus Ihrem Privatleben für virales Marketing?

ZUSAMMENFASSUNG

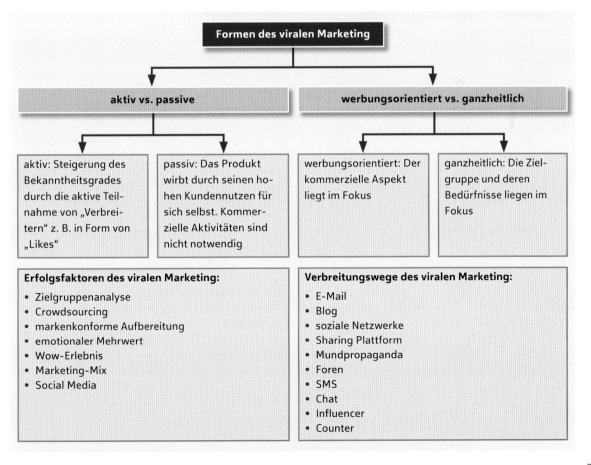

Formen des viralen Marketing

aktiv vs. passive

aktiv: Steigerung des Bekanntheitsgrades durch die aktive Teilnahme von „Verbreitern" z. B. in Form von „Likes"

passiv: Das Produkt wirbt durch seinen hohen Kundennutzen für sich selbst. Kommerzielle Aktivitäten sind nicht notwendig

werbungsorientiert vs. ganzheitlich

werbungsorientiert: Der kommerzielle Aspekt liegt im Fokus

ganzheitlich: Die Zielgruppe und deren Bedürfnisse liegen im Fokus

Erfolgsfaktoren des viralen Marketing:

- Zielgruppenanalyse
- Crowdsourcing
- markenkonforme Aufbereitung
- emotionaler Mehrwert
- Wow-Erlebnis
- Marketing-Mix
- Social Media

Verbreitungswege des viralen Marketing:

- E-Mail
- Blog
- soziale Netzwerke
- Sharing Plattform
- Mundpropaganda
- Foren
- SMS
- Chat
- Influencer
- Counter

7.16 Influencer-Marketing

Einstieg

Ronja Bunko ist Abonnentin eines Onlinemarketing-Newsletters. Dort hat sie gerade eine Nachricht über einen erfolgreichen amerikanischen Webshop, der Textilien vertreibt, gelesen:

> Über eine Milliarde US-Dollar soll die Highland Cloth Inc. angeblich im vergangenen Jahr insgesamt umgesetzt haben. Nach eigenen Angaben sind 65 bis 70 Prozent der Summe allein auf Influencer-Marketing zurückzuführen.

In der Mittagspause erzählt Ronja davon und fragt die Ausbildungsleiterin: „Wäre das nicht auch etwas für uns?"

Stellen Sie fest, welche Vorteile ein Webshop durch Influencer-Marketing haben kann.

INFORMATIONEN

Influencer und Onlinemarketing

Eine immer größere Bedeutung im Onlinemarketing nimmt das Influencer-Marketing ein. Immer mehr Unternehmen, die im Internet auftreten – also zum Beispiel auch Webshops –, setzen auf Influencer, um in der digitalen Welt sichtbar zu werden.

DEFINITION

Ein **Influencer** ist eine Persönlichkeit der realen Welt, die in den sozialen Medien ein hohes Ansehen genießt und dort stark präsent ist. Dadurch bekommen diese Personen für das Onlinemarketing eine große Bedeutung.

Ein Influencer (wörtlich übersetzt: „Beeinflusser") ist ein Meinungsmacher, dessen Äußerungen in den sozialen Medien stark beachtet werden. Da Influencer als fachlich kompetent und sehr vertrauenswürdig gelten, können diese von Unternehmen zur Erreichung von Unternehmenszielen in ihre Marketingstrategie einbezogen werden.

BEISPIELE

- Ein berühmter Bergsteiger empfiehlt einen bestimmten Rucksack.
- Ein bekannter Koch aus dem Fernsehen empfiehlt in seinem Blog die Messer einer bestimmten Firma.

Hinter dem Influencer-Marketing steht das folgende **Kommunikationsmodell:**

- Das Unternehmen (Sender) verbreitet seine Marketingbotschaft.
- Das Influencer-Marketing versucht, für das Unternehmen Experten für bestimmte Themengebiete zu gewinnen. Diese sollen sich dann positiv zu einer Marke bzw. zu einem bestimmten Produkt äußern.
- Die Influencer stellen eine Beziehung zu den eigentlichen Empfängern (Kunden) der Botschaft her. Da sie von vielen Teilnehmern der jeweiligen Social-Media-Plattform als akzeptierte Meinungsführer eine hohe Reputation genießen, stellen sie eine Art Filter dar.
- Die Kunden (Empfänger) akzeptieren die Botschaft umso mehr, je angesehener der Influencer ist.

Als Influencer können für Unternehmen eine Vielzahl von Personen infrage kommen:

BEISPIELE

- Nutzer sozialer Medien mit einer hohen Anzahl an Followern
- zufriedene Bestandskunden mit einem besonderen Fachwissen
- Journalisten
- Blogger
- YouTuber

- Prominente
- Experten
- Foren-Betreiber
- Sportler

Influencer sollen somit Einfluss auf die Bewertung und Beurteilung von Produkten und Marken nehmen. Hauptziel des Influencer-Marketings ist zunächst einmal also die Steigerung der Bekanntheit der Unternehmen bzw. der von ihnen vertriebenen Produkte und Marken. Durch entsprechende Verlinkung wird zudem auf das Ranking in Suchmaschinen verbessert. Nicht zuletzt färbt das positive Image der Influencer in ihren Communities auf das Unternehmen ab.

Die 20 größten deutschen YouTube-Influencer

1. freekickerz, Abonnenten: 7 983 448
2. Kinder Spielzeug Kanal, Abonnenten: 6 424 544
3. BibisBeautyPalace, Abonnenten: 5 681 785
4. Julien Bam, Abonnenten: 5 599 564
5. Kontor.TV, Abonnenten: 5 176 050
6. The Voice Kids, Abonnenten: 5 131 897
7. Gronkh, Abonnenten: 4 866 373
8. Simon Desue, Abonnenten: 4 409 135
9. Rammstein Official, Abonnenten: 4 256 978
10. Dagi Bee, Abonnenten: 4 007 762
11. TheFatRat, Abonnenten: 3 963 038
12. LUCA, Abonnenten: 3 917 756
13. Julienco, Abonnenten: 3 915 742
14. ApeCrime, Abonnenten: 3 841 330
15. COLORS, Abonnenten: 3 636 984
16. Paluten, Abonnenten: 3 458 573
17. ArkivaShqip, Abonnenten: 3 255 805
18. Felix von der Laden, Abonnenten: 3 207 657
19. GermanLetsPlay, Abonnenten: 3 206 853
20. Freshtorge, Abonnenten: 3 125 307

Quelle: eigene Darstellung, Daten aus: Influencer Wiki: Deutsche Youtuber Ranking 2020. In: TOP 50 - Deutsche Youtuber mit den meisten Abonnenten. https://www.influencerwiki.de/ranking/youtube/ [09.12.2020].

Die Arbeit mit Influencern

Unternehmen, die diese Form des Onlinemarketings betreiben, können auf unterschiedliche Weise mit einem Influencer zusammenarbeiten:

- Influencer und Unternehmen vereinbaren eine einfache Kooperation: Der Influencer bekommt bestimmte Artikel. Dafür erwähnt er diese im Gegenzug an geeigneter Stelle positiv. Zusätzlich kann das Unternehmen auch das Expertenwissen des Influencers in Anspruch nehmen. Diese Art der Zusammenarbeit wird den Kunden nicht deutlich gemacht.

- Die Zusammenarbeit mit dem Influencer kann verstärkt werden, indem er zum Markenbotschafter gemacht wird. Der Influencer wird in vielen Fällen offen als Vertreter der Marke auftreten.
- Influencer kennen ihre Zielgruppe sehr genau. Ist das neue, eventuell sogar innovative Produkt eines Unternehmens für diese Zielgruppe gedacht, kann ihr dieses ohne große Streuverluste vorgestellt werden.
- Ein Influencer testet ein ihm zur Verfügung gestelltes Produkt und veröffentlicht dies auf seiner Social-Media-Plattform.
- Der Influencer bekommt Artikel des Unternehmens zur Verfügung gestellt. Man erhofft sich davon, dass auf diesen dann eventuell in einem Social-Media-Beitrag eingegangen wird. Bei dieser Form des Produktplacement soll dem Kunden die Verbindung zwischen Unternehmen und Influencer nicht deutlich werden.

Formen des Influencer-Marketings

Haul (dt.: „Ausbeute")

Influencer zeigen ihrem Publikum ihre Einkäufe bzw. von Unternehmen erhaltene Artikel. Dabei wird erläutert, warum es dieses Produkt geworden ist und nicht irgendein anderes. Beim Vorstellen der Waren werden weitere Details wie z. B. Preis oder Bezugsquellen genannt. „Hauls" gibt es oft im Beauty-, Fashion- und Lifestyle-Bereich. Aktuelle Trendartikel oder Neuheiten werden oft als „Must Haves" präsentiert.

BEISPIEL

Hannah auf *https://www.youtube.com/channel/UCr7AU-8iyxuCcedAwy4vJQHQ* (aufgerufen am 11.12.2020)

Hacks (dt.: „Kniffe")

Influencer zeigen anhand ihrer „Lieblingsartikel" Tipps und Tricks, um das Leben einfacher, angenehmer, schöner zu machen. „Lifehacks" bieten kreative und überraschende Problemlösungen für Situationen oft mit Dingen, die ursprünglich nicht dafür vorgesehen waren.

BEISPIEL

5-Minute Crafts mit „80 Amazing Life Hacks Everyone Must Know" unter *https://www.youtube.com/watch?v=qQHMKAW9QFo* (aufgerufen am 11.12.2020)

Review

Der Influencer testet einen Artikel und erläutert seine verschiedenen Produktmerkmale. So wird z. B. gezeigt, wofür man das Produkt verwendet, welche Wirkung oder welchen Effect es hat und ob man es generell empfiehlt oder nicht.

BEISPIEL

AdlerssonReview auf *https://www.youtube.com/watch?v=cw_tOgr6F-g* (aufgerufen am 11.12.2020)

Lookbook

In einer sehr anschaulichen Form werden z. B. aktuelle und trendige Modekollektionen in Videoform präsentiert.

BEISPIEL

Sydney Forsyth auf *https://www.youtube.com/watch?v=mEuWbzcXsqE* (aufgerufen am 11.12.2020)

Favorites

Hier stellen die Influencer den Followern einen Artikel als Lieblingsprodukt vor. Sie erläutern, warum sie gerade diesen Artikel für so besonders halten.

BEISPIEL

Roxette Arisa auf *https://www.youtube.com/watch?v=ml_0WmQYQnY* (aufgerufen am 11.12.2020)

Tutorial

Dies sind i. d. R. Videos, in denen der Influencer zeigt, wie man einen – oft erklärungsbedürftigen – bestimmten Artikel nutzt. Mit dem Tutorial wird dem Follower ge-holfen, eine Lösung bzw. Anleitung für ein bestimmtes Problem zu finden. Tutorials haben einen hohen Informationswert, sprechen aber meistens eine vergleichsweise kleine Zielgruppe an.

BEISPIEL

Schicki Miccki auf *https://www.youtube.com/watch?v=d2NWm-NAOiQ* (aufgerufen am 11.12.2020)

Unboxing

Diese Influencer-Maßnahme setzt vor allem auf einen unterhaltenden Überraschungseffekt: Der Influencer packt vor seinen Followern Pakete mit zugeschickten Artikeln aus und kommentiert spontan.

BEISPIEL

SwagTab auf *https://www.youtube.com/watch?v=1yk2_kDzR6g* (aufgerufen am 11.12.2020)

Toplists

In Form einer Hitparade (Top 10 oder Top 5) werden Followern Artikel einer bestimmten Produktkategorie empfohlen.

BEISPIEL

Azalea Hart auf *https://www.youtube.com/watch?v=LwP2PiOJ0WI* (aufgerufen am 11.12.2020)

Suche nach Influencern

Es gibt für Unternehmen verschiedene Wege, um passende Influencer zu finden.

Social-Media-Tools	Blogger-Suchmaschinen	Influencer-Marketing-Plattformen
Die Suche von Personen, die die Marketingziele des Unternehmens unterstützen können, kann durch Nutzung bestimmter Programme gefördert werden. Gibt man in ein entsprechendes Tool einen oder mehrere Schlüsselbegriffe ein, bekommt man eine Liste mit wichtigen Personen, die die entsprechenden Merkmale erfüllen. Diese Programme liefern auch Vergleichszahlen, mit denen die Aktivitäten der potenziellen Influencer miteinander verglichen werden können.	Im Internet gibt es verschiedene Verzeichnisse, mit denen Blogs zu bestimmten Themen (und damit auch interessante Blogger) gefunden werden können.	Die Suche nach für das Unternehmen potenziell wichtigen Influencern kann durch Nutzung von Influencer-Marketing-Plattformen vereinfacht werden. Dort lassen sich Influencer registrieren, die einer Zusammenarbeit mit Unternehmen interessiert sind. Diese Plattformen ermöglichen den Unternehmen eine komfortable Ansprache der Influencer und eine effiziente Abwicklung der Marketingmaßnahmen. Die Influencer haben den Vorteil, dass ihre Vermarktung effizient unterstützt wird.

Social-Media-Tools	Blogger-Suchmaschinen	Influencer-Marketing-Plattformen
BEISPIELE	**BEISPIELE**	**BEISPIELE**
Plattform, mit denen Influencer identifiziert werden können, sind zum • *www.influma.com/de/search* • */www.influencerdb.net/* • *home.kred/* • *brandwatch.com/p/peerindex-and-brandwatch/* • *www.traackr.com/* • *neoreach.com* • *buzzsumo.com/* Diese Programme haben jedoch bestimmte Nachteile: • Es gibt häufig Schwankungen beim Score (Maßzahl). • Oft handelt es sich um Tools amerikanischer Firmen. Problematisch ist es, ob diese deutsche Influencer angemessen erfassen.	• *www.blogwolke.de/* • *www.bloggerei.de* • *www.bloggeramt.de* • *www.trusted-blogs.com*	• *www.reachhero.de* • *www.buzzbird.de* • *www.blogvertising.de* • *https://eqolot.com/*

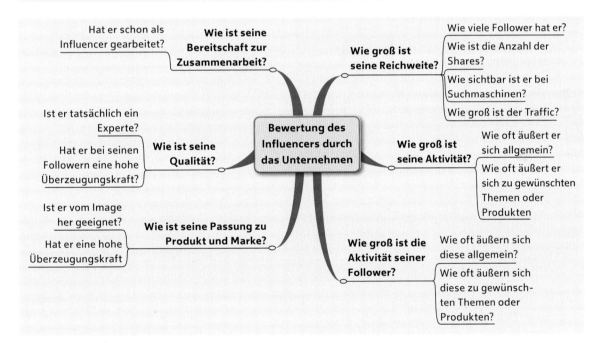

Sind dann mögliche Influencer identifiziert, muss mit diesem Kontakt aufgenommen werden und abgeklärt werden, ob diese grundsätzlich an einer Kooperation Interesse haben. Anschließend muss besprochen werden, wie die Zusammenarbeit und die Rahmenbedingungen dafür aussehen könnten.

Rechtliche Rahmenbedingungen des Influencer-Marketings

Der Influencer erhält für seine Arbeit eine Gegenleistung.

BEISPIEL

• Honorar
• gratis zur Verfügung gestellte Artikel

Vor diesem Hintergrund muss es dem Follower klar sein, dass es eine bestimmte Beziehung zwischen dem Unternehmen und dem Influencer gibt. Ansonsten würde nach dem Paragrafen 5A UWG (Gesetz gegen unlauteren Wettbewerb) eine Form der Schleichwerbung vorliegen. Diese ist gesetzlich verboten. Entgehen können Unternehmen und Influencer dieser Problematik, indem sie sich an die vom Telemediengesetz (Paragraf 6) beschriebene Kennzeichnungspflicht halten.

BEISPIEL

Die Influencerin Baggi Dee bekommt von einem Drogerieartikelunternehmen gratis unterschiedliche Kosmetikprodukte. Diese stellt sie auf ihrem YouTube-Kanal vor. Dabei gibt sie einen deutlichen Hinweis mit der Kennzeichnung „Werbung" darauf, dass ihr die Artikel zur Verfügung gestellt worden sind.

Rechtliche Regelungen für das Influencer-Marketing

Grundsatz: Werbung muss als solche erkennbar sein.

Das Problem ist jedoch, dass die Grenzen zwischen (quasi redaktionell durch den Influencer erstellte) Meinungsäußerung und Werbung fließend sind.

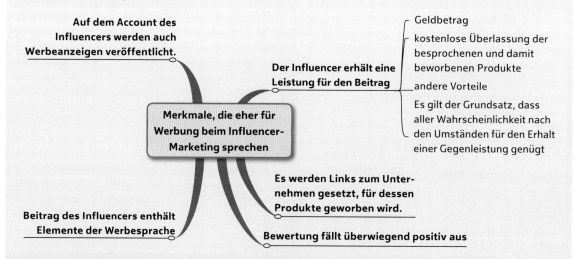

Für die Kennzeichnungspflicht der Werbung von Influencern gilt: Je deutlicher Werbung als solche zu erkennen ist, desto geringere Anforderungen werden an die Kennzeichnungspflicht gestellt.

Sichere Kennzeichnungen erhält man

- in sozialen Medien beispielsweise durch Nutzung von Tools der jeweiligen Plattform, um Werbung zu kennzeichnen.

BEISPIEL

Bei Facebook wird dann der offensichtliche Hinweis „branded content" erzeugt.

- Am Anfang des Beitrags bzw. Videos wird explizit mit den Begriffen „advertisement,", „Werbung" oder „Anzeige" darauf hingewiesen, dass Werbung folgt.
- Hinweis zu Beginn des Beitrags, Posts oder Videos, dass das Produkt von dem beworbenen Unternehmen kostenlos zur Verfügung gestellt wurde.

Ein besonderer Fall des Influencer-Marketings ist das **Product-Placement**: In einem Video geht es dabei nicht direkt um ein Produkt, dieses ist aber im Video mehrfach zu sehen.

Ein Influencer muss beim Product-Placement folgende Punkte beachten:

- Sein Beitrag darf keine direkte Aufforderung zum Kauf des Produktes enthalten.
- Das Produkt darf nicht übertrieben herausgestellt werden.
- Es muss ein Hinweis auf die Produktplatzierung erfolgen (Satz: „Unterstützt durch Produktplatzierung").

Influencer-Marketing und Shop-Widgets

Interessant für Onlineshops im Zusammenhang mit Influencer-Marketing können Shop-Widgets sein. Dies sind kleine Apps oder Softwarepakete, die als Box mit wenig Aufwand auf der Plattform des Influencers integriert werden. Diese sorgen dort für eine Produktpräsentation und Durchführung des Check-out-Prozesses. Organisatorisch kann dies geschehen, ohne die Seiten des Influencers zu verlassen. Eine andere Möglichkeit besteht aber auch darin, dass die Interessenten an den entsprechenden Artikeln zum eigenen Shop weitergeleitet werden.

Exkurs: Onlinemarketing – Influencer-Marketing im B2B

Versucht man die Influencer-Typen zu bestimmen, kann man nach Professor Dr. Karsten Kilian vier Typen benennen:[1]

- Klassische prominente Influencer (Sport-, Musik- und Film-Stars)
- Neue (nicht) prominente Influencer (Social-Media-Stars)
- Corporate Influencer (ausgewählte Mitarbeiter als Intensiv-Markenbotschafter)
- Virtuelle Influencer (menschenähnliche Avatare und Charaktere 2.0)

Für B2B sind insbesondere Corporate Influencer geeignet. Sie gelten als besonders glaubwürdig, transparent und nahbar. Sie liefern der Öffentlichkeit Informationen direkt aus dem Unternehmen, über die Marke oder das Produkt. Einige Unternehmen haben bereits begonnen, diese Typen direkt selbst auszubilden (z.B. OTTO oder die Telekom). Hierbei handelt es sich aber im Wesentlichen um B2C-Markenbotschafter des Unternehmens. Im B2B-Umfeld ist die Ausbildung eigener Influencer noch nicht so üblich, entwickelt sich aber zunehmend. Im B2B-Umfeld nimmt man gerne internetaffine Mitarbeiter, die idealerweise schon selbst als Blogger tätig sind oder ein ausgeprägtes Interesse an persönlicher und medialer Kommunikation haben. In den meisten Fällen sind es aber zunächst einmal Geschäftsführer, Eigentümer oder Topmanager eines Unternehmens, Pressesprecher oder PR-Experten. Die Influencer können dabei für vielfältige Aufgaben eingesetzt werden, z.B. für das Produkt-Marketing, Employer Branding oder für Markenkommunikation im Allgemeinen.

Ein entscheidender Vorteil des Corporate-Influencer-Modells sind die vergleichbar niedrigeren Kosten. Denn gerade die klassischen oder neuen prominenten Influencer erwarten häufig schon eine hohe Gage, ohne dass bis dahin auch nur ein einziger Beitrag für die Social-Media-Channels produziert wurde. Die Produktionskosten kommen also noch dazu.

Berücksichtigt man dabei auch noch die geringe Reichweite im B2B-Onlinemarketing, wird der Corporate Influencer noch attraktiver. Denn auch im Influencer-Marketing spielt die Reichweite eine Rolle. Das Unternehmen als Sender der Botschaft trifft wiederum auf Unternehmen als Empfänger und damit auf eine deutlich geringere Anzahl, als es im B2C üblich ist. Die gängigen Größenklassen an Empfängern im Influencer-Marketing sind somit im B2B nur eingeschränkt zu verwenden:

- Nano: 1.000 bis 9.999 (4-stellig)
- Mikro: 10.000 bis 99.999 (5-stellig)
- Makro: 100.000 bis 999.999 (6-stellig)
- Mega: 1.000.000 bis 9.999.999 (7-stellig)
- Giga: 10.000.000 und größer (8-stellig)

Die Mehrheit der Social-Media-Beiträge eines Corporate Influencers wird eher in der Empfänger-Klasse „Nano" zu finden sein. Dennoch kann es sich lohnen, Corporate Influencer einzusetzen, da diese nicht nur im Social-Media-Umfeld sinnvoll auftreten können, sondern auch auf Messen, in Interviews oder Barcamps.[2]

Zusammenfassend lässt sich sagen, dass auch im B2B-Umfeld Influencer-Marketing sinnvoll sein kein. Hierbei müssen neben den Zielen – z. B. „Was soll als Botschaft transportiert werden – Produkt, Marke oder Firma?" – auch die Kosten und die Reichweite in Beziehung gesetzt werden. Aber gerade auch in Verbindung mit einem B2B-Service-Portal kann Influencer-Marketing sehr sinnvoll sein.

---

1 vgl. *www.marketing-boerse.de/fachartikel/details/2039-influencer-marketing-richtig-systematisieren/171227*

2 Ein Barcamp ist ein in der Wirtschaft immer häufiger anzufindendes offenes Veranstaltungsformat, bei dem sowohl die Inhalte als auch der Ablauf der Tagung zu Beginn noch offen sind.

AUFGABEN

1. Nennen Sie mindestens vier Arten von Personen, die Influencer sein können.

2. Beschreiben Sie zwei Möglichkeiten, wie ein Unternehmen mit einem Influencer zusammenarbeiten kann.

3. Nennen Sie fünf Formen des Influencer-Marketing.

4. Was versteht man unter Reviews?

5. Was versteht man unter einem Haul?

6. Nennen und erläutern Sie drei Möglichkeiten, Influencer zu finden.

7. Was müssen Unternehmen und Influencer in Hinblick auf die Follower des Influencers berücksichtigen?

ZUSAMMENFASSUNG

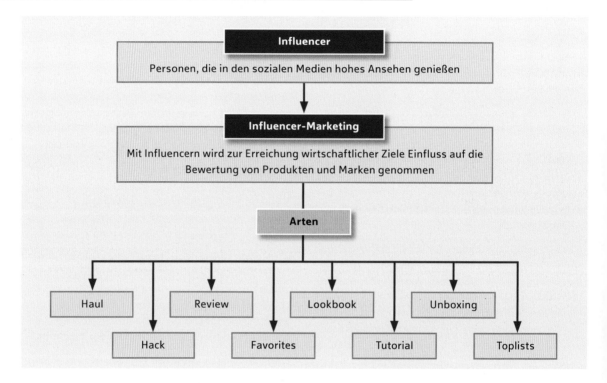

7.17   E-Mail-Marketing

Einstieg

Die Exclusiva GmbH plant ihre nächste große Werbeveranstaltung. Alle Abteilungen befinden sich bereits in der Planung, um den Kunden ein einmaliges Einkaufserlebnis zu bieten.

Frau Sündermann, Leiterin des Onlinemarketing, hat die Aufgabe, die Werbeveranstaltung online bekannt zu machen. Ihr zur Seite gestellt wird der Auszubildende Andreas.

Frau Sündermann und Andreas schalten gerade eine Anzeige auf der Unternehmenshomepage der Exclusiva GmbH, da kommt ihnen die Idee, ihre Kunden, auch mittels E-Mail über die Veranstaltung zu informieren. Frau Sündermann und Andreas erhoffen sich dadurch, im Rahmen des Onlinemarketing noch mehr Kunden für die Werbeveranstaltung gewinnen zu können.

1. Welche Vorteile hat E-Mail-Marketing für die Exclusiva GmbH?

2. Was muss beim Verfassen und Versenden von E-Mails berücksichtigt werden?

3. Welche weiteren Einsatzmöglichkeiten von E-Mails zu Werbezwecken kennen Sie?

INFORMATIONEN

Um Neukunden zu gewinnen oder um Bestandskunden über neue Produkte und Angebote zu informieren sowie auf neue Entwicklungen aufmerksam zu machen, werden mithilfe von E-Mails gezielt Kunden angeschrieben. Beispielsweise können Kunden durch Newsletter über stattfindende Werbeveranstaltungen informiert werden. Neben der Anbahnung von Geschäftsbeziehungen und der Neugewinnung von Kunden kann das E-Mail-Marketing gleichzeitig auch zur Pflege des eigenen Kundenstamms eingesetzt werden.

Wegen der geringen Versandkosten, der hohen Versandgeschwindigkeit und den verschiedensten Gestaltungsmöglichkeiten einer E-Mail nimmt dieses Marketinginstrument eine wichtige Rolle innerhalb des Online-Marketing ein.

Dabei ist das E-Mail-Marketing eine Form des Dialog-Marketing. Das heißt, dass die angesprochene Zielgruppe direkt und persönlich angesprochen wird und zu einer Reaktion aufgefordert wird. Beispielsweise soll der Kunde auf einen Link in der E-Mail klicken, welcher ihn dann

zum Webshop des Unternehmens weiterleitet. Hier erhält der Kunde z. B. einen speziellen Rabatt.

Dieser immer wiederkehrende Dialog führt im optimalen Fall zu einer langjährigen und intensiven Beziehung zwischen dem Kunden und dem Unternehmen.

Dabei unterscheidet man, je nach Art der E-Mail, die an den Kunden zu Werbezecken verschickt wird, fünf verschiedene Arten des E-Mail-Marketing.

Arten des E-Mail-Marketing

E-Newsletter

Über Newsletter lassen Unternehmen ihren Kunden in regelmäßigen Abständen aktuelle Informationen zukommen. Alle wichtigen Informationen werden für den Kunden übersichtlich zusammengestellt und per E-Mail verschickt. Dabei ist die Bandbreite der Informationen, die an den Kunden weitergegeben werden, sehr vielfältig und reicht z. B. von dem Eröffnen einer neuen Filiale bzw. Geschäftsbereichs über das Sponsoring eines

Sportevents bis hin zum Mitwirken bei Umweltschutz-
maßnahmen etc.

Die News verfügen dabei in der Regel über Links, die
entweder zur Homepage des Unternehmens führen und
somit zum Weiterlesen oder aber direkt zum Kauf oder
zum Bestellen anregen sollen.

E-Mailing

Das E-Mailing ist mit der klassischen Postwurfsendung
zu vergleichen. In einem E-Mailing erhält der Kunde z. B.
eine Einladung für ein anstehendes Event, Informationen
über aktuelle Angebote und Rabattaktionen, Gutscheine
oder er wird zur Teilnahme an einem Gewinnspiel aufgefordert.

E-Katalog

Mit der Versendung von E-Katalogen ist es einem Unternehmen möglich, dem Empfänger seine gesamte oder
einen Ausschnitt seiner Produktpalette zu präsentieren.
Die E-Mail enthält in diesem Fall meist einen Anhang,
in dem der Kunde ein Prospekt oder einen gesamten
Produktkatalog findet. Damit soll der Empfänger direkt
zum Kauf angeregt werden und, im besten Fall, gleich
eine Bestellung tätigen. Der Vorteil für den Kunden in
dieser Form des Marketing liegt darin, dass er sich in
Ruhe zu Hause einen Überblick über die angebotenen
Waren und Dienstleistungen eines Unternehmens machen kann.

E-Zine

E-Zines sind elektronische Zeitschriften, die verschiedene redaktionell aufbereitete Artikel sowie Werbeanzeigen beinhalten. Meist werden E-Zines in Kombination
mit Print-Abonnements verschickt. Sie werden jedoch
auch als Newsletter genutzt, um sich von der Konkurrenz
abzuheben, da die Gestaltung in Form eines Magazins
eventuell interessanter und ansprechender auf den Kunden wirkt als ein einfacher Newsletter.

Stand-alone-E-Mail

Unter Stand-alone-E-Mails ist ein typischer Werbebrief
zu verstehen, der an eine Fremdadresse verschickt
wird. Das heißt, ein Unternehmen kauft E-Mailadressen
ein, um so einen Werbebrief an potenzielle Neukunden
verschicken zu können. Der Kauf der E-Mail-Adressen bei einem anderen Unternehmen setzt selbstverständlich die Einverständniserklärung des potenziellen
Neukunden mit der Weitergabe seiner E-Mail-Adresse
voraus.

Zeitpunkt der Kontaktaufnahme

Im Rahmen eines Geschäftsvorgangs werden an Kunden
zu verschiedenen Zeitpunkten oder Anlässen E-Mails
verschickt, um den Dialog mit ihnen fortzusetzen und
nicht abbrechen zu lassen. Dieses Vorgehen begleitet
jeden Kunden durch den Geschäftsvorgang und gibt ihm
ein gutes Gefühl bei seiner Bestellung, was für die Geschäftsbeziehung und Kundenbindung besonders wichtig ist.

Die verschiedenen Arten des E-Mail-Marketing, E-Newsletter, E-Mailing, E-Katalog, E-Zine und Stand-alone-
E-Mail, stehen am Anfang der Interaktion mit dem Kunden. Sie dienen als Auslöser für eine Kontaktaufnahme,
eine Bestellung etc. und werden daher als **Trigger-E-
Mail** bezeichnet (vom Englisch „trigger" für „Auslöser").

E-Mails, die im weiteren Geschäftsvorgang mit dem Kunden versandt werden, bezeichnet man als **Transaction-
E-Mails**. Hierunter zählen zum Beispiel das Verschicken
einer Eingangsbestätigung, einer Anfrage oder Bestellung, die Mitteilung des Bearbeitungsstandes, die Ankündigung einer Lieferung sowie das Verschicken einer
Rechnung oder Zahlungserinnerung.

Um den Geschäftsvorgang positiv abzuschließen, bietet
es sich an, sogenannte **Aftersales-E-Mails** an die Kunden zu verschicken. Grundidee der Aftersales-E-Mails
ist es, den Kauf für den Kunden insbesondere „emotional" erfolgreich abzuschließen. Der Kunde soll sich
gut betreut fühlen, sodass er gerne wieder bei diesem
Unternehmen einkauft. Dabei bilden Aftersales-E-Mails
die Schnittstelle zwischen Transaction- und Trigger-
E-Mails, da sie einerseits dazu beitragen, den Kaufpro-

zess erfolgreich abzuschließen, indem die Kunden bspw. über die Pflege oder Nutzungsmöglichkeiten der gekauften Produkte informiert werden, andererseits erhalten diese E-Mails auch Vorschläge über Zusatz- und/oder Ergänzungsprodukte, wodurch sie den Charakter einer Trigger-E-Mail erhalten.

Gestaltung von E-Mails

Versendet ein Unternehmen E-Mails an Kunden oder Interessenten, muss es sich darüber bewusst sein, dass mit jeder E-Mail das Unternehmen repräsentiert wird. Die geschäftliche Kommunikation mit dem Kunden muss daher professionell gestaltet sein, um zum Erfolg zu führen. Dabei gibt es einige Faktoren, die konsequent berücksichtigt werden sollten:

Personalisierung

Der Empfänger einer E-Mail sollte persönlich angesprochen werden. In der Praxis lassen sich hier zahlreiche Negativbeispiele finden, die von falscher Rechtschreibung über allgemeine bis hin zu fehlenden Anreden reichen. Solche Fehler wirken unprofessionell und können im schlimmsten Fall zum Kundenverlust führen. Ein Unternehmen sollte daher besonderen Wert auf die Aktualisierung und Pflege seiner Kundendaten legen.

BEISPIEL

Wenn der Kunde bekannt ist, wirkt „Sehr geehrte Damen und Herren" sehr unpersönlich. Eine bessere Ansprache lautet dann „Sehr geehrter Herr Meyer".

Individualisierung

Eine E-Mail sollte möglichst individuell, mindestens jedoch zielgruppengerecht gestaltet sein. Interessenten, Neukunden und langjährige Kunden haben unterschiedliche Ansprüche an ein Unternehmen. So erwartet ein Interessent meist allgemeine Informationen, um sich für ein Unternehmen zu entscheiden, während der Neukunde spezifischere, auf ihn abgestimmte Angebote sucht und der langjährige Kunde auf einen Treuerabatt hofft. Daher wäre es nachlässig, alle mit dem gleichen Newsletter erreichen zu wollen. Das Unternehmen sollte vorab eine Einteilung in verschiedene Zielgruppen vornehmen und analysieren, welche Informationen es den einzelnen Zielgruppen zukommen lässt. Somit haben die Interes-

senten und Kunden keinen Grund, sich über unpassende Angebote und Informationen zu beschweren.

Betreff der E-Mail

Der Betreff einer E-Mail ist besonders wichtig, da er maßgeblich dafür verantwortlich ist, ob eine E-Mail geöffnet wird. Er sollte daher maßgeschneiderte Inhalte eindeutig und klar vermitteln, um so das Interesse zu wecken. Darüber hinaus gilt, dass der Betreff möglichst kurz und aussagekräftig sein sollte, um vom Leser schnell erfasst zu werden.

BEISPIEL

Ein Beispiel für einen gelungenen Betreff:
„Einladung zum Wintersparen – Versandkosten bis Ende Januar geschenkt"

Die zeitliche Begrenzung in diesem Betreff löst bei vielen Lesern eine sofortige Handlung aus und befriedigt das Bedürfnis des Lesers, nichts zu verpassen. Auch denkbar sind ungewöhnliche und kreative Betreffzeilen, die Neugierde wecken und so zum Öffnen einer E-Mail motivieren.

Vorsicht ist vor allem bei der Wortwahl im Betreff geboten. Hier gilt es einige Regeln zu beachten, um nicht im Spam-Filter des Empfängers zu landen. Weist eine E-Mail typische Anzeichen einer Spam-Nachricht auf, wird sie vom Provider direkt aussortiert und wird folglich nicht gelesen. Auf „Schlafwörter" wie Angebot, Preis, Geld zurück, Jetzt bestellen oder Gewinnspiel sollte verzichtet werden, ebenso wie darauf, alles in Großbuchstaben zu schreiben, da dies die Wahrscheinlichkeit erhöht, dass die versendete E-Mail als Spam eingeordnet wird.

Generell empfiehlt es sich, vor dem Versand einer E-Mail einen Spam-Test durchzuführen, um potenzielle Zustellprobleme zu identifizieren und vor dem Versand zu beheben.

BEISPIEL

Negativ-Beispiel:
„JETZT ZUGREIFEN – HEISSE PREISE FÜR JEDERMANN"

Dieser Betreff wirkt einerseits unseriös, andererseits ist die Wahrscheinlichkeit, im Spamordner des Empfängers zu landen, sehr hoch. Daher sollte auf einen Betreff in dieser Form verzichtet werden.

Erfolgsfaktoren für das E-Mail-Marketing

E-Mail-Response-Management

Im Rahmen des E-Mail-Response-Managements muss darauf geachtet werden, die E-Mails der Kunden von Anfang an kompetent zu bearbeiten. Hier bieten sich automatisierte Eingangsbestätigungen für den Kunden an, damit er zu Beginn ein gutes Gefühl erhält, da er weiß, dass seine E-Mail auch bei dem Empfänger angekommen ist. Eine zeitnahe Bearbeitung der Kunden-E-Mails sollte für jedes Unternehmen anschließend selbstverständlich sein, um den Kunden nicht zu verärgern. Sollte die Bearbeitung des Kundenanliegens trotzdem länger dauern, sollte der Kunde darüber informiert werden, damit er sichergehen kann, dass seine E-Mail bearbeitet wird und nicht in Vergessenheit geraten ist.

E-Mails für Smartphones optimieren

Da viele Menschen ihre E-Mails heutzutage mit dem Smartphone lesen, ist es wichtig, die E-Mails für solche Endgeräte entsprechend zu optimieren. Ein Unternehmen muss sicherstellen, dass seine E-Mails korrekt und gut leserlich angezeigt werden. Ebenso sollten Links nicht zu eng nebeneinandergesetzt werden, damit die Kunden nicht aus Versehen auf einen falschen Link klicken. Auch muss sichergestellt werden, dass Fotos in guter Qualität und in der richtigen Größe verwendet werden. Oft werden Fotos verzerrt dargestellt, was unprofessionell wirkt.

Um sicherzugehen, dass die eigenen E-Mails korrekt angezeigt werden, muss vorab getestet werden, denn es gibt nichts Ärgerlicheres, als eine Mail oder einen Newsletter in großer Anzahl zu versenden und im Nachgang festzustellen, dass Fehler enthalten sind. Gerade

bei dem Versand von Newslettern kann nicht oft genug getestet werden. Die E-Mails sollten sowohl inhaltlich als auch auf Rechtschreibfehler geprüft werden. Ebenso sollte man Testmails an unterschiedliche Mail-Adressen verschicken, denn nur so lassen sich Fehler vermeiden und man kann sicherstellen, dass der Newsletter korrekt angezeigt wird. Hierbei ist es vor allem wichtig, die E-Mails auch auf Smartphones und Tablets zu testen (vgl. Kapitel 7.8 Responsives Design).

Möglichkeiten zum Abmelden bei Newslettern

Auch wenn man nicht möchte, dass sich die Kunden vom eigenen Newsletter abmelden, ist es dennoch wichtig und gesetzlich verpflichtend, diese Möglichkeit anzubieten. Für den Empfänger sollte dies so einfach wie möglich gemacht werden, ohne dass er lange danach suchen muss. Andernfalls besteht die Gefahr, dass die eigenen E-Mails als Spam wahrgenommen und markiert werden. Dies ist schädlich für das Unternehmensimage und sollte daher auf jeden Fall vermieden werden.

Um die Abmelderate von Newslettern gering zu halten, sollte man im Nachgang eines Newsletters die Aussendung analysieren. Vor allem die Öffnungs- und Klickraten der E-Mails sollte man genauer betrachten, um die eigene E-Mail-Strategie zu optimieren. Ist z. B. die Öffnungsrate zu niedrig, könnte dies u. a. an einem falsch gewählten Betreff liegen. Falls die Klickrate niedrig ist, könnte dies u. a. daran liegen, dass der Inhalt oder die Angebote für die Zielgruppe nicht geeignet sind. Nur durch laufende Analyse der eigenen E-Mails kann die eigene Strategie und somit das Gesamtergebnis verbessert werden.

Öffnungsrate = Anzahl der geöffneten E-Mails
Klickrate = Anzahl der geöffneten Links

Gesetzliche Richtlinien

E-Mail-Adressen sind personenbezogene Daten, sodass beim Versenden von E-Mails nicht nur das Gesetz gegen unlauteren Wettbewerb (UWG) sondern auch das Datenschutzrecht (BDSG) berücksichtigt werden muss.

Das Datenschutzgesetz besagt, dass die Erhebung, Verarbeitung und Nutzung personenbezogener Daten nur dann zulässig ist, sofern eine Rechtsvorschrift dies erlaubt bzw. anordnet oder der Betroffene in die Nutzung seiner Daten eingewilligt hat. Für Werbe-E-Mails bedeutet dies, dass dem Unternehmen eine entsprechende Einwilligung des Empfängers vorliegen muss.

Darüber hinaus muss ebenso das Gesetz gegen den unlauteren Wettbewerb berücksichtigt werden. Hier wird geregelt, dass Marktteilnehmer durch geschäftliche Handlungen nicht in unzumutbarer Weise belästigt werden dürfen (§ 7 Abs. 1 UGW). Darunter versteht man, dass jegliche Kommunikation, die eine Absatzsteigerung zum Ziel hat (reine Werbe-E-Mails) und sich nicht auf das Vertragsverhältnis mit dem Kunden oder auf eine individuelle Kommunikation mit dem Kunden bezieht, unzulässig und als Werbung einzustufen ist. Für solche Werbe-E-Mails muss, auch für Bestandskunden, zwingend eine Einwilligung für Werbe-E-Mails seitens des Kunden

vorliegen. Zwischen Verbrauchern und Unternehmen wird in diesen Fällen nicht unterschieden.

Zu beachten ist eine Ausnahmeregelung nach § 7 Abs. 3 UWG, die einen Versand unter bestimmten Voraussetzungen auch ohne Einwilligung des Kunden erlaubt. Diese Voraussetzung ist gegeben, wenn alle folgenden Bedingungen gleichermaßen erfüllt sind:

1. Es handelt sich um elektronische Post (E-Mails).
2. Der Onlineshop hat die E-Mail-Adresse im Zusammenhang mit dem Verkauf (Vertragsabschluss) von Waren oder Dienstleistungen erworben. Wichtig ist hier, dass der Vertrag zwingend zustande gekommen sein muss, Vertragsverhandlungen reichen nicht aus.
3. Die E-Mail-Adressen dürfen nur für Direktwerbung des eigenen Shops für ähnliche Waren oder Dienstleistungen eingesetzt werden. D. h. die E-Mail-Adressen dürfen innerhalb eines Konzerns nicht weitergegeben werden. Zum Beispiel dürfen E-Mail-Adressen, die von Rewe gesammelt wurden, zum Zwecke der Werbung nicht von Penny genutzt werden.
4. Der Kunde hat der Verwendung seiner E-Mail-Adresse nicht widersprochen.
5. Der Kunde wird bei der erstmaligen Erhebung darauf hingewiesen, dass er der Verwendung seiner Daten jederzeit widersprechen kann.
6. Der Kunde wird bereits bei der Erhebung seiner E-Mails-Adresse auf deren Verwendung zum Zwecke der Werbung hingewiesen.

Nur wenn alle sechs Kriterien erfüllt sind, darf ein Unternehmen ohne gesonderte Einwilligung Werbe-E-Mails an Kunden verschicken. Eine Nichtbeachtung dieser Kriterien oder das Fehlen einer Einwilligung kann für ein Unternehmen hohe Strafen mit sich ziehen und sollte in jedem Fall vermieden werden.

AUFGABEN

1. Nennen Sie drei Gründe, warum ein Unternehmen regelmäßig E-Mails an einen Kunden verschicken sollte.

2. Welche Vorteile bietet einem Unternehmen das E-Mail-Marketing?

3. Erläutern Sie den Unterschied zwischen einem E-Newsletter und einem E-Zine.

4. Welche Vorteile bietet dem Kunden der Versand von E-Katalogen?

5. Was muss bei dem Versand von Stand-alone-E-Mails unbedingt beachtet werden?

6. Man unterscheidet je nach Zeitpunkt der Kontaktaufnahme drei verschiedene Arten von E-Mails. Nennen Sie die drei Arten und erklären Sie diese kurz.

7. Welchen Zweck verfolgen Unternehmen mit der Personalisierung und Individualisierung von E-Mails?

8. Welche Aspekte muss ein Unternehmen bei der Formulierung des Betreffs berücksichtigen?

9. Welche Maßnahmen kann ein Unternehmen ergreifen, um
   a) die Klickrate zu erhöhen?
   b) die Öffnungsrate zu erhöhen?

10. Welche rechtlichen Aspekte muss ein Unternehmen beim Versand von E-Mails beachten?

11. Arbeitet Ihr Ausbildungsunternehmen auch mit E-Mail-Marketing?

12. Nennen Sie drei Stellen, an denen Sie persönlich Konsument von E-Mail-Marketing sind, und drei Stellen, an denen Sie Konsument von E-Newslettern sind.

ZUSAMMENFASSUNG

E-Mail-Marketing

Zeitpunkt der Kontaktaufnahme	Gestaltung der E-Mails	Gesetzliche Richtlinien
• Trigger-E-Mail • Transaction-E-Mail • Aftersales-E-Mail	• Personalisierung • Individualisierung • aussagekräftiger Betreff	• Gesetz gegen den unlauteren Wettbewerb (UWG) • Datenschutzgesetz (BDSG)

7.18   Kennziffern zur Beurteilung des Onlinemarketing

Einstieg

Die Exclusiva GmbH hat inzwischen ein ganzes Set an Onlinemarketing-Maßnahmen aufgebaut. Durch diesen Marketingmix bieten sich für das Unternehmen ganz neue Möglichkeiten, den Kunden die Waren und insbesondere die regelmäßigen Angebote zu präsentieren.

Über Banner und mit gekauften Suchmaschinentreffern sollen Kunden auf den Onlineshop gelockt werden. Kunden, die bereits Waren bei der Exclusiva GmbH gekauft haben, werden über E-Mail-Marketing regelmäßig auf neue Angebote aufmerksam gemacht.

Diese Maßnahmen sollen aber noch besser organisiert werden. Dazu sind die einzelnen Maßnahmen durch eine effiziente Überprüfung (Controlling) laufend zu überwachen.

Der Marketingleiter hat Ronja Bunko damit beauftragt, zu analysieren, welche der bereits getroffenen Maßnahmen erfolgreich waren und in Zukunft wieder eingesetzt werden sollen. Dazu muss sie für die einzelnen, aber auch für die Kombination von Maßnahmen Kennzahlen ermitteln, die ihr eine Aussage darüber geben, wie erfolgreich jede Maßnahme war.

Ronja hat folgende Vorgaben für ein Werbebanner ermittelt:

Page-Views	100 511
Ad-Views	170 869
Ad-Clicks	7 037
Bestellungen	1 056
Neukunden	885
Kosten pro Ad-View	0,005 Euro
Kosten pro Ad-Click	0,11 Euro
Kosten pro Bestellung	0,8 Euro

Marketingmix

1. Welche Vorteile bietet das Onlinemarketing gegenüber dem Offlinemarketing?

2. Überlegen Sie sich, wie sich On- und Offlinemarketing-Maßnahmen kombinieren lassen.

3. Warum ist es relevant, Kennziffern zu ermitteln, solange der endgültige Umsatz hoch ist?

4. Überlegen Sie, wie man den Erfolg von Onlinemarketing-Maßnahmen messen kann. Welche Kennzahlen kennen Sie bereits?

INFORMATIONEN

Ökonomische und außerökonomische Kennziffern

Die Ermittlung der Kennziffern[1] lässt sich in zwei Bereiche aufteilen. Die **ökonomischen** Kennziffern helfen dabei, den finanziellen Wert einer Werbemaßnahme zu prüfen. Werbung kann aber auch den Zweck haben, das Interesse an einem Unternehmen zu steigern bzw. die Bekanntheit zu erhöhen. Für diesen Zweck müssen **außerökonomische** Kennziffern ebenfalls ermittelt und ausgewertet werden.

Der Bereich der außerökonomischen Kennziffern lässt sich sehr gut mit einer Vielzahl an kleineren Programmen (z. B. Google Analytics, Piwik, Etracker, Open Web Analytics und viele weitere) vollautomatisiert ermitteln. Solche Programme bieten teilweise auch direkt eine ausführliche Analysemöglichkeit. Die ökonomischen Kennziffern benötigen für die Berechnung teilweise noch Daten (z. B. Anzahl Kunden, Umsatz- und Verkaufszahlen im Zeitverlauf) aus dem Warenwirtschaftssystem, dem Customer-Relationship-Management-System (CRM) und ggf. weiteren Systemen, wie z. B. der Buchhaltung.

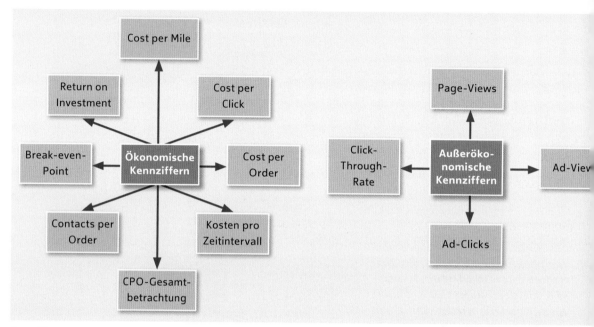

Kennziffern

Außerökonomische Kennziffern

Kennziffer	Bedeutung
Page-Impression/ Page-Views	Gibt die Anzahl der Aufrufe einer Website an. Die Brutto-Reichweite gibt die absolute Anzahl an Aufrufen einer Website an, für die Netto-Reichweite wird jeder Nutzer nur einmal gezählt.
Ad Impression/ Ad-Views	Gibt die Anzahl der Betrachtungen einer Werbung auf einer Website an.
Ad-Clicks/Klicks	Ad-Klicks zählen die konkreten Klicks auf ein verlinktes Werbemittel (z. B. Werbebanner oder Link in einer E-Mail).
Click-Through-Rate (CTR)	Die CTR gibt das Verhältnis zwischen den Ad-Clicks und den Ad Impressions wieder. Dadurch lässt sich die Effizienz einer Werbemaßnahme bestimmen, da ermittelt wird, wie viele Personen auf ein Werbebanner geklickt und wie viele es ignoriert haben.

Eine Werbemaßnahme soll in der Regel möglichst viele Personen erreichen, um so viele Käufer sowie Interessenten zu informieren und anzulocken. Um zu ermitteln, ob und wie stark dieses Ziel erreicht wurde, gibt es entsprechende Erfolgskennzahlen. Mittels dieser Kennziffern lässt sich prüfen, ob während einer Werbemaßnahme im Vergleich zu der Zeit ohne Werbemaßnahme mehr Besucher auf der Website waren, wie häufig eine Werbung angeklickt wurde usw.

---

1 Die Kennzahlen zur Beurteilung des Onlinemarketing – aber auch viele weitere – werden im Lernfeld 10 noch detaillierter erläutert.

Diese Kennziffern helfen dabei einzuschätzen, ob eine Werbemaßnahme bei der Zielperson „den richtigen Nerv getroffen hat" oder nur wenige Personen erreichen konnte und somit in dieser Form nicht wiederholt werden sollte.

BEISPIEL

Beispielberechnung der Click-Through-Rate

- Formel $\dfrac{\text{Ad-Click}}{\text{Ad-Views}} \cdot 100$

- Werte einsetzen $\dfrac{7\,037}{170\,869} \cdot 100$

- Ergebnis 4,12 %

Ermittlung der Kosten je Werbemaßnahme

Kennziffer	Bedeutung
Cost per Mille (CPM)/Ad-Views	Es ist ein zu definierender Betrag pro 1000 Ad Impressions zu zahlen.
Cost per Click (CPC)	Pro Klick auf eine Werbung, die eine Weiterleitung auf die eigene Website auslöst, ist ein zu definierender Betrag zu zahlen.
Cost per Order (CPO)	Sollte es zu einem Kaufabschluss kommen, ist ein entsprechender Betrag zu zahlen.
Kosten pro Zeit-intervall	Eine Werbung wird für eine bestimmte Zeit geschaltet. Für diesen Zeitraum ist pauschal ein bestimmter Betrag zu zahlen.

Es gibt viele unterschiedliche Preismodelle für eine Werbemaßnahme, bei der Werbung auf einer anderen Website (z. B. Banner, Affiliate) aufgeschaltet wird. Je nach Modell kann es entsprechend zu hohen Kosten kommen. Daher ist im Vorfeld zu überlegen, ob mit der Werbung voraussichtlich eine hohe Aufmerksamkeit erzeugt wird, dagegen aber wenige Käufer generiert werden, oder ob möglichst jede Person sowohl erreicht als auch als Käufer gewonnen wird.

BEISPIEL

Beispielberechnung Cost per Mille

- Formel   Kosten pro Ad-View · 1 000
- Werte einsetzen   0,005 Euro · 1 000
- Ergebnis   5 Euro

Beispielberechnung Cost per Click

- Formel   Kosten pro Ad-Click · Ad-Clicks
- Werte einsetzen   0,11 Euro · 7 037
- Ergebnis   774,07 Euro

Beispielberechnung Cost per Order

- Formel   Kosten pro Bestellung · Bestellungen
- Werte einsetzen   0,8 Euro · 1 056
- Ergebnis   844,80 Euro

Kennziffern zur Analyse der Kosten

Um zu ermitteln, ob sich eine Werbemaßnahme auch wirklich lohnt, ist es relevant Kennzahlen für die Ermittlung des Umsatzes in Abhängigkeit zu den eingesetzten Werbemaßnahmen und den hierbei entstandenen Kosten zu ermitteln.

Entsprechend müssen die eben ermittelten Kennziffern in den Gesamtkontext gebracht werden. Relevant sind also auch die weiteren Kosten für die Interessentengewinnung, Informationen bezüglich Bestands- und Neukunden und weiteren Daten.

Kennziffer	Bedeutung
CPO-Gesamt-betrachtung	Die insgesamt anfallenden Kosten der Kundengewinnung werden durch die Anzahl der gewonnenen Neukunden dividiert.
Contacts per Order (ConPO)	Diese Kennziffer gibt an, wie viele Kontakte zwischen einer Zielperson und dem Unternehmen notwendig waren, damit die Zielperson als Kunde gewonnen werden konnte.
Break-even-Point	Als Break-even-Point wird die Grenze bezeichnet, ab der sich eine Werbemaßnahme finanziell gelohnt hat, also die Grenze, ab dem die Erträge durch eine Maßnahme höher waren als die dafür notwendigen Kosten.
Return on Investment (ROI)	Der ROI ist wichtig, um unterschiedliche Werbemaßnahmen miteinander zu vergleichen, da die Profitabilität einer Maßnahme dargestellt wird. Es lässt sich so ermitteln, wie hoch die Verzinsung des für die Aktion eingesetzten Kapitals in Prozent war.

BEISPIEL

Beispielberechnung CPO-Gesamtbetrachtung

- Annahme | Es wurde Cost per Order verwendet, siehe oben

- Formel | $\dfrac{\text{Angefallene Kosten}}{\text{Neukunden}}$

- Werte einsetzen | $\dfrac{844{,}80 \text{ Euro}}{885}$

- Ergebnis | 0,955

Vorteile bei der Kennziffernermittlung von Online- und Offlinemarketing

Bei der Ermittlung von Kennziffern gibt es einige sehr deutliche Unterschiede zwischen dem Onlinemarketing und dem Offlinemarketing. Dabei hat die Ermittlung der Kennzahlen aus beiden Bereichen spezielle Vorteile.

Ermittlung bei Onlinemarketing

- Lässt sich vollautomatisiert durchführen
- Es entstehen nur geringe Kosten für die Erhebung der Kennziffern.
- Wird laufend ermittelt
- Abweichungen gegenüber den Zielwerten sind direkt sichtbar.
- Die Kennziffern stehen jederzeit zur Verfügung.

Ermittlung bei Offlinemarketing

- Lässt sich spezieller auf den einzelnen Kunden/Interessenten auslegen
- Kann direkt auch wieder eine Werbemaßnahme sein (z. B. bei der Befragung eines Kunden)
- Persönlicheres Feedback zusätzlich zu der Kennziffernermittlung

Prozessorientiertes Controlling

Neben dem bislang betrachteten ergebnisorientierten Controlling sollten auch die Verfahrensweisen und Entscheidungsprozesse überprüft werden. Diese werden als prozessorientiertes Controlling bezeichnet.

Dieses Controlling findet in der Regel in Form eines Audits, also eines definierten Prüfprozesses, statt. Entsprechend wird es auch Marketing-Audit genannt. Dieser Prüfprozess lässt sich in die folgenden vier Bereiche aufteilen.

- **Verfahrens-Audit**
  Mit dem Verfahrens-Audit wird das Verfahren der Ermittlung der Kennzahlen hinterfragt. Es geht um die Prüfung, ob die Informations-, Planungs-, Implementierungs- und Kontrollverfahren auf dem aktuellen Stand sind oder aktualisiert werden müssen. Regelmäßig entwickeln sich neue Standards für Verfahren oder unternehmensintern gibt es dazu neue Richtlinien für eine möglichst optimale Analyse von Kennziffern. Entsprechend müssen diese ermittelt und umgesetzt werden bzw. ggf. Detailverbesserungen stattfinden. Ebenso wichtig ist es auch, dass die eingesetzte Software entsprechend aktualisiert wird. Des Weiteren sind neue Marktsegmente oder auch nur eine neue spezielle Website in diese Verfahren aufzunehmen.

- **Strategie-Audit**
  Das Strategie-Audit dient dazu, die Strategieplanung (also die Einplanung der nächsten Maßnahmen inkl. Kosten und Kapazitätsplanungen) zu überprüfen und auch mit den Unternehmens- und Marketingzielen abzugleichen.

- **Marketing-Audit**
  Im Rahmen des Marketing-Audit sind die eingesetzten Marketingmaßnahmen zu überprüfen. Hierzu sind die zuvor genannten Kennziffern relevante Information, um abwägen zu können, welche Maßnahmen in Zu-

kunft weiterhin einzusetzen sind. Bei dieser Prüfung sind außerdem die Vereinbarkeit mit der übergeordneten Strategie als auch die Einhaltung des vorhandenen Budgets relevant. Ziel des Marketing-Audit ist es, Marketingmaßnahmen, die nicht (ausreichend) erfolgreich waren, auszusortieren. Außerdem sollte direkt geprüft werden, ob sich die in Zukunft einzusetzenden Maßnahmen noch optimieren lassen.

- **Organisations-Audit**

  Das Organisations-Audit verfolgt das gleiche Ziel wie das Marketing-Audit, allerdings unter anderen Aspekten. Auch bei dem Organisations-Audit sollen nicht sinnvolle Marketingmaßnahmen aussortiert werden und erfolgreiche weiterentwickelt. Allerdings geht es hierbei um Kosten- und Effizienzgesichtspunkte sowie um die Interessenten- bzw. Kundennähe.

Prüfliste

Vor der Schaltung einer Werbemaßnahme oder auch eines umfangreichen Sets an Maßnahmen sollte der komplette Prozess geklärt sein, also auch die Fragen für die Umsetzung der Kennziffernermittlung und deren Interpretation.

- Welche Kennziffern sollen für den Erfolg der eingesetzten Werbemittel verwendet werden?
  Siehe Abschnitt Kennziffern zur Ermittlung der Reichweite und Ermittlung der Kosten je Werbemaßnahme.

- Welche Kennziffern sollen für den Erfolg der unterschiedlichen Werbemaßnahme im gesamten zum Einsatz kommen?
  Kennziffern zur Analyse der Kosten.

- Welche Werkzeuge werden zum Controlling der Online-Werbung eingesetzt?
  Controllinginstrumente für den Einsatz von bannergestützter Onlinewerbung, Controllinginstrumente, die parallel verschiedene Onlinemarketing-Maßnahmen überwachen

- Anhand welcher Ergebnisse der eingesetzten Controllingmaßnahmen sollen welche Konsequenzen eingeleitet werden?
  Das Controlling der Werbemaßnahmen sollte parallel zu der Werbemaßnahme bereits stattfinden. So lässt sich bereits zur Laufzeit der Werbemaßnahme ermitteln, ob Veränderungen an den Maßnahmen durchgeführt werden sollten, ggf. die Maßnahmen verlängert, verkürzt oder direkt abgebrochen werden.

BEISPIELE

Eine Bannerwerbung, die pro Klick Kosten verursacht, aber auch noch mehreren hundert Klicks noch nicht zu einem Kaufabschluss geführt hat.

Die Kennziffer CPO-Gesamtbetrachtung steigt kontinuierlich an.

- Wie regelmäßig sollen die ermittelten Kennziffern geprüft werden?
  Soll die Prüfung laufend erfolgen und bei bestimmten Ergebnissen eine entsprechende Information automatisch an die Mitarbeiter generiert werden? Erfolgt die Überwachung der Kennziffern regelmäßig durch einen Mitarbeiter, der ggf. die Marketing-Abteilung informiert? Ist die Werbemaßnahme nur noch im Abschluss zu überprüfen?

- Gibt es Zielwerte für die einzelnen zu ermittelnden Kennziffern?
  Mittels Zielwerten können bei Erreichung/Unterschreitung dieser Werte Benachrichtigungen automatisch erstellt werden.

- Welche Störfaktoren gibt es und wie sind diese in Bezug auf die Ermittlung der Kennziffer zu berücksichtigen?
  Gibt es Einflussfaktoren, die die Ermittlung der Kennziffern verzerren können?

Formeln zur Berechnung der wichtigsten Kennziffern

$$\text{Click-Through-Rate} = \frac{\text{Ad-Clicks}}{\text{Ad-Clicks}} \cdot 100$$

$$\text{Cost-per-Mille} = \text{Kosten pro Ad-View} \cdot 1\,000$$

$$\text{Cost-per-Click} = \text{Kosten pro Ad-Click} \cdot \text{Ad-Clicks}$$

$$\text{Cost-per-Order} = \text{Kosten pro Bestellung} \cdot \text{Bestellungen}$$

$$\text{CPO-Gesamtbetrachtung} = \frac{\text{Angefallene Kosten}}{\text{Neukunden}}$$

$$\text{Kosten per Zeitintervall} = \frac{\text{Kosten}}{\text{Gesamtzeit}} \cdot \text{Zeitintervall}$$

$$\text{Contacts-per-Order} = \frac{\text{Kontakte mit Interessenten}}{\text{Anzahl Bestellungen}}$$

Zusammenfassung Beispielberechnungen

Vorgaben für ein Werbebanner über ein Jahr

- Page-Views   100 511
- Ad-Views   170 869
- Ad-Clicks   7 037
- Bestellungen   1 056
- Neukunden   885
- Kosten pro Ad-View   0,005 Euro
- Kosten pro Ad-Click   0,11 Euro
- Kosten pro Bestellung   0,8 Euro

Beispiel 1: Berechnung der Click-Through-Rate

- Formel $\dfrac{\text{Ad-Click}}{\text{Ad-Views}} \cdot 100$
- Ergebnis   4,12 %

Beispiel 2: Cost per Mille

- Formel   Kosten pro Ad-View · 1 000
- Ergebnis   5 Euro

- Endkostenformel $\dfrac{\text{Cost per Mille} \cdot \text{Ad-Views}}{1000}$

- Endergebnis   854,36 Euro

Beispiel 3: Cost per Click

- Formel   Kosten pro Ad-Click · Ad-Clicks
- Ergebnis   774,07 Euro

Beispiel 4: Cost per Order

- Formel   Kosten pro Bestellung · Bestellungen
- Ergebnis   844,80 Euro

Beispiel 5: CPO-Gesamtbetrachtung

- Annahme   Es wurde Cost per Mille verwendet, siehe hierzu Beispiel 2.

- Formel $\dfrac{\text{Angefallene Kosten}}{\text{Neukunden}}$

- Ergebnis   0,965

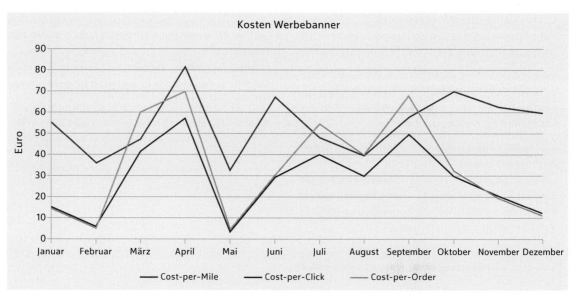

Kostenentwicklung Werbebanner

AUFGABEN

1. Mit welchen Kennziffern lässt sich der Erfolg von Onlinemarketing beurteilen?

2. Warum ist es wichtig zu wissen, wie viele Personen den Onlineshop besuchen?

3. Mittels welcher Kennziffer kann die Gewinnschwelle für eine Werbemaßnahme ermittelt werden?

4. Warum ist es sinnvoll, sowohl Kennziffern für Onlinemarketing als auch für Offlinemarketing als auch in der Gesamtbetrachtung zu ermitteln?

5. Welche vier unterschiedlichen Audits gibt es? Überlegen Sie, wie die unterschiedlichen Audits ablaufen könnten.

6. Die Exclusiva GmbH zählt bei einer Werbemaßnahme innerhalb eines Monats 36 315 Klicks. Bei der weiteren Analyse wird festgestellt, dass 2 156 Interessenten die Anzeige doppelt angeklickt haben. Wie hoch sind die Brutto- und wie hoch sind die Nettoklicks?

7. In dem oben genannten Beispiel sehen Sie eine Auswertung der einzelnen Kennziffern der letzten Werbekampagne der Exclusiva GmbH.

   Beantworten Sie dazu die beiden folgenden Fragen:
   a) Welches Preismodell (CPM, CPC, CPO) ist auf das gesamte Jahr das günstigste?
   b) Welches Preismodell ist im September am teuersten?

8. Die Exclusiva GmbH startet im neuen Jahr eine weitere Werbekampagne. Nach einem Monat betrachten Sie die automatisch gesammelten Werte. Diese betragen für:
   • Page-Views = 5 000
   • Ad-Views = 7 500
   • Ad-Clicks = 800
   • Bestellungen = 95
   • Neukunden = 80

   Berechnen Sie die folgenden Kennziffern:
   a) Click-Through-Rate
   b) Cost per Mille
   c) Cost per Click
   d) Cost per Order
   e) CPO – Gesamtbetrachtung

9. Welche Kennziffern werden in Ihrem Ausbildungsunternehmen ermittelt?

10. Auf welche Art werden Kennziffern in Ihrem Ausbildungsunternehmen ermittelt?

11. Welche Konsequenzen werden in Ihrem Ausbildungsunternehmen aus den ermittelten Kennziffern abgeleitet?

ZUSAMMENFASSUNG

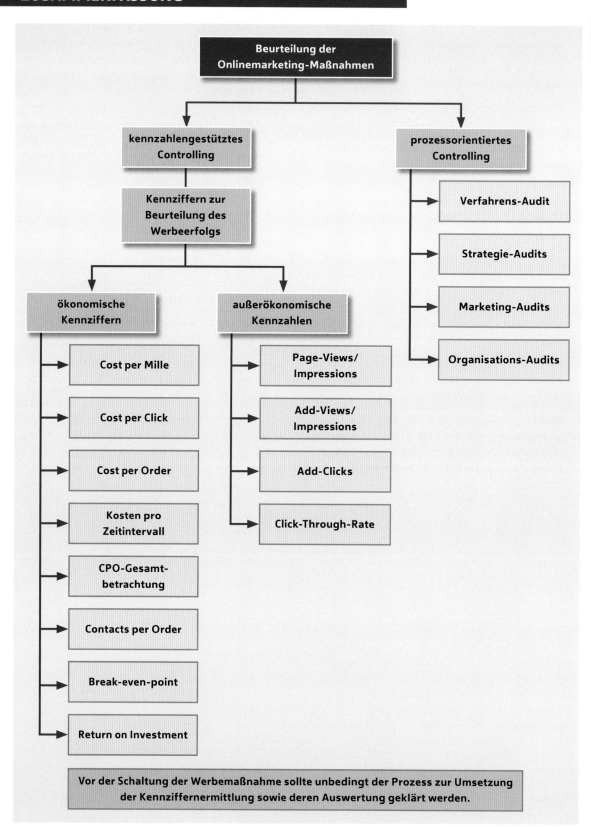

7.19 Auswertung der Onlinemarketing-Maßnahmen

Einstieg

Der Internetauftritt der Exclusiva GmbH läuft auch einige Monaten nach dem Relaunch der Seiten noch nicht erfolgversprechend. Herr Brand, Leiter der Abteilung Onlinevertrieb, soll bei der nächsten Gesellschafterversammlung erste Ergebnisse und Umsatzzahlen präsentieren. Da sich bisher kaum eine Verbesserung der Umsatzzahlen durch den Webshop wahrnehmen lässt, bittet Herr Brand alle Mitarbeiter der Abteilung inklusive der Auszubildenden zu einem Meeting. Thema der Zusammenkunft ist es, eine Möglichkeit zu finden, zuverlässige Zahlen aus dem Onlineshop zu ziehen, um dahingehend Rückschlüsse für Verbesserungen zu ziehen. Die Auszubildende Agathe Kwasny hat eine Idee und schlägt vor, ein Web-Analyse-Tool für die Messung der Kennzahlen zu verwenden.

1. Was verstehen Sie unter Web-Analyse?

2. Fallen Ihnen andere Vorschläge zu dieser Problematik ein?

INFORMATIONEN

In diesem Kapitel soll es darum gehen, wie Unternehmen die vorangegangenen Onlinemarketing-Maßnahmen auf Erfolg testen können und mit welchen Tools die mittlerweile branchenübliche Werbeerfolgskontrolle durchgeführt wird.

> **DEFINITION**
>
> **Werbeerfolgskontrolle** ist die nachhaltige Kontrolle und Optimierung einer Werbekampagne und deren Erfolg.

Im Onlinemarketing ist natürlich eine klassische Werbeerfolgskontrolle nicht möglich. Das Internet bietet die Möglichkeit, alle Onlinemarketing-Maßnahmen direkt messen zu können. Viele Onlinetools, wie Google Ads oder Ähnliche, werten bereits die Ergebnisse der Kampagnen eigenständig aus und legen wichtige Kennzahlen vor. Berichte, Erfolgsauswertungen und Kennzahlen können teilweise in Echtzeit eingesehen und weiterverarbeitet werden. Dadurch kann nicht nur der User im Internet schnell **auf Veränderungen reagieren**, sondern auch viele Unternehmen.

Mit Web Analytics können Unternehmen Besucherbewegungen auf der eigenen Website messen. Onlineprogramme wie Google Analytics oder Piwik bieten Web Analytics und die Möglichkeiten an, auszuwerten, woher die Nutzer kommen oder welches Verhalten sie auf der Website aufweisen. Unternehmen können mithilfe der Web-Analyse ihre Marketingmaßnahmen optimieren und wertvolle Informationen zu ihren Websitebesuchern und Kunden gewinnen.

> **DEFINITION**
>
> Mit **Web Analytics** werden Besucherströme auf Websites gemessen und Daten in Web-Analytics-Programmen protokolliert und aufbereitet. Anhand der Daten können Onlinemarketing-Maßnahmen ausgewertet und optimiert werden.

Von Daten zu Erkenntnissen

Schritt 1: Das Ziel analysieren + KPIs bestimmen

Um zu überprüfen, ob die eigene Website in Verbindung mit den verschiedenen Marketingmaßnahmen die festgelegten Marketingziele erreicht, ist es wichtig vorab bestimmte Kennzahlen (KPIs) mit dem jeweiligen Ziel geleichzusetzen und festzulegen.

Hierzu zwei praxisnahe Beispiele:

Ein Fahrrad-Unternehmen hat über Suchanzeigen bei Google verstärkt auf die günstigen Online-Angebote in deren Webshop aufmerksam gemacht. Mit dieser Maßnahme möchte das Unternehmen den Umsatz um 10% steigern. Die Anzeigenkampagne lief insgesamt 3 Monate. Das Fahrrad-Unternehmen wertet nun anhand Web Analytics die für Sie relevante Kennzahl aus: die Menge an Bestellungen. Diese KPI ist für das Unternehmen in diesem Beispiel viel relevanter als die Impressionen der Anzeigen, da nur ein Fahrradkauf, den Umsatzes steigen lässt.

Im zweiten Beispiel möchte das Fahrrad-Unternehmen an Bekanntheit im Netz gewinnen. Auch hierzu startet das Unternehmen eine dreimonatige Kampagne und schaltet Google-Anzeigen. Nach drei Monaten wertet das Fahrrad-Unternehmen anhand von Web Analytics die KPI Sichtbarkeit in der Suchmaschine aus. Diese ist für die Erreichung von mehr Bekanntheit aussagekräftiger als die Sitzungsdauer auf der Website.

In diesem Schritt sollten also Verantwortliche im Marketing nicht nur aus den Zielen, die KPIs ableiten, sondern diese auch direkt benennen können.

Schritt 2: Quantitative Analyse

Im zweiten Schritt, der quantitativen Analyse, kommen dann die verschiedenen Tools zum Einsatz, da mit Hilfe deren, die Zahlen ausgewertet und in Form von Diagrammen, Listen usw. aufbereitet werden.

Folgenden Fragen können in diesem Schritt beantwortet werden:

- Wie viele Besucher waren auf der Website?
- Wie lange waren die Besucher auf den einzelnen Seiten?
- Wie viele Conversions gab es?
- Woher kamen die Nutzer?
- o. ä.

Schritt 3: Qualitative Analyse

Um im dritten Schritt eine qualitative Analyse durchzuführen, sollten Kenntnisse über das Verhalten und der Motivation der Websitebesucher ermittelt werden. Die Web Analytics Tools können in diesem Bereich nur Zahlen liefern, woraus sich lediglich Ableitungen herleiten lassen. Um qualitative Aussagen zu erhalten oder Ableitungen zu bekräftigen, können Unternehmen Nutzerbefragungen, Umfragen oder Heatmaps einsetzen.

Schritt 4: Analyse der Wettbewerber

Für die Wettbewerberanalyse müssen andere Analyse-Tools hinzugezogen werden. Für die Suchmaschinenoptimierung gibt es verschiedene Tools, wie Ryte oder Sistrix. Für die Suchmaschinenwerbung kann Google Ads bereits Daten zu den Mitweberbern liefern.

Mit diesen vier Schritten kann eine ganzheitliche Web Analyse erstellt werden. Somit können die eigenen Online-Marketing-Maßnahmen kontrolliert und so ein tiefes Verständnis zu den eigenen Websitebesuchern und dem Markt geschaffen werden.

Google Analytics

Google Analytics ist ein kostenloses Programm von Google, das **Kennzahlen zu den Besucherströmen** (Traffic) einer Website und die Herkunft der Besucher liefert. Des Weiteren können auch Überleitungen in den Webshop und Verkäufe werden gemessen, sofern dies vorher konfiguriert wurde. Erkenntnisse wie diese sind für jedes Unternehmen, das mit seiner Seite wachsen will, ein unterstützendes Tool.

Google Analytics bietet ein kostenloses Demo-Konto an, welches besonders für Übungszwecke gut geeignet ist. Man benötigt lediglich ein Google Konto, um darauf zuzugreifen (*https://support.google.com/analytics/ answer/6367342?hl=de*).

Startansicht im Google Analytics Demo-Konto

Mit Google Analytics lernt das Unternehmen Ihre Seitenbesucher (Visitors) und deren Verhalten besser kennen und kann dahingehend Rückschlüsse ziehen.

Folgende Daten werden von Analytics bereitgestellt:

- Wie viele Visitors hatte die Website?
- Wie viele Seiten haben die Besucher angeklickt?
- Von wo kamen die Besucher? (Direkteingabe der URL, Suchmaschinen usw.)
- Welche Browser haben die Besucher?
- Welche Bildschirmauflösung haben die Besucher?
- Welche Seiten der Website werden besonders oft angesehen?
- Welche Suchworte haben die Besucher in Suchmaschinen eingegeben?
- usw.

Werden die Kennzahlen ausgewertet und interpretiert, können Maßnahmen zur Verbesserung der eigenen Website und zur Optimierung der Werbeaktivitäten eingesetzt werden.

Daten für Google Analytics

Beim Besuch auf einer Website wird oft gefragt, ob man mit der Verwendung von Cookies einverstanden ist. Mit Eintreten der Datenschutzgrundverordnung 2018, wird nun mehr denn je die Zustimmung der Nutzer benötigt. Genau mit diesen Cookies werden Daten an Analytics weitergegeben.
Sogenannte Werbe-Cookies sind Dateien mit Informationen über den Nutzer der eine Website besucht hat. Mit der Zustimmung der Cookies für Marketing Zwecke, gibt der Nutzer dem Cookie die Freigabe sein Verhalten im Internet aufzeichnen. Die Cookies leiten die gesammelten Daten an Google Analytics weiter, welche die Daten aufbereitet. Besonders nach dem Besuch in Online-Shops erhält man Werbeanzeigen des Shops oder von Produkten, die man sogar bereits angesehen hat. In der Online Marketing Branche nennt man das auch „Re-Targeting" Die Zuordnung der Daten findet über die IP-Adresse statt. So können Werbetreibende anhand der Daten zielgruppenorientierte Werbung für die eigenen Kunden anbieten. Social-Media-Kanäle nutzen solche Daten, um ganz gezielt Werbung an User zu verkaufen und schalten zu können. Werbetreibende zahlen nämlich für garantierte Zielgruppen deutlich höhere Preise.

Nutzung von Google Analytics

Um Google Analytics zu nutzen, benötigt man als erstes ein Analytics Konto. Bei der Anmeldung erhält der Werbetreibende dann auch die Analytics Code, der in den Quellcode der Website durch einen Webprogrammierer eingepflegt werden kann. Eine weitere Möglichkeit der Implementierung von Google Analytics wäre über PlugIns, wie beispielsweise bei WordPress oder durch den Google Tag Manager. Wichtig ist hier die datenschutzkonforme Einrichtung des Analytics-Codes, da es sonst zu hohen Abmahnung durch die Datenschutzbehörde für Unternehmen kommen kann. Auch eine entsprechende Erklärung innerhalb der eigenen Website sollte veröffentlicht werden, um Abmahnungen zu entgehen. Unterstützung können Unternehmen bei Rechtsanwälten einfordern.

Ansicht des Kontoaufbaus im Analytics Demo-Konto

Google Analytics Berichte

Bereits zu Beginn des Kapitels haben wir einige Daten angegeben, die auch von Google Analytics erhoben werden. Um nun an die wichtigen Kennzahlen für die Auswertung der Online Marketing Maßnahmen und deren Erfolge zu kommen, benötigt man in Analytics fünf große Report-Bereiche: Echtzeit, Zielgruppe, Akquisition, Verhalten und Conversions.

Echtzeit

Unter dem Menüpunkt „Echtzeit" kann live eingesehen werden, wie viele Besuche derzeit auf der Website des Werbetreibenden sind. Die Inhalte die sich die Besucher gerade anschauen, von wo die derzeitigen Besucher kamen und was diese Nutzer gerade auf der Website tätigen, kann im Echtzeit-Report mitverfolgt und ausgewertet werden.

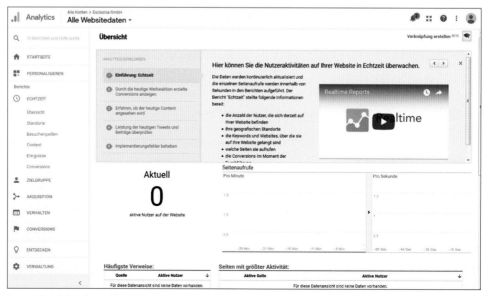

Screenshot Echtzeit-Bericht im Analytics Demo-Konto

Zielgruppe

Der Bericht „Zielgruppe" gibt Aufschluss über die Nutzer der Website. Diese Übersicht wird von vielen Nutzern aufgerufen, da diese grafisch einfach die Sitzungen, Nutzer, Seitenaufrufe, die Dauer der Sitzungen und die Absprungrate anzeigt. Insgesamt bekommen Werbetreibende hier Informationen zu den demografischen Merkmalen der Zielgruppe, deren Interessen und Standort, deren Verhalten auf der Website, deren Nutzung von Browsern, Betriebssystemen und Netzwerken, sowie deren Nutzung von Mobilgeräten (Computer, Smartphone, Tablet).

Screenshot Zielgruppe-Bericht im Analytics Demo-Konto

Akquisition

Unter dem Punkt „Akquisition" in Google Analytics wird dem Werbetreibenden dargestellt, wie die Besucher auf die Website gelangt sind. Dazu gibt es circa sieben Quellen woher die Besucher kamen: organische Suche, direkte Eingabe der URL, Social-Media-Kanäle, Referral, Affiliate-Netzwerken, bezahlte Suche und Display (Bsp. Banner-Anzeigen). Im Bereich Akquisition findet man auch die Daten aus Google Ads. Auch dieser Bereich ist besonders für Anfänger sehr übersichtlich und interessant für die erste Analyse.

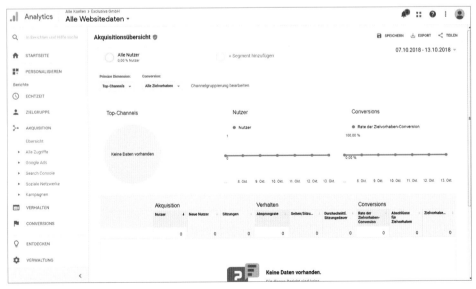

Screenshot Akquisition-Bericht im Analytics Demo-Konto

Verhalten

Besonders interessant wird es dann im Menüpunkt „Verhalten". Dort erfährt man alles über die Ausführungen und Aktionen von Websitebesuchern. Im speziellen der Punkt „Verhaltensfluss" zeigt die Customer Journey, also wie die Besucher in der Website weitergehen. Außerdem erhält man Informationen zu allen Content-Seiten mit Seitenaufrufen und der Absprungrate inklusive Seitenwert und Besuchszeit. Auch Informationen zur Websitegeschwindigkeit können Aufschluss über die Nutzerfreundlichkeit einer Website geben.

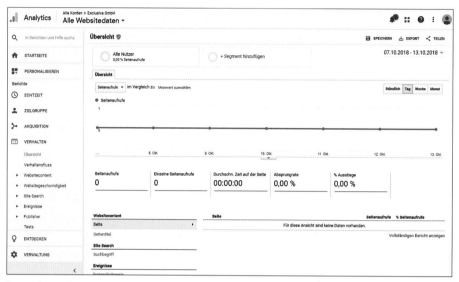

Screenshot Verhalten-Bericht im Analytics Demo-Konto

Conversions

Im letzten Menüpunkt der Berichte findet man die Conversions. Dieser Punkt ist besonders für Fortgeschrittene etwas, da hier eigene Ziele festgelegt und definiert werden können. Hier wird auch der Erfolg der Kampagnen anhand der Conversions gemessen. Das könnte ein Kauf, eine Registrierung oder eine Newsletter Anmeldung sein.

Screenshot Conversion-Bericht im Analytics Demo-Konto

Vor- und Nachteile von Google Analytics

Mit weltweit mehreren Millionen Implementierungen ist Google Analytics Vorreiter-Tool in Sachen Web Analyse geworden. Im Folgenden die Vorteile von Google Analytics zusammengefasst:

- Google Analytics ist kostenlos.
- Für Webprogrammierer ist Analytics schnell und einfach implementiert.
- Analytics weist eine hohe Usability, also eine hohe Nutzerfreundlichkeit auf.
- Durch die Vielzahl von Daten lassen sich wichtige Erkenntnisse daraus ziehen.
- Die Integration mit anderen Google Produkten (Google Ads ect.) ist einfach zu handhaben.
- Durch die vielen Nutzer ist eine große Community für einen starken Austausch durch Blogs und Foren entstanden.

Natürlich spricht auch einiges gegen Google Analytics. Vor allem der Datenschutz, durch das Inkrafttreten der Datenschutzgrundverordnung (DSGVO), ist eine immer größere werdende Herausforderung nicht nur für Google Analytics, sondern auch für die Web Analyse im Allgemeinen. Nicht selten schrecken klein- bis mittelständige Unternehmen von Web Analyse zurück, da Sie mit viel Aufwand und benötigtem Know-how verbunden ist. Auch ist die Web Analyse nichts Einmaliges, sondern ein kontinuierlicher Verbesserungsprozess.

Alternativen zu Google Analytics

Das meistgenutzte Web-Analyse-Tool nach Google Analytics in Deutschland ist die Open-Source-Lösung Matomo. Früher auch bekannt als Piwik.

Matomo ist im Vergleich zu Google Analytics datenschutzkonform, da Matomo den Nutzer die Möglichkeiten bietet, sämtliche Daten auf eigenen Servern zu speichern. So greifen also nur die Seitenbetreiber auf die erhobenen Daten zu und keine weiteren Drittverarbeiter. Die Open-Source-Lösung bietet ähnlich wie Google Analytics umfangreiche Informationen sowohl in Echtzeit als auch über einstellbare Zeiträume. Die Dashboards lassen sich zudem per Drag-&-Drop an die eigenen Anforderungen anpassen. Matomo kann kostenfrei für alle Nutzer heruntergeladen werden. Für speziellere Informationen oder einer verbesserten Zahlensicht können Nutzer bestimmte Plugins kaufen. Die Preise hierfür sind im Vergleich sehr moderat.

Eine weitere Open-Source-Alternative ist Open Web Analytics. Auch hier werden keine Daten an Drittverarbeiter weitergegeben, sodass dieses Tool Rechtskonformität gewährleistet. Open Web Analytics ähnelt stark Google Analytics. Viele bereits von Google Analytics bekannten Funktionen sind hier ebenfalls vertreten. Open Web Analytics ist kostenlos und bietet eine besonders interessante Heatmap-Funktion und eine Eye-Tracking-Methode. Nachteil an Open Web Analytics ist die unregelmäßige Weiterentwicklung.

Die dritte Alternative ist das Tool Etracker. Dieses wird sowohl in einer Testversion als kostenloser Download als auch als kostenpflichtige Profi-Version angeboten. Das Web-Analytics-Tool stellt ähnlich wie die anderen Tools unterschiedliche Daten zur Verfügung, um die Performance von Websites und Online-Kampagnen zu analysieren. Dazu gehören beispielsweise Besucherzahlen oder die Verweildauer. Darüber hinaus liefert Etracker detaillierte Statistiken zum Besucherverhalten.

A/B-Tests

Die vorgestellten Tools bieten wertvolle Funktionen, um vor allem Aussagen über die Erfolge der gängigen Onlinemarketing-Maßnahmen zu treffen. Um jedoch die Bemühungen ganzheitlich zu optimieren, sollte auch die eigene Website und deren Optimierung nicht vergessen werden. Mithilfe von A/B-Tests können auch hier die Kennzahlen verglichen und ausgewertet werden.

DEFINITION

Bei **A/B-Tests**, auch Split-Tests genannt, werden zwei Versionen einer Webseite, App o. Ä. miteinander verglichen und quantitative Rückschlüsse auf die Nutzerfreundlichkeit des jeweiligen Mediums gezogen.

Das Ziel von A/B-Tests ist es, die Nutzererfahrung der Webseite oder der App als Rankingfaktor in der Suchmaschinenoptimierung zu verbessern, um so mehr Conversions zu erzielen. A/B-Tests werden in den meisten Fällen für ein **verändertes Webdesign** oder der Änderung der Nutzerführung auf der Website verwendet.

Funktionsweise von A/B-Tests

Durchgeführt werden A/B-Tests mit sogenannten A/B-Testing-Tools. Zunächst ist es wichtig, das Ziel des Tests festzulegen. Das Ziel ist in den meisten Fällen die Erhöhung der Kaufabschlüsse über die Website. Es können aber auch eine Erhöhung der Newsletter-Abonnemenent oder mehr Installationen einer App als Ziele möglich sein.

Folgende A/B-Testing-Tools können verwendet werden:

- AB Tasty
- Adobe Target
- Google Optimize

Nach den Zielen werden nun die Produktseiten der Website, der Button für die Newsletter-Anmeldung oder die App mittels Webdesign angepasst. Das können Änderungen der Farben von Buttons, Überschriften usw., andere Schriftarten oder eine komplett neu aufgebaute Webseite sein. Durch die Implementierung in das A/B-Testing-Tool werden nach Zufallsprinzip jeweils die alte (A) und die neue Version (B) in zwei unterschiedlichen Gruppen angezeigt. Während der Dauer des A/B-Tests können so **quantitative Daten** gesammelt werden und diese im Nachhinein miteinander verglichen werden. Je nach Ergebnis können so Rückschlüsse auf eine Veränderung und Optimierung der Webseite, der App oder des Newsletters gezogen werden.

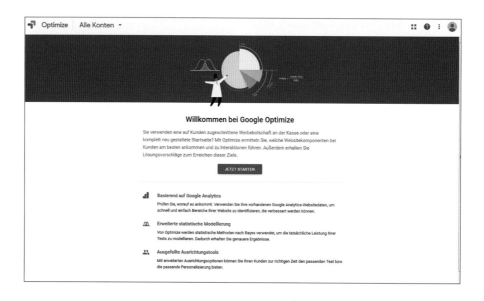

Herausforderungen von A/B-Tests

Bei A/B-Tests können natürlich nicht nur zwei Varianten miteinander verglichen, sondern auch mehrere Versionen für einen A/B-Test ausgespielt werden. Handelt es sich hierbei um mehrere Versionen, spricht man von einem **„Multivarianten-Test"**. Multivarianten-Test sind jedoch nichts für Anfänger: Zum einem benötigt die Erstellung von mehreren Varianten einiges an Zeit, zum anderen ist die Auswertung von Multivarianten-Tests oft sehr aufwendig und komplex. Grundsätzlich macht ein Unternehmen im ersten Schritt mit einem einfachen A/B-Test nichts falsch.

Zusätzlich sollte das A/B-Testing-Tool gut beherrscht werden, denn „mal so eben" einen Test durchzuführen, ist nicht so einfach. Die Daten müssen von einem Profi ausgewertet werden, um nachher keine verfälschten Daten zu bekommen. Außerdem sollte genug Zeit für einen A/B-Test eingeplant werden und auch die Test-Laufzeit sollte ausreichend sein. Nur so können auch genügend aussagekräftige Daten gesammelt werden.

Grundsätzliches vor einem A/B-Test

Es nützt der beste Test mit guten Daten nichts, wenn die Basis nicht stimmt. Auch heutzutage gibt es noch genug Websites im World Wide Web, die längst eingestaubte Webdesigns und eine schlechte Nutzererfahrung durch veraltete Techniken mit sich bringen. A/B-Tests sind kein Allheilmittel, wenn die Webseite von vornherein schon nicht funktioniert. A/B-Tests sind als Feinschliff nach der Optimierung zu betrachten. Daher sollte folgende Faktoren berücksichtigt werden bevor man einen A/B-Test durchführt:

- Mobiloptimierung der Webseite oder des Newsletters
- Relevante Inhalte mit Mehrwert
- Ladezeit der Webseite
- Alleinstellungsmerkmal (USP, unique selling proposition) muss hervorgehoben sein
- Klare Botschaften und übersichtlicher Aufbau
- Qualität der Bilder und Aussagekraft der Produkttexte
- Reibungsloser Kaufprozess
- Technische Fehler auf Webseiten beheben (z. B. Funktionieren des Suchfilters)

A/B-Tests	
Vorteile	**Nachteile**
• Einfache Auswertung: Eine Webseite, die besser performt. wird genommen. • Auch dann aussagekräftige Zahlen, wenn nur wenige Besuche und Conversions auf der Webseite oder dem Newsletter waren • Geringer Aufwand, wenn es kein Multivarianten-Test ist • A/B-Testing-Tools sind kostengünstig oder teilweise auch kostenlos.	• Es benötigt Zeit, sich mit dem A/B-Testing-Tool zu beschäftigen und die Kennzahlen auszuwerten. • Werden große Veränderungen durchgeführt, kann es zu Verwirrung von alten Seitenbesuchern kommen. Vor allem, wenn die Änderungen wieder rückgängig gemacht werden. • Webseiten mit weniger Besuchern und wenig erzielten Conversions benötigen länger, um aussagekräftige Zahlen zu sammeln.

AUFGABEN

1. Was ist eine Web-Analyse?

2. Erklären Sie das Tool „Google Analytics".

3. Sehen Sie sich im Demo-Konto von Google Analytics um und machen Sie sich mit dem Tool vertraut. Suchen Sie fünf wichtige Kennzahlen für Ihren Ausbildungsbetrieb heraus, bewerten Sie diese und leiten Sie eventuelle Optimierungen daraus ab.

4. Geben Sie Fragestellungen, die Google Analytics beantworten kann, wieder.

5. Nennen Sie jeweils eine Fragestellung, die aus den vier Report-Bereichen beantwortet werden kann.

6. Geben Sie jeweils drei Vor- und Nachteile von Google Analytics an.

7. Was sind A/B-Tests?

8. Erklären Sie die Funktionsweise von A/B-Tests anhand eines von Ihnen gewählten Beispiels.

9. Welche Faktoren sollten vor einem A/B-Test optimiert sein? Erklären Sie, warum ein A/B-Test vorher nicht effektiv ist.

10. Lesen Sie den folgenden englischen Text. Fassen Sie danach die wichtigsten Inhalte in einer Mindmap zusammen.

Who's visiting your website? Analytics will help you find out

Analytics packages are easy to use and measure the success of your website

Having a website for your business is one thing, but have you checked whether it is actually doing its job?

Who is visiting your site? Are they spending anything? Where are they from? What time of day or night do they visit? Did you get more visitors after you advertised in the local paper?

What many business owners may not realise is that the answers to these questions are at their fingertips using analytics packages, some of which are free.

Web analytics software gathers data and presents it in a format you can use to make business decisions. This gives you access to information such as how many people viewed your site for the first time, the keywords they searched for when they found you, what links they clicked on and the "bounce rate" – how long they stayed before leaving.

Advertisement

One of the issues that puts small business owners off analytics is the word itself. Analytics conjures up an image of IT boffins sifting through complex data. And while that's not uncommon at the sharp end, the basic features of these tools – those the everyday user is most likely to need – are easy to use.

The most well known and widely used analytics package is Google's own, Google analytics. It's free, and there is even an official YouTube channel with easy-to-follow video tutorials.

Dr Aleksej Heinze, co-director of the Centre for Digital Business at Salford University's business school, says you should concentrate on gleaning information about the "three Vs" when you view your site's statistics. These are: the volume of visitors – how many people visit your site; the value of visitors – what do they spend; and visibility – how visible is your brand for search engines, social media networks and other sources of traffic?

Heinze says: "Think strategically about how you are using your website and what you would like to know to measure the success of your website performance."

Liezl Hesketh runs The Room Link, a business that matches rooms in South Africa with potential tenants. She initially experimented with Google Analytics on her personal blog, so that when the time came to launch her business she was prepared.

"We linked up analytics from day one, and it was amazing to watch the stats and metrics grow from nothing to a fairly busy site," says Hesketh. "This made us realise that we could change, test and tweak things on the site, then measure them to see what the impact was.

"Initially we outsourced it all to a small digital agency. I am quite pleased we did as there was so much going on at the launch, we just didn't have time to get to grips with learning analytics too. My husband got involved and did one of Google's courses, so he is more of a whizz than I am, but the more I use it, the more I learn."

Using the data, Hesketh and her husband were able to make some crucial business decisions.

She says: "People access the site from different devices at different times of the day. It's mainly desktop during the day, but after hours, it switches to mobile and tablet. When we first started, about 80% of traffic came via desktop, but that has dropped to about 50%, which meant we had to beef up the mobile user experience on the site as we don't have a separate app."

Another important metric was traffic from social networks. "We soon realised that we get very low click-throughs from Twitter, but very high on Facebook – so we switched our focus to Facebook advertising rather than Twitter advertising," says Hesketh.

Katrina Gallagher, of web marketing firm Digitangle, helps clients develop digital marketing strategies. She says: "Analytical tools enable you to be better informed about your business, your customers, your competition and future opportunities, but the data is useless unless you take action."

Analytics packages could be especially helpful in helping clients understand why their web traffic takes a dramatic turn, she adds.

"Google Analytics has made it easier to cut through to the important information about your business by adding 'intelligence events'. These highlight anomalies in your data, for example, an unusually high or low number of visitors from a certain location, which you can then act on or trace back to your marketing activity."

Jeremy Greenwood, director at Greenwood Magnetics, uses Google Analytics and LeadForensics, a paid tool that tracks who has visited the site.

"They say it is difficult to say which half of an advertising budget works and which half is a waste of money. Analytical tools help to reduce wasted expenditure on advertising," he says.

But it's not all about sales and visits. A crucial metric in helping develop your future strategy is finding out how people visit your site. With the rapid rise of mobile, knowing how many people come to your site via mobile devices can provide valuable insight into whether you should invest in redeveloping your site to make it mobile-friendly, if it isn't already.

Chris Brown, head of marketing at WorkMobile, says using analytics tools has made a dramatic difference to the firm's profits.

"Using Google Analytics and the other tools has allowed the team to optimise our website and more than double online conversion rates (from 1.75 to 3.75 %), converting more of our paid and organic traffic to new registrations," he says. "This has led to an increased number of high value accounts coming on board, contributing six-figure sales revenue to our bottom line."

Quelle: Smith, Mark: Who's visiting your website? Analytics will help you find out. In: The Guardian. International edition. 2.12.2015. https://www.theguardian.com/small-business-network/2015/dec/02/website-analytics-packages-measure-success [11.12.2020].

ZUSAMMENFASSUNG

Test von Onlinemarketing-Maßnahmen

Web Analytics

- Mit Web Analytics werden Besucherströme auf Websites gemessen und Daten in Web-Analytics-Programmen protokolliert und aufbereitet.
- Anhand der Daten können Onlinemarketing-Maßnahmen ausgewertet und optimiert werden.

z. B. Google Analytics
- Google Analytics ist ein kostenloses Programm von Google, das Kennzahlen zu den Besucherströmen (Traffic) einer Website und der Herkunft der Besucher liefert.
- Durch Google Analytics werden die Kennzahlen ausgewertet und interpretiert.
- Es können Maßnahmen zur Verbesserung der eigenen Website und zur Optimierung der Werbeaktivitäten eingesetzt werden.

A/B-Tests

- Bei A/B-Tests, auch Split-Tests genannt, werden zwei Versionen einer Webseite, App o. Ä. miteinander verglichen und quantitative Rückschlüsse auf die Nutzerfreundlichkeit des jeweiligen Mediums gezogen.

Funktion von A/B-Tests
- A/B-Tests können für Webseiten, Apps oder Newsletter angewendet werden.
- Mittels Webdesign wird eine zweite Variante einer Website erstellt.
- Diese kann Änderungen im Layout, in der Farbe eines Buttons oder Ähnliches enthalten.
- Mithilfe von A/B-Testing-Tools werden beide Varianten per Zufallsprinzip an zwei Besuchergruppen ausgespielt und so Daten gesammelt, die dann nach Ablauf der Test-Laufzeit miteinander verglichen werden.

Nachhaltigkeit

Ertrag

Geschäftsbuchführun

Handelsspanne

Rentabilität

Break-even-Point

Kostenträger

Kalkulation

Deckungsbeiträge

Kostenarten

Preisuntergrenze

Kosten- und Leistungsrechnun

Aufwand

Kostenstellen

Lernfeld 8

Wertschöpfungsprozesse
erfolgsorientiert steuern

8.1 Geschäftsbuchführung und Kosten- und Leistungsrechnung

Einstieg

Kurz vor Jahresende. Ronja Bunko unterstützt Frau Duchnik im Rechnungswesen.

Ronja Bunko:

„So, jetzt nur noch diesen außerordentlichen Zinsertrag gebucht, dann haben wir für heute die Buchführungsarbeiten erledigt. Dann können wir uns ja langsam dem Jahresabschluss zuwenden."

Frau Mohns:

„Langsam, langsam … Rechnungswesen besteht nicht nur aus der Geschäftsbuchführung, wir müssen uns noch um die Kosten- und Leistungsrechnung kümmern."

Ronja Bunko:

„Kosten- und Leistungsrechnung: Was ist das überhaupt? Wozu brauchen wir das?"

Geben Sie an, wozu Unternehmen eine Kosten- und Leistungsrechnung durchführen.

INFORMATIONEN

Das Rechnungswesen hat die Aufgabe, für ein Unternehmen Informationen zur Verfügung zu stellen. Es besteht in den meisten Unternehmen aus mindestens zwei Bereichen, der Geschäftsbuchführung einerseits, der Kosten- und Leistungsrechnung andererseits.

Die Geschäftsbuchführung

Die Geschäftsbuchführung (oft auch Finanzbuchführung genannt) ist die lückenlose, planmäßige und ordnungsgemäße Aufzeichnung aller Geschäftsfälle eines Unternehmens. Alle unternehmensbezogenen Vorgänge, die sich in Zahlenwerten ausdrücken lassen, werden sachlich und zeitlich geordnet erfasst und mithilfe von Konten gebucht und dokumentiert.

Aufgezeichnet werden

- der aktuelle Stand und die Veränderungen des Anlage- und Umlaufvermögens bzw. des Eigen- und Fremdkapitals;
- die angefallenen Aufwendungen und Erträge.

Die Geschäftsbuchführung bildet die finanziellen Beziehungen des Unternehmens des Betriebes zu seiner Umwelt ab. Sie ist zudem die Grundlage für den handels- und steuerrechtlich geforderten Jahresabschluss: Die Ergebnisse fließen also in die Bilanz sowie in die Gewinn-und-Verlust-Rechnung des Unternehmens ein. Je nach Größe bzw. Gesellschaftsform des Unternehmens werden dabei jeweils bestimmte rechtliche Anforderungen an den Jahresabschluss gestellt.

Die Geschäftsbuchführung stellt also die Vorgänge in dem Unternehmen in einem Zahlenwerk dar. Dabei hat sie überwiegend die Aufgabe eines externen Informationsinstruments. Außenstehende – z. B. Steuerprüfer – müssen transparent den Erfolg des Unternehmens (Gewinn oder Verlust) beurteilen können.

Die Geschäftsbuchführung liefert Informationen für:

- Eigentümer
- Gläubiger
- Belegschaft
- Lieferanten
- Kunden
- Finanzämter
- andere Behörden
- und die Öffentlichkeit

Ermittlungsziel der Geschäftsbuchführung
Aufwendungen des Unternehmens
– Erträge des Unternehmens
= Unternehmenserfolg (Gewinn oder Verlust)
→ jährliche Ermittlung

Intern liefert sie zwar auch einige Informationen. Hier liegt ihre Bedeutung jedoch in der Bereitstellung der Ausgangsdaten für die anderen Bereiche des Rechnungswesens, der Kosten- und Leistungsrechnung sowie der Finanzrechnung.

Teilbereiche des Rechnungswesens			
Geschäftsbuchführung	**Kosten- und Leistungs-rechnung**	**Statistik**	**Planung**
• unterliegt gesetzlichen Vorschriften • erfasst die Vermögens- und Kapitalbestände (und deren Veränderung), um so den Erfolg eines Rechnungszeitraums (Jahr, Monat) zu ermitteln • ermöglicht es externen Geschäftspartnern sowie dem Staat, die wirtschaftliche Lage des Unternehmens sofort zu erkennen • hat eine Rechenschafts- und Dokumentationsaufgabe • ist Datenquelle für die anderen Bereiche des Rechnungswesens • wird überwiegend in *Konten* durchgeführt	• überwacht die Wirtschaftlichkeit der betrieblichen Tätigkeit • vermittelt einen Überblick über den innerbetrieblichen Wertefluss bzw. Werteverzehr • richtet sich an interne Nachfrager von Informationen • muss keine gesetzlichen Anforderungen erfüllen • wird überwiegend in *Tabellen* durchgeführt	• liefert in Form von *Kennzahlen* wichtige Informationen einerseits zur Überprüfung des Betriebsgeschehens, andererseits für die zukünftige Unternehmensplanung	• Die Vorschaurechnung stellt die Sollzahlen für begrenzte Zeiträume oder Projekte auf. • Mithilfe in der Vergangenheit gewonnener Daten können Strategien für die Zukunft entwickelt werden. • Aufgabe ist die Entscheidungsvorbereitung für unterschiedliche Organisationseinheiten des Unternehmens.

Die Kosten- und Leistungsrechnung

Die Geschäftsbuchführung ermittelt das Gesamtergebnis des Unternehmens. Dieses kann oft auch zufällig entstanden sein. Das Unternehmen bekommt dann keine Informationen darüber, ob es in seinem Kerngeschäft tatsächlich erfolgreich war.

BEISPIEL

Die Gewinn-und-Verlust-Rechnung der Großhandlung Grotex GmbH zeigt einen Gesamtgewinn von 1.200.000,00 €. Dieser wird stark beeinflusst durch einen außerordentlichen Ertrag in Höhe von 2.000.000,00 €, der beim Verkauf von Wertpapieren durch eine extrem starke Kurssteigerung zustande kam. Berücksichtigt man diesen außerordentlichen Ertrag nicht, wird deutlich, dass die Großhandlung nicht gut gearbeitet hat. In ihrem eigentlichen Kerngeschäft – nämlich Ware einzukaufen, zu lagern und zu verkaufen – hat die Grotex GmbH sogar einen Verlust von 800.000,00 € gemacht.

Die Geschäftsbuchführung ermöglicht also nur eine pauschale Kontrolle der Wirtschaftlichkeit – und das auch überwiegend nur jährlich. Das Unternehmen benötigt jedoch eine ständige und sehr detaillierte Kontrolle: Es braucht Angaben über die Wirtschaftlichkeit einzelner Teilbereiche oder auch Produkte. Vor diesem Hintergrund entstand die Kosten- und Leistungsrechnung. Die

Kosten- und Leistungsrechnung ist im Gegensatz zur Geschäftsbuchführung eine betriebsinterne, kalkulatorische und kurzfristige Rechnung, die sich zudem nicht an gesetzliche Vorschriften halten muss.

> *„Wer zu spät an die Kosten denkt, ruiniert sein Unternehmen. Wer immer zu früh an die Kosten denkt, tötet die Kreativität."*
>
> *Quelle: VNR Verlag für die Deutsche Wirtschaft AG: Zitat von Zitat von Phillip Rosenthal. In: www.zitate.de. https://www.zitate.de/autor/Rosenthal%2C+Philip [11.12.2020].*

Die manchmal auch Betriebsbuchführung genannte Kosten- und Leistungsrechnung ermittelt das Betriebsergebnis. Dieses ergibt sich durch Gegenüberstellung des durch die eigentliche betriebliche Tätigkeit verursachten Wertzuwachs (= Leistungen) mit dem aus dem gleichen Grund entstandenen Werteverzehr (= Kosten). Die Kosten- und Leistungsrechnung dient somit der verursachungsgerechten Zurechnung der Kosten auf die einzelnen Leistungen, um Informationen für die Verbesserung der Wirtschaftlichkeit des Betriebes zu bekommen.

Ermittlungsziel der Kosten- und Leistungsrechnung
Kosten des Betriebs
– Leistungen des Betriebs
= Betriebsergebnis → ständige kurzfristige Ermittlung

Die Hauptaufgaben der Kosten- und Leistungsrechnung sind:

- **Unterstützung der Preisgestaltung:**
  Die Kosten- und Leistungsrechnung ermittelt die Selbstkosten eines produzierten oder angebotenen Artikels. Von diesen geht man bei der Gestaltung des Verkaufspreises aus. Die Selbstkosten umfassen alle Kosten des Unternehmens, die bis zur Vermarktung des Artikels bzw. Produkts anfallen. Sie sind die Grundlage für die Gestaltung des Verkaufspreises.

- **Controlling:**
  Eine reine Ermittlung der Selbstkosten reicht in Unternehmen nicht aus. Sie müssen auch ständig kontrolliert werden. Will man am Markt bestehen, müssen die Kosten permanent gesenkt und der Marktsituation angepasst werden.

- **Grundlage für Entscheidungen:**
  Erkenntnisse, die aus der Kosten- und Leistungsrechnung gezogen werden, zählen zu den wichtigsten Grundlagen für die Entscheidungen eines Unternehmens.

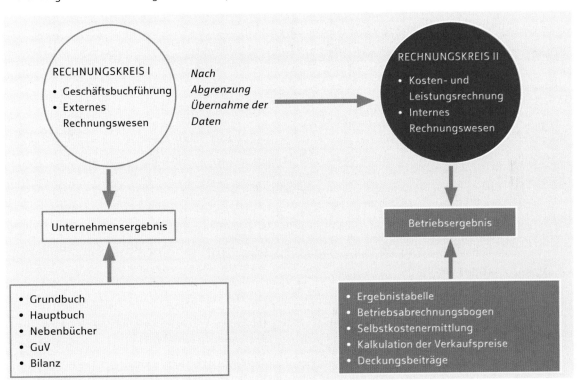

Aufbau der Kosten- und Leistungsrechnung

Die Kostenartenrechnung

Die Kostenartenrechnung trennt alle im Betrieb anfallenden Kosten einer Abrechnungsperiode von den insgesamt im Unternehmen verursachten Aufwendungen und erfasst sie systematisch nach Art ihrer Entstehung. Es wird also durch Herausfiltern aus den Aufwendungen und Erträgen ermittelt, welche Kosten und welche Leistungen im Betrieb entstanden sind.

> **DEFINITION** ─────
> Die **Kostenartenrechnung** beantwortet die Frage: Welche Kosten sind in welcher Höhe entstanden?

Die Kostenstellenrechnung

In der Kostenstellenrechnung wird ermittelt, welche Stellen im Betrieb (z. B. das Lager oder die Produktion)

welche Kosten verursachen: Alle angefallenen Kosten werden den in Anlehnung an die Aufbauorganisation des Betriebs gebildeten Kostenstellen zugeordnet.

> **DEFINITION** ─────
> Die **Kostenstellenrechnung** beantwortet die Frage: Wo (also in welcher Organisationseinheit) im Betrieb sind Kosten entstanden?

Die Kostenträgerrechnung

Mit der Kostenträgerrechnung wird berechnet, wie teuer es für den Betrieb ist, ein bestimmtes Produkt (bzw. eine bestimmte Dienstleistung) anzubieten.

> **DEFINITION** ─────
> Die **Kostenträgerrechnung** beantwortet die Frage: Wofür sind die Kosten angefallen?

Begrifflichkeiten der Kosten- und Leistungsrechnung

Die Kosten- und Leistungsrechnung arbeitet mit verschiedenen Begrifflichkeiten, um genaue Informationen zu liefern. Diese Fachbegriffe dürfen nicht verwechselt werden, damit es nicht zu Verfälschungen bei der Interpretation kommen kann.

Begrifflichkeiten	Veränderung von Beständen	Bereich des Rechnungswesens
Einzahlungen/Auszahlungen	Liquide Mittel (Kasse und Bank)	
Einnahme/Ausgabe	Geldvermögen	Geschäftsbuchführung
Ertrag/Aufwand	Gesamtvermögen	
Leistung/Kosten	Betriebsnotwendiges Vermögen	Kosten- und Leistungsrechnung

Es müssen also einerseits die Begriffe Aufwand, Kosten, Auszahlung und Ausgaben trennscharf unterschieden werden.

Begriff:	Erläuterung:	Beispiel:
Auszahlung	• Bar- oder Buchgeld verlässt den Betrieb • Liquide Mittel (Bankguthaben und Kasse) des Unternehmens vermindern sich • Zahlungsmittelabflüsse nach außen	Herr Hertien kauft für die Exclusiva GmbH ein spezielles Briefpapier im örtlichen Schreibwarenhandel bar ein.
Ausgabe	• Ausgänge in Geldeinheiten, die auf den Finanzkonten gebucht werden. • Ausgaben vermindern das Nettogeldvermögen • Ausgaben = Auszahlungen + Forderungsabgang + Schuldenzugang	Die Exclusiva GmbH kauft Waren auf Ziel ein.
Aufwand	• Wert aller vom gesamten Unternehmen erzeugten Vermögensabgänge, durch die das Eigenkapital vermindert wird • In Geld gemessener gesamter Verbrauch von Gütern und Dienstleistungen • Werteverzehr	Die Exclusiva GmbH spendet an eine gemeinnützige Organisation.
Kosten	• Betriebsbedingter Werteverzehr • Aufwand, der aus dem betrieblichen Leistungsprozess heraus entstanden ist	Am 30. des Vormonats zahlt die Exclusiva GmbH die Löhne der Mitarbeiter.

Andererseits haben auch die Begriffe Einzahlungen, Einnahme, Ertrag und Leistung unterschiedliche Bedeutungen.

Begriff:	Erläuterung:	Beispiel:
Einzahlung	• Bar- oder Buchgeld kommt in den Betrieb • Liquide Mittel (Bankguthaben und Kasse) des Unternehmens vermehren sich • Zahlungsmittelzuflüsse (Geldstrom) von außen	Die Exclusiva GmbH verkauft auf einer Messe ein Ausstellungsstück gegen Barzahlung.
Einnahme	• Eingänge in Geldeinheiten, die auf den Finanzkonten gebucht werden • Einnahmen vergrößern das Nettogeldvermögen • Einnahmen = Einzahlungen + Forderungszugang + Schuldenabgang	Die Exclusiva GmbH verkauft an die Ambiente Warenhaus AG Waren auf Ziel.
Ertrag	• Wert aller vom gesamten Unternehmen erzeugten Vermögenszuwächse, durch die das Eigenkapital vermehrt wird • In Geld gemessener gesamter Verbrauch von Gütern und Dienstleistungen • Wertezufluss	Die Exclusiva GmbH bezieht Dividenden aus Aktien.
Leistung	• Betriebsbedingter Wertezufluss • Wertzugang aller in Erfüllung des eigentlichen Betriebszwecks erstellten Gütern oder Dienstleistungen eines Zeitraums	Die Exclusiva GmbH erzielt einen Umsatzerlös in einer neuen Warengruppe in Höhe von 230.035,00 €.

Die Unterscheidung zwischen den einzelnen Begrifflichkeiten ist in der Kosten- und Leistungsrechnung von besonderer Bedeutung. Es müssen genau abgegrenzt werden:

Einzahlungen und Einnahmen

Einzahlung			
	Einzahlung, aber keine Einnahme	Ein Kunde der Exclusiva GmbH begleicht seine Rechnung in Höhe von 10.000,00 €.	
	Einzahlung und Einnahme	Barverkauf einer Ware auf einer Messe	**Einnahme**
	Einnahme, aber keine Einzahlung	Verkauf von Waren auf Ziel durch die Exclusiva GmbH	

Auszahlungen und Ausgaben

Auszahlung			
	Auszahlung, aber keine Ausgabe	Die Exclusiva GmbH begleicht eine Verbindlichkeit in Höhe von 20.000,00 € per Banküberweisung.	
	Auszahlung und Ausgabe	Barkauf auf einer Messe	
	Ausgabe, aber keine Auszahlung	Einkauf von Waren auf Ziel durch die Exclusiva GmbH	**Ausgabe**

Einnahmen und Erträge

Einnahme			
	Einnahme, aber kein Ertrag	Die Exclusiva GmbH verkauft Regale zum Buchwert von 2.500,00 €.	
	Einnahme und Ertrag	Ein Firmen-PKW mit dem Buchwert von 3.000,00 € wird für 5.000,00 € verkauft.	**Ertrag**
	Ertrag, aber keine Einnahme	Die Exclusiva GmbH bedruckt T-Shirts und nimmt sie auf Lager (verkauft werden sie im nächsten Jahr).	

Ausgaben und Aufwendungen

Ausgabe			
	Ausgabe, aber kein Aufwand	Die Exclusiva GmbH kauft einen neuen Lkw für 67.000,00 €.	
	Ausgabe und Aufwand	Die Exclusiva GmbH kauft für die die Herstellung personalisierter (durch entsprechenden Aufdruck) T-Shirts 100 unbedruckte Exemplare und verbraucht sie im gleichen Jahr.	**Aufwand**
	Aufwand, aber keine Ausgabe	Die Exclusiva GmbH schreibt ein Gebäude planmäßig ab.	

Leistungen und Erträge

Erträge	Erträge, aber keine Leistungen	Einem Kunden der Exclusiva GmbH werden Verzugszinsen in Rechnung gestellt.	
	Erträge und Leistungen	Die Exclusiva GmbH produziert Textilien und verkauft diese auch.	Leistungen
	Leistungen, aber keine Erträge	Differenzen bei der unterschiedlichen Bewertung der Vorräte zwischen Geschäftsbuchführung und Kosten- und Leistungsrechnung	

Kosten und Aufwendungen

Aufwand	Aufwand, aber keine Kosten	Die Exclusiva GmbH spendet für die Opfer einer Hochwasserkatastrophe.	
	Aufwand und Kosten	Exclusiva GmbH versichert die Warenvorräte.	Kosten
	Kosten, aber kein Aufwand	In der Exclusiva GmbH wird der Unternehmerlohn für Herrn Hertien, der im Unternehmen mitarbeitet, einkalkuliert.	

AUFGABEN

1. Aus welchen Teilbereichen besteht das Rechnungswesen?

2. Wodurch unterscheiden sich die Kosten- und Leistungsrechnung von der Geschäftsbuchführung?

3. Aus welchen drei Bereichen besteht die Kosten- und Leistungsrechnung?

4. Was verstehen Sie unter den Begriffen
   a) Auszahlungen,
   b) Einnahmen,
   c) Ertrag
   d) Kosten?

5. Welcher Begriff der Kostenrechnung ist gemeint?
   a) Zufluss von Zahlungsmitteln
   b) Darunter versteht man den bewerteten Verbrauch von Gütern und Dienstleistungen in einem bestimmten Zeitraum.

   c) Diese Minderungen des Geldvermögens eines Unternehmens setzen sich zusammen aus den Abgängen liquider Mittel sowie kurzfristiger Forderungen und dem Zugang von Verbindlichkeiten.

6. Entscheiden Sie bei den folgenden Buchungssätzen, um welche(n) Grundbegriff(e) der Kosten- und Leistungsrechnung (bzw. des Rechnungswesens) es sich handelt.
   a) Aufwendungen für Ware und Vorsteuer an Bank
   b) Aufwendungen für Ware und Vorsteuer an Verbindlichkeiten
   c) Forderungen an Umsatzerlöse und Umsatzsteuer

7. Beurteilen Sie die folgenden Fälle aus Sicht der Exclusiva GmbH:
   a) Letzte Woche wurden von der Exclusiva GmbH mehrere Kartons farbiges Kopierpapier bei einem Schreibwarengroßhändler bestellt.

Diese sind heute Morgen zusammen mit der Rechnung über 420,00 € abzüglich 3 % Skonto bei sofortiger Zahlung geliefert worden. Carolin Saager nimmt gerade die Überweisung vor.

b) Die Exclusiva GmbH hat Ware an die Ambiente Warenhaus AG geliefert. Die Ware muss erst in 90 Tagen bezahlt werden.

c) Gestern wurde in einen Lagergebäude der Exclusiva GmbH eingebrochen. Gestohlen wurden Anzüge einer italienischen Nobelmarke im Wert von 120.000,00 €

d) Es werden fünf neue Drucker auf Ziel (120 Tage) gekauft.

e) Heute Morgen wurde ein Darlehen zurückgezahlt, mit dem ein Lagergebäude der Exclusiva GmbH finanziert wurde.

8. Eine sehr schöne Einführung in die Kostenrechnung finden Sie im ersten Teil des E-Learning-Lernprogramms „Einführung in die Kostenrechnung" unter der Adresse *https://www.wiwi-treff.de/E-Learning-fuer-WiWis/E-Learning-Einfuehrung-in-die-Kostenrechnung/Artikel-4242*

Jede Lektion dauert ca. 45 Minuten.
Arbeiten Sie die erste Lektion durch.

9. In der Kosten- und Leistungsrechnung müssen Einnahmen, Erträge und Einzahlungen sowie Ausgaben, Aufwand und Auszahlungen genauestens voneinander getrennt werden.
Welche Situation liegt in den folgenden Fällen jeweils vor?

a) Die Exclusiva GmbH begleicht ihre Schulden in Höhe von 50.000,00 € per Banküberweisung bei der Möbius AG.

b) Ein Firmen-Lkw hat momentan einen Buchwert von 6.000,00 €. Er wird nun für 4.000,00 € verkauft.

c) Herr Hertien lässt die Warenvorräte im Lager der Exclusiva GmbH versichern.

d) Die Exclusiva GmbH bedruckt T-Shirts. Diese werden auch verkauft.

e) Das Firmengebäude der Hoffmann KG wird planmäßig abgeschrieben.

f) Ein Firmen-Pkw mit einem Buchwert von 4.000,00 € wird für 4.000,00 € verkauft.

g) Die Exclusiva GmbH kauft Waren auf Ziel ein.

h) Der Kunde Gerhard Frost begleicht seine Rechnung in Höhe von 252,00 €.

i) Dem Kunden Ernst Merke werden von der Exclusiva GmbH Verzugszinsen in Rechnung gestellt.

j) Die Exclusiva GmbH spendet einer Hilfsorganisation 5.000,00 € für die Opfer einer Erdbebenkatastrophe.

10. Die Teilbereiche des Rechnungswesens arbeiten mit unterschiedlichen Mitteln. Welche sind dies in den folgenden Beispielen?

a) Daten der Vergangenheit

b) Kennzahlen

c) Tabellen

d) Konten

ZUSAMMENFASSUNG

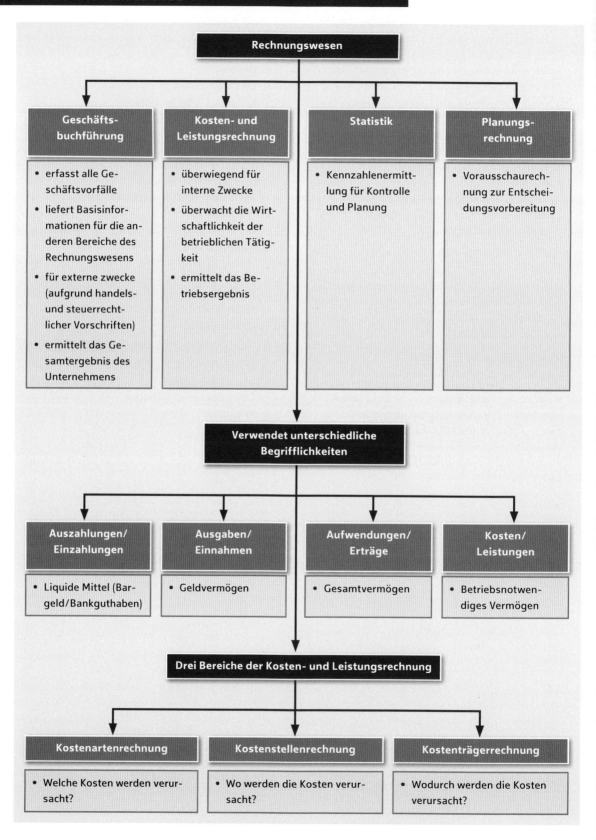

Rechnungswesen

Geschäfts-buchführung
- erfasst alle Ge-schäftsvorfälle
- liefert Basisinfor-mationen für die an-deren Bereiche des Rechnungswesens
- für externe zwecke (aufgrund handels- und steuerrecht-licher Vorschriften)
- ermittelt das Ge-samtergebnis des Unternehmens

Kosten- und Leistungsrechnung
- überwiegend für interne Zwecke
- überwacht die Wirt-schaftlichkeit der betrieblichen Tätig-keit
- ermittelt das Be-triebsergebnis

Statistik
- Kennzahlenermitt-lung für Kontrolle und Planung

Planungs-rechnung
- Vorausschaurech-nung zur Entschei-dungsvorbereitung

Verwendet unterschiedliche Begrifflichkeiten

Auszahlungen/ Einzahlungen
- Liquide Mittel (Bar-geld/Bankguthaben)

Ausgaben/ Einnahmen
- Geldvermögen

Aufwendungen/ Erträge
- Gesamtvermögen

Kosten/ Leistungen
- Betriebsnotwen-diges Vermögen

Drei Bereiche der Kosten- und Leistungsrechnung

Kostenartenrechnung
- Welche Kosten werden verur-sacht?

Kostenstellenrechnung
- Wo werden die Kosten verur-sacht?

Kostenträgerrechnung
- Wodurch werden die Kosten verursacht?

8.2 Kostenarten

Einstieg

Ronja Bunko schaut Frau Mohns interessiert über die Schulter:

Ronja Bunko:
„Wieso arbeiten Sie denn nicht mit einem Konto? Das sieht mir ja nach einer Tabelle aus!"

Frau Mohns:
„Stimmt. Das ist eine Ergebnistabelle. Ich verrechne gerade kalkulatorische Abschreibungen."

Ronja Bunko:
„Kalkulatorische Kosten, Ergebnistabelle: Ich glaube, da müssen Sie mir noch einiges erklären.
Ich dachte, ich könnte mittlerweile die Buchführung."

Frau Mohns:
„Die können Sie prima, aber hier geht es um die Kostenartenrechnung."

Erläutern Sie, warum im Rechnungswesen mit Ergebnistabellen gearbeitet wird.

INFORMATIONEN

Ziel der **Kostenartenrechnung** ist die artmäßige Erfassung aller Kosten: Alle kalkulierbaren Kosten werden nach ihrem Charakter aufgeschlüsselt.

In der Geschäftsbuchführung verbucht jedes Unternehmen Aufwendungen, die mit dem eigentlichen Betriebszweck nichts zu tun haben. Als erstes werden daher in der Kostenartenrechnung die Aufwendungen von den Kosten getrennt. Anschließend müssen jedoch noch Kosten hinzugerechnet werden, die entweder überhaupt keinen Aufwand darstellen oder sich in der Höhe von den entsprechenden Aufwendungen unterscheiden. Diese Kosten nennt man kalkulatorische Kosten.

Die Abgrenzung von Aufwand und Kosten

Unter Aufwand versteht man den gesamten Verzehr von Gütern bzw. Dienstleistungen innerhalb eines bestimmten Zeitraums. In einem ersten Schritt muss von dem gesamten Aufwand der neutrale Aufwand abgezogen werden.

Der neutrale Aufwand

Neutraler Aufwand wird in der Geschäftsbuchführung erfolgswirksam verbucht. Da er jedoch grundsätzlich nicht im Zusammenhang mit der Erreichung des Betriebszwecks steht, darf er in der Kostenrechnung jedoch nicht beachtet werden.

Zum neutralen Aufwand gehören:

- **Betriebsfremder Aufwand:**
  Diese Aufwandsart entsteht nicht im Zusammenhang mit der eigentlichen betrieblichen Tätigkeit.

BEISPIELE

- Die Exclusiva GmbH spendet für ein Waisenhaus in Guatemala.
- Die Exclusiva GmbH besitzt ein größeres Aktienpaket einer niederländischen Textilfabrik. Hier kommt es zu Verlusten.

- **Außerordentlicher Aufwand:**
  Zwar entsteht dieser Aufwand betrieblich bedingt, er tritt aber nur vereinzelt, unregelmäßig oder zufällig auf.

BEISPIELE

- Ein Lkw wird von der Exclusiva GmbH unter dem Buchwert verkauft.
- Ein wichtiger Kunde der Exclusiva GmbH wird insolvent. Es entsteht ein Forderungsverlust in Höhe von 12.000,00 €.

- **Periodenfremder Aufwand:**
  Dieser betrieblich bedingte Aufwand entsteht nicht in dem Abrechnungszeitraum, sondern zu einem späteren Zeitpunkt.

BEISPIEL

Die Exclusiva GmbH muss 17.000,00 € Steuern nachzahlen.

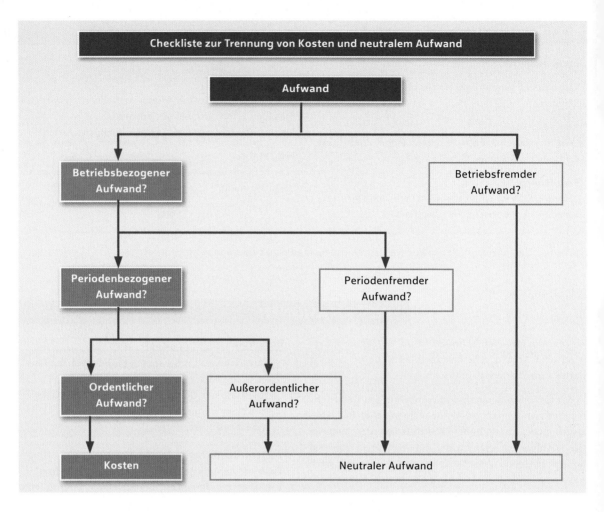

Grundkosten und Zweckaufwand

Hat man vom gesamten Aufwand den neutralen Aufwand abgezogen, bleibt der *Zweckaufwand* über. Dieser Begriff der Geschäftsbuchführung wird in der Kosten- und Leistungsrechnung **Grundkosten** genannt. Dies sind Kosten, die in gleicher Höhe sowohl als Aufwand in die Geschäftsbuchführung eingehen als auch als Kosten in der Kostenrechnung verrechnet werden. Grundkosten sind also Kosten, die ebenfalls Aufwendungen sind.

BEISPIEL

Die Exclusiva GmbH verbucht in einer Warengruppe Aufwendungen für Waren in Höhe von 87.000,00 €. In der Kostenrechnung wird dies in gleicher Höhe als Grundkosten verrechnet.

Kalkulatorische Kosten

Manche Kosten sind in der Geschäftsbuchführung nicht oder nicht in dem Umfang enthalten, der nötig ist, um richtige betriebliche Entscheidungen treffen oder realistische Verkaufspreise kalkulieren zu können.

Kalkulatorische Kosten entsprechen also nicht direkt einer Aufwandsart der Geschäftsbuchführung. Sie werden in der Kosten- und Leistungsrechnung bei der Ermittlung des Betriebsergebnisses hinzugerechnet, um vorweggenommene Kosten bereits in die Kalkulation der Verkaufspreise einfließen zu lassen. Unternehmen verwenden – ohne Rücksicht auf handels- oder steuerrechtliche Vorschriften nehmen zu müssen – die kalkulatorischen Kosten zur Abbildung des tatsächlichen Werteverzehrs der für die Leistungserstellung eingesetzten Produktionsfaktoren. Im Gegensatz zu den Kosten der Geschäftsbuchführung liegen ihnen keine Verträge oder Rechnungen zugrunde.

Kalkulatorische Kosten setzen sich zusammen aus Zusatzkosten und Anderskosten.

Aufwand der Geschäftsbuchführung		
Neutraler Aufwand	**Zweckaufwand** (Aufwand, dem in gleicher Höhe Kosten entsprechen)	
	Grundkosten (Kosten, denen in gleicher Höhe Aufwand entspricht)	**Kalkulatorische Kosten**
		Anderskosten (haben eine Entsprechung als Aufwand, unterscheiden sich aber in der Höhe von diesem) / **Zusatzkosten** (diesen entspricht gar kein Aufwand in der Geschäftsbuchführung)
	Kosten der Kosten- und Leistungsrechnung	

Zusatzkosten

Zusatzkosten steht überhaupt kein Aufwand gegenüber.

Kalkulatorische Miete

In der Kosten- und Leistungsrechnung wird die kalkulatorische Miete für Räumlichkeiten berechnet, die zwar betrieblichen Zwecken dienen, aber keine Mietzahlungen verursachen. Dadurch wird die Kalkulation eines Unternehmens mit eigenen Gebäuden mit der Kostenrechnung eines Unternehmens, das Räumlichkeiten gemietet hat, vergleichbar: Beide Unternehmen können auf der gleichen Kostengrundlage kalkulieren.

Kalkulatorische Zinsen des Eigenkapitals

Wenn nur die tatsächlich gezahlten Zinsen für das Fremdkapital in die Kalkulation der Verkaufspreise eingehen würden, bekäme ein Unternehmer nicht die Zinsen für sein bereitgestelltes Eigenkapital über die Verkaufspreise in das Unternehmen zurück. Für eine genaue Kalkulation muss also von dem gesamten betriebsnotwendigen Kapital (Fremdkapital, aber auch Eigenkapital) ausgegangen werden. Die kalkulatorischen Zinsen sorgen also dafür, dass in den Verkaufspreisen die Zinsen sowohl für das im Betrieb arbeitende fremde als auch für das eigene Kapital enthalten sind.

Kalkulatorischer Unternehmerlohn

Wenn Einzelunternehmer oder Gesellschafter von Personengesellschaften (KG/OHG) in dem Unternehmen mitarbeiten, werden diese Arbeiten nicht als Betriebsausgaben in Form von Personalkosten in der Geschäftsbuchführung erfasst. Um einerseits Kapital- und Personalgesellschaften gleichzustellen, andererseits eine korrekte und realistische Kalkulation zu bekommen, müssen die kalkulierten Verkaufspreise diese im Prinzip eingesparten Personalkosten enthalten.

Anderskosten

Wird in der Kostenrechnung der Güterverbrauch anders berechnet als in der Geschäftsbuchführung, liegen Anderskosten vor.

Kalkulatorische Wagnisse

Besondere Risiken in der betrieblichen Tätigkeit werden durch kalkulatorische Wagnisse in der Kostenrechnung abgebildet.

BEISPIEL

In die Geschäftsbuchführung der Exclusiva GmbH fließt ein Forderungsausfall in der tatsächlich angefallenen Höhe ein. In der Kostenrechnung werden jedoch vorsichtig kalkulierte Durchschnittswerte angesetzt.

Kalkulatorische Abschreibungen

Den Unternehmen werden in der Geschäftsbuchführung vom Gesetzgeber handels- und steuerrechtliche Vorschriften für die Berechnung der Abschreibungshöhe vorgegeben. Oft kann jedoch der Fall eintreten, dass die Abschreibungshöhe im Hinblick auf den tatsächlichen Werteverzehr eines Anlageguts zu hoch oder zu niedrig ist. Die kalkulatorischen Abschreibungen sorgen deshalb für eine Erfassung der tatsächlichen Wertminderung der Anlagegüter.

Kalkulatorische Zinsen des Fremdkapitals

Unterscheiden sich die tatsächlich zu bezahlenden Fremdkapitalzinsen (verbucht in der Geschäftsbuchführung) von den in der Kostenrechnung angesetzten Beträgen, liegen kalkulatorische Fremdkapitalzinsen vor.

Kosten

Jetzt sind die gesamten Kosten des Betriebes ermittelt. Sie ergeben sich durch Zusammenrechnung der Grundkosten mit den Zusatz- sowie Anderskosten.

Die Abgrenzungen von Erträgen und Leistungen

Die Berechnung der Leistungen erfolgt analog dem Vorgehen bei der Abgrenzung von Aufwand und Kosten. Im Zuge eines Prozesses werden die Leistungen von den Erträgen getrennt. Zudem werden noch Zusatz- und Andersleistungen hinzugerechnet.

Erträge

Erträge stellen den Wertzuwachs an Gütern und Dienstleistungen innerhalb eines bestimmten Zeitraums dar. Von diesen werden zunächst die neutralen Erträge abgegrenzt.

Neutrale Erträge

Neutrale Erträge, die grundsätzlich nicht im Zusammenhang mit der Erreichung des eigentlichen Betriebszwecks im untersuchten Zeitraum stehen, setzen sich aus folgenden Erträgen zusammen:

- **Betriebsfremde Erträge**
  Betriebsfremde Erträge haben keinen Bezug zur eigentlichen betrieblichen Tätigkeit.

  BEISPIEL

  Die Exclusiva GmbH ist an einer Schweizer Unternehmung beteiligt, die einen beträchtlichen Gewinn ausschüttet.

- **Außerordentliche Erträge**
  Außerordentliche Erträge werden zwar betrieblich bedingt, treten aber nur unregelmäßig, vereinzelt und oft zufällig auf.

  BEISPIEL

  Die Exclusiva GmbH verkauft einen Pkw über dem Buchwert.

- **Periodenfremde Erträge**
  Periodenfremde Erträge sind betrieblich verursachte Erträge, die jedoch in einem andern Zeitraum anfallen.

BEISPIEL

Die Exclusiva GmbH bekommt überraschend im Vorjahr gezahlte Steuern zurückerstattet.

Grundleistungen und Zweckerträge

Wurden von den gesamten Erträgen die neutralen Erträge abgezogen, bleibt der Zweckertrag übrig. In der Leistungsrechnung ist dies die Grundleistung.

Kalkulatorische Leistungen

Zur Berechnung der gesamten Leistungen werden zu den Grundleistungen noch die Andersleistungen und die Zusatzleistungen hinzugerechnet.

Zusatzleistungen

Zusatzleistungen steht kein Ertrag in der Geschäftsbuchführung entgegen.

BEISPIEL

Die Exclusiva GmbH nutzt bei der Textilproduktion ein eigenes Patent.

Andersleistungen

Werden in der Geschäftsbuchführung und in der Leistungsrechnung Leistungen unterschiedlich bewertet, werden Andersleistungen in die Berechnung aufgenommen.

BEISPIEL

Ein Grundstück der Exclusiva GmbH in Rostock hat einen enormen Wertzuwachs bekommen. In der Geschäftsbuchführung darf in der Bilanz nur der Wert bis maximal zum ursprünglichen Anschaffungspreis angesetzt werden. Die Leistungsrechnung dagegen darf auch den Marktpreis als Andersleistung einkalkulieren.

Einteilung der Kosten

Nach Abgrenzung der Kosten von den Aufwendungen unterteilt die Kostenartenrechnung die Kosten nach einer Vielzahl von Kriterien. Die identifizierten Kosten werden also – um später besser Informationen gewinnen zu können – nach bestimmten Merkmalen eingeteilt: Von besonderer Bedeutung für die Kostenrechnung sind einerseits die Unterscheidung von Einzel- und Gemeinkosten, andererseits die Unterteilung der Kosten in fixe und variable Kosten.

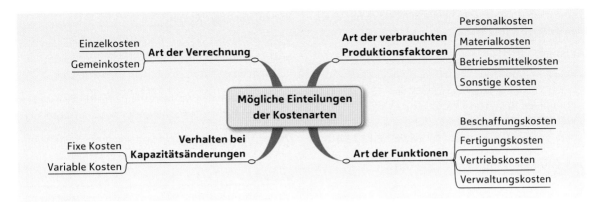

Aufteilung der Kosten nach der Zurechenbarkeit

Einzelkosten

Einzelkosten nennt man Kosten, die einem einzelnen Kostenträger (z. B. einem Artikel) direkt zugerechnet werden können. Oft werden sie auch als direkte Kosten bezeichnet.

BEISPIEL

Ein Artikel verursacht im Lager der Exclusiva GmbH direkt nachweisbare Lagerkosten von 0,75 € pro Stück im Jahr.

Gemeinkosten

Gemeinkosten werden durch mehrere oder alle Kostenträger im Betrieb verursacht. Sie fallen für den Betrieb insgesamt an, können aber nicht direkt einem Kostenträger zugerechnet werden. Sie werden oft auch indirekte Kosten genannt.

BEISPIEL

Herr Trzensik, Hausmeister der Exclusiva GmbH, verursacht Personalkosten, die nicht direkt einem Kostenträger zugeordnet werden können.

Aufteilung der Kosten nach der Veränderbarkeit des Leistungsumfangs

Kosten werden hier danach aufgeteilt, wie sie sich bei einer Änderung der betrieblichen Auslastung verhalten.

Wirtschaftswissenschaftler sprechen im Zusammenhang mit dieser Variation des Leistungsumfangs oft auch vom Beschäftigungsgrad.

Fixe Kosten

Diese Kosten bleiben bei Schwankungen der Auslastung konstant.

BEISPIEL

Die Exclusiva GmbH hat in Braunschweig ein Lagergebäude angemietet. Die Miete fällt an, egal ob das Lager leer oder gefüllt ist.

Die fixen Kosten können grafisch dargestellt werden:

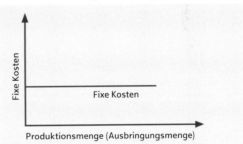

Die fixen Kosten bleiben bei zunehmender Produktionsmenge gleich.

BEISPIEL

Unabhängig davon, ob in einem Industriebetrieb z. B. 3000 oder 6000 Stück hergestellt werden (oder in einem Handelsbetrieb dieselben Stückzahlen verkauft werden), bleiben die fixen Kosten (z. B. 20.000,00 € für Miete von Räumen oder für Gehälter) gleich.

Untersucht man den Verlauf der **fixen Stückkosten**, ermittelt man, wie viel fixe Kosten für ein hergestelltes Stück anfallen.

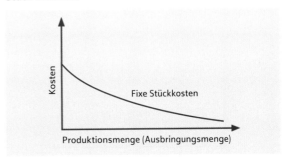

Je mehr ein Unternehmen herstellt, desto geringer werden die *fixen Stückkosten*.

BEISPIEL

Bei einer Produktion (Ausbringung) von 3 000 Stück fallen 6,66 € fixe Kosten pro Stück an.
(Rechnung: 10.000,00 € /3 000 Stück = 6,66 €)
Wird die Produktion dagegen auf 6 000 Stück gesteigert, sinken die fixen Kosten pro Stück auf 3,33 €.

Variable Kosten

Variable Kosten verändern sich als mengenabhängige Kosten bei Änderung der Produktions- bzw. Absatzmenge.

BEISPIEL

Je mehr ein Industrieunternehmen im Bereich der Textilproduktion anfertigt, desto größer werden die Beschaffungskosten für die Rohstoffe.

Bei einer Erhöhung der Produktionsmenge steigen also die variablen Kosten.

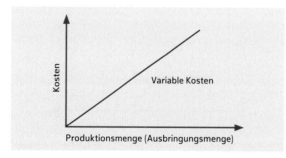

BEISPIEL

Fallen für ein Stück eines Produkts 5,00 € variable Kosten pro Stück an, ergeben sich variable Kosten für die Erstellung von 1 000 Stück in Höhe von 5.000,00 €.

Die **variablen Stückkosten** bleiben immer gleich, egal wie viel Stück hergestellt werden.

BEISPIEL

Egal, ob ein Stück oder 1000 Stück produziert werden, die variablen Kosten pro Stück betragen immer 5,00 €.

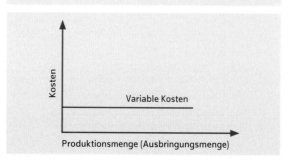

Verlauf variabler Kosten

Variable Kosten sind zwar beschäftigungsabhängig (also direkt beeinflusst durch die Ausbringungsmenge), können aber einen unterschiedlichen Verlauf haben:

Bei **proportionalen** Kosten verändern sich die variablen Kosten im gleichen Verhältnis wie die Ausbringungsmenge.

Degressive Kosten liegen vor, wenn die Kosten langsamer als z. B. die Produktionsmenge steigen.

BEISPIEL

Beim Bezug von Rohstoffen kann die Exclusiva GmbH durch Abnahme größerer Mengen Mengenrabatte und bessere Bezugskonditionen erzielen.

Bei **progressiven** Kosten nehmen die variablen Kosten bei steigender Ausbringungsmenge stärker zu.

BEISPIEL

Lohnkosten verteuern sich durch Überstundenzuschläge. Es kommt vermehrt zu Reparaturen aufgrund der Überbeanspruchung von Maschinen.

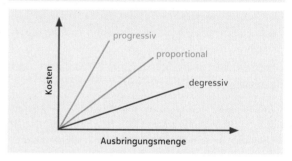

Ein Sonderfall sind die **sprungfixen** Kosten: Ab einer bestimmten Ausbringungsmenge ändert sich – sprunghaft – die Höhe der Fixkosten.

BEISPIEL

Ab einer gewissen Ausbringungsmenge muss ein Industrieunternehmen ein weiteres Gebäude für die Fertigung anmieten.

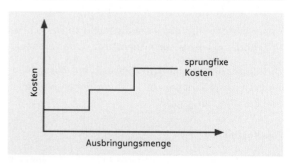

Gesamtkosten

Die Beziehung zwischen fixen und variablen Kosten lässt sich auch grafisch darstellen.

BEISPIEL

Ronja Bunko soll die Gesamtkosten eines Bereichs des Braunschweiger Lagers berechnen. Frau Mohns nennt ihr als fixen Anteil dieses Bereichs an der Lagermiete den Betrag von 3.500,00 €. Pro gelagerten Artikel fallen noch 0,70 € pro Stück an.

Ronja Bunko macht sich noch einmal klar:

Gesamtkosten = fixe Kosten + variable Kosten

Sie stellt daher die folgende Gleichung auf:

$y = 3\,500,00 + 0,70 \cdot x$

Wenn sie nun die Gesamtkosten für einen durchschnittlichen Lagerbestand von 12 000 Stück berechnen soll, ergibt sich folgende Rechnung:

$y = 3.500,00\ € + 0,70\ € \cdot 12.000$

$y = 3.500,00\ € + 8.400,00\ €$

$y = 11.900,00\ €$

Die Gesamtkosten der Lagerung betragen somit 11.900,00 €.

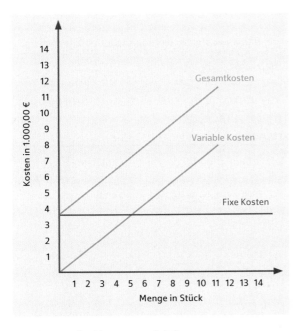

Das Gesetz der Massenproduktion

Je mehr ein Unternehmen produziert, desto stärker wird sich dessen Kostenstruktur verbessern. Dies sagt das Gesetz der Massenproduktion aus: Je höher die Ausbringungsmenge bei der Produktion von Gütern ist, desto geringer werden die gesamten Stückkosten.

BEISPIEL

Die Exclusiva GmbH produziert personalisierte T-Shirts zu variablen Kosten in Höhe von 30,00 € je Stück.

In einem Monat fallen 14.000,00 € fixe Kosten an.

Im Juli produziert die Exclusiva GmbH 4 000 Stück, im August wird die Fertigung auf 6 000 Stück gesteigert.

Ronja Bunko bekommt den Auftrag, die Kostensituation zu untersuchen.

		€	
		Juli	August
Variable Kosten	Stückzahl · 30,00 €	12.000,00	18.000,00
Fixe Kosten		14.000,00	14.000,00
Gesamtkosten	Variable und fixe Kosten	26.000,00	32.000,00
Gesamtkosten pro Stück	Gesamtkosten Herstellungsmenge	650,00	533,00

Ronja Bunko erkennt, dass hier das Gesetz der Massenproduktion vorliegt: Mit steigender Produktionsmenge sinken die Gesamtkosten pro Stück.

Die Ergebnistabelle

Der Gewinn oder Verlust aus dem Gewinn- und Verlustkonto der Geschäftsbuchführung sagt noch nichts über den Erfolg der eigentlichen betrieblichen Tätigkeit aus. Zur Ermittlung dieses Betriebsergebnisses (Betriebsgewinn oder Betriebsverlust) benötigt das Unternehmen die genaue Höhe der Kosten und Leistungen. Dazu wird in der Kosten- und Leistungsrechnung die Ergebnistabelle verwendet. Zur Berechnung des Betriebsergebnisses grenzt diese die neutralen Aufwendungen und Erträge von den Kosten und Leistungen ab und erfasst diese gegliedert und systematisch geordnet.

Als wesentliches Instrument der Kostenartenrechnung hat die Ergebnistabelle die folgende Struktur.

GESCHÄFTSBUCHFÜHRUNG				KOSTEN- UND LEISTUNGSRECHNUNG						
Rechnungskreis I				Rechnungskreis II						
Erfolgsbereich				Abgrenzungsbereich					KLR-Bereich	
				Unternehmensbezogene Abgrenzungen		Kostenrechnerische Korrekturen			Betriebsergebnisrechnung	
Kto. Nr.	Kontenbezeichnung	Aufwendungen	Erträge	Aufwendungen	Erträge	Aufwendungen	Erträge	Kosten	Leistungen

Der erste größere Teil der Ergebnistabelle (der linke Bereich) erfasst unter der Überschrift „Rechnungskreis I" die Salden aller Aufwands- und Ertragskonten aus den Erfolgskonten der Geschäftsbuchführung. Er bildet den Inhalt des Gewinn- und Verlustkontos einschließlich des Gesamtergebnisses ab.

Der zweite größere Bereich der Ergebnistabelle ermöglicht unter der Überschrift „Rechnungskreis II" sowohl die Berechnung der Abgrenzungsergebnisse als auch die des Betriebsergebnisses. Dieser gesamte Bereich fasst alle Berechnungen der Kosten- und Leistungsrechnung zusammen.

Es findet hier noch eine Untergliederung statt in

1. Abgrenzungsrechnung:

• Aus dem Rechnungskreis I werden einerseits unter der Überschrift „Unternehmensbezogene Abgrenzungen" die neutralen Aufwendungen und Erträge übernommen. die nichts mit dem betrieblichen Leistungsprozess zu tun haben. Ermittelt wird das neutrale Ergebnis (neutraler Verlust oder neutraler Gewinn).

• Mithilfe der kostenrechnerischen Korrekturen werden die eigenen kalkulatorischen Kosten (z. B. für die

Abschreibung) in die Kostenrechnung aufgenommen. Da die kalkulatorischen Kosten die betriebliche Wirklichkeit besser abbilden, ist es realistischer, diese auch in das Betriebsergebnis einfließen zu lassen.

• Kalkulatorische Kosten, die in der Kosten- und Leistungsrechnung als Kosten verrechnet werden, erscheinen in den kostenrechnerischen Korrekturen quasi als Erträge. Diese werden den Aufwendungen gegenübergestellt, die in der Geschäftsbuchführung des Rechnungskreises I erfasst wurden. Sie werden einerseits also in der Kostenrechnung als Kosten angesetzt, andererseits aber auch außerordentliche Erträge, damit das Gesamtergebnis nicht verfälscht wird.

2. Betriebsergebnisrechnung:

Aus dem Rechnungskreis I werden alle Kosten und Leistungen eingetragen. Ermittelt wird das Betriebsergebnis.

BEISPIEL

Ronja Bunko soll für die Filiale in Köln eine Ergebnistabelle aus der Gewinn-und-Verlust-Rechnung erstellen. Kalkulatorische Kosten und Leistungen muss sie zunächst nicht berücksichtigen.

S	Gewinn- und Verlustkonto		H
2010 Außerord. Aufwendungen	34.500,00	2420 Betriebsfremde Erträge	262.800,00
2030 Periodenfremder Aufwand	120.000,00	26 So. Zinsen und ä. Erträge	107.700,00
2040 Verluste a. d. Abgang v. AV	17.100,00	8010 Warenverkauf	4.500.000,00
3010 Wareneingang	2.880.000,00		
40 Personalkosten	810.000,00		
42 Steuern und Beiträge	293.700,00		
44 Werbe- und Reisekosten	33.660,00		
48 Allgemeine Verwaltungskosten	56.760,00		
GEWINN	624.780,00		
	4.870.500,00		4.870.500,00

Ronja stellt die folgende Ergebnistabelle auf:

		GESCHÄFTSBUCHFÜHRUNG		KOSTEN- UND LEISTUNGSRECHNUNG					
		Rechnungskreis I		Rechnungskreis II					
		Erfolgsbereich		Abgrenzungsbereich				KLR-Bereich	
				Unternehmensbez. Abgrenzungen		Kostenrechnerische Korrekturen		Betriebsergebnisrechnung	
Kto. Nr.	Kontenbezeichnung	Aufwendungen in €	Erträge in €	Aufwendungen in €	Erträge in €	Aufwendungen in €	Erträge in €	Kosten in €	Leistungen in €
2010	Außero. Aufwend.	34.500,00		34.500,00					
2030	Periodenfremder Aufw.	120.000,00		120.000,00					
2040	Verluste a. d. Abgang v. AV	17.100,00		17.100,00					
3010	Wareneingang	2.880.000,00						2.880.000,00	
40	Personalkosten	810.000,00						810.000,00	
42	Steuern und Beiträge	293.700,00						293.700,00	
44	Werbe- und Reisekosten	33.660,00						33.660,00	
48	AVK	56.760,00						56.760,00	
2420	Betriebsfr. Erträge		262.800,00		262.800,00				
26	So. Zinsen und ä. Erträge		107.700,00		107.700,00				
8010	Warenverkauf		4.500.000,00						4.500.000,00
	Summen:	4.245.720,00	4.870.500,00	171.600,00	370.500,00			4.074.120,00	4.500.000,00
	Salden	624.780,00	0	198.900,00				425.880,00	
		4.870.500,00	4.870.500,00	370.500,00	370.500,00			4.500.000,00	4.500.000,00

Sie ermittelt folgende Ergebnisse:

Gesamtergebnis =	Abgrenzungsergebnis	+ Betriebsergebnis
hier: Gesamtgewinn	hier: Abgrenzungsgewinn	+ hier: Betriebsgewinn
624.780,00 € =	198.900,00 €	+ 425.880,00 €

Berücksichtigung der kalkulatorischen Kosten in der Ergebnistabelle

Auch die kalkulatorischen Kosten müssen in der Ergebnistabelle berücksichtigt werden.

BEISPIEL

Frau Mohns erklärt Ronja Bunko mit einem einfachen Beispiel (zum besseren Verständnis), wie sie dabei vorzugehen hat. Sie nimmt an, dass das Unternehmen als einzigen Ertrag 600.000,00 € für Umsatzerlöse erzielt hat. Als einzige Aufwendung wurde in der Geschäftsbuchführung nur eine Abschreibung in Höhe von 200.000,00 € gebucht. In der Kostenrechnung müssen aber 250.000,00 € kalkulatorisch abgeschrieben werden. Ronja Bunko muss in der Spaltengruppe „Kostenrechnerische Korrekturen" die auf das Gesamtunternehmen bezogenen Aufwendungen der Finanzbuchführung von den betriebsbezogenen

Aufwendungen abgrenzen. Muss sie wie in diesem Fall in der Kosten- und Leistungsrechnung höhere Kosten verrechnen als Aufwendungen in der Geschäftsbuchführung, so wird sie das im Vergleich zum Gesamt-ergebnis zu gering ausgewiesene Betriebsergebnis durch den Ausweis eines entsprechenden Mehrertrags ausgleichen und neutralisieren.

		GESCHÄFTSBUCHFÜHRUNG			KOSTEN- UND LEISTUNGSRECHNUNG					
		Rechnungskreis I			Rechnungskreis II					
		Erfolgsbereich			Abgrenzungsbereich				KLR-Bereich	
					Unternehmensbez. Abgrenzungen		Kostenrechnerische Korrekturen		Betriebsergebnis-rechnung	
Kto. Nr.	Kontenbe-zeichnung	Aufwen-dungen in €	Erträge in €		Aufwendun-gen in €	Erträge in €	Aufwen-dungen in €	Erträge in €	Kosten in €	Leistungen in €
	Umsatz-erlöse		600.000,00							600.000,00
	Abschrei-bungen	200.000,00					200.000,00	250.000,00	250.000,00	
	Summen:	200.000,00	600.000,00				200.000,00	250.000,00	250.000,00	600.000,00
	Salden	400.00,00					50.000,00		350.000,00	
			600.000,00				250.000,00	250.000,00	600.000,00	600.000,00

Als Ergebnis liest sie ab:

Gesamtergebnis =	Abgrenzungsergebnis	+ Betriebsergebnis
hier: Gesamtgewinn	hier: Abgrenzungsgewinn	hier: Betriebsgewinn
400.000,00 € =	50.000,00 €	+ 350.000,00 €

BEISPIEL

Ronja Bunko erfährt gerade noch rechtzeitig, dass die vorläufig aufgestellte Gewinn-und-Verlust-Rechnung korrigiert wurde: Abschreibungen in Höhe von 100.000,00 € mussten noch berücksichtigt werden. Die Gewinn-und-Verlust-Rechnung sieht nun folgendermaßen aus:

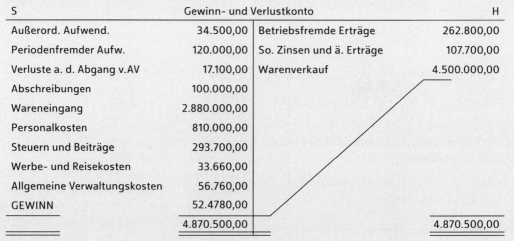

S	Gewinn- und Verlustkonto			H
Außerord. Aufwend.	34.500,00	Betriebsfremde Erträge		262.800,00
Periodenfremder Aufw.	120.000,00	So. Zinsen und ä. Erträge		107.700,00
Verluste a. d. Abgang v.AV	17.100,00	Warenverkauf		4.500.000,00
Abschreibungen	100.000,00			
Wareneingang	2.880.000,00			
Personalkosten	810.000,00			
Steuern und Beiträge	293.700,00			
Werbe- und Reisekosten	33.660,00			
Allgemeine Verwaltungskosten	56.760,00			
GEWINN	52.4780,00			
	4.870.500,00			4.870.500,00

Frau Mohns weist Ronja Buko darauf hin, dass in der Kostenrechnung aber noch 150.000,00 € kalkulatorisch abgeschrieben werden müssen. Sie stellt die folgende Ergebnistabelle auf:

	GESCHÄFTSBUCHFÜHRUNG		KOSTEN- UND LEISTUNGSRECHNUNG					
	Rechnungskreis I		Rechnungskreis II					
	Erfolgsbereich		Abgrenzungsbereich				KLR-Bereich	
			Unternehmensbez. Abgrenzungen		Kostenrechnerische Korrekturen		Betriebsergebnis-rechnung	
Kontenbezeichnung	Aufwen-dungen in €	Erträge in €	Aufwen-dungen in €	Erträge in €	Aufwen-dungen in €	Erträge in €	Kosten in €	Leistungen in €
Außero. Aufwend.	34.500,00	0,00	34.500,00					
Periodenfremder Aufw.	120.000,00	0,00	120.000,00					
Verluste a. d. Abgang v.AV	17.100,00	0,00	17.100,00					
Abschreibungen	100.000,00				100.000,00	150.000,00	150.000,00	
Wareneingang	2.880.000,00	0,00					2.880.000,00	
Personalkosten	810.000,00	0,00					810.000,00	
Steuern und Beiträge	293.700,00	0,00					293.700,00	
Werbe- und Reisekosten	33.660,00	0,00					33.660,00	
AVK	56.760,00	0,00					56.760,00	
Betriebsfr. Erträge	0,00	262.800,00		262.800,00				
So. Zinsen und ä. Erträge	0,00	107.700,00		107.700,00				
Warenverkauf	0,00	4.500.000,00						4.500.000,00
Summen:	4.345.720,00	4.870.500,00	171.600,00	370.500,00	100.000,00	150.000,00	4.224.120,00	4.500.000,00
Salden	524.780,00	0,00	198.900,00		50.000,00		275.880,00	
	4.870.500,00	4.870.500,00	370.500,00	370.500,00	150.000,00	150.000,00	4.500.000,00	4.500.000,00

Als Ergebnis liest Ronja Bunko ab:

Gesamtergebnis =	Abgrenzungsergebnis	+ Betriebsergebnis
Hier: Gesamtgewinn	Hier: Abgrenzungsgewinn	+ hier: Betriebsgewinn
524.780,00 =	248.900,00 (198.900,00 + 50.000,00)	+ 275.880,00

AUFGABEN

1. Was versteht man unter neutralen Aufwand?

2. Was gehört zum neutralen Aufwand?

3. Was versteht man unter Grundkosten?

4. Beurteilen Sie die folgende Aussage:
   „In der Kosten- und Leistungsrechnung werden auch Kosten angesetzt, die keinen Aufwendungen in der Geschäftsbuchführung entsprechen."

5. Um welche Kosten handelt es sich?
   a) Ein Lkw der Spindler KG wird mit 2.000,00 € in der Bilanz abgeschrieben.

b) In der Kostenrechnung wird der Lkw der Spindler KG aber mit 3.000,00 € abgeschrieben, da der der Wiederbeschaffungswert in der Zwischenzeit gegenüber dem ursprünglichen Anschaffungswert erheblich gestiegen ist.

c) Herr Spindler arbeitet mit in der Spindler KG.

d) Für das von Herrn Spindler in die Spindler KG eingebrachte Eigenkapital werden 30.000,00 € Zinsen, für die vom Unternehmen eigentlich keine verpflichtende Zinszahlungen zu leisten sind, in die Kostenrechnung aufgenommen.

6. Ronja Bunko soll die Gesamtkosten einer Warengruppe im Lager Köln ermitteln. Der Anteil an der Lagermiete beträgt 12.000,00 €. Pro Stück betragen die Lagerkosten 1,75 €. Durchschnittlich waren im Untersuchungszeitraum 40 000 Stück auf Lager.

7. Was ist eine Ergebnistabelle?

8. Wodurch unterscheiden sich die Rechnungskreise I und II?

9. Beurteilen Sie den Ausschnitt aus der folgenden Ergebnistabelle

GESCHÄFTSBUCHFÜHRUNG			KOSTEN- UND LEISTUNGSRECHNUNG					
Rechnungskreis I			Rechnungskreis II					
Erfolgsbereich			Abgrenzungsbereich				KLR-Bereich	
			Unternehmensbez. Abgrenzungen		Kostenrechnerische Korrekturen		Betriebsergebnisrechnung	
Kontenbezeichnung	Aufwendungen in €	Erträge	Aufwendungen	Erträge in €	Aufwendungen in €	Erträge	Kosten in €	Leistungen
Abschreibungen	40.000,00			40.000,00				
Kalkulatorische Abschreibungen					50.000,00		50.000,00	

10. Entscheiden Sie in den folgenden Fällen, ob jeweils Einzelkosten oder Gemeinkosten vorliegen.
    a) Die Exclusiva GmbH hat im Wareneinkauf einer bestimmten Warengruppe Aufwendungen für Ware in Höhe von 456.954,00 €.
    b) An alle Auszubildenden der Exclusiva GmbH in allen Filialen werden dieses Jahr insgesamt 678.900,00 € Ausbildungsvergütung ausgezahlt.
    c) In einer Fachzeitschrift schaltet die Exclusiva GmbH eine Anzeige, um sich bekannt zu machen.
    d) Für den Versand der Artikel einer Warengruppe wird bei einem spezialisierten Lieferanten Verpackungsmaterial bestellt.
    e) Am Anfang des Jahres ordert die Exclusiva GmbH eine Palette mit Kopierpapier für die Kopiergeräte und Drucker des Unternehmens.

11. Beurteilen Sie die folgende Aussage: „Bei fixen Stückkosten bleiben die Kosten bei steigender oder fallender Absatzmenge gleich."

12. Entscheiden Sie in den folgenden Fällen, ob jeweils fixe oder variable Kosten vorliegen.
    a) Die für die Exclusiva GmbH arbeitenden Vertreter erhalten ihre Provision.
    b) In einer Filiale der Exclusiva GmbH werden 150.000,00 € Gehälter ausgezahlt.
    c) Die Exclusiva GmbH hat im Wareneinkauf einer bestimmten Warengruppe Aufwendungen für Ware in Höhe von 456.954,00 €.

    d) Beim Versand bestimmter Waren fallen Ausgangsfrachten in Höhe von 640,00 € an.
    e) In Hamburg wird ein Lagergebäude von der Exclusiva GmbH angemietet.
    f) Das neu gebaute Geschäftsgebäude der Exclusiva GmbH in Köln wird versichert.

13. Die Exclusiva GmbH muss überraschend Gewerbesteuer für das letzte Jahr nachzahlen. Was liegt vor?
    a) Zusatzkosten
    b) Anderskosten
    c) Grundkosten
    d) betriebsfremder Aufwand
    e) periodenfremder Aufwand
    f) außerordentlicher Aufwand

14. In die Kostenrechnung der Exclusiva GmbH werden auch kalkulatorische Zinsen einkalkuliert. Geben Sie an, worum es sich bei kalkulatorischen Zinsen handelt.
    a) Anderskosten
    b) Zusatzkosten
    c) Aufwand
    d) Auszahlungen
    e) Ausgaben

15. Erstellen Sie aus folgender Gewinn-und-Verlust-Rechnung (Angaben in 1.000,00 €) eine Ergebnistabelle. Kostenrechnerische Korrekturen müssen Sie in dieser Aufgabe nicht vornehmen.

S	Gewinn- und Verlustkonto		H
Aufwend. f. Waren	3570	Umsatzerlöse	10500
Personalkosten	6314	Zinserträge	21
Außerord. Aufwand	49		
Mietaufwand (Lager)	343		
Gewinn	245		
	10521		10521

16. Für eine Filiale der Exclusiva GmbH wurde die folgende GuV-Rechnung (in 1.000,00 €) erstellt.

S	Gewinn- und Verlustkonto		H
Aufw. f. Ware	29106	Umsatzerlöse	43158
Zinsaufwand	660	Zinserträge	630
Personalkosten	7182		
Abschreibungen	900		
Raumkosten (Lager)	2418		
Allg. Verwalt.-Kosten	846		
Gewinn	2676		
	43780		43780

In der Kostenrechnung müssen noch berücksichtigt werden:
- Kalkulatorischer Unternehmerlohn 786.000,00 €
- Kalkulatorische Abschreibungen 1.080.000,00 €
- Kalkulatorische Zinsen 780.000,00 €

17. Für eine andere Filiale der Exclusiva GmbH wurde die folgende GuV-Rechnung (in 1.000,00 €) erstellt.

S	Gewinn- und Verlustkonto		H
Aufw. für Ware	1425	Umsatzerlöse	5040
Personalkosten	3645	Mieterträge	828
Abschreibungen	195	Zinserträge	225
Außerord. Aufw.	48		
Allg. Verwalt.-Kosten	207		
Gewerbesteuer	81		
Zinsaufwand	90		
Gewinn	402		
	6093		6093

In die Kostenrechnung müssen noch einbezogen werden:
- Kalkulatorische Wagnisse 10.000,00 €
- Kalkulatorische Abschreibungen 210.000,00 €
- Kalkulatorische Zinsen 108.000,00 €

18. Die Berechnung des Betriebsergebnisses kann durch Anwendung von Tabellenkalkulationsprogrammen erheblich erleichtert werden.
    a) Erstellen Sie mithilfe von Excel eine Vorlage für eine Ergebnistabelle.
    b) Überprüfen Sie die Ergebnisse der Aufgabe 15 bis 17 mithilfe der von Ihnen erstellten Exceltabelle.

19. Die Exclusiva GmbH produziert Hosen zu variablen Kosten in Höhe von 12,00 € je Stück.
    In einem Monat fallen 9.000,00 € fixe Kosten an.
    Im März produziert die Exclusiva GmbH 3 000 Stück, im April wird die Fertigung auf 16 000 Stück gesteigert.
    Zeigen Sie anhand dieser Daten mithilfe einer Berechnung die Gültigkeit des Gesetzes der Massenproduktion.

20. Bei einem bestimmten Artikel der Exclusiva GmbH liegt der folgende Kostenverlauf vor:

Ausbringungsmenge in Stück	Gesamtkosten in €
100	200,00
200	360,00
300	480,00
400	560,00
500	600,00

a) Welcher Kostenverlauf liegt vor?
b) Erstellen Sie einen grafischen Kostenverlauf mithilfe von Excel.

21. Die Gewinn-und- Verlust-Rechnung (GuV) des Jahres 20.. der Exclusiva GmbH wurde gerade von Ronja Bunko erstellt. Stolz präsentiert Ronja Frau Mohns und dem Abteilungsleiter Rechnungswesen, Herrrn Kaufmann, ihre Ergebnisse:

Soll		Gewinn- und Verlustkonto		Haben
7600 außerord. Aufwendungen	200.000,00 €	5500 Erträge aus Beteiligungen		340.000,00 €
7510 Zinsaufwendungen	29.380,00 €	5710 Zinserträge		8.400,00 €
6080 Aufw. f. Waren	16.000.000,00 €	5100 Umsatzerl. f. Waren		25.000.000,00 €
6300 Gehälter	2.800.000,00 €			
6700 Mieten	900.000,00 €			
7700 Gewerbesteuer	180.000,00 €			
6040 Aufw. f. Verpackungsmat.	270.000,00 €			
6050 Aufw. f. Energie u. Treibst.	300.000,00 €			
6870 Werbung	665.000,00 €			
6160 Fremdinstandhaltung	939.600,00 €			
6800 Allg. Aufw. f. Kommunikation	940.000,00 €			
6520 Abschreibungen	210.000,00 €			
Jahresüberschuss (EK)	1.914.420,00 €			
	25.348.400,00 €			25.348.400,00 €

Frau Mohns:

„Sehr schön, Ronja. Das sieht gut aus, damit können wir einen Jahresüberschuss ausweisen. Was wir aber noch ermitteln müssen, ist der Erfolg unserer betrieblichen Tätigkeit."

Ronja Bunko:

„Gehören die Positionen der GuV denn nicht alle zu den betrieblichen Tätigkeiten?"

Frau Mohns:

„Nein. Mittels der Kosten- und Leistungsrechnung werden in einer rein betriebsbezogenen Sichtweise nur die betrieblichen Tätigkeiten genauer untersucht. Es gibt beispielsweise einen Unterschied zwischen Aufwendungen und Kosten sowie zwischen Erträgen und Leistungen. Diese müssen getrennt aufgestellt werden."

Ronja Bunko:

„Und wie funktioniert diese Aufstellung?"

Frau Mohns:

„Es wird zwischen zwei Rechnungskreisen unterschieden. Mithilfe der Abgrenzungsrechnung werden dann die Kosten und Leistungen nach Kosten- und Leistungsarten gegliedert und das Betriebsergebnis sowie das betriebsneutrale Ergebnis ausgewiesen."

Ronja Bunko:

„Kosten, Leistungen, Kostenarten, Rechnungskreise. Das sind viele neue Begriffe."

Frau Mohns:

„Das werden wir jetzt Schritt für Schritt erarbeiten. Erst einmal werden wir die allgemeinen Ziele der Kosten- und Leistungsrechnung herausarbeiten, dann die

betrieblichen und betriebsneutralen Ergebnisse bestimmen und abschließend eine Übersicht zu den Bereichen der Kosten- und Leistungsrechnung erstellen."

Um die neutralen Aufwendungen und Erträge von den Kosten und Leistungen übersichtlich abgrenzen zu können, verwendet die Exclusiva GmbH eine Ergebnistabelle. Hierbei werden links die Zahlen der Finanzbuchhaltung des Rechnungskreises I eingetragen. Diese Werte kommen aus der GuV. Rechts werden die Werte der Kosten- und Leistungsrechnung (Rechnungskreis II) eingetragen.

Bei der Erstellung dieser Ergebnistabelle soll Ronja folgende Erläuterungen beachten:

Der Rechnungskreis II ist in drei Teile aufgeteilt:

- Unternehmensbezogene Abgrenzung
  Darstellung der neutralen Aufwendungen und Erträge.

- Kostenrechnerische Abgrenzung
  Darstellung von möglichen Abweichungen zwischen den Zahlen aus der Finanzbuchhaltung und den Zahlen aus der Kosten- und Leistungsrechnung (z. B. kalkulatorische Kosten).
  Aus den beiden Teilergebnissen wird das neutrale Ergebnis berechnet.

- Zahlen der Kosten- und Leistungsrechnung
  Darstellung des Betriebsergebnisses (mit Kosten und Leistungen).

Erstellen Sie eine Ergebnistabelle zu den Rechnungskreisen I und II für die Exclusiva GmbH unter Berücksichtigung der GuV und der unter der Ergebnistabelle stehenden Zusatzangaben.

| Kto.-Nr. | Rechnungskreis I – Erfolgsbereich (Zahlen der Finanzbuchhaltung) | | Rechnungskreis II – Abgrenzungsbereich – Unternehmensbezogene Abgrenzung | | Rechnungskreis II – Abgrenzungsbereich – Kostenrechnerische Abgrenzung | | Rechnungskreis II – KLR-Bereich (Zahlen der Kosten- und Leistungsrechnung) | |
	Aufwendungen	Erträge	Neutrale Aufwendungen	Neutrale Erträge	Aufwendungen lt. FIBU	Verrechnete Kosten	Kosten	Leistungen
5500 Erträge aus Beteiligungen								
5710 Zinserträge								
5100 Umsatzerl. f. Waren								
7600 a. o. Aufwendungen								
7510 Zinsaufwendungen								
6080 Aufw. f. Waren								
6300 Gehälter								
6700 Mieten								
7700 Gewerbesteuer								
6040 Aufw. f. Verpackungsmat.								
6050 Aufw. f. Energie u. Treibst.								
6870 Werbung								
6160 Fremdinstandhaltung								
6800 Allg. Aufw. f. Kommunikation								
6520 + 6570 Abschreibungen								
kalk. Unternehmerlohn								
Saldo								

Anmerkungen:
6520 Abschreibungen: Es wurden kalkulatorische Abschreibungen auf 210.000,00 € angesetzt; 6160: (39.600,00 € für Reparaturen an den vermieteten Räumen. Rest: Zweckaufwand); **6800 Allg. Aufw. f. Kommunikation** (36.000,00 € an Spenden) Rest: Zweckaufwand; 6570 **Abschreib. auf Forderungen:** kalkulatorisch wurden 250.000,00 € angesetzt; **7700 Steuern** (für vermietete Gebäude 12.000,00 €) Rest: Zweckaufwand; **7510 Zinsaufwand:** es wurden kalkul. Zinsen in Höhe von 35.000,00 € angesetzt; kalkulatorischer Unternehmerlohn 180.000,00 €

22. Bei der Exclusiva GmbH soll in Bezug auf die kalkulatorische Berechenbarkeit zwischen Einzelkosten und Gemeinkosten unterschieden werden. Es sind folgende Angaben aus der Buchhaltung bekannt:

- Warenbezugskosten   3.240,00 €
- Miete für das Zentrallager   3.000,00 €
- Ausbildungsvergütung für
  Auszubildende   4.500,00 €
- Vorsteuer   1.890,00 €
- Abschreibungen auf das betriebs-
  eigene Auslieferungslager   6.000,00 €

Wie hoch sind die Einzelkosten?

23. Die Kostenrechnung der Exclusiva GmbH ergibt für einen Auftrag über 1000 Stück folgende Zahlen:

- Wareneinsatz für 1000 Stück: 12.000,00 €
- Variable Handlungskosten je Stück: 2,00 €
- Fixe Kosten für diesen Auftrag: 4.000,00 €

Wie hoch sind die (Selbst-)Kosten je Stück?

24. Die Exclusiva GmbH weist am Ende des Jahres in ihrer Filiale in Köln folgende Gewinn-und-Verlust-Rechnung auf:

Soll		Gewinn- und Verlustkonto	Haben
6080 Aufw. f. Waren	5.705.000,00 €	5100 Umsatzerl. f. Waren	9.000.000,00 €
6160 Fremdinstandhaltung	206.000,00 €	5420 Eigenverbrauch v. Waren	20.000,00 €
6300 Gehälter	1.180.000,00 €	5400 Mieterträge	60.000,00 €
6400 soz. Aufwendungen	235.000,00 €	5410 Sonst. betr. Erlöse	15.000,00 €
6520 Abschreibungen	192.000,00 €	5490 Periodenfremde Erträge	24.000,00 €
6570 Abschreibungen auf Forderungen	34.000,00 €	5710 Zinserträge	120.000,00 €
6800 Allg. Aufw. f. Kommunikation	325.000,00 €		
6900 Versicherungsbeiträge	85.000,00 €		
7700 Steuern	28.000,00 €		
7510 Zinsaufwendungen	72.000,00 €		
7600 außerordentl. Aufwendungen	38.000,00 €		
Jahresüberschuss	1.139.000,00 €		
	9.239.000,00 €		9.239.000,00 €

Erstellen Sie eine Ergebnistabelle zu den Rechnungskreisen I und II für die Exclusiva GmbH, Filiale Köln, unter Berücksichtigung der GuV und der unter der Ergebnistabelle stehenden Zusatzangaben.

- 6080 Aufw. f. Waren erfolgte zu Verrechnungspreisen mit 5.740.000,00 €;
- 6520 Abschreibungen: Es wurden kalkulatorische Abschreibungen auf 210.000,00 € angesetzt;
- 6160 Fremdinstandhaltung 26.000,00 € für Reparaturen an den vermieteten Räumen; Rest: Zweckaufwand;

- 6800 Allg. Aufw. f. Kommunikation 15.000,00 € an Aidshilfe; Rest: Zweckaufwand;
- 6900 Versicherungsbeiträge: 6.000,00 € für vermietete Gebäude; Rest: Zweckaufwand;
- 6570 Abschreibungen auf Forderungen: kalkulatorisch wurden 25.000,00 € angesetzt;
- 7700 Steuern: für vermietete Gebäude 4.000,00 €; Rest: Zweckaufwand;
- 7510 Zinsaufwand: Es wurden kalkulatorische Zinsen in Höhe von 90.000,00 € angesetzt;
- kalkulatorischer Unternehmerlohn 150.000,00 €

	Rechnungskreis I		Rechnungskreis II					
	Erfolgsbereich		Abgrenzungsbereich				KLAR-Bereich	
	Zahlen der Finanzbuchhaltung		Unternehmensbezogene Abgrenzung		Kostenrechnerische Abgrenzung		Zahlen der Kosten- und Leistungsrechnung	
Kto.-Nr.	Aufwendungen	Erträge	Neutrale Aufwendungen	Neutrale Erträge	Aufwendungen lt. FIBU	Verrechnete Kosten	Kosten	Leistungen
5100								
5420								
5400								
5410								
5490								
5710								
6080								
6160								
6300								
6400								
6520								
6570								
6800								
6900								
7700								
7510								
7600								
Kalk U.								
Saldo								

ZUSAMMENFASSUNG

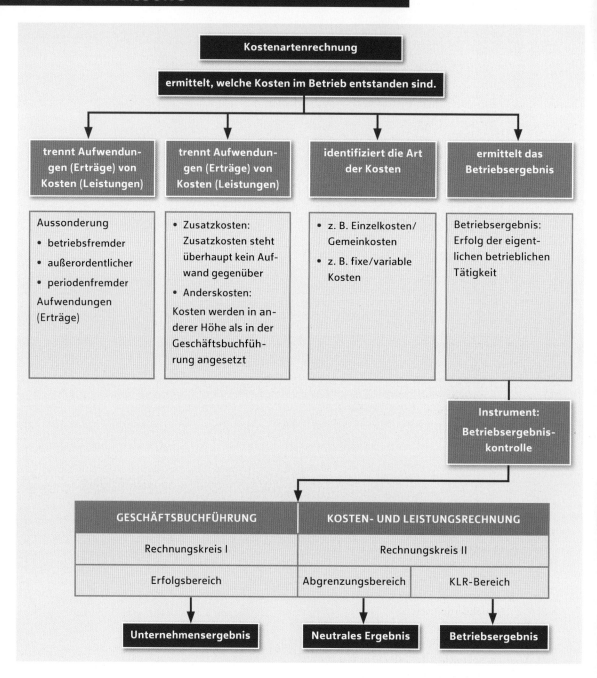

Kostenartenrechnung

ermittelt, welche Kosten im Betrieb entstanden sind.

trennt Aufwendungen (Erträge) von Kosten (Leistungen)	trennt Aufwendungen (Erträge) von Kosten (Leistungen)	identifiziert die Art der Kosten	ermittelt das Betriebsergebnis
Aussonderung • betriebsfremder • außerordentlicher • periodenfremder Aufwendungen (Erträge)	• Zusatzkosten: Zusatzkosten steht überhaupt kein Aufwand gegenüber • Anderskosten: Kosten werden in anderer Höhe als in der Geschäftsbuchführung angesetzt	• z. B. Einzelkosten/ Gemeinkosten • z. B. fixe/variable Kosten	Betriebsergebnis: Erfolg der eigentlichen betrieblichen Tätigkeit

Instrument:

Betriebsergebniskontrolle

GESCHÄFTSBUCHFÜHRUNG	KOSTEN- UND LEISTUNGSRECHNUNG	
Rechnungskreis I	Rechnungskreis II	
Erfolgsbereich	Abgrenzungsbereich	KLR-Bereich

Unternehmensergebnis | **Neutrales Ergebnis** | **Betriebsergebnis**

8.3 Kostenstellenrechnung

Einstieg

Ronja Bunko erzählt Frau Mohns vom letzten Auszubildendenseminar der Exclusiva GmbH, das in Berlin stattfand.

Ronja Bunko:

„… und dann haben sich 2 Auszubildende unser stationären Geschäfte aus Braunschweig und Rostock fast in die Haare gekriegt. Es ging um die Fragen, welcher Standort besser gearbeitet hat und welche Abteilung jeweils nicht so gut war …"

Frau Mohns:

„Wir könnten uns ja mal aus dem jeweiligen Betriebsabrechnungsbogen der Kostenstellenrechnung die Zahlen besorgen – und die Fragen tatsächlich beantworten."

Ronja Bunko:

„Ach ja, das geht?"

Frau Mohns:

„Ja, hier sind die Zahlen aus Braunschweig und Rostock:"

Braunschweig	Plan	Ist
Material	290.000,00 €	310.000,00 €
Fertigung	560.000,00 €	624.000,00 €
Vertrieb	185.000,00 €	160.000,00 €
Verwaltung	78.000,00 €	89.000,00 €

Rostock	Plan	Ist
Material	280.000,00 €	335.000,00 €
Fertigung	540.000,00 €	720.000,00 €
Vertrieb	82.000,00 €	84.000,00 €
Verwaltung	88.000,00 €	91.000,00 €

Ronja Bunko:

„Ja genau. Jetzt kann ich die Fragen auch beantworten. Aber das mit der Kostenstellenrechnung – das interessiert mich."

1. Stellen Sie fest und begründen Sie, welche Filiale erfolgreicher gearbeitet hat.

2. Ermitteln Sie, welche Abteilung nicht effizient gearbeitet hat.

INFORMATIONEN

Die **Kostenstellenrechnung** übernimmt die Aufgabe, die Kosten so zu erfassen, dass sie jeder Leistungseinheit eines Unternehmens (= Kostenstelle) zugeordnet werden können. Sie ordnet die Kosten also ihren Verursachungsbereichen zu. Die Kostenstellenrechnung identifiziert also wirtschaftliche bzw. unwirtschaftliche Bereiche des Betriebsprozesses. Sie dient damit einerseits der Gewinnung weiterer Informationen für die Kostenträgerrechnung, andererseits können dadurch einzelne Funktionsbereiche des Betriebes durch innerbetriebliche Vergleiche kontrolliert werden. Auch liefert sie Informationen für zukunftsorientierte Entscheidungen.

Die Kostenstellen

In der Kostenstellenrechnung wird das Unternehmen in kleine Teilbereiche – meistens sind dies Organisationseinheiten der Aufbauorganisation – zerlegt. Diesen werden die dort verursachten Kosten zugeordnet. Mit den ermittelten Kosten kann die betriebliche Tätigkeit kontrolliert werden. Wird beispielsweise eine Kostenüberschreitung bei einer Kostenstelle festgestellt, muss der für die Kostenstelle Verantwortliche Maßnahmen ergreifen. Die Kostenstellenrechnung ist ein wichtiges Mittel zur Unternehmenssteuerung durch den möglichen Vergleich zwischen Ist- und Sollzahlen.

Die Kostenstellenrechnung gliedert das gesamte Unternehmen in Abrechnungseinheiten, wo jeweils Kosten entstehen. Die Einteilung nach Kostenstellen kann nach unterschiedlichen Merkmalen erfolgen.

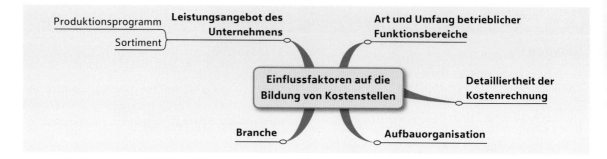

Sehr oft erfolgt die Einteilung der Kostenstellen nach den Funktionsbereichen eines Unternehmens.

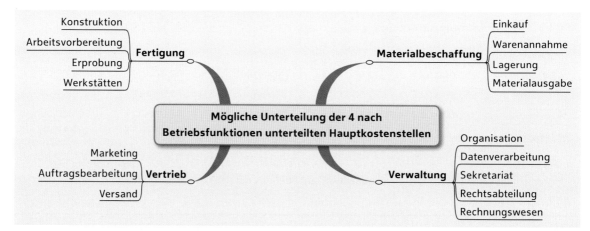

BEISPIEL

Die Textil AG hat folgende Kostenstellen:

Funktionsbereiche	Beispiele für mögliche Kostenstellen
Einkauf	• Einkauf • Wareneingang • Lager
Produktion	• Vorbereitung • Montage • Endkontrolle
Verwaltung	• Personal • Rechnungswesen • EDV
Vertrieb	• Auftragsbearbeitung • Versand

Jede Kostenstelle kann entweder eine Hilfskostenstelle oder Hauptkostenstelle sein.

Hauptkostenstelle

Bei den Hauptkostenstellen erfolgt die eigentliche betriebliche Tätigkeit, nämlich die direkte Leistungserstellung.

Nebenkostenstelle

Sie unterstützen die Hauptkostenstellen bei der Erzeugung von deren Leistungen.

In vielen Unternehmen werden die verwendeten Kostenstellen in einem Kostenstellenplan aufgeführt.

Die Verteilung der Gemeinkosten

Im Vordergrund der Kostenstellenrechnung steht die Verteilung der Gemeinkosten auf die Kostenstellen. Gemeinkosten sind Kosten, die unbedingt nötig sind, um ein Produkt (bzw. eine Leistung) zu erstellen, können aber diesem Kostenträger nicht direkt zugeordnet werden. Gemeinkosten sind oft Kosten, die mit der Verwaltung, Kontrolle und Steuerung des Unternehmens zu tun haben.

BEISPIELE

Zu den Gemeinkosten gehören u. a. die Kosten, die verursacht werden durch
- das Rechnungsesen
- das Controlling
- die Marketingabteilung
- die Personalabteilung
- das Qualitätsmanagement.

Je komplexer die Organisation oder das Leistungsspektrum des Unternehmens ist, desto häufiger fallen i. d. R. Gemeinkosten an.

Der einstufige Betriebsabrechnungsbogen

Das wichtigste Instrument der Kostenstellenrechnung ist der Betriebsabrechnungsbogen, oft mit BAB abgekürzt. Gelöst wird mit ihm ein Hauptproblem der Kostenrechnung: Er schlüsselt nämlich die Kostenarten, die sich auf mehrere Leistungen beziehen, entsprechend ihrer Kostenverursachung auf. In tabellarischer Form werden die auf jede Kostenstelle entfallenen Gemeinkosten als Zuschlagssatz auf die in der Kostenstelle verursachten Einzelkosten ermittelt. Mit den ermittelten Gemeinkostenzuschlagssätzen können später in der Kostenträgerrechnung Informationen darüber gewonnen werden, wie viel das Produkt kostet.

Werden die Gemeinkosten in einem Schritt umgelegt, liegt ein einstufiger Betriebsabrechnungsbogen vor. Dessen Struktur sieht immer in etwa wie folgt aus:

Betriebsabrechnungsbogen						
Gemeinkostenarten	Zahlen aus der Kostenartenrechnung	Verteilungsgrundlagen	Kostenstellen			
			Material	Fertigung	Verwaltung	Vertrieb
		Umlage nach Schlüsseln	*Verschiedene Kosten für die Beschaffung der Roh-, Hilfs- und Betriebsstoffe*	*Verschiedene Kosten der Produktion*	*Verschiedene Kosten der kaufmännischen Verwaltung*	*Verschiedene Kosten des Vertriebs und des Fertigwarenlagers*
			Summe der Materialgemeinkosten	*Summe der Fertigungsgemeinkosten*	*Summe der Verwaltungsgemeinkosten*	*Summe der Vertriebsgemeinkosten*
Summe der Gemeinkosten						
Zuschlagsgrundlage						
Zuschlagssatz						

Dabei haben die einzelnen Spalten und Zeilen die folgende Bedeutung:

- In der ersten Spalte des Betriebsabrechnungsbogens werden die in der Kostenartenrechnung ermittelten Kostenarten aufgeführt.
- Die zweite Spalte führt die Höhe der jeweiligen Kostenart auf.
- In die dritte Spalte wird die Verteilungsgrundlage für die Gemeinkosten eingetragen. Dieser Kostenschlüssel muss nachvollziehbar sein.
- Die folgenden Spalten stehen für die jeweiligen Kostenstellen. In sehr vielen Unternehmen wird mit den Kostenstellenbereichen Material, Verwaltung, Fertigung und Vertrieb gearbeitet.
- Die ermittelten Gemeinkosten werden dann nach den festgelegten Verteilungsgrundlagen auf die Kostenstellen bzw. Kostenstellenbereiche umgelegt.
- In der Zeile „Summe der Gemeinkosten" werden die gesamten angefallenen Gemeinkosten dieser Kostenstelle angegeben.

- In die Zeile „Zuschlagsgrundlage" werden die in den einzelnen Kostenstellen angefallenen Einzelkosten eingetragen.
- Anschließend kann in der Zeile „Zuschlagssätze" der jeweilige Zuschlagssatz ermittelt werden. Für dessen Berechnung gilt allgemein:

FORMEL

$$\text{Zuschlagssatz} = \frac{\text{Gemeinkosten}}{\text{Zuschlagsgrundlage}} \cdot 100$$

BEISPIEL

Frau Mohns erläutert Ronja Bunko das Prinzip des Betriebsabrechnungsbogens am Beispiel des kleinen Unternehmens ihres Mannes. Dort sind als Gemeinkosten angefallen:

Gehälter:	200.000,00 €
Abschreibungen:	80.000,00 €
Mieten:	40.000,00 €

Diese sind auf die 4 Kostenstellen

- Material
- Fertigung
- Vertrieb
- Verwaltung

zu verteilen.

Als Verteilungsgrundlage für die Umlage der Gemeinkosten auf die jeweilige Kostenstelle wird angewandt der Verteilungsschlüssel *(Material:Fertigung:Verwaltung:Vertrieb):*

1:2:1:1 bei den Gehältern,
2:5:1:2 bei den Abschreibungen
1:2:7:8 bei den Mieten.

Als Zuschlagsbasis (Einzelkosten, die bei den Kosten angefallen sind) wurden ermittelt:

Material: 500.000,00 €
Fertigung: 850.000,00 €
Vertrieb: 1.600.000,00 €
Verwaltung: 1.000.000,00 €

Es ergibt sich der folgende Betriebsabrechnungsbogen:

Betriebsabrechnungsbogen			Kostenstellen			
Gemeinkostenarten	Zahlen aus der Kostenartenrechnung	Verteilungsgrundlagen	Material	Fertigung	Verwaltung	Vertrieb
Gehälter	200.000,00 €	1:2:1:1	40.000,00 €	80.000,00 €	40.000,00 €	40.000,00 €
Abschreibungen	80.000,00 €	2:5:1:2	16.000,00 €	40.000,00 €	8.000,00 €	16.000,00 €
Miete	40.000,00 €	1:2:7:8	8.000,00 €	16.000,00 €	56.000,00 €	64.000,00 €
Summe der Gemeinkosten	320.000,00 €		64.000,00 €	136.000,00 €	104.000,00 €	120.000,00 €
Zuschlagsgrundlage			500.000,00 €	850.000,00 €	1.600.000,00 €	1.600.000,00 €
Zuschlagssatz			12,8 %	16 %	6,5 %	7,5 %

Den Zuschlagssatz von 12,8 % berechnet Frau Mohns unter Anwendung der Formel

$$\text{Zuschlagssatz} = \frac{\text{Gemeinkosten}}{\text{Zuschlagsgrundlage}} \cdot 100$$

$$\text{Zuschlagssatz} = \frac{64\,000}{500\,000} \cdot 100 = 12,8\,\%$$

Der Zuschlagssatz von 12,8 % bedeutet, dass jeder Einkauf von Material in Höhe von 100,00 € mit 12,80 € Materialgemeinkosten belastet wird. Als Materialkosten gehen dann später 112,80 € in die Produktkalkulation ein.

Die Berechnung der Gemeinkostenzuschlagssätze

Um später die Gemeinkosten auf einzelne Erzeugnisse verteilen zu können, werden im Rahmen des Betriebsabrechnungsbogens die Gemeinkostenzuschlagssätze ermittelt. Diese Prozentsätze beziehen sich i. d. R. auf bestimmte Zuschlagsgrundlagen.

Zuschlagssatz:	Zuschlagsgrundlage:	Berechnung
Materialgemeinkostenzuschlagssatz	Fertigungsmaterial	$\text{Materialgemeinkostenzuschlag} = \dfrac{\text{Materialgemeinkosten}}{\text{Fertigungsmaterial}} \cdot 100$
Fertigungsgemeinkostenzuschlagssatz	Fertigungslöhne oder Stoffkosten	$\text{Fertigungsgemeinkostenzuschlag} = \dfrac{\text{Fertigungsgemeinkosten}}{\text{Fertigungslöhne}} \cdot 100$

Zuschlagssatz:	Zuschlags-grundlage:	Berechnung
Verwaltungsgemein-kostenzuschlagssatz	Herstellkosten	$\text{Verwaltungsgemeinkostenzuschlag} = \dfrac{\text{Verwaltungsgemeinkosten}}{\text{Herstellkosten}} \cdot 100$
Vertriebsgemein-kostenzuschlagssatz	Herstellkosten	$\text{Vertriebsgemeinkostenzuschlag} = \dfrac{\text{Vertriebsgemeinkosten}}{\text{Herstellkosten}} \cdot 100$

BEISPIEL

Frau Mohns und Ronja Bunko berechnen im Rahmen des BAB die einzelnen Gemeinkostenzuschläge. Sie arbeiten mit den folgenden Werten:

Materialgemeinkosten (540.000,00 €) und Fertigungsmaterial (2.428.000,00 €)

Fertigungsgemeinkosten (190.000,00 €) und Fertigungslöhne (900.000,00 €)

Vertriebsgemeinkosten (74.000,00 €) und Herstellkosten (1.420.000,00 €)

Verwaltungsgemeinkosten (132.000,00 €) und Herstellkosten (1.420.000,00 €).

Als Gemeinkostenzuschlagssätze ergeben sich:

Gemeinkosten-zuschlagssatz:	Materialgemein-kostenzuschlagssatz	Fertigungsgemein-kostenzuschlagssatz	Verwaltungsgemein-kostenzuschlagssatz	Vertriebsgemein-kostenzuschlagssatz
Berechnung:	$\dfrac{540\,000}{2\,428\,000} \cdot 100$	$\dfrac{190\,000}{900\,000} \cdot 100$	$\dfrac{132\,000}{1\,420\,000} \cdot 100$	$\dfrac{74\,000}{1\,420\,000} \cdot 100$
Ergebnis:	22,24 %	21,11 %	9,29 %	5,2 %

Exkurs: Der mehrstufige Betriebsabrechnungsbogen

Der **einstufige** Betriebsabrechnungsbogen arbeitet überwiegend mit den 4 Hauptkostenstellen:

- Material
- Fertigung
- Vertrieb
- und Verwaltung.

Auf diese werden die Gemeinkosten in einem Schritt umgelegt.

Viele größere Unternehmen verwenden **mehrstufige** Betriebsabrechnungsbögen. Diese liefern noch detailliertere Informationen. Anwendung finden dabei:
- mehr als die 4 Hauptkostenstellen.

BEISPIEL

Viele Unternehmen haben eine größere Anzahl von Fertigungsstellen:

- **allgemeine Kostenstellen.** Darunter versteht man Kostenstellen, die nicht zu den vier Hauptkostenbereichen zählen, ihre Leistung jedoch an alle anderen Kostenstellen abgeben können.

BEISPIEL

Eine Textilfabrik hat eine eigene Stromerzeugungsanlage, die den Strom an alle anderen Kostenstellen abgibt.

- **Hilfskostenstellen.** Diese geben ihre Leistungen ausschließlich an die Fertigungshauptstellen ab. Sie leisten im Vergleich zu den Hauptkostenstellen der Fertigung keinen direkten Beitrag zum Produktionsfortschritt der Erzeugnisse, sondern fördern diesen bzw. schaffen dafür die Voraussetzungen

BEISPIEL

Die Designabteilung einer Textilfabrik

In einem mehrstufigen Betriebsabrechnungsbogen erfolgt die Verteilung der Gemeinkosten auf die Kostenstellen in einem mehrstufigen Verfahren:

- Im ersten Schritt werden die Gemeinkosten auf die allgemeine Kostenstelle und die Hauptkostenstellen umgelegt.

- In einem zweiten Schritt werden die Kosten der allgemeinen Kostenstelle entsprechend ihrer Leistungsabgabe den anderen Hauptkostenkostenstellen zugeordnet.
- Schließlich werden in einem dritten Schritt die Kosten der Hilfskostenstellen den Fertigungshauptstellen zugerechnet.
- Abschließend kann nun die Zuschlagsatzbildung in den Hauptkostenstellen erfolgen.

BEISPIEL

In einem größeren Unternehmen wird ein mehrstufiger BAB (Betriebsabrechnungsbogen) erstellt.

- Zunächst werden wie beim einstufigen BAB die Gemeinkosten auf die Kostenstellen verteilt (hier

aber nicht nur auf die vier Hauptkostenstellen, sondern zusätzlich über mehrere Fertigungshauptkostenstellen sowie eine allgemeine Kostenstelle und eine Fertigungshilfskostenstelle).
- Anschließend werden die Gemeinkosten der allgemeinen Kostenstelle auf die anderen Kostenstellen verrechnet.
- Abschließend werden noch die Gemeinkosten der Fertigungshilfskostenstelle auf die Hauptkostenstellen umgelegt.
- Nun können wie beim einstufigen BAB die Zuschlagssätze berechnet werden.

Gemeinkosten	Zahlen der Kostenarten-rechnung in €	Verteilungsgrundlage	Allgemeine Kostenstelle in €	Fertigungshilfskostenstelle in €	Fertigungshauptkosten-stellen 1 bis 4 in €	Material in €	Vertrieb in €	Verwaltung in €
Personalkosten	24.000,00	4:2:1:0,5:0,25:0,25	12.000,00	6.000,00	3.000,00	1.500,00	750,00	750,00
Steuern und Versicherungen	36.000,00	0:0:2:2:0,4:0,4	6.000,00	0,00	6.000,00	6.000,00	12.000,00	12.000,00
Instandhaltungen und Reparaturen	15.000,00	1,5:2,5:0,5:0,4:0,05:0,05	4.500,00	7.500,00	1.500,00	1.200,00	150,00	150,00
Kalk. Miete	36.000,00	0:4:6:1:0,5:0,5	0,00	12.000,00	18.000,00	3.000,00	1.500,00	1.500,00
Sonstige Kosten	15.000,00	1:2:1:0,5:0,25:0,25	12.000,00	18.000,00	3.000,00	1.500,00	750,00	750,00
Summe der Gemeinkosten	126.000,00		19.500,00	31.500,00	31.500,00	13.200,00	15.150,00	15.150,00
Umlage der Allg. Kostenstelle			−19.500,00	3.900,00	5.850,00	3.900,00	2.925,00	2.925,00
Zwischensumme Gemeinkosten				35.400,00	37.350,00	17.100,00	18.075,00	18.075,00
Umlage der Fertigungskostenhilfsstelle				−35.400,00	17.700,00	14.160,00	16.620,00	16.620,00
Summe der Gemeinkosten					55.050,00	31.260,00	34.695,00	34.695,00
Zuschlagsgrundlage					2.000.000,00	800.000,00	40.0000,00	660.000,00
Zuschlagssatz					2,75	3,90	8,67	5,25

Kostenüberdeckung und Kostenunterdeckung

In der Praxis wird die Kostenrechnung mit Normalkosten durchgeführt.

> **DEFINITION** ——————————
>
> **Normalkosten** sind die durchschnittlichen Kosten, die aus den **Istkosten** (dies sind die tatsächlich angefallenen Kosten eines Abrechnungszeitraums) mehrerer Rechnungsperioden gebildet werden.

Unternehmen rechnen im BAB zunächst einmal mit Soll-zuschlagssätzen für die Gemeinkosten. Diese werden Normal-Zuschlagssätze genannt. Die sich daraus ergebenden Gemeinkosten werden als Normalgemeinkosten bezeichnet. Ermittelt werden sie aus dem Durchschnitt der Ist-Zuschlagssätze eines vergangenen Zeitraums. Ein Ist-Zuschlagssatz ist ein tatsächlich angefallener Zuschlagssatz z. B. für einen Monat.

BEISPIEL ————————————————

Die Exclusiva GmbH hat die Fertigung der personalisierten T-Shirts erheblich ausgeweitet. Frau Mohns hat für den letzten Monat einen Ist-Zuschlagssatz für die Materialgemeinkosten von 9,4 % ermittelt. In den vorangegangenen Monaten betrugen die Materialgemeinkostenzuschläge 9,1 %, 9,5 %, 9,3 %, 9,1 % und 8,9 %.

Gründe für unterschiedliche Werte in den letzten Monaten können in Preis- oder Verbrauchsschwankungen liegen.

Frau Mohns berechnet den Normalkostenzuschlagssatz:

$$\text{Normalzuschlagssatz} = \frac{9{,}4 + 9{,}1 + 9{,}5 + 9{,}3 + 9{,}1 + 8{,}9}{6}\%$$
$$= 9{,}21\%$$

Die Ist-Zuschlagsätze können von Monat zu Monat erheblich schwanken. Gründe dafür können einerseits in Änderungen der Zuschlagsgrundlagen als auch in der Höhe der Gemeinkosten liegen. Wenn jedoch evtl. jeden Monat mit anderen Zuschlagssätzen gerechnet werden muss, kann keine aussagekräftige Kalkulation vorgenommen werden. Auch die Abgabe von Angeboten wäre erheblich erschwert. Deshalb wird im BAB zunächst einmal mit den Normalzuschlagssätzen (Sollzuschlagssätzen) gearbeitet.

Möchte man die Kostenentwicklung entweder in den einzelnen Verantwortungsbereichen eines Unternehmens (= Kostenstellen) oder bei der Herstellung bestimmter Produkte (= Kostenträger) überwachen, sollte man die Kosten genau kontrollieren. Eine solche Kostenkontrolle dient also der Wirtschaftlichkeitskontrolle und erfolgt z. B. durch den Vergleich zwischen den Ist- und Normalkosten:

- Eine **Kostenüberdeckung** liegt vor, wenn die Normalkosten über den Istkosten liegen.
- Sind die Normalkosten kleiner als die Istkosten, spricht man von **Kostenunterdeckung**.

BEISPIEL ————————————————

Herr Mitschke führt eine Kostenkontrolle durch. Momentan untersucht er die Fertigungskosten.

Er ermittelt eine Kostenunterdeckung in Höhe von 24.000,00 €

Kosten	Normalkalkulation	Istkalkulation	Ergebnis der Kostenkontrolle
Fertigungslöhne in €	640.000,00	640.000,00	
+ Fertigungsgemeinkosten in €	576.000,00	600.000,00	
= Fertigungskosten in €	1.216.000,00	1.240.000,00	24.000,00 Kostenunterdeckung

Herr Mitschke stellt anschließend Kostensteigerungen durch erhöhten Reparaturaufwand sowie erhöhte Abschreibungen als Gründe für die Kostenunterdeckung fest. Da diese negative Auswirkungen auf das Betriebsergebnis hat, muss die Hoffmann KG sich Maßnahmen überlegen, um die Kostensituation bei den Fertigungskosten zu verbessern.

AUFGABEN

1. Was ist eine Kostenstelle?

2. Welche Aufgabe hat die Kostenstellenrechnung?

3. Nach welchen Merkmalen können Kostenstellen eingeteilt werden?

4. Nennen Sie die vier üblichen Hauptkostenstellen (Grundkostenstellen).

5. Unterscheiden Sie Hauptkostenstellen und Nebenkostenstellen.

6. Erläutern Sie den Begriff Gemeinkosten.

7. Was ist ein Betriebsabrechnungsbogen?

8. Ronja Bunko entnimmt einem BAB 19,8 % als Wert für den Materialgemeinkostenzuschlagssatz. Erläutern Sie diesen Wert.

9. Ronja Bunko entnimmt einem BAB als Wert für die Fertigungsgemeinkosten 762.000,00 € und als Wert für die Fertigungslöhne 3.654.000,00 €. Berechnen Sie den Fertigungsgemeinkostenzuschlagssatz.

10. Geben Sie an, welche der folgenden Stellen Hilfskostenstellen sind:
    a) Herr Kühn im Einkauf
    b) Der Facility-Manager (= Hausmeister) Herr Trzensik
    c) Frau Kielhorn in der Warenannahme
    d) Frau Unger in der Betriebskantine
    e) Herr Schneider im Einkauf

11. Die Kostenstellenrechnung zweier Filialen stellt folgende Informationen zur Verfügung:

München	Plan	Ist
Material	856.000,00 €	902.000,00 €
Fertigung	1.004.900,00 €	987.000,00 €
Vertrieb	328.000,00 €	321.000,00 €
Verwaltung	510.900,00 €	502.300,00 €

Dresden	Plan	Ist
Material	760.000,00 €	732.000,00 €
Fertigung	845.000,00 €	965.000,00 €
Vertrieb	224.000,00 €	213.000,00 €
Verwaltung	458.000,00 €	454.000,00 €

Stellen Sie fest und begründen Sie, welche Filiale erfolgreicher gearbeitet hat.
Ermitteln Sie, welche Abteilung nicht effizient gearbeitet hat.

12. Berechnen Sie die einzelnen Gemeinkostenzuschläge mithilfe der in einem BAB enthaltenden Werte:
    - Materialgemeinkosten (480.000,00 €) und Fertigungsmaterial (2.228.000,00 €),
    - Fertigungsgemeinkosten (210.000,00 €) und Fertigungslöhne (1.900.000,00 €),
    - Vertriebsgemeinkosten (174.000,00 €) und Herstellkosten (1.520.000,00 €),
    - Verwaltungsgemeinkosten (162.000,00 €) und Herstellkosten (222.000,00 €).

13. In einer Filiale der Exclusiva GmbH sind folgende Gemeinkosten angefallen:

Gehälter	120.000,00 €
Steuern	80.000,00 €
Kalkulatorische Kosten	180.000,00 €
Energie	36.000,00 €

Diese sind auf die vier Kostenstellen zu verteilen:
- Material
- Fertigung
- Vertrieb
- Verwaltung

Als Verteilungsgrundlage für die Umlage der Gemeinkosten auf die jeweilige Kostenstelle wird angewandt der Verteilungsschlüssel:

Gehälter:	1:2:6:1
Steuern:	1:4:3:2
Kalkulatorische Kosten:	3:4:6:2
Energie:	1:5:2:1

Als Zuschlagsbasis (Einzelkosten, die bei den Kosten angefallen sind) wurden ermittelt:

Material:	440.000,00 €
Fertigung:	548.000,00 €
Vertrieb:	328.000,00 €
Verwaltung:	187.000,00 €

14. Aus der Geschäftsbuchführung und den Vorarbeiten der Kostenstellenrechnung sind folgende Zahlen bekannt:

Gemeinkosten-arten	Zahlen aus der Kostenarten-rechnung	Verteilungs-grundlagen
Gehälter	98.000,00 €	1:2:5:2
Hilfslöhne	72.000,00 €	3:5:1:1
Energie	132.000,00 €	1:5:1:1
Instandhaltung	68.600,00 €	2:6:1:1
Steuern	156.000,00 €	3:9:2:1
Sonstige Kosten	434.000,00 €	2:4:1:1
Kalkulatorische Kosten	144.000,00	4:10:3:3

Zuschlagsgrundlagen:

Material	1.800.000,00 €
Fertigung	848.000,00 €
Verwaltung	624.000,00 €
Vertrieb	624.000,00 €

Erstellen Sie einen einstufigen Betriebsabrechnungsbogen.

15. Erstellen Sie mit den folgenden Informationen einen einstufigen Betriebsabrechnungsbogen.

Gemeinkosten-arten	Zahlen aus der Kostenarten-rechnung	Verteilungs-grundlagen
Gehälter	60.000,00 €	1:2:6:1
Instandsetzungen	20.000,00 €	1:3:-:1
Steuern	80.000,00 €	1:4:3:2
Energie	64.000,00 €	1:5:1:1
Sonstige Kosten	160.000,00 €	1:1:6:2
Kalkulatorische Abschr.	40.000,00 €	7:21:7:5
Kalkulatorischer Unternehmer-lohn	80.000,00 €	1:2:5:2
Kalkulatorische Zinsen	48.000,00 €	3:5:2:2

Zuschlagsgrundlagen:

Material	4.237.000,00 €
Fertigung	2.939.000,00 €
Verwaltung	446.000,00 €
Vertrieb	446.000,00 €

ZUSAMMENFASSUNG

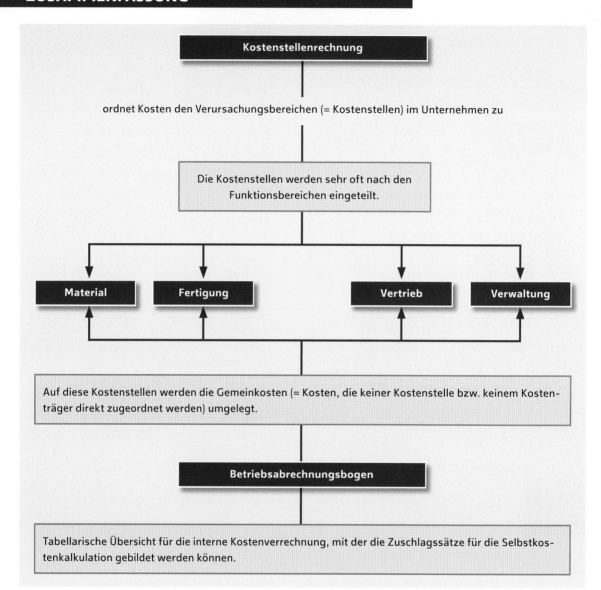

Kostenstellenrechnung

ordnet Kosten den Verursachungsbereichen (= Kostenstellen) im Unternehmen zu

Die Kostenstellen werden sehr oft nach den Funktionsbereichen eingeteilt.

Material   **Fertigung**   **Vertrieb**   **Verwaltung**

Auf diese Kostenstellen werden die Gemeinkosten (= Kosten, die keiner Kostenstelle bzw. keinem Kostenträger direkt zugeordnet werden) umgelegt.

Betriebsabrechnungsbogen

Tabellarische Übersicht für die interne Kostenverrechnung, mit der die Zuschlagssätze für die Selbstkostenkalkulation gebildet werden können.

8.4 Kostenträgerrechnung

Einstieg

Die Exclusiva GmbH führt in einer Warengruppe die Artikel Betty Jordan, Deco International, KTM und Steiger. Das Warenwirtschaftssystem liefert für diese Artikel folgende Daten:

	Betty Jordan	Deco Int.	KTM	Steiger
Absatzmenge in Stück	5	2	5	4
Nettoverkaufspreis in € je Stück	369,00	214,00	256,60	179,00
Bezugspreis in € je Stück	187,40	212,50	126,10	181,20
Kosten der Warenabgabe in € je Stück	2,00	2,00	2,00	2,00

Prüfen Sie, welche Entscheidungen die Exclusiva GmbH auf der Grundlage dieser Daten treffen sollte.

INFORMATIONEN

Bei der **Kostenträgerrechnung** werden die Kosten auf die Kostenträger umgelegt.

Die Kostenträgerrechnung ist die Methode der Kosten- und Leistungsrechnung, die insgesamt den größten Beitrag zur Steuerung von Unternehmen liefert. Die Kostenträgerrechnung ermittelt, für welches Produkt in welcher Höhe Kosten angefallen sind: Sie ermittelt also den Erfolg des Kostenträgers. Unter Kostenträger versteht man die Leistungen, deren Erstellung die Kosten verursacht hat.

Zeitliche Anwendung der Kostenträgerrechnung		
Vorkalkulation	**Zwischenkalkulation**	**Nachkalkulation**
• Vor der Leistungserstellung (z. B. Produktion) • Berechnung der Verkaufspreise (für Angebote)	• Zeitlich zwischen Vorkalkulation und Fertigungsende • Überwachung des Fertigungsprozesses • Ermöglicht bei Fehlentwicklung sehr schnelle Maßnahmen der Gegensteuerung	• Am Ende des Fertigungsprozesses soll die Wirtschaftlichkeit ermittelt werden. • Überprüft die Richtigkeit der Vor- und Zwischenkalkulation

Arten der Kostenträgerrechnung

Die Kostenträgerrechnung kann als Vollkostenrechnung oder als Teilkostenrechnung durchgeführt werden:

- Die **Vollkostenrechnung** berücksichtigt alle Kosten, also sowohl die fixen als auch die variablen Kosten. Diese werden dann auf die Kostenträger verrechnet. Die Vollkostenrechnung dient überwiegend der Ermittlung der Selbstkosten im Rahmen der Kalkulation.
- Bei der **Teilkostenrechnung** werden nur Teile der Gesamtkosten – in der Regel sind dies die variablen Kosten – erfasst und anschließend den Kostenträgern zugerechnet. Die Teilkostenrechnung dient hauptsächlich der Unterstützung betriebswirtschaftlicher Entscheidungen: Man kann mit ihr z. B. Deckungsbeiträge, kurzfristige Preisuntergrenzen und den Breakeven-Point ermitteln.

Die Vollkostenrechnung

Bei der Vollkostenrechnung werden alle Kosten auf die Produkte umgelegt. Sie unterstützt die Kalkulation der Verkaufspreise[1]. Dazu berechnet sie:

---

1 Vgl. Kapitel 8.5

- **die Herstellkosten:**

  Zu diesen gehören alle anfallenden Kosten bis zur Fertigstellung der Produkte bzw. Aufnahme der Waren in das Lager. Die Herstellkosten umfassen also die Materialkosten und die Fertigungskosten.

- **die Selbstkosten:**

  Zu den Herstellkosten kommen noch die Vertriebs- und Verwaltungskosten hinzu. Die Selbstkosten um-

fassen also alle Kosten, die anfallen, um ein Produkt herzustellen bzw. zu lagern und am Markt anzubieten.

Möchte das Unternehmen einen Betriebsgewinn erzielen, muss der Verkaufspreis oberhalb der Selbstkosten liegen. Diese werden ermittelt durch Anwendung des Schemas zur Berechnung der Selbstkosten:

Materialeinzelkosten
+ Materialgemeinkosten

=   Materialkosten

+ Fertigungseinzelkosten
+ Fertigungsgemeinkosten

                Fertigungskosten

                       = Herstellkosten

+ Verwaltungsgemeinkosten
+ Vertriebsgemeinkosten

                       = Selbstkosten

BEISPIEL

Die Exclusiva GmbH produziert nun auch pro Tag 500 Stück personalisierte Handschuhe. Dabei werden ein Rohstoff und zwei Hilfsstoffe verwendet. Diese haben folgende Bezugspreise:

- 2,00 €
- 0,65 €
- 0,35 €.

An weiteren Einzelkosten wurde ermittelt:

Der Lohn der für die Zeit zur Erstellung eines Handschuhs bezahlt wird, beträgt 4,00 €.

Aus der Kostenstellenrechnung bekommt Ronka Bunko die folgenden Werte:

- Materialgemeinkostensatz 20 %
- Fertigungsgemeinkostensatz 30 %
- Verwaltungsgemeinkostensatz 10 %
- Vertriebsgemeinkostensatz 20 %.

Ronka Bunko soll die Selbstkosten dieses Artikels ermitteln. Gleichzeitig soll sie überprüfen, ob bei einem Verkaufspreis von 13,00 € ein Gewinn erzielt wird.

Ronka Bunko verwendet das Schema zur Ermittlung der Selbstkosten. Die Materialeinzelkosten in Höhe von 3,00 € bekommt sie, indem sie die Bezugspreise der in der Produktion verwendeten Materialien (2,00 € + 0,65 € + 0,35 €) addiert.

Materialeinzelkosten		3,00 €		
+ Materialgemeinkosten	20 %	0,60 €		
			Materialkosten	3,60 €
+ Fertigungseinzelkosten		4,00 €		
+ Fertigungsgemeinkosten	30 %	1,20 €		
			Fertigungskosten	5,20 €
			= Herstellkosten	8,80 €
+ Verwaltungsgemeinkosten	10 %	0,88 €		
+ Vertriebsgemeinkosten	20 %	1,76 €		
				2,64 €
			= Selbstkosten	11,44 €

Als Wert für die Selbstkosten ermittelt Ronja Bunko 11,44 €.

Bei einem geplanten Verkaufspreis von 14,00 € würde die Exclusiva GmbH pro Stück einen Gewinn von 2,56 € erzielen.

Wenn die Produktion pro Tag 500 Stück beträgt, erwirtschaftet die Exclusiva GmbH einen Gewinn von 1.280 € pro Tag (500 · 2, 56 €).

Die Deckungsbeitragsrechnung im Rahmen der Teilkostenrechnung

Mit der Deckungsbeitragsrechnung werden die Beträge ermittelt, mit denen die einzelnen Artikel, Warenarten und Warengruppen eines Sortiments zur Deckung der umsatzunabhängigen Kosten (fixen Kosten) eines Betriebs beitragen.

Voraussetzung für die Deckungsbeitragsrechnung ist, dass alle Kosten des Betriebs in fixe und variable Kosten[1] getrennt werden:

Die **fixen** Kosten sind die Kosten der Betriebsbereitschaft. Sie entstehen unabhängig vom Umsatz, also selbst dann, wenn überhaupt keine Waren verkauft wurden.

BEISPIEL

Personalkosten, Mieten, Abschreibungen auf Sachanlagen, Abgaben und Pflichtbeiträge

Die **variablen** Kosten eines Betriebs verändern sich mit dem Umsatz. Sie steigen mit zunehmendem Umsatz und sinken bei einem Umsatzrückgang.

BEISPIEL

- Kosten des Wareneinsatzes (= Bezugspreis der verkauften Waren)
- Die variablen Handlungskosten, z. B.
  - Kosten der Warenabgabe und Warenzustellung (Frachten, Aufwendungen für Verpackungsmaterial)
  - Vertriebsprovisionen

Diese Kosten lassen sich den einzelnen Artikeln, Warenarten und Warengruppen direkt zuordnen.

BEISPIEL

	Artikel 1	Artikel 2
Wareneinsatzkosten	89,89 €	84,90 €
+ 10 % Provision	8,99 €	8,49 €
= variable Kosten	98,99 €	93,99 €

Die variablen Kosten setzen sich also zusammen aus den Kosten des Wareneinsatzes (Bezugspreisen) und den variablen Handlungskosten (in diesem Fall Provisionen).

Die drei Grundideen der Deckungsbeitragsrechnung:

- Ein Verkaufspreis sollte mindestens die variablen Kosten des Produkts abdecken.
- Über die variablen Kosten hinausgehende Beträge liefern einen Beitrag (= Deckungsbeitrag) zur Abdeckung der Fixkosten.
- Ist der Deckungsbeitrag größer als die fixen Kosten, wird ein Betriebsgewinn erzielt.

Um die Deckungsbeiträge für die einzelnen Artikel, Warenarten und Warengruppen zu ermitteln, werden von den Verkaufserlösen der Artikel die jeweils durch sie verursachten variablen Kosten abgezogen. Die Deckungsbeiträge können je Stück oder für eine Periode ermittelt werden.

Ermittlung des Deckungsbeitrags je Stück

Nettoverkaufspreis

– Bezugspreis

= Rohgewinn je Stück

– Variable Handlungskosten je Stück

= Deckungsbeitrag je Stück

BEISPIEL MANTEL VON KTM

Nettoverkaufspreis	256,60 €
Bezugspreis	126,10 €
= Rohgewinn je Stück	130,50 €
– Variable Handlungskosten/Stück	2,00 €
= Deckungsbeitrag je Stück	128,50 €

Der Verkauf eines Exemplars dieses Artikels trägt also mit 128,50 € zur Deckung der fixen Kosten der Exclusiva GmbH bei.

Ermittlung des Deckungsbeitrags für eine Periode

Umsatzerlöse(= Nettoverkaufspreis · verkaufte Menge)

– Wareneinsatz

= Rohgewinn für die Periode

– Variable Handlungskosten für die Periode

= Deckungsbeitrag für die Periode

---

1 Vgl. auch Kapitel 8.2

BEISPIEL MANTEL VON KTM

Umsatzerlöse	1.283,00 €
(= Nettoverkaufspreis · verkaufte Menge)	
– Wareneinsatz	630,50 €
= Rohgewinn für die Periode	652,50 €
– Variable Handlungskosten für die Periode	10,00 €
= Deckungsbeitrag für die Periode	642,50 €

Der Verkauf dieser Artikel trug demnach in dieser Periode mit insgesamt 642,50 € zur Deckung der fixen Kosten der Exclusiva GmbH bei.

Sortimentspolitische Entscheidungen auf der Grundlage der Deckungsbeitragsrechnung

Jeder Artikel, dessen Umsatzerlöse über den durch ihn verursachten variablen Kosten liegen, erbringt einen

positiven Beitrag zur Deckung der fixen Kosten eines Betriebs und leistet damit einen positiven Beitrag zum Betriebserfolg.

Wenn ein Unternehmen über genügend freie Kapazitäten verfügt, ist es daher immer sinnvoll, alle Artikel mit positiven Deckungsbeiträgen im Sortiment zu belassen.

Ein Artikel, dessen Umsatzerlöse niedriger sind als die durch ihn verursachten variablen Kosten, erbringt einen negativen Beitrag zur Deckung der fixen Kosten und schmälert damit den Betriebserfolg. Durch die Herausnahme dieses Artikels aus dem Sortiment kann das Unternehmen seinen Betriebserfolg verbessern.

BEISPIEL

Die Exclusiva GmbH führt in der Artikelgruppe „Badetücher" die Artikel MEWA, GOSSA, FRIWA und JOFA. Das Warenwirtschaftssystem der Exclusiva GmbH liefert für diese Artikel folgende Daten:

	Umsatzerlöse	Wareneinsatz	variable Handlungskosten
MEWA	50.000,00 €	36.500,00 €	15.150,00 €
GOSSA	80.000,00 €	44.200,00 €	18.200,00 €
FRIWA	120.000,00 €	72.000,00 €	22.160,00 €
JOFA	74.000,00 €	41.500,00 €	17.300,00 €

Für die einzelnen Artikel ergeben sich folgende Deckungsbeiträge:

Artikel	MEWA	GOSSA	FRIWA	JOFA
Umsatzerlöse	50.000,00 €	80.000,00 €	120.000,00 €	74.000,00 €
./. Wareneinsatz	36.500,00 €	44.200,00 €	72.000,00 €	41.500,00 €
= Rohgewinn	13.500,00 €	35.800,00 €	48.000,00 €	32.500,00 €
./. variable Handlungskosten	15.150,00 €	18.200,00 €	22.160,00 €	17.300,00 €
= Deckungsbeitrag	– 1.650,00 €	17.600,00 €	25.840,00 €	15.200,00 €
Summe der Deckungsbeiträge	56.990,00 €			

Der Artikel MEWA weist einen negativen Deckungsbeitrag auf. Wenn dieser Artikel aus dem Sortiment herausgenommen wird, fallen die durch ihn verursachten variablen Kosten nicht mehr an. Durch die Herausnahme dieses Artikels aus dem Sortiment verbessert sich die Summe der Deckungsbeiträge um 1.650,00 € auf 58.640,00 €.

Ist das Ergebnis (wie bei GOSSA, FRIWA und JOFA) über 0, liegt ein **positiver Deckungsbeitrag** vor. Ist der Wert wie bei MEWA unter Null, liegt ein **negativer Deckungsbeitrag** vor: Das Unternehmen verliert mit jedem zusätzlich verkauften Stück des Artikels Geld.

Ermittlung der Preisuntergrenze mithilfe der Deckungsbeitragsrechnung

Ein Unternehmen kann langfristig nur bestehen, wenn seine Gesamtkosten (fixe und variable Kosten) über den Verkaufspreis abgedeckt werden. Zahlreiche Situationen verlangen von den Unternehmen jedoch für einzelne Artikel oder Artikelgruppen eine Preisstellung, bei der vorübergehend oder ganz auf die Deckung von Teilen der Kosten verzichtet wird (Verkaufspreis < Selbstkostenpreis).

BEISPIELE

- Einführungspreise für neue Produkte
- Preissenkungen aufgrund niedrigerer Konkurrenzpreise
- Preise im Rahmen von Verkaufsförderungsaktionen

In solchen Situationen muss die Preisuntergrenze ermittelt werden, bis zu der eine Preissenkung für das Unternehmen möglich und wirtschaftlich sinnvoll ist. Diese kurzfristige Preisuntergrenze für einen Artikel liegt dort, wo der Verkaufspreis sämtliche durch diesen Artikel direkt verursachten Kosten deckt.

Die kurzfristige Preisuntergrenze lässt sich mithilfe der Deckungsbeitragsrechnung bestimmen.

Bei der Ermittlung der Preisuntergrenze mithilfe der Deckungsbeitragsrechnung wird auf die Deckung der fixen Handlungskosten verzichtet und nur die Deckung der variablen Kosten des Artikels angestrebt. Der Verzicht auf die Deckung der fixen Kosten lässt sich damit begründen, dass diese Kosten dem Betrieb auch entstanden wären, wenn er den betreffenden Artikel nicht führen würde beziehungsweise der Kundenauftrag abgelehnt worden wäre.

BEISPIEL

Kunden der Exclusiva GmbH sind bereit, für Tischdecken der Marke „Exclusiv" höchstens 23,00 € je Tischdecke zu zahlen.
Die Exclusiva GmbH kann diese Tischdecken zu einem Bareinkaufspreis je Stück von 20,00 € beziehen. Die Bezugskosten je Stück betragen 2,00 €, die variablen Handlungskosten (Manipulationskosten des Artikels) 0,50 € je Tischdecke.
Ermittlung der Preisuntergrenze:

Bareinkaufspreis	20,00 €
+ Bezugskosten	2,00 €
= Bezugspreis (Einstandspreis)	22,00 €
+ variable Handlungskosten	0,50 €
= Preisuntergrenze	22,50 €

Die Preisuntergrenze für die Tischdecke der Marke „Exclusiv" beträgt 22,50 €. Ein der Preisuntergrenze entsprechender Verkaufspreis deckt sämtliche durch diesen Artikel entstandenen variablen Kosten ab.

Der Verkauf der Tischdecken lohnt sich für die Exclusiva GmbH, da der Verkaufspreis von 23,00 € über der ermittelten Preisuntergrenze von 22,50 € liegt. Er deckt nicht nur die variablen Kosten des Artikels, sondern leistet darüber hinaus einen positiven Deckungsbeitrag von 0,50 € je verkauftem Stück zur Deckung der fixen Kosten der Exclusiva GmbH.

Ermittlung des Break-even-Points

Der Break-even-Point gibt an, ab welcher Absatzmenge *alle* Kosten (also sowohl die fixen als auch die variablen Kosten) durch die Umsatzerlöse gedeckt sind. Ermittelt wird somit, ab welcher verkauften Stückzahl das Unternehmen die Gewinnschwelle erreicht.

BEISPIEL

Die Exclusiva GmbH produziert einen Wintermantel mit variablen Kosten in Höhe von 96,00 € pro Stück. Es fallen in einer Periode insgesamt 48.000,00 € fixe Kosten an. Ronja Bunko soll ermitteln, welche Stückzahl bei einem Verkaufspreis von 144,00 € verkauft werden muss, um die Gewinnschwelle zu erreichen.

Ronja Bunko ermittelt zunächst den Deckungsbeitrag pro Stück:

Nettolistenverkaufspreis pro Stück	144,00 €
– variable Kosten pro Stück	96,00 €
= Deckungsbeitrag pro Stück	48,00 €

Mit dem Deckungsbeitrag pro Stück kann sie nun den Break-even-Pont berechnen:

$$\text{Break-even-Point} = \frac{\text{Fixkosten}}{\text{Deckungsbeitrag/Stück}} \cdot 100$$

$$\frac{48.000,00 €}{48,00 €} = 1000 \text{ Stück}$$

Ab einer Menge von 1000 Stück erreicht die Exclusiva GmbH also die Gewinnschwelle.

Vergleich von Vollkostenrechnung und Teilkostenrechnung		
Fall:	Bei der Produktion von Laufsocken fallen 400,00 € fixe Kosten an. Die variablen Kosten betragen 3,30 € je Paar. Produziert werden 600 Paar.	
Art der Kostenträgerrechnung:	**Vollkostenrechnung**	**Teilkostenrechnung**
Berechnung:	Einzelkosten (variabel) 3,30 € + Gemeinkosten (fix) 0,66 € (400,00 €/600 Paar) Vollkosten pro Paar 3,96 €	Einzelkosten (variabel) 3,30 €
Ergebnis:	Die Selbstkosten eines Paars Laufsocken betragen 3,96 €.	Die Teilkosten pro Paar betragen 3,30 €.
Zielsetzung:	Kalkulation der Verkaufspreise	Unterstützung betriebswirtschaftlicher Entscheidungen
Fazit:	Im Rahmen der Kalkulation muss der Verkaufspreis pro Paar höher als 3,96 € angesetzt werden, um einen Gewinn pro Paar erzielen zu können.	Soll beispielsweise geprüft werden, ob ein Auftrag der Ambiente Warenhaus AG über 200 Stück zu einem Verkaufspreis in Höhe von 5,00 € pro Paar angenommen werden sollte, wird der Deckungsbeitrag berechnet: Nettoverkaufspreis 5,00 € – Gesamte variable Kosten 3,30 € = Deckungsbeitrag 1,70 € Als Deckungsbeitrag ergibt sich 1,70 € pro Paar. Würde der Auftrag angenommen, beträgt der Deckungsbeitrag für den gesamten Auftrag 340,00 € (200 Paar · 1,70 €).

Die mehrstufige Deckungsbeitragsrechnung

In der normalen Deckungsbeitragsrechnung stellt der Deckungsbeitrag die Differenz zwischen den erzielten Erlösen und allen dafür aufgebrachten variablen Kosten dar. Prinzipiell lässt er sich wie folgt berechnen:

Deckungsbeitrag = Erlöse – variable Kosten.

Der Deckungsbeitrag ist also der Beitrag, den ein Artikel zum Betriebserfolg beiträgt. Er sollte nach Möglichkeit positiv sein.

Wenn die fixen Kosten mittels des Deckungsbeitrages gedeckt wurden, wird durch den übersteigenden Betrag ein Betriebsgewinn erzielt.

BEISPIEL

Die Exclusiva GmbH erzielt mit dem Verkauf eines bestimmten Geschenkartikel 20,00 € Umsatz. Die in diesem Zusammenhang stehenden variablen Kosten betragen 8,00 €. Der Deckungsbeitrag ist positiv und beträgt zwölf Euro. Dieser Betrag stellt praktisch den Gewinn pro verkauftem Geschenkartikel dar. Er kann zumindest teilweise zur Deckung der Fixkosten bei der Exclusiva GmbH genutzt werden.

Die Deckungsbeiträge können zur Berechnung des Betriebsergebnisses herangezogen werden:

Betriebsergebnis = Deckungsbeitrag – alle Fixkosten

In der normalen Deckungsbeitragsrechnung – sie wird auch als **einstufige Deckungsbeitragsrechnung** bezeichnet – werden die Fixkosten zusammengefasst in einem Fixkostenblock genutzt. Dadurch lassen sich wichtige Erkenntnisse zur wirtschaftlichen Situation eines Unternehmens gewinnen.

Erheblich mehr und detailliertere Informationen bekommt ein Unternehmen, wenn die Fixkosten in die Kosten von Produkten, Bereichen und Unternehmen aufgeteilt werden. Bei der **mehrstufigen Deckungsbeitragsrechnung** verschlüsselt man die Fixkosten verursachergerecht in Produktarten, Produktgruppen, Kostenstellen und Bereiche eines Unternehmens einzeln auf. Um genauere Ergebnisse zu bekommen, werden die Deckungsbeiträge weiter verfeinert:

Begriff:	Erläuterung:	Beispiel:
Nettoverkaufserlöse		100,00 €
Variable Kosten		30,00 €
= **Deckungsbeitrag I**	Dies ist der Deckungsbeitrag der einstufigen Deckungsbeitragsrechnung. Er zeigt an, was der einzelne Artikel zur Deckung der Fixkosten beiträgt. Er ist die maßgebliche Größe für die Produktbeurteilung.	70,00 €
– Erzeugnisfixe Kosten	Erzeugnisfixe Kosten sind fixe Kosten, die bei der Herstellung bzw. beim Verkauf eines Artikels verursacht und deshalb diesem Kostenträger direkt zugerechnet werden können. Diese z. B. durch Entwicklung, Fertigung und Vertrieb verursachten Kosten lassen sich nur der Gesamtzahl der Produkte innerhalb einer Periode zuordnen, nicht aber (wie bei den variablen Kosten) jedem einzelnen. In einem Industrieunternehmen während dies zum Beispiel die Abschreibungen für eine Maschine, nur einem bestimmten Artikel herstellt	15,00 €
= **Deckungsbeitrag II**	Der Deckungsbeitrag II gibt den Beitrag der Kostenträger zur Deckung der restlichen Fixkosten an, die nicht kostenträgerbezogen sind.	55,00 €
– Erzeugnisgruppenfixe Kosten	Erzeugnisgruppenfixe Kosten sind Fixkosten die nicht mehr den einzelnen Artikeln, sondern nur noch Kostenträgergruppen wie zum Beispiel Warengruppen eindeutig zugerechnet werden können.	5,00 €
= **Deckungsbeitrag III**	Der Deckungsbeitrag III gibt Auskunft über die Fixkostendeckung der Erzeugnisgruppen.	50,00 €
– Unternehmensfixe Kosten	Zu den unternehmensfixen Kosten zählen alle fixen Kosten, die in übergeordneten Unternehmensbereichen entstehen, die für alle Betriebsbereiche verantwortlich sind. Als Beispiel können die Verwaltungskosten der der Unternehmensleitung der Exclusiva GmbH genannt werden.	30,00 €
= Betriebsergebnis	Erst wenn man noch die unterenehmensfixen Kosten abzieht, bekommt man den Gewinn, den man mit dem jeweiligen Artikel erwirtschaftet hat.	20,00 €

In der Praxis wird sehr oft bis zum Deckungsbeitrag III gerechnet. Die mehrstufige Deckungsbeitragsrechnung kann jedoch auch noch verfeinert werden. In der Regel werden dann erzeugnisgruppenfixen Kosten in (Warengruppen)Fixkosten und Bereichsfixkosten (für Abteilungen) weiter unterteilt.

BEISPIEL

	Exclusiva GmbH					Gesamt
	Abteilung 1			Abteilung 2		
	Warengruppe A		Waren-gruppe B	Waren-gruppe C	Waren-gruppe D	
	Artikel 1	Artikel 2	Artikel 3	Artikel 4	Artikel 5	
Umsatz	21.000	15.000	18.000	9.000	6.000	69.000
– variable Kosten	6.000	4.500	5.400	2.400	1.500	19.800
= Deckungsbeitrag I	15.000	10.500	12.600	6.600	4.500	49.200
– produktfixe Kosten	2.400	2.100	1.800	1.500	1.200	9.000
= Deckungsbeitrag II	12.600	8.400	10.800	5.100	3.300	40.200
– Gruppenfixkosten			3.000	2.100	600	300	6.000
= Deckungsbeitrag III		18.000	8.700	4.500	3.000	34.200
– Bereichsfixkosten				9.000	30.00	12.000
= Deckungsbeitrag IV				1.7700	4.500	22.200
– Unternehmensfixkosten					6.900	6.900
= Deckungsbeitrag V					15.300	15.300

Die Verkäufe der aufgeführten 5 Artikel tragen mit 15.300,00 € zum Betriebsergebnis der Exclusiva GmbH bei.

AUFGABEN

1. Was ist Aufgabe der Kostenträgerrechnung?

2. Führen Sie die drei Phasen auf, innerhalb derer die Kostenträgerrechnung angewandt wird.

3. Wodurch unterscheidet sich die Vollkostenrechnung von der Teilkostenrechnung?

4. Erläutern Sie die Begriffe
   a) Herstellkosten,
   b) Selbstkosten.

5. Was ist ein Deckungsbeitrag?

6. Aus welchen Bestandteilen setzen sich die variablen Kosten zusammen?

7. Welcher Zusammenhang besteht zwischen Deckungsbeiträgen und dem Betriebserfolg?

8. Wo liegt die kurzfristige Preisuntergrenze für einen Artikel des Sortiments?

9. Was versteht man unter dem Break-even-Point?

10. Ronja Bunko hat als Fixkosten für eine Warengruppe 70.500,00 € und als Deckungsbeitrag pro Periode 108.700,00 € ermittelt.
    Berechnen Sie den Betrag, mit dem diese Warengruppe am Betriebsergebnis beteiligt ist.

11. Die Indux AG produziert pro Monat 900 Stück Anzüge. Dabei werden ein Rohstoff und zwei Hilfsstoffe mit folgende Bezugspreisen verwendet:
    - 90,00 €
    - 6,00 €
    - 2,00 €.

    An weiteren Einzelkosten wurde ermittelt:
    Der Lohn der für die Zeit zur Erstellung eines Anzugs bezahlt wird, beträgt 48,00 €.
    Aus der Kostenstellenrechnung bekommt Carolin Saager die folgenden Werte:
    - Materialgemeinkostensatz 30 %
    - Fertigungsgemeinkostensatz 25 %
    - Verwaltungsgemeinkostensatz 15 %
    - Vertriebsgemeinkostensatz 25 %.

    Ermitteln Sie mithilfe des Kalkulationsschemas zur Bestimmung der Selbstkosten die Selbstkosten dieses Artikels.
    Überprüfen Sie, ob bei einem Verkaufspreis von 400,00 € ein Gewinn pro Stück erzielt wird. Ermitteln Sie ggf. den Gesamtgewinn.

12. Die Indux AG produziert pro Monat 1400 Mützen. Dabei werden ein Rohstoff und ein Hilfsstoff verwendet. Diese haben folgende Bezugspreise:
    - 6,10 €
    - 0,80 €

    An weiteren Einzelkosten wurde ermittelt:
    Der Lohn, der für die Zeit zur Erstellung einer Mütze bezahlt wird, beträgt 3,80 €.
    Aus der Kostenstellenrechnung bekommt Carolin Saager die folgenden Werte:
    - Materialgemeinkostensatz 15 %
    - Fertigungsgemeinkostensatz 35 %
    - Verwaltungsgemeinkostensatz 15 %
    - Vertriebsgemeinkostensatz 20 %.

    Ermitteln Sie mithilfe des Kalkulationsschemas zur Bestimmung der Selbstkosten die Selbstkosten dieses Artikels.
    Überprüfen Sie, ob bei einem Verkaufspreis von 18,00 € ein Gewinn pro Stück erzielt wird.
    Ermitteln Sie ggf. den Gesamtgewinn.

13. Die Exclusiva GmbH will die Artikel „Benzol 201" und „Petrol 102" als Sonderangebote im Rahmen einer Verkaufsförderungsaktion anbieten. Die Exclusiva GmbH kalkuliert mit folgenden Daten:

	Benzol 201	Petrol 102
Listeneinkaufspreis	120,00 €	110,00 €
Lieferantenrabatt	40 %	50 %
Lieferantenskonto	3 %	2 %
Bezugskosten	2,00 €	2,00 €
variable Handlungskosten	5,00 €	4,00 €

Ermitteln Sie die Preisuntergrenzen für die Artikel „Benzol 201" und „Petrol 102".

14. Ein Unternehmen führt folgende Artikel:

Artikel	1	2	3	4
Absatz (Stück)	4.000	24.000	84.000	54.000
Nettoverkaufspreis (€)	100,00	120,00	70,00	80,00
Variable Handlungskosten je Stück (€)	40,00	100,00	30,00	50,00

Das Unternehmen gewährt seinen Kunden auf alle Erzeugnisse 3 % Skonto und 5 % Rabatt.

Ermitteln Sie die Deckungsbeiträge je Artikel und die Summe der Deckungsbeiträge.

15. Zur Verbesserung des Betriebsergebnisses will der Unternehmer das Sortiment verändern. Welche Sortimentsveränderung empfehlen Sie?

16. Die Indux AG produziert einen Anorak mit variablen Kosten in Höhe von 72,00 € pro Stück. Es fallen in einer Periode insgesamt 54.000,00 € fixe Kosten an.

    Ermitteln Sie, welche Stückzahl bei einem Verkaufspreis von 230,00 € verkauft werden muss, um die Gewinnschwelle zu erreichen.

17. Entwickeln Sie ein Excel-Arbeitsblatt zur Ermittlung der Deckungsbeiträge der Artikel einer Artikelgruppe, die Ihr Ausbildungsbetrieb in seinem Sortiment führt.

18. Die Sanitärhandlung Becker OHG führt in ihrem Sortiment drei verschiedene Waschtischarmaturen:

Armatur	Umsatzerlöse	Variable Kosten
WA123	70.000,00 €	63.000,00 €
WA264	80.000,00 €	59.000,00 €
WA186	90.000,00 €	92.000,00 €

Welche Sortimentsveränderung sollte die Sanitärhandlung Becker OHG durchführen, um das Betriebsergebnis zu verbessern?

19. Julia Steiger bekommt den Auftrag, erstmals im Rahmen einer Vorkalkulation die Selbstkosten eines neuen Artikels der Indux AG, der neu gefertigt wird, vorzunehmen. Aus der Kostenarten- und Kostenstellenrechnung stellt sie sich die folgenden Daten für die geplante Absatzmenge zusammen:

Materialkosten:	120.000,00 €
Materialgemeinkosten:	60.000,00 €
Fertigungsentgelte:	400.000,00 €
Fertigungsgemeinkosten:	120.000,00 €
Verwaltungsgemeinkosten:	40.000,00 €
Vertriebsgemeinkosten:	140.000,00 €

Pro Stück des Artikels fallen 600,00 € Materialkosten und 400,00 € Fertigungsentgelte an.
a) Ermitteln Sie den Materialkostenzuschlag und den Fertigungsgemeinkostenzuschlag.
b) Berechnen Sie die Herstellkosten.
c) Ermitteln Sie die Höhe des Verwaltungsgemeinkostenzuschlagssatzes und des Vertriebsgemeinkostensatzes.
d) Berechnen Sie die Selbstkosten pro Stück.

20. Ein anderer Artikel soll bei der Indux AG von Dominik Schlote kalkuliert werden. Zur Ermittlung der Selbstkosten verwendet er die folgenden Daten:

Materialkosten	40.000,00 €
Materialgemeinkosten	5.000,00 €
Fertigungsentgelte	150.000,00 €
Fertigungsgemeinkosten	40.000,00 €
Verwaltungsgemeinkosten	30.000,00 €
Vertriebsgemeinkosten	2.000,00 €

Pro Stück des Artikels fallen 72,00 € Materialkosten und 80,00 € Fertigungsentgelte an.

21. Sie bekommen den Auftrag, den Deckungsbeitrag für einen Anzug zu ermitteln. Es liegen folgende Daten vor:

Variable Handlungskosten	100,00 €
Bezugspreis	615,00 €
Barverkaufspreis	1.200,00 €

22. Dominik Schlote bearbeitet gerade die Warengruppe Luxus-Sakkos. Aus dem ERP-System hat er sich die folgende Liste ausgedruckt:

	Hoss	Uno
Einkaufsmenge in Stück	550	320
Bezugspreis in €/Stück	780,00	700,00
Absatzmenge in Stück	530	310
Barverkaufspreis in €/Stück	1.020,00	980,00
Deckungsbeitrag in €/Stück	210,00	225,00

Ermitteln Sie die variablen Kosten des Produkts von Hoss.
Berechnen Sie für den Artikel von Uno die Preisuntergrenze.

23. Dominik Schlote hat folgende Informationen über eine Warengruppe, in der pro Periode 6 000 Stück abgesetzt werden:

Umsatzerlöse:	1.260.000,00 €
Wareneinsatz:	480.000,00 €
Variable Handlungskosten:	140.000,00 €

a) Ermitteln Sie den Nettoverkaufspreis pro Stück.
b) Berechnen Sie die variablen Kosten je Stück.
c) Ermitteln Sie den Deckungsbeitrag pro Stück.
d) Geben Sie an, wo die kurzfristige Preisuntergrenze pro Stück liegt.

24. Warum arbeiten manche Betriebe mit einer mehrstufigen Deckungsbeitragsrechnung?

25. Unterscheiden Sie die Deckungsbeiträge I, II und III.

26. Die Exclusiva GmbH hat ein kleines Hildesheimer Unternehmen übernommen. Andreas Seeger soll erstmals eine mehrstufige Deckungsbeitragsrechnung für dieses Unternehmen bis zum Deckungsbeitrag III durchführen. Die Rosen Geschenke GmbH führt 5 Artikel in 4 Warengruppen

Zur Warengruppe A gehören zwei Artikel. Artikel 1 hatte 17.000,00 € Umsatz. Die variablen Kosten betrugen 3.000,00 €. Die produktfixen Kosten dieses Artikels betrugen 1.400,00 €. Artikel 2 hatte 18.000,00 € Umsatz. Die variablen Kosten betrugen 25.000,00 €. Die produktfixen Kosten dieses Artikels betrugen 800,00 €.

Zur Warengruppe B gehört der Artikel 3. Dieser hatte 25.000,00 € Umsatz. Die variablen Kosten betrugen 2.500,00 €. Die produktfixen Kosten dieses Artikels betrugen 1.800,00 €.

Zur Warengruppe C gehört der Artikel 4. Dieser hatte 22.000,00 € Umsatz. Die variablen Kosten betrugen 9.000,00 €. Die produktfixen Kosten dieses Artikels betrugen 2.300,00 €.

Zur Warengruppe D gehört der Artikel 5. Dieser hatte 13.000,00 € Umsatz. Die variablen Kosten betrugen 5.800,00 €. Die produktfixen Kosten dieses Artikels betrugen 2.100,00 €.

Die Gruppenfixkosten betragen
* für die Warengruppe A 5.800,00 €,
* für die Warengruppe B 1.400,00 €,
* für die Warengruppe C 2.000,00 €,
* für die Warengruppe D 2.700,00 €.

Als Unternehmensfixkosten wurden 6.800,00 € ermittelt.

Berechnen Sie
a) den Deckungsbeitrag I
b) den Deckungsbeitrag II
c) den Deckungsbeitrag III
d) das Betriebsergebnis (den Produkterfolg)

27. In der Indux AG wird Dominik Schlote damit beauftragt, eine mehrstufige Deckungsbeitragsrechnung bis einschließlich dem Deckungsbeitrag V für eine Niederlassung durchzuführen. Diese besteht aus 2 Abteilungen (Abteilung 1 mit den Warengruppen A und B sowie Abteilung 2 mit den Warengruppen C und D).

Zur Warengruppe A gehören zwei Artikel. Artikel 1 hatte 120.00,00 € Umsatz. Die variablen Kosten betrugen 4.000,00 €. Die produktfixen Kosten dieses Artikels betrugen 1.500,00 €. Artikel 2 hatte

17.000,00 € Umsatz. Die variablen Kosten betrugen 5.000,00 €. Die produktfixen Kosten dieses Artikels betrugen 1.200,00 €.

Zur Warengruppe B gehört der Artikel 3. Dieser hatte 5.000,00 € Umsatz. Die variablen Kosten betrugen 1.500,00 €. Die produktfixen Kosten dieses Artikels betrugen 800,00 €.

Zur Warengruppe C gehört der Artikel 4. Dieser hatte 20.000,00 € Umsatz. Die variablen Kosten betrugen 9.000,00 €. Die produktfixen Kosten dieses Artikels betrugen 800,00 €.

Zur Warengruppe D gehört der Artikel 5. Dieser hatte 13.000,00 € Umsatz. Die variablen Kosten betrugen 4.800,00 €. Die produktfixen Kosten dieses Artikels betrugen 2.100,00 €.

Die Gruppenfixkosten betragen
- für die Warengruppe A 1.800,00 €,
- für die Warengruppe B 400,00 €,
- für die Warengruppe C 200,00 €,
- für die Warengruppe D 1.700,00 €.

In Abteilung A fielen 2.100,00 € Bereichsfixkosten an, in Abteilung B 1.400,00 €.
Als Unternehmensfixkosten wurden 4.300,00 € ermittelt.

Berechnen Sie
a) den Deckungsbeitrag I
b) den Deckungsbeitrag II
c) den Deckungsbeitrag III
d) den Deckungsbeitrag IV
e) das Betriebsergebnis.

ZUSAMMENFASSUNG

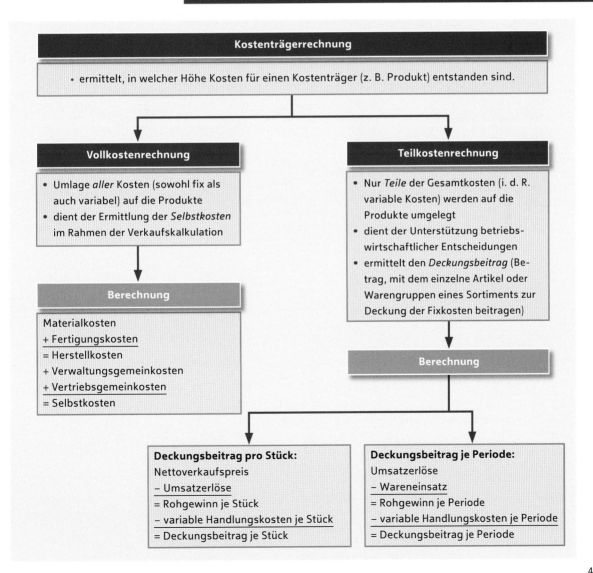

8.5 Preiskalkulation

Einstieg

Die Exclusiva GmbH hat von der Bätje OHG Hemden der Marke „Active Clothes" angeboten bekommen. Es ist nun fraglich, ob sie das Angebot dieses namhaften Herstellers annimmt und die Hemden in die Produktpalette aufnimmt oder nicht.

Frau Piekaski aus der Verkaufsabteilung beauftragt Andreas Seeger damit, den Bruttoverkaufspreis der Hemden zu kalkulieren, um dann eine Entscheidung über das weitere Vorgehen zu treffen.

BÄTJE OHG Freizeitbekleidung

Kundennr.:   00102

Bätje OHG | Brühlstr. 13 | 30165 Hannover

Exclusiva GmbH

Almsstr. 43–47

31134 Hildesheim

Sachbearbeiter/-in: MME
Telefon: 0511 - 47 512
Telefax: 0511 - 47 501
E-Mail: mandymeier@bätje-wvd.de

Angebots Nr.:   221 - ..
Rechnungsdatum: 17.04.20..

Angebot

Pos.	Artikel-Nr.	Artikelbezeichnung	Menge und Einheit	Einzelpreis	Gesamtpreis
1	900612450	Herrenhemd „Active Clothes" diverse Farben und Größen	400 St.	45,36 €	18.144,00 €
Gesamtpreis					18.144,00 €
Rabatt				10 %	1.814,40 €
Warenwert					16.329,60 €
Umsatzsteuer				19 %	3.102,62 €
Gesamtbetrag					19.432,22 €

Bei Zahlung innerhalb von 7 Tagen gewähren wir 2 % Skonto.

1. Erläutern Sie, warum es überhaupt sinnvoll ist, den Bruttoverkaufspreis auf der Basis des vorliegenden Angebots zu ermitteln.

2. Geben Sie an, welche Aspekte bei der Ermittlung des Bruttoverkaufspreises berücksichtigt werden müssen.

INFORMATIONEN

Gewinn als Ziel der Preiskalkulation

Das Hauptziel der unternehmerischen Tätigkeit ist die Erwirtschaftung von Gewinn durch die ausgeübten Handlungen. Damit ein Unternehmen durch den Verkauf von Handelswaren Gewinn erwirtschaften kann, ist es notwendig, dass die Verkaufspreise so kalkuliert werden, dass (der gewünschte) Gewinn erwirtschaftet wird. Hierfür muss der Unternehmer zunächst berechnen, wie hoch die Kosten sind, die das Produkt bei ihm bis zum Verkauf verursacht. Diesen Betrag nennt man Selbstkosten. Auf diese Selbstkosten wird dann der Gewinn aufgeschlagen.

BEISPIEL 1

Die Exclusiva GmbH möchte mit Herrenhemden der Marke „Active Clothes" einen Gewinn von 50 % erzielen. Die Selbstkosten betragen 51,00 € pro Hemd.
Gewinnzuschlag: 51,00 € · 50 : 100 = 25,50 €
Der Verkaufspreis muss also 51,00 € + 25,50 € = 76,50 € zzgl. 19 % Umsatzsteuer betragen.

Da sich der Absatz jedoch nicht nur durch das Angebot, sondern auch durch die Nachfrage bestimmt, ist der Preis so zu kalkulieren, dass er auf dem Absatzmarkt konkurrenzfähig ist.

BEISPIEL 2

Die Exclusiva GmbH möchte die Herrenhemden der Marke „Active Clothes" für 76,50 € netto verkaufen. Die Konkurrenz bietet derartige Hemden für Preise zwischen 73,00 € (im Angebot) und 80,00 € netto an. Der Preis für die Hemden erscheint somit konkurrenzfähig.

Somit kann ein Unternehmen also nicht einfach bei jedem Artikel einen beliebig hohen Gewinnzuschlag einkalkulieren. Vielmehr muss für jede Produktgruppe und wenn möglich sogar für jedes einzelne Produkt ein individueller Verkaufspreis kalkuliert werden.

BEISPIEL 3

Die Konkurrenz bietet derartige Hemden von „Active Clothes" (siehe obige Beispiele) für Preise zwischen 70,00 € (im Angebot) und 75,00 € netto an.
Der Preis für die Hemden erscheint nicht konkurrenzfähig.

Die Verkaufspreiskalkulation ist insbesondere bei der Einführung neuer Produkte wichtig. Wenn sich der Verkauf nicht in der gewünschten Weise rentiert, dann sollte das Produkt eventuell gar nicht eingekauft und angeboten werden.

BEISPIEL 4

Die Exclusiva GmbH muss entscheiden, ob sie die Hemden trotzdem für 76,50 € netto verkaufen will, oder ob sie für diese Produkte einen geringeren Gewinnzuschlag einplant, um zu konkurrenzfähigen Preisen anbieten zu können.

Nachdem der Gewinn aufgeschlagen wurde, muss der Unternehmer weitere Faktoren beachten, die den Verkaufspreis beeinflussen (z. B. Rabatt, Skonto, Umsatzsteuer). Ebenfalls sind die Selbstkosten nicht – wie in den bisherigen Beispielen – vorgegeben, sondern müssen vom Unternehmer errechnet werden. Die Kalkulation des Verkaufspreises einer Ware kann somit in der Praxis nicht so einfach erfolgen, wie dies in den vorangegangenen Beispielen erfolgt ist.

Bei der Preiskalkulation von Handelswaren sind folgende Fälle zu unterscheiden, die im Folgenden näher betrachtet werden:
1. Vorwärtskalkulation (zur Ermittlung des Verkaufspreises)
2. Rückwärtskalkulation (zur Ermittlung des maximalen Einkaufspreises)
3. Differenzkalkulation (zur Ermittlung des verbleibenden Gewinns)

Vorwärtskalkulation bei Handelswaren

Ein Handelsbetrieb kalkuliert in der Regel seinen Verkaufspreis, indem er vom Bezugspreis ausgehend alle Kosten und einen Gewinnaufschlag sowie eventuelle Rabatte und Skonti und die Umsatzsteuer einbezieht. Doch auch der Bezugspreis muss zunächst ermittelt werden.

Vom Listeneinkaufspreis zum Bareinkaufspreis

Die Kalkulation geht vom Listeneinkaufspreis, einem Nettowert, aus. Von dem Listeneinkaufspreis zieht der Händler die ihm gewährten **Rabatte** sowie eventuell mögliche **Skontobeträge** ab. Das Ergebnis wird als Bareinkaufspreis bezeichnet (Zwischenergebnis nach Abzug des Lieferantenrabatts = Zieleinkaufspreis).

Vom Bareinkaufspreis zum Bezugspreis

Vom Bareinkaufspreis ausgehend schlägt der Händler seine **Bezugskosten** (z. B. Transportkosten, Auslagen, Zölle oder Transportversicherung) auf. Es ergibt sich der Bezugspreis der Ware. Die Bezugskosten können als Prozentsatz oder auch als tatsächliche Kosten in Euro angegeben werden.

Vom Bezugspreis zu den Selbstkosten

Auf den Bezugspreis werden die anteiligen **Handlungskosten** (z. B. Mitarbeiterlöhne, Lagerkosten, Werbekosten etc.) für das Produkt aufgeschlagen. Es ergeben sich die Selbstkosten.

Von den Selbstkosten zum Barverkaufspreis

Auf die Selbstkosten wird der geplante **Gewinn** aufgeschlagen, um den Barverkaufspreis zu ermitteln.

Vom Barverkaufspreis zum Zielverkaufspreis

Da der Unternehmer damit rechnen muss, dass auch seine Kunden einen Skontoabzug einfordern und dass er diesen gewähren wird, muss er auch den Betrag des Kundenskonto aufschlagen. Eine möglicherweise anfallende Vertreterprovision muss ebenfalls in diesem Schritt einkalkuliert werden. Es ergibt sich der **Zielverkaufspreis**.

Vom Zielverkaufspreis zum Listenverkaufspreis

Verschiedenen Kundengruppen wird der Unternehmer Rabatt oder Skonto gewähren. Damit dies nicht zulasten des geplanten Gewinns geht, muss der Unternehmer auch diesen **Kundenrabatt** hinzurechnen, um einen gut kalkulierten Listenverkaufspreis als Ergebnis zu erhalten.

Vom Listenverkaufspreis zum Bruttoverkaufspreis

Auf den Listenverkaufspreis wird dann selbstverständlich noch die **Umsatzsteuer** mit dem korrekten Steuersatz aufgeschlagen um den tatsächlichen Bruttoverkaufspreis zu erhalten.

Soweit die Abnehmer Unternehmer sind, haben diese in der Regel die Möglichkeit des Vorsteuerabzugs und werden wirtschaftlich nicht mit der Umsatzsteuer belastet. Daher ist für diese Kundengruppen der Listenverkaufspreis wichtig. Die Kalkulation ist dann mit der Ermittlung des Listenverkaufspreises beendet. (Im weiteren Verlauf wird die Kalkulation bis zum Listenverkaufspreis vorgenommen, also ohne die Umsatzsteuer.)

Bei den einzelnen Rechenschritten handelt es sich in der Vorwärtskalkulation lediglich um Prozentrechnungen mit dem einfachen beziehungsweise dem verminderten Grundwert. In einem Schema sieht die Vorwärtskalkulation mit Rechenschritten wie folgt aus:

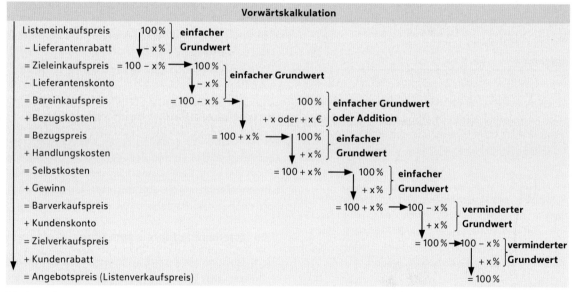

Die Berechnungen erfolgen in den ersten fünf Schritten mit dem einfachen Grundwert. Es kann eine einfache Prozentrechnung durchgeführt werden, z. B.

$$\text{Lieferantenrabatt} = \frac{\text{Listeneinkaufspreis}}{100} \cdot x$$

oder

$$\text{Gewinn} = \frac{\text{Selbstkosten}}{100} \cdot x$$

Da Kunden ihren Rabatt und ihr Skonto vom Rechnungsbetrag abziehen, muss hier mit einem verminderten Grundwert gerechnet werden. Das heißt, es kann nicht einfach durch 100 geteilt werden, sondern die 100 müssen zuvor um den Rabatt- bzw. Skontosatz gemindert werden, z. B.

$$\text{Kundenrabatt} = \frac{\text{Zielverkaufspreis}}{(100 - x)} \cdot x$$

Alle Zwischenergebnisse im Rahmen der Kalkulationsverfahren werden kaufmännisch auf zwei Nachkommastellen gerundet.

BEISPIEL 5

Die Hemden der Marke „Active Clothes" hat die Exclusiva GmbH mit 2 % Skonto gezahlt. Für die Hemden rechnet sie mit 2,50 € Bezugskosten und einem Handlungskostenzuschlag in Höhe von 20 % auf den Bezugspreis für die Produktgruppe. Sie gewährt ihren Kunden ihrerseits 2 % Skonto und 5 % Rabatt, die in die Verkaufspreiskalkulation einfließen müssen.

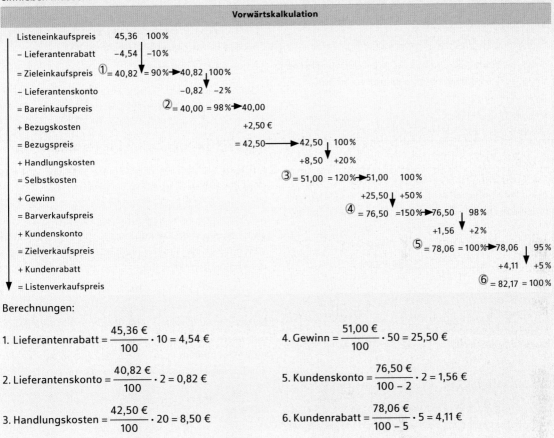

Vorwärtskalkulation

Berechnungen:

1. $\text{Lieferantenrabatt} = \dfrac{45,36\,€}{100} \cdot 10 = 4,54\,€$

2. $\text{Lieferantenskonto} = \dfrac{40,82\,€}{100} \cdot 2 = 0,82\,€$

3. $\text{Handlungskosten} = \dfrac{42,50\,€}{100} \cdot 20 = 8,50\,€$

4. $\text{Gewinn} = \dfrac{51,00\,€}{100} \cdot 50 = 25,50\,€$

5. $\text{Kundenskonto} = \dfrac{76,50\,€}{100-2} \cdot 2 = 1,56\,€$

6. $\text{Kundenrabatt} = \dfrac{78,06\,€}{100-5} \cdot 5 = 4,11\,€$

Vereinfachte Vorwärtskalkulation mit Kalkulationszuschlag und -faktor

In der Praxis ist es sehr aufwendig, wenn die Vorwärtskalkulation für die Berechnung des Verkaufspreises jedes einzelnen Produkts durchgeführt werden muss. Aus Vereinfachungsgründen kann man mithilfe des Kalkulationszuschlages einen einheitlichen Zuschlag für Handlungskosten, Gewinn, Kundenskonto und -rabatt ermitteln und diesen auf alle Waren des gesamten Sortiments oder z. B. einer Warengruppe anwenden.

Ermittlung des Kalkulationszuschlags

FORMEL

$$\text{Kalkulationszuschlag in \%} = \frac{(\text{Listenverkaufspreis} - \text{Bezugspreis}) \cdot 100}{\text{Bezugspreis}}$$

BEISPIEL

Der Kalkulationszuschlag für die Hemden der Marke „Active Clothes" ermittelt sich wie folgt:

$$\text{Kalkulationszuschlag} = \frac{(82,17\,€ - 42,50\,€) \cdot 100}{42,50\,€} = 93,34\,\%$$

Preisberechnung mit dem Kalkulationszuschlag

Die Anwendung des ermittelten Kalkulationszuschlags erfolgt dadurch, dass zunächst der Bezugspreis ermittelt wird. Auf den Bezugspreis wird dann der Kalkulationszuschlag angewendet. Anschließend werden die beiden Beträge addiert.

Bezugspreis
+ Kalkulationszuschlag
= Listenverkaufspreis

FORMEL

Der Kalkulationszuschlag in Euro berechnet sich hierbei wie folgt:

Kalkulationszuschlag in € =

Bezugspreis x Kalkulationszuschlag in %

Der errechnete Kalkulationszuschlag wird dann zum Bezugspreis addiert, um den Listenverkaufspreis zu ermitteln:

Listenverkaufspreis =

Bezugspreis + Kalkulationszuschlag in €

BEISPIEL

Die Exclusiva GmbH berechnet den Listenverkaufspreis für sämtliche Herrenhemden mit einem Kalkulationszuschlag von 90 %. Der Bezugspreis für die Hemden der Marke „Active Clothes" beträgt 42,50 €. Ermittlung des Kalkulationszuschlages in Euro:

$$\frac{42,50\ € \cdot 90}{100} = 38,25\ €$$

Ermittlung des Listenverkaufspreises:

Bezugspreis:	42,50 €
+ Kalkulationszuschlag	38,25 €
Listenverkaufspreis:	80,75 €

Kalkulationsfaktor

Die Ermittlung des Listenverkaufspreises kann durch die Anwendung eines Kalkulationsfaktors noch weiter vereinfacht werden. Hierfür wird der ermittelte Listenverkaufspreis durch den Bezugspreis dividiert.

FORMEL

$$Kalkulationsfaktor = \frac{Listenverkaufspreis}{Bezugspreis}$$

BEISPIEL

Der Kalkulationsfaktor für die Herrenhemden bei der Exclusiva GmbH ermittelt sich wie folgt:

$$Kalkulationsfaktor = \frac{80,75\ €}{42,50\ €} = 1,9$$

Der Kalkulationsfaktor für Herrenhemden beträgt bei der Exclusiva GmbH 1,9.

Für weitere Produkte lässt sich dann einfach durch Anwendung des Kalkulationsfaktors auf den Bezugspreis der Produkte der Listenverkaufspreis ermitteln.

BEISPIEL

Es wird ein neues Herrenhemd der Marke „X-Style" eingekauft. Der Bezugspreis beträgt 56,00 €. Der Listenverkaufspreis kann mithilfe des Kalkulationsfaktors einfach berechnet werden:

56,00 € · 1,9 = 106,40 €

Der Listenverkaufspreis für das Hemd der Marke „X-Style" beträgt 106,40 €.

Rückwärtskalkulation bei Handelswaren

Auf Märkten kann es vorkommen, dass der Verkaufspreis einer Ware marktseitig vorgegeben ist.

Dies kann zum Beispiel daran liegen, dass die Hersteller oder der Staat einen Verkaufspreis vorgeben, aber auch dadurch, dass die Konkurrenzsituation auf dem Markt sehr groß ist. Der Unternehmer ist dadurch an die Preise der Konkurrenz gebunden.

In einem solchen Fall kann der Unternehmer die Verkaufspreise nicht auf der Grundlage eines Angebotspreises kalkulieren. Er muss ausgehend vom Listenverkaufspreis rückwärts kalkulieren, um einen Listeneinkaufspreis zu ermitteln, zu dem er die Ware maximal einkaufen darf, um den marktseitig vorgegebenen Verkaufspreis einzuhalten.

BEISPIEL

Die Konkurrenz bietet die Herrenhemden der Marke „Active Clothes" für 80,00 € an. Wenn die Exclusiva GmbH zu den aktuellen Konditionen in den Markt einsteigt, kann sie das Hemd nur für 82,17 € anbieten. Die Kunden würden aber bei der Konkurrenz kaufen, da diese die Ware billiger anbietet.

Aufgrund dieser Problematik beschließt Frau Piekaski, dass mit dem Lieferanten über das Angebot verhandelt werden muss. Andreas Seeger soll den maximalen Einkaufspreis berechnen, den die Exclusiva GmbH zahlen kann, wenn sie das Hemd für 80,00 € anbietet. Alle anderen Konditionen bleiben gleich.

Die Rückwärtskalkulation erfolgt nach demselben Schema wie die Vorwärtskalkulation. Allerdings beginnt man mit den Berechnungen von unten.

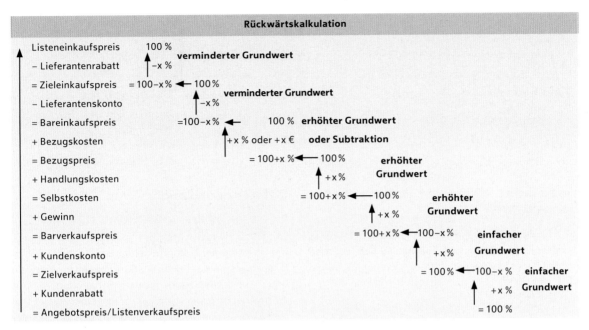

Rückwärtskalkulation

Die Berechnungen erfolgen in den ersten zwei Schritten mit dem einfachen Grundwert. Es kann eine einfache Prozentrechnung durchgeführt werden, z. B.

$$\text{Kundenrabatt} = \frac{\text{Listenverkaufspreis}}{100} \cdot x$$

In den nächsten drei Schritten erfolgt die Berechnung vom erhöhten Grundwert, das heißt man dividiert durch eine Zahl, die größer als 100 ist, z. B.

$$\text{Gewinn} = \frac{\text{Barverkaufspreis}}{(100 + x)} \cdot x$$

In den letzten beiden Rechenschritten wird wieder mit einem verminderten Grundwert gerechnet. Das heißt, man dividiert durch eine Zahl, die kleiner als 100 ist, z. B.

$$\text{Lieferantenrabatt} = \frac{\text{Zieleinkaufspreis}}{(100 - x)} \cdot x$$

BEISPIEL 6

Wenn die Exclusiva GmbH die Hemden von „Active Clothes" zu dem vom Markt vorgegebenen Preis von 80,00 € anbieten will, muss Andreas Seeger mithilfe der Rückwärtskalkulation den maximalen Listeneinkaufspreis berechnen, der an die Bätje OHG gezahlt werden darf. Die Prozentsätze und die Bezugskosten bleiben unverändert.

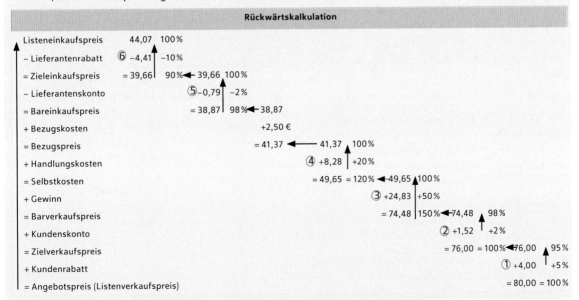

Rückwärtskalkulation

Berechnungen:

1. Kundenrabatt $= \dfrac{80,00\ €}{100} \cdot 5 = 4,00\ €$

2. Kundenskonto $= \dfrac{76,00\ €}{100} \cdot 2 = 1,52\ €$

3. Gewinn $= \dfrac{74,48\ €}{100 + 50} \cdot 50 = 24,83\ €$

4. Handlungskosten $= \dfrac{49,65\ €}{100 + 20} \cdot 20 = 8,28\ €$

5. Lieferantenskonto $= \dfrac{38,87\ €}{100 - 2} \cdot 2 = 0,79\ €$

6. Lieferantenrabatt $= \dfrac{39,66\ €}{100 - 10} \cdot 10 = 4,41\ €$

Vereinfachte Rückwärtskalkulation bei Handelswaren

Auch für die Rückwärtskalkulation gibt es ein Verfahren, mit dem die Kalkulation des maximalen Bezugspreises bei einem vorgegebenen Listenverkaufspreis vereinfacht werden kann. Es handelt sich hierbei um die Handelsspanne.

Ermittlung der Handelsspanne

FORMEL

$$\text{Handelsspanne in \%} = \frac{\text{Listenverkaufspreis} - \text{Bezugspreis}}{\text{Listenverkaufspreis}} \cdot 100$$

BEISPIEL

Die Handelsspanne der Hemden von „Active Clothes" berechnet sich wie folgt:

$$\text{Handelsspanne} = \frac{80,00\ € - 41,37\ €}{80,00\ €} \cdot 100 = 48,29\ \%$$

Bezugspreisberechnung mit der Handelsspanne

Wenn der Unternehmer die Handelsspanne für eine Warengruppe ermittelt hat, kann er für die übrigen Waren der Warengruppe den Bezugspreis ganz einfach berechnen.

BEISPIEL

Die Exclusiva GmbH möchte Hemden der Marke „Rütter" in das Sortiment aufnehmen. Der Listenverkaufspreis ist marktseitig mit 65,00 € vorgegeben. Frau Piekaski möchte nun wissen, wie hoch der maximale Bezugspreis sein darf.

Listenverkaufspreis:	65,00 €
– Handelsspanne 65,00 € · 0,4829 =	–31,39 €
= maximaler Bezugspreis	33,61 €

Der Bezugspreis für die Hemden der Marke „Rütter" darf maximal 33,61 € betragen.

Differenzkalkulation

Die Differenzkalkulation ist die dritte Form der Kalkulation von Handelswaren. Sie kommt zur Anwendung, wenn sowohl der Listeneinkaufspreis als auch der Listenverkaufspreis auf einem Markt vorgegeben sind. Dem Unternehmer bleibt dann nichts anderes übrig, als sich an die Preisvorgaben zu halten. Er kann mithilfe der Differenzkalkulation ermitteln, ob durch den Verkauf der Ware dennoch ein Gewinn erwirtschaftet werden kann oder ob es sich um ein Verlustgeschäft handelt. Auf der Grundlage des Ergebnisses der Differenzkalkulation kann der Unternehmer dann entscheiden, ob er das Produkt weiterhin in seinem Sortiment führen bzw. es in das Sortiment aufnehmen will oder nicht.

Die Differenzkalkulation ist eine Mischung aus der Vorwärtskalkulation und der Rückwärtskalkulation.

Vom Listeneinkaufspreis ausgehend führt man die Vorwärtskalkulation bis zu den Selbstkosten durch.

Vom Listenverkaufspreis führt man die Rückwärtskalkulation bis zum Barverkaufspreis durch.

Aus der Differenz von Barverkaufspreis und den Selbstkosten ergibt sich der Gewinn oder Verlust in Euro, der mit dem Produkt erwirtschaftet wird.

DEFINITION

Barverkaufspreis – Selbstkosten = **Gewinn/Verlust**

BEISPIEL

Trotz Nachverhandlungen konnte Frau Piekaski für die Hemden der Marke „Active Clothes" keinen besseren Angebotspreis mit der Bätje OHG aushandeln. Aus diesem Grund bittet Frau Piekaski Andreas Seeger um die Überprüfung, ob trotz des vorhandenen Angebots und der Preisvorgabe von 80,00 € bei sonst gleichen Konditionen ein Gewinn mit den Hemden erwirtschaftet werden kann. Frau Piekaski möchte die Hemden der Trendmarke unbedingt in das Sortiment aufnehmen.

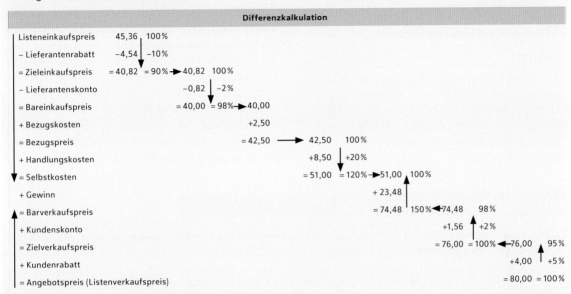

Berechnungen:

1. Gewinn = Barverkaufspreis – Selbstkosten

$$74{,}48 \ € - 51{,}00 \ € = 23{,}48 \ €$$

2. Gewinn in Prozent

$$\frac{74{,}48 \ €}{51{,}00 \ €} - 1 = 46{,}04 \ \%$$

Mit den Hemden der Marke „Active Clothes" wird trotz der vorgegebenen Listeneinkaufs- und Listenverkaufspreises ein Gewinn in Höhe von 23,48 € erwirtschaftet. Dies entspricht 46,04 %. Der zu erzielende Gewinn ist geringfügig unter dem Gewinnziel von 50 % (bzw. 25,50 €). Frau Piekaski kann nun entscheiden, ob das Produkt in das Sortiment aufgenommen werden soll oder nicht.

Entscheidungskriterien neben dem Gewinn

Ein Unternehmer kann die Entscheidung darüber, ob ein Produkt in das Sortiment aufgenommen werden bzw. im Sortiment verbleiben soll, nicht ausschließlich von dem Ergebnis der Preiskalkulation abhängig machen.

Andere Faktoren spielen bei derartigen Entscheidungen eine Rolle. Als solche kommen zum Beispiel infrage:

• Prestige durch das Anbieten eines bestimmten Produkts

BEISPIEL

Wenn ein Unternehmen exklusiv das neueste Handy eines namhaften Herstellers anbieten kann, dann wird es dies vielleicht auch tun, wenn der Gewinn unterdurchschnittlich ist.

• mögliche Folgeumsätze aufgrund des Verkaufs von Zubehör

BEISPIEL

Dadurch, dass ein Handy exklusiv von einem Unternehmen angeboten wird, wird zumeist auch das Zubehör exklusiv angeboten. Die Zubehörartikel haben möglicherweise eine höhere Gewinnspanne. In Summe ist das Anbieten des Artikels dann vielleicht wieder rentabel.

- Vervollständigung des Warensortiments

BEISPIEL

Von einem Elektrohändler wird erwartet, dass man dort auch noch alte Spiele für Spielkonsolen kaufen kann. Die Spiele werden folglich auch mit einem geringen Gewinn angeboten, um die Kunden weiterhin zu binden und das Ansehen zu waren.

Derartige Gründe können dazu führen, dass der Unternehmer Produkte anbietet, obwohl er mit ihnen keinen oder nur einen geringen Gewinn erzielt.

In der Kalkulation selbst können sich zusätzliche Möglichkeiten ergeben, die den Gewinn des Unternehmers steigen lassen. Indem zum Beispiel nicht alle Kunden den Skontoabzug ausnutzen oder einen Rabatt erhalten, erwirtschaftet der Unternehmer einen höheren Gewinn. Die Preiskalkulation wird jedoch unter Einbezug sämtlicher möglicher Kosten und Risiken vorgenommen. Der Unternehmer kann ein Produkt mit einer geringen Gewinnmöglichkeit anbieten, wenn er sicher ist, dass er die eingekaufte Ware zum kalkulierten Listenverkaufspreis verkaufen wird. Der kalkulierte Gewinn ist sicher, und hinzu können noch zusätzlich Erträge aus nicht genutzten Skonti und Rabatten kommen.

AUFGABEN

1. Führen Sie die Kalkulation des Listenverkaufspreises mithilfe einer verkürzten Vorwärtskalkulation zu den folgenden Produkten und Konditionen durch.

	a) Kinderrad „Pumuckl"	b) Anzug „BC"	c) Unterhemd „Standard"	d) Reparaturset Fahrrad	e) Blazer „NYC"
Bezugs-/Einstandspreis	223,00 €	140,00 €	3,60 €	1,98 €	57,00 €
Handlungskosten	25,0 %	29,0 %	20,0 %	18,0 %	30,0 %
Gewinn	32,0 %	70,0 %	45,0 %	30,0 %	55,0 %
Kundenskonto	1,0 %	2,0 %	2,0 %	1,0 %	2,0 %
Kundenrabatt	7,0 %	12,0 %	10,0 %	8,0 %	10,0 %

2. Führen Sie die Kalkulation des Listenverkaufspreises mithilfe der Vorwärtskalkulation zu den folgenden Produkten und Konditionen durch.

	a) Mountain-bike „Sky-Racer"	b) Pullover „Fashionista"	c) Hose „Robbie"	d) Sattel „Old-School"	e) Strumpf-hose „Lydia"
Listeneinkaufspreis	500,00 €	42,00 €	50,00 €	12,50 €	0,50 €
Lieferantenrabatt	10,0 %	15,0 %	7,5 %	5,0 %	7,0 %
Lieferantenskonto	1,0 %	2,0 %	1,5 %	1,0 %	0,0 %
Bezugskosten	5,00 €	0,60 €	0,5 %	0,20 €	0,05 €
Handlungskosten	25,0 %	30,0 %	40,0 %	20,0 %	10,0 %
Gewinn	20,0 %	75,0 %	60,0 %	30,0 %	60,0 %
Kundenskonto	2,0 %	2,0 %	2,0 %	0,0 %	1,0 %
Kundenrabatt	5,0 %	15,0 %	8,0 %	5,0 %	5,0 %

3. a) Ermitteln Sie für die Artikel aus Aufgabe 2 den Kalkulationszuschlag.

   b) Berechnen Sie mithilfe der Kalkulationszuschläge zu den Warengruppen aus Aufgabenteil a) die Verkaufspreise für:
   - das Mountainbike „Chipping" mit einem Bezugspreis von 260,00 €.
   - den Damenpullover „NYC" mit einem Bezugspreis von 27,85 €.
   - den Fahrradsattel „New Age" mit einem Bezugspreis von 15,64 €.
   - die Herrenhose „Steven", Bezugspreis 32,45 €.

   c) Ermitteln Sie für die Waren aus Aufgabe 2 nun die Kalkulationsfaktoren.

4. Die Exclusiva GmbH will 850 Hemden der Marke „Meyer" mit einem Listeneinkaufspreis von 34,50 € je Hemd einkaufen. Der Hersteller gewährt für gewöhnlich 7,5 % Rabatt und bei schneller Zahlung einen Skontoabzug von 2 %.
   Für die Anlieferung fallen laut Angebot 127,50 € an. Exclusiva GmbH kalkuliert in dem Segment mit einem Handlungskostenzuschlag von 20 % und einem Gewinn von 50 %. Ihren Abnehmern gewährt die Exclusiva GmbH 10 % Rabatt und 1,5 % Skonto. Berechnen Sie den Listenverkaufspreis, den die Exclusiva GmbH für ein Hemd der Marke „Meyer" mindestens verlangen sollte.

5. Der Exclusiva GmbH liegt ein Angebot für einen neuen Herrenanzug vor. 400 Anzüge sollen demnach 78.000,00 € netto kosten. Für Zahlung innerhalb von 10 Werktagen erhält die Exclusiva GmbH 2 % Skonto. Außerdem gewährt der Lieferant 10 % Rabatt. Die Lieferung der Anzüge kostet 250,00 €. Die Transportversicherung beträgt ebenfalls 250,00 €.
   Die Exclusiva GmbH rechnet in der Produktgruppe mit Handlungskosten von 28 % und einem Gewinnzuschlag von 75 %. Ihren Abnehmern gewährt die Exclusiva GmbH 12 % Rabatt und 1,5 % Skonto. Berechnen Sie den Listenverkaufspreis, den die Exclusiva GmbH mindestens je Anzug verlangen sollte.

6. Führen Sie die Kalkulation des maximalen Bezugspreises mithilfe einer verkürzten Rückwärtskalkulation zu den folgenden Produkten und Konditionen durch.

	a) Schlafanzug „Deluxe"	b) Fahrradhelm „Secure"	c) T-Shirt „Miami"	d) E-Bike „E-700"	e) Bluse „Business"
Listenverkaufspreis	74,50 €	79,90 €	35,00 €	1.299,00 €	49,95 €
Handlungskosten	30,0 %	23,0 %	30,0 %	23,0 %	22,0 %
Gewinn	69,0 %	27,0 %	75,0 %	47,0 %	72,0 %
Kundenskonto	1,5 %	3,0 %	2,0 %	2,0 %	1,0 %
Kundenrabatt	10,0 %	5,0 %	8,0 %	10,0 %	6,0 %

7. Führen Sie die Kalkulation des maximalen Listeneinkaufspreises mithilfe der Rückwärtskalkulation zu den folgenden Produkten und Konditionen durch.

	a) Trekkingrad „City"	b) Damenmantel	c) Seidenbluse „Maria"	d) E-Bike „E1200"	e) Herrensocken „Basic"
Listenverkaufspreis	420,00 €	350,00 €	120,00 €	1.899,00 €	3,50 €
Lieferantenrabatt	11,0 %	10,0 %	10,0 %	15,0 %	5,0 %
Lieferantenskonto	1,0 %	1,5 %	1,0 %	1,5 %	0,0 %
Bezugskosten	4,30 €	1,20 €	0,8 %	5,40 €	0,15 €
Handlungskosten	28,0 %	24,0 %	30,0 %	23,0 %	12,0 %
Gewinn	34,0 %	65,0 %	70,0 %	47,0 %	50,0 %
Kundenskonto	2,0 %	1,0 %	1,5 %	2,0 %	1,0 %
Kundenrabatt	10,0 %	8,0 %	5,0 %	10,0 %	5,0 %

8. In der Exclusiva GmbH gibt es Überlegungen, die neue Trendmarke „SuperStyle" in das Produktsortiment aufzunehmen. Der Anfang soll mit einem Kapuzenpullover gemacht werden. Der Pullover wird von allen Anbietern am Markt zu einem Listenverkaufspreis von 95,00 € angeboten. Die Exclusiva GmbH will wissen, zu welchem Preis sie diesen Pullover maximal einkaufen kann, um die Gewinnziele zu erreichen. Üblicherweise gewährt der Hersteller 5 % Rabatt und 2 % Skonto. Die Exclusiva GmbH gewährt ihren eigenen Kunden wiederum 7 % Rabatt und einen Skontoabzug von 1 %. Die Handlungskosten in dem Produktsegment betragen 30 % und das Gewinnziel 65 %. Die Bezugskosten werden mit 0,4 % berechnet.

9. Die Exclusiva GmbH bietet seit langer Zeit die Blusen der Marke „Seidenfein" an. Der Hersteller hat nun ein neues Angebot für die Zukunft unterbreitet. Die Konditionen bleiben grundsätzlich unverändert. Der Listeneinkaufspreis wurde um 5,00 € erhöht und beträgt jetzt 44,95 €. Die Exclusiva GmbH erhält 5 % Rabatt und 2 % Skonto auf den Einkauf. Die Bezugskosten betragen 0,15 € je Bluse. Bei den Blusen wird mit Handlungskosten von 17 % und einem Gewinnzuschlag von 60 % gerechnet. Den Abnehmern werden 5 % Rabatt und 1 % Skonto gewährt.
Neu an dem vorliegenden Angebot ist allerdings, dass der Hersteller verlangt, dass die Blusen zu einem Preis von 75,00 € verkauft werden. Geben Sie eine Empfehlung, ob die Bluse zu den genannten Konditionen im Sortiment bleiben soll.

10. Führen Sie die Kalkulation des Gewinns mithilfe der Differenzkalkulation zu den folgenden Produkten und Konditionen durch.

	a) Sportsocken 5er-Pack	b) Jogging-anzug	c) Rennrad „Zabel"	d) Jeans „Evan"	e) Unterhem-den 2er-Pack
Listeneinkaufspreis	1,99 €	24,95 €	789,00 €	28,50 €	5,60 €
Lieferantenrabatt	7,0 %	10,0 %	10,0 %	7,5 %	10,0 %
Lieferantenskonto	2,0 %	1,5 %	2,0 %	1,0 %	0,0 %
Bezugskosten	0,05 €	1,00 €	0,5 %	0,40 €	0,05 €
Handlungskosten	21,0 %	26,0 %	35,0 %	29,0 %	30,0 %
Kundenskonto	1,5 %	2,0 %	2,0 %	2,0 %	1,0 %
Kundenrabatt	10,0 %	8,0 %	10,0 %	10,0 %	5,0 %
Listenverkaufspreis	3,20 €	40,95 €	1.299,00 €	40,95 €	7,99 €

11. Die Exclusiva GmbH verkauft die Mützen der Trendmarke „Headster", die bei den Abnehmern aktuell sehr gefragt ist, bisher zu folgenden Konditionen: Kunden wird ein Rabatt von 8 % auf den Listenverkaufspreis von 17,85 € und ein Skontoabzug von 2 % gewährt. Ihrerseits erhält die Exclusiva GmbH 10 % Rabatt und 1 % Skonto auf den Listeneinkaufspreis von 11,95 €. Die Handlungskosten sind mit 32 % eingepreist und die Bezugskosten betragen pro Mütze 0,05 €. Der Hersteller erhöht den Preis pro Mütze um 2,00 €. Die Konditionen sind nicht verhandelbar.

a) Berechnen Sie den Gewinn der Exclusiva GmbH für den Ausgangsfall und für die Situation nach der Preiserhöhung.

b) Geben Sie an, ob die Exclusiva GmbH die Mütze auch nach der Preiserhöhung im Sortiment lassen sollte oder nicht.

c) Überlegen Sie, ob die Exclusiva GmbH ihrerseits etwas ändern könnte, um mit den Konditionen des Herstellers die Mütze trotzdem mit Gewinn verkaufen zu können.

ZUSAMMENFASSUNG

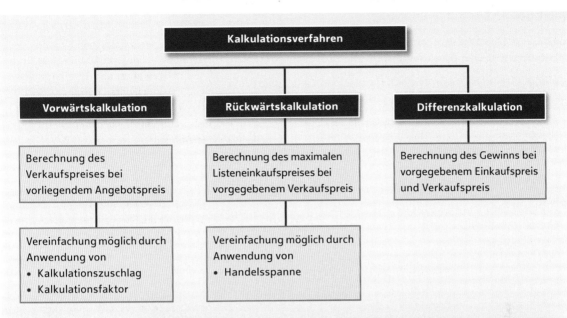

Kalkulationsverfahren

Vorwärtskalkulation

Berechnung des Verkaufspreises bei vorliegendem Angebotspreis

Vereinfachung möglich durch Anwendung von
- Kalkulationszuschlag
- Kalkulationsfaktor

Rückwärtskalkulation

Berechnung des maximalen Listeneinkaufspreises bei vorgegebenem Verkaufspreis

Vereinfachung möglich durch Anwendung von
- Handelsspanne

Differenzkalkulation

Berechnung des Gewinns bei vorgegebenem Einkaufspreis und Verkaufspreis

	Vorwärtskalkulation	Rückwärtskalkulation	Differenzkalkulation
Listeneinkaufspreis – Lieferantenrabatt	Einfacher Grundwert	Verminderter Grundwert	Einfacher Grundwert
= Zieleinkaufspreis – Lieferantenskonto			
= Bareinkaufspreis + Bezugskosten		Erhöhter Grundwert	
= Bezugspreis + Handlungskosten			
= Selbstkosten + Gewinn			Subtraktion
= Barverkaufspreis + Kundenskonto			
= Zielverkaufspreis + Kundenrabatt	Verminderter Grundwert	Einfacher Grundwert	Einfacher Grundwert
= Angebotspreis (Listenverkaufspreis)			

489

8.6 Kennzahlen aus der Bilanz und der Gewinn-und-Verlust-Rechnung

Einstieg

Ronja Bunko bekommt den Auftrag, verschiedene Kennzahlen zur Beurteilung der wirtschaftlichen Situation des Unternehmens aus der Bilanz sowie der Gewinn-und-Verlustrechnung zu gewinnen.

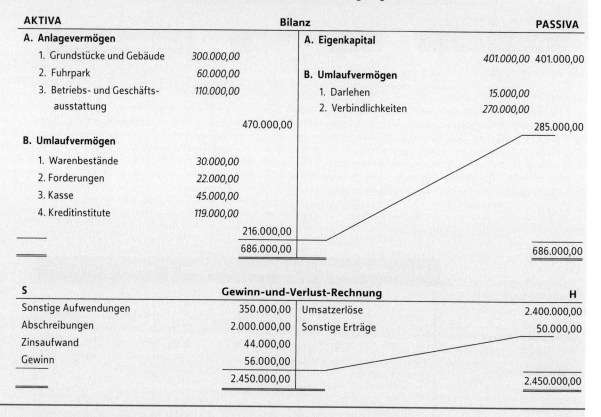

AKTIVA	Bilanz		PASSIVA
A. Anlagevermögen		**A. Eigenkapital**	
1. Grundstücke und Gebäude	300.000,00		401.000,00 401.000,00
2. Fuhrpark	60.000,00	**B. Umlaufvermögen**	
3. Betriebs- und Geschäfts-ausstattung	110.000,00	1. Darlehen	15.000,00
		2. Verbindlichkeiten	270.000,00
	470.000,00		285.000,00
B. Umlaufvermögen			
1. Warenbestände	30.000,00		
2. Forderungen	22.000,00		
3. Kasse	45.000,00		
4. Kreditinstitute	119.000,00		
	216.000,00		
	686.000,00		686.000,00

S	Gewinn-und-Verlust-Rechnung		H
Sonstige Aufwendungen	350.000,00	Umsatzerlöse	2.400.000,00
Abschreibungen	2.000.000,00	Sonstige Erträge	50.000,00
Zinsaufwand	44.000,00		
Gewinn	56.000,00		
	2.450.000,00		2.450.000,00

Berechnen Sie die Kennzahlen, mit denen ein Unternehmen bewertet werden kann.

INFORMATIONEN

Nicht nur aus der Kosten- und Leistungsrechnung, sondern allein aus der Bilanz und der Gewinn-und-Verlust-Rechnung (GuV) kann ein Unternehmen wichtige Informationen zur Beurteilung der Unternehmenssituation gewinnen. Diese sind in wichtigen Kennzahlen enthalten. Diese werden oft auch als KPIs (**Key Performance Indicators**) bezeichnet. Sie helfen

- die Entwicklung des Unternehmens im zeitlichen Ablauf zu beurteilen,
- das Unternehmen mit anderen Unternehmen zu vergleichen,
- für bestimmte unternehmerische Entscheidungen wichtige Informationen zu gewinnen.

Eine Bilanz informiert über die Zusammensetzung des Vermögens und die Herkunft des Kapitals. Aus der Gewinn-und-Verlust-Rechnung lassen sich Erkenntnisse über die Art der Erträge und Kosten ziehen.

Bilanz und Gewinn-und-Verlust-Rechnung gemeinsam erfüllen interne und externe Informationsaufgaben. Verschiedene Interessengruppen haben einen Informationsbedarf zur Vermögens-, Finanz- und Ertragslage eines Unternehmens. Die externen Interessenten an Informationen sind

- die Eigentümer, die das Eigenkapital zur Verfügung stellen

- Gläubiger, die dem Unternehmen unterschiedliche Arten des Fremdkapitals geben
- das Personal des Unternehmens
- staatliche Behörden wie zum Beispiel das Finanzamt
- eventuell auch die Öffentlichkeit.

Unternehmensintern haben alle Führungsebenen Bedarf an Erkenntnissen aus der Bilanz und der GuV, um optimale Entscheidungen treffen zu können.

BEISPIEL

Andreas Seeger liegen die Bilanz sowie die Gewinn-und-Verlust-Rechnung vor:

AKTIVA		Bilanz		PASSIVA
A. Anlagevermögen			**A. Eigenkapital**	
1. Grundstücke und Gebäude	600.000,00		952.000,00	952.000,00
2. Fuhrpark	180.000,00		**B. Umlaufvermögen**	
3. Betriebs- und Geschäfts- ausstattung	24.000,00		1. Darlehen	410.000,00
			2. Verbindlichkeiten	370.000,00
		1.022.000,00		780.000,00
B. Umlaufvermögen				
1. Warenbestände	500.000,00			
2. Forderungen	80.000,00			
3. Kasse	38.000,00			
4. Kreditinstitute	92.000,00			
		710.000,00		
		1.732.000,00		1.732.000,00

S	Gewinn-und-Verlust-Rechnung		H
Sonstige Aufwendungen	500.000,00	Umsatzerlöse	1.270.000,00
Abschreibungen	150.000,00	Sonstige Erträge	40.000,00
Zinsaufwand	22.000,00		
Gewinn	638.000,00		
	1.310.000,00		1.310.000,00

Er kann sich nun an die Berechnung unterschiedlicher Kennzahlen machen.

Rentabilität

Der wirtschaftliche Erfolg eines Unternehmens kann mit den verschiedenen Kennziffern der Rentabilität gemessen und kontrolliert werden. Die Rentabilitätskennziffern stellen den erzielten Gewinn eines Unternehmens den dazu eingesetzten unterschiedlichen Kapitalarten gegenüber.

Eigenkapitalrentabilität

Die Eigenkapitalrentabilität zeigt, inwieweit das Eigenkapital des Unternehmens in Bezug auf den Gewinn rentabel eingesetzt werden konnte: Der Gewinn wird also in Beziehung zum Eigenkapital betrachtet. Diese in Prozent ausgedrückte Kennzahl zeigt also im Prinzip, wie hoch sich die im Eigenkapital angelegten finanziellen Mittel

der Unternehmenseigentümer verzinst haben. Die Eigenkapitalrentabilität wird deshalb oft auch als **Unternehmerrentabilität** bezeichnet.

FORMEL

$$\text{Eigenkapitalrentabilität} = \frac{\text{Gewinn}}{\text{investiertes Eigenkapital}} \cdot 100\,\%$$

BEISPIEL

$$\text{Eigenkapitalrentabilität} = \frac{638.000,00\,\text{€}}{952.000,00\,\text{€}} \cdot 100\,\% = 67,01\,\%$$

Gesamtkapitalrentabilität

Die **Gesamtkapitalrentabilität** gibt Auskunft über die Gewinnsituation des Unternehmens. Sie zeigt beispielsweise an, wie attraktiv das Unternehmen für Investoren ist. Sie wird oft auch **Unternehmungsrentabilität** genannt.

Die Eigenkapitalrentabilität untersucht das Unternehmen lediglich aus Sicht der Eigentümer, die Gesamtkapitalrentabilität berücksichtigt dagegen alle Kapitalgeber: Der Gewinn stellt die Vergütung der Eigenkapitalgeber dar, die Fremdkapitalzinsen die Vergütung der Fremdkapitalgeber.

FORMEL

$$\text{Gesamtkapitalrentabilität} = \frac{\text{Gewinn} + \text{Fremdkapitalzinsen}}{\text{Gesamtkapital}} \cdot 100\,\%$$

BEISPIEL

$$\text{Gesamtkapitalrentabilität} = \frac{638.000,00\,€ + 22.000,00\,€}{1.310.000,00\,€} \cdot 100\,\% = 50,38\,\%$$

Eine niedrige Gesamtkapitalquote kann für Fremdkapitalgeber die Gefahr bedeuten, dass die vom Unternehmen erzielten Gewinne nicht mehr zur Zahlung der Zinsen und zur Tilgung der Schulden ausreichen. Die Eigenkapitalgeber müssen befürchten, dass sie für ihr höheres Risiko nicht angemessen entlohnt werden.

Umsatzrentabilität

Die Umsatzrentabilität informiert über den umsatzbezogenen Gewinnanteil. dar. Diese auch Umsatzrendite genannte Kennzahl gibt Auskunft darüber, wie viel Gewinn das Unternehmen in Bezug auf 1,00 € Umsatz gemacht hat.

BEISPIEL

Eine Umsatzrendite von 20 % bedeutet, dass mit jedem umgesetzten Euro ein Gewinn von 20 Cent erzielt wurde. Eine steigende Umsatzrentabilität deutet bei unverändertem Verkaufspreis auf eine zunehmende Produktivität im Unternehmen hin, während eine sinkende Umsatzrentabilität auf sinkende Produktivität und damit auf steigende Kosten hinweist.

FORMEL

$$\text{Umsatzrentabilität} = \frac{\text{Gewinn}}{\text{Umsatzerlöse}} \cdot 100\,\%$$

BEISPIEL

$$\text{Umsatzrentabilität} = \frac{638.000,00\,€}{1.270.000,00\,€} \cdot 100\,\% = 50,23\,\%$$

Vor allem im Zeitablauf kann die Umsatzrentabilität wichtige Informationen über die Produktivität und die Kostenentwicklung liefern.

BEISPIEL

In einer Filiale der Exclusiva GmbH ist die Umsatzrentabilität von 5 auf 13 % gestiegen. Bei unverändertem Verkaufspreis ist dies ein Hinweis auf eine zunehmende Produktivität in dieser Filiale. Anders sieht die Situation in einer zweiten Niederlassung aus. Dort sank die Umsatzrentabiltät von 23 auf 1 %. Dies deutet auf steigende Kosten und eine geringere Produktivität hin.

Liquidität

Unter der Liquidität eines Unternehmens versteht man dessen Fähigkeit und Bereitschaft, seinen bestehenden Zahlungsverpflichtungen termingerecht und betragsgenau nachzukommen.

BEISPIEL

Ist die Exclusiva GmbH liquide, dann verfügt sie über genügend finanzielle Mittel, um Zahlungspflichten wie Gehälter und Löhne oder Zinsen zu erfüllen.

Der Aufgabe der Liquiditätssicherung ist für einen Onlinehändler von großer Bedeutung. Deshalb muss er ständig kontrollieren, ob in Zukunft Zahlungsschwierigkeiten zu erwarten sind. Dazu nutzt er Liquiditätskennzahlen.

Liquidität 1. Grades

Diese Kennzahl gibt das Verhältnis der gesamten flüssigen Mittel mit dem kurzfristigen Fremdkapital eines Unternehmens an. Mit ihr kann ausgewertet werden, inwieweit ein Unternehmen seine derzeitigen kurzfristigen Zahlungsverpflichtungen allein durch seine liquiden Mittel erfüllen kann.

BEISPIEL

Hat man für sein Unternehmen eine Liquidität ersten Grades von 45 % ermittelt, weiß man, dass z. B. Verbindlichkeiten gegenüber einem Lieferanten mit und 45 % der gesamten flüssigen Mittel bezahlt werden können.

Zu den flüssigen Mitteln zählen alle sofort verfügbaren Geldmittel des Unternehmens:

- die Kassenbestände,
- das Bankguthaben,
- eventuell auch Besitzwechsel.

Zum kurzfristigen Fremdkapital gehören alle Schulden, die innerhalb eines Jahres zurückgezahlt werden müssen. Hierbei handelt es sich vor allem um die verschiedenen Arten der Verbindlichkeiten.

FORMEL

$$\text{Liquidität 1. Grades} = \frac{\text{flüssige Mittel}}{\text{kurzfristiges Fremdkapital}} \cdot 100\,\%$$

BEISPIEL

$$\text{Liquidität 1. Grades} = \frac{38.000,00\,€ + 92.000,00\,€}{370.000,00\,€} \cdot 100\,\% = 35,13\,\%$$

In der Praxis geht man davon aus, dass die Liquidität ersten Grades nicht mehr als 5 bis 10 % betragen sollte.

Liquidität 2. Grades

Bei der Liquidität 2. Grades werden die flüssigen Mittel um die kurzfristigen Forderungen ergänzt und anschließend mit dem kurzfristigen Fremdkapital ins Verhältnis gesetzt.

FORMEL

$$\text{Liquidität 2. Grades} = \frac{\text{flüssige Mittel} + \text{kurzfristige Forderungen}}{\text{kurzfristiges Fremdkapital}} \cdot 100\,\%$$

BEISPIEL

$$\text{Liquidität 2. Grades} = \frac{38.000,00\,€ + 92.000,00\,€ + 80.000,00\,€}{370.000,00\,€} \cdot 100\,\% = 35,13\,\%$$

Eine gute Liquidität 2. Grades liegt bei etwa 100 bis 120 %. Bei einem kleineren Wert kann ein Teil der kurzfristigen Verbindlichkeiten nicht durch kurzfristig zur Verfügung stehende Vermögensbestandteile ausgeglichen werden. Dadurch kann ein Liquiditätsengpass entstehen.

Liquidität 3. Grades

Die Liquidität 3. Grades informiert darüber, zu welchem Anteil das kurz- und mittelfristige Fremdkapital durch das Umlaufvermögen gedeckt ist.

FORMEL

$$\text{Liquidität 3. Grades} = \frac{\text{flüssige Mittel} + \text{kurzfristige Forderungen} + \text{Vorräte}}{\text{kurzfristiges Fremdkapital}} \cdot 100\,\%$$

BEISPIEL

$$\text{Liquidität 3. Grades} = \frac{710.000,00\,€}{370.000,00\,€} \cdot 100\,\% = 191\,\%$$

Die hohe Liquiditätszahl deutet auf hohe Lagerbestände hin. In den 710.000,00 € (38.000,00 € + 92.000,00 € + 80.000,00 € + 500.000,00 €) sind allein für 500.000,00 € Warenbestände enthalten.

Die Liquidität 3. Grades sollte bei gesunden Unternehmen etwa zwischen 120 und 150 % betragen. Liegt ein erheblich kleinerer Wert vor, muss gegebenenfalls ein Teil des Anlagevermögens verkauft werden, um die Lieferanten bezahlen zu können. Auch die Preiskalkulation sollte in solchen Fällen überprüft werden. Bei einem Wert über 150 % sollte die Höhe der Lagerbestände kontrolliert werden: Diese binden Kapital.

Vermögensstrukturkennzahlen

Anlagenintensität

Die Anlagenintensität gibt Auskunft über den Anteil des Anlagevermögens am Gesamtvermögen.

FORMEL

$$\text{Anlagenintensität} = \frac{\text{Anlagevermögen}}{\text{Gesamtvermögen}} \cdot 100\,\%$$

BEISPIEL

$$\text{Anlagenintensität} = \frac{10.222.000,00\ €}{1.732.000,00\ €} \cdot 100\,\% = 59\,\%$$

Eine zu hohe Anlagenintensität kann im Falle größerer Marktveränderungen für ein Unternehmen gefährlich werden: dazu viel Kapital langfristig im Anlagevermögen gebunden ist, kann bei einem eventuellen kurzfristigen Finanzierungsbedarf nicht schnell und flexibel reagiert werden.

Umlaufintensität

Die Umlaufintensität informiert über das Verhältnis des Umlaufvermögens zum Gesamtvermögen.

FORMEL

$$\text{Umlaufintensität} = \frac{\text{Umlaufvermögen}}{\text{Gesamtvermögen}} \cdot 100\,\%$$

BEISPIEL

$$\text{Umlaufintensität} = \frac{710.000,00\ €}{1.732.000,00\ €} \cdot 100\,\% = 41\,\%$$

Eine hohe Umlaufintensität ergibt sich aus einem hohen Anteil des Umlaufvermögens am Gesamtvermögen. Daraus lässt sich eine kurzfristige Kapitalbindung ablesen: Die Forderungen an Kunden und die Warenbestände können verhältnismäßig schnell in liquide Mittel umgewandelt werden.

Working Capital

Eine weitere Kennzahl zur Beurteilung der Zahlungsfähigkeit eines Unternehmens ist das Working Capital. Diese Kennzahl misst die Differenz zwischen dem gesamten Umlaufvermögen und den kurzfristigen Verbindlichkeiten.

FORMEL

Working Capital = Umlaufvermögen – kurzfristiges Fremdkapital

BEISPIEL

Working Capital = 710.000,00 € – 370.000,00 € = 340.000,00 €

Bei einem positiven Ergebnis ist die Zahlungsfähigkeit des Unternehmens gesichert.

Kapitalstrukturkennzahlen

Die Ausstattung des Unternehmens mit Kapital (dargestellt auf der Passivseite der Bilanz) werden mit den Kapitalstrukturkennzahlen analysiert.

Eigenkapitalquote

Die Eigenkapitalquote gibt den Anteil des Eigenkapitals am Gesamtkapital an.

FORMEL

$$\text{Eigenkapitalquote} = \frac{\text{Eigenkapital}}{\text{Gesamtkapital}} \cdot 100\,\%$$

BEISPIEL

$$\text{Eigenkapitalquote} = \frac{952.000,00\ €}{1.732.000,00\ €} \cdot 100\,\% = 54,9\,\%$$

Wird eine hohe Eigenkapitalquote festgestellt, ist das Unternehmen vergleichsweise unabhängig gegenüber Kapitalgebern. Es ist finanziell stabil ausgestattet. In einem solchen Fall wird die Bonität des Unternehmens durch Banken besser bewertet, wenn es einen Kredit aufnehmen möchte.

Fremdkapitalquote

Die **Fremdkapitalquote** gibt Auskunft über den Anteil des Fremdkapitals am Gesamtkapital. Aus ihr lassen sich Erkenntnisse über die Verschuldung des Unternehmens ablesen.

FORMEL

$$\text{Fremdkapitalquote} = \frac{\text{Fremdkapital}}{\text{Gesamtkapital}} \cdot 100\,\%$$

BEISPIEL

$$\text{Fremdkapitalquote} = \frac{780.000,00\ €}{1.732.000,00\ €} \cdot 100\,\% = 45,03\,\%$$

Eine hohe Fremdkapitalquote deutet darauf hin, dass mit steigender Verschuldung des Unternehmens sowohl das Risiko einer Zahlungsunfähigkeit als auch einer Überschuldung des Unternehmens zunehmen.

Cashflow

In vielen Unternehmen wird oft auch noch der Cashflow (wortwörtlich etwa übersetzt: Kassen- oder Geldzufluss) berechnet. Diese Kennzahl gibt an, in welchem Ausmaß an Unternehmen finanzielle Mittel aus eigener Kraft erwirtschaftet hat. Der Cashflow informiert über die Möglichkeiten der Selbstfinanzierung durch das Unternehmen. Der Cashflow misst, inwieweit die regelmäßigen betrieblichen Einnahmen die regelmäßigen betrieblichen Ausgaben übersteigen.

FORMEL

Cashflow = Jahresüberschuss + Abschreibungen auf Anlagen

BEISPIEL

Cashflow = Jahresüberschuss + Abschreibungen auf Anlagen = 638.000,00 € + 150.000,00 € = 888.000,00 €

Ein hoher Cashflow bedeutet eine hohe Kreditwürdigkeit des Unternehmens.

AUFGABEN

1. Wozu dienen Kennzahlen?

2. Wer hat ein Interesse an Kennzahlen, die aus der Bilanz der Gewinn-und-Verlust-Rechnung gewonnen werden?

3. Ein Unternehmen hat einen Gewinn in Höhe von 459.328,00 € erzielt. Das Eigenkapital dieses Unternehmens beträgt 1.257.003,00 Euro, das Gesamtkapital 3.000.498,00 €. Die Umsatzerlöse betrugen 4.348.000,00 €. Der GUV-Rechnung kann entnommen werden, dass das Unternehmen 11.000,00 € für Fremdkapitalzinsen aufbringen musste.
Ermitteln Sie
   a) die Eigenkapitalrentabilität,
   b) die Gesamtkapitalrentabilität;
   c) die Umsatzrentabilität.

4. Ein Unternehmen hat auf dem Bankkonto 73.827,00 € und in der Kasse 6.752,00 €. Die Forderung gegenüber Lieferanten betragen 122.400,00 €. Auf Lager liegen Warenbestände im Wert von 628.748,00 €. Die Verbindlichkeiten betragen 210.000,00 €.
Berechnen Sie die
   a) Liquidität 1. Grades,
   b) Liquidität 2. Grades,
   c) Liquidität 3. Grades.

5. Das Gesamtvermögen der Sven Moenke GmbH beträgt 4.000.748,00 €. Es setzt sich zusammen aus 2.985.244,00 € Anlagevermögen und 2.584.496,00 € Umlaufvermögen. Das Unternehmen hat für 452.023,00 € Verbindlichkeiten.
Ermitteln Sie
   a) die Anlagenintensität
   b) die Umlaufintensität
   c) das Working Capital.

6. Das Gesamtkapital der Hanzlich KG setzt sich aus 2.458.973,00 € Eigenkapital und 4.278.747,00 € Fremdkapital zusammen. Berechnen Sie
   a) die Eigenkapitalquote
   b) die Fremdkapitalquote

7. Die Hilgarth GmbH hat einen Jahresüberschuss von 328.098,00 € erzielt. Abschreibungen auf Anlagen wurden im Wert von 128.000,00 € vorgenommen. Berechnen Sie den Cashflow.

8. Ermitteln Sie aus den folgenden Daten die wichtigsten Kennzahlen.

AKTIVA		Bilanz		PASSIVA
A. Anlagevermögen			**A. Eigenkapital**	2.229.165,00 2.229.165,00
1. Grundstücke und Gebäude	1.345.654,00			
2. Fuhrpark	24.543,00		**B. Umlaufvermögen**	
3. Betriebs- und Geschäfts-ausstattung	49.800,00		1. Darlehen	59.700,00
			2. Verbindlichkeiten	98.034,00
		1.419.997,00		157.734,00
B. Umlaufvermögen				
1. Warenbestände	178.002,00			
2. Forderungen	16.540,00			
3. Kasse	6.520,00			
4. Kreditinstitute	756.840,00			
		966.902,00		
		2.386.899,00		2.386.899,00

S	Gewinn-und-Verlust-Rechnung		H
Sonstige Aufwendungen	2.750.600,00	Umsatzerlöse	3.260.000,00
Abschreibungen	52.000,00	Sonstige Erträge	4.040,00
Zinsaufwand	44.000,00		
Gewinn	417.440,00		
	3.264.040,00		3.264.040,00

9. Ermitteln Sie aus den folgenden Daten die wichtigsten Kennzahlen.

AKTIVA		Bilanz		PASSIVA
A. Anlagevermögen			**A. Eigenkapital**	
1. Grundstücke und Gebäude	290.590,00			555.327 555.327,00
2. Fuhrpark	120.000,00		**B. Umlaufvermögen**	
3. Betriebs- und Geschäftsaus-stattung	22.000,00		1. Darlehen	33.200
			2. Verbindlichkeiten	46.580
		432.590,00		79.780,00
B. Umlaufvermögen				
1. Warenbestände	43.000,00			
2. Forderungen	3.400,00			
3. Kasse	38.100,00			
4. Kreditinstitute	118.017,00			
		202.517,00		
		635.107,00		635.107,00

S	Gewinn-und-Verlust-Rechnung		H
Sonstige Aufwendungen	1.450.600,00	Umsatzerlöse	1.600.000,00
Abschreibungen	52.000,00	Sonstige Erträge	21.000,00
Zinsaufwand	44.000,00		
Gewinn	74.400,00		
	1.621.000,00		1.621.000,00

10. Andreas Seeger will für die Exclusiva GmbH mehrere betriebliche Kennzahlen berechnen. Welche Daten benötigt er zur Berechnung der Eigenkapitalrentabilität?
    a) Wareneinsatz, Gewinn
    b) Gewinn, Eigenkapital
    c) Warenumsatz, Eigenkapital
    d) Aufwand, Kosten, Eigenkapital
    e) Fremdkapital, Gewinn

11. Wie kann man den Begriff Rentabilität kurz umschreiben?
    a) Abschluss günstiger Einkaufskonditionen
    b) Sortimentsoptimierung durch Sortimentserweiterung
    c) Die Verzinsung des im Unternehmen eingesetzten Kapitals
    d) Die Abstimmung von Ökonomie und Ökologie
    e) Effiziente Ausweitung des Kapitals

12. Welches wirtschaftliche Ziel verfolgt die Exclusiva GmbH mit einer guten Rentabilität?
    a) Die Verkaufspreise sollen alle Kosten decken.
    b) Das eingesetzte Kapital soll sich möglichst hoch verzinsen.
    c) Die Erträge sollen die Aufwendungen möglichst nicht überschreiten.
    d) Die gekauften Waren sollen einen möglichst hohen Ertrag erwirtschaften.
    e) Das Verhältnis von Kosten zu Umsatz soll möglichst hoch sein.

13. Berechnen Sie die Eigenkapitalrentabilität, die Gesamtkapitalrentabilität und die Umsatzrentabilität der „Warenwelt Textilien" der Exclusiva GmbH aus den folgenden Zahlen:
    Unternehmergewinn 452.000 €
    Eigenkapital 3.465.000,00 €
    Zinsen für Fremdkapital 35.250,00 €
    Fremdkapital 5.365.000,00 €
    Verkaufserlöse, netto 4.520.000,00 €

14. Wie wird der Begriff „Unternehmerrentabilität" auch bezeichnet?
    a) Eigenkapitalrentabilität
    b) Unternehmerlohn
    c) Gesamtkapitalrentabilität
    d) Fremdkapitalrentabilität
    e) Prozentualer Anteil des Unternehmergewinns am Gesamtumsatz

15. Welcher Ansatz zur Ermittlung der Gesamtkapitalrentabilität ist zutreffend?
    a) Reingewinn : Eigenkapital · 100
    b) Reingewinn : Nettoumsatz · 100
    c) Ertrag : Aufwand · 100
    d) (Reingewinn + Zinsaufwand) : (Eigenkapital + Fremdkapital · 100)
    e) (Reingewinn + Zinsaufwand) : (Eigenkapital + Fremdkapital) · 100

16. In der Buchhaltung der Exclusiva GmbH wurden für den Jahresabschluss folgende Werte ermittelt:
    Wareneinsatz 2.400.000,00 €
    Kosten 1.200.000,00 € (davon 20.000,00 € für Fremdkapitalzinsen)
    Verkaufserlöse (netto) 3.880.000,00 €

    Wie hoch ist die Unternehmerrentabilität, wenn das eingesetzte Eigenkapital 2.500.000,00 € beträgt?

17. Ronja Bunko soll für ein übernommenes Unternehmen verschiedene Kennzahlen ermitteln:

AKTIVA		Bilanz 31.12.20..	PASSIVA	
0230	Gebäude	980.000,00	0610 EK	544.338,00
0340	Fuhrpark	76.817,00	0820 Darlehen	1.616.184,00
0330	BGA	353.633,00	1710 Verb. a. LL	216.830,00
3910	Waren	542.000,00		
1010	Forderungen a LL	1.894,00		
1310	Kreditinstitute	312.800,00		
1320	PoBa	100.000,00		
1510	Kasse	10.208,00		
		2.377.352,00		2.377.352,00

Soll		Gewinn- und Verlustkonto 31.12.20..	Haben	
3010	Wareneingang	1.450.000,00	8010 Warenverkauf	2.745.000,00
4400	Werbe- und Reisekosten	24.500,00		
4200	Steuern, Beiträge, Vers.	37.000,00		
2120	Zinsaufwendungen	72.700,00		
4010	Löhne	940.000,00		
4910	Abschreibungen	55.900,00		
0610	EK	164.900,00		
		2.745.000,00		2.745.000,00

Sonstige Angaben zu der Filiale

Mitarbeiter	30
Verkaufsfläche in m²	223
Lagerfläche in m²	1.400
Unternehmerlohn für die Filiale	15.000,00 €

18. Herr Prinz, Vorstandsvorsitzender der Larstadt Warenhaus AG, ist in der Vorbereitung auf das Jahresgespräch mit den Leitern der anderen Filialen des Konzerns. Bei diesem Treffen soll es vor allem darum gehen, wie die schnelllebige Entwicklung auf dem Elektronikmarkt für die Larstadt Warenhaus AG genutzt werden kann.

Daher hat Herr Prinz der Abteilung Rechnungswesen den Auftrag gegeben, verschiedene Kennzahlen der Abteilung „Warenwelt Elektronik" aus dem vergangenen Jahr aufzubereiten. Es ist das Ziel, Unternehmensvergleiche zu anderen Filialen und zur gesamten Branche durchzuführen.

Frau Runge hat bereits die relevanten Daten aus dem vergangenen Jahr herausgesucht. Neben den Daten der „Warenwelt Elektronik" der Filiale in Schönstadt sind das auch noch die Daten der „Warenwelt Gartenmöbel" der Filiale Schönstadt, der „Warenwelt Elektronik" der Filiale in Berlin und die veröffentlichten Daten der Firma Elektronika AG, dem Hauptmitbewerber im Bereich Elektronikhandel.

	Filiale Schönstadt		Filiale Berlin	Elektronika AG
	Elektronik	Gartenmöbel	Elektronik	Elektronik
Umsatzerlöse	2.500.000,00 €	475.000,00 €	12.350.000,00 €	22.145.000,00 €
Wareneinsatz	1.600.000,00 €	225.000,00 €	8.235.000,00 €	16.442.000,00 €
Übrige betriebliche Aufwendungen	835.840,00 €	192.000,00 €	3.983.000,00 €	5.268.000,00 €
darin enthalten				
– Zinsaufwendungen	29.380,00 €	12.450,00 €	125.000,00 €	335.000,00 €
– Abschreibungen	21.000,00 €	8.500,00 €	89.250,00 €	210.450,00 €
Fremdkapital	1.475.000,00 €	834.500,00 €	6.745.000,00 €	17.885.000,00 €
Eigenkapital	585.000,00 €	245.000,00 €	1.350.000,00 €	6.050.000,00 €

Frau Runge wird mit der Aufbereitung dieser Daten beauftragt. Wichtig sind Herrn Prinz auch die Erläuterungen der einzelnen Kennzahlen bezüglich ihrer Bedeutung.

a) Berechnen Sie die folgenden Kennziffern:
- Eigenkapitalrentabilität,
- Gesamtkapitalrentabilität,
- Umsatzrentabilität und
- Cashflow.

b) Herr Prinz ist vor allem daran interessiert, die Kennzahlen der „Warenwelt Elektronik" zwischen verschiedenen Filialen zu vergleichen, einen Vergleich zu einer anderen Branche herzustellen und auch den Vergleich mit einem relevanten Mitbewerber durchzuführen. Außerdem soll ein Zeitvergleich der „Warenwelt Elektronik" in der Filiale Schönstadt zum Vorjahr durchgeführt werden.

Ermitteln Sie die Kennzahlen des Vorjahres der „Warenwelt Elektronik" der Filiale Schönstadt für
- die EK-Rentabilität,
- die GK-Rentabilität,
- die U-Rentabilität und
- die Cashflow-Umsatzrate.

Kennzahl	Filiale Schönstadt
	Elektronik
Umsatzerlöse	2.300.000,00 €
Wareneinsatz	1.475.000,00 €
Übrige betriebliche Aufwendungen	807.380,00 €
darin enthalten	
– Zinsaufwendungen	27.900,00 €
– Abschreibungen	19.000,00 €
Fremdkapital	1.375.360,00 €
Eigenkapital	514.640,00 €
Anzahl der Mitarbeiter	29

ZUSAMMENFASSUNG

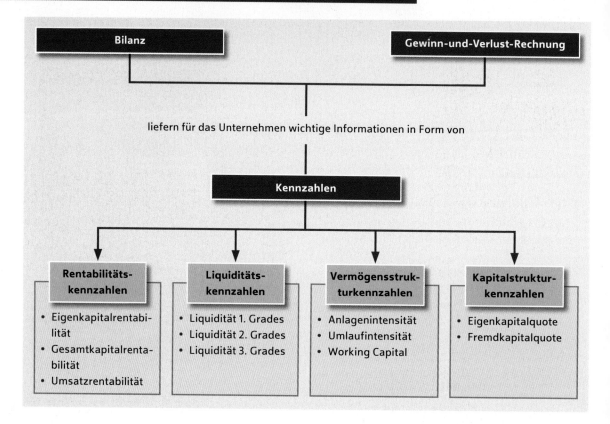

8.7 Nachhaltigkeit

Einstieg

Umweltcharta der Exclusiva GmbH

Die Exclusiva GmbH, die ihre Verantwortung hinsichtlich der Umwelt, Gesundheit und Sicherheit gegenüber ihren Kunden, ihrem Personal und der Gesellschaft anerkennt,

- verpflichtet sich, die legalen Forderungen in diesem Bereich zu respektieren sowie die menschlichen, technischen und finanziellen Mittel zur Verfügung zu stellen, um jede Art von Umweltverschmutzung, Abfällen, Schädigungen, Energiekosten und Unfällen zu verhindern und zu reduzieren; unter Vorbehalt, dass diese Mittel notwendig und wirtschaftlich erträglich sind;

- richtet ein Umweltmanagementsystem ein, das die kontinuierliche Verbesserung der umweltorientierten Leistungen ermöglicht.

Dies wollen wir erreichen durch folgende Handlungen:

im Unternehmen:

- fachgerechte Entsorgung der Abfälle
- Begrenzung der Energiekosten
- Suche nach Sicherheit und Komfort
- adäquate Ausbildung des Personals

bei den Kunden:

- die Fahrwege der Kunden begrenzen
- die Kunden über alle Aspekte der Umwelt-, Gesundheits- und Sozialverträglichkeit unserer Produkte zu beraten und zu informieren

bei den Lieferanten:

- die umweltschonenden Hersteller ermutigen
- auf fairen Handel achten
- die umweltschonendsten Produkte auswählen
- die mit dem Transport verbundenen Umweltbelastungen senken

Diese Umweltcharta ist eine Verpflichtung für die Arbeit der Geschäftsführung sowie jeder einzelnen Mitarbeiterin und jedes einzelnen Mitarbeiters der Exclusiva GmbH. Damit ist sie auch eine Leitlinie und Orientierungshilfe für das Handeln der Mitarbeiterinnen und Mitarbeiter der Verkaufsabteilung der Exclusiva GmbH.

1. Welche Gründe könnten die Exclusiva GmbH bewogen haben, diese Umweltcharta zu formulieren?

2. Durch welches Handeln können die Mitarbeiterinnen und Mitarbeiter der Verkaufsabteilung zur Erfüllung der Verpflichtungen der Umweltcharta der Exclusiva GmbH beitragen?

INFORMATIONEN

Nachhaltigkeit im Verkauf

Nachhaltigkeit wird immer mehr zum entscheidenden Verkaufsargument. Unternehmen können Marktanteile verlieren, wenn sie nicht nachhaltig arbeiten. Dies hat Auswirkungen auf alle Wirtschaftsstufen, von der Industrie über den Groß- bis zum Einzelhandel. In diesem Zusammenhang wird für immer mehr Unternehmen die Aufnahme nachhaltiger Produkte bzw. Dienstleistungen in die Angebotspalette immer interessanter.

JUWELEN DER DEUTSCHEN WIRTSCHAFT

WELCHE 20 FIRMEN DEN GRÖSSTEN ÖKOLOGISCHEN, SOZIALEN UND ÖKONOMISCHEN MEHRWERT FÜR DIE GESELLSCHAFT LIEFERN

Rang	Unternehmen	Index	Rang	Unternehmen	Index
1	Continental AG	100,0	11	NORMA Group SE	84,7
2	OSRAM Licht AG	92,0	12	Sika Deutschland GmbH	84,6
3	Jungheinrich AG	89,2	13	Südzucker AG	84,4
4	elobau GmbH & Co. KG	88,9	14	Bietest Aktiengesellschaft	84,1
5	Vivawest GmbH	88,8	15	Bietest Aktiengesellschaft	83,9
6	Siemens AG	88,6	16	Stadtwerke Göttingen AG	83,8
7	Scandic Hotels Deutschland GmbH	86,8	17	Syzygy AG	83,7
8	Meyer Gemüsebearbeitung GmbH	86,8	18	nwjconsulting - nachhaltig Werte schaffen -	83,3
9	Erwin Hübel GmbH	85,6	19	Transgourmet Deutschland GmbH & Co. OHG	83,1
10	ASSMANN BÜROMÖBEL GMBH & CO. KG	84,8	20	Spar- und Bauverein eG	83,0

FAKTENKONTOR

Quelle: Analyse der aktuellen Nachhaltigkeitsberichte der 5.000 mitarbeiterstärksten Unternehmen in Deutschland mit wissenschaftlicher Begleitung des Hamburgischen WeltWirtschaftsInstituts (HWWI) nach dem GRI-Standard (Global Reporting Initiative); Ergebnisse auf einer Skala von 0 bis 100 (= bester Wert).

na•news aktuell
Ein Unternehmen der dpa-Gruppe

Der warenethische Mehrwert von Waren als Verkaufsargument	
Umwelt- und Gesundheitsaspekte	**Aspekte der Sozialverträglichkeit**
• bessere Gesundheitsverträglichkeit • keine allergieauslösenden oder krebserregenden Schadstoffrückstände • geringere Umweltbelastungen bei der Herstellung • geringere Umweltbelastungen bei der Entsorgung	• Einhaltung von sozialen Standards bei der Herstellung • keine Kinder- oder Zwangsarbeit • gerechte Entlohnung • Arbeitsschutz • menschenwürdige Arbeitsplätze

Umwelt- und Gesundheitsaspekte

Den Kunden (sowohl Endverbrauchern als auch Wiederverwendern) wird zunehmend bewusst, dass die Umwelt immer stärker gefährdet ist. Deshalb beobachten viele von ihnen die Umweltaktivitäten ihrer möglichen Lieferanten und hinterfragen sie kritisch. Das Bekanntwerden der Umweltschädlichkeit von Gütern hat deshalb häufig zu einem veränderten Einkaufsverhalten geführt.

Auf diese Entwicklung können Unternehmen reagieren mit:
• Teilnahme am Ökoaudit
• Vergabe bzw. Nutzung von Ökolabeln
• Beachten der Recyclingfähigkeit von Produkten

Ökoaudit

> **DEFINITION**
>
> Das **Ökoaudit** ist eine freiwillige Betriebsprüfung im Hinblick auf die Umweltleistung des Unternehmens und die Einhaltung gesetzlicher Vorgaben. Grundlage ist die europäische Ökoaudit-Verordnung EMAS (Eco-Management and Audit Scheme).

Die Teilnahme am Ökoaudit beinhaltet folgende Punkte:

• Das jeweilige Unternehmen muss eine Umweltpolitik formulieren und das Umweltrecht einhalten.
• Das Unternehmen muss eine Ist-Analyse der Umweltauswirkungen durchführen und bewerten. Auf deren Grundlage wird ein Umweltprogramm erstellt, das konkrete Ziele der zukünftigen betrieblichen Umweltpolitik festlegt.
• Verschiedene Maßnahmen sollen für den Einsatz fortschrittlicher Umwelttechnologien sorgen.
• Eine von einem unabhängigen, staatlich zugelassenen und überwachten Umweltgutachter kontrollierte und bestätigte Umwelterklärung dient der Information der Öffentlichkeit. Sie dient als Grundlage für die Registrierung bei der zuständigen Industrie- und Handelskammer bzw. Handwerkskammer.
• Die Umweltbetriebsprüfung als Kontrollinstrument muss regelmäßig erneut durchgeführt werden.

Mit der Teilnahme am Ökoaudit kann ein Unternehmen seinen betrieblichen Umweltschutz verbessern und einen positiven, innovationsfreundlichen Imagegewinn erzielen. Das EMAS-Logo darf jedoch nicht für eine direkte produktbezogene Werbung herangezogen werden: Bei der Begutachtung des Unternehmens wird das Produkt nur indirekt berücksichtigt.

Ökolabel

Mit Ökolabeln werden umweltschonende **Produkte** gekennzeichnet.

> **DEFINITION**
>
> **Ökolabel** sind Wort- und/oder Bildzeichen, die von Unternehmen, Verbänden, Vereinen oder anderen Zeichengebern für Produkteigenschaften wie Schadstofffreiheit, Energieersparnis, Recyclingfähigkeit, sparsamer Verpackung und Gesundheitsverträglichkeit vergeben werden.

Ökolabel stellen also eine vereinfachende umweltschutzbezogene Information dar. Sie werden auf umweltschonende Produkte aufgedruckt oder in der Werbung für diese Produkte verwendet.

Leichtfertig vergebene Ökolabel können zu erheblichen Vertrauensverlusten aufseiten der Konsumenten führen. Hinsichtlich der Glaubwürdigkeit der Ökolabel sollte zunächst unterschieden werden, ob es sich um unternehmensbezogene oder unabhängige institutionelle Ökolabel handelt.

Das **unternehmensbezogene** Ökolabel dient in erster Linie als Marketinginstrument zur Verkaufsförderung und wird grundsätzlich nur für die eigenen Produkte vergeben. Die Einhaltung umwelt- und gesundheitsrelevanter Kriterien prüfen interne Prüflabors.

BEISPIELE für unternehmensbezogene und -unabhängige Ökolabel nach Branchen

Branche	Label
Lebensmittel	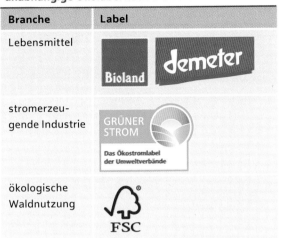
stromerzeugende Industrie	
ökologische Waldnutzung	

Das durch **unternehmensunabhängige** Institutionen vergebene Ökolabel kann prinzipiell von nationalen und internationalen Herstellern und Händlern genutzt werden, sofern ihre Ware den geforderten Kriterien gerecht wird. Entscheidend für die Vergabe ist ein für den Kunden transparent gehaltener Kriterienkatalog aus umfangreichen gesundheits-, umwelt- und sozialrelevanten Aspekten, dessen Einhaltung regelmäßig durch unabhängige Institute kontrolliert wird.

BEISPIEL

Der „Blaue Engel" ist nicht nur das älteste, offizielle Ökolabel in Deutschland, sondern auch das weltweit erfolgreichste Umweltzeichen. Es wird von der RAL gGmbH vergeben. Zeicheninhaber ist das Bundesministerium für Umwelt, Naturschutz und nukleare Sicherheit.

Dieses Ökolabel ist für Produkte (Ausnahme: Lebensmittel) vorgesehen, die sich bei einer ganzheitlichen Betrachtung bezogen auf die gesamte Lebensphase des Produkts (Herstellung, Gebrauch, Entsorgung) und unter Beachtung aller Gesichtspunkte des Umweltschutzes einschließlich des sparsamen Rohstoffeinsatzes durch besondere Umweltfreundlichkeit auszeichnen.

Ebenso kann es für Dienstleistungen vergeben werden. So hat z.B. eine ganze Reihe von Carsharing-Anbietern den „Blauen Engel" erhalten, da Carsharing den Verkehr entlastet. Ausschlaggebend für die Vergabe ist auch der Einsatz von umweltschonenden und verbrauchsgünstigen Fahrzeugen.

Die Bedeutung von Ökolabeln		
Problem	**Ziel**	**Lösungswege**
mangelnde Information über Ökolabel	• Informationsdefizit beseitigen	Information über Ökolabel in/bei:
↓	• Überblick über Label der Branche verschaffen	• Fachzeitschriften
falsche Kundenberatung		• Fachbüchern
↓		• Verbraucherschutzorganisationen
Kunden wandern ab		• Kollegen/Ausbildern
↓		• Internet
Umsatzverlust		

Recycling

Jede Ware verbraucht von der Herstellung bis zum Gebrauch Energie und Rohstoffe. Dadurch kommt es mehr oder weniger zu einer Belastung der Umwelt. Vor diesem Hintergrund wird Recycling immer wichtiger.

DEFINITION

Unter **Recycling** versteht man die Rückführung von Produktions- und Konsumabfällen zurück in den Wirtschaftskreislauf zur Schonung der Umwelt.

Formen des Recyclings

Wiederverwendung	Weiterverwendung	Wiederverwertung	Weiterverwertung
wiederholte Verwendung eines Produkts für den für die Erstverwendung vorgesehenen Verwendungszweck	Nutzung eines Produkts für eine vom Erstzweck verschiedene Verwendung, für die es nicht hergestellt ist	Wiedereinsatz von Stoffen und Produkten in bereits früher durchlaufenen Produktionsprozessen unter teilweiser oder völliger Formauflösung und -veränderung	Einsatz von Stoffen und Produkten in noch nicht durchlaufenen Produktionsprozessen unter Umwandlung zu neuen Werkstoffen oder Produkten (Verlust der Materialidentität oder/ und Gestaltänderung gegenüber den eingesetzten Produkten)
BEISPIELE • Pfandflasche • Austauschmotor	**BEISPIELE** • Senfglas als Trinkglas • Eisenbahnschwellen als Gartenzaun	**BEISPIELE** • Altglaseinsatz bei der Glasherstellung • Stahlschrotteinsatz bei der Stahlherstellung	**BEISPIELE** • Gewinnung von Flüssigbrennstoffen aus Kunststoffabfällen durch Pyrolyse • Herstellung von Kartonagen aus Papierabfällen

Produktkreislauf

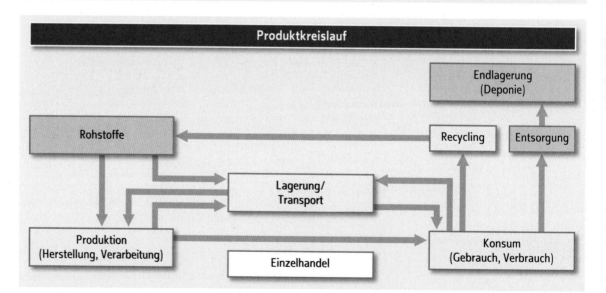

Sehr häufig führen Umweltbelastungen durch Produkte auch zu Gesundheitsgefährdungen. Vor dem Hintergrund des gestiegenen Gesundheitsbewusstseins in der Gesellschaft haben Sachbearbeiter in der Verkaufsabteilung eine wichtige Beratungsaufgabe. Sie müssen mit Wissen über die Gesundheitsproblematik auf entsprechende Forderungen der Kunden eingehen können. Gesundheitsverträgliche Produkte müssen in der Verkaufsargumentation auf jeder Wirtschaftsstufe herausgestellt werden.

BEISPIELE

- „Alle Kosmetika dieses Produzenten sind frei von Formaldehyd."

- „Diese Produkte aus ökologisch kontrolliertem Anbau enthalten erheblich weniger Schadstoffe als vergleichbare Artikel anderer Hersteller."

Aspekte der Sozialverträglichkeit

Die sozialen Zusammenhänge sind eng mit den ökonomischen und ökologischen Bedingungen verknüpft. Die meisten Staaten der Erde sind verschuldet, sowohl die Industrie- als auch die Entwicklungsländer. Jedoch hat dies vor allem bei den hoch verschuldeten Ländern des Südens massive soziale Auswirkungen. Um den Schuldendienst noch leisten zu können – zum Teil auch, um der Oberschicht ihre privilegierte Position zu erhalten –, forcieren diese Länder den Anbau von Exportprodukten.

Bei der Ausweitung der Exportproduktion nehmen die Entwicklungsländer auch die Zerstörung von Lebensräumen in Kauf, z.B. die Abholzung der Regenwälder zur Vergrößerung der Ackerflächen, einschließlich der Vertreibung der dort ansässigen Menschen. Zusätzlich verlieren viele Bauern durch den Verlust an landwirtschaftlicher Nutzfläche durch Erosion, Versalzung und Wüstenbildung, gepaart mit einer Klimaveränderung, ihre Ernährungsgrundlage.

Auf der anderen Seite setzen die Industrieländer, beispielsweise die Staaten der EU, oft umfangreiche Exportsubventionen ein, um ihre Produkte „billig" auf dem Weltmarkt, d.h. auch an Entwicklungsländer, zu verkaufen. Die Länder des Südens können dadurch zwar günstig Waren auf dem Weltmarkt erwerben, aber gleichzeitig verlieren häufig die in den Entwicklungsländern selbst produzierten Artikel den Preiskampf gegen die Billigimporte aus Industrieländern (die außerdem ein höheres soziales Prestige genießen). Dadurch werden die dortigen Beschäftigten weiter in ihrer Existenz gefährdet.

In diesen geschilderten Zusammenhängen sind auch die stetige Landflucht und die Zunahme der Verstädterung in den Entwicklungsländern zu sehen. Die Städte wachsen rasant, was eine Ausweitung der Elendsviertel sowie eine Verschlechterung der Hygiene- und Ernährungssituation zur Folge hat.

Weltweit gesehen lebt heute die Hälfte der Menschheit in relativer Armut. 800 Millionen Menschen leben in ständiger Unterernährung, jährlich verhungern 30 Millionen Menschen. Gleichzeitig wurden jedoch noch nie in solchem Überfluss Lebensmittel produziert wie heute.

Viele Kunden stehen hinter dem Ziel, „Chancengleichheit für alle Menschen" zu erreichen. Sie möchten, dass Produktion und Vertrieb der von ihnen nachgefragten Artikel sozialverträglich sind. Angestrebt werden folgende Ziele:

- internationale Gerechtigkeit
- Kampf gegen Unterernährung
- faire Handelsbedingungen
- Einhaltung der Menschenrechte
- angemessene Arbeitsbedingungen
- keine Kinderarbeit
- Regionalität
- Informationsoffenheit
- Wahrung der Arbeitnehmerinteressen
- Frauenförderung
- Behinderteninteressen

Viele Hersteller haben als Reaktion darauf sogenannte **Verhaltenskodexe** formuliert.

DEFINITION

Ein **Verhaltenskodex** ist eine freiwillige Selbstverpflichtung des Unternehmens, menschenrechtliche, soziale und arbeitsmedizinische Mindeststandards in der eigenen Produktion und in der der Lieferanten einzuhalten.

Diese Verhaltenskodexe werden von den Unternehmen entsprechend kommuniziert und einer breiten Öffentlichkeit zugänglich gemacht.

Fairer Handel mit Entwicklungsländern

FAIRTRADE

Das Siegel für fairen Handel

Beim „fairen Handel" („fair trade") werden den Erzeugern in Entwicklungsländern deutlich über dem Weltmarktniveau liegende Preise für ihre Produkte gezahlt und feste Abnahmemengen garantiert, was eine gewisse Planungssicherheit bietet.

Die Produzenten sind in der Regel Bauern oder Handwerker, die im nationalen Wirtschaftssystem benachteiligt sind und sich deshalb zu Genossenschaften zusammenschließen. Sie verpflichten sich, bei der Produktion bestimmte Standards einzuhalten, z.B. bezüglich Arbeitsbedingungen und negativen Umwelteinflüssen. Die Einhaltung der Standards wird regelmäßig überprüft. Ein Teil der Einnahmen muss für soziale und Bildungszwecke verwendet werden, z.B. für den Bau von Schulen oder die Altersvorsorge der Arbeiter.

Ein weiteres wichtiges Ziel des „fairen Handels" ist die Aufklärungs- und Bildungsarbeit in den Industrieländern. Hierdurch soll eine Transparenz über die Entstehung der Verkaufspreise mit all ihren Anteilen für die Produzenten, Händler usw. geschaffen werden. Verständlicherweise können diese Preise nicht genauso niedrig liegen wie bei sozial unverträglichen, konventionell gehandelten Produkten.

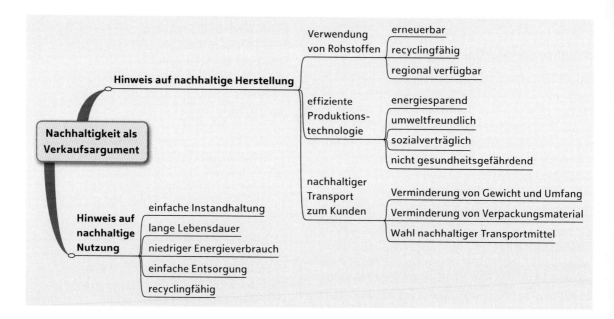

AUFGABEN

1. Was versteht man unter Nachhaltigkeit?

2. Warum müssen sich Unternehmer und Beschäftigte mit Fragen der Nachhaltigkeit beschäftigen?

3. In einem Unternehmen wird auf den Verkauf von Waren verzichtet, bei denen die Verpackung bei der Entsorgung und Vernichtung Schadstoffe abgibt. Welche Zielsetzung steht bei diesem Unternehmen im Vordergrund?
   a) Wirtschaftlichkeit
   b) Sozialverträglichkeit
   c) Arbeitsplatzsicherung
   d) Umweltverträglichkeit
   e) Rentabilität
   f) Kostenminimierung

4. Führen Sie Beispiele auf, in denen sich
   a) Produzenten,
   b) Verbraucher
   umweltbelastend verhalten.

5. Erläutern Sie die Teilnahme eines produzierenden Unternehmens am Ökoaudit.

6. Was sind Ökolabel?

7. Welche Vor- und Nachteile haben Ökolabel?

8. Erläutern Sie den Begriff *Verhaltenskodex*.

9. Was ist fairer Handel?

10. Formulieren Sie für Artikel bzw. Dienstleistungen Ihres Ausbildungsunternehmens Verkaufsargumente, die auf
    a) die Sozialverträglichkeit,
    b) die Umweltverträglichkeit,
    c) die Gesundheitsverträglichkeit
    der Ware bzw. des Angebots hinweisen.

11. Geben Sie einen Überblick über Produkte bzw. Dienstleistungen im Sortiment Ihres Ausbildungsbetriebs,
    a) die fair gehandelt werden,
    b) die von Unternehmen stammen, die Verhaltenskodexe haben.

12. Führen Sie Beispiele für herkömmliche Artikel Ihres Sortiments auf, die durch
    a) umweltverträgliche,
    b) gesundheitsverträgliche,
    c) sozialverträgliche Produkte ersetzt werden können.

13. Sowohl für die Konsumenten als auch für Unternehmen immer bedeutsamer werden Aspekte der Umwelt- und Gesundheitsverträglichkeit von Waren. Zur Einführung in die Thematik bearbeiten Sie bitte den folgenden Arbeitsauftrag:

   a) Erstellen Sie eine Collage, die Ihre Einstellung zur Umwelt- und Gesundheitsverträglichkeit von Waren zum Ausdruck bringt.

   b) Stellen Sie anschließend der Klasse mithilfe Ihrer Collage Ihre Meinung zur Umwelt- und Gesundheitsproblematik vor.

14. Vor Kurzem wurde in der Clique von Ronja, Agathe, Tacdin und Andreas auch über Umweltschutz gesprochen. Einige Thesen aus dieser Diskussion:

   a) Für die Umwelt bin nicht ich zuständig, sondern der Förster und das Duale System Deutschland!

   b) Autofahren ist zu billig – der Liter Benzin muss mindestens 10,00 € kosten!

   c) Der Einzelhandel ist der Hauptumweltverschmutzer – wenn er keine umweltschädlichen Produkte ins Sortiment nehmen würde, hätten wir den Ärger nicht!

   d) „Vater Staat" ist gefordert – soll er doch jegliche Industrie verbieten!

   e) Alle Textilien müssen mindestens fünf Jahre getragen werden!

   f) Die momentane Arbeitslosigkeit ist durch den Umweltschutz hervorgerufen!

   g) Für meine Gesundheit bin nicht ich zuständig, sondern mein Arzt!

   h) Waren müssten grundsätzlich unverpackt verkauft werden!

   i) Wer mit dem Fahrrad zur Arbeit fährt, bekommt vom Finanzamt eine Kilometerpauschale von 3,00 €/km. Die Kilometerpauschale für Autofahrer wird gestrichen!

   j) Werbungsverbot für gesundheits- und umweltschädigende Waren und Verhaltensweisen (z. B. Auto, Tabakwaren, Süßigkeiten, Fast-Food-Ketten, Waschmittel, wasser- und winddichte Textilien, Fertiggerichte)!

   k) Wir Verbraucher sind selbst schuld. Würden wir all die Dinge nicht kaufen, hätten auch unsere Kinder noch ein Stück lebenswerte Welt!

   Bilden Sie in Ihrer Klasse drei Arbeitsgruppen PRO Nachhaltigkeit und drei Arbeitsgruppen KONTRA Nachhaltigkeit. Diese sollen die oben aufgeführten Thesen argumentativ verteidigen oder angreifen. Dazu erhalten Sie zur Vorbereitung einer Diskussion die folgenden Arbeitsaufträge:

Gruppe PRO:
- Beurteilen Sie die einzelnen Thesen.
- Nehmen Sie mit Argumenten Stellung für die Nachhaltigkeit.
- Protokollieren Sie Ihre Argumente.
- Wählen Sie einen Sprecher/eine Sprecherin, der/die Ihre Argumente in einer Diskussion vertritt.

Gruppe KONTRA:
- Beurteilen Sie die einzelnen Thesen.
- Nehmen Sie mit Argumenten Stellung gegen die Nachhaltigkeit.
- Protokollieren Sie Ihre Argumente.
- Wählen Sie einen Sprecher/eine Sprecherin, der/die Ihre Argumente in einer Diskussion vertritt.

15. Viele Unternehmen werben damit, bei ihren Lieferanten auf die Einhaltung sozialer Aspekte wie z. B.
   - angemessener Lohn der Arbeiter,
   - Verbot von Zwangs- u. Kinderarbeit,
   - Sicherheit und Gesundheit am Arbeitsplatz,
   - Organisationsfreiheit und Recht auf Tarifverhandlungen

   zu achten.

   Gehen Sie auf die Internetseiten folgender Anbieter und suchen Sie dort Informationen über deren ethische Verhaltenskodexe:
   - HOCHTIEF
   - C & A
   - Adidas
   - Calida
   - Galeria Karstadt Kaufhof
   - Nike
   - H & M
   - Edeka

   Bewerten Sie die Verhaltensrichtlinien.

16. Entscheiden Sie sich für eine Warengruppe Ihres Sortiments bzw. eine Dienstleistung Ihres Unternehmens.
   Stellen Sie diese Warengruppe bzw. Dienstleistung in einem schriftlichen Referat unter besonderer Beachtung von Aspekten der Gesundheits-, Sozial- und Umweltverträglichkeit vor.
   Bereiten Sie sich auch darauf vor, dass Sie dieses Referat Ihrer Klasse präsentieren.

17. Nachhaltigkeitsaspekte spielen auch im Onlinehandel eine immer größere Rolle. Lesen Sie den folgenden Text und erstellen Sie eine Mindmap mit den wichtigsten Informationen.

Verschwendung im Onlinehandel

Bamberg(dpa) – Onlinehändler in Deutschland haben allein im vergangenen Jahr 7,5 Millionen zurückgeschickte Artikel entsorgt, obwohl sie diese hätten spenden oder wiederverwerten können. Das entspricht 40 Prozent der weggeworfenen Retouren, wie Wirtschaftswissenschaftler der Universität Bamberg ermittelten. Es sei „eine unnötige Verschwendung", kritisierte Björn Asdecker, Leiter der Forschungsgruppe.

Schätzungsweise 20 Millionen zurückgeschickte Artikel landeten demnach 2018 im Müll. Dabei handelte es sich um Kleidung, aber auch um Elektro- und Freizeitartikel, Möbel und Haushaltswaren sowie Produkte des täglichen Bedarfs.

Kein Wunder nach den Ergebnissen des Papiers: Die Entsorgung von Produkten kostet im Schnitt nur 85 Cent. Es wäre viel teurer, die Ware weiter zu verwerten. Und noch dazu aufwendiger, vor allem für kleinere Händler. Manche wüssten auch nicht, wer eine Spende überhaupt gebrauchen kann und welchen Wert die Ware noch hat. Die meisten Produkte, die am Ende weggeworfen werden, kosten weniger als 15 Euro.

Dementsprechend gering sei dann meistens auch die Qualität, so die Forscher. Immerhin gut die Hälfte der Produkte kann nicht mehr aufbereitet werden oder ist technisch defekt. „Eine Entsorgung ist oftmals alternativlos", heißt es in der am Mittwoch veröffentlichten Studie. Nach Einschätzung der Forschungsgruppe macht es deshalb auch keinen Sinn, das Wegwerfen gesetzlich zu verbieten. Zumal das kaum kontrollierbar wäre.

Stattdessen schlagen die Wissenschaftler vor, Anreize zu entwickeln – zum Beispiel mit der Einführung eines „Nachhaltigkeits-Siegels". Auch ein Verzeichnis mit Spendenempfängern könnte den Händlern helfen, damit sie erfahren, welche Organisation welche Art von Gütern auch in kleinen Stückzahlen entgegennimmt.

Außerdem müsse die Entsorgung teurer werden, fordert die Bamberger Forschungsgruppe. Nur so könne der „Fehlanreiz" beseitigt werden. Der Marktführer Amazon reagierte schon: Seit September kostet die Entsorgung nach Angaben des Unternehmens statt 10 Cent mindestens 25 Cent – genauso viel wie der Rückversand. Aber nicht nur die Händler müssen umdenken. Rund eine Million Artikel werden laut der Studie nur entsorgt, weil es die Marken- oder Patentinhaber so vorschreiben.

Quelle: © dpa Deutsche Presse-Agentur GmbH

ZUSAMMENFASSUNG

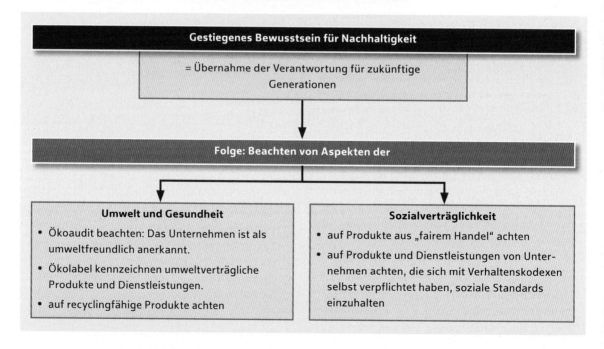

Gestiegenes Bewusstsein für Nachhaltigkeit

= Übernahme der Verantwortung für zukünftige Generationen

Folge: Beachten von Aspekten der

Umwelt und Gesundheit
- Ökoaudit beachten: Das Unternehmen ist als umweltfreundlich anerkannt.
- Ökolabel kennzeichnen umweltverträgliche Produkte und Dienstleistungen.
- auf recyclingfähige Produkte achten

Sozialverträglichkeit
- auf Produkte aus „fairem Handel" achten
- auf Produkte und Dienstleistungen von Unternehmen achten, die sich mit Verhaltenskodexen selbst verpflichtet haben, soziale Standards einzuhalten

Sachwortverzeichnis

Bildquellenverzeichnis

agof e.V., Frankfurt am Main: 280.1.

akg-images GmbH, Berlin: Bildarchiv Pisarek 250.1.

Bioland e.V., Mainz: 503.1.

Bitkom – Bundesverband Informationswirtschaft, Telekommunikation und neue Medien e.V., Berlin: 367.1.

Bundesverband Digitale Wirtschaft (BVDW) e.V., Berlin: 280.2, 280.3, 283.1, 284.1, 284.2, 287.1, 288.1, 288.2, 288.3.

Colourbox.com, Odense: 191.1.

Demeter e.V., Darmstadt: 503.2.

Deutsche Post AG, Bonn: 9.1.

Digital Media Institute, München: 277.1.

Doering, Svenja, Köln: 79.2.

e-dialog GmbH, Wien: 313.1.

Fairtrade Deutschland, Köln: 505.1.

Fieber, Tobias, Hannover: 369.1, 370.1.

Forest Stewardship Council (FSC) Deutschland, Freiburg: 503.5.

fotolia.com, New York: Adam Gregor 160.1; Africa Studio 370.3; Burmakin, Andrey 167.1; Fiedels 60.1; industrieblick 37.2; iQoncept 495.1; K.C. 50.1; kbuntu 217.1; Kim Schneider 105.1; knirzporz 252.1; Leo Blanchette 90.1, 90.2; Marco2811 387.4; Nerlich Images 18.1; objectsforall 389.6; RealVector 213.1; Sanders, Gina 51.1; Sven Bähren 267.1; Trueffelpix 231.1; Visual Concepts 387.3; Wylezich, B. 73.1; Zerbor 253.1.

Google LLC: 331.1, 331.2, 344.2, 347.2; Google Ads is a trademark of Google LLC. 345.1, 347.1; Google Analytics™ service is a trademark of Google LLC 422.1; Google Analytics™ service is a trademark of Google LLC. 421.1, 422.2, 423.1, 423.2, 424.1, 424.2, 426.1; Google My Business™ business listing service is a trademark of Google LLC. 331.3; Google Trends™ tool is a trademark of Google LLC. 339.1.

Görmann, Felix, Rossdorf: 35.1, 41.1, 103.1, 107.1, 108.1, 108.2, 112.1, 114.1, 136.1, 141.1, 141.2, 142.1, 240.1, 242.1, 244.1, 251.1, 251.2.

Grüner Strom Label e.V., Bonn: www.gruenerstromlabel.de 503.4.

Hild, Claudia, Angelburg: 8.1, 8.2, 13.1, 24.1, 24.2, 56.1, 56.2, 57.1, 57.2, 58.1, 58.2, 62.1, 90.3, 100.1, 101.1, 102.1, 106.1, 113.1, 115.1, 168.1, 242.2, 268.1, 278.1, 297.4, 308.1, 314.1, 315.1, 320.1, 321.1, 322.1, 324.1, 325.1, 330.2, 351.1, 370.2, 382.1, 478.1, 504.1.

IAB Europe, Brüssel: 280.4.

iStockphoto.com, Calgary: aldra 295.6; Brilt 394.2; Creative-Family 394.12; Domschky, Jens 298.4; Floortje 297.3; FotografiaBasica 394.8; freestylephoto 394.3; Koch, Alex 385.2; krblokhin 394.4; mbbirdy 298.9; naumoid 298.14; OCTOGRAPHER 298.7; t_kimura 298.8; tomch 330.1.

Jecht, Birk, Hildesheim: 63.1, 259.1, 274.1, 298.1, 311.1, 386.1, 386.3, 389.1, 389.7, 391.1, 391.2, 391.3, 394.1, 396.1.

Jecht, Hans, Hildesheim: 79.1.

Katholnigg, Johannes, Wiesbaden: 385.1, 387.1, 389.4.

Marckwort, Ulf, Kassel: 79.3, 79.4, 79.5.

MessengerPeople GmbH, München: 378.1.

news aktuell GmbH, Hamburg: 501.1.

OpenOffice.org: Apache OpenOffice. No endorsement by The Apache Software Foundation is implied by the use of these marks. 214.1.

Picture-Alliance GmbH, Frankfurt/M.: dpa-infografik 81.1, 154.1, 221.1, 260.1, 374.1; dpa/C. Jaspersen 37.1; Hackenberg, Rainer 17.1; www.bildagentur-online.com 168.2.

RAL gGmbH, Bonn: 503.3.

Shoepassion GmbH, Berlin: 295.2, 298.15.

Shutterstock.com, New York: Glam, Yulia 387.2; Hera, Jiri 394.6; Umberto Shtanzman 298.11, 394.9; wavebreakmedia 200.1.